科学出版社"十三五"普通高等教育本科规划教材

机械设计

（第二版）

安　琦　顾大强　主编

科学出版社

北　京

内 容 简 介

本教材以传授机械设计思想为主，强调设计的过程和设计能力的培养。主要介绍机械设计的基本理论、常用机械零件的原理和设计方法，以及典型整机设计过程和具体设计方法。全书力求做到逻辑清晰、层次分明，便于学生对知识点的理解和掌握。主要特点有：强化基本原理、基本设计方法；对于具体的机械零部件设计，注重知识逻辑顺序；强化对设计步骤的介绍；对关键知识点和要求掌握的程度进行了明确的说明；对机械设计课程的教学内容进行了界定；增加了一章关于整机设计方法的内容。

本书可供普通高等院校机械类各专业学生作为教材使用，也可供工程技术人员自学参考。

图书在版编目(CIP)数据

机械设计/安琦，顾大强主编. —2 版. —北京：科学出版社，2016. 1
科学出版社"十三五"普通高等教育本科规划教材
ISBN 978-7-03-047137-6

Ⅰ. ①机… Ⅱ. ①安… ②顾… Ⅲ. ①机械设计-高等学校-教材
Ⅳ. ①TH122

中国版本图书馆 CIP 数据核字(2016)第 003972 号

责任编辑：邓 静 / 责任校对：桂伟利
责任印制：张 伟 / 封面设计：迷底书装

科学出版社 出版
北京东黄城根北街 16 号
邮政编码：100717
http://www.sciencep.com
北京天宇星印刷厂印刷
科学出版社发行 各地新华书店经销
*
2008 年 6 月第 一 版 开本：787×1092 1/16
2016 年 1 月第 二 版 印张：25 1/4
2025 年12月第十六次印刷 字数：604 000

定价：69.80 元

(如有印装质量问题，我社负责调换)

第二版前言

本教材从 2008 年 6 月出版以来，得到国内多所高校及广大科技工作者的采用，使用效果反响很好。但随着时间的推移，编者在教学实践过程中也感到原教材在有些细节及编写的逻辑性方面仍有改进的空间。为此，作者对原教材进行了修订，增加了一些内容和例题，对整本教材的内容做了进一步完善，编排的逻辑顺序以及知识点的分析等方面做了进一步改进。

本教材的编写和修订，首先得益于作者多年来从事机械设计课程教学，并在教学过程中不断进行教学研究以及科研实践，对每一章内容都深入研究并发表了教学研究论文。这次修订过程，作者参阅了国内外大量的相关教材和文献。进一步明确了以传递基本的设计原理、设计方法、设计思想和培养设计能力为基本目标，强化内容的实用性，并考虑如何通过对知识点优化逻辑安排，使得教学内容实现化繁为简，便于实现化抽象为具体设计能力的教学效果。

这次的修订工作主要体现在以下几点：

(1)进一步强化设计原理和基本设计方法。对机械设计中应用到的疲劳强度理论、机械零件的摩擦、磨损、润滑、密封、机械零件的失效等基本知识点进行了新的系统的归纳，并建立与具体设计内容的有机逻辑关系，促使学生在学习过程中能自觉与具体的设计问题联系起来。

(2)进一步强化机械零部件的知识逻辑顺序。按照“基本特点及应用——失效方式——设计计算准则——基本参数和结构的确定——设计步骤”这样一个基本的主线进行内容编排，更加符合知识的逻辑规律，并通过例题进一步阐述这一逻辑过程，强化设计步骤和实际设计能力的建立。

(3)进一步明确了关键知识点和要求掌握的程度。对机械设计课程的教学内容进行了进一步界定，对具体内容做了增减，对每一章的结尾处的“本章学习要求和知识点小结”进行了进一步归纳和整理，将具体要求掌握、要求弄懂和要求理解的内容进行了分类，并将关键知识点进行了系统的归纳，不仅使重点突出，而且方便学生的学习。

(4)增加了例题和部分近年来发展起来的新知识。根据教学过程的实际应用，结合读者的反映，本次修订增加了一些例题，以便于读者在阅读过程中更有效地理解和掌握知识点，在绪论中增加了关于对 3D 打印技术的介绍，在滑动轴承设计中增加了关于滑动轴承性能的数值计算方法介绍，在轴毂联接中增加了无键联接等。通过这样的内容增加，使得本教材进一步完善和紧跟时代要求。

修订过程，全体编者多次进行了研讨，并主要由华东理工大学机械与动力工程学院安琦、王建文及浙江大学机械系顾大强负责完成修订定稿工作。

限于编者能力，修订过程尚无法达到完美的程度，恳请广大教师、工程技术人员、学生批评指正。

编　者
2015 年 8 月于上海

第一版前言

机械设计是机械类专业的重点核心课程，它的主要任务有两个方面，一是学习在普通工作条件下一般参数的通用零件和部件的原理、结构、材料、设计及选型方法；二是学习综合运用各种机械零件、各种机构的知识以及其他先修课程的知识，掌握设计机械传动装置和一般机器的方法。

作为机械设计课程的主讲教师，通过长期的教学实践，结合在科研实践中机械产品开发研究的体会以及目前国际上机械设计课程教学内容的发展，我们深切感到，编写一本更加符合实际机械设计要求，便于学生学习、理解和掌握的教材十分必要。

本书是依照教育部颁发的《机械设计课程教学基本要求》(1995 年修订版)、《普通高等教育"十一五"国家级教材规划建设内容建议》以及教育部机械设计教学指导委员会《机械设计课程(机械类专业)教学基本要求(讨论稿)》(2004 年 7 月)进行编写的。在满足基本教学要求的前提下，强化内容的实用性、易学性，进行了科学的编排，主要特点如下：

(1) 强化基本原理、基本设计方法。对机械设计中应用到的疲劳强度理论，机械零件的摩擦、磨损、润滑、密封、机械零件的失效等基本知识点进行了系统的归纳。

(2) 对于具体的机械零部件设计，注重知识逻辑顺序。按照"基本特点及应用—失效方式—设计计算准则—基本参数的确定—设计步骤"这样一个基本的主线进行内容编排，更加符合知识的逻辑规律，便于学生的学习与掌握。

(3) 强化对设计步骤的介绍。对具体的每一种零部件的设计步骤进行归纳或结合具体的例题进行介绍，让学生在学习完一种零部件内容后，能够明确完整的设计方法和设计过程。

(4) 对关键知识点和要求掌握的程度进行了明确的说明。在每一章的结尾处增设"本章学习要求和知识点小结"，将具体要求掌握、要求弄懂和要求理解的内容进行了分类，并将关键知识点进行了系统的归纳，不仅使重点突出，而且方便学生的学习。

(5) 对机械设计课程的教学内容进行了界定。将先修课程已经介绍过的内容以及后续课程将要进行的内容进行了删减，如工程材料的介绍、制造工艺、减速器等，这样起到了突出核心内容的作用。

(6) 增加了一章关于整机设计方法的内容，该章可以有效地解决机械设计教材长期以来只注重单个的零部件设计，而忽略整机设计的问题，使学生能够有机会学习建立整机设计的概念和方法，了解设计过程中应该注意的事项。

参加本书编写的有：华东理工大学安琦(第 1、2、3、6、8、9、13、17 章)，浙江大学顾大强(第 4、7、14、18 章)，浙江大学沈萌红(第 15 章)，华东理工大学王小芳(第 5 章)，华东理工大学陶峰(第 10、16 章)，华东理工大学王建文(第 11 章)，华东理工大学殷勇辉(第 12 章)，华东理工大学夏守浩参与了第 7 章的编写工作。此外，华东理工大学研究生高磊、张志明、王玮、吴昊等同学参与了文字及图表的整理工作。全书由安琦进行统稿编辑。

限于编者水平及编写时间仓促，书中缺点和错误在所难免，恳请广大教师、读者批评指正。

编　者

2008 年 3 月于上海

基本符号表

符号	含义	符号	含义
A	接触面积,截面面积	L_{10}	基本额定寿命
A_r	真实接触面积	M	弯矩
a	长度,中心距	M_c	计算弯矩
b	宽度	m	模数,指数,螺栓抗剪面数目
C, C'	试验常数,基本额定动载荷,刚度	N	循环次数,数量,法向压力
c	接触半径	N_t	未失效零件数量
D	直径	N_0	循环基数
d	直径	n	转动速度
E	弹性模量	P	功率,螺距
E_k	冲击能	p	压强,齿距
E_p	变形能	q	应力集中敏感系数,每米带长质量
F	作用力,载荷,摩擦力	R_t	可靠度
F_c	计算载荷	R_z	表面粗糙度
F_t	失效概率	r	循环特性,半径
F'	冲击力	S	导程
f_P	载荷因数	S_σ, S_τ	安全系数
f_t	温度因数	T	扭矩
$f(t)$	失效密度	t	时间,厚度,温度
G	剪切弹性模量	T_c	计算扭矩
H_{min}	最小油膜厚度	u	齿数比
h	高度	v	速度
H'	螺母旋合长度	X	载荷系数
I	截面极惯性矩	x	变位系数
i	传动比	Y	载荷系数
K	载荷系数	y	挠度,弹性变形量
K_A	工况系数	y'	冲击弹性变形
K_I	冲击系数	z	齿数
K_v	动荷系数	α	螺纹牙型角,压力角
K_α	齿间载荷分配系数	$\alpha_\sigma, \alpha_\tau$	理论应力集中系数
K_β	齿向载荷分布系数	α'	啮合角
k_N	寿命系数	β	长度系数,螺旋角
k_σ, k_τ	应力集中系数	β_σ, β_τ	表面状态系数
$(k_\sigma)_D, (k_\tau)_D$	应力集中综合影响系数	ε	寿命指数
L	长度,寿命	$\varepsilon_\sigma, \varepsilon_\tau$	尺寸系数

γ	系数
Δ	过盈量
δ	厚度,锥顶角
ε_σ,ε_τ	尺寸系数
η	流体粘度,效率
θ	转角
λ	膜厚比
μ	泊松比,摩擦系数
ζ	损失率
ρ	曲率半径,密度
σ	拉压应力
N_f	失效零件数量
σ_a	应力幅
σ_B	强度极限
σ_b	弯曲应力
σ_{Hmax}	最大接触应力
σ_{lim},τ_{lim}	极限应力
σ_m	平均应力
σ_{max}	最大应力
σ_{min}	最小应力
σ_{rN},τ_{rN}	疲劳极限
σ_p	挤压应力
σ_s	屈服极限
σ'	冲击应力
τ	扭转应力
τ_B	剪切强度极限
ν	运动粘度
ϕ	扭角
φ	铆缝的强度系数
ψ	螺旋升角
ψ_σ	等效系数
$[S_\sigma]$,$[S_\tau]$	许用安全系数
$[\sigma]$,$[\tau]$	许用应力

目　录

第 4 篇 轴系零部件设计

第1篇 机械设计总论

第1章 绪 论

1.1 机器与机械零件的基本概念

机械是人类进行物质生产的重要工具，是实现现代化生产的基础，也是衡量社会生产力的重要标志。关于机械的定义，古今中外有不少具有一定影响力的版本，广泛接受的一种表述是：机械是机器和机构的总称。而我们日常生活中经常谈到的机器一般是指用来执行机械运动的装置，用来变换或传递能量、物料或信息。用来进行物料传递和变换的机器一般又称作器械、装置或设备，像过滤装置、分离设备、蒸汽锅炉、热交换器、搅拌装置等均属于这类。用来进行信息传递和变换的机器通常称为仪器，像各种测量仪器、电视机、电脑、录像机、控制和监视仪器等均属于此类。

一台完整的机器一般由三部分构成，即动力机、传动装置和工作机。其中动力机是机器的驱动部分，是动力的提供者，它将各种不同形式的能量（如电能、液能、气能、热能、化学能等）通过某种过程转变为机械能，然后提供给机器。常见的动力机有电动机、蒸汽机、汽轮机、内燃机等。传动装置是一种在一定空间中传递能量并同时实现某些其他作用的装置。它的作用主要包括能量的分配、转速的改变、运动形式的改变等。工作机是直接实现规定功能、完成生产任务的部分，它的主要结构形式完全取决于机器本身的用途。

机械零件是指组成机器的不可拆的基本单元，比如螺栓、螺钉、键、带、齿轮、轴、弹簧、销等。所谓部件是指由若干个零件构成的一个特定的功能单元，比如滚动轴承、滑动轴承、联轴器、离合器等。

机械零件分为通用零件和专用零件，所谓通用零件是指在各种机器中广泛使用的零件；所谓专用零件是指只在某一类特定的机器中使用的零件。

所谓机械系统是指由许多机器、装置、监控仪器等组成的大型工业系统，或由零件、部件等组成的机器。

设计是为了实现某种工程目的而进行的创造性过程，机械设计课程是培养机械工程类专业学生初步掌握设计机械零件和一般机器能力的一门专业基础课程。

1.2 机械设计的要求和设计程序

机械设计的内容十分广泛，包括应用新的原理或新的概念，开发创造新的机器，改进现有机器或再设计。机械设计是生产机械产品的第一道工序，设计质量的高低，将直接关系到机械产品的技术水平和经济效益。机械设计对于国民经济的发展具有很重要的意义。工业产品的核心是设计，一般认为，设计阶段成功与否决定了机械产品性能高低的70％。

设计一个机器时首先应满足功能要求。在此基础上还要考虑满足使用方便、安全可靠、环保、经济合理、外形美观、体积小、质量轻、能耗小、效率高等多种要求。

满足功能要求，就是所设计的机器能在规定的工作条件下、规定的工作寿命内执行预定的各项功能。这主要靠科学合理地设计机器的工作原理、正确地设计机械零部件来加以保证，确保机器中的零件具有足够的强度、刚度、耐磨性和振动稳定性等。

满足经济性要求，就是在满足功能要求的前提下，从机器费用、产品制造成本、产品的维修等多种因素中综合衡量，选择最佳设计方案，以获得最大的经济效益。

在设计机器的过程中还要考虑安全问题，避免发生设备和人身事故。例如，外露运转的零部件应该加装安全罩，设置保险装置消除误操作或过载引起的危险，对操作按钮的设计和布置应考虑易于辨认和操作等。

机器的外观造型目前也越来越受到人们的重视，设计时应考虑造型的比例协调大方、有时代感、美感、安全感。色彩要与产品的功能具有关联性。例如，消防、起重、救护机械要用鲜艳醒目色，从而产生紧迫感、预警感。食品机械以浅色为主色调，给人以卫生、安静感。军用器械要用保护色，给人安全感。

噪声也是机械设计过程必须加以考虑的问题，限制噪声分贝数值已经成为衡量机器性能的重要指标之一。降低噪声，首先要分析产生噪声的原因，然后从设计、工艺、材料等因素着手，采取措施进行噪声的降低。

此外，对于一些特殊的机器还有其他一些具体的要求。如运动式机器有质量轻、体积小的要求；食品机械、纺织机械有防止污染的要求；大型机械要考虑如何运输、拆卸和安装等。

然而，上述各项要求在实际设计中有时会出现矛盾的现象，在设计时要考虑抓住主要要求、兼顾其他一些要求进行设计。例如，煤矿机械、起重机械、冶金机械以安全为主，加工设备（如机床、铣床等）以性能为主，一般不重要的机械以成本为主等。

1. 机械设计的方法

机械设计的方法大体上有三种不同的类型：

1）内插式设计

这种设计是在现有的两种或两种以上的方案中进行综合，这是最为常用的一种设计方法。在进行这种方法设计时一般已经有一些现成的经验，产品可以借鉴和类比，其实就是对原有的设计原理进行归纳、综合，只要精心设计、认真进行一些改进，加上少量的实验研究，就有把握完成设计，取得成功。

2）外推式设计

在进行设计时，有一些设计经验可以借鉴，但这些经验只是局部性的，存在一定的未知部分，依靠经验无法完成整个设计，需要进行外推研究，即通过理论探讨、实验研究进行外推部分的开发研究。

3）开发性设计

有些设计完全没有任何可以借鉴的成功经验，需要应用新原理、新技术进行开发性设计研究。这时要运用基础理论知识进行有关的功能设计和结构设计。

2. 机械设计的过程

机械设计的过程应按照一定的程序进行，否则不仅影响最终设计出来的产品的质量，而且设计效率不高。严格地说，机械设计没有固定不变的程序，但一般来说，对于一个新产品的机械设计过程大致可以分为如下几个主要阶段：

1）调查研究、制定开发计划书

由用户提出要求，用户和设计人员通过讨论、调查分析，共同制订开发计划书。内容包括产品的国内外现状、用途、功能、基本结构形式、主要设计参数、动力源形式、技术经济指标、成本和利润要求、计划进度等。

2）初步设计阶段

这一阶段要确定主要的结构形式，进行机构、零部件的初步设计，对于一些无成功经验可以借鉴的部分，要通过进行模型试验研究和技术分析，验证原理的可行性、可靠性，发现存在的问题，并探索解决的方法。这一阶段最终要通过分析、计算，绘制出必要的结构草图。

3）绘制装配图和零部件图

在上一阶段工作的基础上，根据对零件的功能要求、加工工艺要求，将零件的形状、尺寸、机械安装尺寸、配合公差等全部确定下来，并绘制出整机的装配图，在此基础上绘制出所有的零件图，编制技术文件和设计说明书，并不断审核和修改，最终定稿。

4）样机试制和技术经济评价

对设计图纸进行全面的审核和改进之后，开始进行样机加工制作，装配完成后进行样机试验，对出现的问题进行分析、改进，然后进行全面的技术和经济性评价，和开发计划书进行比对，研究进一步提高综合性能的方法和措施。

5）产品定型、投放市场

在样机达到要求的基础上，进行产品的定型设计，开始小批量生产，投放市场，接受用户反馈信息，进行进一步完善，之后方可进行批量生产、定型产品。

需要说明的是，上述设计过程的各个阶段互相关联，当其中一个阶段发现问题时，必须进行返回修改。整个设计过程是一个不断修改、返工、不断完善的优化过程。另外，在有些设计中，并非经过上述设计过程的所有步骤，有时可以根据具体情况跳过某一个步骤，这要根据实际情况进行操作。

1.3　机械零件的设计要求和设计过程

机器是由机械零件构成的，机械零件的设计是开发机械产品的基础和关键，设计出来的零件首先要满足功能要求，同时工作要可靠、成本低。设计时要根据可能发生的失效形式，确定零件在强度、刚度、振动稳定性、耐磨性、温度等各方面必须满足的条件，根据这些条件建立零件工作能力判断的准则，这些准则又是对机械零件尺寸进行计算和确定的依据。

机械零件设计的一般过程为：

1）确定零件的载荷

根据零件的工作情况，进行计算方案的简化，建立计算数学模型，根据额定功率用力学公式计算出作用在零件上的载荷（称作名义载荷）。考虑到实际载荷随时间作用的不均匀性、载荷在零件上分布的不均匀性及其他影响零件受力情况等因素的综合影响，引入载荷系数K（或称作工作情况系数）对名义载荷进行修正。可以得到计算载荷（名义载荷与载荷系数的乘积），计算载荷是对机械零件进行计算的依据。

2）选择零件的材料

根据零件的工作要求和工作条件，考虑材料的力学性质、物理性质、经济因素及供应情况等选择零件的材料。

3）确定零件的尺寸

根据零件的工作能力准则，计算确定零件的主要尺寸，考虑加工要求、装配要求、拆卸要求、标准化要求等，对尺寸进行确定和圆整。

4）零件图绘制

根据确定的主要尺寸，并结合结构和工艺上的要求，绘制零件的工作图，标注必要的技术要求。零件工作图是制造零件的依据，应严格检查，尽量避免差错。

1.4 零件的计算方法和标准化原理

机械零件设计的计算方法一般有两种，设计计算和校核计算。设计计算是根据零件所受到的载荷，运用相应的计算准则，计算出零件危险截面的最小尺寸，然后根据结构与工艺要求，使结构尺寸进一步具体化。所谓校核计算是参照已有实物、图纸和经验数据，预先初步拟定零件的结构布局和尺寸，然后根据有关计算准则核验危险截面是否处于安全状态。在进行校核计算时，由于零件的尺寸、结构、甚至加工状态都已经确定，可以在计算过程中加以考虑，计算的结果较为精确。这种充分考虑各种有关因素的校核计算也常常称为精确的校核计算。以往人们在进行校核计算时，只能对一些形状和受力方式都比较简单的零件进行精确计算，但随着计算机技术的发展，有限元分析技术的出现，对复杂零部件的精确计算已经变得容易实现。

这里需要说明的是，目前在机械设计中，不论是设计计算还是校核计算，在计算过程中需要对某些复杂的现象作出适当的简化，例如，以集中力代替实际上的分布载荷、以点支承代替实际上的面支承、以恒定的摩擦系数代替变化的摩擦系数等。这样一些假设的引入就使得所进行的机械零件的计算带有了条件性。所以，实际的机械零件的计算一般是一种条件性计算，即一种合理的简化计算。这种条件性计算虽然在精确性上受到限制，但如果计算过程在合理的假设范围内进行，计算结果仍然具有较高的可信性，完全可以满足工程实际的要求。

这里还要特别强调的是，本教材介绍的机械零件设计方法，是以传统的疲劳强度计算方法为依据的，即在不产生裂纹的前提下进行的设计，是一种“安全—寿命”的设计思想。但由于在实际使用中有时无法避免裂纹的存在，近年来又发展了一种新的设计理论——断裂力学理论，产生了一种新的设计方法“破损—安全”的设计概念，该设计方法是允许零件在工作中产生裂纹，但对裂纹疲劳扩展的过程进行研究，掌握其发展规律，确保在规定的寿命范围内不发生断裂失效。

机械零件的设计不能完全依赖于理论计算，对于复杂的零件，有时需要通过模型试验或实物试验进行确定。要成为一名合格的设计者，应该将理论与实践经验进行有效的结合。本教材中所介绍的许多计算公式、设计理论是进行零件设计的基础，不仅应该弄清楚它们的由来和应用，而且应该通过这些公式和理论，掌握各参数之间的相互关系，了解改变这些参数对零件性能的影响过程。但在实际设计中，设计者除了计算以外，还要结合结构、制造、安装、测试、调试、维修等多方面的因素综合进行尺寸的最终确定，设计出来的零件尺寸往往大于理论计算的尺寸。此外，有时也会出现难以用计算方法确定的情况，这时就需要依据设计和生产经验来进行零件尺寸的确定，实际经验对一个成功的设计者来说十分重要，只有不断地积累设计经验才能不断提高设计水平。

任何一个机械零件的设计过程，往往都是一个不断改进和完善的过程，是一个优化的过程。从 20 世纪 80 年代以来，出现了以计算机技术为基础的机械优化设计，通过建立设计的目标函数，确定约束条件，通过对特定的算法进行计算机编程求解，可以获得约束条件下的最优值，大大加快了设计的优化过程。

标准化设计是随着机械工程科学发展到一定阶段自然提出的一种先进设计思想，这是因为在不同类型、不同规格的各种机器中，有相当多的零部件是完全相同的。为此，将这些零件加以标准化、按尺寸大小进行系列化，可以使得设计者免除重复设计，直接从有关的设计手册中进行标准选用。通用化是指系列之内或系列之间尽量采用同一结构和尺寸的零件。

通常所说的“三化”就是指标准化、系列化、通用化。机械设计中应尽力提高三化程度，因为采用三化具有以下一些优点：

(1) 减轻设计工作量，避免重复劳动，节省精力以应用于关键设计的活动中。

(2) 可以减少技术过失的重复出现，增大互换性，便于维修和装配。

(3) 可以安排专门工厂采用专业设备和先进技术生产标准零件，实现最优的技术经济性能。

(4) 有利于提高产品的设计、制造速度，增加产品品种、扩大生产批量，达到产品的优质、高产和低消耗。

三化程度是衡量产品性能的重要指标之一。

目前我国的标准化体系分为：国家标准(GB)、专业标准、行业标准、企业标准、国际标准等。目前的标准体系正逐渐向国际标准靠近和接轨。

1.5　机械设计学科现状和对设计人员的要求

机械设计是一门十分古老的学科，从18世纪工业革命开始，一直在迅速发展，特别是过去的近半个世纪以来，随着计算机技术的出现、发展和在机械设计领域的应用，使得机械设计学科发生了巨大的变化，新的设计方法不断出现，正朝着计算更科学、计算精度更高、计算速度更快的方向发展。

1. 机械设计学科的发展和变化

1) 相关新学科的出现带动机械设计学科的进步

摩擦学是20世纪60年代出现的一门新学科，它对摩擦表面物理和化学性质的研究，为摩擦副的真实机理研究不断提出深入的理论支撑，使润滑的原理和提高润滑效果的方法有了更进一步的发展。其中的弹性流体动力润滑理论的建立，为滚动轴承、齿轮传动等高副接触的润滑问题、疲劳寿命计算提供了科学的理论支撑；断裂力学的出现，使得人们有能力对零件裂纹的扩展规律进行科学的预测，改变了以往认为发生裂纹就意味着失效的设计观点。

2) 动态设计成为机械设计的发展方向

传统的机械设计偏重于零、部件静态设计，每个零件的设计过程相对比较孤立。机械动力学学科的发展，特别是计算机技术的发展，大大改变了这种局面，目前正在向以多种零件的综合或整机系统为对象的动态设计方向发展。最近几年出现的计算机虚拟样机技术，借助计算机强大的三维造型和数据处理能力，使动态整机设计技术进一步发展，并取得了良好的应用效果。

3) 计算机辅助设计推动了机械设计的新发展

随着计算机技术在机械工程领域的不断深入应用，新的设计方法不断出现，如优化设计、系统设计、可靠性设计、设计方法学、价值工程、造型设计、模块化设计、并行设计、反求设计、优势设计、绿色设计、有限元方法、数值模拟、人工智能等一系列先进的设计方法的出现，加快了机械设计学科的进步和发展。由于计算机具有速度快、计算精度高、有记忆和逻辑判断能力，在机械设计中可以应用其编程进行设计计算、自动设计、计算机绘图、人机对话，这些用计算机辅助进行的设计技术(称为CAD技术)发展很快。

4) 机械设计学科正面临重要的机遇和挑战

近年来，机械设计的CAD技术正向规模大、知识广、层次高、智能化、虚拟化、全球化方向发展。已经不是简单地停留在一般的数值计算和绘图功能上，已经能够利用计算机进行逻辑推理、智能化设计、方案构思、决策判断等人力难以完成的工作。大大提高了设计速度、设计效率和设计质量。因此，传统的机械设计学科正面临新的转折和挑战，机电一体化技术的迅速发展，使得机械技术与电子技术、强电与弱电、软件与硬件、控制与信息等多种新技术有机结合，使传统的机械技术每天都在发生巨大的变化，新近发展的光机电一体化技术将光学技术、机械技术和电子技术进行结合，其发展前景更是无可限量。

5) 微纳米技术为机械设计提出了新的发展领域

纳米技术被称为第三次工业革命，纳米技术为机械设计提出了一个崭新的领域——微机电系统(MEMS)，该技术以纳米尺度的机器和零部件为设计对象，所使用的理论和方法与传统宏观机械设计方法完全不同，目前，该领域的研究正逐渐引向深入，微纳米机械设计的前景将十分广阔，其发展过程所挖掘的潜力、对生产力发展的促进正一步步地展现出来。

6) 3D打印技术为机械设计开辟了一种全新的思路

3D打印技术出现在20世纪90年代中期，是快速成形技术的一种，它是一种以数字模型文件为基础，运用粉末状金属或塑料等可粘合材料，通过逐层打印的方式来构造物体的技术。常在模具制造、工业设计等领域被用于制造模型，后逐渐用于一些产品的直接制造，已经有使用这种技术打印而成的零部件。该技术将在一定程度上颠覆传统机械设计和制造的工艺和方法，需要从事机械设计制造的专业人员予以高度重视。目前，该技术在珠宝、鞋类、工业设计、建筑、工程和施工(AEC)、汽车、航空航天、牙科和医疗产业、教育、地理信息系统、土木工程、枪支以及其他领域都有所应用。

3D打印技术作为一种新型的制造技术，正受到世界各国的广泛重视，甚至有人认为该技术可能会引发新一轮工业技术革命，发展前景十分看好。

2. 机械设计从业者的发展要求

机械设计作为一门特殊的专业，从事机械设计的人员除了要具备扎实的专业基础知识和生产实际知识以外，还应满足一些更高的要求。

1) 要不断学习新知识，富于探索和进取精神

科学技术日新月异，机械设计学科更是如此，作为一名机械设计工作者，平时要养成不断学习、自觉进行知识更新的习惯，注意积累有关的科学研究、科技开发、专利新成果等信息，注意市场发展动态。不断拓宽知识面，学会对多学科知识进行归纳、推理、综合的方法，对机械设计的发展有一定的前沿预测能力。要努力钻研新的理论、新的设计方法，虚心征求用户、制造商、管理人员、销售人员和同行专家的意见，对新产品不断进行改进和完善。

2) 要有高度的责任心，强化法律和道德观念

机械设计就是一种创造新的机械产品的过程，设计质量的好坏将可能导致用户的财产损失甚至人员伤亡，可能产生刑罚和司法诉讼问题，设计者必须树立高度的责任心，做到工作原理正确、方案可行、可靠性好、符合安全规范，严格避免由于设计质量问题导致的财产和人身伤害事故的发生。

在进行机械设计过程中，设计者还应该严格遵守国家颁布的各项法规、标准、设计规范、专利法、知识产权法、合同、协议等，坚持实事求是的原则，不弄虚作假，对设计的产品性能进行真实说明，对操作过程可能发生和应该注意的问题必须在设计说明书和有关设计文件中交代清楚。

3）要培养和具备创新的能力

设计过程本身蕴涵了创新，是一种创造性过程，要求设计人员养成观察和思考的习惯，能够从中发现问题，只有具备了发现问题的能力才能谈得上创新，创新是我们这个时代的主题，作为一名从事机械设计的工作者更应该深深明白其中的重要性。为此，设计人员要不断进行创造性思维和方法的学习及锻炼，不断提高开发创新性机械产品的本领。创新产品不仅要有新意，而且要充分运用新原理、新技术，使设计的产品具备新功能、产生高效益，要实现这样的目标必须在技术上有大的突破，可以毫不夸张地说，作为一名现代机械设计人员，创新设计的能力已经成为一项必备的基本素质。

本章学习要求

掌握机器与机械零件的关系，掌握机器、机械、仪器、机械零件、通用零件、专用零件、机械系统等名词的含义；掌握对一个机器的主要要求有哪些，机械设计的一般过程分为哪几个步骤、每一步主要解决什么问题，设计过程应该注意什么；掌握对一个机械零件的主要要求有哪些，机械零件的一般设计过程分为哪几个步骤，每一个步骤主要解决哪些问题；弄清设计过程应该注意什么；掌握设计计算和校核计算的作用与它们之间的不同，弄清条件性计算的含义，掌握标准化的思想和提倡标准化的实际意义，掌握国标概念及代号；明确机械设计学科目前的发展状况，树立正确的专业思想，明确设计过程中应该遵循的行为规范。

本章习题

1.1 什么叫机械零件？什么叫机械部件？

1.2 设计机器应满足哪些要求？其中最主要的要求是什么？

1.3 设计开发一个机械新产品的一般过程是什么？

1.4 设计一个机械零件的一般过程分为哪几个步骤？

1.5 什么叫“三化”？实行三化的意义是什么？

第 2 章　机械零件的强度和设计准则

2.1　机械零件的载荷和应力

载荷及其产生的应力，是导致机械零件发生损伤甚至失效的最主要原因。对机械零件进行载荷和应力分析是进行机械设计过程中首先面临和要解决的问题。

2.1.1　机械零件的载荷

机械零件的载荷一般是指它所受到的力(F)、弯矩(M)、扭矩(T)。载荷的类型一般可以分为：

(1) 静载荷。不随时间变化、变化缓慢或者变化幅度相对很小的载荷。如零件所受到的重力、锅炉稳定工作时所受到的压力等。

(2) 变载荷。随时间作周期性变化或非周期性变化的载荷。如汽车齿轮箱中的齿轮、轴、轴承等所受的载荷均为变载荷。

在进行载荷计算过程中也常将载荷分为名义载荷(F、T、M)和计算载荷(F_c、T_c、M_c)，计算载荷等于名义载荷乘以载荷系数 K，即

$$F_c = KF$$
$$T_c = KT$$
$$M_c = KM$$

载荷系数 K 的数值主要取决于动力机和工作机的性质，动力机和工作机的工作越平稳，则冲击载荷越小，载荷系数就越小，反之则应该取大值。

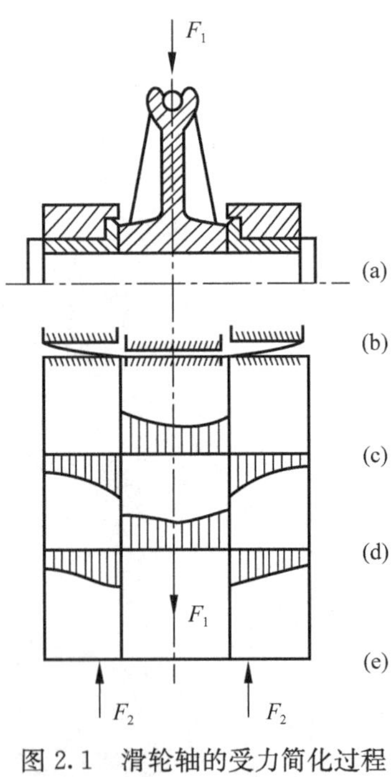

图 2.1　滑轮轴的受力简化过程

名义载荷的计算一般运用公式来进行，比如十分常用的一种已知转动速度 n(r/min)和输入功率 P(kW)计算旋转运动件所受到的扭矩

$$T = 9.55 \times 10^6 \frac{P}{n} \quad (\text{N}\cdot\text{mm})$$

在进行载荷计算时经常要通过一些简化处理，这是因为实际载荷的作用往往都是作用在一定的范围面上。图 2.1 所示为滑动轴承支承的滑轮轴，滑轮受到载荷作用时将使得轴发生挠曲变形，因此载荷的分布是不均匀的。为了简化计算，将曲线分布的载荷看作直线分布载荷，进一步简化就变成了集中载荷，这样的简化使得计算简单化，虽然一定程度上精度降低，但只要处理适当，完全可以满足机械设计的要求。

2.1.2　机械零件的应力

在载荷作用下，机械零件将承受某种应力。按应力在零件上的分布情况可分为体应力和表面应力(接触应力)。通

常所讲的拉伸或压缩应力 σ、弯曲应力 σ_b、扭转应力 τ 等都属于体应力。机械设计中应用最多的是体应力，体应力又可以分为静应力和变应力。所谓静应力是指不随时间变化或变化缓慢的应力，它只能由静载荷产生；变应力是指随时间变化的应力，变应力可由变载荷产生，也能由静载荷产生。变应力可以归纳为三种基本的类型：对称循环变应力、非对称循环变应力和脉动循环变应力。几种应力的特点可以通过图 2.2 形象地表达出来。

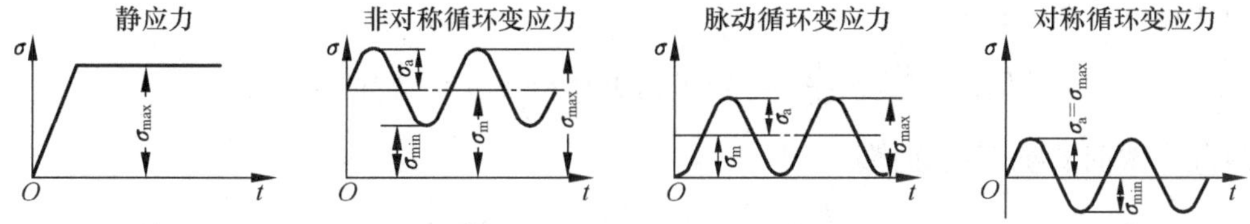

(a)	(b)	(c)	(d)
$\sigma_m=\sigma_{max}=\sigma_{min}$	$\sigma_m=\dfrac{\sigma_{max}+\sigma_{min}}{2}$	$\sigma_m=\sigma_a=\dfrac{\sigma_{max}}{2}$	$\sigma_m=0$
$\sigma_a=0$	$\sigma_a=\dfrac{\sigma_{max}-\sigma_{min}}{2}$	$\sigma_{min}=0$	$\sigma_a=\sigma_{max}=-\sigma_{min}$
$r=+1$	$r=\dfrac{\sigma_{min}}{\sigma_{max}}$	$r=0$	$r=-1$

图 2.2　应力变化示意图

对变应力性质进行描述的参数一共有 5 个，即最大应力 σ_{max}、最小应力 σ_{min}、平均应力 $\sigma_m=\dfrac{\sigma_{max}+\sigma_{min}}{2}$、应力幅 $\sigma_a=\dfrac{\sigma_{max}-\sigma_{min}}{2}$、循环特性 $r=\dfrac{\sigma_{min}}{\sigma_{max}}$，循环特性 r 是人为引入的参数，只要从上述 5 个参数中任意取出两个就可以准确地描述一个应力的性质。

在对图 2.2 中的变应力进行有关参数计算时应该注意几点问题：①横坐标以上为拉伸应力，数值为正，横坐标以下为压缩应力，数值为负。对于剪切应力 τ，则可以自行规定一个方向为正值，另一个方向为负值。②根据绝对值大小判断 σ_{max} 和 σ_{min}，绝对值大者为 σ_{max}，小者为 σ_{min}。③循环特性 r 的变化范围为 $-1\leqslant r\leqslant 1$。

在实际问题中碰到的变应力很多处于一种不稳定变化状态，甚至是随机变应力，如图 2.3 所示。

静载荷可以产生变应力的例子很多，图 2.4 就给出了这样的实际情形。

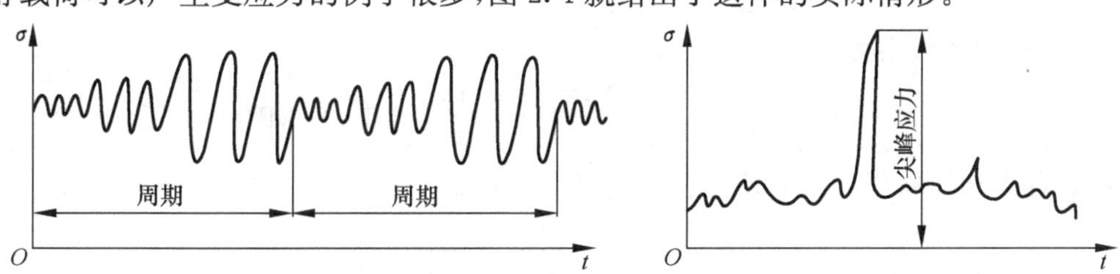

(a) 非稳定变应力　　(b) 随机变应力

图 2.3　不稳定变应力示意图

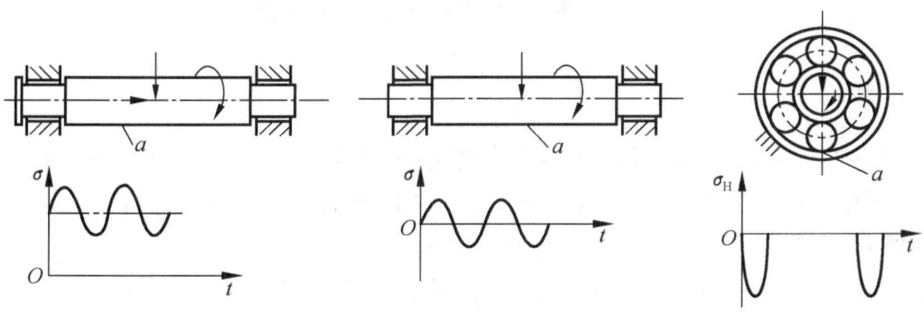

图 2.4　静载荷产生变应力举例

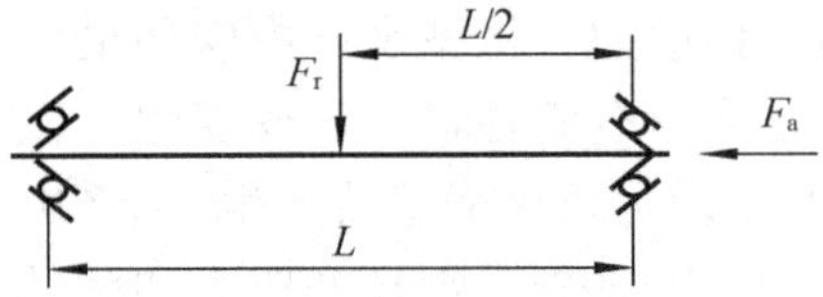

图 2.5　例 2.1 图

【例 2.1】 如例图 2.5 所示，作用在转轴上的轴向力 $F_a=2000\text{N}$，径向力 $F_r=6000\text{N}$，两支点间距 $L=300\text{mm}$，轴为等截面轴，轴径 $d=45\text{mm}$，轴承为角接触球轴承。求轴的危险截面上的应力 σ_{max}、σ_{min}、σ_m、σ_a 和 r 值。

解　(1)轴的中间截面弯矩最大，是危险截面。

(2)计算危险截面的弯矩

$$M_{max}=\frac{F_r}{2}\times\frac{L}{2}=3000\times150=4.5\times10^5(\text{N}\cdot\text{mm})$$

(3)危险截面的抗弯截面模量

$$W=\frac{\pi d^3}{32}=\frac{3.14\times45^3}{32}=8941.4(\text{mm}^3)$$

(4)危险截面的弯曲应力

$$\sigma_1=\frac{M_{max}}{W}=50.3(\text{MPa})$$

危险截面圆周上的任一点在随轴转动过程中，其所受弯曲应力不断变化，当转动到受拉侧时，受拉应力 $\sigma_1=50.3\text{MPa}$；当转动到受压侧时，受压应力 $\sigma_1=-50.3\text{MPa}$。

(5)轴向载荷产生的压应力

$$\sigma=-\frac{F_a}{A}=-\frac{4\times2000}{3.14\times45^2}=-1.3(\text{MPa})$$

(6)危险截面的最大应力

$$\sigma_{max}=-50.3-1.3=-51.60(\text{MPa})$$

(7)危险截面的最小应力

$$\sigma_{min}=50.3-1.3=49(\text{MPa})$$

(8)危险截面的平均应力

$$\sigma_m=\frac{\sigma_{max}+\sigma_{min}}{2}=\frac{-51.6+49}{2}=-1.3(\text{MPa})$$

(9)危险截面的应力幅

$$\sigma_a=\left|\frac{\sigma_{max}-\sigma_{min}}{2}\right|=\left|\frac{-51.6-49}{2}\right|=50.3(\text{MPa})$$

(10)危险截面边缘任一点的应力循环特性

$$r=\frac{\sigma_{min}}{\sigma_{max}}=\frac{49}{-50.3}=-0.97$$

2.2　机械零件计算的准则

2.2.1　强度准则

要对机械零件的强度进行计算，必须首先建立计算准则。在本教材中主要讨论两种计算准则，一种是根据许用应力建立的计算准则，另一种是根据安全系数建立的计算准则。在实际使用中根据所掌握的数据情况确定选择使用哪种强度准则。

(1) 通过判断危险截面的最大应力(σ,τ)是否小于或等于许用应力[σ],[τ]。该计算准则可以写成数学表达式

$$\left.\begin{array}{l}\sigma \leqslant [\sigma] \\ \tau \leqslant [\tau]\end{array}\right\} \tag{2.1}$$

式中，$[\sigma]=\dfrac{\sigma_{\lim}}{[S_\sigma]}$，$[\tau]=\dfrac{\tau_{\lim}}{[S_\tau]}$，即极限应力与许用安全系数的比值。

(2) 通过判断危险截面上实际的安全系数(S_σ，S_τ)是否大于或等于许用安全系数($[S_\sigma]$，$[S_\tau]$)。该计算准则可以写成数学表达式

$$\left.\begin{array}{l}S_\sigma = \dfrac{\sigma_{\lim}}{\sigma} \geqslant [S_\sigma] \\ S_\tau = \dfrac{\tau_{\lim}}{\tau} \geqslant [S_\tau]\end{array}\right\} \tag{2.2}$$

所谓安全系数就是指零件所能承受的极限应力与实际应力的比值，它反映了零件的安全工作程度。合理选择安全系数的大小十分重要，如果选择过大，则造成材料浪费、机器笨重、加工运输困难、成本提高等一系列问题。安全系数过小，则可能导致不安全。许用安全系数的确定要考虑很多因素，主要包括：①载荷和应力的性质及计算的准确程度。②运行条件的平稳程度(是否有冲击载荷)。③材料的性质和材质的均匀程度。④零件的重要程度。⑤工艺和探伤水平。⑥环境是否具有腐蚀性。

安全系数的选择原则是：在保证安全、可靠的前提下，尽可能选用较小的安全系数。

【例 2.2】 某一等径直杆，直径 $d=18\text{mm}$，杆长 $L=40\text{mm}$。受静拉力 $F=40\text{kN}$，材料屈服极限 $\sigma_s=260\text{MPa}$，许用安全系数$[S_\sigma]=1.5$，判断杆的强度。

解　(1)求杆的横截面积

$$A = \frac{1}{4}\pi d^2 = \frac{\pi}{4}18^2 = 254.3(\text{mm}^2)$$

(2)求杆的工作拉力所产生的应力

$$\sigma = \frac{F}{A} = \frac{40000}{254.3} = 157.3(\text{MPa})$$

(3)求安全系数

$$S_\sigma = \frac{\sigma_s}{\sigma} = \frac{260}{157.3} = 1.65$$

因为 $S_\sigma > [S_\sigma]$，所以杆的强度足够。

2.2.2　刚度准则

如材料力学中所述，零件在载荷作用下产生的弹性变形分为挠度 y、转角 θ 和扭角 ϕ，刚度计算准则就是要求零件在实际工作中所产生的弹性变形量小于或等于许用的弹性变形量，用公式可以表达为

$$\left.\begin{array}{l}y \leqslant [y] \\ \theta \leqslant [\theta] \\ \phi \leqslant [\phi]\end{array}\right\} \tag{2.3}$$

实际的弹性变形量可以根据不同的零件，依据不同的理论或实验方法进行确定，而相应的许用值则需要根据不同的场合，根据理论和经验确定合理的数值。

2.2.3　寿命准则

决定零件寿命的有磨损、腐蚀和疲劳三种最为主要的因素，这三种因素的研究进程各不相

同。关于磨损问题的研究目前还很不完善,还无法建立一个能够广为接受的计算准则;腐蚀问题的研究也存在同样的问题,至今还未出现能够具有通用性的计算准则,因而也无法建立明确的计算准则;疲劳问题是目前发展比较成熟的一个研究方向,已经可以较为定性地进行疲劳寿命计算,但是要在一定可靠度的前提下进行计算。关于具体的疲劳寿命计算方法,将在后续章节中进行详细的介绍。

2.2.4 可靠性准则

对于有些零件,虽然其设计过程满足式(2.1)的强度准则,但由于材料强度、外载荷和加工尺寸等存在离散性,导致零件在预定工作期内出现失效的现象,从而引入了可靠性的概念。所谓可靠性,就是产品在规定的条件下、规定的时间内、完成规定功能的可靠程度。比如,有 N 个同样零件在规定的时间 t 内有 N_f 个零件发生失效,剩下 N_t 个零件仍能继续工作,则可靠度为

$$R_t = \frac{N_t}{N} = \frac{N - N_f}{N} = 1 - \frac{N_f}{N} \tag{2.4}$$

式中,$\frac{N_f}{N} = F_t = 1 - R_t$ 称作失效概率,根据数学关系有

$$R_t + F_t = 1$$

如果试验时间不断延长,则 N_f 将不断增加,可靠度逐渐减少,这说明零件的可靠度是随时间发生改变的,是时间的函数。

如果对 F_t 进行微分,则有

$$f(t) = \frac{dF_t}{dt} = \frac{dN_f}{Ndt} \tag{2.5}$$

式中,$f(t)$称作失效密度,$f(t)$与时间的关系曲线称为失效分布曲线,常见的分布曲线有正态分布、韦布尔分布、指数分布等。图 2.6 所示为正态分布曲线图。

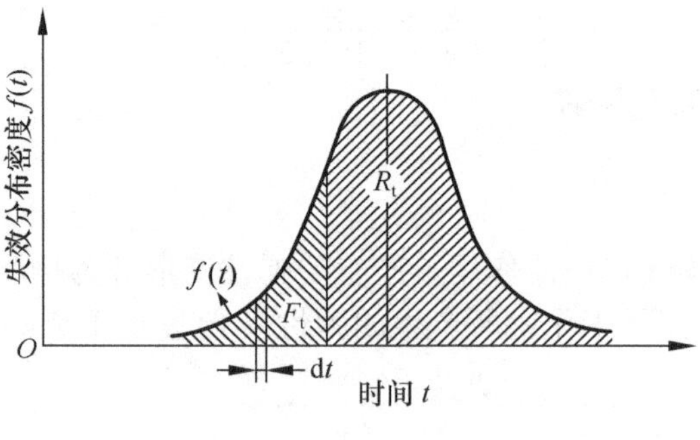

图 2.6 失效密度正态分布

当已知零件的失效分布函数时,可根据如下公式积分求累积失效概率和可靠度。

累积失效概率:$F_t = \int dF_t = \int f(t)dt$,可靠度:$R_t = 1 - F_t$。

可靠性计算准则,就是要保证零件在工作过程中能够满足规定的可靠性要求。

2.3　机械零件的失效方式及提高强度的一般方法

2.3.1　机械零件的失效方式

机械零件在工作时出现丧失工作能力或达不到设计要求性能的现象，称为失效。失效并不意味着破坏。常见的失效形式有：①整体断裂。零件在拉、压、弯、扭等外载荷作用下，由于某一危险截面上的应力超过零件的强度极限而发生的断裂，或者零件在变化的应力作用下，危险截面上发生的疲劳断裂。②过大的弹性变形或残余变形。如果作用在零件上的载荷过大，将导致产生过大的弹性变形，甚至产生残余变形（塑性变形）。③零件表面的破坏。主要指零件表面的过度磨损、过度腐蚀、接触疲劳破坏、过热等。④不能满足工作条件所导致的失效。这些失效包括联接的松动、压力容器和管道的泄漏、运动精度达不到要求、皮带传动出现打滑现象、滑动轴承的油膜压力太小、转动速度与固有频率重合而发生共振等。

零件到底发生什么样的失效取决于很多因素，同一种零件发生失效的形式可能有很多种。例如，齿轮传动的失效形式就有：齿面的粘着磨损和胶合、磨粒磨损、齿面疲劳点蚀和剥落、齿的疲劳断裂和过载断裂、齿面的塑性变形、齿轮其他部分的损坏等。在实际工作中，齿轮到底发生哪一种损坏形式，将取决于齿轮材料、具体的结构、工作条件及工作环境。

机械零件的失效形式虽然很多，但最常发生的失效形式主要是由于强度、刚度、耐磨性、耐温度性、振动稳定性、可靠性等方面的问题。

2.3.2　提高机械零件强度的一般措施

如前所述，由于强度不足所引起的失效是机械零件的主要失效方式之一，提高机械零件的强度是机械设计过程中必须考虑的问题之一。下面介绍几种改进零件强度的方法：

1）合理布置零件，减少零件所受到的最大载荷

图 2.7 和图 2.8 所示为减少最大扭矩和弯矩的一种实际范例。

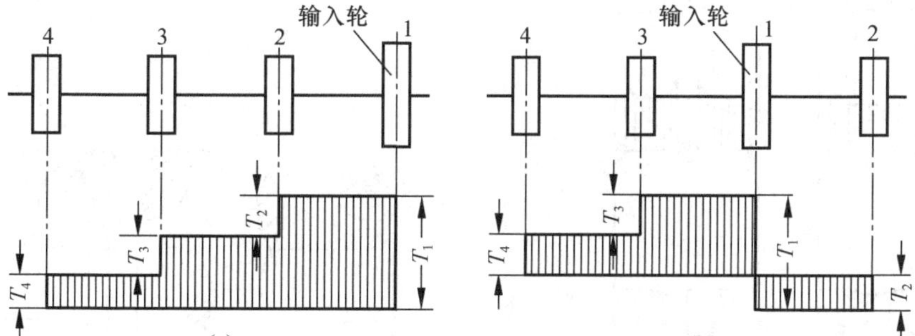

图 2.7　改进零件布置提高扭转强度

2）采用等强度结构

等强度设计的零件能够充分发挥材料的作用，标准件一般都设计成等强度结构，但在实际中由于制造、安装等过程的要求，大多数情况下不能做到完全等强度结构。轴一般设计成阶梯形，除了考虑到轴的加工、轴上零件的安装以外，还有等强度的因素在里面。如图 2.9 所示的阶梯轴实际上近似于一个等强度轴（虚线轴）。

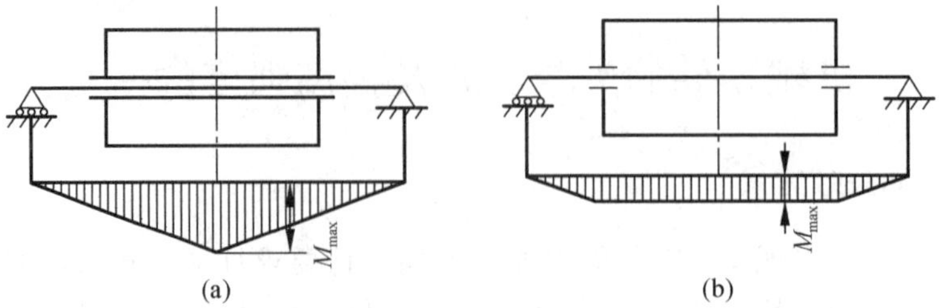

图 2.8　改进零件布置提高弯曲强度

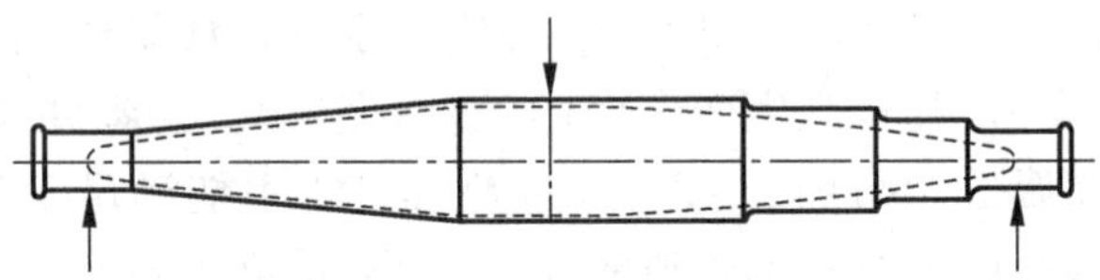

图 2.9　阶梯轴的等强度原理

3）减小载荷和应力集中

图 2.10 所示为减小齿轮齿面接触载荷不均所采取的措施，将其中一个齿轮的齿面做成鼓形。图 2.11 和图 2.12 分别为减小应力集中的方法。

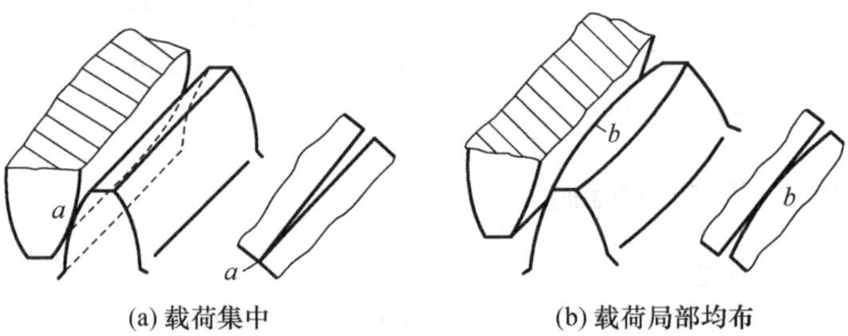

图 2.10　齿面载荷的均布措施

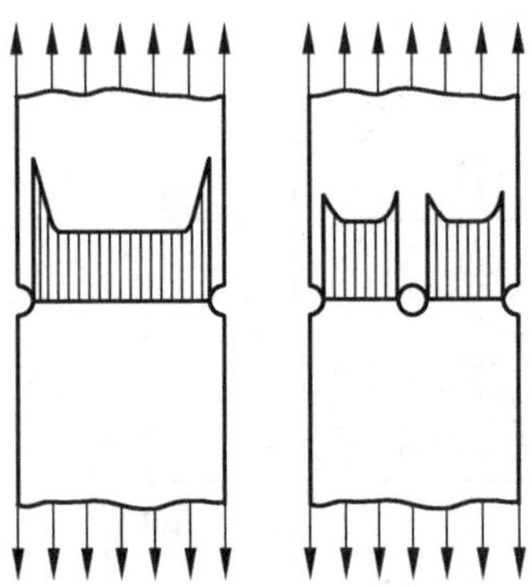

图 2.11　卸载孔减小应力集中

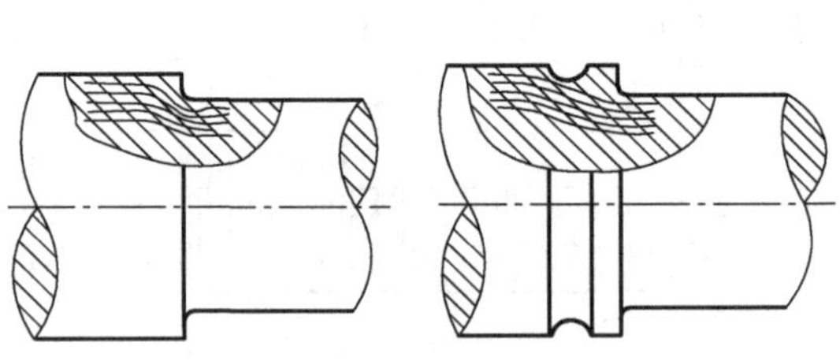

图 2.12　卸载槽减小应力集中

4）选用合理截面

比如梁的截面采用工字形、T 字形；轴的截面采用圆形、空心圆形等。

5）对零件表面进行强化处理

比如，为提高零件表面疲劳强度，常采用的表面强化工艺有喷丸处理及碾压处理、渗碳、碳氮共渗、渗氮、表面淬火。这些方法都可以在零件表面中形成残余压应力、提高表面硬度，对提高零件的表面疲劳强度是有利的。

2.4　机械零件的三种表面强度

在机器中有一些零件是通过表面接触进行工作的，如滚动轴承、齿轮传动、摩擦离合器等，它们的工作能力取决于表面接触的强度。

1. 表面挤压强度

所谓挤压强度是指零件表面抵抗表面挤压破坏的能力。图 2.13 表示为受横向载荷的销联接。作用的载荷 F 全部通过表面挤压作用承担，在挤压面上将产生挤压应力。当挤压应力过大时，塑性材料将产生表面塑性变形，脆性材料将产生表面破碎。对于非平面接触的情形，挤压应力的计算十分复杂，通常采用简化的方法(图 2.13(b))，将接触区域上的受力看作均匀分布，也是一种条件性计算方法。计算公式可以写作

$$\sigma_{\mathrm{p}}=\frac{F}{A}\leqslant[\sigma_{\mathrm{p}}] \tag{2.6}$$

式中，A 为接触面积或曲面投影面积。

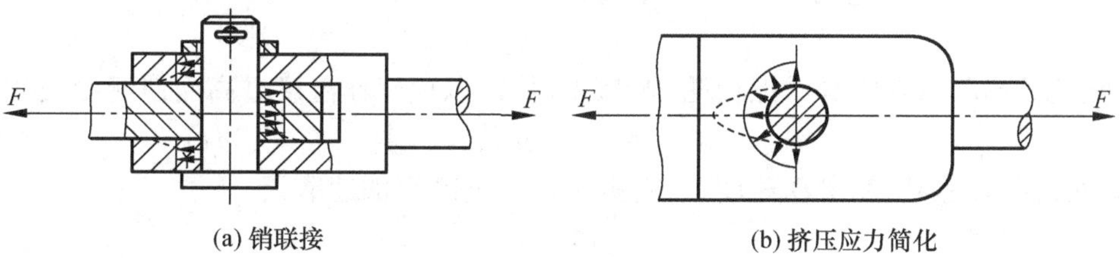

(a) 销联接　　(b) 挤压应力简化

图 2.13　表面挤压受力

2. 表面接触强度

所谓表面接触强度是指高副接触的表面抵抗接触破坏的能力。当一对零件以线接触或点接触的形式进行工作时，其表面将产生很高的接触应力。比如齿轮传动就可以看作是一对圆柱的接触，滚动轴承中滚子与滚道之间的接触就是点接触。对于圆柱接触的情形，其接触应力可以结合图 2.14 根据赫兹接触应力公式进行计算。

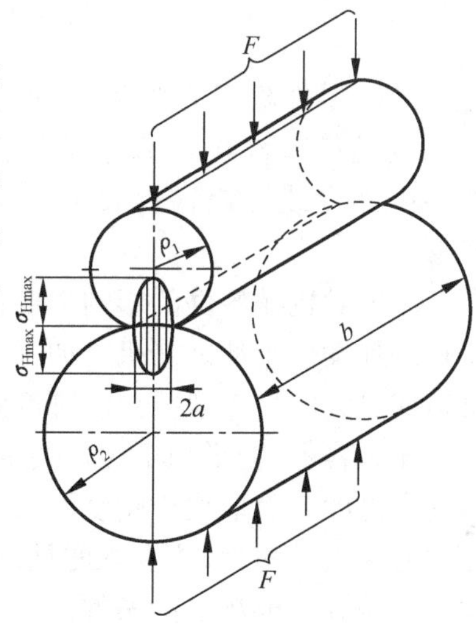

图 2.14　圆柱外接触

$$\sigma_{\mathrm{Hmax}}=\frac{4}{\pi}\frac{F}{2ab}=\sqrt{\frac{1}{\pi}\frac{F}{b}\left[\frac{\frac{1}{\rho}}{\frac{1-\mu_1^2}{E_1}+\frac{1-\mu_2^2}{E_2}}\right]} \tag{2.7}$$

式中，E 为两接触材料的弹性模量；μ 为泊松比；ρ 为综合曲率半径$\left(\frac{1}{\rho}=\frac{1}{\rho_1}\pm\frac{1}{\rho_2}\right.$，正号表示外接触，负号表示内接触$\left.\right)$。

对于点接触的情形一般可以归结为两个球体的接触，其接触应力可以结合图 2.15 根据赫兹接触应力公式进行计算。

$$\sigma_{\mathrm{Hmax}}=\frac{3}{2\pi}\frac{F}{c^2}=\frac{1}{\pi}\sqrt[3]{6F\left[\frac{\frac{1}{\rho}}{\frac{1-\mu_1^2}{E_1}+\frac{1-\mu_2^2}{E_2}}\right]^2} \tag{2.8}$$

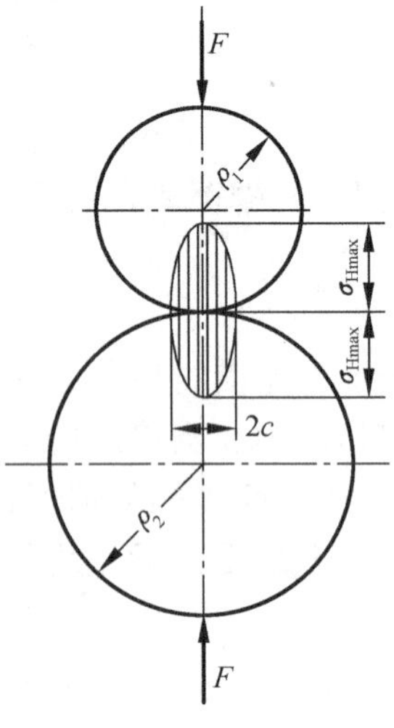

图 2.15　球体外接触

通过上述两个公式的介绍可以看出，在线接触情形下，$\sigma_{\mathrm{Hmax}} \propto F^{1/2}$；球体接触的情况下，$\sigma_{\mathrm{Hmax}} \propto F^{1/3}$，即接触应力与外加载荷不成正比。

在静载荷作用下，接触表面的失效形式为脆性材料的表面压碎和塑性材料的表面塑性变形。接触表面强度的计算公式为

$$\sigma_{\mathrm{Hmax}} \leqslant [\sigma_{\mathrm{H}}]_{\max} \tag{2.9}$$

3. 表面磨损强度

在滑动摩擦状态下工作的零件，常会由于过度磨损而发生失效，比如导轨、边界润滑状态下工作的滑动轴承等。对于磨损失效问题的计算比较复杂，到目前为止尚未建立完善的理论计算体系，对于这类问题一般采用条件性计算的方法进行处理。

对于滑动速度低、载荷较大情况，可以通过限制工作表面的压强进行计算，以限制过度磨损

$$p \leqslant [p] \tag{2.10}$$

滑动速度较高时，要限制摩擦功耗（限制 pv 值），以免工作温度过高而使润滑失效

$$pv \leqslant [pv] \tag{2.11}$$

对高速情况，还要限制滑动速度，以免由于速度过高而加速磨损

$$v \leqslant [v] \tag{2.12}$$

2.5　机械零件的刚度和改进措施

机械零件除了有强度方面的要求之外，刚度也是衡量机械零件的重要指标之一，所谓刚度是指零件在载荷作用下抵抗弹性变形的能力。刚度一般用产生单位弹性变形所需要的外力或力矩进行表示。与刚度所对应的是柔度，用单位外力或力矩所产生的弹性变形表示。

刚度对机械零件的影响主要包括：①刚度不足将影响机器的正常工作，比如轴弯曲过大使得轴颈处发生干涉。②机械加工中，被加工零件和加工设备的刚度必须满足一定的要求，否则会造成过大的加工误差。③刚度的满足也是保证强度的重要因素之一。对于受压长杆、受外压的压力容器，变形稳定性是决定其强度的关键，要提高承载能力就必须首先提高刚度。④零件的自振频率也取决于刚度的大小。刚度大则固有频率高，刚度小则自振频率低，对于那些对频率有要求的零件，改变刚度是重要的措施之一。⑤对于弹簧等弹性元件，保证其具有一定的柔度是设计中要满足的条件。

对于设计人员来说，提高刚度的方法很多，在具体的设计中应根据实际情况进行处理。

1) 材料种类的刚度特点

材料的弹性模量越大，零件的刚度就会越大。一般来说，金属的弹性模量大于非金属弹性模量。同类金属的弹性模量相差不大，因此从提高刚度的角度来说，用贵重的高强度合金钢代替普通碳钢是没有太大的实际意义的。当然，在进行机械零件的材料选择时，往往不能完全根据刚度来进行决定，需要进行全方位的综合考虑。表 2.1 列出了常见金属材料的弹性模量大致范围。

表 2.1　常见金属的弹性模量 E 和剪切弹性模量 G

材料种类	弹性模量 E/MPa	剪切弹性模量 G/MPa
钢	$(200 \sim 220)\times 10^3$	81×10^3
铸钢	$(175 \sim 216)\times 10^3$	$(70 \sim 84)\times 10^3$
铸铁	$(115 \sim 160)\times 10^3$	45×10^3
青铜	$(105 \sim 115)\times 10^3$	$(40 \sim 42)\times 10^3$
硬铝合金	71×10^3	27×10^3

2）结构设计对刚度的提高

通过改变支承方式可以大大提高刚度。从图 2.16 所示的几种轴系支承方式可以看出，悬臂支承、球轴承简支承和滚子轴承支承结构，它们的最大弯矩之比 $M_a : M_b : M_c$ 为 4∶2∶1，最大变形挠度之比 $y_a : y_b : y_c$ 为 16∶4∶1，由此可以看出支承方式对刚度的影响很大。

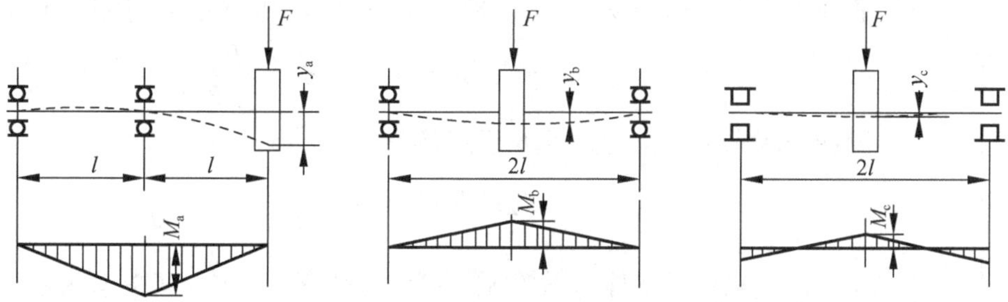

(a) 悬臂结构　(b) 球轴承简支结构　(c) 滚子轴承固支结构

图 2.16　支承方式对刚度的影响

3）通过预紧装配实现刚度提高

对于滚动球轴承这样高副接触的零件，由于其表面在受到载荷作用时的弹性变形与载荷不成线性关系，其接触变形刚度将随着载荷的增大而迅速增大，如果在装配过程就首先施加一个初始载荷，将可以起到提高刚度的作用。

2.6　机械零件的振动稳定性和冲击强度

2.6.1　零件的振动和振动稳定性

随着现代机器工作速度的不断提高，机械设计中对振动问题需要投入更多的关注，所谓振动就是机械零件发生周期性变形的现象。

引起振动的因素很多，如由往复运动零件产生的惯性力、由摆动零件产生的惯性力矩、由转动零件的不平衡产生的离心力、周期性作用的外力等。描述振动的参数是振幅和频率。当零件的自振频率和外来周期性刺激力变化频率相等或者接近的时候，就会发生共振现象。发生共振时将导致振幅急剧增大，出现失稳现象，即丧失振动稳定性。发生共振现象可使零件在很短的时间里产生破坏，对零件或机器来说，为保持振动稳定性，不发生失稳，应避免在临近共振频率的区域内工作。

对于振动零件要进行振动计算，其计算的准则就是使零件的自振频率与外来作用的频率既不相等也不接近。然而对于转轴、弹簧等零件，其外来的作用频率往往是由机器的工作情况决定的，通常不能改变，因此，只有用改变零件自振频率的方法来避免发生共振。零件的自振频率可以通过改变零件的刚度和质量来进行改变。

在进行零件的设计时要考虑减轻振动，一般采取的措施有：①尽量采用对称结构（如花键联接）、减少悬臂长度、缩短中心距等。②对转动零件进行平衡，尽量满足动、静平衡条件。③采用阻尼作用消耗引起振动的能量，如设置滑动轴承的油膜阻尼器、液压缸端部的阻尼孔等。④设置隔振零件，如加装弹簧、橡胶垫、隔振层等都具有减振作用。

2.6.2 机械零件的冲击强度

所谓冲击载荷是指以一定的速度作用在零件上的载荷。冲击载荷对机械零件的破坏性很大，在设计中应特别加以注意。图 2.17 表示的是一个物体从一定的高度下落形成的冲击载荷。

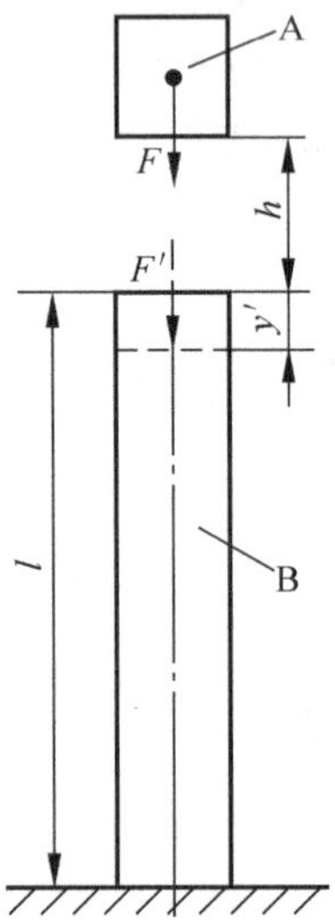

图 2.17 物体下落冲击

如果物体重为 F，下落高度为 h，将对物体 B 产生的冲击力为 F′，产生的冲击弹性变形为 y′，产生的冲击能为 E_k，物体 B 的变形能为 E_p，则有

$$E_k = F(h + y'),\quad E_p = \frac{F'y'}{2}$$

设冲击能完全转化为弹性变形能，则有

$$F(h + y') = \frac{F'y'}{2}$$

由于只考虑物体 B 发生弹性变形，则有 $\frac{F}{F'} = \frac{y}{y'}$，其中 y 为静载荷 F 作用下的物体 B 弹性变形量。对上述关系式进行整理后可以得到

$$F' = \left(1 + \sqrt{1 + \frac{2h}{y}}\right)F = K_I F \tag{2.13}$$

其中 $K_I = 1 + \sqrt{1 + \frac{2h}{y}}$ 称作冲击系数。

冲击应力为

$$\sigma' = K_I \sigma \quad (\sigma \text{ 为静载荷 } F \text{ 作用下产生的应力})$$

有冲击变形

$$y' = K_I y \tag{2.14}$$

从式(2.13)和式(2.14)可以看出，在自由落体过程中，距离 h 越大和零件的静载荷作用下弹性变形 y 越小，冲击系数、冲击载荷和冲击变形就越大。还可以看到，即使自由落体的高度为零，冲击载荷和冲击变形也要增大到静载荷的两倍。由此可见，冲击载荷产生的破坏作用比静载荷要大得多。

在机械设计中对冲击问题的考虑归结为对冲击系数的确定，当零件的速度或载荷发生变化时都会产生冲击作用。通常情况下，冲击系数的确定方法为：轻度冲击 1～1.1，中度冲击 1.25～1.4，重度冲击 1.6～2，极大冲击 2～3。有时冲击系数并不单独使用，而是将其合并于载荷系数或工作情况系数之中综合考虑。

在进行机械设计过程中，可以通过采用一些结构措施来减缓冲击所引起的破坏作用。如采用能增大零件弹性变形的结构；采用弹性模量低的材料以获得大的弹性变形；增加橡胶垫、弹簧等缓冲零件吸收冲击能；尽量消除或减小联接间的间隙，防止由于间隙过大引起的冲击载荷。

本章学习要求和知识点小结

学习要求　要求掌握的名词和基本概念包括：静载荷、变载荷、载荷系数、两个强度计算准则、变应力的三种基本形式以及描述的五个参数、刚度和柔度的概念、可靠度的概念及其数学表达、机械零件的三种表面接触强度、振动稳定性概念。

知识点小结　(1) 作用在机械零件上的载荷分为静载荷和变载荷，在进行载荷计算时往往要进行一些简化处理，因而计算过程称为条件性计算。计算出的载荷有两种：直接根据额定功率进行计算出来的载荷称为名义载荷，引入载荷系数而计算出来的载荷称为计算载荷，载荷系数的大小取决于工作机和原动机的性能。

(2) 静应力只能由静载荷产生，变应力可由变载荷产生，也能由静载荷产生。变应力可以归纳为对称循环变应力、非对称循环变应力、脉动循环变应力三种基本的类型，变应力可以通过最大应力 $\sigma_{\max}$、最小应力 $\sigma_{\min}$、平均应力 $\sigma_m=\dfrac{\sigma_{\max}+\sigma_{\min}}{2}$、应力幅 $\sigma_a=\dfrac{\sigma_{\max}-\sigma_{\min}}{2}$、循环特性 $r=\dfrac{\sigma_{\min}}{\sigma_{\max}}$五个参数中的任意两个进行描述。

(3) 机械零件的强度一般有两种计算准则，一种是根据许用应力建立的计算准则，即 $\sigma\leqslant[\sigma]$，$\tau\leqslant[\tau]$，另一种是根据安全系数建立的计算准则，即 $S_\sigma=\dfrac{\sigma_{\lim}}{\sigma}\geqslant[S_\sigma]$，$S_\tau=\dfrac{\tau_{\lim}}{\tau}\geqslant[S_\tau]$。在实际使用中根据所掌握的数据情况选择使用哪种强度准则。刚度计算准则就是要求零件在实际工作中所产生的弹性变形量小于或等于许用的弹性变形量，公式表达为 $y\leqslant[y]$，$\theta\leqslant[\theta]$，$\phi\leqslant[\phi]$。

(4) 所谓可靠性，就是产品在规定的条件下、规定的时间内、完成规定功能的可靠程度。如有 N 个同样零件在规定的时间 t 内有 N_f 个零件发生失效，剩下 N_t 个零件仍能继续工作，则可靠度为 $R_t=\dfrac{N_t}{N}=\dfrac{N-N_f}{N}=1-\dfrac{N_f}{N}$。

(5) 机械零件的失效形式很多，最常发生的失效形式主要是由于强度、刚度、耐磨性、耐温度性、振动稳定性、可靠性等方面的问题。提高零件强度的措施一般包括：合理布置零件，减少零件所受到的最大载荷；尽量采用等强度结构；采取措施减小载荷和应力集中；设计选用合理截面以及考虑对零件表面进行强化处理等。

(6) 表面强度分为表面挤压强度、表面接触强度和表面磨损强度三种。挤压强度不足会导致塑性材料产生表面塑性变形，脆性材料将产生表面破碎，对非平面的挤压面要通过计算投影面积来进行挤压应力的计算。对于高副接触下的零件，如果接触应力为变应力，将会产生疲劳点蚀破坏，接触应力为静应力将会导致塑性材料的塑性变形和脆性材料的压碎。在滑动摩擦状态下工作的零件，常会由于过度磨损而发生失效，比如导轨、边界润滑状态下工作的滑动轴承等。表面磨损强度不足会导致过度磨损、润滑失效，采用的条件性计算的方法有：限制过度磨损$p\leqslant[p]$，限制温升 $pv\leqslant[pv]$，高速情况限制滑动速度 $v\leqslant[v]$。

(7) 提高机械零件刚度的措施有：通过结构设计提高刚度、通过预紧装配提高刚度。由于同类金属的弹性模量相差不大，用贵重的高强度合金钢代替普通碳钢来提高刚度往往不是一种有效的做法。

(8) 所谓振动就是机械零件发生周期性变形的现象，振动会引起冲击载荷，冲击载荷对机器的破坏作用很大。对于振动的计算准则就是使零件的自振频率与外来作用的频率既不相等也不接近。

本章习题

2.1　什么是机械零件的失效？机械零件可能的失效形式主要有哪些？

2.2　什么是零件的工作能力？什么是零件的承载能力？

2.3　什么是静载荷、变载荷、名义载荷、计算载荷？什么是静应力和变应力？

2.4　什么是变应力的循环特性 r？静应力、脉动循环变应力和对称循环变应力的 r 值各是多少？

2.5　零件表面磨损强度的条件性计算包含哪些内容？提高零件表面磨损强度的主要措施有哪些？

2.6　发动机连杆横截面上的应力变化规律如题 2.6 图所示，则该变应力的循环特性 r 为多少？

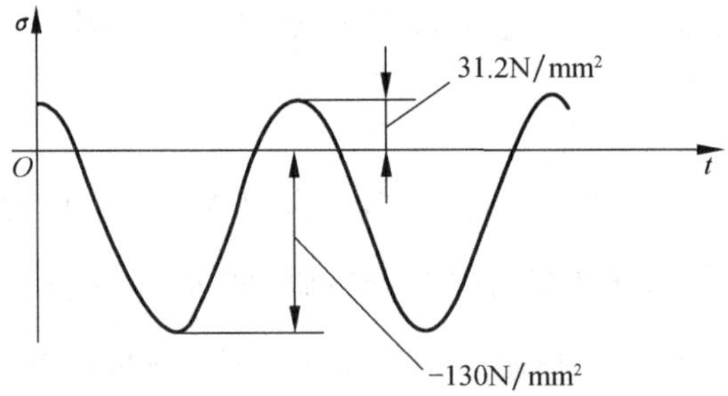

题 2.6 图

第 3 章　机械零件的疲劳设计

对于机械零件而言，其强度计算问题一般可以归纳为两种情况，一种为静应力作用下的强度计算问题，另一种为变应力作用下的强度计算问题。关于静应力作用下的强度计算问题在第 2 章中已经进行了介绍，引入了两种计算的准则，一个为许用应力计算准则，另一个为许用安全系数计算准则。但在实际的生产实践中，大多数的机械零件受到的应力往往是变化的，在这些变应力下，零件经受的是一种疲劳过程，产生的破坏形式为疲劳破坏，这就要求在机械设计过程中引入疲劳设计，建立疲劳设计的方法和计算准则，从而保证零件的疲劳强度。

3.1　疲劳破坏的过程及断面特征

在变应力作用下，零件将发生疲劳破坏，疲劳断裂是十分常见的一种疲劳破坏形式。如图 3.1 所示为一根轴的疲劳断裂的断面图，可以看出，疲劳断面的特征为：①断裂面由光滑的疲劳发展区和粗糙的脆性断裂区所构成。②有以疲劳源为中心，同心弧状的前沿线。③自疲劳源向外放射的垄沟条纹。其中，光滑的疲劳发展区的形成原因为：在反复变应力作用下，裂纹的表面周期性地压紧和分开，使断裂面呈光滑状态。粗糙的脆性断裂区实际上就是当裂纹发展到一定程度后，余下的截面不能满足静强度要求而发生的突然性一次断裂而形成的断面。粗糙断面的大小与所受载荷大小有关，粗糙程度与材料性质以及微观金相结构有关。截面同心弧状前沿线是由于机器开停或载荷的波动导致裂纹前进不均衡所造成的，当载荷稳定时，前沿线可能很轻微甚至没有。放射状的垄沟条纹是由于断裂面的轴向变形不均匀所造成的。

图 3.1 中表达的疲劳断面是承受旋转弯曲作用、表面有三个疲劳源的轴。对于表面无缺陷的金属材料，疲劳断裂的过程一般由两个阶段构成：第一个阶段是零件表面上应力较大位置的材料发生剪切滑移，产生初始裂纹，形成疲劳源，疲劳源的个数可以是一个或多个，与表面的缺陷数目有关；第二个阶段为裂纹尖端在切应力下发生反复塑性变形，使裂纹扩展直至发生疲劳断裂。对于实际的零件疲劳过程来说，由于材料内部存在夹渣、缺陷、微孔，表面存在划伤、微裂纹、酸洗等形成天然疲劳源，因此零件的疲劳破坏过程一般都是从第二阶段开始的。

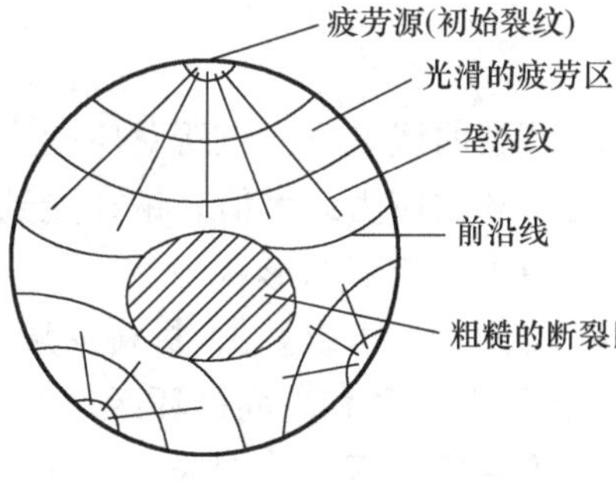

图 3.1　旋转弯曲的疲劳断裂截面

3.2　材料的疲劳特性曲线

机械零件的抗疲劳性能是通过具体的大量试验确定的，在材料的标准试样上加上一定的循环特性的稳定循环变应力，通常是 $r=-1$ 的对称循环变应力，或是 $r=0$ 的脉动循环变应力，试验过程记录下在不同的最大应力作用下引起试样疲劳破坏的应力循环次数 N，得到材料的疲劳特性曲线。图 3.2 及图 3.3 即为材料的两种疲劳特性曲线表达。

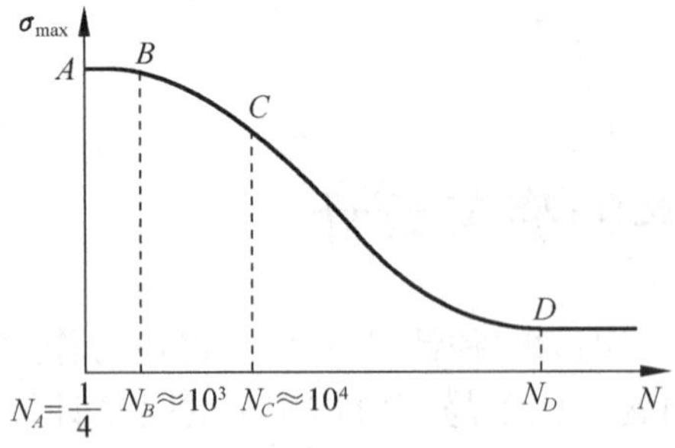

图 3.2　材料的 σ-N(τ-N)疲劳特性曲线

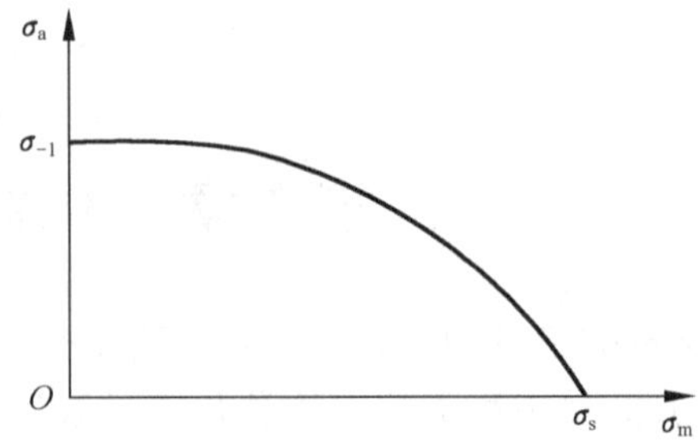

图 3.3　材料的 σ_a-σ_m(τ_a-τ_m)疲劳特性曲线

3.2.1　材料的 σ-N 疲劳曲线

在图 3.2 所表示的曲线中，如果坐标改为对数形式，AB 段、CD 段和从 D 点向右部分，可以分别用三条直线来近似代替，形成如图 3.4 所示的表示形式。

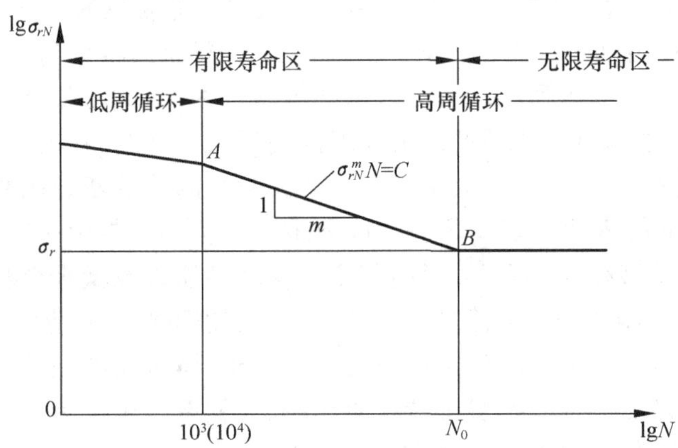

图 3.4　材料的疲劳曲线

疲劳曲线上每一点所对应的应力 σ_{rN} 或 τ_{rN} 称为疲劳极限，表示循环次数 N 下材料不发生疲劳破坏的应力最大值。钢在受到弯曲、拉压和扭转剪切作用时的疲劳极限值不同，但疲劳曲线具有大致相似的形状。

由图 3.4 可以看出，材料的疲劳曲线可以分成交叉的四个区域，即有限寿命区、无限寿命区、低周循环区和高周循环区。

低周循环区　范围为 $0\sim10^3$(10^4)循环次数，这一阶段的疲劳极限较高，接近屈服极限，疲劳极限几乎与循环次数无关，称为低周循环疲劳。有些教材将 10^3 以下循环次数作用下的零件仍然看作是静强度问题，只是对 $10^3\sim10^4$ 范围内的零件才看作低周循环疲劳问题进行计算。

高周循环区　循环次数大于 10^3(10^4)次，这一区域分为两个部分，一个是随循环次数增加，疲劳极限 σ_{rN} 逐渐下降的区域 AB 段，另一部分为当循环次数超过循环基数 N_0 时的水平区域，对于有色金属和高强度合金钢的疲劳曲线没有水平阶段，即没有无限寿命区。对于机械设计问题，大部分材料处于 AB 段，这一区域中，疲劳曲线符合指数方程

$$\sigma_{rN}^m N = \sigma_r^m N_0 = C$$

$$\tau_{rN}^m N = \tau_r^m N_0 = C' \tag{3.1}$$

式中 m 为随材料和应力而定的指数，一般对于受拉应力、弯应力和切应力的钢取 $m=9$，受接触应力的钢取 $m=6$；N_0 为与材料性质有关的循环基数，钢的硬度越高，其循环基数就越大。一般来说，硬度≤350HB 的钢，$N_0 \approx 10^6 \sim 10^7$，硬度>350HB 的钢 $N_0 \approx 10\times10^7 \sim 25\times10^7$，有色金属 $N_0 \approx 25\times10^7$。通常的金属材料都是在 10^7 循环次数下试验取得的，所以在进行计算时常取 $N_0 \approx 10^7$。C 和 C' 为试验常数。

有限寿命区和无限寿命区的划分以循环基数 N_0 作为分界点，N_0 右侧的水平直线段的含义为：当 $N \geqslant N_0$ 或者说当作用在材料上的疲劳应力 σ_{rN} 小到 σ_r 时，疲劳极限不再随循环次数的增加而降低。

循环特性 r 对疲劳曲线的影响　循环特性的变化范围为 $+1>r>-1$，不同循环特性的应力作用下的材料的疲劳曲线具有相似性，如图 3.5 所示，在同样的循环次数下，r 的数值越大，σ_{rN} 也越大。这也说明，在所有的循环应力中，对称循环应力($r=-1$)的疲劳破坏作用最强。

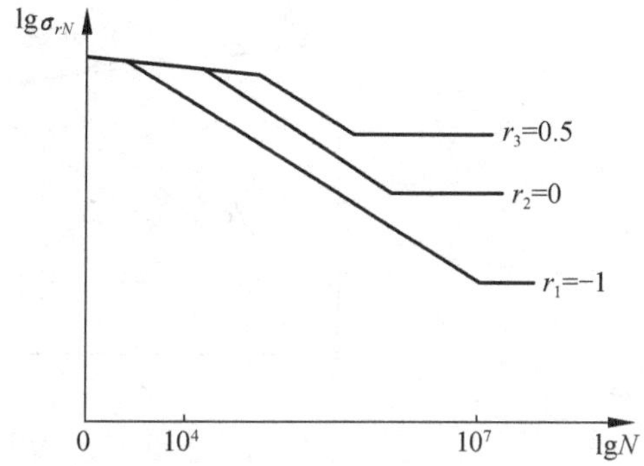

图 3.5　循环特性 r 对疲劳曲线的影响

寿命系数　根据公式(3.1)可知，如果已知循环基数 N_0 和疲劳极限 $\sigma_r(\tau_r)$，则 N 次循环时的疲劳极限为

$$\begin{aligned} \sigma_{rN} &= \sqrt[m]{\frac{N_0}{N}}\sigma_r = k_N\sigma_r \\ \tau_{rN} &= \sqrt[m]{\frac{N_0}{N}}\tau_r = k_N\tau_r \end{aligned} \tag{3.2}$$

其中 $k_N=\sqrt[m]{\dfrac{N_0}{N}}$ 为寿命系数。

3.2.2　材料的 σ_a-σ_m 曲线

图 3.3 所示的疲劳特性曲线表达的是在不同循环特性 r 应力作用相同的次数 N，材料的疲劳极限应力，在曲线上的每一点都是等寿命的，又称为疲劳极限应力图。根据试验数据，塑性材料的 σ_a-σ_m 曲线近似呈抛物线分布(图 3.6)，低塑性材料及脆性材料的 σ_a-σ_m 曲线近似呈线性关系(图 3.7)，σ_a-σ_m 曲线上有三个关键点，分别为对称循环点 $A(0,\sigma_{-1})$，脉动循环点 $B(\sigma_0/2,\sigma_0/2)$，静强度极限点 $F(\sigma_B,0)$。

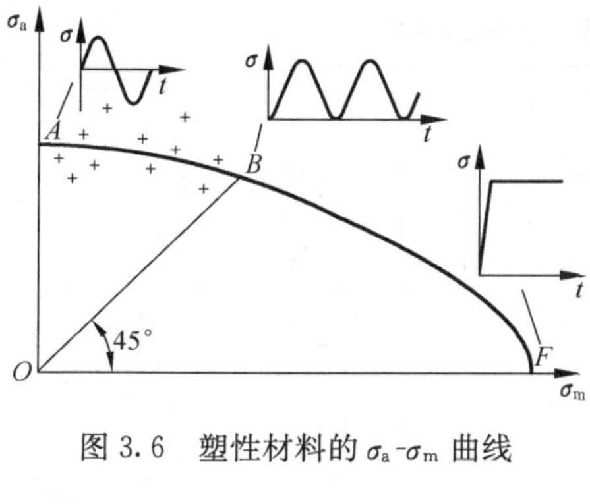

图 3.6　塑性材料的 σ_a-σ_m 曲线

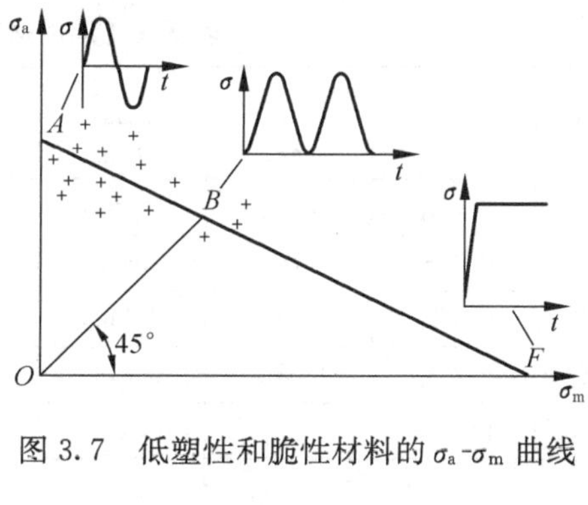

图 3.7　低塑性和脆性材料的 σ_a-σ_m 曲线

在机械设计中应用最多的材料为塑性材料，对塑性材料的 σ_a-σ_m 曲线往往采取简化的处理方法，具体为：考虑到在机械设计中，塑性材料的最大应力不能超过屈服极限 σ_s，从屈服极限点 S 作 135°射线与 AB 连线的延长线相交于 E 点，形成一封闭的四边形 $OABES$，称为安全区，其中：AE 线上各点坐标(σ_m',σ_a')对应的最大应力值小于屈服极限，该段直线为疲劳安全与失效的分界线；ES 线上的每一点坐标(σ_m',σ_a')所对应的最大应力相等，均为 $\sigma_{max}=\sigma_m'+\sigma_a'=\sigma_s$，为塑性安全与失效的分界线。$AOE$ 三点围成的区域称为疲劳安全区，OES 围成的区域称为塑性安全区，线段 AE 之上的区域称为疲劳失效区，线段 ES 右端的区域称为塑性失效区，如图 3.8 所示。

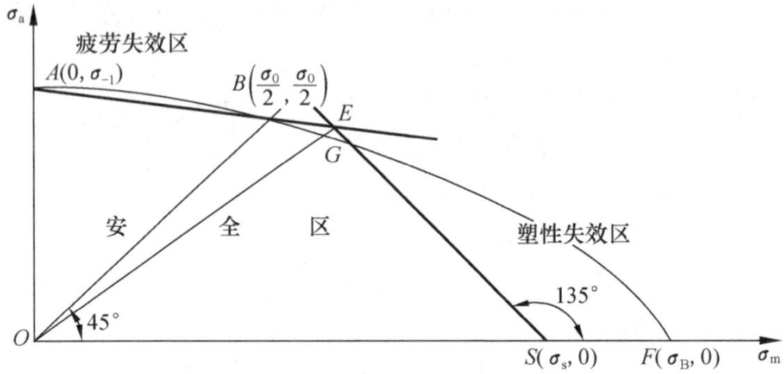

图 3.8　塑性材料的 σ_a-σ_m 曲线简化方法

此外，在缺少试验数据的情况下，也可以根据 σ_{-1}、σ_B、σ_s 等数据，将塑性材料的 σ_a-σ_m 曲线进行图 3.9 和图 3.10 的两种简化，这两种简化方式可以进行简单的近似计算，不足之处是对材料的利用不够充分。

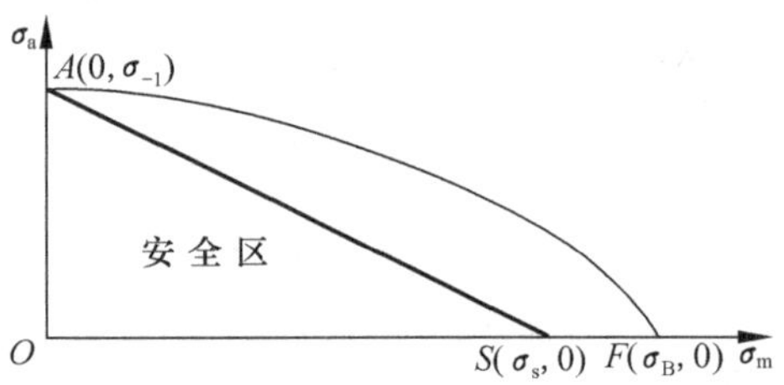

图 3.9　利用 σ_{-1}、σ_s 进行简化

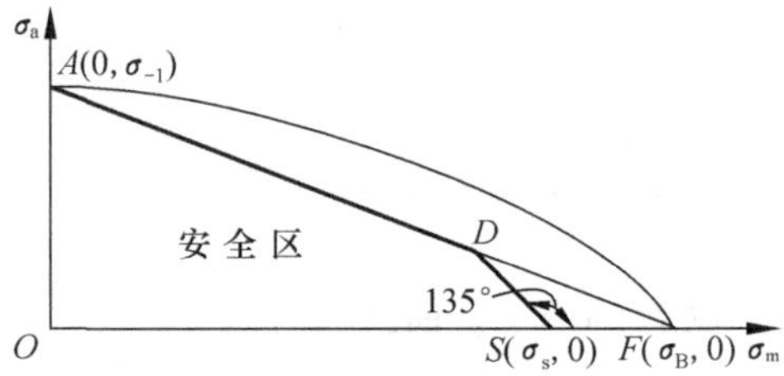

图 3.10　利用 σ_{-1}、σ_B、σ_s 进行的简化

3.2.3　常用疲劳极限数值

金属材料的 σ_B、σ_s 可由有关手册查得，大量的试验数据表明，常用材料的疲劳极限 σ_{-1}、τ_{-1}、σ_0、τ_0 可以通过一定的近似方法求得。表 3.1 给出了有关经验计算方法。

表 3.1　常用材料的极限应力计算方法

材料	拉伸		弯曲				扭转	
	σ_{-1}	σ_0	σ_{-1b}	σ_{0b}	σ_{sb}	τ_{-1}	τ_0	τ_s
结构钢	$0.45\sigma_B$	$1.3\sigma_{-1}$	$0.49\sigma_B$	$1.5\sigma_{-1b}$	$1.5\sigma_s$	$0.35\sigma_B$	$1.1\tau_{-1}$	$0.70\sigma_s$
调质钢	$0.41\sigma_B$	$1.7\sigma_{-1}$	$0.44\sigma_B$	$1.7\sigma_{-1b}$	$1.4\sigma_s$	$0.30\sigma_B$	$1.6\tau_{-1}$	$0.70\sigma_s$
渗碳钢	$0.40\sigma_B$	$1.6\sigma_{-1}$	$0.41\sigma_B$	$1.7\sigma_{-1b}$	$1.4\sigma_s$	$0.30\sigma_B$	$1.4\tau_{-1}$	$0.70\sigma_s$
灰铸铁	$0.25\sigma_B$	$1.6\sigma_{-1}$	$0.37\sigma_B$	$1.8\sigma_{-1b}$	—	$0.36\sigma_B$	$1.6\tau_{-1}$	—
轻金属	$0.30\sigma_B$	—	$0.40\sigma_B$	—	—	$0.25\sigma_B$	—	—

3.3　影响零件疲劳强度的系数

前面所介绍的疲劳特性曲线都是针对材料而进行的，但对于一个具体的零件来说，其疲劳强度还会受到应力集中、加工方法、热处理、尺寸大小、表面状态、环境介质、加载顺序、工作频率、加载速度等一系列因素的影响。其中应力集中、尺寸大小、表面状态三项因素的影响最为突出。

3.3.1　零件的应力集中系数(k_σ,k_τ)

零件的几何形状常存在突然变化(如孔、槽、台阶)，在受到载荷作用时，在这些形状有变化的位置将产生应力集中现象，即局部出现应力的突然升高，导致疲劳强度的降低。应力集中的大小与材料性质和几何尺寸变化的程度有关，为此采用应力集中系数 k_σ,k_τ衡量其对零件疲劳强度的影响程度

$$\begin{aligned} k_\sigma &= 1 + q(\alpha_\sigma - 1) \\ k_\tau &= 1 + q(\alpha_\tau - 1) \end{aligned} \tag{3.3}$$

式中，α_σ、α_τ 为零件几何形状的理论应力集中系数，可以通过图 3.11、图 3.12 查取；q 为材料对应力集中感受程度的敏感系数，可以通过图 3.13 查取。

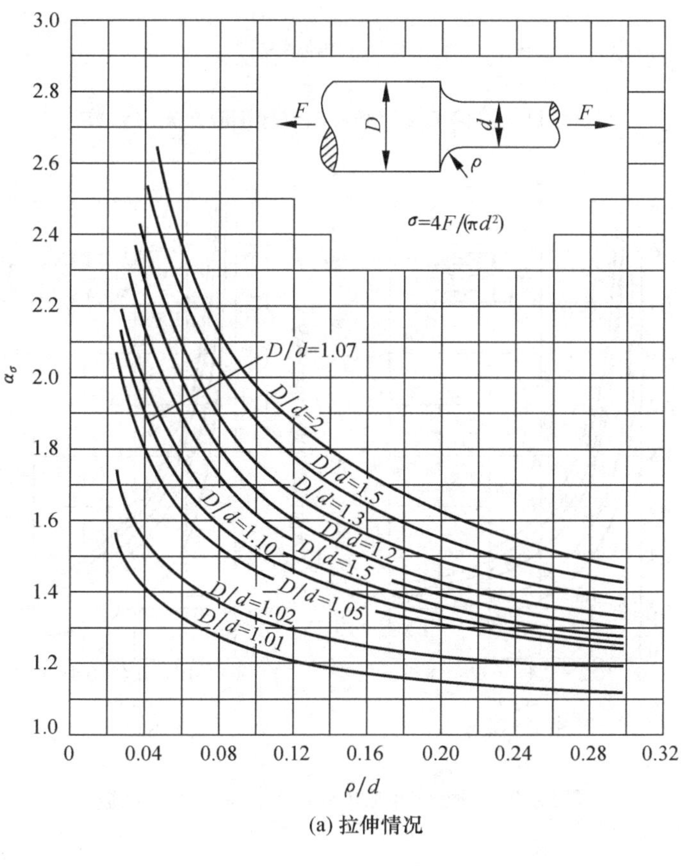

(a) 拉伸情况

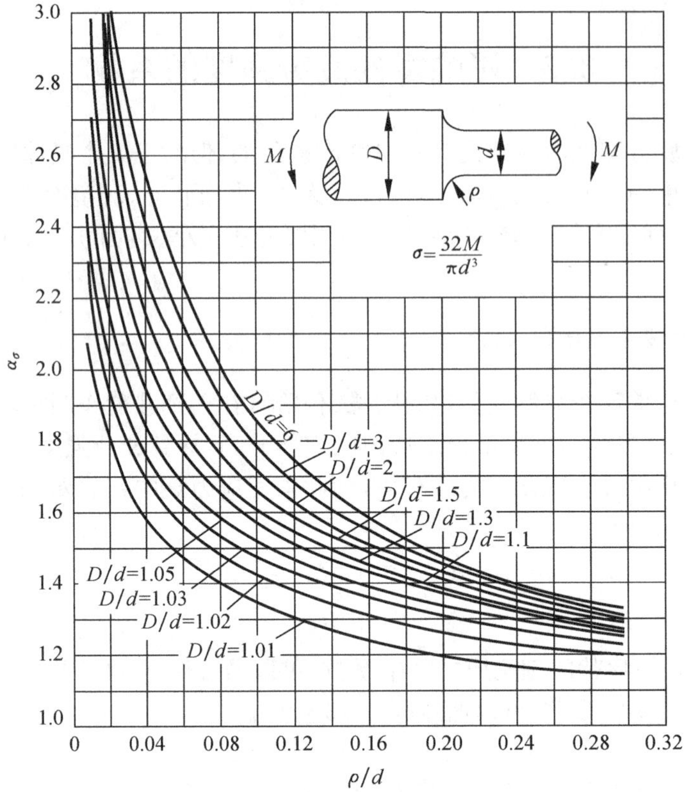

(b) 弯曲情况

图 3.11　阶梯轴拉伸和弯曲时理论应力集中系数

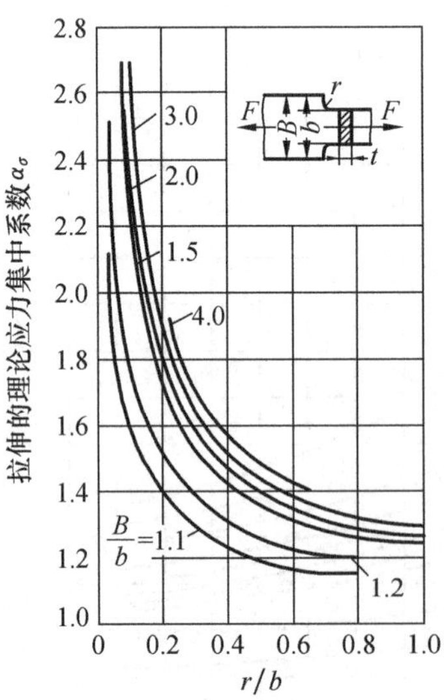

(a) 拉伸情况

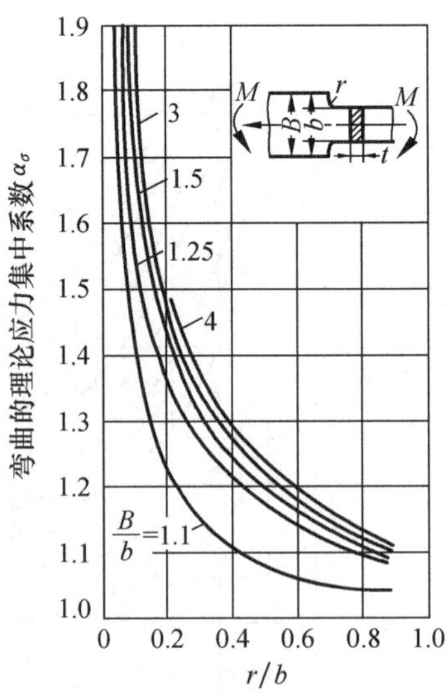

(b) 弯曲情况

图 3.12　平板肩部圆角处的理论应力集中系数

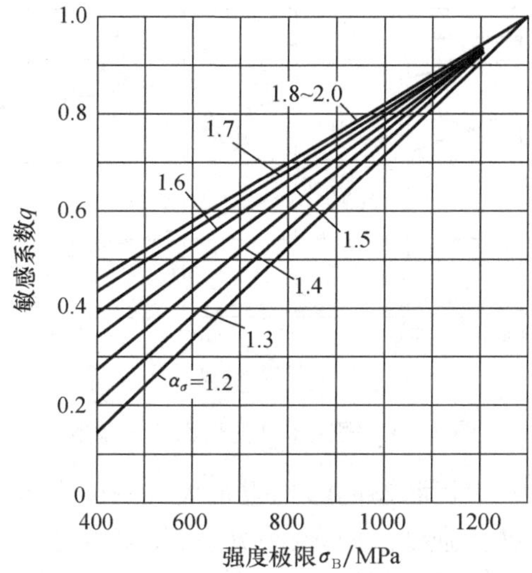

图 3.13　钢的敏感系数

3.3.2　零件的尺寸系数(ε_σ,ε_τ)

对疲劳强度而言,零件尺寸的大小也会产生影响作用,这是由于零件的尺寸越大,材料的晶粒会越粗、出现缺陷的几率也就会越大、机械加工后所形成的表面冷作硬化层相对较薄。为了对机械零件尺寸大小对其疲劳强度的影响进行描述,引入尺寸系数 ε_σ、ε_τ($\leqslant 1$),该系数可以通过机械设计手册查询。图 3.14 给出了钢和铸铁的尺寸系数。

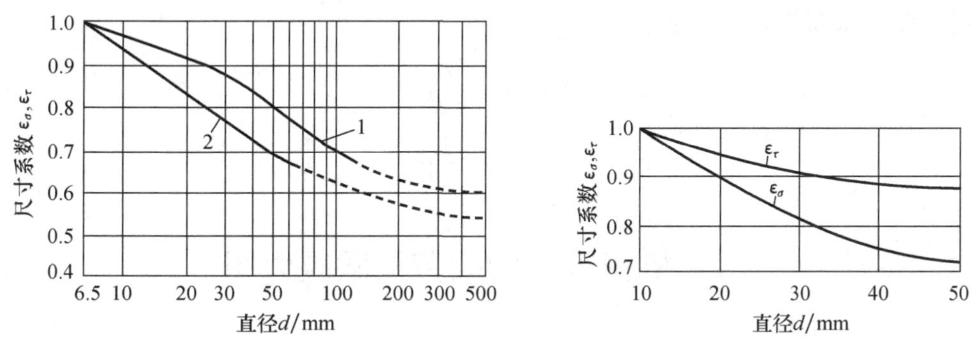

(a) 钢的尺寸系数　　(b) 铸铁的尺寸系数

1-ε_σ(适用于 σ_B=400MPa～500MPa);2-ε_σ(适用于 σ_B=1200MPa～1400MPa);ε_τ(适用于各种钢)

图 3.14　钢和铸铁的尺寸系数

3.3.3　零件的表面状态系数

形成零件最终表面的加工及后处理方法是各种各样的,这会导致表面的质量相互不同,表面的质量好坏对疲劳源的形成、应力集中、抗疲劳能力等多方面产生影响。为此,引入表面状态系数 β_σ、β_τ 进行描述。钢的 β_σ 可以根据图 3.15 进行查询,而钢的 β_τ 可以通过公式(3.4)进行计算。

$$\beta_\tau = 0.6\beta_\sigma + 0.4 \tag{3.4}$$

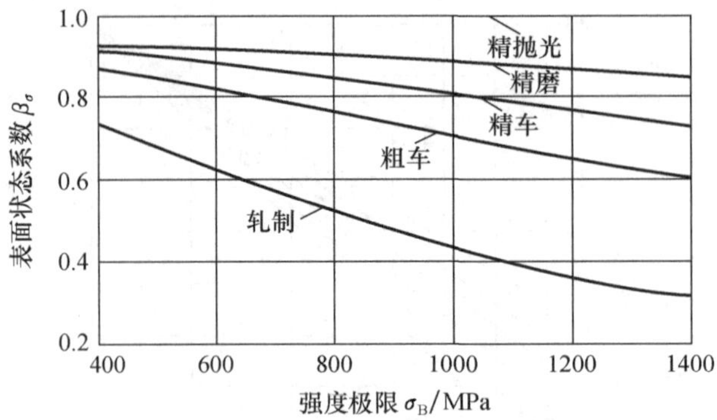

图 3.15　钢制零件的表面状态系数

零件加工的后处理方法对表面状态的影响也很大，淬火、渗碳、渗氮等能使表面强度提高的热处理形式都可以提高抗疲劳强度。抛光、喷丸、滚压等冷处理工艺，能使表面强度提高并产生残余压应力，残余压应力可以降低平均拉应力和减少初始裂纹的产生和扩展作用，因而可以有效提高零件的抗疲劳强度，但对于那些导致产生残余拉应力的处理方法，将使零件的疲劳强度降低。

3.3.4　零件的综合影响系数

对于上述三个影响机械零件疲劳强度的系数，可以通过一个综合系数$(k_\sigma)_D$、$(k_\tau)_D$来进行统一描述，计算时要将零件的工作应力幅乘以综合影响系数。大量的试验表明，应力集中、零件尺寸和表面状态三种因素都只对应力幅产生影响，而对平均应力的影响十分微弱，可以不予考虑。综合影响系数的表达式为

$$
\begin{aligned}
(k_\sigma)_D &= \frac{k_\sigma}{\varepsilon_\sigma \beta_\sigma} \\
(k_\tau)_D &= \frac{k_\tau}{\varepsilon_\tau \beta_\tau}
\end{aligned}
\tag{3.5}
$$

3.4　机械零件的疲劳极限应力图

图 3.8 给出的是关于材料的疲劳极限应力图，是通过对标准试样进行试验测试所建立的，而对于实际的机械零件，其疲劳极限应力图必须考虑上述综合影响系数($(k_\sigma)_D$、$(k_\tau)_D$)和疲劳寿命系数(k_N)的影响。按照综合影响系数只对应力幅发生作用、寿命系数对应力幅和平均应力均有影响的原则，可以将图 3.8 中的 A 点和 B 点坐标进行改进，得到新的对称循环应力疲劳极限点 A'和脉动循环应力疲劳极限点 B'坐标。图 3.16 为机械零件的疲劳极限应力图(有教材称为许用疲劳极限应力图)。图中点 $OA'B'E'S$ 围成的区域为零件的疲劳安全区，零件的工作应力点 $C(\sigma_m,\sigma_a)$必须处在这一区域内，当零件受到的应力增长导致发生破坏时，最终发生的破坏形式与应力的增长规律有关。图 3.16 中的应力增长方式 f 最终导致在 C'点达到极限应力点，产生疲劳失效。

在实际的工作中，机械零件的应力增长方式有很多种，同样的工作应力点，在不同的应力增长方式下，最终发生的失效方式可能完全不一样。常见的应力增长方式有：$r=\frac{\sigma_{\min}}{\sigma_{\max}}=$常数

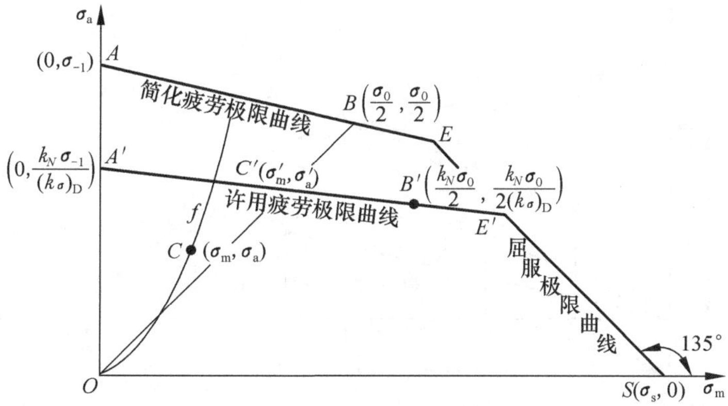

图 3.16　零件的疲劳极限应力图

(如转轴的弯曲应力)，σ_m＝常数(如车辆的减振弹簧)，σ_{min}＝常数(如汽缸盖联接用螺栓)三种增长规律。图 3.17 为这三种应力增长规律的图示。

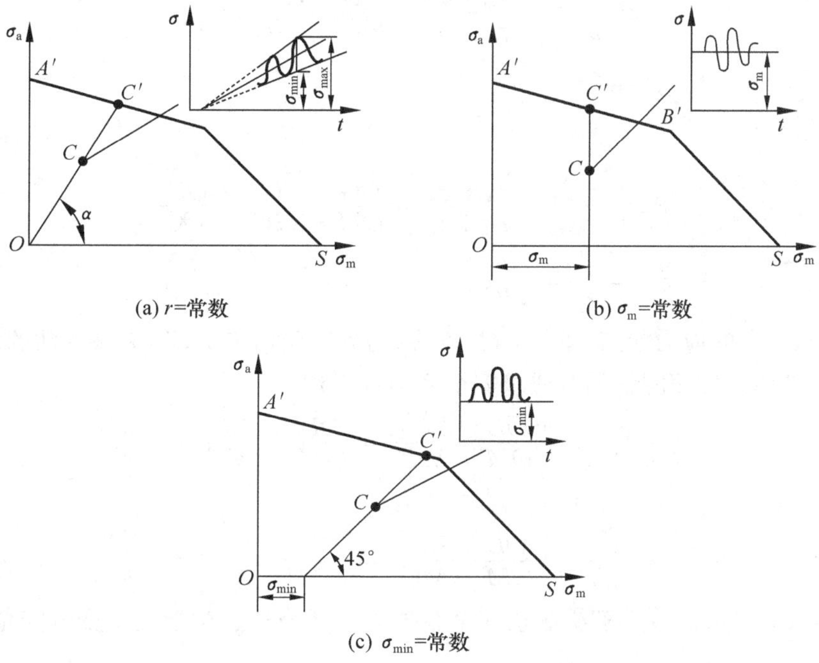

图 3.17　三种常见的应力增长规律

3.5　机械零件的疲劳安全系数计算方法

建立机械零件的疲劳极限应力图的主要目的之一是判断零件的安全程度，采用的方法仍然是通过计算安全系数，看是否满足 $S \geqslant [S]$ 的条件。这里重点介绍零件的应力增长规律，按照 $r=\frac{\sigma_{min}}{\sigma_{max}}$＝常数进行加载时的疲劳安全系数的计算方法。

图 3.18 表示了分别处于疲劳安全区的 C 和塑性安全区 C_1 的两个零件应力状态点。

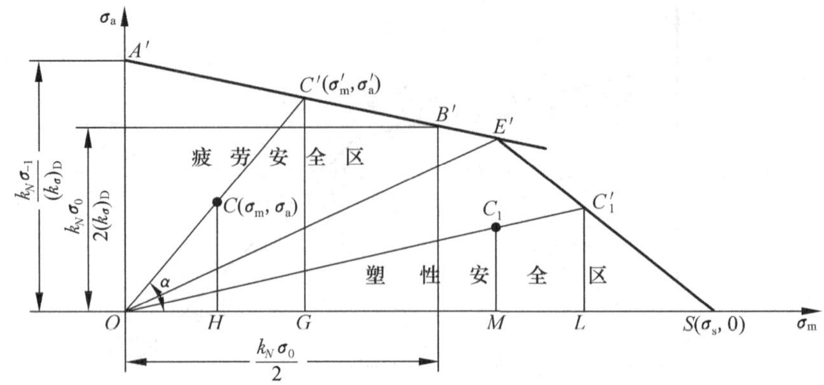

图 3.18　r=常数的零件的极限应力图

针对处于 C 点的应力状态，延长 OC 连线，与 $A'E'$ 线相交于 $C'(\sigma'_m,\sigma'_a)$，为该零件的疲劳极限应力点，最终发生的是疲劳破坏。按照图解的方法求安全系数的方法为

$$S_\sigma=\frac{\sigma'_{max}}{\sigma_{max}}=\frac{\sigma'_m+\sigma'_a}{\sigma_m+\sigma_a}=\frac{OG+GC'}{OH+HC}=\frac{OC'}{OC}$$

$$S_{\sigma_a}=\frac{\sigma'_a}{\sigma_a}=\frac{GC'}{HC}$$

或为

$$S_\tau=\frac{\tau'_{max}}{\tau_{max}}=\frac{\tau'_m+\tau'_a}{\tau_m+\tau_a}=\frac{OG+GC'}{OH+HC}=\frac{OC'}{OC}$$

$$S_{\tau_a}=\frac{\tau'_a}{\tau_a}=\frac{GC'}{HC}$$

针对处于 C_1 点的应力状态，延长 OC_1 连线，与 SE' 线相交于 C'_1，为该零件的极限应力点，最终发生塑性破坏。按照图解的方法求安全系数的方法为

$$S_\sigma=\frac{\sigma_s}{\sigma_m+\sigma_a}=\frac{OL+LC'_1}{OM+MC_1}=\frac{OL}{OM}=\frac{LC'_1}{MC_1}=\frac{OC'_1}{OC_1}$$

或为

$$S_\tau=\frac{\tau_s}{\tau_m+\tau_a}=\frac{OL+LC'_1}{OM+MC_1}=\frac{OL}{OM}=\frac{LC'_1}{MC_1}=\frac{OC'_1}{OC_1}$$

根据图 3.18，也可以建立解析法求安全系数的计算公式。对于位于疲劳安全区进行工作的机械零件，按照 $r=\frac{\sigma_{min}}{\sigma_{max}}$=常数进行加载，可以根据 A'、B' 两点的坐标求出直线 $A'E'$ 的方程

$$\frac{\frac{k_N\sigma_{-1}}{(k_\sigma)_D}-\frac{k_N\sigma_0}{2(k_\sigma)_D}}{\frac{k_N\sigma_0}{2}}=\frac{\frac{k_N\sigma_{-1}}{(k_\sigma)_D}-\sigma'_a}{\sigma'_m}$$

通过引入系数 $\psi_\sigma=\frac{2\sigma_{-1}-\sigma_0}{\sigma_0}$，可将上式进行简化

$$\sigma'_a=\frac{k_N\sigma_{-1}}{(k_\sigma)_D}-\frac{1}{(k_\sigma)_D}\psi_\sigma\sigma'_m \tag{3.6}$$

根据几何关系 $\sigma'_m=\frac{\sigma_m}{\sigma_a}\sigma'_a$ 可对式(3.6)进行进一步简化

$$\sigma'_{a}=\frac{k_N\sigma_{-1}}{(k_\sigma)_D+\psi_\sigma\frac{\sigma_m}{\sigma_a}}$$

根据安全系数的计算方法，可以求出应力幅安全系数的表达式为

$$S_{\sigma_a}=\frac{\sigma'_a}{\sigma_a}=\frac{k_N\sigma_{-1}}{(k_\sigma)_D\sigma_a+\psi_\sigma\sigma_m}=\frac{k_N\sigma_{-1}}{\sigma_{ae}}\geqslant[S_{\sigma_a}] \tag{3.7}$$

式中 σ_{ae} 为将非对称循环变应力折算成的当量对称循环变应力，等效系数 ψ_σ 可以理解为将平均应力 σ_m 折算为应力幅 σ_a 的等效系数。等效系数与材料有关，碳素钢 $\psi_\sigma=0.1\sim0.2$，$\psi_\tau=0.05\sim0.1$；合金钢 $\psi_\sigma=0.2\sim0.3$，$\psi_\tau=0.1\sim0.15$。

对于受剪切应力作用的零件，其疲劳强度安全系数的解析计算公式的推导方法完全一样，计算公式为

$$S_{\tau_a}=\frac{\tau'_a}{\tau_a}=\frac{k_N\tau_{-1}}{(k_\tau)_D\tau_a+\psi_\tau\tau_m}=\frac{k_N\tau_{-1}}{\tau_{ae}}\geqslant[S_{\tau_a}] \tag{3.8}$$

对于位于塑性安全区，按照 $r=\frac{\sigma_{min}}{\sigma_{max}}$=常数进行加载的机械零件，其安全系数的计算公式为

$$\begin{aligned}S_\sigma&=\frac{\sigma_s}{\sigma_a+\sigma_m}\geqslant[S_\sigma]\\S_\tau&=\frac{\tau_s}{\tau_a+\tau_m}\geqslant[S_\tau]\end{aligned} \tag{3.9}$$

为了安全起见，采用解析法计算疲劳安全问题时，疲劳安全系数和塑性安全系数都要进行计算。对于低塑性和脆性材料，其疲劳极限应力图为一直线，上述安全系数的解析计算公式仍然适用，但由于脆性材料没有屈服现象，也就不用计算塑性安全系数。

3.6　线性疲劳损伤积累假说及其应用

3.6.1　稳定变应力和非稳定变应力

在实际应用中，机械零件所受到的变应力的变化方式各不相同，一般可以归纳成三种形式，即稳定变应力、规律性非稳定变应力和随机性非稳定变应力。稳定变应力（也有教材称为单向稳定变应力）的特征是平均应力 σ_m、应力幅 σ_a 和周期不随时间而变化，如图 3.19(a)所示。非稳定变应力（也有教材称为单向非稳定变应力）的特征是平均应力 σ_m、应力幅 σ_a 和周期三者之中的任意一个或几个参数随时间而变化，这其中又分为规律性的非稳定变应力和随机性变应力两种情形，如图 3.19(b)、(c)所示。

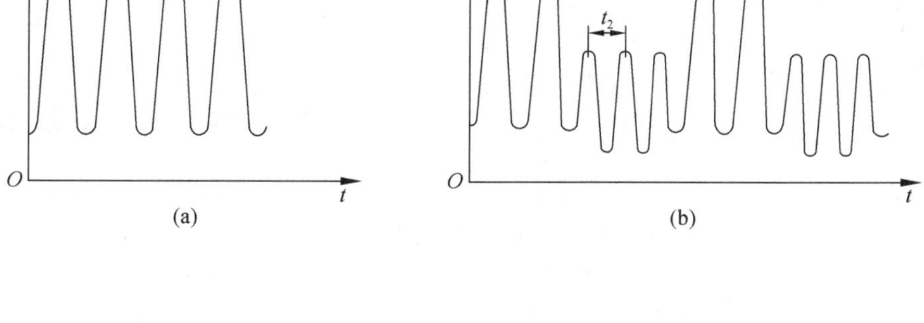

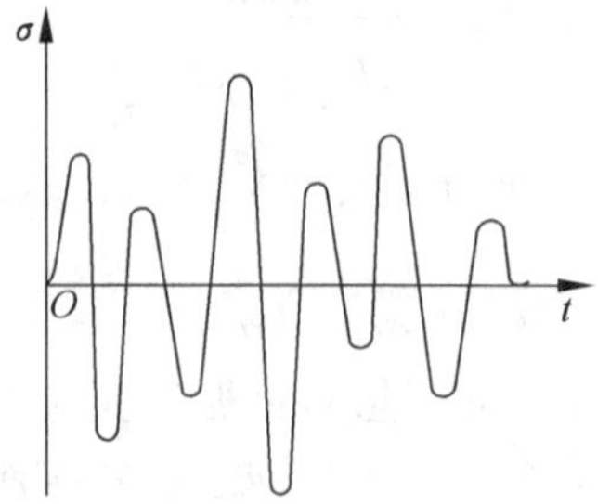

(c)

图 3.19　变应力的变化方式

3.6.2　线性疲劳损伤积累假说

对于稳定循环变应力作用下的零件的疲劳强度安全系数可以用本章 3.5 节所介绍的方法进行计算，但对于规律性的非稳定变应力和随机性的非稳定变应力作用下的零件的疲劳问题则必须引入疲劳损伤积累假说理论作为依据进行处理。

所谓的线性疲劳损伤积累假说表述为：在零件受变应力作用发生裂纹到破坏的过程中，零件材料内部的损伤是逐渐累积的，每一次应力的作用都会使零件受到微量的损伤，当这种损伤累积到一定程度达到疲劳极限后就会发生疲劳断裂。这一理论的根据是，材料在失效前所吸收的总功都是相等的，而与作用的应力的变化方式（应力谱）无关。

如图 3.20 所示为一零件受到的规律性非稳定变应力直方图，图中应力 $\sigma_1,\sigma_2,\sigma_3,\cdots,\sigma_n$ 的循环特性 r 相同，$N_1,N_2,N_3,\cdots,N_n$ 为对应的各应力作用的循环次数。$N_1',N_2',N_3',\cdots,N_n'$ 为对应于各力单独作用下的极限循环次数。根据疲劳累积假说可以写出如下关系式：

寿命总损伤率

$$F=\frac{N_1}{N_1'}+\frac{N_2}{N_2'}+\cdots+\frac{N_n}{N_n'}=\sum_{i=1}^{n}\frac{N_i}{N_i'} \tag{3.10}$$

零件发生疲劳破坏时，应有关系式：$F=\frac{N_1}{N_1'}+\frac{N_2}{N_2'}+\cdots+\frac{N_n}{N_n'}=\sum_{i=1}^{n}\frac{N_i}{N_i'}=1$，该式也称为疲劳损伤累积假说的数学表达式。大量的试验表明，总寿命损伤率为 0.7～2.2，为计算方便起见，通常取 1。

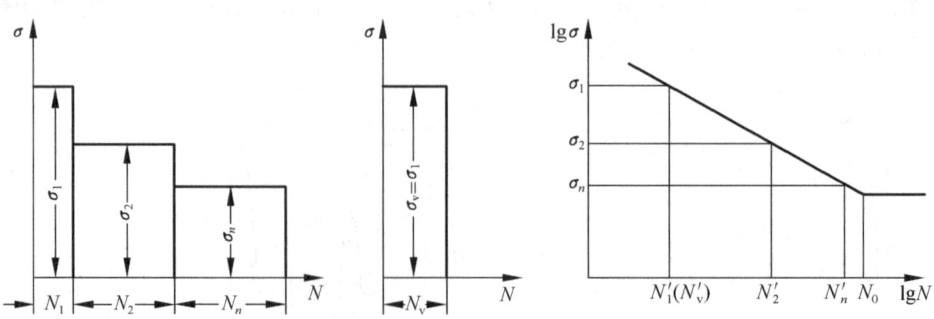

图 3.20　规律性变应力作用次数分布

3.6.3 非稳定变应力下安全系数的计算方法

对于非稳定变应力作用下的疲劳强度计算问题，首先要将非稳定变应力折算成一个等效变应力 σ_v（图 3.20），然后按稳定变应力的安全系数计算方法进行计算。

假设应力为 $\sigma_1, \sigma_2, \sigma_3, \cdots, \sigma_n$ 作用 $N_1, N_2, N_3, \cdots, N_n$ 次对零件的损伤作用之和等于等效应力 σ_v 单独作用 N_v 次所产生的损伤作用。则有关系式

$$\frac{N_1}{N_1'} + \frac{N_2}{N_2'} + \cdots + \frac{N_n}{N_n'} = \frac{N_v}{N_v'} \tag{3.11}$$

其中，等效应力 σ_v 通常取非稳定变应力中作用时间最长，或发挥的疲劳作用最大的应力。如果在图 3.20 中取 $\sigma_v=\sigma_1$，则对应的 $N_v'=N_1'$，通过利用 $\sigma_i^m N_i'=C$，式(3.11)可以写成：

$$\sigma_1^m N_1 + \sigma_2^m N_2 + \sigma_3^m N_3 + \cdots + \sigma_n^m N_n = \sigma_v^m N_v$$

$$N_v = \sum_{i=1}^{n} \left(\frac{\sigma_i}{\sigma_v}\right)^m N_i \tag{3.12}$$

这样就将一个复杂的非稳定变应力问题转化成一个单一稳定变应力作用的疲劳问题，其寿命系数可以通过公式：$k_N=\sqrt[m]{\frac{N_0}{N_v}}$ 进行计算。然后利用 3.5 节中介绍的解析法或图解法即可进行安全系数的求解。

【例 3.1】 已知某受弯矩作用试件用 45 钢制成，其 $\sigma_{-1}=300\text{MPa}$。求应力循环次数分别为 10^5、6×10^6、25×10^7 时的极限应力。

解 (1)σ_{-1}是在应力循环次数为 $N_0=10^7$ 下的试验极限应力，由于材料受弯矩作用，因此 $m=9$，所以极限应力可按下式计算

$$\sigma_{-1N} = \sigma_{-1}\sqrt[m]{\frac{N_0}{N}}$$

(2)材料在弯矩作用下循环 $N_1=10^5$ 即发生疲劳破坏的极限应力

$$\sigma_{-1N_1} = \sigma_{-1}\sqrt[m]{\frac{N_0}{N_1}} = 300\sqrt[9]{\frac{10^7}{10^5}} = 500.4(\text{MPa})$$

(3)材料在弯矩作用下循环 $N_2=6\times10^6$ 即发生疲劳破坏的极限应力

$$\sigma_{-1N_2} = \sigma_{-1}\sqrt[m]{\frac{N_0}{N_2}} = 300\sqrt[9]{\frac{10^7}{6\times10^6}} = 317.5(\text{MPa})$$

(4)材料在弯矩作用下循环 $N_3=25\times10^7$ 即发生疲劳破坏的极限应力

$$\sigma_{-1N_3} = \sigma_{-1}\sqrt[m]{\frac{N_0}{N_3}} = 300\sqrt[9]{\frac{10^7}{25\times10^7}} = 209.8(\text{MPa})$$

由此可以看出，要使应力循环次数增加，即材料或零件的寿命长，则所受的极限应力必须小。

【例 3.2】 已知一合金结构钢，$\sigma_s=850\text{MPa}$，$\sigma_{-1}=425\text{MPa}$，$\psi_\sigma=0.2$，试绘制此材料的 σ_m-σ_a 极限应力图。

解 要绘制材料的 σ_m-σ_a 极限应力图，必须知道 σ_s，σ_{-1}外，还应该确定 σ_0 的值。

$$\sigma_0 = \frac{2\sigma_{-1}}{1+\psi_\sigma} = \frac{2\times425}{1+0.2} = 708(\text{MPa})$$

如图 3.21 所示，取 A 点坐标为$(0, \sigma_{-1}=425)$，B 点坐标为$(\sigma_0/2=354, \sigma_0/2=354)$，$S$ 点坐标$(\sigma_s=850, 0)$，并过 S 点作于横坐标成 45°夹角的直线，与 AB 的延长线交于 E 点，则 AES 即为材料的极限应力图。

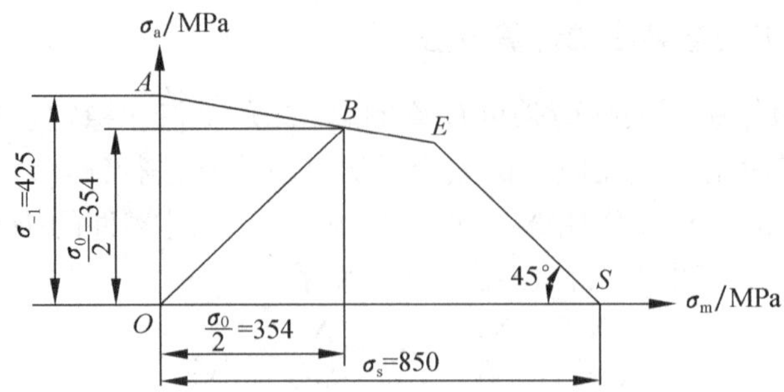

图 3.21

【**例 3.3**】 一个由 40Cr 制成的零件，已知 $\sigma_{max}=185$MPa，$\sigma_{min}=-75$MPa，表面抛光（$\beta_\sigma=1$），$k_\sigma=1.3$，$\varepsilon_\sigma=0.9$，材料的抗拉强度极限 $\sigma_B=750$MPa，屈服极限 $\sigma_s=550$MPa，疲劳极限 $\sigma_{-1}=351$MPa。计算此零件的安全系数 S_σ 是多少？

解 零件疲劳安全系数为

$$S_{\sigma_a}=\frac{k_N\sigma_{-1}}{(k_\sigma)_D\sigma_a+\psi_\sigma\sigma_m}$$

式中，$\sigma_a=\dfrac{\sigma_{max}-\sigma_{min}}{2}=\dfrac{185+75}{2}=130(\text{MPa})$，$\sigma_m=\dfrac{\sigma_{max}+\sigma_{min}}{2}=\dfrac{185-75}{2}=55(\text{MPa})$，应力集中系数 $k_\sigma=1.3$，绝对尺寸系数 $\varepsilon_\sigma=0.9$，表面质量系数 $\beta_\sigma=1$，等效系数 $\psi_\sigma=0.3$（合金钢 $\psi_\sigma=0.2\sim0.3$），取 $k_N=1$，因而有

$$S_{\sigma_a}=\frac{k_N\sigma_{-1}}{(k_\sigma)_D\sigma_a+\psi_\sigma\sigma_m}=1.72$$

零件的静应力安全系数为

$$S_\sigma=\frac{\sigma_s}{\sigma_{max}}=\frac{550}{185}=2.97$$

【**例 3.4**】 45 钢经过调质处理后的性能为：$\sigma_{-1}=307$MPa，$m=9$，$N_0=5\times10^6$。现用此材料作试件进行试验，以对称循环变应力 $\sigma_1=500$MPa 作用 10^4 次，$\sigma_2=400$MPa 作用 10^5 次，试计算该试件在此条件下的安全系数。若以后再以 $\sigma_3=350$MPa 作用于试件，循环多少次才能使试件发生破坏？

解 取 $\sigma_v=\sigma_1=500$MPa，则

$$N_v=\sum_{i=1}^{n}\left(\frac{\sigma_i}{\sigma_v}\right)^m N_i=10^4+\left(\frac{400}{500}\right)^9\times10^5=2.342\times10^4$$

$$k_N=\sqrt[m]{\frac{N_0}{N_v}}=\sqrt[9]{\frac{5\times10^6}{2.342\times10^4}}=1.814$$

$$\sigma_a=\sigma_v,\quad \sigma_m=0(\text{对称循环}),\quad (k_\sigma)_D=1(\text{标准试件})$$

根据公式

$$S_{\sigma_a}=\frac{k_N\sigma_{-1}}{(k_\sigma)_D\sigma_a+\psi_\sigma\sigma_m}=\frac{1.814\times307}{500}=1.1142$$

假设再以 $\sigma_3=350$MPa 作用 N_3 次导致试件发生破坏，根据疲劳损伤积累假说有

$$\frac{N_1}{N_1'}+\frac{N_2}{N_2'}+\frac{N_3}{N_3'}=1$$

引入 $\sigma_{rN}^m N=\sigma_r^m N_0$ 进行化简

$$\sigma_1^m N_1 + \sigma_2^m N_2 + \sigma_3^m N_3 = \sigma_{-1}^m N_0$$

$$500^9 \times 10^4 + 400^9 \times 10^5 + 350^9 \times N_3 = 307^9 \times 5 \times 10^6$$

得到 $N_3 = 0.97 \times 10^6$，说明再加上 $\sigma_3 = 350\text{MPa}$ 作用，还能循环 0.97×10^6 次。

本章学习要求和知识点小结

学习要求　掌握疲劳发生的原因及其过程、疲劳断面的特征；掌握疲劳曲线和疲劳极限应力图的绘制方法、疲劳极限应力图的几个关键点的坐标、疲劳极限应力图的简化方法；掌握疲劳曲线的方程表达式；掌握影响疲劳强度的三个系数以及综合影响系数、弄清楚根据综合影响系数和寿命系数将材料的疲劳极限应力图简化为零件的疲劳极限应力图；能应用疲劳极限应力图，按照图解法和解析法进行零件的安全系数计算；掌握疲劳损伤累积假说、能运用疲劳损伤累积假说进行非稳定变应力作用下疲劳强度问题的计算。

知识点小结　(1) 在变应力作用下，零件的疲劳过程分为两个阶段，疲劳源的产生和裂纹的扩展直至断裂；疲劳断面由光滑的疲劳发展区和粗糙的脆性断裂区构成，光滑的疲劳发展区存在前沿线和垄沟纹。

(2) 材料的疲劳曲线分为有限寿命区、无限寿命区、低周循环区、高周循环区，循环次数在 $10^3(10^4) \sim N_0$ 的范围中，疲劳曲线符合方程 $\sigma_{rN}^m N = \sigma_r^m N_0 = C$，$\tau_{rN}^m N = \tau_r^m N_0 = C'$。

(3) 疲劳极限应力图分为两种，一种是材料的疲劳极限应力图，该图没有考虑应力集中、尺寸大小和表面状态对疲劳强度的影响作用；另一种称为零件的疲劳极限应力图，该图是在引入寿命系数和综合影响系数之后对材料的极限应力图进行简化而得到的，综合影响系数只对应力幅有影响，而寿命系数对应力幅和平均应力均有影响。

(4) 稳定变应力作用下零件的安全系数的计算有两种方法，一种是通过按比例绘制疲劳极限应力图，通过几何尺寸的量取计算安全系数，另一种是通过解析计算公式的推导进行安全系数的计算，即 $S_{\sigma_a} = \dfrac{k_N \sigma_{-1}}{(k_\sigma)_D \sigma_a + \psi_\sigma \sigma_m} \geqslant [S_{\sigma_a}]$，$S_{\tau_a} = \dfrac{k_N \tau_{-1}}{(k_\tau)_D \tau_a + \psi_\tau \tau_m} \geqslant [S_{\tau_a}]$。

(5) 非稳定变应力作用下零件的疲劳强度问题的处理是在引入线性疲劳损伤累积假说的基础上进行的，该假说表述为：在零件受变应力作用发生裂纹到破坏的过程中，零件材料内部的损伤是逐渐累积的，每一次应力的作用都会使零件受到微量的损伤，当这种损伤累积到一定程度达到疲劳极限后就发生疲劳断裂。疲劳损伤累积假说的表达式为：$F = \dfrac{N_1}{N'_1} + \dfrac{N_2}{N'_2} + \cdots + \dfrac{N_n}{N'_n} = \sum\limits_{i=1}^{n} \dfrac{N_i}{N'_i}$。

(6) 非稳定变应力安全系数的计算步骤为：①取等效应力。②求等效循环次数。③求等效循环次数下的寿命系数和疲劳极限。④按等效应力计算疲劳强度和安全系数。⑤按最大非稳定变应力计算塑性材料屈服强度安全系数。

本 章 习 题

3.1　某材料的对称弯曲疲劳极限 $\sigma_{-1} = 200\text{MPa}$，循环基数为 $N_0 = 10^7$，$m = 9$，试求循环次数 N 分别为 8000，26000，700000 时所对应的疲劳强度极限是多少？

3.2　已知 45 钢的 $\sigma_{-1} = 300\text{MPa}$，$N_0 = 10^7$，$m = 9$，用双对数坐标绘出该材料的疲劳曲线图，并根据计算过程说明指数 m 的几何含义是什么？

3.3　已知零件的极限应力 $\sigma_{-1}=200\mathrm{MPa}$，许用安全系数 $[S]=2$，影响零件疲劳强度的系数为 $k_\sigma=1.2$，$\varepsilon_\sigma=0.83$，$\beta_\sigma=0.90$。试求许用应力的大小？

3.4　45 钢经调制后的疲劳极限 $\sigma_{-1}=300\mathrm{MPa}$，应力循环基数 $N_0=5\times10^6$ 次，疲劳曲线方程的幂指数 $m=9$，若用此材料做成的试件进行试验，以对称循环应力 $\sigma_1=450\mathrm{MPa}$ 作用 10^4 次，$\sigma_2=400\mathrm{MPa}$ 作用 2×10^4 次，则工作安全系数为多少？

3.5　若材料疲劳曲线方程的幂指数 $m=9$，则以对称循环应力 $\sigma_1=400\mathrm{MPa}$ 作用于零件 $N_1=10^5$ 次，现在如果用另外一个对称循环变应力进行作用 $N_2=10^4$ 次，所造成的疲劳损伤与 σ_1 的作用完全相等，试求 σ_2 应为多大？

3.6　一零件由 40Cr 制成，已知材料的 $\sigma_B=980\mathrm{MPa}$，$\sigma_s=785\mathrm{MPa}$，$\sigma_{-1}=440\mathrm{MPa}$，$\psi_\sigma=0.3$。零件的最大工作应力 $\sigma_{max}=240\mathrm{MPa}$，最小工作应力 $\sigma_{min}=-80\mathrm{MPa}$，疲劳强度综合影响系数 $(k_\sigma)_D=1.44$。则当应力比 $r=$常数时，该零件的疲劳强度工作安全系数 S 为多大？

第 4 章　机械零件的摩擦、磨损、润滑及密封

正压力作用下相互接触的两个物体，在受到切向外力的作用而发生相对运动或有相对运动趋势时，接触面上就会产生抵抗运动的阻力，这一现象称为摩擦，产生的阻力叫做摩擦力。摩擦引起发热、温度升高和能量损耗，同时导致接触表面物质的损失和转移，即造成接触表面的磨损。磨损将使零件的表面形状和尺寸遭到缓慢而连续的破坏，使机械的效率及可靠性逐渐降低，直至丧失原有的工作性能，甚至导致零件突然破坏。磨损是机械零件失效的主要原因之一。为了控制摩擦、减少磨损、减少能量损失、保证零件及机械工作的可靠性，通常将润滑材料施加于作相对运动的接触表面之间，这就是润滑。为防止润滑剂泄漏并阻止外部杂质、灰尘、空气和水分等的入侵，在润滑系统中需设置密封装置，密封可以大量节约润滑剂，保证机械正常工作，还可以防止因润滑剂泄漏而产生的污染，改善工作环境。

据估计，目前世界上工业领域中大约有 1/3～1/2 的能源以各种方式最终消耗于摩擦，机械零件的损坏约有 80%是由各种形式的磨损引起的。因此，控制摩擦、减少磨损、改善润滑，已成为节约能源和原材料、提高机械零件及整机使用寿命的重要措施。人们把研究有关摩擦、磨损与润滑的科学与技术统称为摩擦学(tribology)。

摩擦和磨损都具有两面性。对多数机械来说，摩擦和磨损是有害的。但对于一些依靠摩擦力工作的机械零部件，如各种摩擦传动、螺纹联接、摩擦式离合器及制动器等，则需要增大摩擦；对于研磨、跑合、切削等过程，磨损则是有益的。

4.1　摩擦原理

4.1.1　摩擦的分类

摩擦分内摩擦和外摩擦两大类。发生在物质内部阻碍分子间相对运动的摩擦称为内摩擦。相互接触的两个物体做相对运动或有相对运动趋势时，在接触表面上产生的阻碍相对运动的摩擦称为外摩擦。仅有相对运动趋势时的摩擦称为静摩擦，产生相对运动时的摩擦称为动摩擦。按摩擦性质的不同，动摩擦又分滑动摩擦和滚动摩擦，两者的机理与规律完全不同。本书仅讨论滑动摩擦。

根据摩擦面间摩擦状态的不同，即润滑油量及油层厚度大小的不同，滑动摩擦又分为干摩擦、边界摩擦、流体摩擦和混合摩擦，如图 4.1 所示。

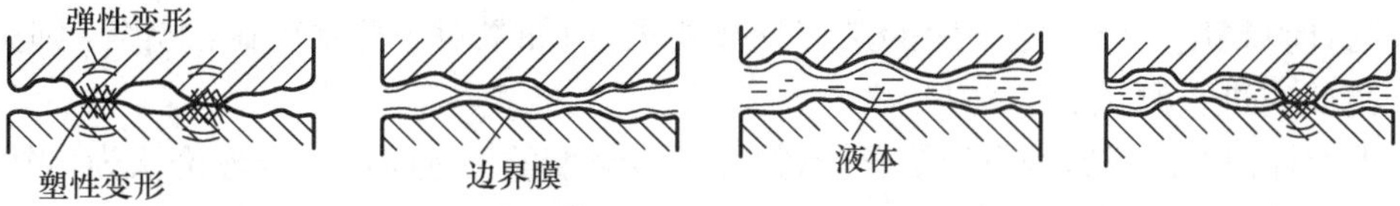

(a) 干摩擦　(b) 边界摩擦　(c) 液体摩擦　(d) 混合摩擦

图 4.1　摩擦状态

干摩擦是指两摩擦表面间无任何润滑剂或保护膜而直接接触的纯净表面间的摩擦。真正的干摩擦只有在真空中才能见到，工程实际中并不存在。因为任何零件表面不仅会因氧化而形成氧化膜，而且或多或少会被含有润滑剂分子的气体所湿润或受到“污染”。机械设计中通常把未经人为润滑的摩擦状态当作干摩擦。干摩擦的摩擦性质取决于配对材料的性质，其摩擦阻力和摩擦功耗最大，磨损最严重，应尽可能避免。

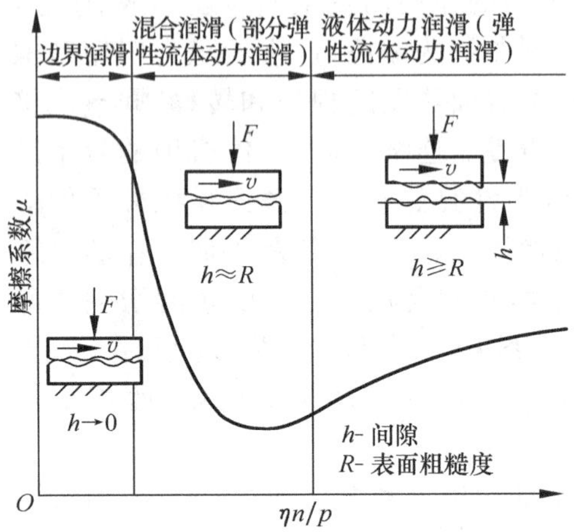

图 4.2　典型摩擦特性曲线

摩擦表面被吸附在表面的边界膜隔开，摩擦性质取决于边界膜和表面的吸附性能的摩擦，称为边界摩擦。

两摩擦表面被流体层（液体或气体）隔开，摩擦性质取决于流体内部分子间的粘性阻力的摩擦称为流体摩擦。流体摩擦的摩擦阻力最小，理论上没有磨损，零件使用寿命最长，是一种最为理想的摩擦状态。

摩擦状态处于边界摩擦和流体摩擦的混合状态时的摩擦称为混合摩擦。

图 4.2 为一典型的摩擦特性曲线，随着 $\eta n/p$ 的增加，摩擦副将分别处于边界润滑、混合润滑和流体润滑状态，相应会发生摩擦间隙的变化。

不同的材料配对及不同的润滑方式所具有的摩擦系数是不一样的，表 4.1 给出了常见摩擦形式的大致摩擦系数范围。

表 4.1　常见摩擦形式的大致摩擦系数范围

摩擦配对材料		摩擦系数	摩擦配对材料		摩擦系数
干摩擦	黄铜-黄铜；青铜-青铜	0.8～1.5	边界润滑	矿物油湿润金属表面	0.15～0.3
	铜铅合金-钢	0.15～0.3		钢-钢；尼龙-钢	0.05～0.10
	巴氏合金-钢	0.15～0.3		尼龙-尼龙	0.10～0.20
	橡胶-其他材料	0.6～0.9		（加油性添加剂的润滑油）	
	聚四氟乙烯-其他材料	0.04～0.12			
固体润滑	石墨、二硫化钼润滑	0.06～0.20	流体润滑	流体动力润滑	0.01～0.001
	铅膜润滑	0.08～0.20		液体静压润滑	<0.001

4.1.2　干摩擦及摩擦系数

干摩擦的摩擦系数可以用库仑公式进行计算：$\mu=\dfrac{F}{N}$，其中 F 为摩擦力，N 为法向压力。库仑公式的计算精度可以满足一般的工程计算要求，但如果对于更加精确的计算，则必须通过具体的试验研究进行测试。

对于干摩擦力的形成原因有很多理论进行解释，早期的机械摩擦啮合理论认为，当两个粗糙表面相互接触时，接触点互相啮合，摩擦力就是啮合点间切向阻力的总和，表面越粗糙，摩擦力就越大。该理论不能解释表面光滑到一定程度后摩擦力反而增大的现象。所以后来又出现了分子-机械理论、粘着理论等。粘着理论又称为现代粘着理论，是目前较为广泛接受的摩擦形成理论。该理论认为:两粗糙表面相互接触时,在载荷的作用下,摩擦副只是在部分峰顶发生接触,所产生的真实接触面积只是表观接触面积的百分之几至万分之几,导致真实接触面积上的压力很容易达到材料的压缩屈服极限而产生塑性变形,如图 4.3 所示。根据上述观点可以写出关系式:$A_r=\frac{N}{\sigma_s}$,式中 A_r 为真实接触面积,N 为摩擦面间的正压力,σ_s 为材料的屈服应力极限。

单个微凸体在接触后发生屈服的同时,发生粘着现象,形成冷焊点(如图 4.4 所示),当发生相对滑动时,首先必须将焊点剪开,则单个焊点形成的摩擦力可以计算为:$F_i=A_i\tau_B$,式中 F_i 为单个焊点的剪断力(摩擦力),A_i 为单个焊点的截面积,τ_B 为焊点中软金属的剪切强度极限。由此可以得到:

整个接触面上的摩擦力:$F=\sum F_i=\sum A_i\tau_B=A_r\tau_B$;

应用库仑公式:$\mu=\frac{F}{N}=\frac{A_r\tau_B}{N}=\frac{A_r\tau_B}{A_r\sigma_s}=\frac{\tau_B}{\sigma_s}$。

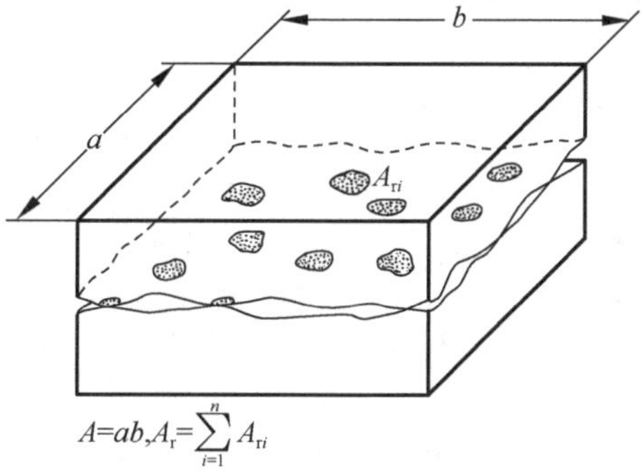

图 4.3　摩擦副微观接触

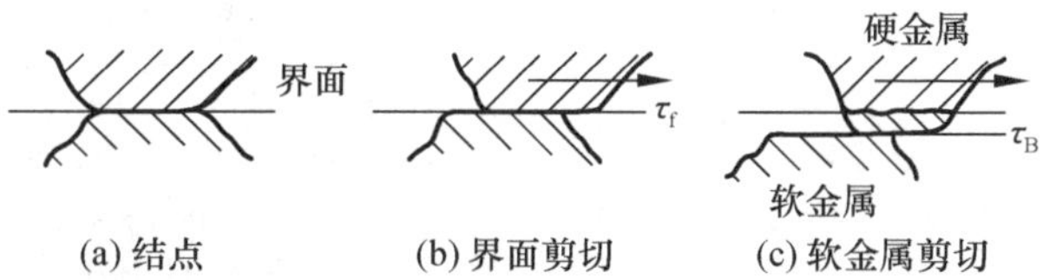

图 4.4　粘着焊点的剪切过程

对于大多数金属来说,由于其$\frac{\tau_B}{\sigma_s}\approx0.2$,近似为常数,因此,金属的摩擦系数变化不大,但考虑实际中由于金属表面氧化、污染膜、犁沟效应以及在切向应力作用下粘结点增大等现象的影响,实际的金属摩擦系数与理论值有所偏差,实际应用时以试验测试或查手册数值为准。

4.1.3　边界摩擦机理

两表面间加入润滑油后,在金属表面会形成一层边界油膜,边界膜可以是物理吸附膜、化学吸附膜和化学反应膜。所谓物理吸附膜是指由润滑油中的极性分子与金属表面相互吸引而形成的吸附膜;所谓化学吸附膜是指润滑油中的分子靠分子键与金属表面形成的化学吸附膜;所谓化学反应膜是指在润滑油中加入硫、磷、氯等元素的化合物(添加剂)与金属表面进行化学反应而生成的膜。它们的边界膜的分子模型空间结构如图 4.5 所示。

润滑油中的脂肪酸是一种极性化合物,其分子能吸附在金属表面,形成物理吸附膜。吸附在金属表面上的分子分为单层和多层结构,距离表面越远的分子,其吸附能力越低,剪切强度越小,到了若干层以后,就不再受约束。因此摩擦系数将随层数的增加而下降,如图 4.6 所示。边界膜厚度很小,一个分子的长度约为 2nm,即使边界膜有 10 个分子厚,其厚度也仅有 0.02μm,比一般两摩擦面的粗糙度之和要小,所以在边界摩擦状态下,磨损往往是不可避免的。物理吸附膜受温度影响比较大,受热后吸附膜容易发生脱吸、乱向,直至完全破坏,所以物理吸附膜适用于在常温、轻载、低速下工作。

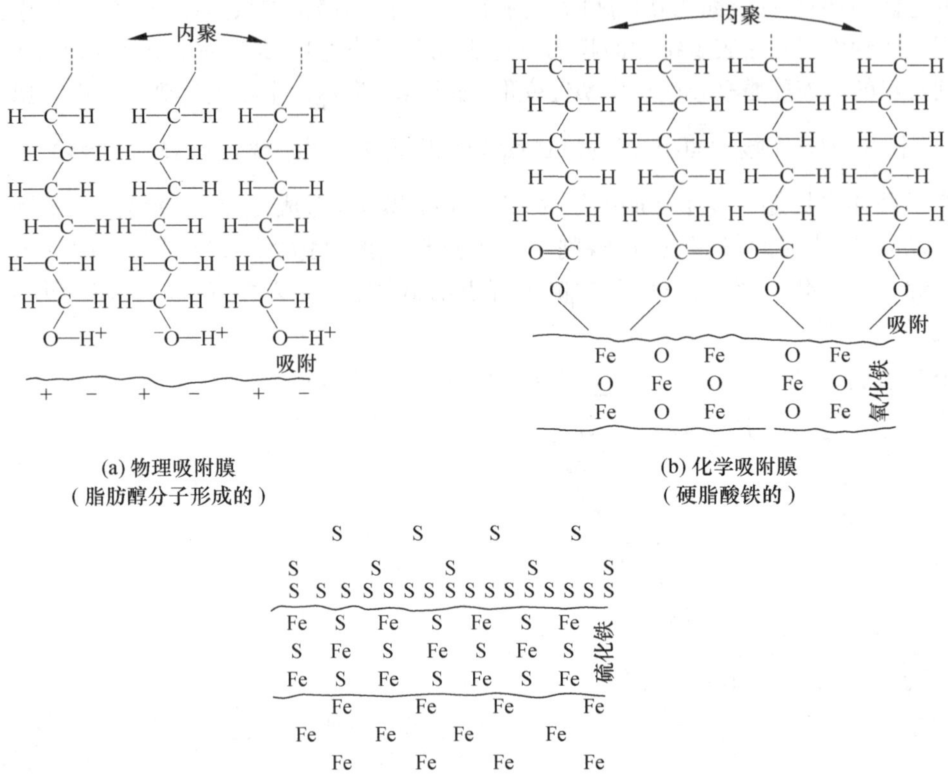

(a) 物理吸附膜
（脂肪醇分子形成的）

(b) 化学吸附膜
（硬脂酸铁的）

(c) 化学反应膜
（含硫化合物生成的）

图 4.5　边界膜类型

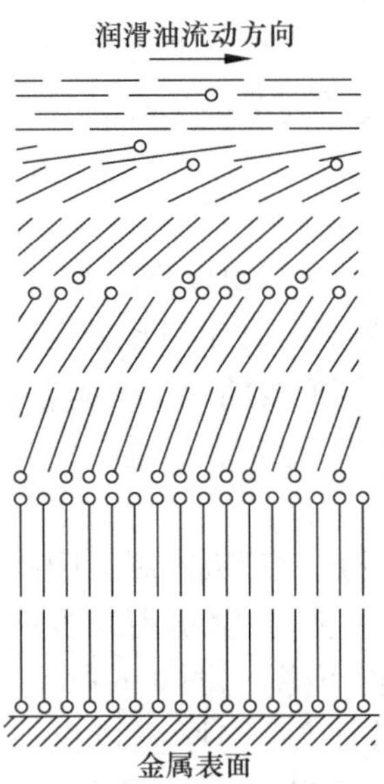

图 4.6　多层物理吸附膜模型

化学吸附膜比物理吸附膜的吸附强度高，稳定性也优于物理吸附膜，受热后的熔化温度也高，化学吸附膜适用于中等载荷、中等速度、中等温度下工作。

与前两种边界膜相比，化学反应膜具有厚度大、熔点高、剪切强度低、稳定性好等优点。它适宜用于重载、高速和高温下工作的摩擦副。

工作温度是影响边界膜性能的关键参数，当工作温度达到软化温度时，吸附膜发生软化、乱向和脱吸现象，从而使润滑作用降低，因此，在具体应用过程中应注意限制 pv 值以控制摩擦面温度。

图 4.7 表明，非极性油的摩擦系数随温度的升高而增大，含脂肪酸的润滑油易于形成物理吸附膜，在软化温度之前具有良好的减摩效果，含有极性添加剂的润滑油易于形成化学反应膜，在软化温度之前摩擦系数较高，但在软化温度之后摩擦系数迅速下降。所以，如果在润滑油中同时加入脂肪酸和极压添加剂，则低温时可以靠物理吸附膜实现低的摩擦系数，高温时通过化学反应膜实现良好的减摩性。

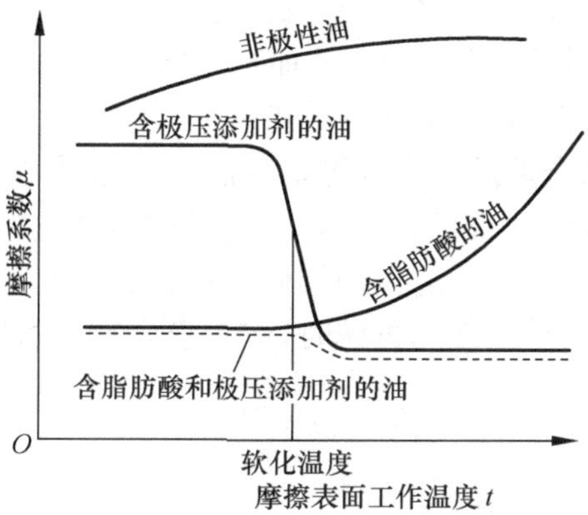

图 4.7　不同添加剂的减摩作用

4.2　磨　　损

4.2.1　机械零件典型的磨损过程

磨损改变零件的尺寸和形状，降低零件工作的可靠性，影响机械的效率，甚至导致机械的提前报废。因此，机械设计时应考虑如何避免或减缓磨损，以保证零件和机械达到预期的寿命。磨损量可用体积、重量或厚度来衡量，通常把单位时间内材料的磨损量称为磨损率，用 ε 表示。磨损率是研究磨损的重要参数。耐磨性是指磨损过程中材料抵抗脱落的能力，通常用磨损率的倒数 $1/\varepsilon$ 来表示。

在一定的摩擦条件下，磨损过程可分为磨合、稳定磨损和剧烈磨损三个阶段，如图 4.8(a) 所示。磨合是指机械使用前或使用初期以改善机械零件的适应性、表面形貌和摩擦相容性为特征的运行过程。磨合阶段初期，因机加工后零件的摩擦表面上存在高低不等的轮廓峰，摩擦副实际接触面积较小、压强较大，故磨损速度快。随着磨合的进行，峰尖高度降低、峰顶半径增大(图 4.8(b))、表面粗糙度减小、实际接触面积增加，磨损速度逐渐减缓。机械零件在磨合期工作时，应按规程由轻至重缓慢加载，并注意油的清洁，防止杂物进入摩擦面而造成严重磨损。磨合阶段结束，润滑油应全部更新。稳定磨损阶段的磨损率曲线的斜率近似一常数，斜率越小磨损率越小。稳定磨损阶段零件的工作时间即为零件的使用寿命，磨损率越小，零件的使用寿

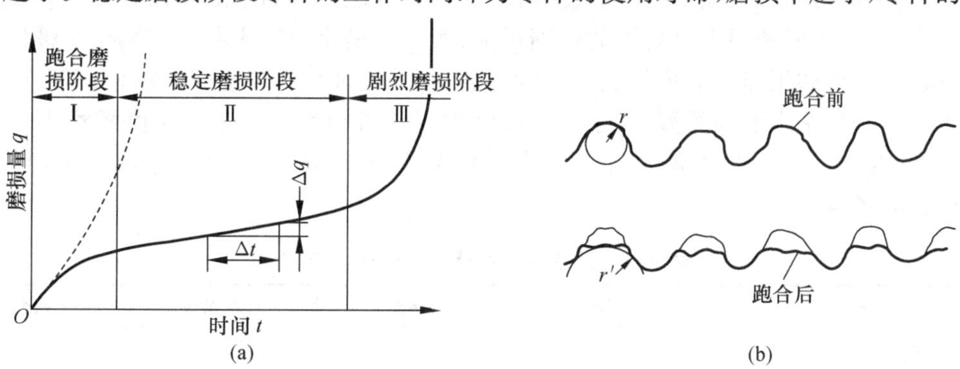

图 4.8　典型磨损过程

命越长。剧烈磨损阶段，即零件表面的失效阶段。进入剧烈磨损阶段后零件精度严重降低，间隙加大，润滑状态恶化，磨损速度急剧增大，从而产生振动、冲击和噪声，致使零件迅速报废。剧烈磨损阶段的到来意味着零件使用寿命的结束。

正常情况下，零件经过磨合期后即进入稳定磨损阶段，但若初始压力过大、速度过高、润滑不良时，则磨合期和稳定磨损阶段很短并立即转入剧烈磨损阶段，如图 4.8 中虚线所示，这种情况必须避免。在稳定磨损阶段进行适当的维修，及时更换疲劳、老化及严重磨损的零部件，可有效地延长稳定磨损期。设计或使用机械时，应力求合理缩短磨合期，延长稳定磨损期，推迟剧烈磨损期的到来。

4.2.2 磨损的分类

由于人们对磨损产生机理的认识尚不完全清楚，对磨损的分类也存在着许多不同的观点，提出了多种分类方法，其中巴威尔(Burwell)提出的磨损分类具有较大的影响。根据摩擦机理，巴威尔将磨损分为粘着磨损、磨粒磨损、疲劳磨损、腐蚀磨损等四大类。

1) 粘着磨损

在切向力的作用下，摩擦副表面的吸附膜和脏污膜遭到破坏，使表面的轮廓峰在相互作用的各点处发生冷焊，由于相对运动，材料便从一个表面转移到另一个表面，形成粘着磨损。在此过程中，有时材料也会再次附着回原表面，出现逆转移，或脱离所粘附的表面而成为游离颗粒。载荷越大，表面温度越高，粘着的现象也越严重。严重的粘着磨损会造成运动副咬死。粘着磨损是金属摩擦副之间最常见的一种磨损形式。

2) 磨粒磨损

磨粒磨损分为两种情况，一种是硬质摩擦表面上的硬质突出物将对磨表面材料磨掉(二体磨损)；另一种是从外部进入摩擦面间的游离硬质颗粒(如尘土、砂粒或磨损形成的金属微粒)，在较软材料表面犁刨出很多沟纹而引起材料脱落的现象(三体磨损)。

3) 疲劳磨损

在接触变应力的作用下，如果该应力超过材料相应的接触疲劳极限，就会在摩擦副表面或表面以下一定深度处形成疲劳裂纹，随着裂纹的扩展及相互联接，金属微粒便会从零件工作表面上脱落，导致表面出现麻点状损伤现象，即形成疲劳磨损或称为疲劳点蚀。

4) 腐蚀磨损

摩擦过程中金属与周围介质(如空气或润滑油中的酸、水等)发生化学或电化学反应而引起的表面损伤，称为腐蚀磨损。其中氧化磨损最为常见，这是金属摩擦副在氧化性介质中工作时，接触表面反复生成和磨去氧化膜的磨损现象，实际上是化学氧化和机械磨损两种作用相继进行的过程。氧化磨损速率取决于氧化速度、氧化膜强度及与本体金属的结合强度。

除了上述四种基本磨损类型外，还有一些磨损现象可视为是上述基本磨损类型的派生或复合。此外，需要特别说明的是，由于工作条件的复杂性，磨损经常以复合形式出现。表 4.2 就很好地说明了这一点。

表 4.2 某些零件可能发生的磨损类型

零件名称	粘着磨损	疲劳磨损	磨粒磨损	氧化磨损
液体润滑滑动轴承		A		B
混合摩擦或固体摩擦滑动轴承	A	B	A	B

续表

零件名称	粘着磨损	疲劳磨损	磨粒磨损	氧化磨损
滚动轴承	B	A	B	B
齿轮传动	A	A	B	B
蜗杆传动	A	A	B	B
摩擦离合器	A	B	B	B
制动器	B	B	A	B
磨粒摩擦零件		B	A	B

注：A 起主要作用；B 起部分作用。

4.2.3　磨损的控制

不同材料、载荷、润滑、工作温度等因素对磨损的影响过程如图 4.9 所示。

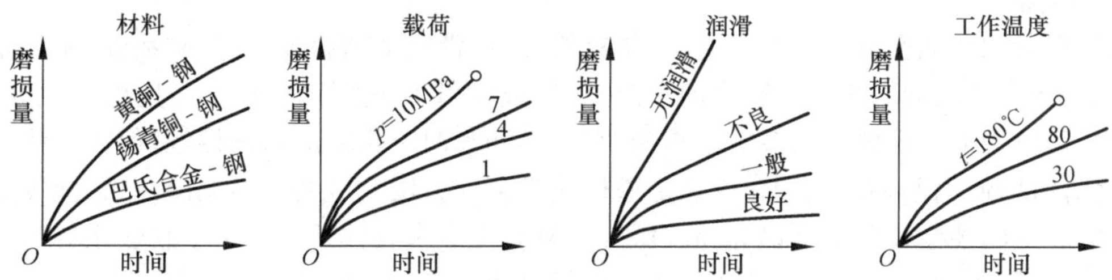

图 4.9　磨损的影响因素

对于粘着磨损，要减小磨损，可以从如下几个方面进行考虑：①合理选择配对材料，同种金属比异种金属易于粘着，脆性材料比塑性材料的抗粘着能力强，进行表面处理(如表面热处理、电镀、喷涂等)可防止粘着磨损的发生。②限制摩擦表面的温度。③采用含油性和极压添加剂的润滑剂。④控制压强。

磨粒磨损与摩擦副材料的硬度和磨粒的硬度有关。如图 4.10 为磨粒硬度对磨损的影响，可以看出，为保证摩擦面有一定的使用寿命，金属材料的硬度应至少比磨粒的硬度大 30%。当然，材料并不是越硬越好，有时选用较便宜的材料，定期更换易磨损的零件，更符合经济原则。

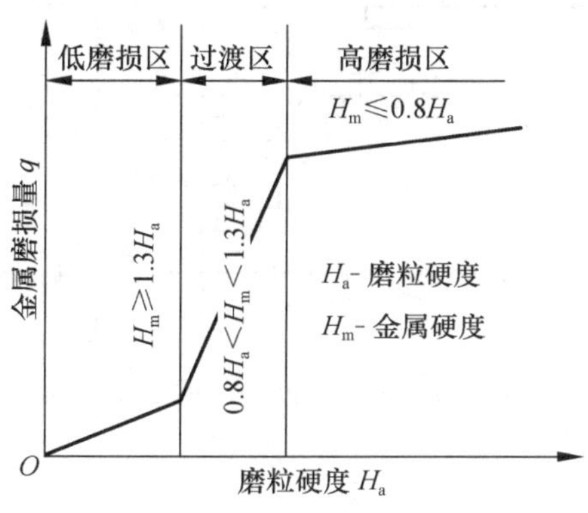

图 4.10　磨粒硬度对磨损的影响

为了提高零件表面的疲劳寿命，除应合理选择摩擦副材料外，还应注意：①合理选择零件接触面的表面粗糙度，一般情况下表面粗糙度值越小，疲劳寿命越长。②合理选择润滑油粘度，如前所述，适当提高润滑油的粘度有利于接触应力均匀分布，提高抗疲劳磨损的能力。在润滑油中加入极压添加剂或固体润滑剂，能提高接触表面的抗疲劳性能。③合理选择零件接触面的硬度，以轴承钢为例，硬度为 62HRC 时抗疲劳磨损能力最高，增加或降低表面硬度，寿命都有较大的降低。

4.3 润 滑 材 料

4.3.1 润滑剂

润滑剂可分为气体、液体、半固体和固体四种基本类型。在液体润滑剂中应用最广泛的是润滑油，包括矿物油、动植物油、合成油和各种乳剂。半固体润滑剂主要是指各种润滑脂，它是润滑油和稠化剂的稳定混合物。固体润滑剂是指可以形成固体膜以减少摩擦阻力的物质，如石墨、二硫化钼、聚四氟乙烯等。任何气体都可作为气体润滑剂，其中用得最多的是空气，它主要用在气体轴承中。

在摩擦面间加入润滑剂不仅可以降低摩擦，减轻磨损，保护零件不发生锈蚀，而且还能起到散热降温的作用。对于液体润滑剂，润滑油膜还具有缓冲、吸振的能力。使用膏状的润滑脂，既可防止内部的润滑剂外泄，又可阻止外部杂质侵入，同时具有润滑和密封作用。

1. 润滑油

用作润滑剂的油类可概括为三类：一是有机油，通常是动植物油；二是矿物油，主要是石油产品；三是化学合成油。其中因矿物油来源充足，成本低廉，适用范围广，而且稳定性好，故应用最多。动植物油中因含有较多的硬脂酸，在边界润滑时有很好的润滑性能，但因其稳定性差且易氧化，所以使用不多。化学合成油是通过化学合成方法制成的新型润滑油，它能满足矿物油所不能满足的某些特殊要求，如高温、低温、高速、重载和其他条件。由于它多系针对某种特定需要而制，适用面较窄、成本又很高，故一般机械应用较少。润滑油的主要指标有以下几个。

1）粘度

润滑油的粘度可定性地定义为它的流动阻力，是润滑油最重要的性能指标之一。

(1) 动力粘度。

如图 4.11 所示，在两个平行的平板间充满具有一定粘度的润滑油，若上平板以速度 v 移动，下平板静止不动，则由于油分子与平板表面的吸附作用，将使贴近上板的油层以同样的速度 v 随板移动，而贴近下板的油层则静止不动($v=0$)，中间各层油膜的流动速度 u 随 y 的增大而减小。于是各油层间具有相对滑移，在各层的界面上就存在有相应的切应力。牛顿在 1687 年提出了粘性液体的摩擦定律(简称粘性定律)，即在流体中任意点处的切应力均与该处流体的速度梯度成正比。若用数学形式表示即为

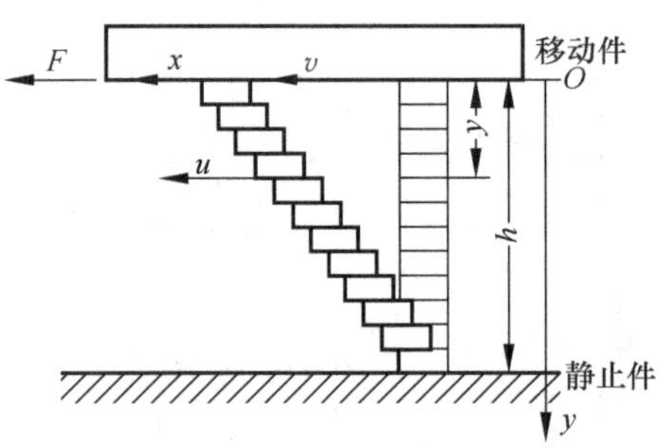

图 4.11 平行板间液体的层流流动

$$\tau = -\eta \frac{du}{dy} \tag{4.1}$$

式中 τ 为流体单位面积上的剪切阻力，即切应力；$\frac{du}{dy}$为流体沿垂直于运动方向(即沿图 4.11 中 y 轴方向或流体膜厚度方向)的速度梯度；η 为比例常数，即流体的动力粘度；“－”号表示 u 随 y 的增大而减小。

摩擦学中把服从这个粘性定律的流体称为牛顿流体。

图 4.12 所示长、宽、高各为 1m 的液体，上、下平面发生 1m/s 相对滑动速度需要的切向力为 1N 时，该液体的动力粘度为 1N·s/m² 或 1Pa·s(帕·秒)。Pa·s 是国际单位制(SI)的粘度

单位。

在绝对单位制(C. G. S. 制)中,把动力粘度的单位定为 1dyn·s/cm^2,叫 1P(泊),百分之一 P 称为 cP(厘泊),即 1P＝100cP。

P 和 cP 与 Pa·s的换算关系为:1P＝0.1Pa·s,1cP＝0.001Pa·s。

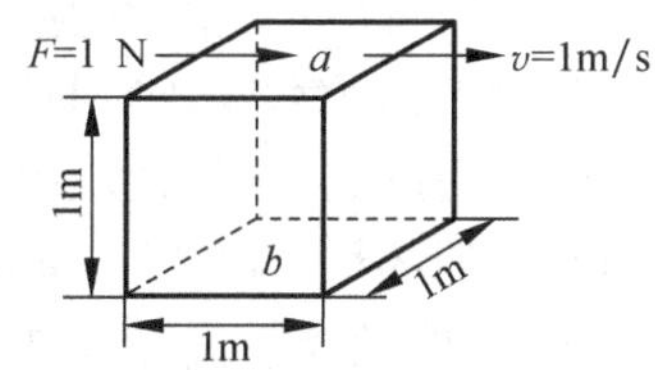

图 4.12　液体的动力粘度示意图

(2) 运动粘度。

工程中常用动力粘度 η(单位为 Pa·s)与同温度下该流体密度 ρ (单位为kg/m^3)的比值表示粘度,称为运动粘度 ν(单位为 m^2/s),即

$$\nu = \frac{\eta}{\rho} \tag{4.2}$$

对于矿物油,密度 ρ＝850～900kg/m^3。

在 C. G. S. 制中运动粘度的单位是 St(斯),1St＝1cm^2/s。百分之一 St 称为 cSt(厘斯),它们之间有下列关系:

$$1\text{St} = 1\text{cm}^2/\text{s} = 100\text{cSt} = 10^{-4}\text{m}^2/\text{s}, \quad 1\text{cSt} = 10^{-6}\text{m}^2/\text{s} = 1\text{mm}^2/\text{s}$$

GB/T 3141—1994 规定采用润滑油在 40℃时的运动粘度中心值作为润滑油的粘度等级。润滑油实际运动粘度在相应中心粘度值的±10%偏差以内。常用工业润滑油的粘度分类及相应的运动粘度值见表 4.3。例如,牌号为 L-AN15 的全损耗系统用油在 40℃时的运动粘度中心值为 15mm^2/s。

表 4.3　常用工业润滑油的粘度分类及相应的粘度值(GB/T 3141—1994)(单位:mm^2/s)

粘度等级	运动粘度 ν_{40}		粘度等级	运动粘度 ν_{40}		粘度等级	运动粘度 ν_{40}	
	中心值	范围		中心值	范围		中心值	范围
2	2.2	1.98～2.42	22	22	19.8～24.2	220	220	198～242
3	3.2	2.88～3.52	32	32	28.8～35.2	320	320	288～352
5	4.6	4.14～5.06	46	46	41.4～50.6	460	460	414～506
7	6.8	6.12～7.48	68	68	61.2～74.8	680	680	612～748
10	10	9.0～11.0	100	100	90.0～110	1000	1000	900～1100
15	15	13.5～16.5	150	150	135～165	1500	1500	1350～1650

(3) 条件粘度。

条件粘度是为了方便于商业测量而建立的粘度体系。

条件粘度是在一定条件下、利用某种规格的粘度计,通过测定润滑油穿过规定孔道的时间来进行计量的粘度。我国常用恩氏度(°E$_t$)作为条件粘度单位,美国习惯用赛氏通用秒(SUS),英国习惯用雷氏秒(R)作为条件粘度单位。

平均温度 t 时的运动粘度 ν_t(单位为 mm^2/s)与恩氏粘度 η_E(单位为°E$_t$)可按下列关系进行换算:

$$\left.\begin{aligned} &\text{当 } 1.35 < \eta_E \leqslant 3.2 \text{ 时}, && \nu_t = 8.0\eta_E - \frac{8.64}{\eta_E} \\ &\text{当 } \eta_E > 3.2 \text{ 时}, && \nu_t = 7.6\eta_E - \frac{4.0}{\eta_E} \\ &\text{当 } \eta_E > 16.2 \text{ 时}, && \nu_t = 7.41\eta_E \end{aligned}\right\} \tag{4.3}$$

粘-温特性——粘度随温度变化的特性。

各种流体的粘度，特别是润滑油的粘度，随温度增高而降低的特性十分明显。由于油的成分及纯净程度之不同，很难用一个解析式来表达各种润滑油的粘-温关系。图 4.13 示出几种常用润滑油的粘-温曲线。润滑油粘度受温度影响的程度可用粘度指数(VI)表示。粘度指数值越大，表明粘度随温度的变化越小，即粘-温性能越好。VI≤35 为低粘度指数润滑油，VI>35～85 为中粘度指数润滑油，VI>85～110 为高粘度指数润滑油。

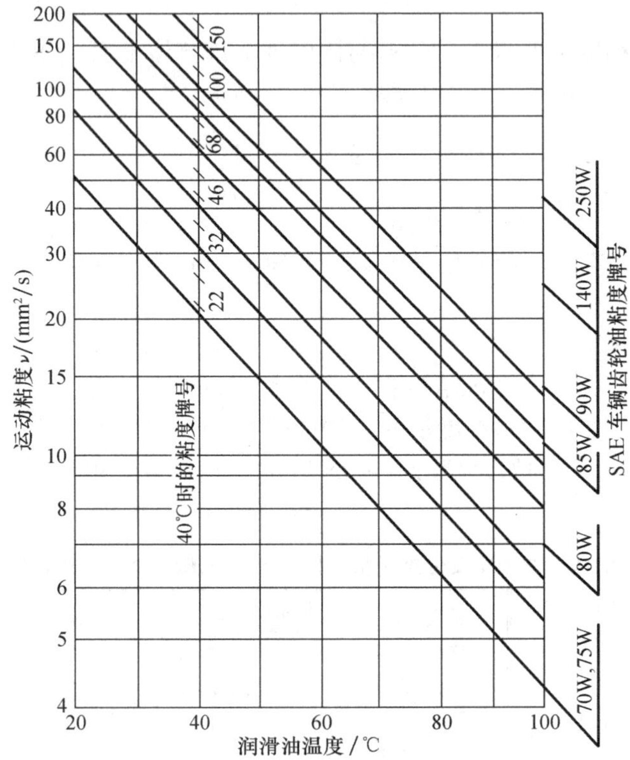

图 4.13 几种润滑油的粘-温曲线

粘-压特性——粘度随压力变化的特性。

压力对流体的影响有两方面：一是流体的密度随压力增高而加大，不过对于所有的润滑油来说，压力在 100MPa 以下时每增加 20MPa 的压力，油的密度增加约 1%，因此在实际润滑条件下这个影响可以不予考虑。另一是压力对流体粘度的影响，这只有在压力超过 20MPa 时，粘度才随压力的增高而加大，高压时则更为显著。因此在一般的润滑条件下也同样不予考虑。但在弹性流体动力润滑中，这种影响就变得十分重要。例如，在齿轮传动中，啮合处的局部压力可能高达 4000MPa，此时矿物油已不再像液体而更像蜡状的固体了。对于一般矿物油的粘-压关系，可用下列经验式表示：

$$\eta_p = \eta_0 e^{\alpha p} \tag{4.4}$$

式中，η_p 为润滑油在压力 p 时的动力粘度，单位为 Pa·s；η_0 为润滑油在 10^5Pa 的压力下的动力粘度，单位为 Pa·s；e 为自然对数的底，e=2.718；α 为润滑油的粘-压指数；当压力 p 的单位为 Pa 时，α 的单位即为 m^2/N；对于一般的矿物油，$\alpha\approx(1\sim3)\times10^{-8}m^2/N$。

注：润滑油粘度的大小不仅直接影响摩擦副的运动阻力，而且对润滑油膜的形成及承载能力有决定性作用。因此，选择润滑油粘度时必须考虑其粘温特性和粘压特性，使润滑油在实际工作温度和压力下具有合适

的粘度。

2）润滑性（油性）

润滑性是指润滑油中极性分子与金属表面吸附形成边界油膜，以减小摩擦和磨损的性能。润滑性越好，油膜与金属表面的吸附能力越强。对于那些低速、重载或润滑不充分的场合，润滑性具有特别重要的意义。

3）极压性

极压性是润滑油中加入含硫、磷、氯等的有机极性化合物后，油中极性分子在金属表面生成抗磨、耐高压的化学反应边界膜的性能。它在重载、高速、高温条件下，可改善边界润滑性能。

4）闪点

闪点是指当油在标准仪器中加热所蒸发出的油气，一遇火焰即能发出闪光时的最低温度。这是衡量油易燃性的一项指标，对于高温下工作的机械具有十分重要的意义。通常应使工作温度比油的闪点低 30～40℃。

5）凝点

凝点是指润滑油在规定条件下，不能自由流动时的最高温度。它是润滑油在低温下正常工作的一个重要指标，直接影响到机械在低温下的启动性能和磨损情况。

6）氧化稳定性

氧化稳定性是指润滑油在使用或储存保管期间，性质安定、不易产生氧化变质的性能。通常，润滑油在 20～30℃常温下氧化十分缓慢，在 50～60℃时氧化速度加快，在 150℃以上时氧化速度更快。与空气接触面积越大越容易氧化。使用中搅拌越激烈越易氧化。润滑油氧化后，会产生酸性物质，久之会有胶质物、沥青等沉淀物析出，使润滑油变黑、粘度和酸度增大，降低润滑性能，还会腐蚀金属零件。

此外，润滑油还有抗乳化性、抗泡性、灰分、残炭等性能指标。

2. 润滑脂

这是除润滑油以外应用最多的一类润滑剂。它是润滑油与稠化剂（如钙、钠、锂、铝的金属皂）的膏状混合物。根据调制润滑脂所用皂基之不同，润滑脂主要有以下几类：

（1）钙基润滑脂。钙基润滑脂具有良好的抗水性，但耐热能力差，工作温度不宜超过 55～65℃。

（2）钠基润滑脂。钠基润滑脂有较高的耐热性，工作温度可达 110℃，但抗水性差，不宜用于与水相接触的润滑部位。

（3）锂基润滑脂。锂基润滑脂既能抗水、耐高温（工作温度不宜高于 120℃），也有较好的机械安定性，是一种多用途的润滑脂。

（4）铝基润滑脂。铝基润滑脂具有良好的抗水性，对金属表面有较高的吸附能力，故可起到很好的防锈作用。

此外，还有各种复合润滑脂、高温润滑脂等种类，详见 GB/T 7631.8—1990。

润滑脂的主要质量指标有：

（1）锥（针）入度。锥入度是衡量润滑脂稠度的指标。用一个重 1.5N 的标准锥体，在 25℃恒温下，由润滑脂表面经 5s 后刺入的深度（以 0.1mm 计）进行检验，其值标志着润滑脂内阻力的大小和流动性的强弱。锥入度越小表明润滑脂越稠。锥入度是润滑脂的一项主要指标，润滑脂的牌号就是该润滑脂锥入度的等级。

(2) 滴点。滴点是指在规定的加热条件下,润滑脂从标准测量杯的孔口滴下第一滴时的温度。润滑脂的滴点决定了它的工作温度。润滑脂的工作温度至少应低于滴点 20℃。

此外,还有水分、灰分、机械杂质等性能指标。

4.3.2 添加剂

普通润滑油、润滑脂在一些十分恶劣的工作条件下(如高温、低温、重载、真空等)会很快劣化变质,失去润滑能力。为了提高油的品质和使用性能,常加入某些份量虽少(从百分之几到百万分之几)但对润滑剂性能改善起巨大作用的物质,这些物质称为添加剂。

添加剂的作用有:

(1) 提高润滑剂的油性、极压性和在极端工作条件下更有效工作的能力。

(2) 推迟润滑剂的老化变质,延长其正常使用寿命。

(3) 改善润滑剂的物理性能,如降低凝点、消除泡沫、提高粘度、改进其粘-温特性等。

添加剂的种类很多,有油性添加剂、极压添加剂、分散净化剂、消泡添加剂、抗氧化添加剂、降凝剂、增粘剂等。为了有效地提高边界膜的强度,简单而行之有效的方法是在润滑油中添加一定量的油性添加剂或极压添加剂。如图 4.7 所示,非极性润滑油(如纯矿物油)的摩擦因数最大。含有油性添加剂(如脂肪酸)的润滑油,温度低时摩擦因数小,当温度超过脂肪酸金属皂膜的软化温度后,摩擦因数将迅速上升。含有极压添加剂的润滑油,在软化温度附近,化学反应膜迅速生成,摩擦因数迅速下降。若在润滑油中同时加入油性添加剂和极压添加剂,则低温时可以靠油性添加剂的油性来获得减摩性,高温时则靠极压添加剂的化学反应膜来得到良好的减摩性。

4.4 机械零件的润滑方式

4.3 节所述边界摩擦、流体摩擦和混合摩擦,都必须在一定的润滑条件下才能实现,摩擦状态与润滑状态成对应关系。所以,对应于摩擦状态,润滑状态也可分为边界润滑、流体润滑和混合润滑三种。

1) 边界润滑

所谓边界润滑,就是两摩擦面间通过一层边界膜实现润滑的一种润滑方式。

2) 流体润滑

当摩擦副始终被一层具有一定压力和一定厚度的流体膜完全隔开、相互运动的阻力只是流体内部的摩擦力时,这种润滑状态称为流体润滑。形成流体润滑的介质既可以是液体也可以是气体。液体润滑应用非常广泛,气体润滑只适用于高速轻载的场合。流体润滑没有磨损,零件使用寿命长,是理想的润滑状态。

3) 混合润滑

当摩擦副两表面间的油膜不够厚时,局部表面的轮廓峰仍可穿透润滑油膜而发生接触,而其他区域仍处于流体润滑状态,这种兼有边界润滑和流体润滑的状态称为混合润滑,其摩擦系数也介于两者之间。由于避免不了微凸体的直接接触,因此仍有磨损存在。它是机械工程摩擦副中常见的一种润滑状态。

边界润滑和混合润滑统称为不完全流体润滑。它能有效地降低摩擦阻力、减轻磨损、提高承载能力和延长零件使用寿命。设计时,除极少数特殊材料外,摩擦副应以维持不完全流体润滑状态为最低要求。

4) 润滑状态的转化

实践证明，改变某些参数如压强 p、两接触面间相对滑动速度 v、流体粘度 η，边界润滑、混合润滑和流体润滑状态可以相互转化。

图 4.2 所示为通过试验得到的摩擦特性曲线，从中可以看出，在有润滑的条件下，对具有一定粗糙度的表面，随着润滑特性系数 $\eta v/p$ 的增大，摩擦表面间的润滑状态由边界润滑经混合润滑过渡到流体润滑，摩擦系数 f 以及相应的间隙也随之改变。

摩擦表面究竟处于何种润滑状态，是设计者首先要考虑的问题。摩擦状态与最小油膜厚度和表面粗糙度有着密切的关系。通常根据膜厚比 λ（$\lambda=h_{\min}/\sqrt{R_{z1}^2+R_{z2}^2}$，式中 $h_{\min}$ 为最小油膜厚度，R_{z1}、R_{z2} 分别为两接触表面粗糙度十点平均高度）的大小来估计润滑状态；$\lambda\leqslant1$ 时呈边界润滑状态；$1<\lambda<3$ 时呈混合润滑状态或部分弹性流体动压润滑状态；$\lambda\geqslant3$ 时呈流体润滑状态或完全弹性流体动压润滑状态。膜厚比与润滑状态之间的关系可以通过图 4.14 直观地表达出来。此外，膜厚比 λ 还直接关系到轴承的相对寿命。

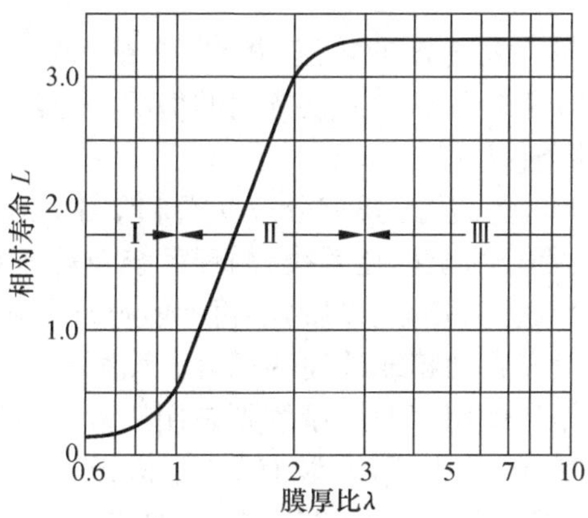

Ⅰ边界润滑；Ⅱ部分弹流、混合润滑；Ⅲ完全弹流、流体润滑

图 4.14　膜厚比、润滑状与相对寿命

4.5　流体润滑原理及方法

4.5.1　流体动压润滑

两个作相对运动物体的摩擦表面，用借助于相对速度而产生的粘性流体膜将两摩擦表面完全隔开，由流体膜产生的动压力来平衡外载荷，这种流体润滑状态称为流体动压润滑。所用的粘性流体可以是液体（如润滑油）也可以是气体（如空气等），相应地称为液体动压润滑和气体动压润滑。流体动压润滑的主要优点是：摩擦力小（仅为流体内部的摩擦阻力）、磨损小甚至没有，并可缓和振动与冲击。

流体动压润滑的基本原理及其承载能力计算详见第 13 章。

4.5.2　流体静压润滑

流体静压润滑是将液压泵等外界设备提供的压力流体送入摩擦表面之间，以静压力来平

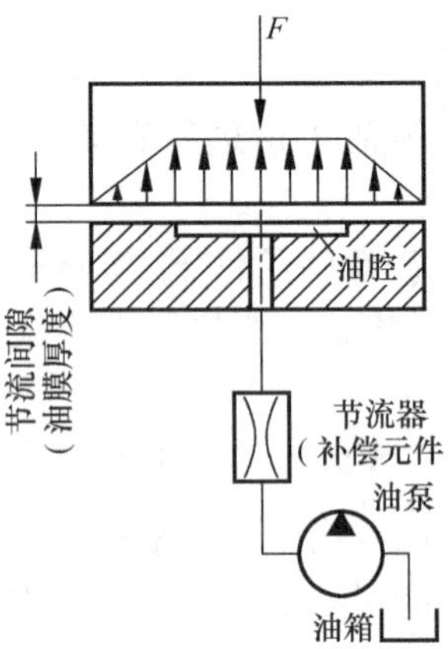

图 4.15 流体静压润滑系统示意图

衡外载荷，使摩擦表面分离而达到流体润滑的目的。图 4.15 为典型流体静压润滑系统示意图，用液压泵将润滑剂加压，通过补偿元件(节流器)送入摩擦件的油腔，润滑剂再通过油腔周围的封油面与另一摩擦面构成的间隙流出，摩擦面之间形成静压油膜，将运动件与承载件分开而达到流体润滑。

显然，对于两个静止的或相对速度很低的，以及平行的摩擦表面间不可能获得流体动压润滑，只能采用流体静压润滑。流体静压润滑技术已成熟应用于静压轴承、静压导轨、静压丝杠等摩擦副零部件。

4.5.3 润滑方法及润滑系统

合理选择和设计机械设备的润滑方法、润滑系统和装置对于设备保持良好润滑状态和工作性能，以及获得较长使用寿命都具有重要的现实意义。

润滑系统的选择和设计包含润滑剂的输送、控制(分配、调节)、冷却、净化，以及压力、流量、温度等参数的监控。同时，还应考虑以下三方面的情况：摩擦副类型及工作条件，润滑剂类型及其性能，润滑方法及供油条件。

目前，机械设备所使用的润滑方法主要有分散润滑和集中润滑两大类型。

按润滑方式，集中润滑又可分为全损耗系统、循环系统及静压系统等三种基本类型。其中全损耗性润滑系统是指润滑剂送于润滑点以后，不再回收循环使用，常用于润滑剂回收困难或无须回收、需油量很小，或难以安置油箱或油池的场合。而循环润滑系统的润滑剂送至润滑点进行润滑以后又流回油箱再循环使用。静压系统则是用于静压流体润滑的润滑系统。

【例 4.1】 要使长宽各为 1m 的平板，在装有 22 号机械油的水平槽中以 $v=10\text{m/s}$ 速度移动，问槽中油深为 5mm 时，需要多大推力(22 号机械油的密度为 $\rho=880\text{kg/m}^3$)。

解 (1)计算 22 号机械油的动力粘度

根据表 4.3 查取 22 号机械油的运动粘度 $\nu=22\text{mm}^2/\text{s}$，则运动粘度 η 为

$$\eta=\rho\times\nu=880\times22\times10^{-6}=1.94\times10^{-2}(\text{Pa·s})$$

(2)计算平板对润滑油的剪应力

$$\tau=\eta\frac{\partial v}{\partial h}=1.94\times10^{-2}\frac{10}{5\times10^{-3}}=38.8(\text{Pa})$$

(3)计算作用在平板上的推力

$$F=\tau A=38.8\times1=38.8(\text{N})$$

【例 4.2】 某一滑动轴承，其宽度 $B=100\text{mm}$，轴径 $d=100\text{mm}$，轴的转速 $n=120/\text{min}$，轴承承受径向载荷 $F_r=30000\text{N}$，润滑油的动力粘度 $\eta=0.03\text{Pa·s}$，该轴承摩擦特性曲线的最低点处 $\eta n/p=2.5\times10^{-7}$，问该轴承能否获得液体润滑。

解 (1)确定单位面积的载荷 p

$$p=\frac{F_r}{Bd}=\frac{30000}{100\times100}=3(\text{MPa})$$

(2)计算滑动轴承的 $\eta n/p$ 值

$$\frac{\eta n}{p}=\frac{0.03\times\frac{120}{60}}{3\times10^6}=2\times10^{-8}$$

(3)判断

由计算可知,实际 $\eta n/p$ 比该轴承摩擦特性曲线的最低点处的 $\eta n/p$ 还小。显然该轴承不能获得液体润滑。

4.6　密 封 装 置

密封是为了阻止润滑油从轴承中流失,也是为了防止外界灰尘、水分等侵入轴承。设计不合理的密封将大大影响轴承的寿命。根据密封元件间有无相对运动通常把密封分为静密封和动密封两大类。密封结合面间没有相对运动的密封称为静密封;密封元件间彼此有相对运动的密封称为动密封。

对于动密封而言,根据轴的运动形式可分为两种基本类型,即旋转轴密封和往复轴密封。也可根据密封元件之间是否接触而分为接触密封和非接触密封。本书仅介绍静密封和旋转轴密封。

4.6.1　静密封

1. 直接接触密封

直接接触密封是一种最简单的静密封形式,如图 4.16 所示,在紧螺栓联接的压力下使平整、光洁的结合面贴紧实现密封。直接接触密封对结合面的加工精度有较高的要求,汽缸盖、阀板等的结合面常需要进行研磨加工。而一般的精加工结合面,常需要采取辅助密封措施,如在结合面涂密封胶或开泄油沟。

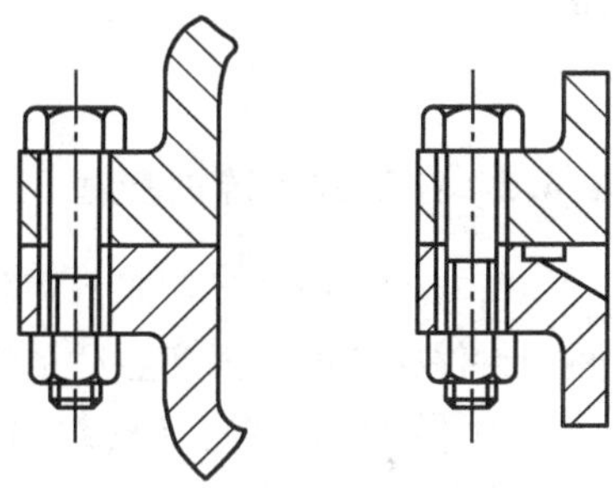

(a)　(b)

图 4.16　直接接触密封

2. 垫片、垫圈密封

如图 4.17 所示,在结合面间加垫片或垫圈,用紧螺栓压紧使垫片、垫圈产生弹性变形填塞结合面上的不平,消除间隙而起到密封作用。垫片、垫圈的材料一般选用软钢纸垫、橡胶板、聚四氟乙烯板、铜片、铝片等。

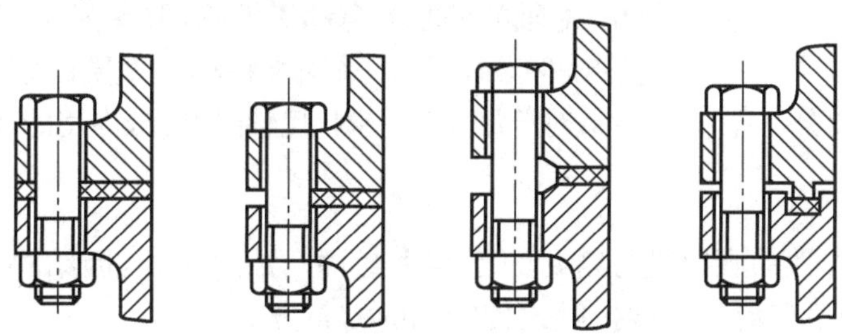

图 4.17　垫片、垫圈密封

3. 自紧式密封

O 形橡胶密封圈是一种简单、通用的密封元件(见 GB/T 3452.1—1992),具有成本低廉,密封性能良好的特点,常用于静密封和往复密封中。

O 形橡胶密封圈安装在沟槽中,受到初始挤压力而压缩,这种压缩作用提供了初始密封力,如图 4.18(a)所示。在工作状态下,通过间隙加到 O 形圈一侧的内压力进一步使其变形,并与沟槽的另一侧及密封面保持紧密接触,从而实现密封。因此,由于最初的过盈压力作用,密封压力实际上大于所施加的流体压力，如图4.18(b) 所示。这种随介质压力增高而提高密封效果的性能称为自紧作用。图 4.19 中各种截面形状的密封圈都有自紧作用。

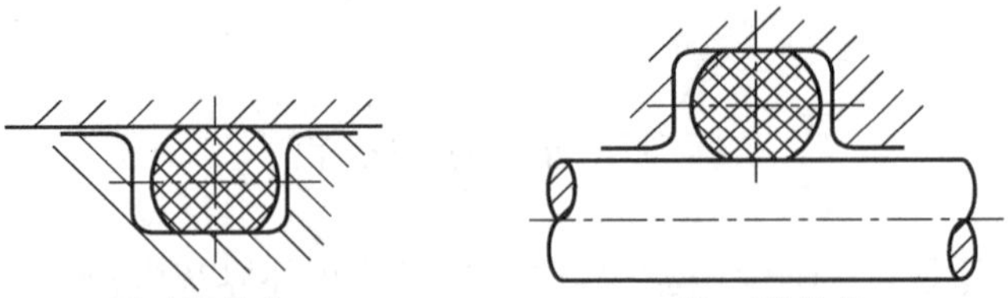

(a) 安装状态　　　　(b) 工作状态

图 4.18　O形橡胶密封圈工作原理

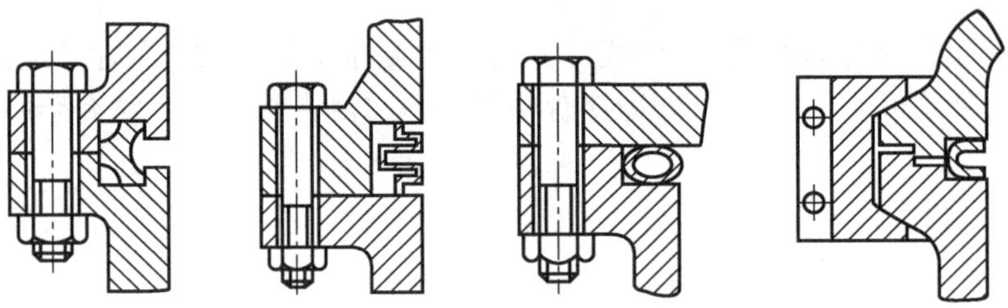

图 4.19　各种自紧式密封

4.6.2　接触式旋转轴密封

所有的接触式动密封都需要在装配状态下使密封件与密封面之间产生一个初始接触压力，使密封件材料的表面产生适量的变形，与密封面相互接触，堵塞流体通道，阻止液体的进出。

为了减小密封件与密封面之间的摩擦，必须使二者之间保持一层适当厚度的油膜，以避免产生干摩擦。因此，一切接触式动密封均要在一定的润滑方式下工作。

1. 毡圈密封

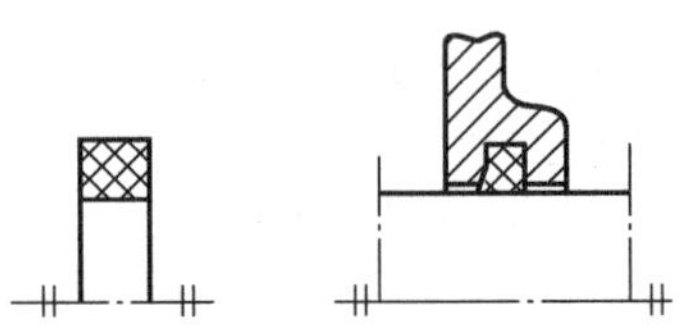

(a)　　　　(b)

图 4.20　毡圈密封

在端盖或壳体上开出梯形槽，将矩形截面的毡圈放置在槽中与旋转轴密合接触，如图 4.20 所示。毡圈为标准件，密封结构简单，对轴的偏心或窜动不敏感，但摩擦、磨损较严重，只用于低速、脂润滑的场合。采用半粗羊毛毡圈的密封工作线速度小于 5m/s；对于细羊毛毡圈，且轴经抛光，许用的线速度可达 10m/s。

2. 油封密封

油封是依靠有弹性的唇部进行密封的标准密封件。油封密封，因结构简单、价格便宜、检修方便，是目前应用最广泛的一种接触式旋转轴的密封方式。

用于油封密封的旋转轴唇形密封圈(GB/T 13871—1992)有 6 种基本形式(见图 4.21)：B 型(内包骨架型)、W 型(外露骨架型)、Z 型(装配型)、FB 型(带副唇内包骨架型)、FW 型(带副唇外露骨架型)、FZ 型(带副唇装配型)。钢制骨架使密封圈刚性增大，可以直接装在安装孔内使用。安装时应使唇部朝向需密封的介质。带副唇的密封圈其主唇朝向密封介质用于密封，副唇朝外用以防尘，因此，对于外部环境多尘、有雨水时，应采用带副唇的密封圈。

用耐油橡胶制成的唇形密封圈可用于轴颈圆周速度小于 12m/s，如轴颈经磨削，则轴颈圆周速度可到 15m/s；工作压力 0.3MPa；使用温度 −60～150℃。

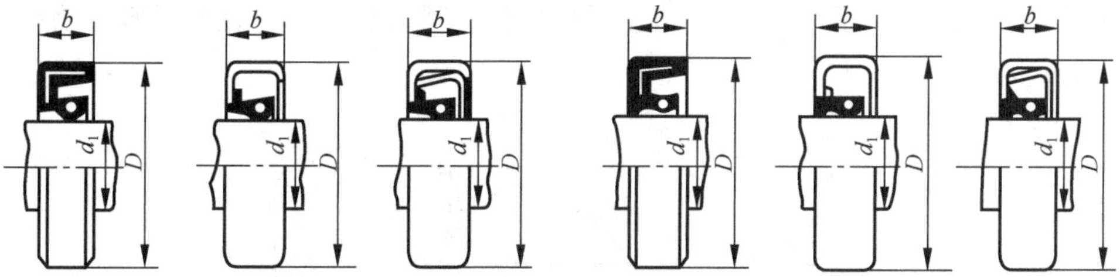

图 4.21 旋转轴唇形密封圈

油封可以组合使用,图 4.22(a)双油封同向排列防止单向渗漏,使密封更可靠。图 4.22(b)、(c)两油封背靠背安装,则可起到防止双向渗漏的作用。图 4-22(c)为两密封圈间设置一带孔圆环,可用于加入润滑油,以提高密封效果和密封圈使用寿命。

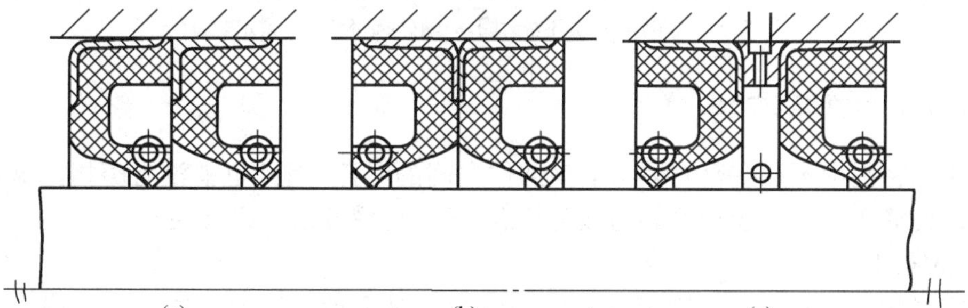

图 4.22 油封组合使用

图 4.23 所示为无骨架的唇形密封圈,其特点是刚度较差、易变形,使用时必须用压盖固定。但它可以沿直径方向切成两半后拼合使用,因此可用于无法从轴端装入密封圈的密封部位。

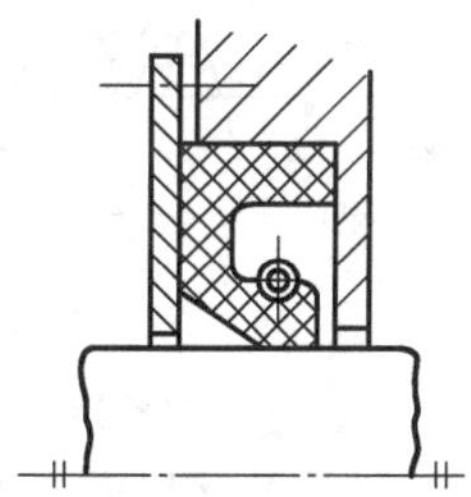

图 4.23 无骨架唇形密封圈

3. 机械密封

机械密封是由一对或数对动环与静环组成的平面摩擦副构成的密封装置。机械密封通常由以下四个部分组成:①由动、静环组成的摩擦副。②由弹性元件为主要零件的补偿缓冲件。③辅助密封圈。④带动动环和轴一起回转的构件。由于机械密封结构不同,零件不完全相同,但基本上每种机械密封都包含有以上四个部分。

图 4.24 所示为一种机械密封结构。它是靠弹性构件(如弹簧或波纹管,或波纹管及弹簧组合构件)和密封介质的压力在旋转的动环和静环的接触表面(端面)上产生适当的压紧力,使这两个端面紧密贴合,端面间维持一层极薄的液体膜而达到密封的目的。这层液体膜具有流体动压力与静压力,起着润滑和平衡压力的作用。

当旋转轴 9 旋转时,通过紧定螺钉 10 和弹簧 2 带动动环 3 旋转。防转销 6 固定在静止的压盖 4 上,防止静环 7 转动。当密封端面磨损时,动环 3 连同动环密封圈 8 在弹簧 2 推动下,沿轴向产生微小移动,达到一定的补偿能力,所以称补偿环。静环不具有补偿能力,所以称非补偿环。通过不同的结构设计,补偿环可由动环承担,也可由静环承担。由补偿环、弹性元件和副密封等构成的组件称补偿环组件。

机械密封的特点是密封可靠,密封环磨损后能自动补偿,使用寿命长,但结构较复杂。机械密封在高速、高温(或低温)、高压、高真空及腐蚀性介质环境下都有良好的密封效果。

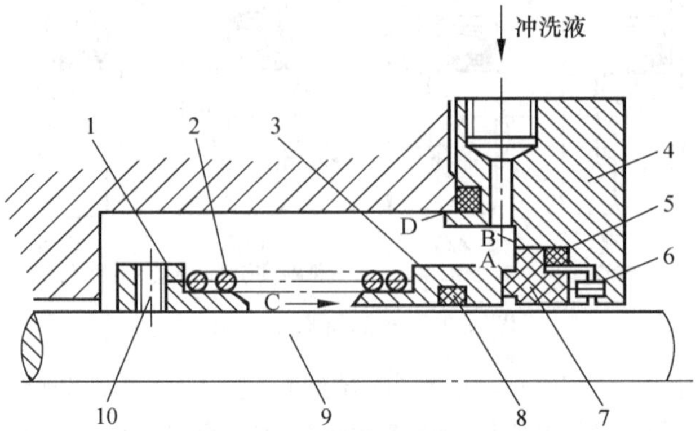

图 4.24　机械密封结构

1-弹簧座;2-弹簧;3-旋转环(动环);4-压盖;5-静环密封圈;6-防转销;
7-静止环(静环);8-动环密封圈;9-轴(或轴套);10-紧定螺钉

4.6.3　非接触式旋转轴密封

在非接触密封中不存在密封体与运动部件之间的摩擦,因此也就没有磨损。这样的密封具有设计结构简单、耐用、运行可靠的显著特点,而且几乎可以不维修保养。

1. 间隙密封

间隙密封的密封机理为在固定件和运动件的相对运动表面预先制作一个很小的环形间隙,狭窄的通道对流体形成了有效的约束,当流体通过这一微小的环形空隙时,由于节流效应而减少了泄漏。

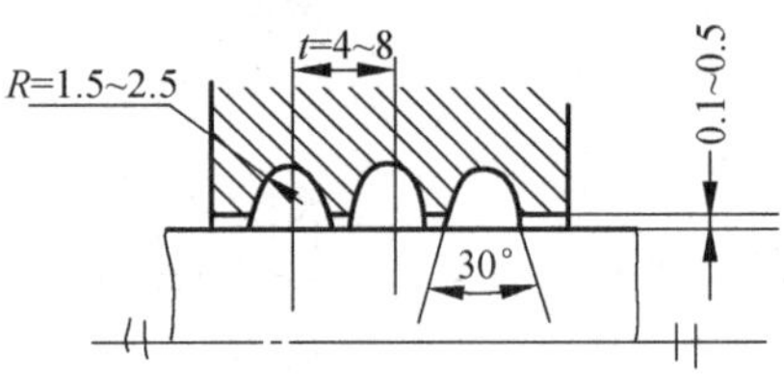

图 4.25　沟槽间隙密封

间隙密封主要用于密封液体,且仍会有少量的泄漏。图 4.25 为沟槽间隙密封,在静止的壳体和转动件之间有 0.1～0.5mm 的间隙,并在壳体上加工出 2～4 个环槽,在槽中可填充润滑脂以提高密封效果。

2. 迷宫密封

迷宫密封即是多重曲路的间隙密封,因此密封效果较好,适于用作高速旋转轴的密封,在离心式压缩机和蒸汽轮机中得到广泛应用。

根据结构,曲路的布置可以是径向、轴向或两者的组合,如图 4.26 所示。

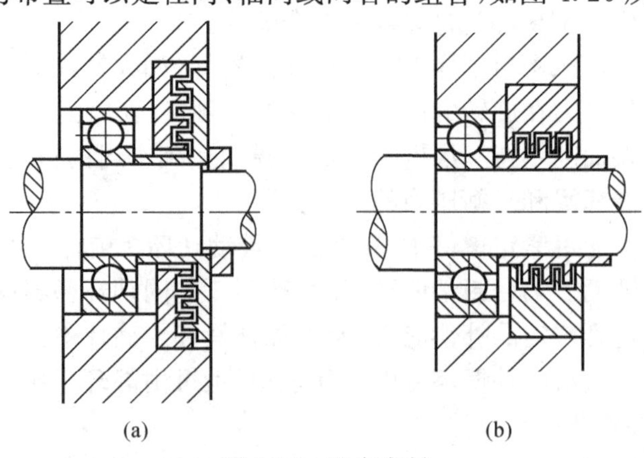

图 4.26　迷宫密封

3. 螺旋密封

螺旋密封是利用旋转轴表面上的螺纹，当轴旋转时，螺纹起类似螺杆泵的作用，压送流体流回箱体内，以阻止流体泄漏(图 4.27)。在设计螺旋密封时，应注意螺纹旋向、轴的转向与液体流动方向之间的关系，图 4.27 为右旋螺纹，轴转向如图，则液体在螺旋作用下，由左向右流动。

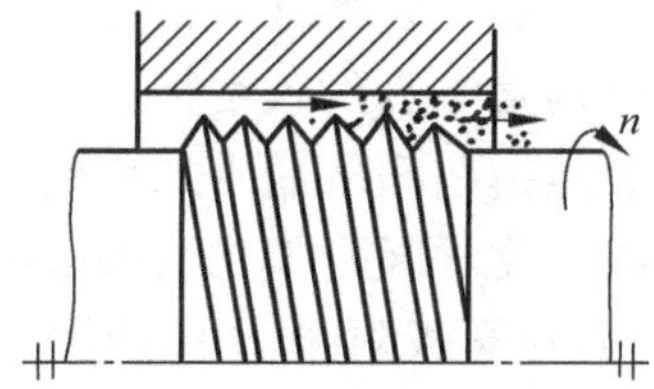

图 4.27　螺旋密封

螺旋密封结构简单，不受温度的影响，对于低速轴，宜采用多头螺纹。

4. 磁流体密封

磁流体密封原理如图 4.28 所示，在旋转轴上放一个环形磁体，磁体的每端与一环形磁极接触，形成一个磁场，且通过在轴表面上或者在环形磁极的内径处的齿纹来加强这个磁场的效应。当环形磁极和轴之间的空隙被磁流体膜充满时，就形成一个完整的磁力线区，使轴颈与环形磁极的空隙处形成一个磁流体环，堵塞了流体泄漏的任何通道。

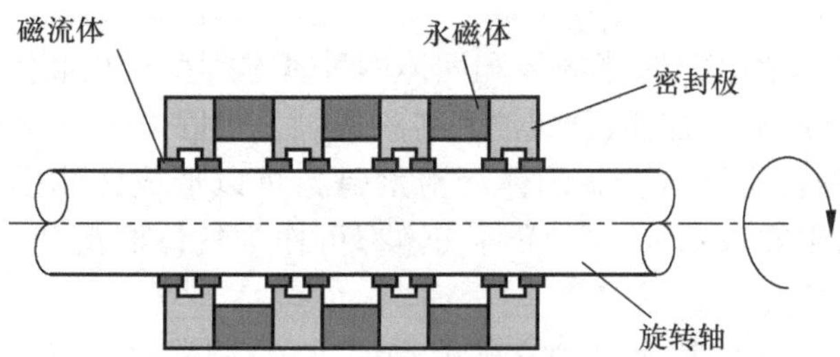

图 4.28　磁流体密封原理

磁流体密封是一种非接触密封，具有零泄漏、小摩擦、低功耗、无磨损、无老化，结构简单，寿命长等特点，在气体和真空密封、航天装备、计算机硬盘轴承中得到广泛应用。

本章学习要求和知识点小结

学习要求　掌握摩擦、润滑、密封的基本定义；掌握摩擦的分类、每种摩擦类型的特点和形成机理；掌握摩擦特性曲线的绘制，并能够解释；掌握粘着摩擦的基本原理及摩擦系数的理论推导；掌握三种边界膜的定义及特点；掌握磨损的分类，能够解释磨损曲线中每个磨损阶段的特点；了解影响磨损的几种因素，弄清对几种磨损形式的控制方法；掌握润滑剂的分类，掌握润滑油的粘度概念、定义和常用单位；了解润滑脂的分类、特点、常用指标；了解常用的润滑方法及密封方法。

知识点小结　(1) 发生在物质内部阻碍分子间相对运动的摩擦称为内摩擦。相互接触的两个物体做相对运动或有相对运动趋势时，在接触表面上产生的阻碍相对运动的摩擦称为外摩擦。仅有相对运动趋势时的摩擦称为静摩擦，相对运动时的摩擦称为动摩擦。动摩擦又分滑动摩擦和滚动摩擦。滑动摩擦分为干摩擦、边界摩擦、流体摩擦和混合摩擦。

(2) 典型的摩擦特性曲线中，随着 $\eta n/p$ 的增加，摩擦副将分别处于边界润滑、混合润滑和流体润滑状态，相应会发生摩擦间隙的变化。

(3) 干摩擦的摩擦系数可以用库仑公式进行计算：$\mu=\dfrac{F}{N}$，其中 F 为摩擦力，N 为法向压力。库仑公式的计算精度可以满足一般的工程计算要求，但如果对于更加精确的计算，则必须通过具体的实验研究进行测试。

(4) 所谓物理吸附膜是指由润滑油中的极性分子与金属表面相互吸引而形成的吸附膜；所谓化学吸附膜是指润滑油中的分子靠分子键与金属表面形成的化学吸附膜；所谓化学反应膜是指在润滑油中加入硫、磷、氯等元素的化合物(添加剂)与金属表面进行化学反应而生成的膜。化学吸附膜比物理吸附膜的吸附强度高，稳定性也优于物理吸附膜，受热后的熔化温度也高，化学吸附膜适用于中等载荷、中等速度、中等温度下工作。化学反应膜厚度大、熔点高、剪切强度低、稳定性好等优点。它适宜用于重载、高速和高温下工作的摩擦副。

(5) 磨损过程可分为磨合、稳定磨损和剧烈磨损三个阶段。磨合是指机械使用前或使用初期以改善机械零件的适应性、表面形貌和摩擦相容性为特征的运行过程。稳定磨损阶段的磨损率曲线的斜率近似为一常数。稳定磨损阶段零件的工作时间即为零件的使用寿命，磨损率越小，零件的使用寿命越长。剧烈磨损阶段即为零件表面的失效阶段。

(6) 磨损分为粘着磨损、磨粒磨损、疲劳磨损、腐蚀磨损等四大类。除了这四种基本磨损类型外，还有一些磨损现象可视为这些基本磨损类型的派生或复合。由于工作条件的复杂性，磨损经常以复合形式出现。

(7) 润滑剂可分为气体、液体、半固体和固体四种基本类型。在液体润滑剂中应用最广泛的是润滑油，包括矿物油、动植物油、合成油和各种乳剂。半固体润滑剂主要是指各种润滑脂，它是润滑油和稠化剂的稳定混合物。固体润滑剂是指可以形成固体膜以减少摩擦阻力的物质，如石墨、二硫化钼、聚四氟乙烯等。任何气体都可作为气体润滑剂，其中用得最多的是空气，它主要用在气体轴承中。

(8) 润滑油的粘度可定性地定义为它的流动阻力，是润滑油最重要的性能指标之一。润滑油的粘度分为动力粘度和运动粘度两种，动力粘度的国际单位(SI)为 Pa·s(帕·秒)，在绝对单位制(C. G. S. 制)中，把动力粘度的单位定为 $1\text{dyn}\cdot\text{s/cm}^2$，叫 1P(泊)，百分之一 P 称为 cP(厘泊)，即 1P＝100cP。工程中常用动力粘度 η(单位为 Pa·s)与同温度下该液体密度 ρ(单位为 kg/m^3)的比值表示粘度，称为运动粘度，在 C. G. S. 制中运动粘度的单位是 St(斯)，$1\text{St}=1\text{cm}^2/\text{s}$。百分之一 St 称为 cSt(厘斯)。粘-温特性——粘度随温度变化的特性。各种流体的粘度，特别是润滑油的粘度，随温度增高而降低的特性十分明显；粘-压特性——粘度随压力变化的特性，压力对流体粘度的影响，只有在压力超过 20MPa 时，粘度才随压力的增高而明显加大，高压时则更为显著。

(9) 对应于摩擦状态，润滑状态也可分为边界润滑、流体润滑和混合润滑三种。通常根据膜厚比 λ($\lambda=h_{\min}/\sqrt{R_{z1}^2+R_{z2}^2}$，式中 $h_{\min}$ 为最小油膜厚度，R_{z1}、R_{z2} 分别为两接触表面粗糙度十点高度)的大小来估计润滑状态；$\lambda\leqslant1$ 时呈边界润滑状态；$1<\lambda<3$ 时呈混合润滑状态或部分弹性流体动力润滑状态；$\lambda\geqslant3$ 时呈流体润滑状态或完全弹性流体动力润滑状态。

(10) 用借助于相对速度而产生的粘性流体膜将两摩擦表面完全隔开，由流体膜产生的动压力来平衡外载荷，这种流体润滑状态称为流体动压润滑。流体静压润滑是将液压泵等外界设备提供的压力流体送入摩擦表面之间，以静压力来平衡外载荷，使摩擦表面分离而达到流体润滑的目的。

(11) 密封是为了阻止润滑油从轴承中流失，也是为了防止外界灰尘、水分等侵入轴承。根据密封元件间有无相对运动，通常把密封分为静密封和动密封两大类。密封结合面间没有相对运动的密封称为静密封；密封元件间彼此有相对运动的密封称为动密封。对于动密封而言，根据轴的运动形式可分为两种基本类型，即旋转轴密封和往复轴密封；也可根据密封元件之间是否接触而分为接触密封和非接触密封。

本章习题

4.1 滑动摩擦有哪几种状态，各有什么特点？

4.2 实现液体摩擦有几种方法，各有何特点？

4.3 按巴威尔的观点，磨损有几种主要类型？试述各类磨损的过程、特点及减小磨损的对策。

4.4 为什么零件和机械在使用前应进行磨合？磨合时应遵循什么原则？

4.5 常用润滑剂有几类？润滑剂应具有哪些作用？

4.6 润滑油粘度的意义是什么？何谓动力粘度、运动粘度、条件粘度？写出动力粘度和运动粘度的单位。

4.7 何谓润滑油的粘-温特性？何谓润滑油的粘-压特性？

4.8 我国工业用润滑油的粘度等级是按什么确定的？

4.9 润滑油及润滑脂的主要性能指标各有哪些？

4.10 何谓润滑油的润滑性(油性)？什么情况下宜提高润滑油的润滑性(油性)？

4.11 何谓润滑油的极压性？什么情况下宜提高润滑油的极压性？

4.12 何谓边界膜？边界膜有哪几类，试述各类边界膜形成的机理。防止边界膜破裂的途径有哪些？

4.13 常用润滑油的润滑方法和润滑装置有哪些？

4.14 常用静密封的方法有哪些？

4.15 常用的旋转轴接触式和非接触式密封方法有哪些？举例说明其应用场合。

第 2 篇　联接设计

为了便于机器的使用、结构设计、制造、装配、运输、维修，同时也是为了提高生产效率，机器中有相当多的零件需要彼此联接。

被联接件间相互固定、不能作相对运动的联接，称为静联接。联接后仍能按一定运动形式作相对运动的称为动联接，如导向平键和导向花键联接、铰链等都是动联接。通常所谓的联接主要是指静联接，本篇所讨论的联接正是这样一类的静联接。

静联接的分类见表 1。除表列的以外，还有成形联接、夹紧联接，也有把弹簧列在联接之内的。

表 1　联接的分类

联　　接	
可拆联接	不可拆联接
螺纹联接	铆接
平键、花键	焊接
销联接	胶接
楔联接	
弹簧环联接	
过盈联接	

可拆联接：是指联接拆开时，不破坏联接中的零件，重新安装，即可继续使用的联接。

不可拆联接：是指联接拆开时，要破坏联接中的零件，不能继续使用的联接。

表 1 所列的铆接、焊接、胶接都是不可拆的静联接，是典型的不可拆联接。但大多数可拆联接具有双重性，例如，平键、花键联接，因配合不同，紧的可构成静联接，松的可构成动联接。过盈联接介于可拆和不可拆之间，一般宜用作不可拆联接，因一经拆开，虽仍可使用，但承载能力有所降低。

从传递载荷（力或力矩）的工作原理来看，联接又可分为摩擦的和非摩擦的两大类。

摩擦联接：靠联接中配合面间的摩擦来传递载荷，如过盈联接。

非摩擦联接：通过联接中零件的相互嵌合来传递载荷，如平键联接。

有的联接既可做成摩擦的，也可做成非摩擦的，如螺纹联接。也有联接同时靠摩擦和嵌合来传递载荷，如斜键联接中的楔键联接。

在确定采用何种联接时，主要以使用要求和经济性条件为依据。一般来说，采用不可拆联接多系由于制造及经济上的原因；采用可拆联接多系由于结构、安装、运输、维修上的原因。不可拆联接的制造成本通常较可拆联接低廉。

在选择联接形式时，还需要考虑到联接的加工条件和被联接件的材料、形状及尺寸等因素。板件与板件的联接，一般采用螺纹联接、焊接、铆接或胶接；杆件与杆件的联接，一般采用螺纹联接或焊接；轴与轮毂的联接一般采用键、花键联接或过盈联接等。有时也可以采用两种联接并用的方法。比如：胶-焊联接、胶-铆联接、键＋过盈联接等。轴与轴的联接一般采用联轴器或离合器进行联接。

设计联接时，除应考虑强度和经济性外，还应考虑使用要求和其他工作条件，如满足紧密性、刚度和定心等方面的要求。

联接的强度要力求与被联接件的强度相等，力求联接对各种可能的失效具有相等的抗力——等强度设计，这样才有可能使联接中各零件潜存的承载能力都充分发挥。不过由于结构、工艺和经济上的原因，时常不能达到等强度设计。这时，联接的强度由联接中最薄弱环节的强度决定。

影响联接强度的主要因素，除了过载以外，主要是载荷在各联接零件上的分配不均和应力在各联接零件危险截面和工作面上的分布不均，即载荷集中和应力集中的问题。为此，设计者应该在设计过程中从结构、制造、装配工艺上采取适当的措施进行改进，减少应力集中，从而尽可能提升联接的强度。

第5章　轴毂联接

轴毂联接的方式很多，最常见、应用最广泛的有键和花键，此外还有销联接、成形联接等。键和花键主要用于轴与安装在轴上的回转零件(齿轮、带轮等)的轮毂之间的周向固定和传递转矩，其中有的也可实现轴向固定和传递轴向力。销联接既可用作轴毂联接，也常用来固定零件间的相互位置，还可用作安全装置。成形联接是轴毂联接的其他形式。

5.1　键　联　接

5.1.1　键的分类及特点

键是标准零件，分平键、半圆键、楔键和切向键四种。

1. 平键联接

1) 普通平键

普通平键联接的结构形式如图5.1所示，键的横截面为矩形，它的两个侧面与轮毂上的键槽有配合关系，为其工作表面，工作时靠键与键槽之间的挤压来传递扭矩。普通平键联接为静联接，即轴上零件不沿轴向移动的联接。

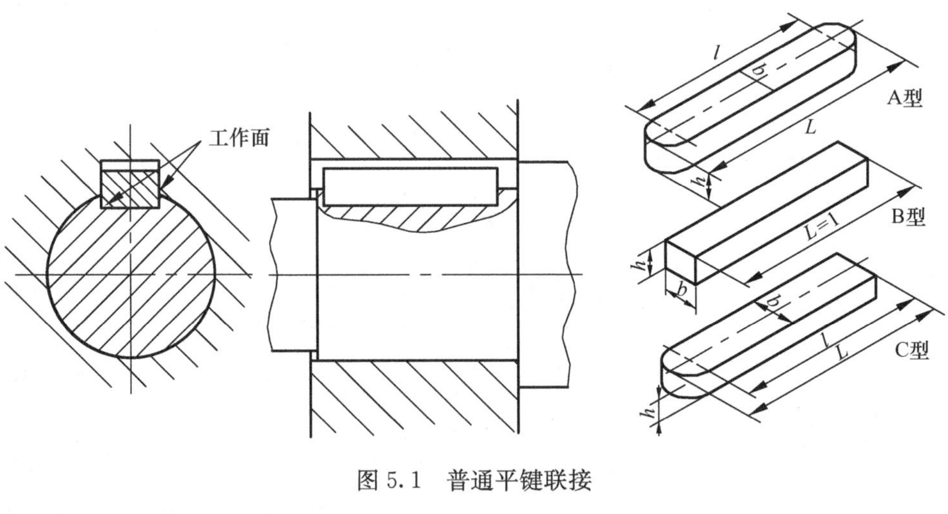

图5.1　普通平键联接

普通平键按其端部形状不同分为圆头(A型)、方头(B型)、和半圆头(C型)三种(图5.1)。圆头键应用最多，与其相配的键槽是用指状铣刀加工的，键在键槽中轴向固定较好，但键的头部侧面与轮毂上的键槽并不接触，键的圆头部分不能充分利用，键槽端部应力集中较大。方头键与其相配的键槽是用盘状铣刀加工的，避免了圆头键的缺点，但键在键槽中固定不好，尺寸稍大的键一般需用紧定螺栓固定，半圆头键只适用于轴端处。

薄型平键与普通平键外形相似，只是键的高度约为普通平键的60%～70%，也分为圆头、方头和半圆头三种型式，但传递的转矩较小，常用于薄壁结构、空心轴及径向尺寸受限制的场合。

普通平键联接的特点：平键联接的优点是结构简单、装拆方便，同时由于在装配时键的顶面与轮毂键槽之间留有间隙，因此不影响轮毂与轴的对中，对中性较好，因而应用广泛。缺点是只能实现周向固定以传递扭矩，不能传递轴向力和进行轴向固定。

2）导向平键和滑键

当轮毂在工作过程中需在轴上移动时可采用导向平键或滑键。导向平键(图 5.2(a))长度较长，需用螺钉固定在轴上的键槽中，键上制有起键螺孔，可拧入螺钉将键拆出键槽。轮毂可沿键做轴向移动。当轮毂需沿轴向移动的距离较大时，可选用滑键(图 5.2(b))，如采用导向平键，则所需键的长度过大，键的制造困难。而滑键是固定在轮毂上的，键与轴上零件一起沿键槽轴向移动。由键槽控制轮毂的移动距离，键的尺寸较小。

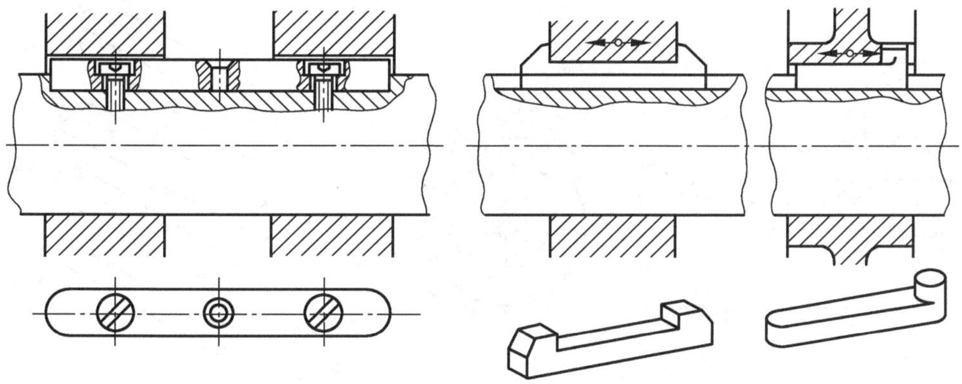

(a)　(b)

图 5.2　导向平键和滑键联接

导向平键和滑键的特点与普通平键相似，但其可以构成动联接，即轮毂可以沿轴向运动的联接。

2. 半圆键联接

如图 5.3 所示，半圆键用于静联接，工作时靠其侧面来传递扭矩。键和键槽均做成半圆形，轴上键槽用半径与键相同的盘状铣刀铣出，因而，键能在槽中摆动，以适应毂上键槽底面的斜度。

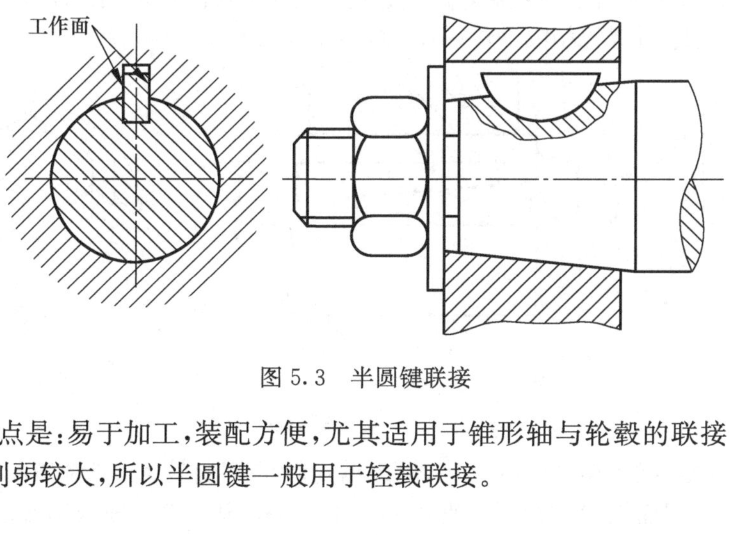

图 5.3　半圆键联接

半圆键的特点是：易于加工，装配方便，尤其适用于锥形轴与轮毂的联接。缺点是轴上键槽较深，对轴的削弱较大，所以半圆键一般用于轻载联接。

3. 楔键联接

如图 5.4(a)所示，楔键只能用于静联接。楔键的上表面和轮毂键槽的底面都有 1∶100 的斜度，装配后，分别与轮毂和轴上键槽的底面贴合，键楔紧在轴和轮毂的键槽里。工作时靠键的楔紧作用来传递扭矩。

楔键的特点是：能承受单方向的轴向力，因而在对轴上零件起周向固定的同时，还可对轮毂起单向的轴向固定作用。楔键联接的缺点是键在楔紧后，轴和轮毂的配合产生偏心，影响了轮毂与轴的对中性，故楔键一般用于转速不高、载荷轻、定心精度要求不高的场合。

楔键分为普通楔键和钩头楔键，普通楔键又分为圆头(A 型)、平头(B 型)和单圆头(C 型)三种形式(图 5.4(b))。

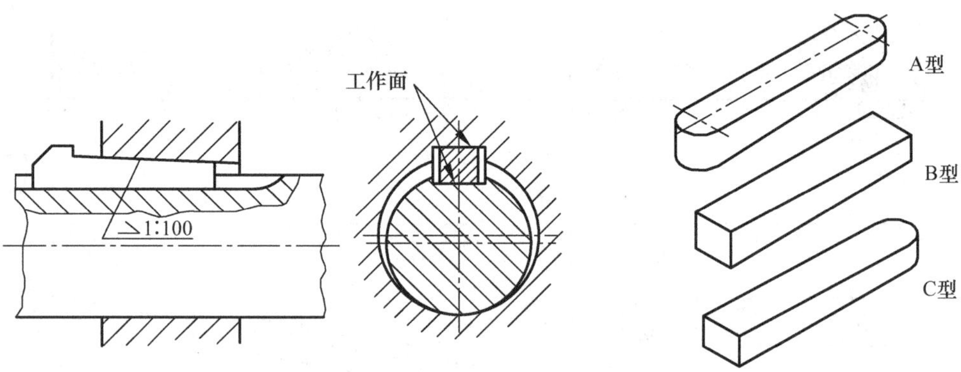

(a) (b)

图 5.4 楔键联接

4. 切向键联接

切向键是由一对 1∶100 的楔键沿斜面拼合而成，如图 5.5(a)所示，拼合后两键的斜面互相贴合，上下表面是工作面，为互相平行的两个平面。装配时，两键分别从轮毂两端打入，使之楔紧，装配后，必须使其中一个工作表面处于包含轴心线的平面内，这样当联接工作时，工作面上的挤压力沿轴的切向作用，靠挤压力传递转矩。虽然在楔紧后，轴、毂之间的摩擦力能传递一部分转矩，但不是起主要作用。切向键也能传递单向轴向力，对轴上零件起单向轴向固定作用。用一个切向键只能传递单向转矩，如要转向，传递双向转矩，须用两个切向键，为避免对轴的强度削弱太大，两键通常要相隔 90°～ 120°(图 5.5(b))。

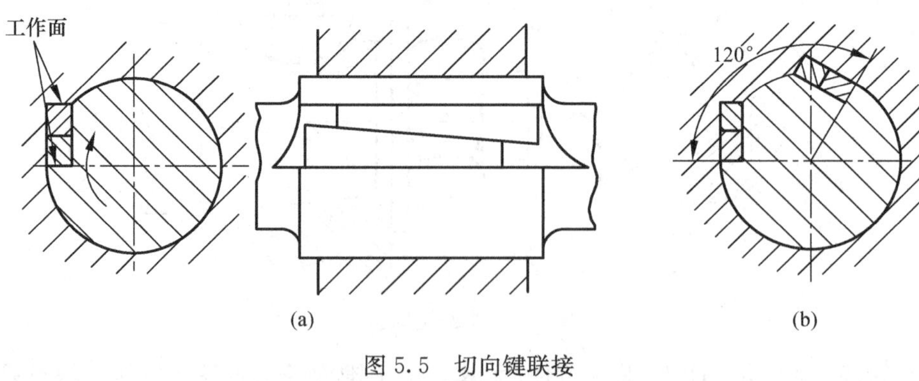

(a) (b)

图 5.5 切向键联接

切向键的特点是：能传递很大的转矩，但键槽对轴的削弱较大，同时切向键也会使轴上零件与轴的配合偏心，因而切向键常用于直径大于 100mm，定心精度要求不高的场合。

5.1.2　平键和半圆键联接的计算

键联接均有国家标准，设计时可根据使用要求选择适当的类型和尺寸，再验算其强度。

1）类型选择

键的类型主要是根据使用要求、工作状况、键的特点来进行选择。主要考虑的因素有：①需传递的转矩大小，切向键和平键联接所能传递的转矩较大，楔键和半圆键联接承载能力较小。②定心精度的高低，平键对中性较好，楔键、切向键对中性较差。③用于静联接还是动联接，普通平键、半圆键、楔键、切向键均用于静联接，导向平键和滑键用于动联接。④是否需要轴向固定，只有楔键和切向键对轴上零件可起单向轴向固定作用。⑤是否安装在轴端，半圆平键适用于轴端联接。

2）尺寸选择

键的主要尺寸为横截面的尺寸（键宽 $b\times$键高 h）与长度 L，横截面尺寸是根据轴径 d 由标准中选择，键的长度则是由轮毂长度选定，一般取键长略短于轮毂的长度，轮毂长度约为1.5～2d，d 为轴径。键的长度 L 应符合标准规定的长度系列，见表5.1。

表5.1　普通平键和普通楔键的主要尺寸

轴的直径 d	6～8	>8～10	>10～12	>12～17	>17～22	>22～30	>30～38	>38～44
键宽 $b\times$键高 h	2×2	3×3	4×4	5×5	6×6	8×7	10×8	12×8
轴的直径 d	>44～50	>50～58	>58～65	>65～75	>75～85	>85～95	>95～110	>110～130
键宽 $b\times$键高 h	14×9	16×10	18×11	20×12	22×14	25×14	28×16	32×18
键的长度系列	6,8,10,12,14,16,18,20,22,25,28,32,36,40,45,50,56,63,70,80,90,100,110,125,140,180,200,220,250,…							

以上确定的键尺寸宽 $b\times$高 h 和长度 L 为键的初步尺寸，还需进一步对键进行强度验算。

3）平键联接的强度计算

平键联接可能的失效形式是：对于静联接（普通平键联接）是键、轴、轮毂三者中较弱的零件（通常为轮毂）的工作表面被压溃，对于动联接（导向平键、滑键联接）是磨损过度。由于键的尺寸已标准化，一般情况下键不会被剪断，因此压溃和磨损是键的主要失效形式，所以只需要作联接的挤压强度和磨损校核。只有在重要的场合才做键的剪切强度校核。

如果忽略摩擦，平键联接的受力情况如图5.6所示，实际上平键联接的挤压力沿键的接触长度和键高的分布是不均匀的，工程上为简化计算通常将其假设成均匀分布。此外键与轴及轮毂互压的接触高度也是不同的，计算时把两边的接触高度近似取为键高的一半。上述原因引起的与零件实际工作情况的差异是通过降低许用应力的方法来解决的。挤压强度或耐磨性的条件性计算如下：

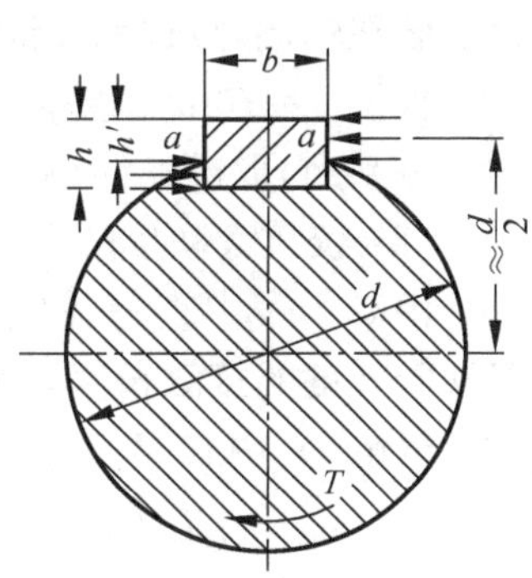

图5.6　平键联接受力情况

静联接（普通平键联接）

$$\sigma_p=\frac{2T}{h'ld}\leqslant[\sigma_p] \tag{5.1}$$

动联接（导向平键、滑键联接）

$$p=\frac{2T}{h'ld}\leqslant[p] \tag{5.2}$$

式中，T 为传递的转矩(N·mm)；d 为轴的直径(mm)；h' 为轮毂与键的接触高度(mm)，$h'\approx h/2$；l 为键的接触长度(mm)，圆头平键 $l=L-b$，方头平键 $l=L$，单圆头平键 $l=L-b/2$；$[\sigma_p]$ 为键联接许用挤压应力(MPa)，见表 5.2；$[p]$ 为键联接许用压强(MPa)，见表 5.2。

表 5.2　键联接的许用挤压应力 $[\sigma_p]$ 和许用压强 $[p]$

许用挤压应力、许用压强	联接的工作方式	键或毂、轴的材料	载荷性质		
			静载荷	轻微冲击	冲击
$[\sigma_p]$	静联接	钢	120～150	100～120	60～90
		铸铁	70～80	50～60	30～45
$[p]$	动联接	钢	50	40	30

4) 半圆键联接的强度计算

半圆键联接只可用于静联接，其主要失效形式为工作面被压溃，只需进行挤压强度的校核，其强度校核与普通平键联接相同(式(5.1))，式中参数的含义也与平键相同，接触高度 h' 应根据键的尺寸从标准中查取，接触长度 l 取键的公称长度 L。

设计键时，将初步选定的键尺寸代入式(5.1)或式(5.2)中，进行强度校核后，如果一个键联接的强度不够，可采用双键，值得注意的是，两平键的布置应相隔 180°布置；两个半圆键应布置在轴的同一条母线上；双键联接的强度计算不是按两个键来计算，而是按 1.5 个键计算，主要是考虑到载荷分布不均。

5) 键的材料

由于键联接的主要失效形式是压溃与磨损，所以键材料要有足够的硬度，按国家标准规定，键用钢材的抗拉强度不低于 600MPa，常用的材料是 45 钢。

【例 5.1】 在一直径 $d=70$mm 的钢轴上，安装一 8 级精度的铸铁直齿圆柱齿轮，用键构成静联接，轮毂长为 100mm，需传递的转矩 $T=1600$N·m，载荷平稳，试设计此键联接。

解 (1) 选择键联接的类型和尺寸。

由于 8 级精度以上的齿轮要求一定的定心精度，且为静联接，因此选用普通平键。由于不是安装在轴端，故选用在键槽中轴向固定较好的圆头普通平键。

根据 $d=70$mm 查表 5.1 得键的截面尺寸为：$b=20$mm，$h=12$mm。由轮毂长度并参照键的长度系列，取键长约小于轮毂长度，$L=90$mm。

(2) 校核键联接的强度。

由 5.2 表中查得铸铁轮毂键槽的许用挤压应力 $[\sigma_p]=70\sim80$MPa，取其平均值 $[\sigma_p]=75$MPa。键的接触长度 $l=L-b=90-20=70$(mm)，轮毂与键的接触高度 $h'=0.5h=0.5\times12=6$(mm)，由式(5.1)得

$$\sigma_p=2T/h'ld=2\times1600\times10^3/(6\times70\times70)=108.8(\text{MPa})>75\text{MPa}$$

可见联接的挤压强度不够，考虑相差较大，改用双键，相隔 180°布置，双键的工作长度 $l=1.5\times70=105$(mm)。由式(5.1)得

$$\sigma_p=2T/h'ld=2\times1600\times10^3/(6\times105\times70)=72.6(\text{MPa})<75\text{MPa}$$

5.2 花键联接

花键联接已标准化，其齿数、尺寸、配合等均可按标准选取。

5.2.1 花键联接的分类及特点

花键是由外花键(图 5.7(a))和内花键(图 5.7(b))组成的，外花键上带有多个纵向键齿，键齿与轴为一体。花键联接由于键齿多，所传递的转矩也大。花键既可用作静联接，又可用作动联接。

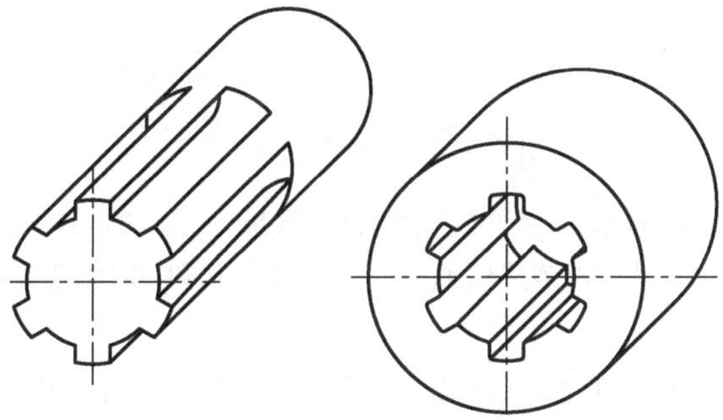

(a) 外花键　(b) 内花键

图 5.7　花键联接

1. 花键联接的分类

花键根据齿形不同可分为矩形花键联接和渐开线花键联接两类。

1) 矩形花键

如图 5.8 所示，矩形花键形状简单，加工方便，应用广泛。按齿高的不同，标准中规定矩形花键有轻、中两个系列，轻系列承载能力小，用于轻载联接，中系列用于中等载荷的联接。标准中规定矩形花键的定心方式是以小径(d)定心(如图 5.8 所示)，即外花键和内花键的小径(d)为配合面，由于内花键孔和花键轴均可磨削加工，因而适用于毂孔表面硬度较高(>40HRC)的联接，定心精度高，定心稳定性好。此外，也有采用大径(D)定心和宽度(B)定心的(图 5.9)。大径定心适用于毂孔表面硬度不高(<40HRC)的联接，内花键孔用拉刀加工就可保证大径的精度，成本较低。宽度定心由于载荷沿齿侧均匀分布，适用于传递较大载荷，但定心精度不高。

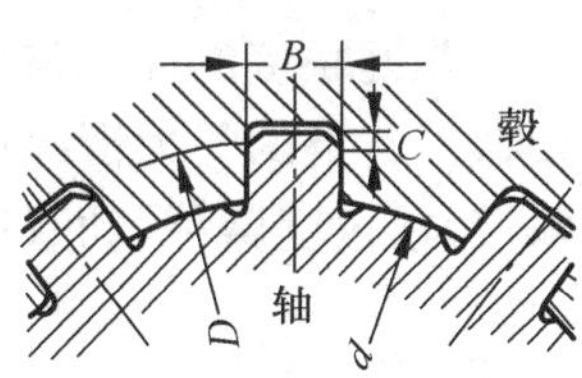

图 5.8　矩形花键联接

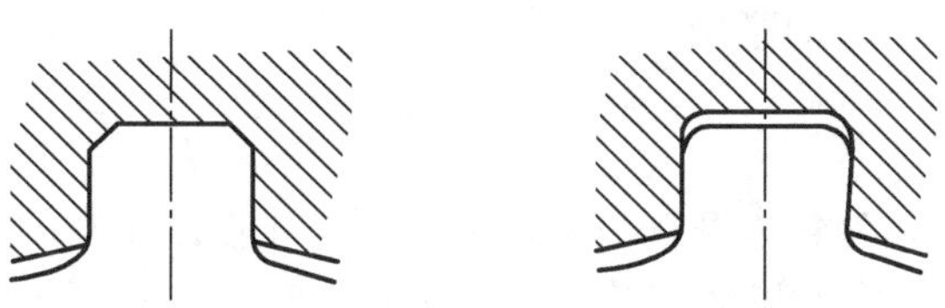

(a) 大径D定心　(b) 宽度B定心

图 5.9　其他定心方式的花键联接

2）渐开线花键

如图 5.10 所示，渐开线花键的齿廓为渐开线，压力角有 30°和 45°两种。渐开线花键的定心方式为齿形定心，是靠齿面上所受到的压力自动平衡来定心的。其制造方法与齿轮制造完全相同，制造精度较高。渐开线花键齿根较厚，因而有强度高、承载能力强，使用寿命长、易于定心等优点。在传递的载荷较大，轴径也较大时宜采用渐开线花键。

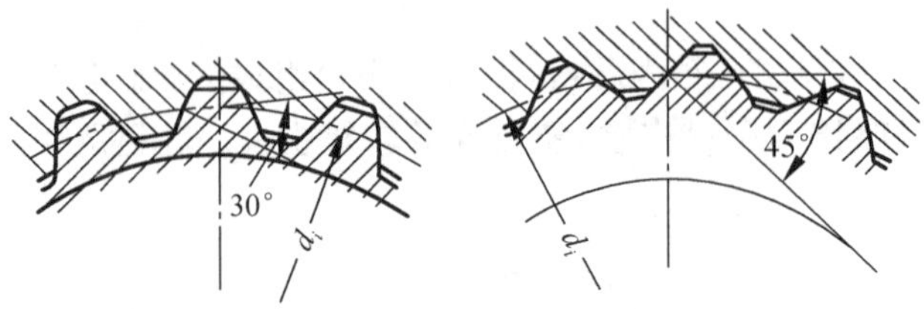

(a) α=30°　　(b) α=45°

图 5.10　渐开线花键联接

45°渐开线花键齿数多，模数小，有时也将其齿做成三角形，亦称三角形花键，这种花键由于齿较细，承载能力较低，多用于载荷轻、直径小或薄壁零件的轴毂联接。

2. 花键联接的特点

与平键联接比较，花键联接有如下优点：①键的齿数多，总接触面积大，承载能力高；②键槽较浅，齿根处的应力集中小，对轴和毂的强度削弱相对较小；③键齿均匀对称分布，因而联接受力均匀；④轴上零件与轴的对中性好，适用于高速运转和精密机器；⑤导向性好，特别适用于动联接。

花键联接的缺点是：需用专门设备加工，成本较高，因此花键联接常用于载荷大、定心精度要求高或经常滑移的场合。

5.2.2　花键联接的计算

花键联接的计算与平键联接的计算相似，首先选择联接的类型，查出标准尺寸，再作强度校核。花键的受力情况也和平键类似，如图 5.11 所示，其可能的失效形式为：齿面被压溃（静联接）或过度磨损（动联接），因此只对联接进行挤压强度或耐磨性计算。

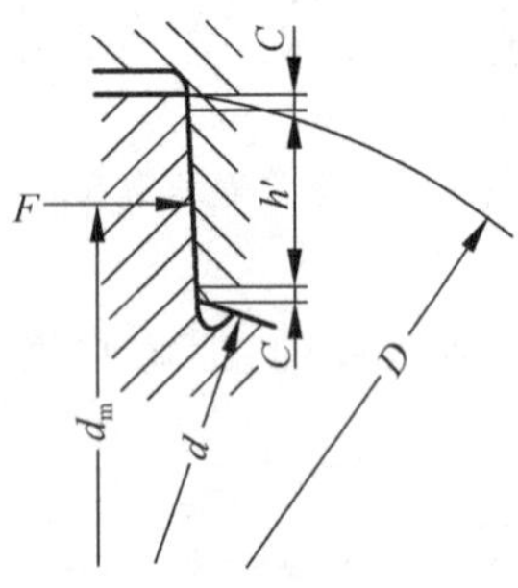

图 5.11　花键的受力

假设载荷在各齿的接触面上均匀分布，各齿压力的合力作用在平均直径 d_m 处，并引入系数 k 来考虑实际载荷分布不均的影响，则花键的强度条件为

静联接

$$\sigma_p = \frac{2T}{kzh'ld_m} \leqslant [\sigma_p] \tag{5.3}$$

动联接

$$p = \frac{2T}{kzh'ld_m} \leqslant [p] \tag{5.4}$$

式中，T 为转矩（N·mm）；k 为各齿载荷分布不均系数，与齿数有关，一般取 $k=0.7\sim0.8$，齿数多时取偏小值；z 为齿数；h'为键齿的工作高度（mm），矩形花键，$h'=0.5(D-d)-2C$，D 为外花键的大径，d 为内花键小径，C 为倒角尺寸（图 5.11），单位均为 mm；渐开线花键，$a=30°$，$h'=m$，$a=45°$，$h'=0.8m$，m 为模数；l 为键齿的接触长度（mm）；d_m 为花键的平均直径（mm），

矩形花键，$d_m=0.5(D+d)$；渐开线花键，$d_m=d_i$，d_i 为分度圆直径；$[\sigma_p]$为花键许用挤压应力(MPa)，见表5.3；$[p]$为花键许用压强(MPa)，见表5.3。

表5.3　花键联接的许用挤压应力、许用压强(MPa)

许用挤压应力、许用压强	联接工作方式	使用和制造情况	齿面未经热处理	齿面经热处理
$[\sigma_p]$	静联接	不良	30～50	40～70
		中等	60～100	100～140
		良好	80～120	120～200
$[p]$	空载下移动的动联接	不良	15～20	20～35
		中等	20～30	30～60
		良好	25～40	40～70
	在载荷作用下移动的动联接	不良		3～10
		中等		5～15
		良好		10～20

注：(1) 使用和制造不良指受变载荷，有双向冲击、振动频率高和振幅大、润滑不良(对动联接)、材料硬度不高或精度不高等。

(2) 同一情况下，$[\sigma_p]$或$[p]$的较小值用于工作时间长和较重要场合。

(3) 花键材料的抗拉强度极限不低于600MPa。

【例5.2】 某变速箱中滑移齿轮与轴的联接为花键联接。已知传递的转矩 $T=70\times10^3$N·mm，选用矩形花键6—26×23×6(即齿数 $z=6$，大径 $D=26$mm，小径 $d=23$mm，键宽 $b=6$mm)。材料为45钢，花键表面经过热处理。轮毂长 $L=40$mm，材料为40Cr。校核其强度。

解　(1)计算参数确定

各齿载荷分布不均系数 $k=0.75$；倒角 $C=0.3$；

齿的工作高度 $h'=0.5(D-d)-2C=0.5(26-23)-2\times0.3=0.9$(mm)；

键的接触长度 $l=L=40$mm；

花键的平均直径 $d_m=0.5(D+d)=0.5(26+23)=24.5$(mm)；

许用压强$[p]=30\sim60$MPa，取$[p]=45$MPa。

(2)校核压强

$$p=\frac{2T}{kzh'ld_m}=\frac{2\times70\times10^3}{0.75\times6\times0.9\times40\times24.5}=35.3(\text{MPa})$$

由于 $p<[p]$，满足强度要求。

5.3　销　联　接

销联接通常只传递不大的载荷，也可用作安全装置中过载剪断的元件或在组合加工和装配时固定零件之间的相互位置。

销已标准化，分为以下多种类型。

圆柱销(图5.12)靠过盈配合固定在销孔中，多次装拆有损于联接的可靠性和定位的精确性。

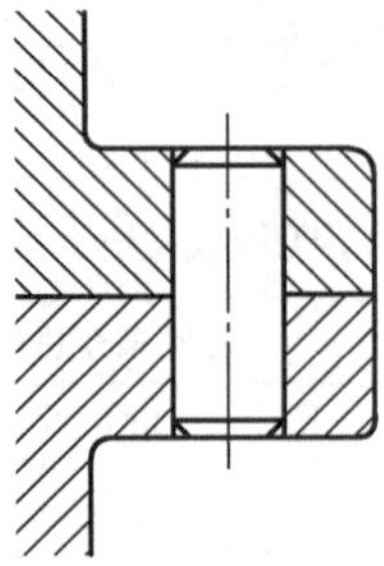

图 5.12　圆柱销

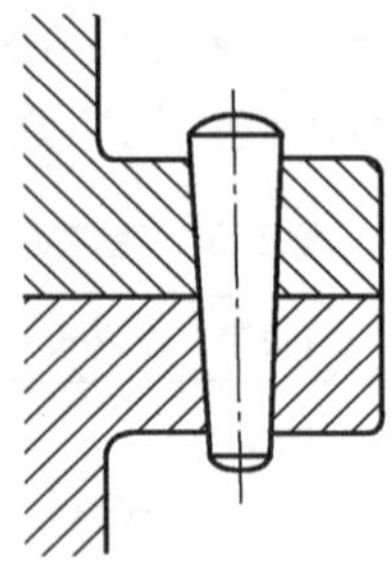

图 5.13　圆锥销

圆锥销(图 5.13)有 1∶50 的锥度,可以自锁,定位精度高,多次装拆对定位精确性和可靠性影响不大,因而应用广泛。此外还有几种特殊结构的圆锥销(图 5.14),内螺纹圆锥销(图 5.14(a))和螺尾圆锥销(图 5.14(b))用于销孔没开通或装拆困难的场合,开尾圆锥销(图 5.14(c))适用于有冲击、振动和变载作用下的场合。

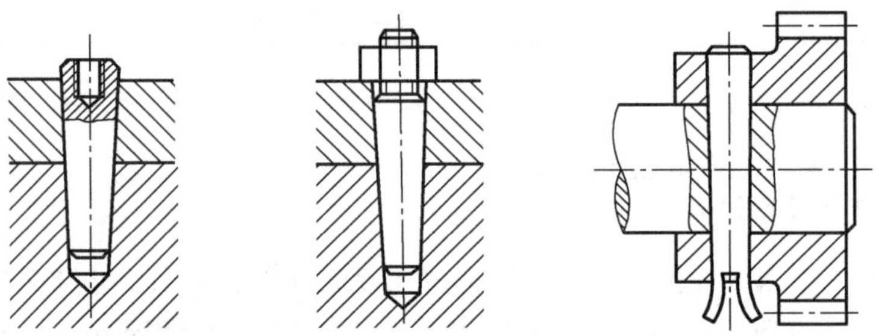

(a) 内螺纹圆锥销　　(b) 螺尾圆锥销　　(c) 开尾圆锥销

图 5.14　几种特殊结构的圆锥销

槽销(图 5.15)上开有纵向凹槽,槽销压入销孔后,借材料的弹性变形使销挤紧在销孔中,销孔不需要铰制,加工方便,可多次装拆。

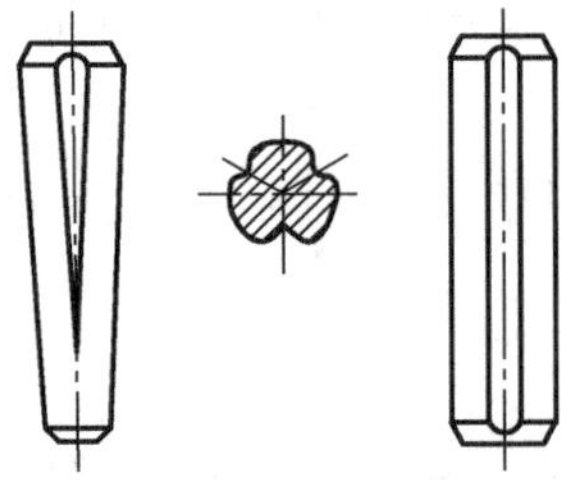

图 5.15　槽销

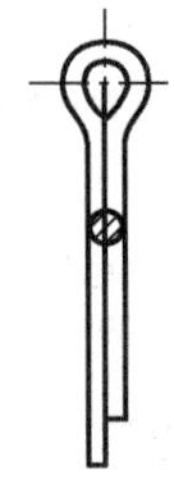

图 5.16　开口销

开口销(图 5.16),装配时,将销插入销孔,再将尾部分开,防止脱出。

弹性圆柱销是用弹簧钢带卷制而成的纵向开缝的圆管,靠材料的弹性均匀挤紧在销孔中,销孔不需要铰制,可多次装拆。

用作联接的销在工作时受到挤压和剪切,有时还受到弯曲,设计时可先根据联接的构造和工作要求来选择销的类型、材料和尺寸,再作适当的强度校核计算。用作安全装置的销,在机器过载时被剪断,因而其直径应按过载时被剪断的条件确定。定位用的销,通常不受载荷或受到的载荷很小,其直径可按结构确定,不作强度校核计算,同一结合面上的定位销数目至少两个,销装入每一联接件内的长度为销直径的 1～2 倍。

5.4 无键联接

无键联接是指那些不用键或花键而形成的轴毂联接。无键联接的形式很多，其中比较常用的有成形联接和胀紧联接。

5.4.1 成形联接

如图 5.17 所示，成形联接是把轴与毂配合的那段轴做成非圆形截面的柱体或锥体，轮毂上制成相应的孔，利用非圆截面的轴与相应的毂孔配合构成的联接。

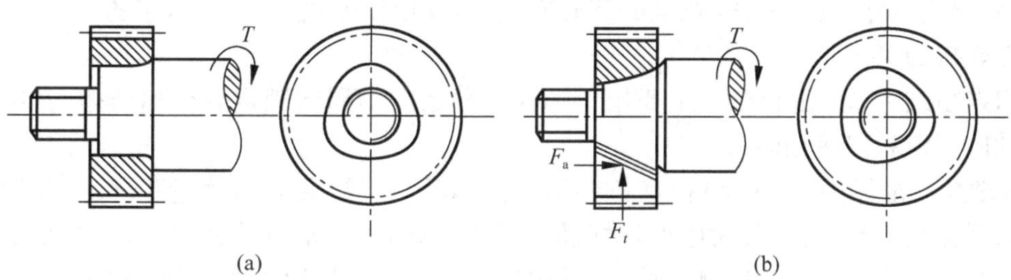

图 5.17　成形联接

成形联接没有键槽和尖角等应力集中源，承载能力强，对中精度高，装拆方便，但加工困难，特别是为了保证配合精度，最后一道工序需要在专用机床上进行磨削加工，因而其应用受到了限制。

5.4.2 胀紧联接

胀紧联接是在毂孔与轴之间装入胀紧联接套(简称胀套)，胀套可以单独使用，也可以几个组合起来使用。如图 5.18 所示，在轴向力作用下，胀套中的楔块相互楔紧，胀紧轴与毂而形成静联接。根据胀套结构形式的不同，GB/T 5867—1986 规定了五种型号(Z1～Z5)。

胀套联接的定心性好，装拆方便，引起的应力集中较小，承载能力高，并且有安全保护作用(过载自动打滑)。但由于要在轴和毂孔之间安装胀套，应用有时受到结构尺寸的限制。

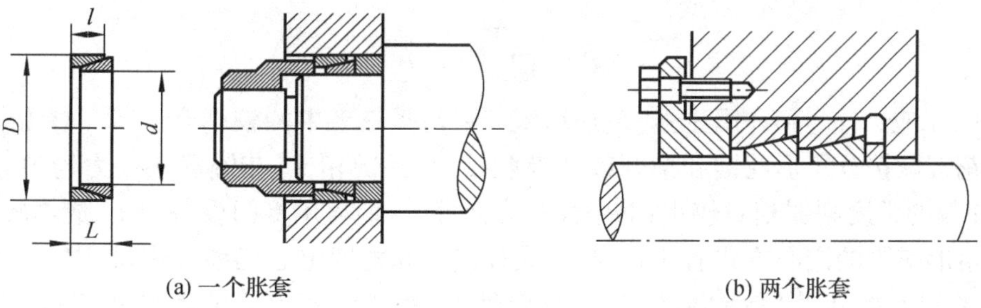

图 5.18　Z1 型胀套及其应用

图 5.18 表示的就是 Z1 型的胀套的结构及应用情况，当拧紧螺母或螺钉时，在轴向力的作用下，内外套筒相互楔紧。内套筒缩小而箍紧轴，外套筒胀大而撑紧毂，使接触面间产生压紧力。工作时，利用此压紧力所产生的摩擦力来传递转矩和轴向力，这种结构是较为常用的一种胀紧结构。

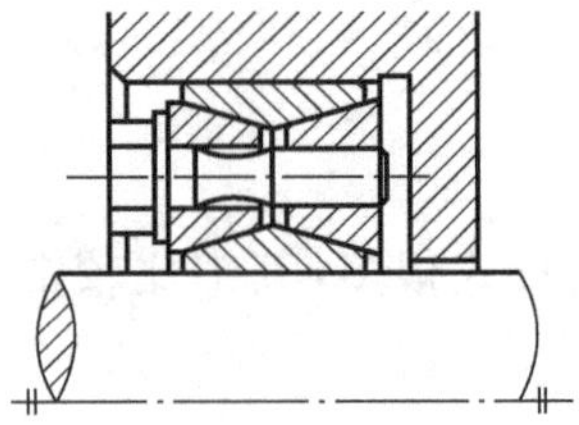

图 5.19　Z2 型胀套应用

图 5.19 为 Z2 型的胀套结构。在与轴或毂孔贴合的套筒均匀开有纵向缝隙，以利于变形和胀紧。这种胀套一般是多个同时使用，拧进紧联接螺钉，便可在轴与毂之间实现联接，传递转矩或轴向力。

胀套已经标准化，选用时只需根据所设计的轴和轮毂的尺寸、传递载荷的大小等参数，查阅有关机械设计手册即可选出合适的型号和尺寸，再辅以相关传递能力的计算即可。

本章学习要求和知识点小结

学习要求　掌握键及花键联接的作用、类型、结构、特点和应用场合；平键联接尺寸的确定方法、失效形式、强度校核方法；花键的定心方式，强度校核方法；了解销联接的类型，特点及应用和成形联接的工作原理。

知识点小结　(1) 键和花键主要用于轴与轮毂之间的周向固定和传递转矩，其中有的也可实现轴向固定和传递轴向力。

(2) 键是标准零件，分为平键、楔键和切向键四种。平键又分为普通平键、导向平键和滑键。普通平键用于静联接，其对中性较好，但只能实现周向固定以传递扭矩，导向平键和滑键用于动联接。半圆键用于静联接，这种键适用于锥形轴与轮毂的联接，缺点是轴上键槽对轴的削弱较大，一般多用于轻载联接。楔键和切向键既可实现周向固定又可传递单向轴向力，但其对中性较差。平键联接的设计思路是先根据使用要求选择适当的类型和尺寸，然后再验算其强度。

(3) 平键联接的截面尺寸和键长分别由轴径和轮毂的长度确定，截面尺寸由轴径从标准中查取，键长取略小于轮毂的长度，并符合标准规定的长度系列。

(4) 平键联接主要失效形式为：对于静联接是键、轴、轮毂三者中较弱的零件（通常为轮毂）的工作表面被压溃，对于动联接是磨损过度，所以平键联接一般只作挤压强度和耐磨性校核。

静联接（普通平键联接）

$$\sigma_p = \frac{2T}{h'ld} \leqslant [\sigma_p]$$

动联接（导向平键、滑键联接）

$$p = \frac{2T}{h'ld} \leqslant [p]$$

许用挤压应力$[\sigma_p]$和许用压强$[p]$应取键、轴、轮毂三者中的较小值。

(5) 花键联接分矩形花键和渐开线花键联接，与平键相比，花键联接受力均匀、承载能力高、对轴和毂的强度削弱相对较小、对中性和导向性好，但需用专门设备加工，成本较高。

(6) 矩形花键的定心方式有小径定心、大径定心和宽度定心三种方式，其中小径定心为标准中规定的定心方式，定心精度高，定心稳定性好，用于毂孔表面硬度较高（$>$40HRC）的联接。大径定心适用于毂孔表面硬度不高（$<$40HRC）的联接。宽度定心可传递较大载荷，但定心精度不高。渐开线花键的齿廓为渐开线，压力角有 30°和 45°两种。其定心方式为齿形定心。

(7) 花键联接的工作原理、强度校核与平键类似，由于键的齿数多，总接触面积大，承载能力高，但各键齿上载荷分布不均匀，引入了各齿载荷分布不均系数 k 来考虑实际载荷分布不均的影响。其强度验算如下：

静联接

$$\sigma_p = \frac{2T}{kzh'ld_m} \leqslant [\sigma_p]$$

动联接

$$p = \frac{2T}{kzh'ld_m} \leqslant [p]$$

许用挤压应力$[\sigma_p]$和许用压强$[p]$，见表5.3。

本章习题

5.1　平键联接的工作原理是什么？主要失效形式有哪些？平键的横截面尺寸$b \times h$和键的长度L是如何确定的？

5.2　为什么采用两个平键时，一般布置在沿周向相隔180°的位置；采用两个半圆键时，要布置在轴的同一母线上，采用两个楔键时，却相隔90°～120°？

5.3　题5.3图所示凸缘半联轴器及圆柱齿轮，分别用键与减速器的低速轴相联接。试选择两处键的类型及尺寸，并校核其联接强度。已知：轴的材料为45钢，传递的转矩$T=1000\ \text{N}\cdot\text{m}$，齿轮材料为锻钢，凸缘联轴器的材料为灰铸铁，工作时有轻微冲击。

5.4　矩形花键定心有哪几种定心方式？目前国家标准采用何种定心方式，该定心方式具有什么优点？

5.5　题5.5图所示为变速箱中的双联滑移齿轮，传递的额定功率$P=4\text{kW}$，转速$n=250\ \text{r/min}$。齿轮在空载下移动，工作情况良好。齿轮及轴用钢制并经热处理。试选择花键的类型及尺寸，并校核联接的强度。

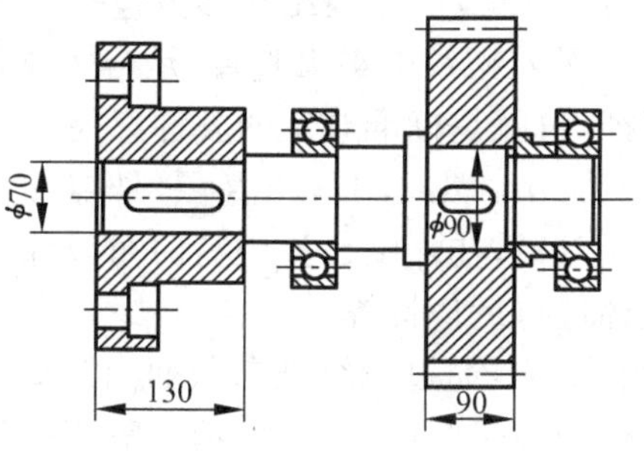

题5.3图

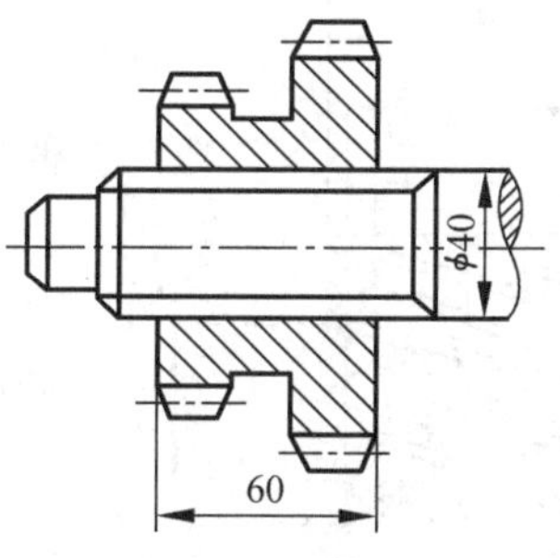

题5.5图

5.6　题5.6图所示为套筒式联轴器，分别用平键和半圆键与两轴相联接。已知：轴径$d=38\text{mm}$，联轴器材料为灰铸铁，外径$D_1=90\text{mm}$。分别计算两种联接允许传递的转矩，并比较其优缺点。

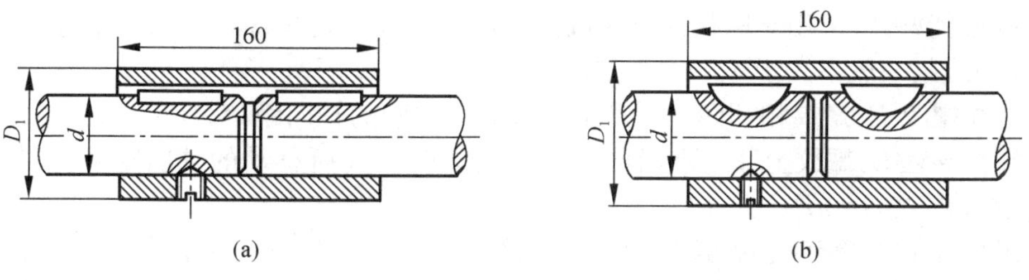

题5.6图

第 6 章　螺纹联接设计

螺纹联接和螺旋传动都是利用螺纹原理进行工作，但两者之间的区别很大，在技术上也有不同的要求。螺纹联接作为紧固件使用，要求保证联接强度、联接刚度、甚至联接的紧密性，而螺纹传动则作为传动件使用，要求保证螺旋副的传动精度、效率、磨损寿命。

螺纹联接的应用很广，本章讨论它的构造、计算和设计。螺旋传动在几何和受力关系上与螺纹联接相似，因此也在本章中适当介绍。

6.1　螺纹类型和主要参数

螺纹有外螺纹和内螺纹之分，两者合在一起形成螺旋副。从功能上分为联接螺纹和传动螺纹。螺纹从尺寸单位上又分为米制和英制(螺距以每英寸牙数表示)两种螺纹。我国在管螺纹上仍然采用英制，其他螺纹均为米制螺纹。

常用的螺纹类型主要有普通螺纹、米制锥螺纹、管螺纹、梯形螺纹、矩形螺纹和锯齿形螺纹。前三种主要用于联接功用，后三种主要用于传动。除矩形螺纹外，都已实现标准化。

在机械制造中，除上述常用螺纹外，还制定了有特殊用途的螺纹，以适应各行业的特殊用途，需要时可以查阅有关专用标准。

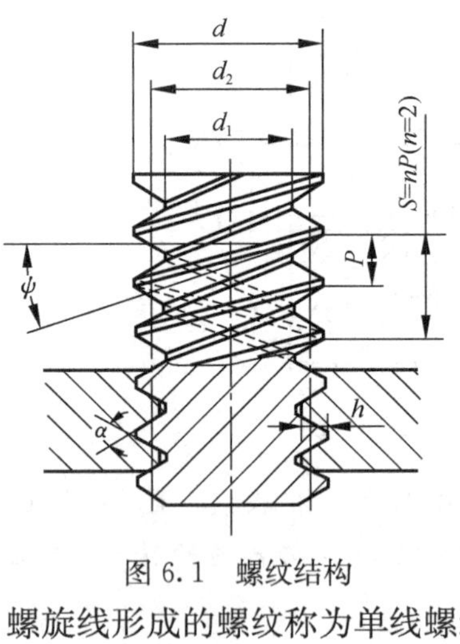

图 6.1　螺纹结构

如图 6.1 所示，螺纹的主要结构参数包括以下几项。

(1) 螺纹大径 d：螺纹的最大直径，是与螺纹牙顶重合的假想圆柱面直径，也就是标准规定的公称直径。

(2) 螺纹小径 d_1：螺纹的最小直径，是与螺纹牙底相重合的假想圆柱面直径，在强度计算中有时可以作为螺杆危险截面的计算直径进行近似计算。

(3) 螺纹中径 d_2：通过螺纹轴向截面内牙型上的沟槽和凸起宽度相等处的假想圆柱的直径，近似等于螺纹的平均直径，即 $d_2 \approx \frac{1}{2}(d+d_1)$。中径是确定螺纹几何参数和配合性质的直径。

(4) 螺纹线数(头数)n：形成螺纹的螺旋线数目。由一根螺旋线形成的螺纹称为单线螺纹，由两根以上的等距螺旋线形成的螺纹称为多线螺纹。单线螺纹的自锁性能好，一般用于联接。双线或三线螺纹的传动效率高，一般用于传动。由于加工问题，螺纹的线数一般不大于 4。

(5) 螺纹螺距 P：螺纹相邻两个牙型上对应的点之间的轴向距离。

(6) 螺纹导程 S：螺纹上任一点沿同一条螺旋线转一周所移动的轴向距离。对于单线螺纹 $S=P$，多线螺纹 $S=nP$。

(7) 螺纹升角 ψ：螺旋线的切线与垂直于螺纹轴线的平面间的夹角。在螺纹的不同直径处的螺纹升角不同。一般按螺纹中径 d_2 处计算，计算公式为：$\psi=\arctan\frac{S}{\pi d_2}=\arctan\frac{nP}{\pi d_2}$。

（8）螺纹牙型角 α：螺纹轴向截面内，螺纹牙型两侧边的夹角。螺纹牙型的侧边与垂直于螺纹轴线的平面间的夹角称为牙侧角，对称牙型的牙侧角为牙型角的二分之一。

（9）接触高度 h：内外螺纹旋合后的接触面的径向高度。

6.2　螺纹联接和螺旋传动的主要类型

6.2.1　螺纹联接的主要类型

螺纹联接使用的紧固件多为标准件，常用的有螺栓、双头螺柱、螺钉和紧定螺钉等。

所谓紧螺栓联接就是指拧紧的螺栓联接，不拧紧的称为松联接，后者应用较少。

按螺栓主要受力状况不同可分为受拉螺栓联接和受剪螺栓联接两种，所用螺栓的结构形式和联接的结构细节也有所不同，前一种制造和装拆方便，应用广泛，后一种多用于板状件的联接，有时兼起定位作用。

1）螺栓联接

图 6.2(a)为普通孔螺栓联接，在被联接件上开有通孔，插入螺栓后在螺栓的另一端拧上螺母。被联接件上的通孔与螺栓杆之间存在间隙，通孔的加工精度要求不高。这种联接的特点为：无需在被联接件上切制螺纹，使用不受被联接件材料的限制。构造简单，装拆方便，应用最广。用于可制通孔的场合。图 6.2(b)为铰制孔螺栓联接。螺栓杆与孔之间采用基孔制过渡配合（H7/m6、H7/n6）。这种联接能精确固定被联接件的相对位置，并能承受横向载荷，但孔的加工精度要求较高。

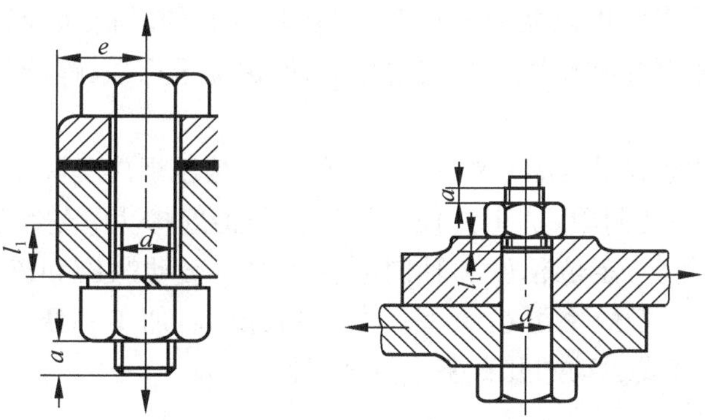

(a)　(b)

螺纹余留长度 l_1

受拉螺栓联接

静载荷 $l_1 \geqslant (0.3\sim0.5)d$，变载荷

$l_1 \geqslant 0.75d$

冲击、弯曲载荷 $l_1 \geqslant d$

受剪螺栓联接，l_1 尽可能小

螺纹伸出长度

$a \approx (0.2\sim0.3)d$

螺栓轴线到被联接件边缘的距离

$e = d + (3\sim6)\text{mm}$

图 6.2　螺栓联接

2）双头螺柱联接

图 6.3(a)为双头螺柱联接，这种联接适用于结构上不能采用螺栓联接的地方。比如被联接件之一太厚，难以制作通孔，材料比较软，且需要经常拆卸和安装。这种联接结构紧凑，但拆卸时比较困难。

3）螺钉联接

图 6.3(b)为螺钉联接，这种联接的特点是螺钉直接拧入被联接件的螺纹孔中，无须螺母，外表面光整，在结构上比双头螺柱联接简单、紧凑。用途与双头螺柱相似，但如经常装拆，易使螺纹孔磨损，可能导致被联接件失效，一般多用于受力不大，或不需要经常装拆的场合。

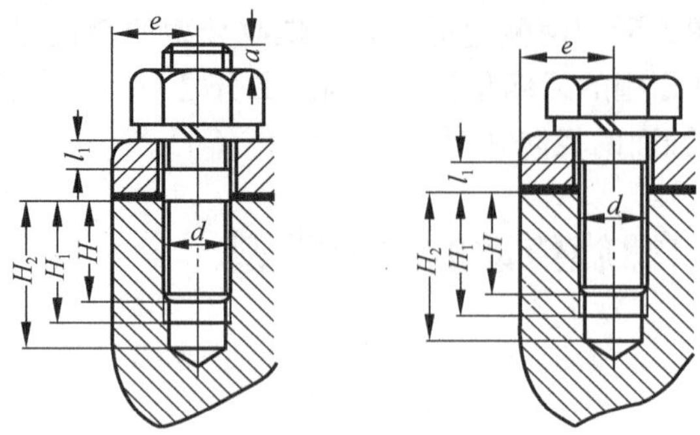

螺纹旋入深度 H，当螺纹孔零件为：

钢或青铜 $H\approx d$

铸铁 $H=(1.25\sim1.5)d$

铝合金 $H=(1.5\sim2.5)d$

螺纹孔深度

$H_1\approx H+(2\sim2.5)p$

钻孔深度

$H_2\approx H_1+(0.5\sim1)d$

l_1、a、e 同上

图 6.3　双头螺柱与螺钉联接

4）紧定螺钉联接

如图 6.4 所示为紧定螺钉联接，它是将螺钉直接拧入零件的螺纹通孔中，利用螺钉末端顶住另一零件的表面，或顶入相应的凹坑中，以固定两个零件的相对位置，并可以传递不大的力矩。

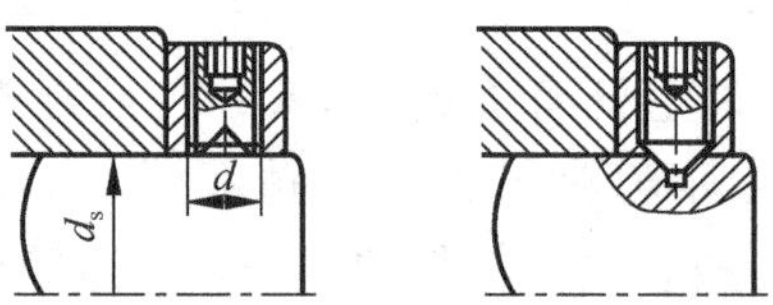

$d=(0.2\sim0.3)d_s$

转矩大时可以适当放大

图 6.4　紧定螺钉联接

6.2.2　螺纹传动的主要类型

螺纹传动又称螺旋传动，螺旋传动主要用以变回转运动为直线运动，同时传递能量或力，也可用以调整零件的相互位置，有时兼有几种作用。其应用很广，如螺旋千斤顶、螺旋丝杠、螺旋压力机等。

根据螺纹副的摩擦情况，可分为滑动螺旋、滚动螺旋和静压螺旋。静压螺旋实际上是采用静压流体润滑的滑动螺旋。滑动螺旋构造简单、加工方便、易于自锁，但摩擦大、效率低（一般为 30%～40%）、磨损快，低速时可能爬行，定位精度和轴向刚度较差。滚动螺旋和静压螺旋没有这些缺点，前者效率在 90%以上，后者效率可达 99%，但构造较复杂，加工不便。静压螺旋还需要供油系统。把回转运动变为直线运动的几种基本方式见图 6.5。

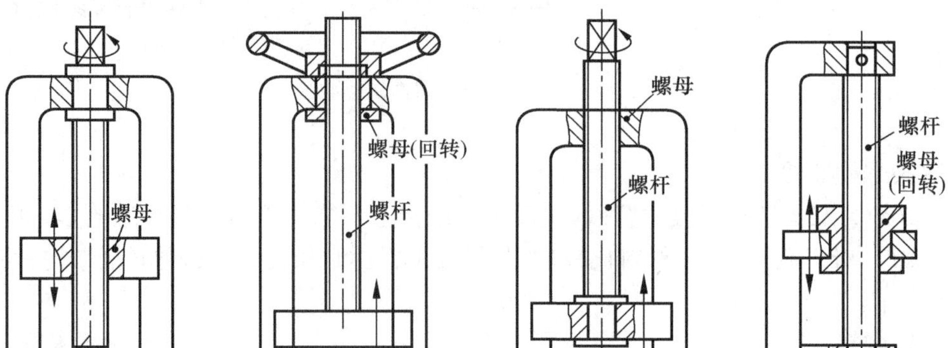

(a) 螺杆转动，螺母移动　　(b) 螺母转动，螺杆移动　　(c) 螺母固定，螺杆转、移　　(d) 螺杆固定，螺母转、移

图 6.5　螺旋传动的几种方式

1）滑动螺旋传动

滑动螺旋传动一般用梯形、矩形或锯齿形螺纹，其失效形式多为螺纹磨损，而螺杆的直径和螺母的高度也常由耐磨性要求决定。传力较大时，应验算有螺纹部分的螺杆或其他危险部位以及螺母或螺杆螺纹牙强度。要求自锁时，应验算螺纹副的自锁条件。要求运动精确时，应验算螺杆的刚度，其直径常由刚度要求决定。对于长径比很大的受压螺杆，应验算其稳定性，其直径也常由稳定性要求决定；当水平安放时，还应注意其弯曲。对于高速长螺杆，则应验算其临界转速。

螺杆材料要有足够的强度和耐磨性，以及良好的加工性。不经热处理的螺杆一般可用 Q255、Y40Mn、45、50 钢，重要的经热处理的螺杆可用 65Mn、40Cr 或 20CrMnTi 钢。精密传动螺杆可用 9MnV、CrWMn、38CrMoAl 钢等。

螺母材料除要有足够的强度外，还要求在与螺杆材料配合时摩擦系数小和耐磨。常用的材料是铸锡青铜 ZCuSn10P1、ZCuSn5Pb5Zn5；重载低速时用高强度铸造铝青铜 ZCuAl10Fe3 或铸造黄铜 ZCuZn25Al6Fe3Mn3；重载时可用 35 钢或球墨铸铁；低速轻载时也可用耐磨铸铁。尺寸大的螺母可用钢或铸铁作外套，内部浇注青铜。高速螺母可浇注锡锑或铅锑轴承合金（即巴氏合金）。

2）滚动螺旋传动

滚动螺旋传动的结构如图 6.6 所示。当螺杆或螺母回转时，滚珠依次沿螺纹滚动，经导路出而复入，其方式分外循环和内循环；前者导路为一导管，后者导路为每圈螺纹有一反向器，滚珠在本圈内运动。外循环加工方便，但径向尺寸较大。螺母螺纹以 3～5 圈为宜，过多受力不均，并不能提高承载能力。

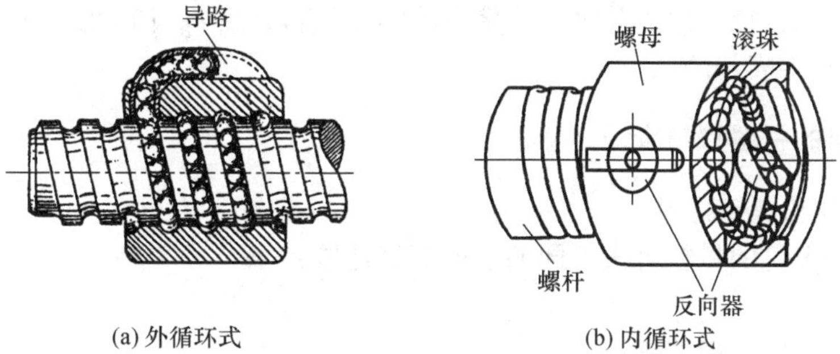

(a) 外循环式　　(b) 内循环式

图 6.6　滚动螺旋传动

3）静压螺旋传动简介

如图 6.7(a)所示，压力油经节流器进入内螺纹牙两侧的油腔，然后经回油通路流回油箱。

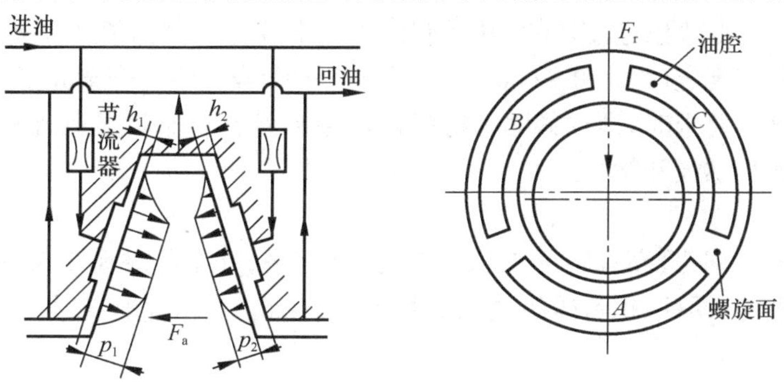

(a) 受轴向力时　　(b) 受径向力时

图 6.7　静压螺旋传动的工作原理

当螺杆不受力时，处于中间位置，而牙两侧的间隙和油腔压力都相等。当螺杆受轴向力 F_a 而左移时，间隙 h_1 减小，h_2 增大，使牙左侧压力大于右侧，从而产生一平衡 F_a 的液压力。在图 6.7(b)中，如果每一螺纹牙侧开三个油腔，则当螺杆受径向力 F_r 而下移时，油腔 A 侧间隙减小，压力增高，B 和 C 侧间隙增大，压力降低，从而产生一平衡 F_r 的液压力。

6.3 螺纹联接的性能等级、材料和精度

6.3.1 螺纹联接的性能等级

1）螺栓、螺柱、螺钉的性能等级

按照国家标准规定，螺纹紧固件按机械性能分级。螺栓、螺柱、螺钉的性能等级分为十级（见 GB 3098.1—1982）：

3.6　4.6　4.8　5.6　5.8　6.8　8.8　9.8　10.9　12.9

点前数字为 $\sigma_{Bmin}/100$，点后数字为 $10(\sigma_{smin}/\sigma_{Bmin})$。其中 σ_B 为材料的拉伸强度极限，σ_s 为屈服极限，单位均为 MPa。

2）螺母的性能等级

螺母性能等级按螺母高度 m 不同有两类（见 GB 3098.2—1982、GB 3098.2—1986）：

$m \geqslant 0.8D$　4　5　6　8　9　10　12

$0.5D \leqslant m < 0.8D$　04　05

此处，D 为螺母螺纹直径。性能等级的数字表示螺母材料强度 $\sigma_B/100$ 值，“0”表示螺母的实际承载能力比后面数字表示的低。

6.3.2 螺纹联接的材料和精度

1）螺栓、螺柱和螺钉材料

螺栓、螺柱和螺钉的材料可按不同的性能等级选取：

3.6：低碳钢；

4.6～6.8：低碳钢或中碳钢；

8.8、9.8：中碳钢或低碳合金钢；

10.9：中碳钢、低碳或中碳合金钢；

12.9：合金钢。

对于 8.8 级和 8.8 级以上使用的中碳钢、低碳或中碳合金钢都须经淬火并回火处理，其最低回火温度标准中有规定（为 340～450℃）。低碳或中碳合金钢的合金元素为硼、锰或铬。

有防蚀或导电等要求时，螺纹紧固件材料也可用铜及其合金以及其他有色金属。近年来还发展了高强度塑料螺栓和螺母。

2）螺母材料

螺母材料为中碳钢，最高含碳量 4、5、6 三级为 0.5%，其余各级为 0.58%。

螺母等级与螺栓、螺柱、螺钉等级之间的相配关系标准中也有规定，如4——3.6、4.6、4.8，8——8.8 等。

3）螺纹公差和精度

根据标准（GB 197—1981）规定，内螺纹的公差带为 G 和 H 两种，外螺纹的公差带为 e、f、

g、h 四种。H 和 h 的基本偏差为零，G 的基本偏差为正值，e、f、g 的基本偏差为负值。内、外螺纹的配合最好选用 G/h、H/g 或 H/h。

标准中还规定了三种不同的精度，其选用原则为：

精密：用于精密螺纹和要求配合变动小的场合；

中等：一般用途；

粗糙：用于对精度要求不高的场合。

内螺纹的小径和中径，外螺纹的大径和中径，应依精度和旋合长度的不同选用不同的公差等级。螺纹常用的公差等级为 4～8 级，精密的用 4～6 级，中等的用 7 级，粗糙的用 7～8 级。旋合长度有短、中、长之分。旋合长度长的，稳定性好且有足够的联接强度，但加工精度难以保证，螺距累积误差大，故其公差等级宜比旋合长度短的低一级。

6.4　螺栓联接的拧紧和防松

6.4.1　螺栓联接的拧紧

绝大多数螺纹联接都需要拧紧，这是因为拧紧可以增强联接的刚性、紧密性和防松能力。对于受拉螺栓联接，还可提高螺栓的疲劳强度；对于受剪螺栓联接，有利于增大联接中的摩擦力。当然，过度拧紧也是不适当的。

如图 6.8 所示。拧紧螺母时，螺栓受到预紧拉力 F'，而被联接件则受到预紧压力 F'，拧紧过程中螺纹副间有圆周力 F_t 的作用，需要克服螺纹副的螺纹力矩 T_1 和螺母的承压面力矩 T_2，因此拧紧力矩 $T=T_1+T_2$。螺栓所受的螺纹力矩 T_1 与头部的承压面力矩 T_3 和夹持力矩 T_4 相平衡，即 $T_1=T_3+T_4$。

根据有关螺旋理论，有

$$T_1 = F_t \frac{d_2}{2} = F' \tan(\psi + \rho_v) \frac{d_2}{2}$$

$$T_2 = \frac{\mu F'}{3} \times \frac{D_1^3 - d_0^3}{D_1^2 - d_0^2}$$

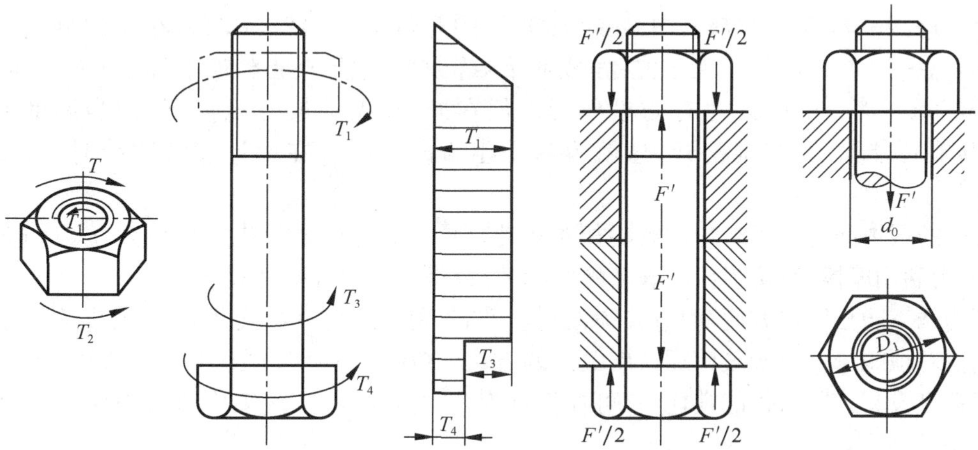

(a) 螺母所受转矩　(b) 螺栓所受转矩　(c) 螺栓转矩图　(d) 螺栓和被联接件所受预紧力　(e) 计算螺母承压面力矩用的符号

图 6.8　拧紧螺栓过程的受力关系

螺纹中径升角 $\psi=\arctan[np/(\pi d_2)]$

当量摩擦角 $\rho_v=\arctan\mu/\cos\alpha$

上列式中符号意义：d_2 为螺纹中径；n 为螺纹头数；p 为螺距；np 为导程；α 为牙型角；μ 为螺母与被联接件承压面摩擦系数；D_1 和 d_0 为承压面直径(图6.8(e))。结合以上各式得

$$T = T_1 + T_2 = \frac{1}{2}\left[\frac{d_2}{d}\tan(\psi+\rho_v) + \frac{2\mu}{3d}\frac{D_1^3 - d_0^3}{D_1^2 - d_0^2}\right]F'd = k_t F'd \tag{6.1}$$

式中 k_t 为拧紧力矩系数，其值与螺纹和承压面尺寸以及相应的摩擦系数有关。将不同螺栓直径 d 时的 d_2、d_0、D_1、ψ 值，代入 k_t 计算式，并取 $\rho_v=\arctan0.15$，平均可得 $k_t\approx0.2$。

螺栓拧紧需要的预紧力的大小应根据载荷性质、联接刚度等具体工作条件来确定。对于重要的或有特殊要求的螺栓联接，预紧力的数值应在装配图上作为技术条件注明，以便在装配过程中保证。受变载荷的螺栓联接的预紧力应该比恒定载荷的预紧力大。

拧紧过程应对拧紧力加以控制，以防螺栓承受过大的预紧力，或由于预紧力过大而扭断。控制拧紧力矩有许多方法，例如，使用测力矩扳手或定力矩扳手(图 6.9)，装配时测量螺栓的伸长，规定开始拧紧后的扳动角度或圈数。对于大型联接，还可利用液力来拉伸螺栓，或加热使螺栓伸长到需要的变形量再把螺母拧到与被联接件相贴合。

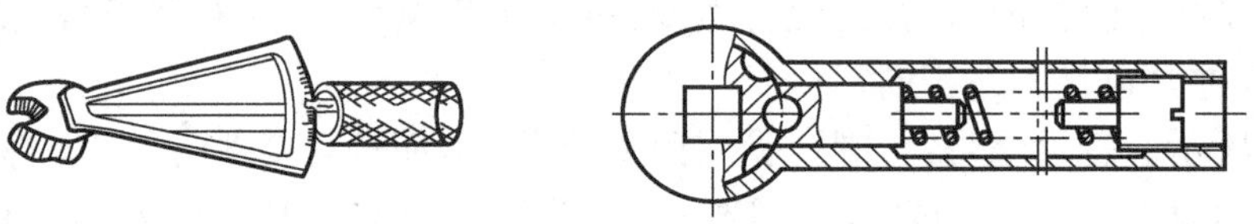

(a) 测力矩扳手　　(b) 定力矩扳手

图 6.9　控制拧紧力矩扳手

在实际拧紧螺栓的过程中，由于摩擦系数不稳定和加在扳手上的力难于准确控制，有时可能拧得过紧而使螺栓拧断。因此，对于要求拧紧的螺栓联接应严格控制其适度的拧紧力，并不宜用小于 M12～M16 的螺栓。

6.4.2　螺纹联接的防松

螺纹联接一般采用的都是单线螺纹，螺纹的升角 $\psi=1°42'\sim3°2'$，小于螺旋副的当量摩擦角($\rho_v\approx6.5°\sim10.5°$)，因此在静载荷下，螺纹联接能满足自锁条件 $\psi<\rho_v$。螺母、螺栓头部等承压面处的摩擦也有防松作用。但在冲击、振动或变载荷下，或当温度变化大时，联接有可能松动，甚至松开，这就容易发生事故。所以在设计螺纹联接时，必须考虑防松问题。

防松的根本问题在于防止螺纹副相对转动。具体的防松装置或方法很多，就工作原理来看，可分为利用摩擦、直接锁住和破坏螺纹副关系三种，举例说明见表 6.1。

利用摩擦防松简单方便，而直接锁住则较可靠；两者还可联合使用，如用金属丝绕在螺栓上以挡住对顶螺母。至于破坏螺纹副关系的方法，多用于很少拆开或不拆的联接。横向压紧的锁紧螺母没有预紧力也能锁住，它可在任意旋合位置箍紧，即使工作时会松少许，也不致很快继续松开。

表 6.1　防松装置和方法举例

防松方法		结构形式	特点和应用			
(1) 利用摩擦防松 使螺纹副中有不随联接载荷而变的压力,因而始终有摩擦力矩防止相对转动。压力可由螺纹副纵向或横向压紧而产生	对顶螺母	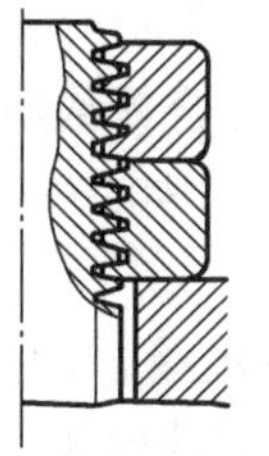	两螺母对顶拧紧,螺栓旋合段受拉而螺母受压,从而使螺纹副纵向压紧	弹簧垫圈	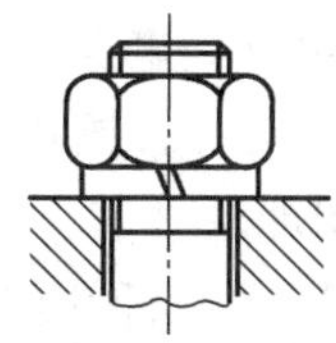	利用拧紧螺母时,垫圈被压平后的弹性力使螺纹副纵向压紧
	尼龙圈锁紧螺母	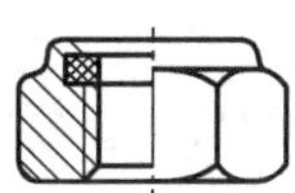	利用螺母末端的尼龙圈箍紧螺栓,横向压紧螺纹	金属锁紧螺母	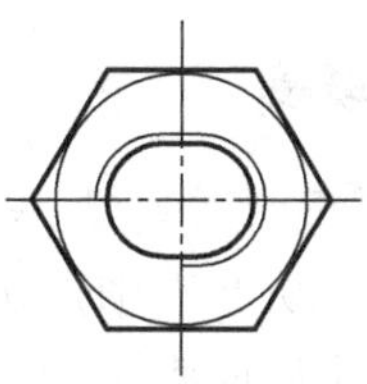	利用螺母末端椭圆口的弹性变形箍紧螺栓,横向压紧螺纹
(2) 直接锁住 利用便于更换的金属元件约束螺纹副	开口销与槽形螺母	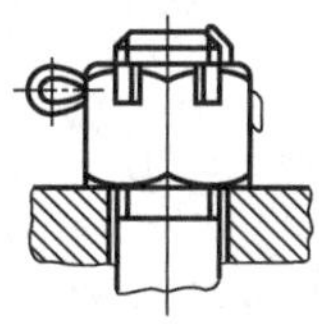	利用开口销使螺栓、螺母相互约束	止动垫圈	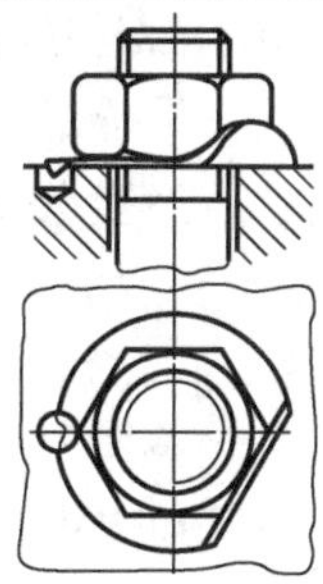	垫片一部分压入被联接件,一部分翻起,同时约束垫片和螺母运动
	串联金属丝	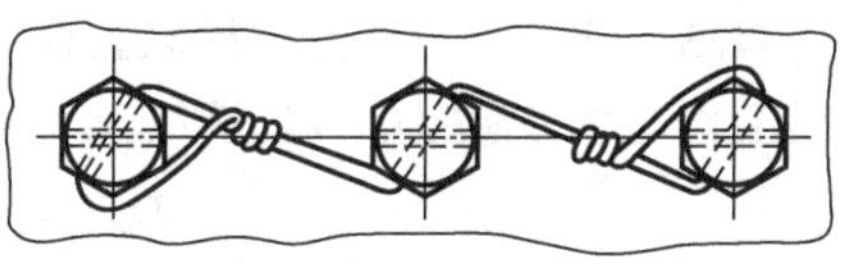				利用金属丝使一组螺钉头部相互约束,当有松动趋势时,金属丝更加拉紧
(3) 破坏螺纹副 把螺纹副转变为非运动副,从而排除相对转动的可能	焊住	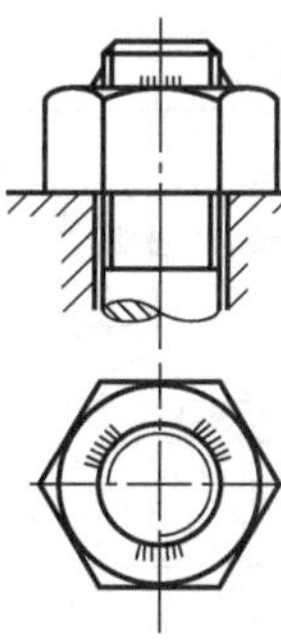	冲点	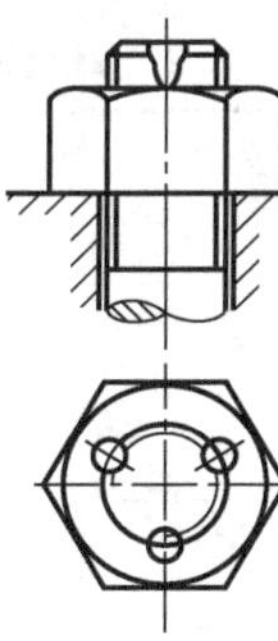	胶接	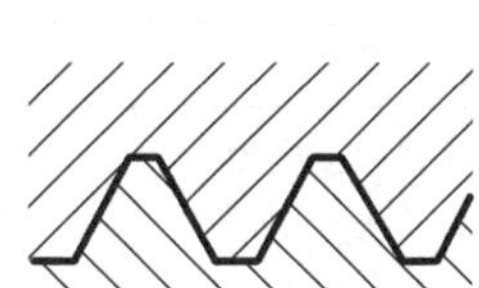

6.5　螺栓联接的强度计算

本节将以螺栓联接为例说明联接的受力分析和强度计算,其结论对双头螺柱和螺钉联接也基本适用。

6.5.1 螺栓联接的失效形式

在轴向力作用下,静载荷螺栓的损坏多为螺纹部分的塑性变形和断裂。变载荷螺栓的损坏多为螺栓杆部分的疲劳断裂,发生在从传力算起第一圈旋合螺纹处的约占65%,光杆与螺纹部分交接处的约占20%,螺栓头与杆交接处的约占15%。如果螺纹精度低或联接时常装拆,很可能发生滑扣现象。

在横向载荷作用下,当采用铰制孔用螺栓时,螺栓在联接接合面处受剪,并与被联接件孔壁互相挤压。联接损坏的可能形式有:螺栓被剪断,螺栓杆或孔壁被压溃等。

6.5.2 受拉螺栓联接

螺栓联接的强度计算主要是确定或验算螺栓危险截面的尺寸。螺栓其他部分、螺母、垫圈等的尺寸,一般都可从标准中选定,制定标准时,已考虑了螺栓、螺母的各部分以及垫圈的等强度。所以,只要危险截面满足强度要求,其他部分也一般能满足强度要求。

在螺栓强度计算中,螺栓螺纹部分危险截面的面积要用计算直径 d_c 计算(有时也可以用螺栓的小径 d_1 进行计算),此直径可根据螺栓拉断截面状况归纳出的经验公式确定

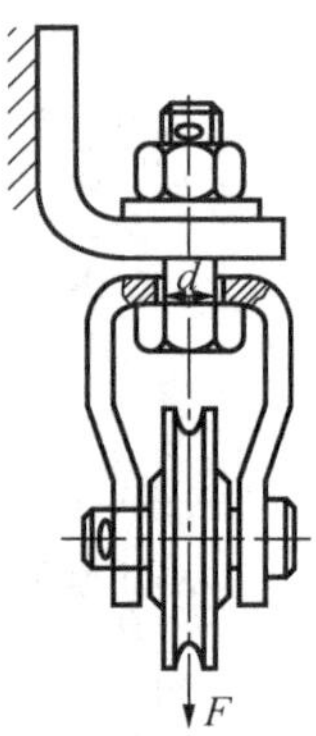

图 6.10 起重滑轮的松螺栓联接

$$d_c = d_1 - \frac{H}{6} \tag{6.2}$$

式中 d_1 为螺纹小径;H 为螺纹牙形的三角形高度,对于普通螺纹,$H \approx 0.866P$。

1. 松螺栓联接强度计算

如图6.10所示为受拉松联接示例。这种联接只能受静载荷。螺栓在工作时才受拉力 F,其螺纹部分的强度条件为

$$\frac{4F}{\pi d_c^2} \leqslant [\sigma] \tag{6.3}$$

式中,$[\sigma]$为松联接螺栓的许用拉应力,见表6.2。

表 6.2 螺栓联接的许用应力

<table>
<tr><th>静载荷</th><th>变载荷</th></tr>
<tr><td>
螺栓许用拉应力
$[\sigma]=\frac{\sigma_s}{[S_s]}$
紧联接螺栓
——不控制预紧力时,$[S_s]$按下表选取:
<table>
<tr><th>材料</th><th>M6~M16</th><th>M16~M30</th><th>M30~M60</th></tr>
<tr><td>碳素钢</td><td>5~4</td><td>4~2.5</td><td>2.5~2</td></tr>
<tr><td>合金钢</td><td>5.7~5</td><td>5~3.4</td><td>3.4~3</td></tr>
</table>
——控制预紧力时
$[S_s]=1.2\sim1.5$
松联接螺栓
未经淬火的钢$[S_s]=1.2$
经淬火的钢$[S_s]=1.6$
</td><td>
螺栓许用应力幅和极限应力幅
$[\sigma_a]=\frac{\sigma_{alim}}{[S_a]}$,$\sigma_{alim}=\frac{\varepsilon k_m k_u}{k_\sigma}\sigma_{-1}$
式中 ε 为尺寸系数(下表尺寸 d 为第一系列):
<table>
<tr><td>d/mm</td><td><12</td><td>16</td><td>20</td><td>24</td><td>30</td></tr>
<tr><td>ε</td><td>1</td><td>0.87</td><td>0.81</td><td>0.76</td><td>0.69</td></tr>
<tr><td>d/mm</td><td>36</td><td>42</td><td>48</td><td>56</td><td>64</td></tr>
<tr><td>ε</td><td>0.65</td><td>0.62</td><td>0.60</td><td>0.57</td><td>0.54</td></tr>
</table>
k_σ——螺纹应力集中系数
<table>
<tr><td>σ_B/MPa</td><td>400</td><td>600</td><td>800</td><td>1000</td></tr>
<tr><td>k_σ</td><td>3</td><td>3.9</td><td>4.8</td><td>5.2</td></tr>
</table>
k_m——螺纹制造工艺系数:车制 $k_m=1$,辗制 $k_m=1.25$
k_u——各圈螺纹牙受力分配不均系数:受压螺母$k_u=1$,部分受拉或全部受拉的螺母(图6.11悬置螺母)$k_u=1.5\sim1.6$
$[S_a]$为安全系数,一般取$[S_a]=2.5\sim4$
</td></tr>
</table>

2. 受拉紧螺栓联接强度计算

这种联接能承受变载荷，分为只受预紧力的紧螺栓联接和既受预紧力又受工作载荷的紧螺栓联接。

1）靠摩擦传递横向力 F_R 的受拉螺栓联接

如图 6.11 所示为靠摩擦传递横向力 F_R 的受拉螺栓联接，这时，螺栓只受预紧力 F'，所受的螺纹力矩 $T_1=F'\tan(\psi+\rho_v)\dfrac{d_2}{2}$。相应的拉应力 $\sigma=4F'/(\pi d_c^2)$，切应力 $\tau_T=16F'\tan(\psi+\rho_v)\dfrac{d_2}{2}/(\pi d_c^3)=2\sigma\tan(\psi+\rho_v)d_2/d_c$。因此，螺栓承受双向应力作用，由于螺栓材料是塑性的，可根据第四强度理论计算螺纹部分强度。把d=10～68mm 的单头米制三角形螺纹的 d_2、d_c 和 ψ 的平均值代入上式，取 $\rho_v=\arctan0.15$，并考虑了工程设计中的经验数据（如摩擦系数）和许用拉应力的变化，得螺栓螺纹部分的强度条件为

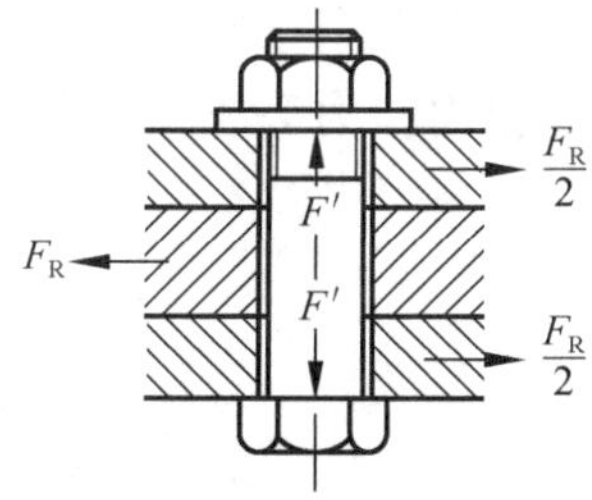

图 6.11　只受预紧力的紧螺栓联接

$$\sqrt{\sigma^2+3\tau_T^2}\approx1.3\sigma\leqslant[\sigma]$$

或

$$\frac{4\times1.3F'}{\pi d_c^2}\leqslant[\sigma]\tag{6.4}$$

式中，$[\sigma]$为紧联接螺栓的许用拉应力，见表 6.2。

2）同时受预紧力和工作载荷的紧螺栓联接

如图 6.12 所示为同时受预紧力和工作载荷的紧螺栓联接。这种联接拧紧后螺栓受预紧力 F'，工作时还受到工作载荷 F。螺栓和被联接件都是弹性体，联接中各零件受力关系属静不定问题。

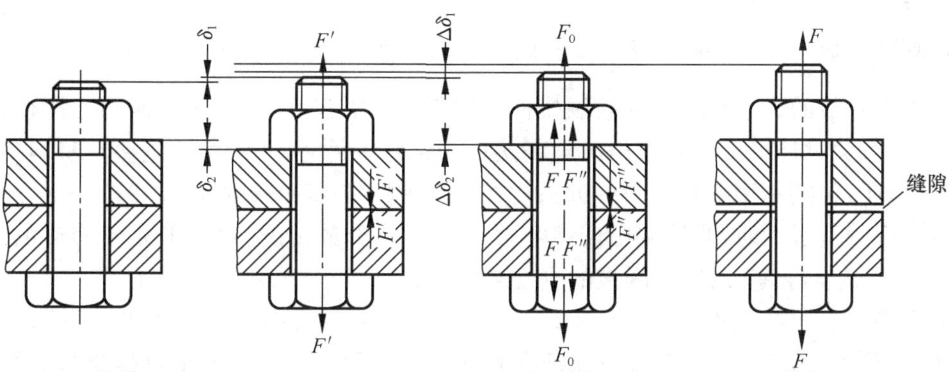

图 6.12　螺栓和被联接件受力变形过程

一般情况下，螺栓的总拉力 F_0 并不等于 F' 与 F 之和。当应变在弹性范围之内时，各零件的受力可根据静力平衡和变形协调条件求出。

由图 6.12(b)得知，螺栓仅受预紧力 F'，不受工作载荷 F 作用时，根据静力平衡条件，螺栓所受拉力应与被联接件所受压力大小相等，均为 F'。以 c_1 和 c_2 分别表示螺栓和被联接件的刚度，则螺栓伸长量 $\delta_1=\dfrac{F'}{c_1}$，被联接件缩短量 $\delta_2=\dfrac{F'}{c_2}$；图 6.13(a)为此时二者的受力和变形关系图，将两关系图合并得图 6.13(b)。图 6.12(c)和图 6.13(c)是螺栓受工作载荷时的情

况。这时,螺栓总拉力为 F_0,拉力增量为 F_0-F',伸长增量为 $\Delta\delta_1$;被联接件随之放松,其压力减小为剩余预紧力 F'',压力减量为 $F'-F''$,缩短减量为 $\Delta\delta_2$。根据螺栓的静力平衡条件可知,螺栓总拉力等于工作载荷与被联接件给它的剩余预紧力之和,即

$$F_0 = F + F'' \tag{6.5}$$

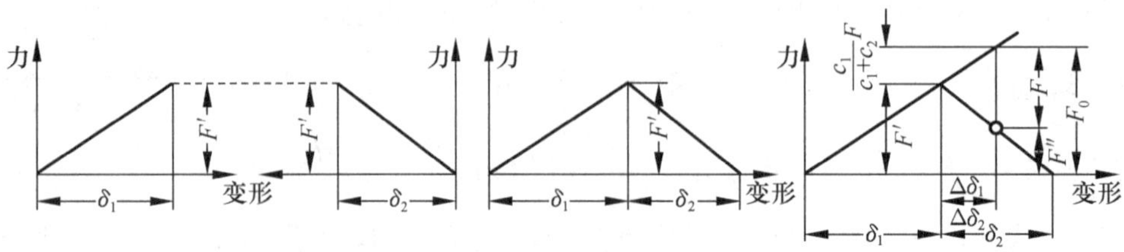

(a) 拧紧时　　(b) 图(a)两图合并　　(c) 受工作载荷时

图 6.13　螺栓和被联接件的力与变形的关系

根据螺栓与被联接件变形协调条件有 $\Delta\delta_1=\Delta\delta_2$,以 $\Delta\delta_1=\dfrac{F_0-F'}{c_1}=\dfrac{F+F''-F'}{c_1}$ 和 $\Delta\delta_2=\dfrac{F'-F''}{c_2}$ 代入得

$$F'' = F' - \frac{c_2}{c_1+c_2}F \tag{6.6}$$

$$F' = F'' + \frac{c_2}{c_1+c_2}F \tag{6.7}$$

$$F_0 = F' + \frac{c_1}{c_1+c_2}F \tag{6.8}$$

式(6.8)是螺栓总拉力的另一表达式,即螺栓总拉力等于预紧力加上部分工作载荷。F_0 值与螺栓相对刚度系数 $\dfrac{c_1}{c_1+c_2}$ 有关。当 $c_2\gg c_1$ 时,$F_0\approx F'$;当 $c_2\ll c_1$ 时,$F_0\approx F'+F$。

相对刚度系数的大小与螺栓和被联接件的材料、结构、尺寸,以及工作载荷作用位置、垫片等因素有关,可通过计算或试验求出。被联接件为钢铁零件时,一般可根据垫片材料不同采用下列数据:金属(包括不用垫片)0.2～0.3;皮革 0.7;铜皮石棉 0.8;橡胶 0.9。

螺栓工作载荷过大时,联接将出现缝隙,即图 6.12(d)的情况,这一般是不容许的。因此,剩余预紧力 F'' 应大于零,以保证联接的刚性或紧密性。

一般来说,当 F 无变化时,$F''=(0.2\sim0.6)F$;当 F 有变化时,$F''=(0.6\sim1)F$;压力容器的紧密联接,$F''=(1.5\sim1.8)F$,且应保证密封面的剩余预紧压力大于压力容器的工作压力。

虽然联接一般应该是在受工作载荷前拧紧的,螺纹力矩为 $F'\tan(\psi+\rho_v)\dfrac{d_2}{2}$;但考虑到出现特殊情况时可能在工作载荷下补充拧紧,则螺纹力矩为 $F_0\tan(\psi+\rho_v)\dfrac{d_2}{2}$,相应的螺栓切应力 τ_T 和拉应力分别为

$$\tau_T=\frac{16F_0\tan(\psi+\rho_v)\dfrac{d_2}{2}}{\pi d_c^3}$$

$$\sigma=\frac{4F_0}{\pi d_c^2}$$

因此，为安全起见，可参照第四强度理论推导出螺纹部分的强度条件为

$$\frac{4\times 1.3F_0}{\pi d_c^2}\leqslant[\sigma] \tag{6.9}$$

3）受变载荷作用的螺栓联接

对于受变载作用的螺栓联接，工作载荷在 F_1 与 F_2 之间变化，则螺栓拉力将在 F_{01} 和 F_{02} 之间变化，如图 6.14 所示。由此可知，螺栓的拉力变化幅

$$F_a=\frac{F_{02}-F_{01}}{2}=\frac{F_2-F_1}{2}\frac{c_1}{c_1+c_2}$$

对于变载作用下零件的疲劳强度来说，应力幅是主要因素，故应满足强度条件

$$\sigma_a=\frac{F_a}{A_c}=\frac{2(F_2-F_1)}{\pi d_c^2}\frac{c_1}{c_1+c_2}\leqslant[\sigma_a] \tag{6.10}$$

式中，$[\sigma_a]$为螺栓变载时的许用应力幅，见表 6.2。

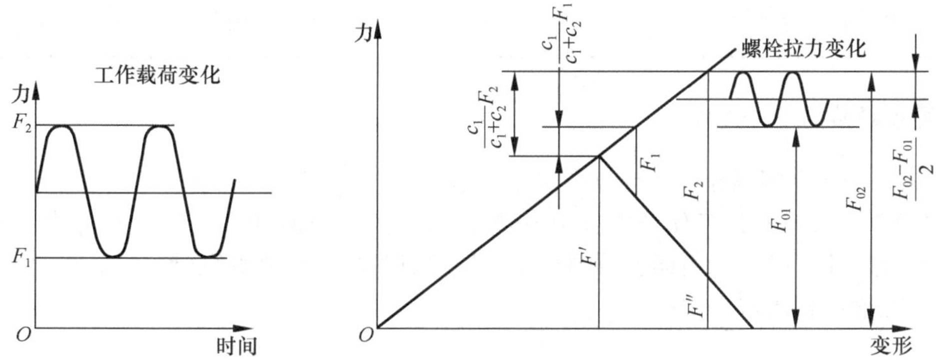

图 6.14　工作载荷变化时螺栓拉力的变化

6.5.3　受剪螺栓联接

如图 6.15(a)所示为受剪螺栓联接，工作时，螺栓在联接接合面处受剪，并与被联接件孔壁互相挤压。联接损坏的可能形式有：螺栓被剪断，螺栓杆或孔壁被压溃等。螺栓杆还受弯曲，但在各接合面贴紧情况下可不考虑。联接的预紧力和摩擦力在一般情况下可忽略不计。

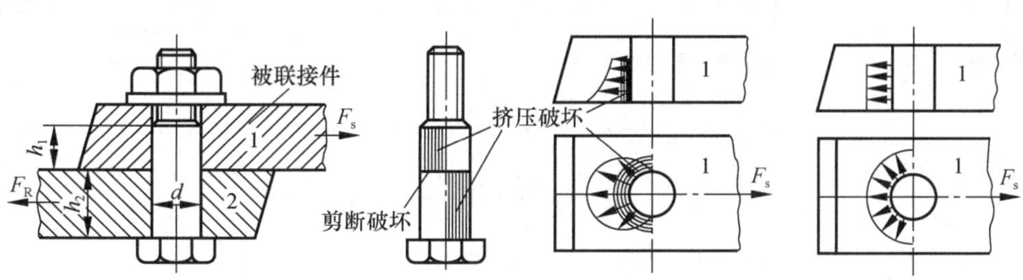

(a) 受剪螺栓联接　(b) 螺栓被挤压　(c) 挤压应力分布　(d) 假设挤压应力分布

图 6.15　受剪螺栓联接

设螺栓所受的剪力为 F_s，则其强度条件为

$$\frac{4F_s}{\pi d^2 m}\leqslant[\tau] \tag{6.11}$$

式中，d 为螺栓抗剪面直径；m 为螺栓抗剪面数目；$[\tau]$为螺栓的许用切应力，见表 6.3。

杆孔表面的挤压应力分布见图 6.15(c)，它和表面加工、杆孔配合、零件变形等有关，很难精确确定。计算时，常假设按均匀规律分布，如图 6.15(d)，因此联接的强度条件为

$$F_s \leqslant dh[\sigma_p] \tag{6.12}$$

式中，h 为计算对象的受压高度；$[\sigma_p]$为计算对象的许用挤压应力，见表 6.3。考虑到各零件的材料和受压高度可能不同，应就联接中所有受压件分别计算，或先判断其中弱者作为计算对象。

表 6.3 受剪螺栓联接的许用应力

静载荷	变载荷
螺栓许用切应力 $[\tau]=\frac{\sigma_s}{[S_s]}$，$[S_s]=2.5$ 螺栓许用挤压应力 钢$[\sigma_p]=\frac{\sigma_s}{[S_p]}$，$[S_p]=1\sim1.25$ 铸铁$[\sigma_p]=\frac{\sigma_B}{[S_p]}$，$[S_p]=2\sim2.5$	螺栓许用挤压应力 $[\tau]=\frac{\sigma_s}{[S_s]}$，$[S_p]=3.5\sim5$ 螺栓许用挤压应力 钢$[\sigma_p]=\frac{\sigma_s}{[S_p]}$，$[S_p]=1.6\sim2$ 铸铁$[\sigma_p]=\frac{\sigma_B}{[S_p]}$，$[S_p]=2.5\sim3.5$

6.5.4 螺栓联接的设计过程

以下结合例题介绍螺栓设计计算的步骤和过程。

【例 6.1】 已知汽缸工作压力在 0～1MPa 变化，工作温度<125℃，汽缸内直径 $D_2=500\text{mm}$，螺栓数目 $z=12$，采用铜皮石棉垫片。试计算汽缸盖螺栓直径(见图 6.20，本题为受轴向力 F_Q 的螺栓组联接)。

解

计算项目	计算内容	计算结果
计算螺栓受力		
汽缸盖最大压力	$F_Q=\frac{\pi D_2^2}{4}p=\frac{\pi 500^2}{4}\times1$	$F_Q=196250\text{N}$
螺栓工作载荷	$F_1=0$，$F_2=\frac{F_Q}{z}=\frac{196350}{12}$	$F_1=0$，$F_2=16354\text{N}$
剩余预紧力	$F''=1.5F_2=1.5\times16354$(见 6.5.2 节)	$F''=24531\text{N}$
螺栓最大拉力	$F_{02}=F_2+F''=16354+24531$(式(6.5))	$F_{02}=40885\text{N}$
相对刚度系数	采用铜皮石棉垫片	$\frac{c_1}{c_1+c_2}=0.8$
预紧力	$F'=F_{02}-\frac{c_1}{c_1+c_2}F_2=40885-0.8\times16354$(式 6.8)	$F'=27802\text{N}$
螺栓拉力变化幅	$F_a=\frac{F_{02}-F'}{2}=\frac{40885-27802}{2}$($P=0\sim1\text{MPa}$)	$F_a=6542\text{N}$
	或 $F_a=\frac{F_2-F_1}{2}\times\frac{c_1}{c_1+c_2}=\frac{16354}{2}\times0.8$	
计算螺栓应力幅		
假设螺栓直径	自定 $d=42\text{mm}$	$d=42\text{mm}$
螺栓几何尺寸	查手册 $d_1=37.129\text{mm}$，$d_2=39.077\text{mm}$， $p=4.5\text{mm}$，$H=0.866p=3.897\text{mm}$	
螺栓危险截面面积	$A_c=\frac{\pi}{4}\left(d_1-\frac{H}{6}\right)^2=\frac{\pi}{4}\left(37.129-\frac{3.897}{6}\right)^2$	$A_c=1045\text{mm}^2$

续表

计算项目	计算内容	计算结果
螺栓应力幅	$\sigma_a=\dfrac{F_a}{A_c}=\dfrac{6542}{1045}$	$\sigma_a=6.26\text{MPa}$
确定许用应力幅		
选择螺栓材料	35 钢	
选择螺栓性能等级	4.6 级　$\sigma_B=4\times100$(见 6.3.1 节)	$\sigma_B=400\text{MPa}$
	$\sigma_s=6\times\dfrac{\sigma_B}{10}=6\times\dfrac{400}{10}$(同上)	$\sigma_s=240\text{MPa}$
螺栓疲劳极限	$\sigma_{-1}=0.32\sigma_B=0.32\times400$ (表 3.1)	128MPa
极限应力幅	$\sigma_{alim}=\dfrac{\varepsilon k_m k_u}{k_\sigma}\sigma_{-1}=\dfrac{0.62\times1\times1.5}{3.45}\times128$	34.5MPa
	(由表 6.2:$\varepsilon=0.62$,$k_m=1$ 车制,$k_u=1.5$,$k_\sigma=1.5$)	
许用应力幅	$[\sigma_a]=\dfrac{\sigma_{alim}}{[S_a]}=\dfrac{34.5}{3}$(表 6.2)	$[\sigma_a]=11.5\text{MPa}$
校核螺栓变载荷强度		
应满足条件	$\sigma_a<[\sigma_a]$	$6.26<11.5$
校核螺栓静载荷强度	略	

6.6　螺栓组联接设计

大多数情况下螺栓都是成组使用的,设计时,常根据被联接件的结构和联接的载荷来确定联接的传力方式、螺栓的数目和布置。本节将以螺栓组联接为例,讨论它的设计和计算问题。其基本结论对双头螺柱组、螺钉组联接也同样适用。

设计螺栓组联接时,首先需要选定螺栓的数目及布置方式,然后确定螺栓联接的结构尺寸。在确定螺栓的尺寸时,对于不重要的螺栓联接,可以参考现有的机械设备,用类比法确定,不再进行强度校核。但对于重要的联接,应根据联接的工作载荷,分析各螺栓的受力状况,找出受力最大的螺栓进行强度校核。

螺栓组联接受力分析的任务是求出联接中各螺栓受力的大小,特别是其中受力最大的螺栓及其载荷。分析时,通常作以下假设:①被联接件为刚体;②各螺栓的拉伸刚度或剪切刚度(即各螺栓的材料、直径和长度)及预紧力都相同;③螺栓的应变没有超出弹性范围。

6.6.1　螺栓组联接的结构设计

通过螺栓组联接结构设计,目的在于合理地确定联接接合面的几何形状和螺栓的布置形式,力求各螺栓和联接接合面间受力均匀,便于加工和装配。设计螺栓组联接时应考虑如下一些问题:

(1) 螺栓联接接合面的几何形状通常都设计成轴对称形状,如圆形、环形、矩形、框形、三角形等。优点在于,可以使加工制造方便,便于对称布置螺栓,使螺栓组的对称中心和联接接合面的形心重合,从而使联接接合面受力均匀。

(2) 螺栓的布置应使各螺栓的受力均匀。对于铰制孔用螺栓联接,由于板是弹性体,两端螺栓所受剪力比中间螺栓大,所以沿载荷方向布置的螺栓数目不宜超过 6 个,以免受力严重不均。如图 6.16 所示,当螺栓联接承受弯矩或转矩时,应使螺栓的位置适当靠近联接接合面的边缘,以减小螺栓的受力。如图 6.17 所示,当同时承受轴向载荷和较大的横向载荷时,应采用销、套筒、键等抗剪零件来承受横向载荷，以减小螺栓的预紧力及其结构尺寸。

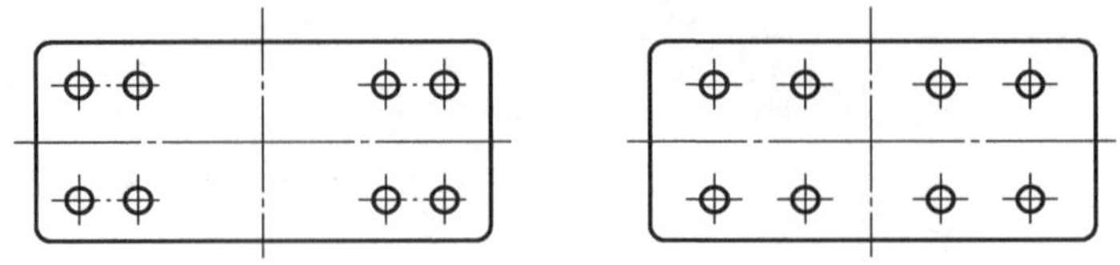

(a) 合理　　(b) 不合理

图 6.16　结合面螺栓布置

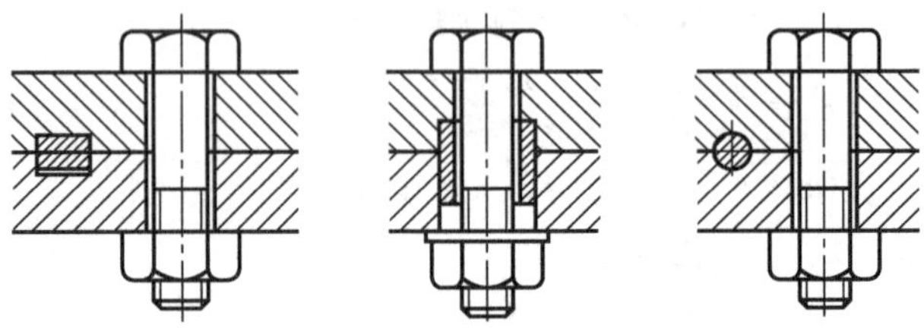

(a) 减载键　　(b) 减载套筒　　(c) 减载销

图 6.17　用抗剪件传递横向力

(3) 螺栓的排列应有合理的间距、边距。布置螺栓时，各螺栓轴线间以及螺栓轴线和机体壁间的最小距离，应根据扳手所需要的活动空间的大小来决定。

(4) 分布在同一圆周上的螺栓的数目，应取成 4、6、8、10 等偶数，以便在圆周上钻孔时分度和画线。同一螺栓组中螺栓的材料、直径和长度均应相同，以减少所用螺栓的规格和提高联接的结构工艺性。

(5) 避免螺栓承受附加的弯曲载荷。除了要在结构上设法保证载荷不偏心，还应在工艺上保证被联接件、螺母和螺栓头部的支承面平整，并与螺栓轴线相垂直。如图 6.18 所示，在铸、锻件等的粗糙表面上安装螺栓时，应制成凸台或沉头座。如图 6.19 所示，当支承面为倾斜表面时，应采用斜面垫圈。

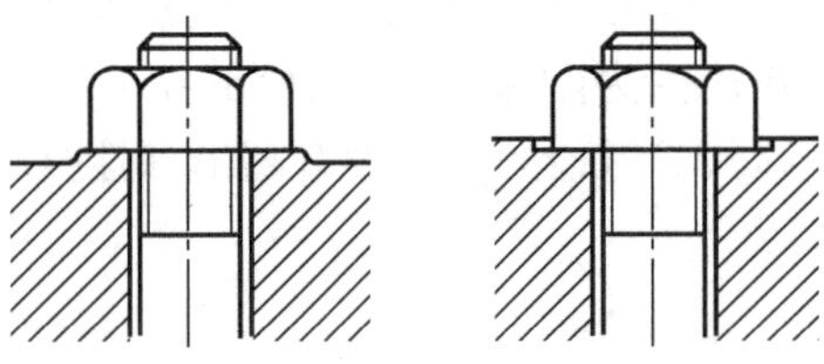

图 6.18　凸台与沉头座

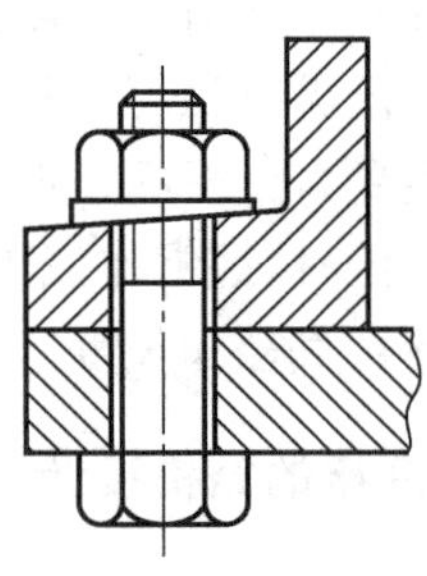

图 6.19　斜面垫圈

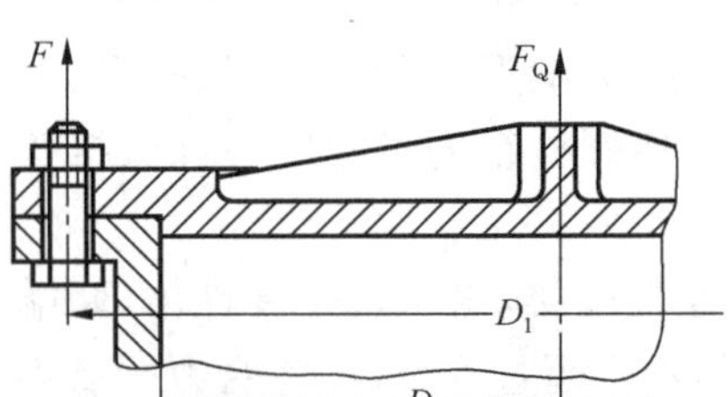

图 6.20　气缸盖螺栓联接

6.6.2　受轴向力 F_Q 的螺栓组联接

图 6.20 为汽缸盖螺栓联接，其载荷通过螺栓组形心，因此各螺栓分担的工作载荷 F 相等。设螺栓数目为 z，则

$$F = \frac{F_Q}{z} \tag{6.13}$$

如果已知预紧力、联接件和被联接件的刚度,就可以求出总的拉力。

6.6.3　受横向力 F_R 的螺栓组联接

图 6.21 为板件联接,螺栓沿载荷方向布置。载荷可通过两种不同方式传递,用受拉螺栓联接(图 6.21(a)),用受剪螺栓联接(图 6.21(b))。

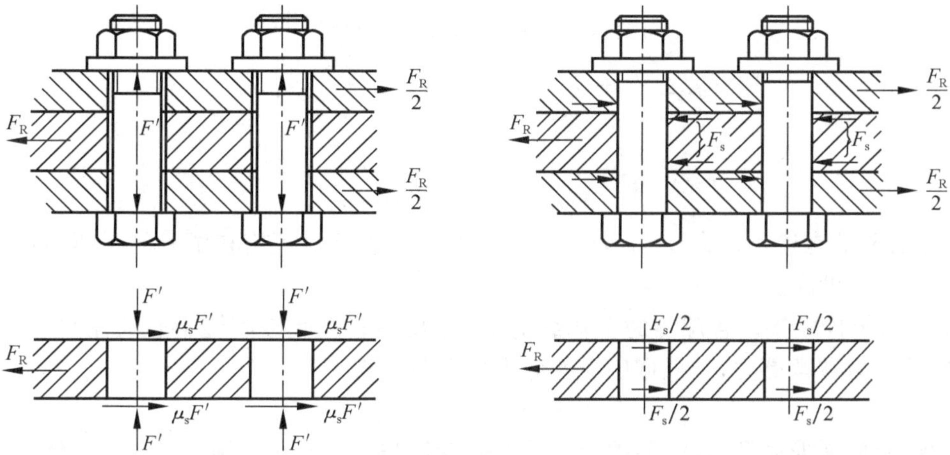

(a) 用受拉螺栓联接　　(b) 用受剪螺栓联接

图 6.21　承受横向载荷螺栓组

(1) 受拉螺栓联接。螺栓只受预紧力 F',靠接合面间的摩擦来传递载荷。假设各螺栓联接接合面的摩擦力相等并集中在螺栓中心处,则根据板的平衡条件得

$$\mu_s F' m z = k_f F_R \quad \text{或} \quad F' = \frac{k_f F_R}{\mu_s m z} \tag{6.14}$$

式中 μ_s 为接合面摩擦系数,对于钢铁零件,当接合面干燥时,$\mu_s=0.10\sim0.16$;当接合面沾有油时,$\mu_s=0.06\sim0.10$;m 为接合面数目;z 为螺栓数目;k_f 为考虑摩擦传力的可靠系数,$k_f=1.1\sim1.5$。

若 $z=1$,$m=1$,并取 $\mu_s=0.15$,$k_f=1.2$,则 $F'=8F_R$。由此可见,这种联接的主要缺点是所需的预紧力很大,为横向载荷的很多倍。若采用高强度螺栓摩擦联接可在很大程度上克服这一缺点。

(2) 受剪螺栓联接。靠螺栓受剪和螺栓与被联接件相互挤压时的变形来传递载荷。由于拧紧,联接中有预紧力和摩擦力,但一般忽略不计。假设各螺栓所受的工作载荷均为 F_s,则根据板的静力平衡条件得

$$zF_s = F_R \quad \text{或} \quad F_s = \frac{F_R}{z} \tag{6.15}$$

6.6.4　受旋转力矩 T 的螺栓组联接

图 6.22 为一底板螺栓联接,假设在 T 作用下,底板有绕通过螺栓组形心的轴线 O-O(简称旋转中心)旋转的趋势,则每个螺栓联接都受有横向力,也可通过两种方式传递。

(1) 受拉螺栓联接。假设各螺栓联接接合面的摩擦力相等并集中在螺栓中心处,与螺栓中心至底板旋转中心 O 的连线垂直,则根据底板的静力平衡条件得

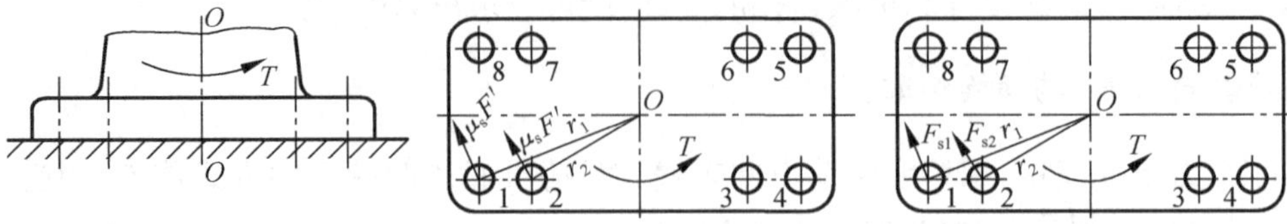

(a) 联接受旋转力矩 T　　(b) 用受拉螺栓联接　　(c) 用受剪螺栓联接

图 6.22　承受旋转力矩螺栓组

$$\mu_s F' r_1 + \mu_s F' r_2 + \cdots + \mu_s F' r_s = k_f T$$

或

$$F' = \frac{k_f T}{\mu_s (r_1 + r_2 + \cdots + r_s)} \tag{6.16}$$

式中，F'为需要的螺栓预紧力；$r_1, r_2, \cdots, r_z$ 为各螺栓中心至底板旋转中心的距离，脚注代表螺栓序号；μ_s 和 k_f 见前。

(2) 受剪螺栓联接。各螺栓的工作载荷 F_s 与其中心至底板旋转中心的连线垂直。忽略联接中的预紧力和摩擦力，则根据底板的静力平衡条件得

$$F_{s1} r_1 + F_{s2} r_2 + \cdots + F_{sz} r_z = T$$

根据螺栓的变形协调条件，各螺栓的剪切变形量与其中心至底板旋转中心的距离成正比。因为螺栓剪切刚度相同，所以各螺栓的剪力也与这个距离成正比，于是$\frac{F_{s1}}{r_1} = \frac{F_{s2}}{r_2} = \cdots = \frac{F_{sz}}{r_z}$，$F_{s1}, F_{s2}, \cdots, F_{sz}$可通过联立解上两式求出。例如，距底板旋转中心最远的 1、4、5、8 四个螺栓受力最大，即

$$F_{s1} = F_{s4} = F_{s5} = F_{s8}$$

$$= \frac{T r_1}{r_1^2 + r_2^2 + \cdots r_8^2} \tag{6.17}$$

6.6.5　受翻转力矩 M 的螺栓组联接

图 6.23 为另一底板螺栓联接，采用受拉螺栓。拧紧后，螺栓受预紧力。假设被联接件是弹性体但其接合面始终保持为平面(与本节开始的假设不同)，且在 M 作用下底板有绕通过螺栓组形心的轴线 O-O 翻转的趋势，则轴线左边螺栓受到工作载荷 F，右边螺栓相当于受了负的拉力，其预紧力将减小。就底板而言，则是左半边螺栓的紧固力增大，而右半边基座的反抗压力以同样大小增大。根据底板的静力平衡条件得

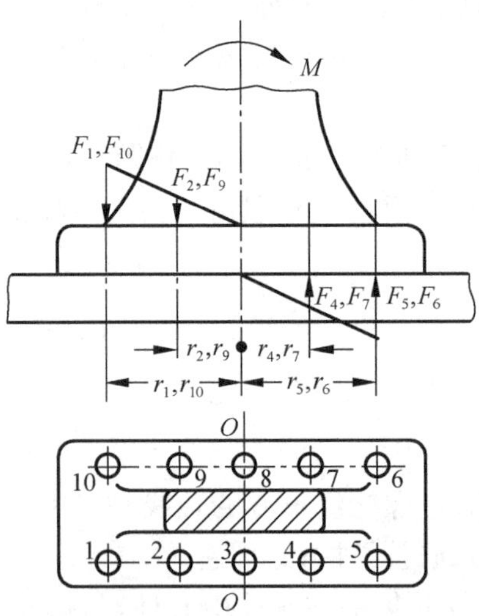

图 6.23　承受翻转力矩的螺栓组

$$F_1 r_1 + F_2 r_2 + \cdots + F_z r_z = M$$

根据螺栓变形协调条件，各螺栓的拉伸变形量与其中心至底板翻转轴线的距离成正比。因为螺栓拉伸刚度相同，所以左边螺栓的工作载荷和右边基座在螺栓处的压力也与这个距离成正比，于是

$$\frac{F_1}{r_1} = \frac{F_2}{r_2} = \cdots = \frac{F_z}{r_z}$$

$F_1, F_2, \cdots$即可通过联立解上两式求出。例如，距底板翻转轴线最远处的 1、10 两个左边螺栓受力最大，即

$$F_1 = F_{10} = \frac{Mr_1}{r_1^2 + r_2^2 + \cdots + r_{10}^2} \tag{6.18}$$

6.7　提高螺栓联接强度的措施

影响螺栓强度的因素很多，有材料、结构、尺寸参数、制造和装配工艺等。就其影响而言，涉及螺纹牙受力分配、附加应力、应力集中、应力幅、材料、机械性能、制造工艺等方面。由于受拉螺栓的损坏多属于疲劳性质，所以下面就按这几方面分析各种因素对螺栓疲劳强度的影响和提高疲劳强度的措施。

6.7.1　降低螺栓应力幅

应力幅大小是影响螺栓疲劳强度的关键因素之一。螺栓的最大应力一定时，应力幅越小，疲劳强度越高。螺栓联接中，螺栓的工作受力大小在 0～F 变化，而螺栓受到的实际载荷在 F'～F_0 变化。如图 6.24 所示，在工作载荷和剩余预紧力不变的情况下，减小螺栓刚度或增大被联接件刚度都能达到减小应力幅的目的，但预紧力则应增大。

减小螺栓刚度的措施有：适当增大螺栓的长度、减小螺栓杆直径或制作成中空的结构——柔性螺栓(图 6.25)。柔性螺栓受力时变形量大，吸收能量作用强，也适于承受冲击和振动。在螺母下面安装弹性元件(图 6.26)，当工作载荷由被联接件传来时，由于弹性元件的较大变形，也能起到柔性螺栓的效果。为了增大被联接系的刚度，不宜用刚度小的垫片。图 6.27 所示的紧密联接，就以用密封环为佳。

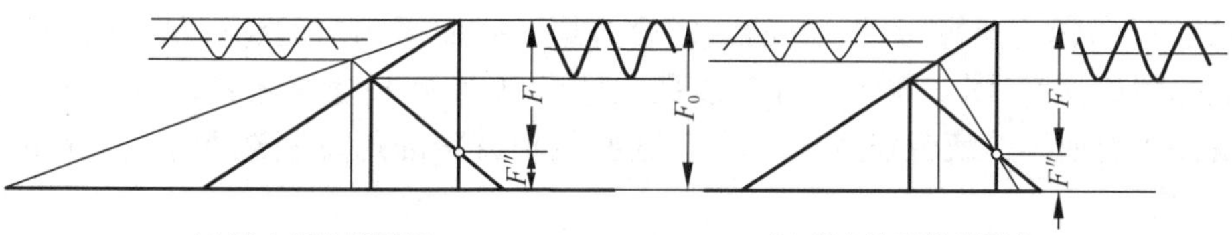

(a) 减小螺栓的刚度　　(b) 增大被联接件刚度

图 6.24　减小螺栓应力幅措施

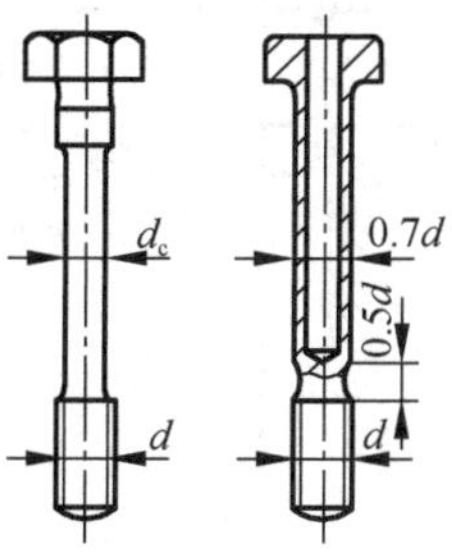

图 6.25　腰状螺栓和中空螺栓

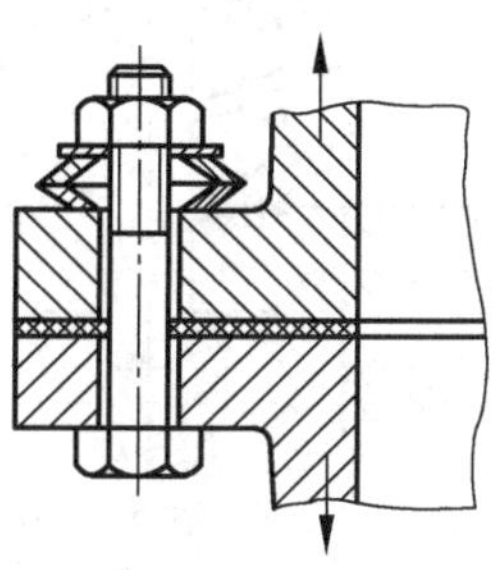
图 6.26　加装弹性元件

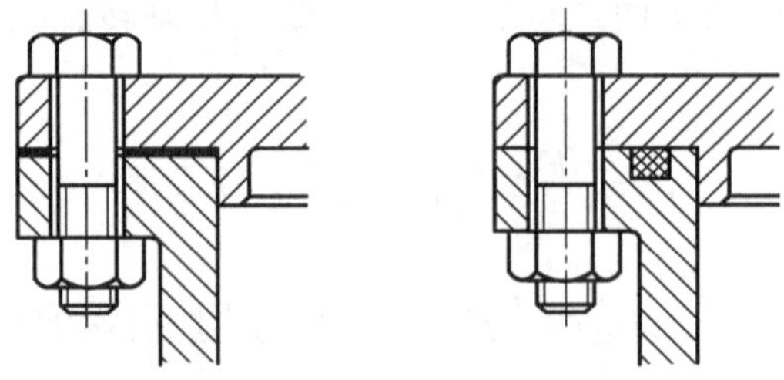

(a) 软垫片密封　　(b) 密封环密封

图 6.27　密封方法的选择

6.7.2　均匀螺纹牙受力分配

螺栓所受到的载荷是通过螺栓和螺母的螺纹牙啮合接触面来传递的，由于螺栓和螺母受力过程的变形性质不同，即使是制造和装配精确的螺栓和螺母，传力时其旋合各圈螺纹牙的受力也不是均匀的。如图 6.28 所示，螺栓杆拉力自下而上由 F 递减为零，并通过螺纹牙传给了螺母；螺母体压力则自上而下由零递增为 F。螺栓受拉，螺距增大；而螺母受压，螺距减小。由螺纹牙、螺栓杆和螺母体的变形协调条件可知，这种螺纹螺距变化差主要靠旋合各圈螺纹牙的变形来补偿。由图 6.28 可知，从传力算起的第一圈螺纹变形最大，因而受力也最大，以后各圈递减。旋合圈数越多，受力不均匀程度也越显著(图 6.28(b))，到第 8～10 圈以后，螺纹牙几乎不受力。因此，采用加高螺母以增加旋合圈数，对提高螺栓强度并不能起到什么作用。

如图 6.29 所示，为了改善螺纹牙上的载荷分布不均程度，使螺纹牙受力比较均匀，可用下述方法改进螺母结构：①悬置螺母，使螺母体和螺栓杆的变形一致以减少螺距变化差，可提高螺栓疲劳强度达 40%；②内斜螺母，可减小原受力大的螺纹牙的刚度而把力分移到原受力小的牙上，可提高螺栓疲劳强度达 20%；③环槽螺母，利用螺母下部受拉且富于弹性可提高螺栓疲劳强度达 30%；④钢丝螺套，为增强铝、镁合金螺纹孔而研制出的钢丝螺套，由菱形截面钢丝绕成，类似螺旋弹簧(图 6.30)，装于螺纹孔或螺母中，有减轻螺纹牙受力不均和冲击振动的作用，可提高螺钉或螺栓疲劳强度达 30%。这些结构特殊的螺母制造费工，只在重要的或大型的联接中使用。

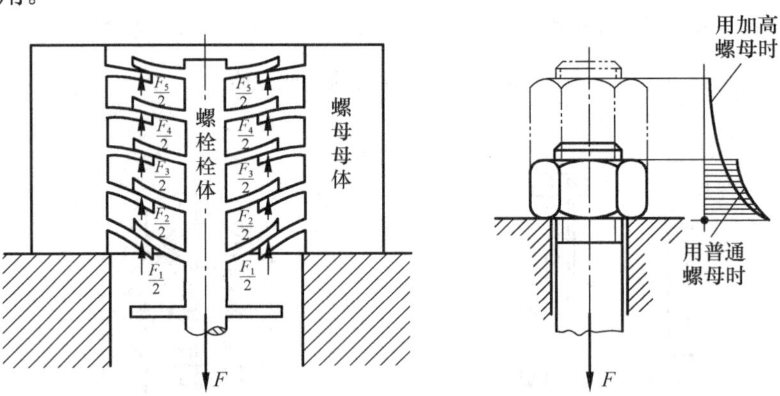

$F_1>F_2>F_3>F_4>F_5$
$F=F_1+F_2+F_3+F_4+F_5$

(a) 螺纹牙受力和变形　　(b) 螺纹牙受力分配

图 6.28　螺纹牙的变形与受力分布

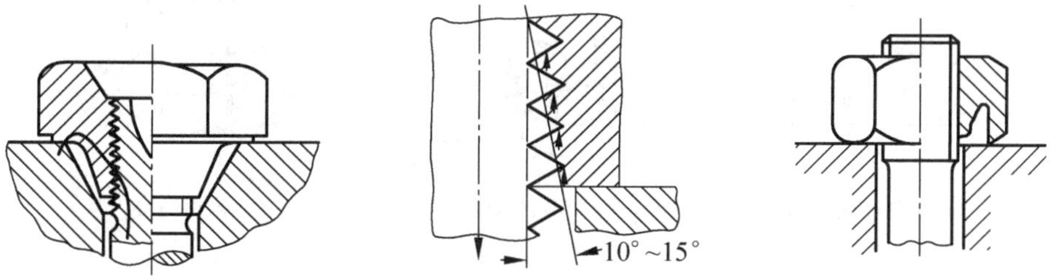

(a) 悬置螺母　(b) 内斜螺母　(c) 环槽螺母

图 6.29　均匀螺纹牙受力分配方法

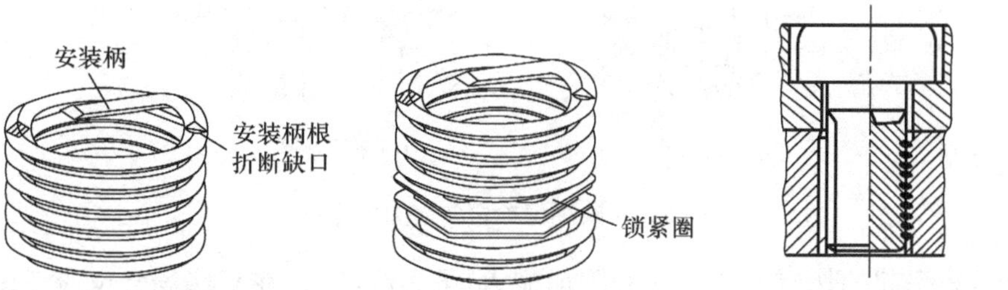

(a) 普通型钢丝螺套　(b) 锁紧型钢丝螺套　(c) 螺纹孔中用螺套的联接

图 6.30　钢丝螺套

此外，如果螺母材料软、弹性模量低，例如，钢螺栓配用有色金属螺母，则可改善螺纹牙受力分配，提高螺栓疲劳强度达 40%。

6.7.3　减小附加应力和应力集中

由于结构上的原因，螺栓联接有时会产生弯曲应力。螺纹牙根对弯曲很敏感，在相当大的拉应力下弯曲应力对螺栓断裂起关键作用。几种产生弯曲应力的原因见图 6.31。钩头螺栓引起的弯曲应力很大[$\sigma_b=32Fe/(\pi d_c^3)=(8e/d_c)(4F/\pi d_c^2)$，如果 $e=d_c$，则 $\sigma_b=8\sigma$]，应尽量少用。此外，被联接件、螺栓头部、螺母等的承压面倾斜，螺纹孔不正，都会引起弯曲应力。

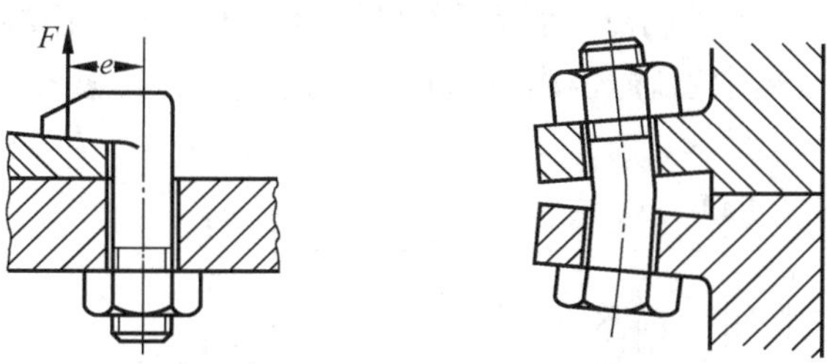

(a) 螺栓受偏心载荷　(b) 被联接件刚度不够

图 6.31　螺栓弯曲应力产生的原因

为了避免螺栓联接产生弯曲应力，在工艺上要求螺纹孔轴线与联接中各承压面垂直。图 6.32列出了几种减小或避免弯曲应力的结构措施。

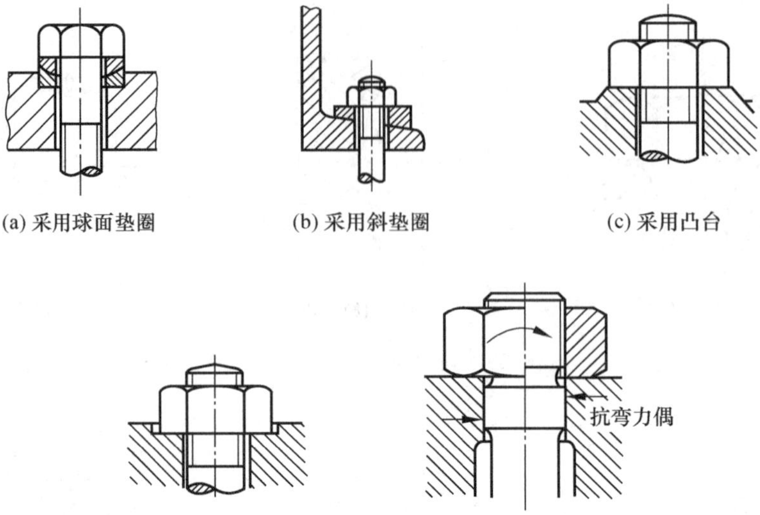

(a) 采用球面垫圈　(b) 采用斜垫圈　(c) 采用凸台　(d) 采用沉头座　(e) 采用环腰

图 6.32　减小螺栓弯曲应力的方法

由螺纹力矩引起的切应力是另一种附加应力，虽属静应力，在某些场合也应考虑。可用各种方法使螺栓杆在拧紧时不受螺纹力矩，比如，在装配完成后，用扳手在其末端加一相反力矩，可以适当消除残留的切应力。

螺纹的牙根和收尾、螺栓头部与螺栓杆交接处，都有应力集中，是产生断裂的危险部位；特别是螺纹的牙根处，由于螺栓杆拉伸，牙受弯剪，而且受力不均，情况更为严重。适当加大牙根圆角半径以减轻应力集中，可提高螺栓疲劳强度达20%～40%；在螺纹收尾处用退刀槽、在螺母承压面以内的螺栓杆有余留螺纹等，都有良好效果。

6.7.4　选择恰当的预紧力

如果螺栓和被联接件的刚度不变，螺栓受载方式不变，只恰当地增大预紧力，能提高螺栓的疲劳强度，这就是螺栓预紧应力有时高达(0.7～0.8)σ_s 的一个原因。为此，准确控制预紧力并保持其不减退是很重要的。由于零件接触面处的压陷作用，联接装配后的初期一段时间里，螺栓的预紧力有所减退。由图 6.33 可知，在同样的由于压陷引起的被联接件压缩变形减量下，螺栓刚度小时预紧力减退量小。从减轻压陷来看，采用带有承压凸缘的螺栓头部要比采用垫圈效果好些。

高强度钢螺栓对应力集中敏感，但由于可用更大的预紧力拧紧和更高的极限强度，结果还是有利的。

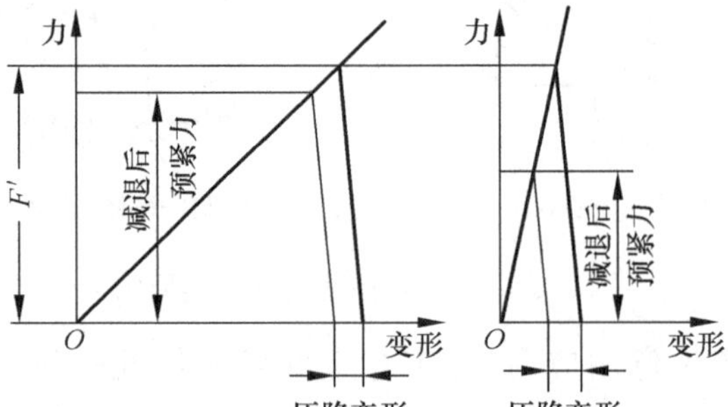

图 6.33　螺栓刚度对预紧力减退的影响

6.7.5　采用合理的制造工艺

制造工艺对螺栓疲劳强度有重要影响。采用冷镦螺栓头和辗制螺纹时，由于冷作硬化的作用，表层有残余压应力，金属流线合理（图 6.34），螺栓疲劳强度可较车制螺纹高 30%～40%；热处理后再滚压螺纹，其疲劳强度可以提高 70%～100%。

碳氮共渗、渗氮、喷丸处理都能提高螺栓疲劳强度。

对于受剪螺栓联接，其失效形式多为被联接件孔壁的压溃，提高其强度的主要措施是增强螺栓孔壁强度。

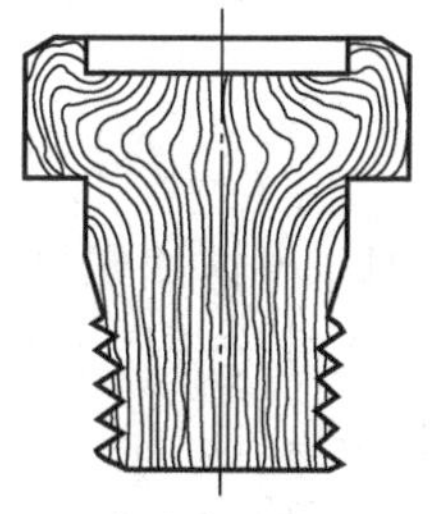

图 6.34　冷镦和滚压加工的螺栓中的金属线

6.8　螺旋传动设计

螺旋传动是利用螺杆和螺母组成的螺旋副来实现传动要求的，将回转运动转变为直线运动，同时传递能量或力，也可用以调整零件的相互位置，有时兼有几种作用。其应用很广，如螺旋千斤顶、螺旋丝杠、螺旋压力机等。

滑动螺旋传动用螺纹一般为梯形、矩形或锯齿形，其中以梯形和矩形应用最广。其失效形式多为螺纹磨损，而螺杆的直径和螺母的高度也常由耐磨性要求决定。传力较大时，应验算有螺纹部分的螺杆或其他危险部位以及螺母或螺杆螺纹牙强度。要求自锁时，应验算螺纹副的自锁条件。要求运动精确时，应验算螺杆的刚度，其直径常由刚度要求决定。对于长径比很大的受压螺杆，应验算其稳定性，其直径也常由稳定性要求决定；当水平安放时，还应注意其弯曲。对于高速长螺杆，应验算其临界转速。

1. 螺纹副耐磨性计算

磨损多发生在螺母，把螺纹牙展直后相当于一根悬臂梁（图 6.35）。耐磨性的计算在于限制螺纹副的压强。设轴向力为 F，相旋合螺纹圈数 $z=H'/p$，此处 H' 是螺母旋合长度，p 为螺距，则验算计算式为

$$\frac{F}{\pi d_2 h z}=\frac{Fp}{\pi d_2 h H'}\leqslant[p] \tag{6.19}$$

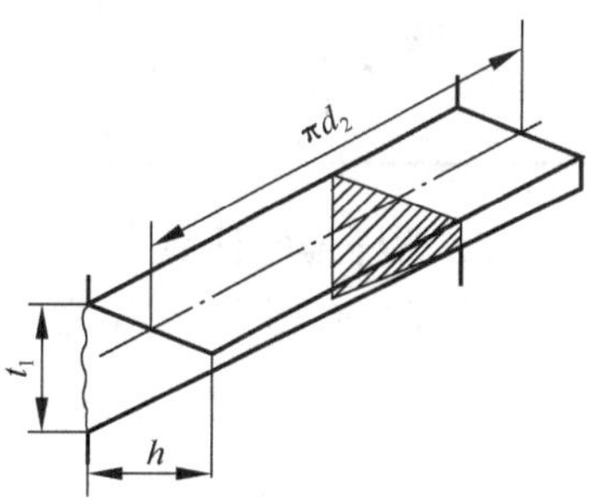

图 6.35　展直后的螺纹牙

式中，d_2 为螺纹中径；h 为螺纹工作高度，梯形和矩形螺纹 $h=0.5p$，锯齿形螺纹 $h=0.75p$；$[p]$ 为许用压强，见表 6.4。

表 6.4　滑动螺旋传动的许用压强[p]（MPa）

螺纹副材料	滑动速度/(m/min)	许用压强/MPa	螺纹副材料	滑动速度/(m/min)	许用压强/MPa
钢对青铜	低速 ＜3.0 6～12 ＞15	18～25 11～18 7～10 1～2	钢对灰铸铁	＜2.4 6～12	13～18 4～7
			钢对钢	低速	7.5～13
钢对耐磨铸铁	6～12	6～8	淬火钢对青铜	6～12	10～13

注：ϕ＜2.5 或人力驱动时，[p]可提高约 20%；螺母为两半式时，[p]应降低约 15%～20%。

为了导出计算公式,可引用系数 $\phi=\frac{H'}{d_2}$以消去 H',得

$$d_2 \geqslant \sqrt{\frac{Fp}{\pi\phi h[p]}} \tag{6.20}$$

对于整体式螺母,磨损后间隙不能调整时,宜取 $\phi=1.2\sim1.5$;对于两半式螺母,间隙能够调整,或螺母兼作支承而受力较大时,可取 $\phi=2.5\sim3.5$;传动精度较高,要求寿命较长时,允许取 $\phi=4$。

由于旋合各圈螺纹牙受力不均,z 不宜大于 10。

2. 螺纹牙强度计算

螺纹牙的剪切和弯曲破坏多发生在螺母。螺纹牙的剪切和弯曲强度条件分别为

$$\frac{F}{\pi d t_1 z} \leqslant [\tau] \tag{6.21}$$

$$\frac{3Fh}{\pi d t_1^2 z} \leqslant [\sigma_b] \tag{6.22}$$

式中,d 为螺母螺纹大径;t_1 为螺纹牙底宽度,梯形螺纹 $t_1=0.634p$,矩形螺纹 $t_1=0.5p$,锯齿形螺纹 $t_1=0.736p$;$[\tau]$和$[\sigma_b]$为螺纹牙的许用切应力和弯曲应力,见表 6.5。

表 6.5 螺杆和螺母的许用应力(MPa)

材料		许用应力		
		$[\sigma]$	$[\sigma_b]$	$[\tau]$
螺杆	钢	$\frac{\sigma_s}{3\sim5}$		
螺母	青铜		40～60	30～40
	耐磨铸铁		50～60	40
	灰铸铁		45～55	50
	钢		(1～1.2)$[\sigma]$	0.6$[\sigma]$

3. 螺杆强度计算

螺杆受有压力(或拉力)F 和扭矩 T,根据第四强度理论,其强度条件为

$$\sqrt{\left(\frac{4F}{\pi d_1^2}\right)^2+3\left(\frac{T}{0.2d_1^3}\right)^2} \leqslant [\sigma] \tag{6.23}$$

钢螺杆的许用压(拉)应力$[\sigma]$见表 6.5。

4. 螺纹副自锁条件

自锁条件为 $\psi<\rho_v$,当量摩擦系数见表 6.6。

表 6.6 螺旋传动螺纹副的当量摩擦系数(定期润滑)

螺纹副材料	钢对青铜	钢对耐磨铸铁	钢对灰铸铁	钢对钢	淬火钢对青铜
当量摩擦系数 μ_v	0.08～0.10	0.10～0.12	0.12～0.15	0.11～0.17	0.06～0.08

螺纹中径升角 $\psi=\arctan[np/(\pi d_2)]$,当量摩擦角 $\rho_v=\arctan\mu/\cos\alpha$。

5. 螺杆稳定性计算

螺杆受压时的稳定性验算式为

$$\frac{F_{cr}}{F} \geqslant 2.5 \sim 4$$

$$F_{cr}=\frac{\pi^2 EI}{(\beta l)^2} \tag{6.24}$$

式中，F_{cr}为螺杆的稳定临界载荷；E 为螺杆材料的弹性模量；I 为螺杆危险截面的极惯性矩，$I=\frac{\pi d_1^4}{64}$；β 为长度系数，与两端支座形式有关：两端铰支或一端固定、一端移动时为 1；一端固定、一端自由或一端铰支、一端移动时为 2；两端固定时为1/2。

本章学习要求和知识点小结

学习要求　掌握螺纹联接的主要类型，不同类型的应用特点；掌握螺纹联接防松的常用方法；掌握受拉松螺栓联接、受拉紧螺栓联接的强度计算方法；掌握受预紧力和工作载荷下螺栓和被联接件之间的变形协调关系以及所受总拉力和残余预紧力的计算方法；掌握受剪螺栓的强度计算方法；掌握受轴向力、横向力、旋转力矩和翻转力矩作用时的螺栓组受力分析方法；弄清提高螺栓联接强度的措施；了解螺旋传动的原理和强度计算方法。

知识点小结　(1) 螺纹有外螺纹和内螺纹之分，两者合在一起形成螺旋副。从功能上分为联接螺纹和传动螺纹。螺纹从尺寸单位上又分为米制和英制(螺距以每英寸牙数表示)两种螺纹。我国在管螺纹上仍然采用英制，其他螺纹均为米制螺纹。螺纹的主要结构参数包括：螺纹大径 d、螺纹小径 d_1、螺纹中径 d_2、螺纹线数(头数)n、螺纹螺距 P、螺纹导程 S、螺纹升角 ψ、螺纹牙型角 α、接触高度 h。

(2) 螺纹联接使用的紧固件多为标准件，常用的有螺栓、双头螺柱、螺钉和紧定螺钉等。螺栓联接的特点为：无须在被联接件上切制螺纹，使用不受被联接件材料的限制。构造简单，装拆方便，应用最广。用于可制通孔的场合。双头螺柱联接适用于结构上不能采用螺栓联接的地方。比如被联接件之一太厚，难以制作通孔，材料比较软，且需要经常拆卸和安装。双头螺柱联接结构紧凑，但拆卸时比较困难。螺钉联接的特点是螺钉直接拧入被联接件的螺纹孔中，无须螺母，外表面光整，在结构上比双头螺柱联接简单、紧凑。但如经常装拆，易使螺纹孔磨损，可能导致被联接件失效，一般多用于受力不大，或不需要经常装拆的场合。紧定螺钉联接是将螺钉直接拧入零件的螺纹通孔中，利用螺钉末端顶住另一零件的表面，或顶入相应的凹坑中，以固定两个零件的相对位置，并可以传递不大的力矩。

螺旋传动主要用以变回转运动为直线运动，可分为滑动螺旋、滚动螺旋和静压螺旋。

(3) 绝大多数螺纹联接都需要拧紧，这是因为拧紧可以增强联接的刚性、紧密性和防松能力。对于受拉螺栓联接，还可提高螺栓的疲劳强度；对于受剪螺栓联接，有利于增大联接中的摩擦力。当然，过度拧紧也是不适当的。拧紧过程应对拧紧力加以控制，以防螺栓承受过大的预紧力，或由于预紧力过大而扭断。对于要求拧紧的螺栓联接应严格控制其适度的拧紧力，并不宜用小于 M12～M16 的螺栓。

(4) 在静载荷下，螺纹联接一般能满足自锁条件 $\psi<\rho_v$。螺母、螺栓头部等承压面处的摩擦也有防松作用。但在冲击、振动或变载荷下，或当温度变化大时，联接有可能松动，甚至松开，这就容易发生事故。所以在设计螺纹联接时，必须考虑防松问题。防松的根本问题在于防止螺纹副相对转动。具体的防松装置或方法很多，就工作原理来看，可分为利用摩擦、直接锁住和破坏螺纹副关系三种。

(5) 在轴向力作用下，静载荷螺栓的损坏多为螺纹部分的塑性变形和断裂。变载荷螺栓的损坏多为螺栓杆部分的疲劳断裂，发生在从传力算起第一圈旋合螺纹处的约占 65%，光杆与螺纹部分交接处的约占 20%，螺栓头与螺杆交接处的约占 15%。如果螺纹精度低或联接时常装拆，很可能发生滑扣现象。在横向载荷作用下，当采用铰制孔用螺栓时，螺栓在联接接合面处受剪，并与被联接件孔壁互相挤压。联接损坏的可能形式有：螺栓被剪断，螺栓杆或孔壁被压溃等。

(6) 靠摩擦传递横向力 F_R 的受拉螺栓联接的强度条件为 $\frac{4\times1.3F'}{\pi d_c^2}\leqslant[\sigma]$；同时受预紧力和工作载荷的紧螺栓联接的强度条件为 $\frac{4\times1.3F_0}{\pi d_c^2}\leqslant[\sigma]$；受变载荷作用的螺栓联接的强度条件为 $\sigma_a=\frac{F_a}{A_c}=\frac{2(F_2-F_1)}{\pi d_c^2}\times\frac{c_1}{c_1+c_2}\leqslant[\sigma_a]$；受剪螺栓联接的强度条件为 $\frac{4F_s}{\pi d^2 m}\leqslant[\tau]$ 和 $F_s\leqslant dh[\sigma_p]$。

(7) 同时受预紧力和工作载荷的紧螺栓联接拧紧后螺栓受预紧力 F'，工作时还受到工作载荷 F。螺栓总拉力等于工作载荷与被联接件给它的剩余预紧力之和：$F_0=F+F''$；剩余预紧力为：$F''=F'-\frac{c_2}{c_1+c_2}F$；预紧力为：$F'=F''+\frac{c_2}{c_1+c_2}F$；总拉力为：$F_0=F'+\frac{c_1}{c_1+c_2}F$；相对刚度表达式为：$\frac{c_1}{c_1+c_2}$；当 $c_2\gg c_1$ 时，$F_0\approx F'$；当 $c_2\ll c_1$ 时，$F_0\approx F'+F$。

(8) 螺栓联接一般成组使用，设计螺栓组联接时应考虑如下一些问题：螺栓联接接合面的几何形状通常都设计成轴对称形状，如圆形、环形、矩形、框形、三角形等；对于铰制孔用螺栓联接，沿载荷方向布置的螺栓数目不宜超过 6 个，以免受力严重不均；螺栓的排列应有合理的间距、边距；分布在同一圆周上的螺栓的数目，应取成 4、6、8、10 等偶数，以便在圆周上钻孔时的分度和画线；避免螺栓承受附加的弯曲载荷。

(9) 受轴向力 F_Q 的螺栓组联接各螺栓分担的工作载荷 F 相等：$F=\frac{F_Q}{z}$；对于受横向力 F_R 的螺栓组联接，有平衡关系：$\mu_s F'mz=k_t F_R$ 或 $F'=\frac{k_f F_R}{\mu_s mz}$；对于受剪螺栓联接，假设各螺栓所受的工作载荷均为 F_s，则有平衡关系：$zF_s=F_R$ 或 $F_s=\frac{F_R}{z}$；对于受旋转力矩 T 的螺栓组联接，如果是受拉螺栓联接，则有关系式 $F'=\frac{k_f T}{\mu_s(r_1+r_2+\cdots+r_s)}$；如果是受剪螺栓联接，则有关系式 $F_{s1}r_1+F_{s2}r_2+\cdots+F_{sz}r_z=T$ 和 $\frac{F_{s1}}{r_1}=\frac{F_{s2}}{r_2}=\cdots=\frac{F_{sz}}{r_z}$；受翻转力矩 M 的螺栓组联接则有关系式 $F_1r_1+F_2r_2+\cdots+F_zr_z=M$ 和 $\frac{F_1}{r_1}=\frac{F_2}{r_2}=\cdots=\frac{F_z}{r_z}$。

(10) 提高螺栓联接强度的措施包括：降低螺栓应力幅(减小螺栓刚度或增大被联接件刚度：适当增大螺栓的长度、部分减小螺栓杆直径或作成中空的结构，在螺母下面安装弹性元件)、均匀螺纹牙受力分配(从传力算起的第一圈螺纹变形最大，以后各圈递减，到第 8～10 圈以后，螺纹牙几乎不受力。为了改善螺纹牙上的载荷分布不均程度，可以采用悬置螺母、内斜螺母、环槽螺母、钢丝螺套等)、减小附加应力和应力集中(钩头螺栓引起的弯曲应力很大，应尽量少用。为了避免螺栓联接产生弯曲应力，在工艺上要求螺纹孔轴线与联接中各承压面垂直。适当加大牙根圆角半径以减轻应力集中，在螺纹收尾处用退刀槽、在螺母承压面以内的螺栓杆有余留螺纹等，都有良好效果)、选择恰当的预紧力、采用合理的制造工艺(采用冷镦螺栓头和辗制螺纹，热处理后再滚压螺纹，碳氮共渗、渗氮、喷丸处理。对于受剪螺栓联接，提高其强度的主要措施是增强螺栓孔壁强度)。

本 章 习 题

6.1 为什么单线普通三角螺纹主要用以联接？而多线梯形、矩形和锯齿形螺纹主要用以传动？

6.2 为什么螺纹联接大多数要预紧？什么叫螺纹联接的预紧力？

6.3 螺纹联接为什么要防松？防松的根本问题是什么？防松的基本原理有哪几种？

6.4 试画出螺纹联接的力——变形图，并说明联接在受到轴向工作载荷后，螺纹所受的总拉力、被联接件的剩余预紧力和轴向工作载荷之间的关系。

6.5 螺栓组联接中螺栓的附加应力是怎样产生的？为避免此附加应力，应从结构和工艺上采取哪些措施？

6.6 承受横向载荷的普通螺栓联接，其预紧力是如何决定的？螺栓受到什么载荷的作用？产生什么应力？

6.7 对承受横向载荷或传递力矩的紧螺栓联接采用普通螺栓时，强度计算公式中为什么要将预紧力提高到 1.3 倍来计算？

6.8 对于受变载荷作用的螺栓联接，可采用哪些措施来减小螺栓的应力幅 σ_a？

6.9 题 6.9 图为一盛水容器，载重为 G(自重不计)，缸与盖之间用螺栓联接，总的预紧力 $\sum F'=G$，容器中的水为常压。问：(1)水缸吊起后，水会不会从结合面处漏出？所用垫片是软些好还是硬些好？为什么？(2)若盛水容器的自重为载重的一半，则为保证结合面处不漏水，螺栓的相对刚度系数应为多大？

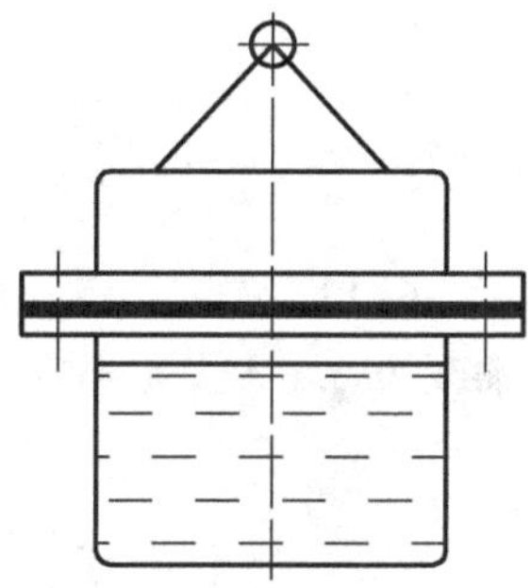

题 6.9 图

6.10 螺栓组联接的三种方案如题 6.10 图所示。已知 $L=300\text{mm}$，$a=60\text{mm}$，试求螺栓组三个方案中，受力最大的螺栓所受的力各为多少？哪个方案较好？

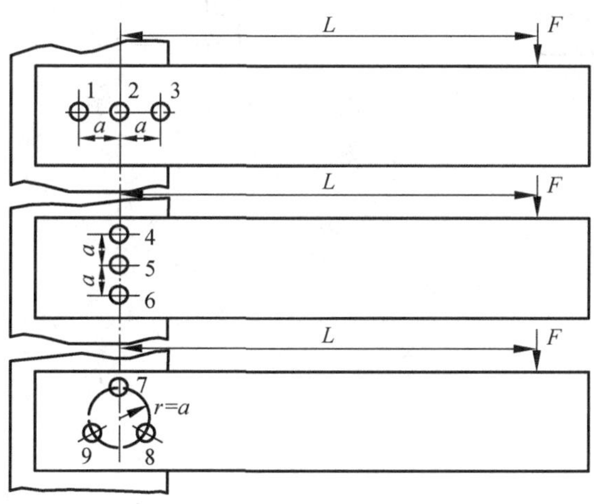

题 6.10 图

6.11 如题 6.11 图所示厚度为 δ 的钢板拟用三个铰制孔用螺栓紧固于 18 号槽钢上，已知作用力 $F=9\text{kN}$，钢板及螺栓材料均为 Q235 钢，许用弯曲应力$[\sigma]=158\text{MPa}$，许用剪切应力$[\tau]=98\text{MPa}$，许用挤压应力$[\sigma]_p=240\text{MPa}$，试求钢板厚度 δ 并确定螺栓的尺寸。

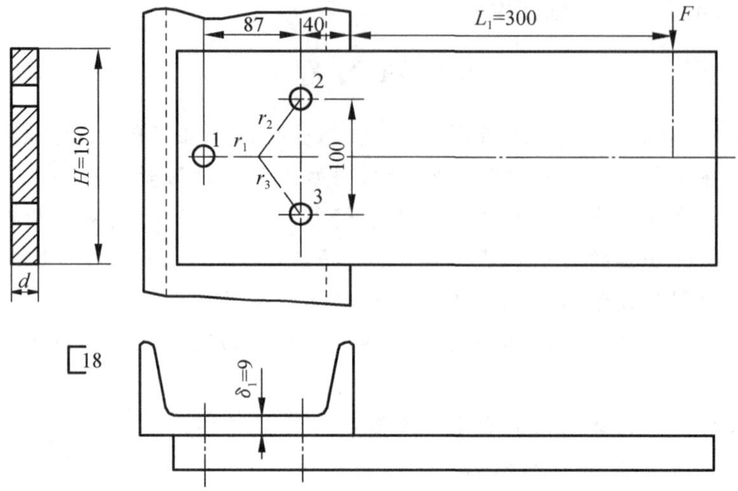

题 6.11 图

6.12 如题 6.12 图所示为轴承托架紧固到钢立柱上，托架材料为铸铁，螺栓材料的性能等级为 6.6 级，载荷为 $F=6\text{kN}$，$\alpha=30°$，尺寸如图示，螺栓数为 4 个。试设计此螺栓联接。

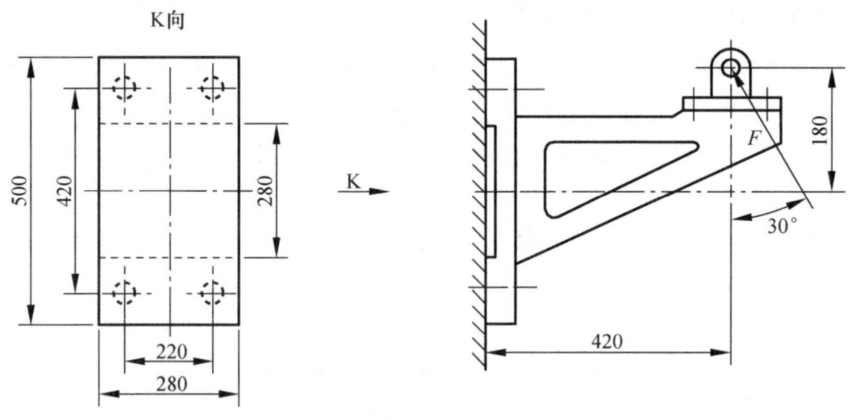

题 6.12 图

第 7 章　其他联接设计

本章涉及的内容有铆接、焊接、胶接以及过盈配合联接，但由于这几种联接的结构设计、强度计算及工艺要求，都和各有关专业的技术规范及规程密切相关，所以下面只对这些联接的基本内容分别做一些概述，并结合这些相关联接技术的发展状况对它们的新技术、新工艺的应用也做一些适当的介绍，以拓宽知识面，为今后的实际运用奠定基础。

7.1　铆　　接

铆接是一种简单的机械联接，通常是利用铆钉将两个或两个以上的被联接件联接在一起的不可拆卸的联接。其结构如图 7.1 所示，主要由联接件铆钉 1 和被联接板 2、3 所组成，有时还有辅助联接盖板 4。这些零件彼此之间形成的联接部分称为铆缝。

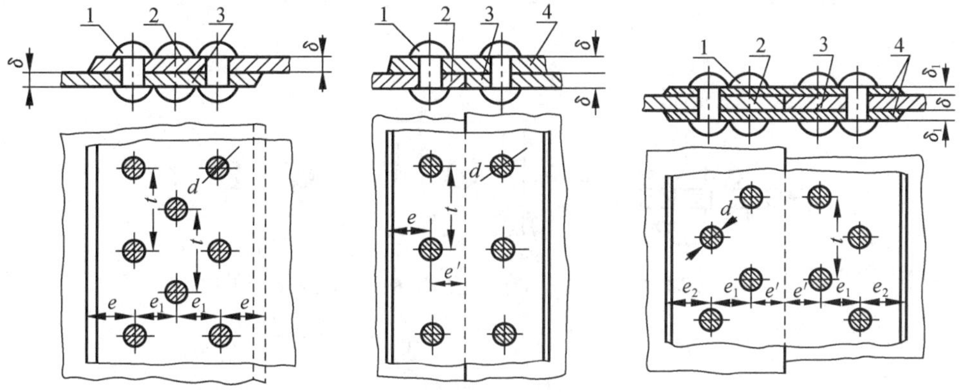

图 7.1　常用铆缝

7.1.1　铆缝的分类及性能

铆缝的类型有很多，如图 7.1 所示的搭接缝、单盖板对接缝和双盖板对接缝；根据铆钉排数，又有单排、双排与多排之分。根据工作性能，铆缝又可分为三种：以强度为基本要求的铆缝称为强固铆缝，如飞机机翼与框架、起重设备的机架、建筑物的桁架等结构用的铆缝；既要有足够强度又要保证良好紧密性的铆缝称为强密铆缝，如锅炉、高压容器上的铆缝；而只以紧密性为基本要求的铆缝称为紧密铆缝，如用于一般低压容器或管道中的铆缝。

铆接具有工艺简单、抗冲击和工作可靠并且联接质量便于检查等特点，但是，进行铆接操作的设备往往比较笨重，劳动条件差，铆接时的噪声也较大，有时被联接件上的很多钉孔会削弱整体强度与刚度。因此，目前除了在桥梁、建筑、造船及重型机械等部门中仍采用铆接外，其他场合一般使用很少，并逐渐被焊接、胶接所代替。

7.1.2 铆钉的常用类型

铆钉的类型有多种，而且都已标准化(见 GB 863—1976～GB 876—1976)。通用机械中常用的铆钉在铆接后的形式如图 7.2 所示，它们的材料、结构尺寸等可查相关标准。

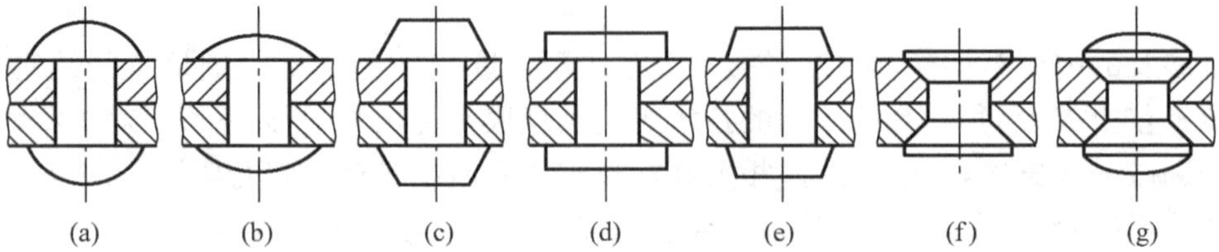

图 7.2 常用的铆钉在铆接后的形式

7.1.3 铆缝的受力、损坏形式和计算

铆缝的受力及损坏形式如图 7.3 所示。铆缝的设计和计算，通常根据承载情况及具体要求，首先在有关技术规范或规程内，选择适当的铆缝类型及铆钉规格，进行铆缝的结构设计，然后对铆缝受力时可能发生的破坏形式进行分析(图 7.3)，必要时进行一定的强度校核。

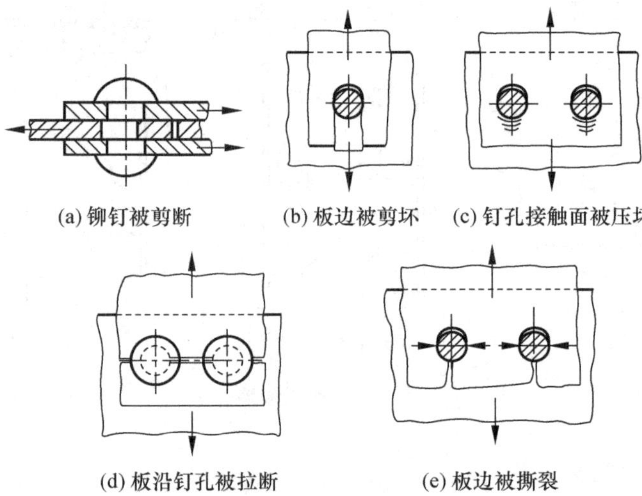

图 7.3 铆缝的受力及损坏形式

为便于受力分析，须作下列一些条件假设：①一组铆钉中的各个铆钉受力均等；②危险剖面上的拉应力或剪应力以及工作面上的挤压应力也是均匀分布；③被铆接贴合面的摩擦力为零；④铆缝中无任何弯矩产生。其实，上述假定在塑性变形范围内基本上是成立的，进行强度校核时，可按材料力学的基本公式进行校核计算。在弹性范围内，这些假定与实际就有较大的差异。因为，无论是一列铆钉中的剪应力还是一个铆钉与孔壁间产生的挤压应力，或是一个被铆件在钉孔周围各个剖面上的拉应力，都不是均匀分布的。

现对图 7.4 所示的单排搭接铆缝进行静强度分析。首先，设边距 e 符合规范要求，不会出现图 7.3(b)所示的损坏形式。取图中宽度等于节距 t(即垂直于受载方向的钉距)的阴影部分进行计算：

(1) 根据被铆件的拉伸强度条件，铆缝承受的静载荷为

$$F_1 = (t-d)\delta[\sigma] \tag{7.1}$$

(2) 由被铆件上孔壁的挤压强度条件，铆缝承受的静载荷为

$$F_2 = d\delta[\sigma]_p \tag{7.2}$$

(3) 由铆钉的剪切强度条件，铆缝承受的静载荷为

$$F_3 = \frac{\pi d^2}{4}[\tau] \tag{7.3}$$

上述各式中：$[\sigma]$为被铆件的许用拉伸应力(MPa)；$[\sigma]_p$为被铆件的许用挤压应力(MPa)；$[\tau]$为铆钉的许用剪切应力(MPa)。

对一般强固铆缝可按表 7.1 取值；d、t、δ 的单位均为 mm。

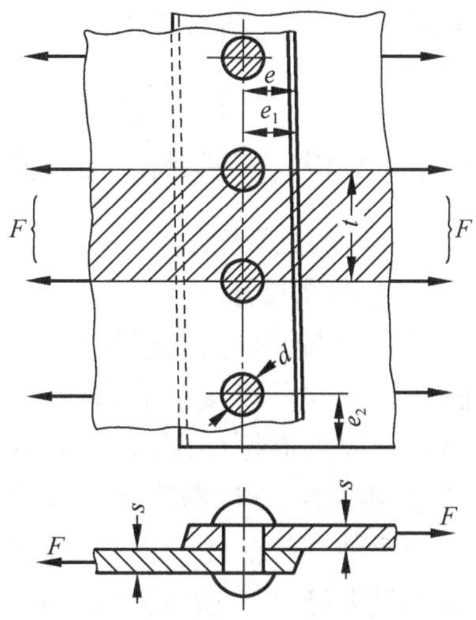

图 7.4　单排搭接铆缝强度分析简图

表 7.1　强固铆缝各零件的静载许用应力

许用应力(MPa)	Q235	16Mn	15MnV	ZG230—450	ZG310—570
许用拉、压、弯应力$[\sigma]$、$[\sigma_c]$、$[\sigma_b]$	200	300	335	180	240
许用切应力$[\tau]$	115	175	195	105	140
许用挤压应力$[\sigma_p]$	320	425	435	290	370

对于这段铆缝允许承受的静载荷 F 应取 F_1、F_2、F_3 中的最小值。

假设，$F_1=F_2=F_3$，按式(7-1)～(7-3)解得 d、t、δ，并按此选出 d、t、δ 时，称为该单排搭接铆缝的等强度设计。但由于规范对 d、t、δ 间的关系都有限定的范围，因此，实际中很难达到等强度的要求。

强度系数计算举例：

被铆件上有钉孔和无钉孔时的强度之比，称为铆缝的强度系数。现以图 7.4 所示的铆缝为例，计算强度系数

$$\varphi = \frac{(t-d)\delta[\sigma]}{t\delta[\sigma]} = \frac{t-d}{t} < 1 \tag{7.4}$$

首先确定铆钉排数，此时，由 t 与 d 的比值大小来确定 φ；t 的选取与排数有关，排数增多时，一般 t 取的大些，以提高 φ 值。同时，也增加了材料及制造的工时以及结构尺寸与重量。

【例 7.1】 如图 7.5 所示铆接接头，承受轴向力 P 的作用，已知 $P=1.2\text{kN}$，铆钉直径 $d=4\text{mm}$，板厚 $t=2\text{mm}$，板宽 $b=14\text{mm}$，铆钉许用剪应力 $[\tau]=100\text{MPa}$，许用挤压应力 $[\sigma_{bs}]=300\text{MPa}$，许用拉应力 $[\sigma]=160\text{MPa}$，试校核接头强度。

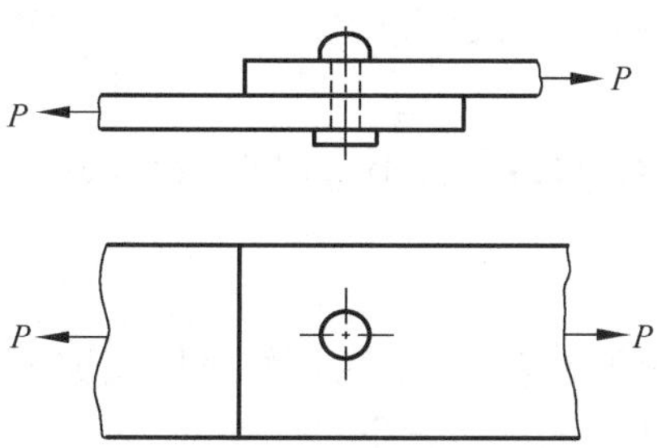

图 7.5　铆接接头

解　剪切强度分析：铆钉的名义剪应力为

$$\tau_Q = \frac{Q}{A} = \frac{P}{\pi d^2/4} = \frac{4\times 1.2\times 10^3}{\pi\times 4^2} = 95.5(\text{MPa}) < [\tau]$$

挤压强度分析：名义挤压应力为

$$\tau_{bs} = \frac{F_b}{A_b} = \frac{P}{dt} = \frac{1.2\times 10^3}{4\times 2} = 150(\text{MPa}) < [\sigma_{bs}]$$

拉伸强度分析:危险截面上的拉应力为

$$\sigma=\frac{N}{A}=\frac{P}{(b-d)t}=\frac{1.2\times10^3}{(14-4)\times2}=60(\mathrm{MPa})<[\sigma]$$

根据以上分析,该接头符合强度要求。

7.1.4 铆接技术及工艺

1. 冷碾铆接法

所谓冷碾铆接法,就是利用铆杆对铆钉局部加压,并绕中心连续摆动直到铆钉成形的铆接方法。按照这种铆接法的冷碾轨迹,可将其分为摆碾铆接法及径向铆接法。摆碾铆接法是铆头沿着圆周方向摆动碾压。而径向铆接法较为复杂,它的铆头运动轨迹是梅花状的,铆头每次都通过铆钉中心点,即铆头不仅在圆周方向有运动,而且沿径向也在摆动碾压。

就两种铆接法比较而言,径向铆接法所铆零件的质量较好,效率略高,并且铆接更为稳定,铆件无须夹持,即使铆钉中心相对主轴中心略有偏移也能顺利完成铆接工作。而摆碾铆接机必须将工件准确定位,最好夹持铆件。然而径向铆接机因结构复杂,造价高,维修不方便,非特殊场合一般不采用。相反,摆碾铆接机结构简单,成本低,维修方便,可靠性好,能够满足90%以上零件的铆接要求。此外,利用摆碾铆接的原理,还可以制造适宜于多点铆接的多头铆接机,在现代工业生产中有其独特的优势。

2. 冷碾铆接法同传统铆接法的工艺特性对比

(1) 冷碾铆接法所需摆碾力极小,仅为锤击、冲压等铆接方式的1/10～1/15。因为传统的铆接方式是铆杆对铆钉施压,其压力越靠近轴心越大,而冷碾铆接法是以连续的局部变形使铆钉成形,其所施压力离铆钉中心越远越大,这恰恰符合材料变形的自然规律。因此,采用冷碾铆接法所需设备吨位极小,节省费用。

(2) 冷碾铆接法使铆钉的变形顺从金属自然流向,不会降低材料的缺口冲击韧性和延展性,减少了在铆钉墩头周围出现切向拉应力过高的危险,铆后材料无折断纤维流,能提高铆钉的承载能力。将摆动冷碾铆接与传统锤击、冲压铆接试件做破坏性试验后知,冷碾铆接法所产生的联接强度约高于传统铆接的80%。冷碾铆接后铆钉几乎无弯曲、鼓肚、墩粗等变形现象。同时与铆钉相连的部件毫无变形。

(3) 冷碾铆接法铆头在铆钉上作纯滚动而无滑动,铆钉成型后的表面粗糙度仅取决于铆头,而铆头表面粗糙度容易保证,因而采用冷碾铆接铆钉表面光洁美观是其他铆接方法所不能比拟的。

(4) 采用冷碾铆接法铆接时几乎无噪声(低于70dB)、无振动。而传统的锤击、冲压铆接方式噪声超过90dB。

(5) 冷碾铆接机操作方便安全。冲床冲铆经常发生冲掉手指等恶性事故,人工锤铆误伤也时有发生,而碾铆相对较安全。主轴虽有旋转,但有可行的安全保护罩,铆头与工件接触面小。

(6) 使用冷碾铆接机时,由于铆钉材料具有特别好的形变性能,铆杆不会出现质量问题,寿命较高,同时,只要改变铆头的形状,就可以铆接多种形状。

3. 无铆钉铆接技术

无铆钉铆接机是利用静压式或动压压力以及专用模具将两层或多层金属板件挤压或辗压成形,形成一个具有一定抗拉强度和抗剪强度的内部相嵌联接点的联接设备。

适用范围:无铆钉联接适合于钢板、不锈钢板、铝板及非金属夹层的联接。

无铆钉联接铆接技术可分为冲压平点联接，冲压圆点联接或旋压圆点联接。就几种方式而言，旋压圆点联接明显具有许多优点：

(1) 铆接质量好。铆接时金属纤维顺从自然流向，其铆后强度有明显提高，且铆后表观质量好(可达 $Ra1.25\mu m$)。

(2) 省力节能(压力仅为冲压平点联接或冲压圆点联接的 1/10～1/15)，机体重量相应降低。

(3) 无需配置复合缸及增压设备，制造成本大幅降低。

(4) 铆接时间可调节，可以精确到 0.1s。

(5) 因设备吨位很小，模具的磨损率和损毁率大大降低。

7.2 焊　　接

焊接的方法很多，常用的有电焊、气焊、电渣焊与激光焊。其中电焊应用最广。电焊有电阻焊与电弧焊。电阻焊是让被焊接件通过大的低压电流，在电阻最大接头处产生巨大发热，局部融化金属，同时机械加压而形成的联接；电弧焊是由电焊机输出低压电流，在电焊条(为一个电极)与被焊件(为另一个电极)间形成电路，在两电极间产生电弧来熔融被焊接部位的金属和焊条，再由熔融的金属填入接缝而形成的联接(图 7.6)。本节仅对有关电弧焊的基本知识及强度设计的一般方法作简要地介绍。

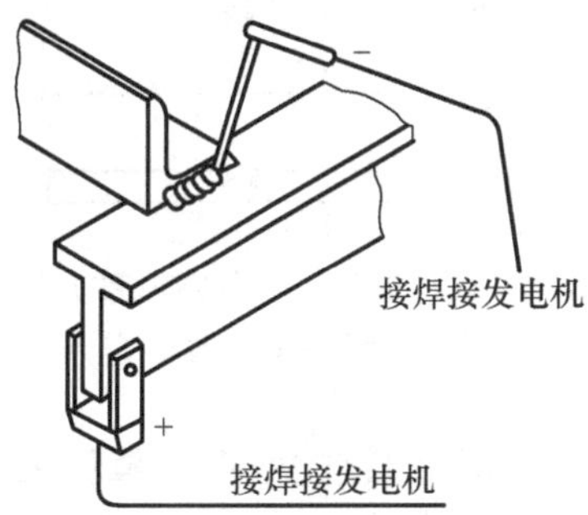

图 7.6　电弧焊接

7.2.1　电弧焊缝的基本形式及特性

焊缝是焊接时形成的接缝。电弧焊缝的基本形式见图 7.7。如图所示，焊缝一般分为塞焊缝、对接焊缝和填角焊缝。塞焊缝仅应用在受力较小和重量限制的场合，对接焊缝则用于联接处于同一平面内的被焊件(图 7.7(c))，而填角焊缝用于联接不同平面内的被焊件(图 7.7(a)、(b)、(d)、(e))。

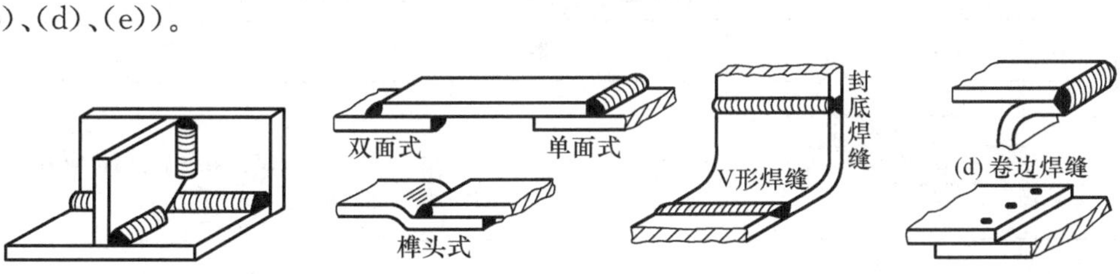

图 7.7　电弧焊缝形式

与铆接相比，焊接具有强度高、紧密性好、工艺简单、重量轻、操作简单、劳动强度小等优点，所以在机械制造业中广泛应用。

7.2.2　焊缝的受力及失效形式

对接焊缝用于承受作用在被焊件平面内的拉(压)力或弯矩(图 7.8(a)、(b))，沿焊缝断裂是其常有的失效形式(图 7.8(c))。

填角焊缝中，主要是搭接焊缝(图 7.9)和正接焊缝(图 7.7(a))。根据受力方向的不同，搭接焊缝可分为端焊缝(受力方向与焊缝垂直，图 7.9(a))和侧焊缝(受力方向与焊缝平行，图 7.9(b))；两种情形都有的称为混合焊缝(图 7.9(c))。当只承受拉力时，常用端焊缝；承受拉力和弯矩时则用侧焊缝及混合焊缝。事实上，凡是填角焊缝，它的一般失效形式如图 7.9 中的剖面 $A—A$、$B—B$ 所示，它的失效来自于剪切。填角焊缝的横剖面以等腰三角形为选取剖面，其腰长 k 等于板厚 δ，即填角焊缝危险剖面的宽度为 $k\sin 45°\approx 0.7k$。

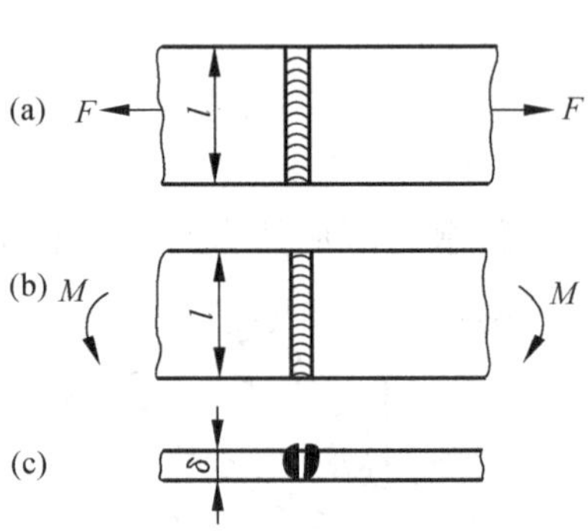

图 7.8 对接焊缝的受力及失效形式

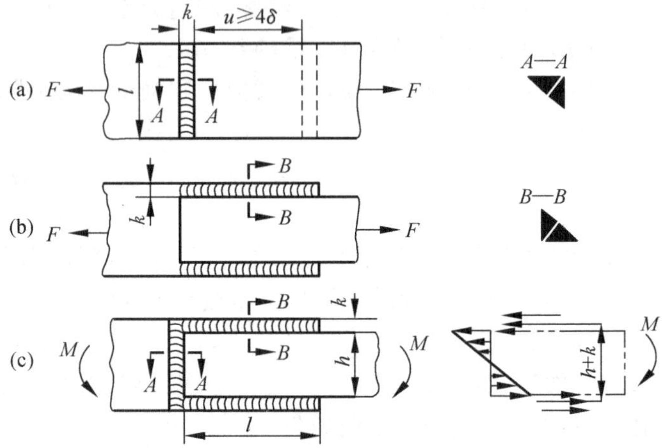

图 7.9 搭接焊缝的受力及失效形式

7.2.3 焊缝的强度计算和工艺

1. 强度计算

焊缝强度计算应忽略残余应力并假设应力均匀分布，许用应力则由实验来确定。原因是：焊接件工作时，焊缝周围的应力分布很复杂，难以确定内应力和应力集中。一般焊缝强度的计算公式见表 7.2。

表 7.2 常用焊缝的受力情况及强度计算公式

接头类型	承载简图	计算公式	注
对接	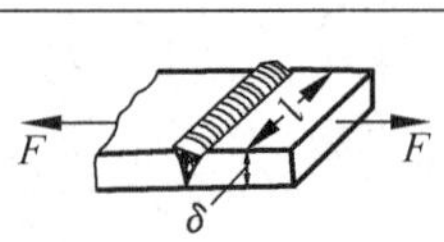	$\sigma=\dfrac{F}{\delta l}\leqslant[\sigma']$	$[\sigma']$为焊缝的许用拉应力
	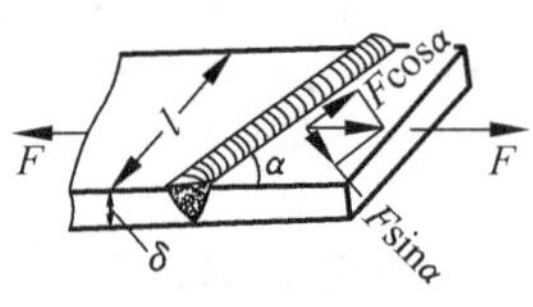	$\sigma=\dfrac{F\sin^2\alpha}{\delta l}\leqslant[\sigma']$ $\tau=\dfrac{F\sin\alpha\cos\alpha}{\delta l}\leqslant[\tau']$	$[\tau']$为焊缝的许用剪应力 在 $\alpha=45°$，母体金属为低碳钢时，可视母体金属与焊缝为等强度，不需进行焊缝的计算
	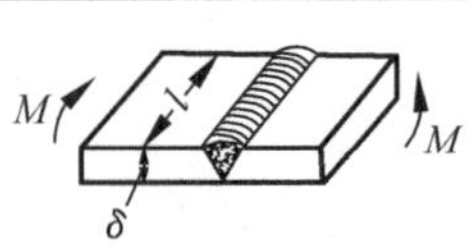	$\sigma=\dfrac{6M}{l\delta^2}\leqslant[\sigma']$	M 为弯矩

续表

接头类型		承载简图	计算公式	注
搭接	端焊缝	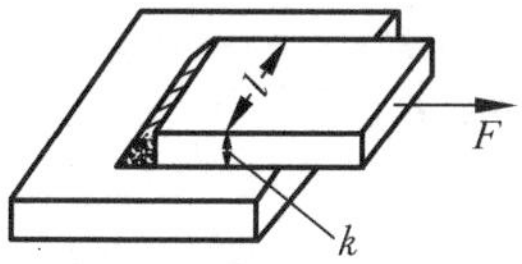	$\tau=\dfrac{F}{0.7kl}\leqslant[\tau']_t$	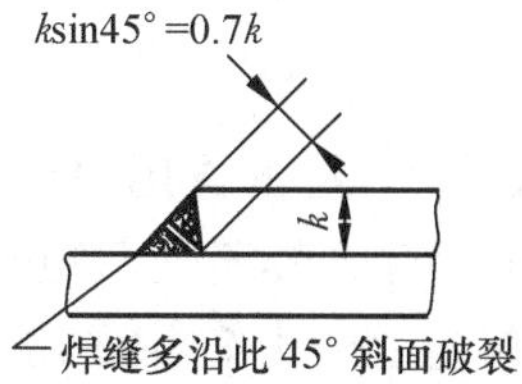 $[\tau']_t$为填角焊缝的许用条件剪应力(并非真正的剪应力) k为焊脚高度
		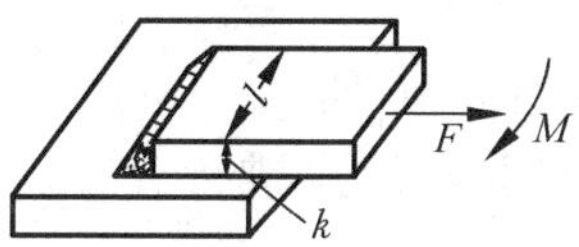	$\tau=\dfrac{F}{0.7kl}+\dfrac{6M}{0.7kl^2}\leqslant[\tau']_t$	
	组合焊缝	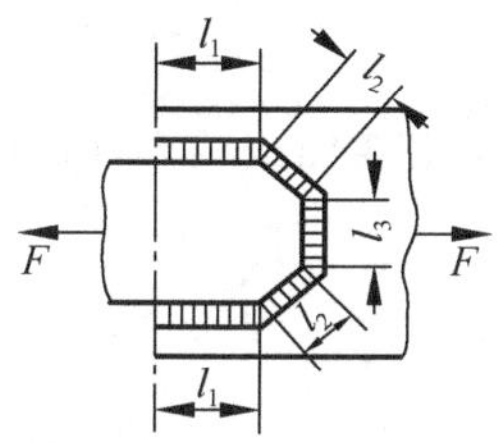	$\tau=\dfrac{F}{0.7k\sum l}\leqslant[\tau']_t$ $\sum l=2l_1+2l_2+l_3$	
	双面端焊缝	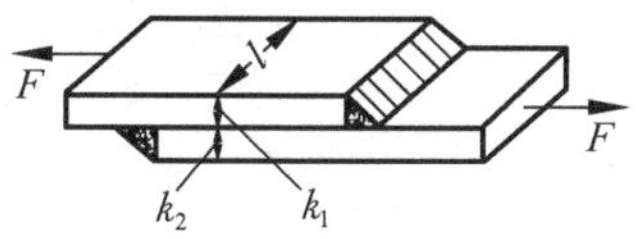	$\tau=\dfrac{F}{0.7(k_1+k_2)l}\leqslant[\tau']_t$	k_1、k_2分别为上、下两焊缝的焊脚高度
正交		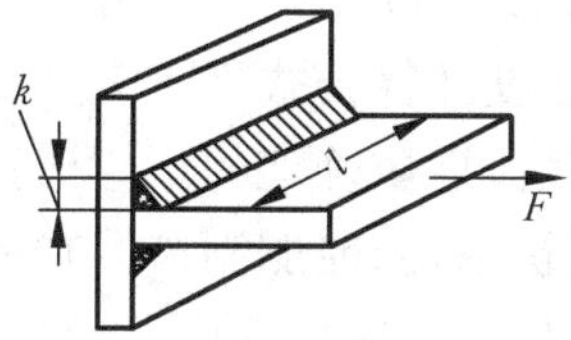	$\tau=\dfrac{F}{2\times0.7kl}\leqslant[\tau']_t$	未预制坡口的正交焊缝按搭接填角焊缝计算
		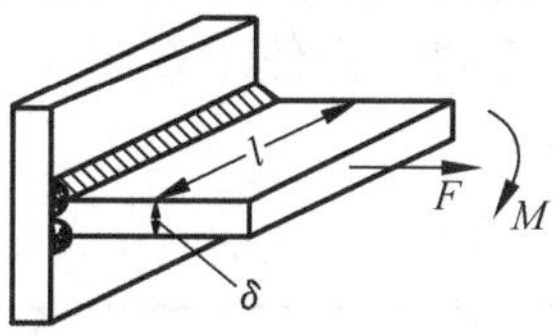	$\sigma=\dfrac{F}{\delta l}+\dfrac{6M}{l\delta^2}\leqslant[\sigma']$	预制坡口的正交焊缝按对接焊缝进行计算

(1) 当焊接结构中有角钢等构件(图7.10)时,因外力F的作用线通过角钢剖面的形心c,作用线在焊接平面上的投影线与两侧焊缝间的距离不等($a\neq b$),故两侧焊缝受力也不等,因而对这种焊接结构应设计成不对称侧焊缝来承受外载荷。设两侧焊缝分别承担的载荷为F_1及F_2,则因$F=F_1+F_2$,$F_1/F_2=a/b$,故

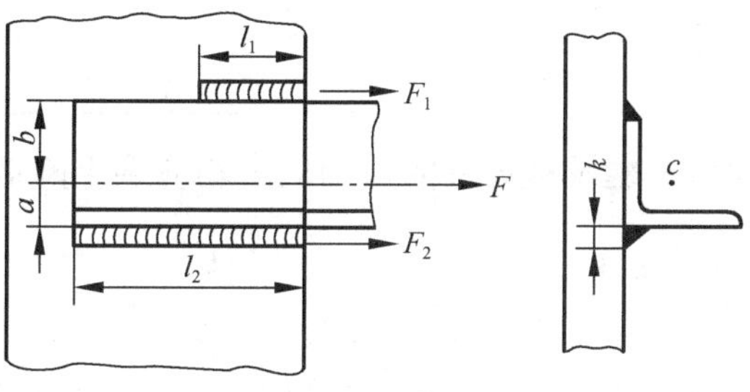

图7.10　不对称侧焊缝承受拉力

$$F_1=F\frac{a}{a+b},\quad F_2=F\frac{b}{a+b}$$

所以两侧所需的焊缝长度分别为

$$\left.\begin{aligned}l_1&=\frac{F_1}{0.7k[\tau']}=\frac{Fa}{0.7k[\tau'](a+b)}\\ l_2&=\frac{F_2}{0.7k[\tau']}=\frac{Fb}{0.7k[\tau'](a+b)}\end{aligned}\right\}\tag{7.5}$$

式中，$[\tau']$为焊缝的许用剪切应力，见表 7.3；其他符号意义如图 7.10 所示。

(2) 当混合焊缝受弯矩时(图 7.9(c))，可按“力矩独立作用原理”来进行计算。即作用在对称侧焊缝上的力矩(由两侧焊缝产生的力偶矩来平衡)为

$$M_1=0.7kl(h+k)\tau$$

作用在端焊缝上的力矩(由焊缝危险剖面模拟地承担弯矩，即取其抗弯剖面承受剪切应力，其截面抗弯模量 $W=0.7kh^2/6$)为

$$M_2=W\tau=\frac{0.7kh^2\tau}{6}$$

则由 $M=M_1+M_2$ 可得强度校核公式为

$$\tau=\frac{6M}{0.7k[6l(h+k)+h^2]}\leqslant[\tau']\tag{7.6}$$

设计混合焊缝时，若取 $k=\delta$，即可由上式求出所需的焊缝长度 l。

除上述两种情况外，其他常用各式焊缝的受力情况及其强度计算公式见表 7.2(取 $k=\delta$)。焊缝的许用应力是由焊接方法、焊条和被焊件的机械性能及载荷性质确定的。应该强调的是，选择许用应力时，必须根据各行业(如机器制造、锅炉制造、建筑结构、船舶制造等)的规范或规程取定。焊缝的许用应力常以被焊件的许用应力来表示。例如，$[\sigma']=\beta[\sigma]$，$[\tau']=\varepsilon[\tau]$，此处 β、ε 为系数$[\sigma][\tau]$为被焊件的许用应力，与表 7.1 中被铆件的相同。为便于查用，将常用低碳钢焊接结构在静载荷下的焊缝许用应力列于表 7.3 中。

表 7.3 焊缝静强度的许用应力

焊条型号		T42				
应力类别		许用压缩应力 $[\sigma']_c$/MPa	许用拉伸应力$[\sigma']$/MPa		填角焊缝的许用剪应力 $[\tau']_t$/MPa	对接焊缝的许用剪应力 $[\tau']$/ MPa
			普通检测	精确检测		
被焊件材料	Q195-A	170	145	170	120	100
	Q215-A	200	180	200	140	120
	Q235-A	210	180	210	140	130

当焊接件承受变载荷时，焊缝及被焊件的许用应力均应乘上降低系数

$$\gamma=\frac{1}{a-b\dfrac{F_{\min}}{F_{\max}}}\leqslant 1\tag{7.7}$$

式中，$F_{\min}$、$F_{\max}$为按绝对值计算的最小及最大载荷，在代入上式时必须带有本身的正(拉力)负(压力)号；a、b 为系数，其值见表 7.4。

表 7.4　系数 a、b 的数值

焊缝形式		低碳钢		低碳合金钢	
		a	b	a	b
母体金属(无应力集中处)		1.00	0.50	1.30	0.70
表面加工的对接焊缝	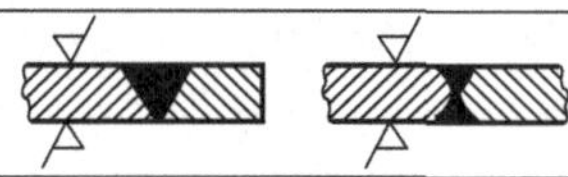	1.10	0.60	1.45	0.85
有背焊的对接焊缝		1.30	0.80	1.75	1.15
腰长比为 1∶1.5 的端焊缝		1.50	1.00	2.00	1.40
侧焊缝	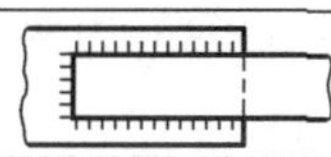	2.00	1.20	2.70	2.10

当按式(7.7)计算出的 γ 值大于 1 时，应取为 1。

2. 焊接工艺

焊接时，应避免未焊透或缺焊现象(图 7.11)，焊缝应按被焊件厚度的不同制成不同的坡口，如图 7.12 所示。焊接前，还应对坡口进行必要的清洗与处理。

为避免焊接后，焊缝由于冷却而产生残余应力以及变形，焊缝长度应尽量取短，如果较长则应分段焊接。为消除残余应力，焊接后应热处理(退火)。上述措施，都是为了保证焊接的质量与焊缝的强度。如有必要，可查阅相关焊接工艺的详细资料。

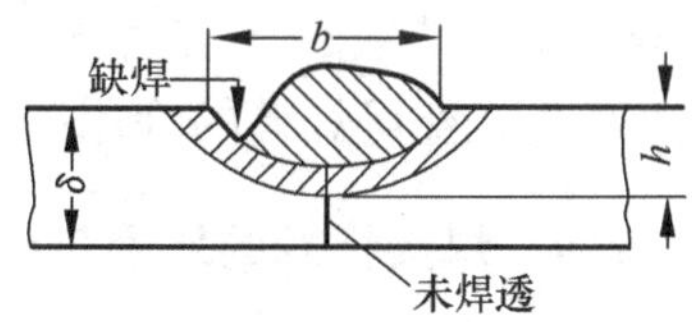

图 7.11　未焊透与缺焊现象

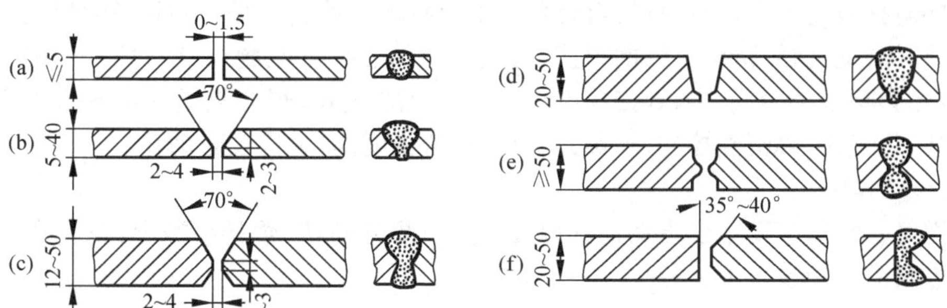

图 7.12　坡口形式及其适用的焊接件厚度(mm)

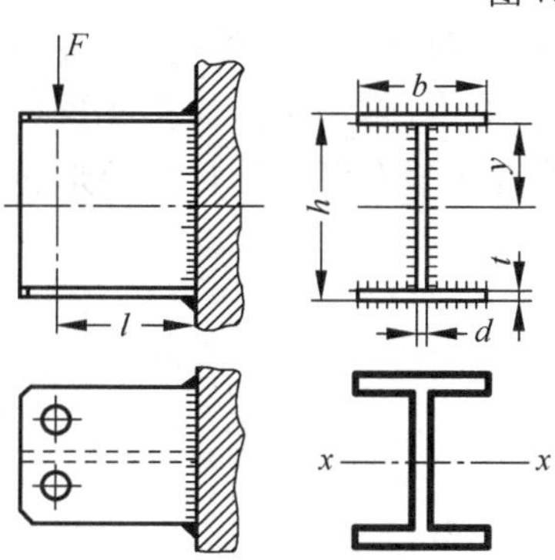

图 7.13　焊接工字钢支架

【例 7.2】　校核图 7.13 所示工字钢支架焊缝的强度。已知，静载荷 $F=120000\text{N}$，力臂长 $l=130\text{mm}$，焊缝腰长 $k=6\text{mm}$，标准工字钢型号为 25a，材料为 A3F，用 T420 焊条手工焊接。

解　由机械零件手册查得，25a 型工字钢的尺寸为：高 $h=250\text{mm}$，腿宽 $b=116\text{mm}$，腿平均厚度 $t=13\text{mm}$，腰厚 $d=8\text{mm}$。

为简化计算，设在 F 作用下($l=0$)的剪力仅由两条竖直的焊缝承担(偏于安全)，此二焊缝在联接面上的投影面积为

$A_1=2k(h-2t)$，则由 F 在焊缝危险剖面上产生的剪应力为

$$\tau_1=\frac{F}{0.7A_1}=\frac{F}{0.7\times 2k(h-2t)}=\frac{120000}{0.7\times 2\times 6(250-2\times 13)}=63.78(\text{MPa})$$

焊缝在联接面上的投影面积 A_2 在略去上下腿两端很短的焊缝，简化成腰腿厚度均等于8mm 的两个工字形的转动惯量 $J_{x\text{-}x}$ 可近似求得为（本题因 $k=8<t=13$，可近似取 A_2 的 $J_{x\text{-}x}$ 为工字钢剖面的 $J_{x\text{-}x}$ 的 2 倍）。

$$J_{x\text{-}x}\approx 2\left[\frac{bh^3}{12}-\frac{(b-2k)(h-2k)^3}{12}\right]=2\left[\frac{116\times 250^3-100\times 234^3}{12}\right]$$

$$=88534933(\text{mm}^4)$$

于是在力矩 $F\times l$ 作用下，焊缝危险剖面上产生的剪应力为

$$\tau_2=\frac{Fl}{0.7\dfrac{J_{x-x}}{y}}=\frac{120000\times 130}{0.7\times\dfrac{88534933}{112}}=28.19(\text{MPa})$$

故得焊缝危险剖面上产生的剪应力为

$$\tau=\sqrt{\tau_1^2+\tau_2^2}=\sqrt{63.78^2+28.19^2}=69.73(\text{MPa})$$

由表 7.3 查得焊缝的许用剪应力为$[\tau']=140\text{MPa}>\tau=69.73\text{MPa}$，故强度足够。

7.2.4 焊接技术的发展与应用

1) 激光焊接

激光焊接是利用高能量的激光脉冲对材料进行微小区域内的局部加热，激光辐射的能量通过热传导向材料的内部扩散，将材料熔化后形成特定熔池。它是一种新型的焊接方式，激光焊接主要针对薄壁材料、精密零件的焊接，可实现点焊、对接焊、叠焊、密封焊等，深宽比高，焊缝宽度小，热影响区小、变形小，焊接速度快，焊缝平整、美观，焊后无须处理或只需简单处理，焊缝质量高，无气孔，可精确控制，聚焦光点小，定位精度高，易实现自动化。

2) 半自动焊接

自动送气、送料，手动结合自动控制焊接。具有焊接轨迹、焊接参数、焊枪姿态、焊缝跟踪等自动化方案的一项或多项。

3) 智能焊接

高精度可移动焊接变位机、高精度变极性焊接机、激光扫描焊缝跟踪器、焊接熔透控制系统和焊接离线编程：①实现任务级离线编程。能自动生成焊接轨迹、焊接参数、焊枪姿态，并能进行动态仿真。②实现自动导引机器人进入焊缝起始点，自动焊缝对中、自动保证焊接熔透和成形。③实现焊接机器人和变位机的双臂协调控制。使工件始终处于最有利于焊接的船形位置，保证焊接质量。

7.3 胶　　接

7.3.1 胶接及其应用

胶接是利用胶粘剂在一定条件下使零件胶结在一起的联接（如图 7.14(a)中的轮圈和轮

芯)，并具有一定的联接强度。它在木材制造业早有应用，如木工利用白胶粘合木质材料。但在机械制造中采用胶接金属构件，还是近 50 年来发展的新兴工艺。

胶接的机理与化学、物理的很多因素相关，随着高分子化学以及石油化学工业的发展，胶接的理论也日趋成熟。

目前，胶接在机床、汽车、航空及造船等应用领域的使用日渐广泛，其应用实例见图 7.14。

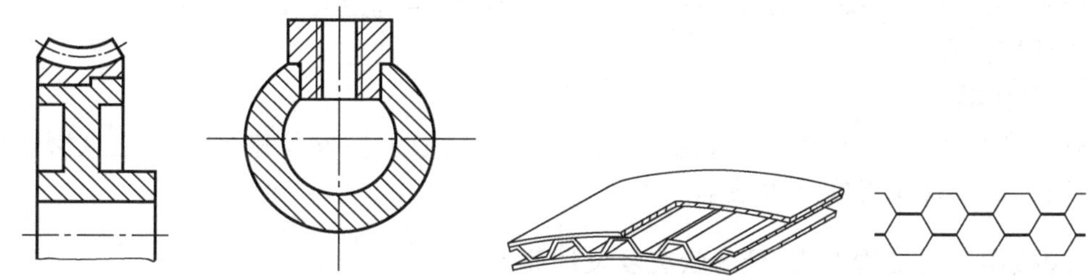

(a) 胶接组合蜗轮　(b) 螺纹接套与管件胶接　(c) 蒙皮与型材胶接　(d) 蜂窝结构填料

图 7.14　胶接应用实例

7.3.2　常用胶粘剂及其主要性能与优、缺点

胶粘剂的品种繁多，现将它的性能及优、缺点归纳如表 7.5 所示。

表 7.5　常用胶接剂的性能、类别、使用条件和优缺点

	结构胶接剂	非结构胶接剂	其他胶接剂
胶接剂类别	酚醛-缩醛-有机硅胶粘剂、环氧-酚醛胶粘剂和环氧-有机硅胶粘剂等	聚氨酯胶粘剂和酚醛-氯丁橡胶胶粘剂等	环氧导电胶接剂和环氧超低温胶接剂等
性能	抗剪强度≥8MPa 能承受较大载荷	常温下具有一定强度	特殊条件下具有一定的强度
使用条件	高温和低温	常温	超高温和超低温并能够耐腐蚀、耐老化、绝缘、导电等
使用优点	重量轻、变形小、应力分布较均匀，耐疲劳、耐蠕变性能好、应用范围较广、施工简便、生产成本低、能满足工作上的特殊要求		
缺点	大多数胶接剂的稳定性较差，当工作温度超过＋1000℃时，胶接强度会减弱，并且耐酸、碱性能较差不稳定		

7.3.3　胶接的工艺

1）胶接件胶接表面制备

胶接表面一般需经过除油处理、机械处理及化学处理，以便清除表面油污及氧化层，改变表面粗糙度，使其达到最佳胶接表面状态。表面光洁度一般应为$\overset{3.2}{\bigtriangledown}$ ~ $\overset{1.6}{\bigtriangledown}$，过高或过低都会降低胶接的强度。

2）胶粘剂配制

大多数胶粘剂是“多组分”的，在使用前应按规定的程序即正确的配方比例妥善配置。

3）涂胶

采取适当的方法涂布胶粘剂(如喷涂、刷涂、滚涂、浸渍、贴膜等)，以保证厚薄合适，均匀无

缺,无气泡等。

4) 清理

在涂胶装配后,清除胶接件上多余的胶粘剂(若产品允许在固化后进行机械加工或喷沙时,这一步可在固化后进行)。

5) 固化

根据胶接件的使用要求、接头形式、接头面积等,恰当选定固化条件(温度、压力及保持时间),使胶接域固化。

6) 质量检验

对胶接产品主要是进行 X 射线探伤、超声波探伤、放射性同位素或激光全息摄影等无损检验,以防止胶接接头存在严重缺陷。

7.3.4 胶接接头的结构形式、受力状况及设计要点

胶接接头的典型结构如图 7.15 所示。胶接接头的受力状况有拉伸、剪切、剥离与扯离等(图 7.16)。实践证明,胶缝的抗剪切及抗拉伸能力强,而抗扯离及抗剥离能力弱。

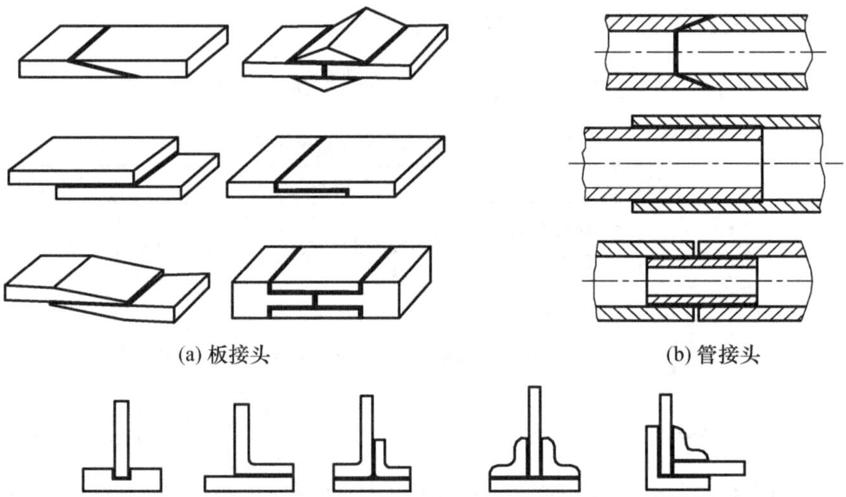

(a) 板接头　(b) 管接头

(c) 角接头

图 7.15 胶接接头典型结构

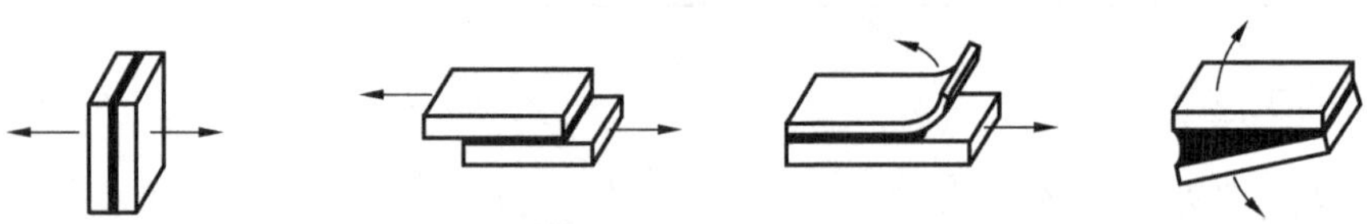

(a) 拉伸　(b) 剪切　(c) 剥离　(d) 扯离

图 7.16 胶接接头的受力状况

胶接接头的设计要点是:①针对胶接件的工作要求正确选择胶粘剂;②合理选定接头形式;③恰当选取工艺参数;④充分利用胶缝的承载特性,尽可能使胶缝承受剪切或拉伸载荷,而避免承受扯离,特别是剥离载荷;⑤从结构上应适当采取防止剥离的措施,如图 7.17 所示,以防止从边缘或拐角处脱缝;⑥可将胶缝处的板材端部切成斜角,或把胶粘剂和胶接件材料的膨胀系数选的很接近等;⑦可在胶接面间增加玻璃布层等缓冲材料。

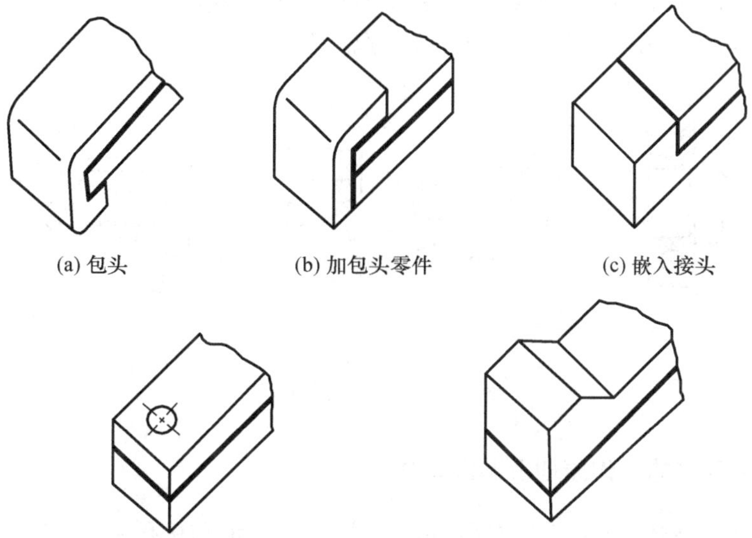

(a) 包头　(b) 加包头零件　(c) 嵌入接头

(d) 加固定件　(e) 增加边缘处刚度

图 7.17　防止剥离的结构措施

7.3.5　金属胶接技术的发展方向

就制造技术而言，质量及成本从来就是永恒的主题，创新则是不断发展的动力。为此，当今金属胶接制造技术的发展方向主要有以下方面：

1）不断完善及提高胶接质量品质

全面深入贯彻先进胶接体系内容，实现胶接结构耐久化，稳定提高先进胶粘剂体系质量；研制室温固化的高性能结构胶粘剂，开发胶接表面制备新技术；实现胶接表面制备质量的仪器检测，提高胶接质量无损检测的定量化、精确化及自动化。

2）不断降低成本、提高生产效率

胶接工艺全面采用计算机辅助技术，提高胶接工艺的机械化、自动化程度。发展节能胶接固化新技术，完善及简化胶接结构修补技术，开发推广低成本优质胶粘剂材料。

3）开拓和发展新材料、新结构的航空胶接技术

先进钛合金、铝锂合金等新材料胶接结构技术；新型金属胶接复合层板制造技术；新型纤维增强胶接层板技术；新型蜂窝夹层结构技术；特殊功能胶接结构技术；提高及拓宽复合材料结构胶接技术。

7.4　过盈配合联接

7.4.1　过盈配合联接的类型及应用

以零件间的配合过盈来达到联接目的的联接称为过盈配合联接，或称作紧配合联接。过盈配合联接分为两类，即无辅助件的（图 7.18(a)、(b)）和有辅助件的（图 7.18(c)、(d)）。

前者应用广泛，主要用于轴与毂的联接、轮圈与轮芯的联接以及滚动轴承与轴或座孔的联接等；后者主要用于借助辅助件扣紧板 1（见图 7.18(c)；如将板改为环，则称为扣紧环，见图

7.18(d))将重型剖分式零件(如大型飞轮)2、4 沿接缝面 3 联结为一体,目前多已为螺栓联接所代替。因此,本节只讲述无辅助件的圆柱面过盈配合联接。

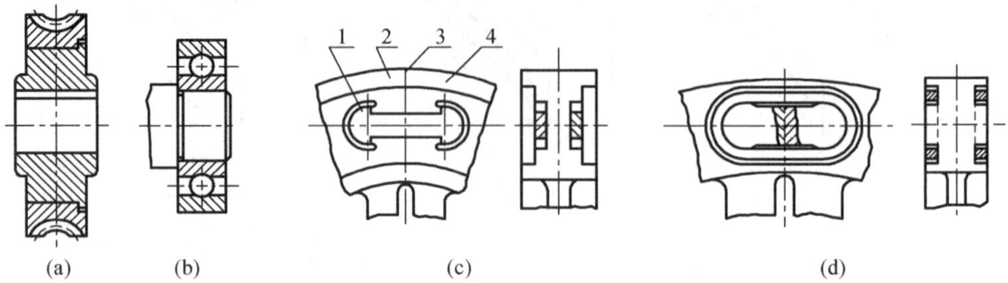

图 7.18　过盈配合联接

7.4.2　过盈配合联接的工作原理及装配方法

过盈配合联接是将外径为 d_A的被围件压入内径为 d_A的包围件中(图 7.19)。由于被围件外径和包围件内径间有 $\Delta A+\Delta B$ 的过盈量,所以,在装配后的配合面上,存在一定的径向正压力。当联接承受轴向力 F(图 7.20)或扭矩 T(图 7.21)时,配合面上便产生足够的摩擦阻力或摩擦阻力矩以抵抗和传递外载荷。

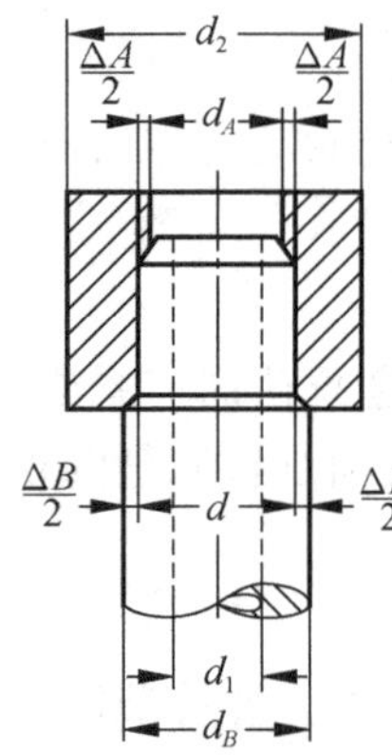

图 7.19　过盈配合联接

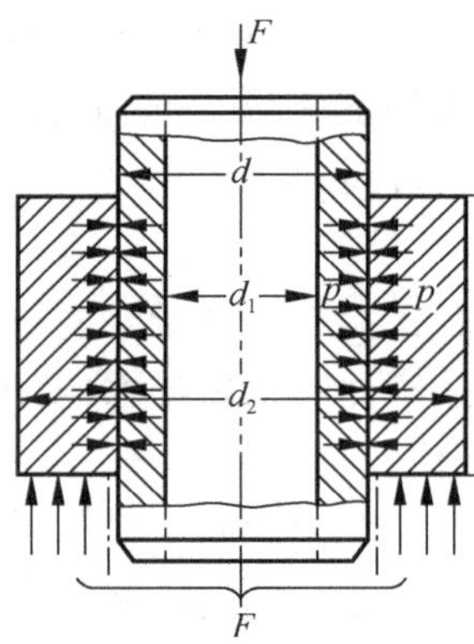

图 7.20　受轴向力的过盈配合联接

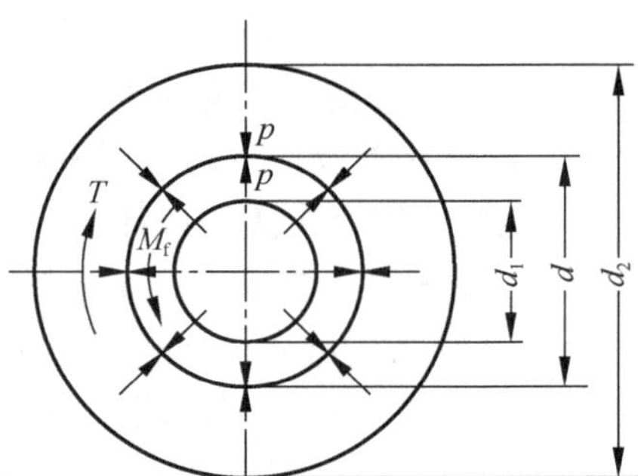

图 7.21　受扭矩的过盈配合联接

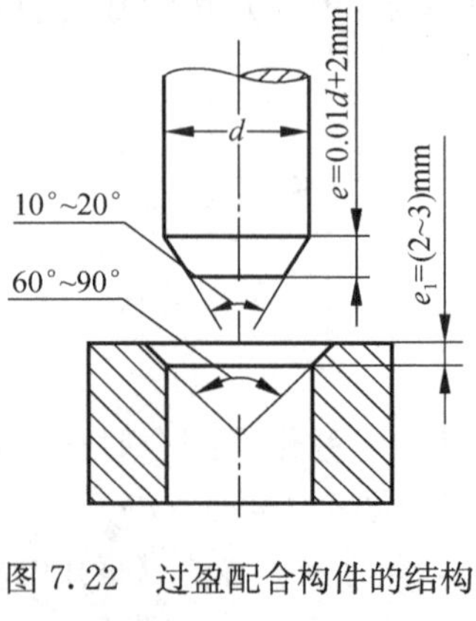

图 7.22　过盈配合构件的结构

所谓压入法,就是利用压力机将被围件直接压入包围件中。由于过盈量的存在,在压入过程中,配合表面微观不平度的尖峰不可避免地受到擦伤或压平,所以降低了联接的紧固性。在被围件和包围件上分别制出如图 7.22 所示的导锥,并对配合表面进行润滑,可减轻上述缺点。

所谓温差法,就是通过加热包围件或冷却被围件,使之既便于装配,又减少或避免损伤配合表面。温差法一般是利用电加热;冷却时采用液态空气(沸点为-194℃),或固态二氧化碳(沸点为-79℃)。加热时应防止配合面上产生氧化皮。加热法常用于配合直径较大时;冷却法则常用于配合直径较小时。

由于过盈配合联接经过多次拆装后，配合面会受到严重损伤，当过盈量很大时，装好后再拆开就更加困难。因此，为保证多次装拆后的配合仍能具有良好的紧固性，可采用液压拆卸，即在配合面间注入高压油，以胀大包围件的内径，缩小被围件的外径，从而使联接便于拆开，并减小配合面的擦伤。但采用这种办法时，须在包围件和被围件上制出油孔和油沟，如图 7.23 所示。

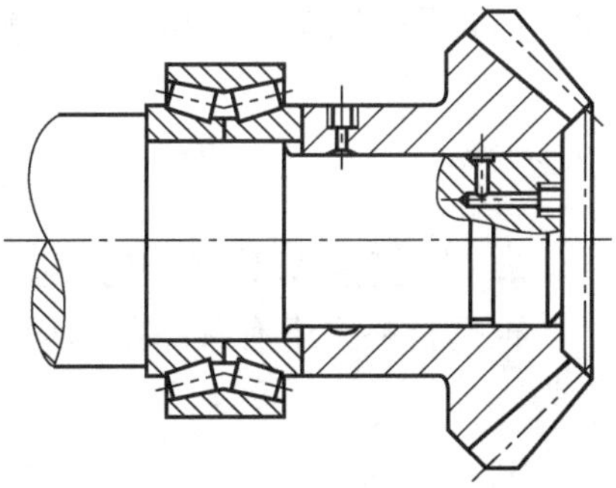

图 7.23　过盈联接及拆开用油孔

7.4.3　过盈配合联接的设计计算

过盈配合联接主要用于承受轴向力或扭矩，或两者的联合作用(个别情况也用以承受弯矩)。由前述工作原理可知，为了保证过盈配合联接的工作能力，设计计算须包含两方面：一方面是在已知载荷的条件下，计算配合面间所需产生的比压和产生此比压所需的过盈量；另一方面是在既定的过盈量条件下，校核各联接零件(如轮圈与轮芯，轮毂与轴等)的强度。现分述如下。

1. 配合面间所需的径向比压 p

过盈配合联接的配合面间应具有的径向比压是随着所传递的载荷类型不同而异的。

(1) 传递轴向力 F。当联接传递轴向力 F 时(图 7.20)，应保证联接在此载荷作用下，不产生轴向滑动。就是在径向比压为 p 时，在外载荷 F 的作用下，配合面上所产生的轴向摩擦阻力 F_f 应大于或等于外载荷 F。

设配合直径为 d，配合面间的摩擦系数为 f，配合长度为 l，则

$$F_f = \pi dlpf$$

因 $F \leqslant F_f$，故

$$p \geqslant \frac{F}{\pi dlf} \tag{7.8}$$

(2) 传递扭矩 T。当联接传递扭矩 T 时(图 7.21)，则应保证在此扭矩作用下不产生周向滑动，即当径向比压为 p 时，在扭矩 T 的作用下，配合面间所能产生的摩擦阻力矩 M_f 应大于等于外加扭矩 T。

设配合面间的摩擦系数为 f，配合尺寸同前，则

$$M_f = \pi dlpf\,\frac{d}{2}$$

因 $T \leqslant M_f$，故得

$$p \geqslant \frac{2T}{\pi d^2 lf} \tag{7.9}$$

配合面间摩擦系数的大小与配合面的状态、材料及润滑情况等因素有关，应由实验测定。表 7.6 给出了几种情况下的摩擦系数的平均值，以供计算时参考。

表 7.6　摩擦系数平均值

零件材料		联接方法						
		压入法				温差法		
被围件	包围件	润滑	f_i	f_0	f	润滑	f_0	f
钢 30～50	钢 30～50	机油	0.06～0.22	0.08～0.2	0.09～0.13	干	0.35～0.4	0.14～0.16
钢 30～50	HT25-47	机油	0.06～0.14	0.09～0.17	0.07～0.12	干	0.13～0.18	0.07～0.09
钢 30～50	镁铝合金	干	0.02～0.08	0.03～0.09	0.02～0.06	干	0.1～0.15	0.05～0.06

(3) 承受轴向力和扭矩的联合作用。此时所需的径向比压为

$$p \geqslant \frac{\sqrt{F^2 + \left(\frac{2T}{d}\right)^2}}{\pi d l f} \tag{7.10}$$

2. 过盈配合联接的理论过盈量

根据材料力学有关厚壁圆筒计算理论，在已知径向比压时，压配合联接所需的理论过盈量为

$$\Delta = pd\left(\frac{C_1}{E_1} + \frac{C_2}{E_2}\right) \times 10^3 (\mu\text{m}) \tag{7.11}$$

式中 p 为配合面间的径向比压，由式(7.8)～(7.10)计算，MPa；d 为配合的公称直径，mm；E_1，E_2 分别为被围件与包围件材料的拉压弹性模数，MPa；C_1 为被围件的刚性系数，$C_1 = \frac{d^2 + d_1^2}{d^2 - d_1^2} - \mu_1$；$C_2$ 为包围件的刚性系数，$C_2 = \frac{d_2^2 + d^2}{d_2^2 - d^2} + \mu_2$；$d_1$，$d_2$ 分别为被围件内径和包围件的外径，mm；μ_1，μ_2 分别为被围件与包围件材料的泊松比。对于钢，$\mu = 0.3$；对于铸铁，$\mu = 0.25$。

由式(7.8)～(7.10)可见，当传递的载荷一定时，配合长度 l 越短，所需的径向比压 p 就越大。再由式(7.11)可见，当 p 增大时，所需过盈量也随之增大。因此，为了避免在载荷一定时需用过大的过盈量而增加装配时的困难，配合长度不宜过短，一般推荐采用 $l \approx 0.9d$。

3. 实际过盈量的计算

过盈配合联接在装配过程中，配合表面微观不平度的尖峰总会被擦伤或压平一部分(图 7.24)。因此，按式(7.11)计算所得的理论过盈量 Δ 应予适当增大，以保证联接能有足够的紧固性。这一增大了的过盈量称为实际过盈量或设计过盈量 Δ'。其计算公式为

$$\begin{aligned} \Delta' &= \Delta + 2u \\ 2u &= 1.2(R_{z1} + R_{z2}) \end{aligned} \tag{7.12}$$

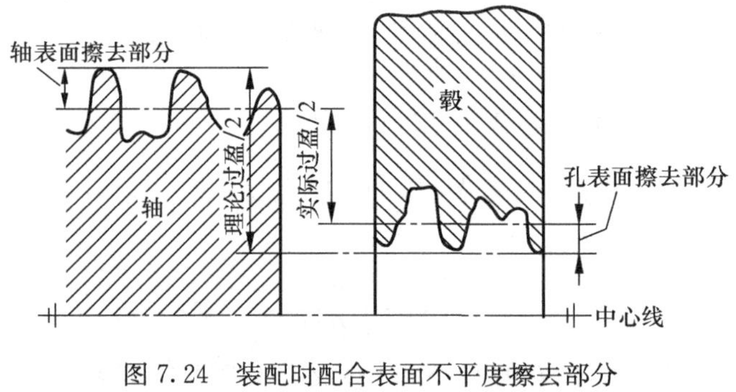

图 7.24 装配时配合表面不平度擦去部分

式中 $2u$ 为装配时配合表面上不平度擦去部分的高度之和，μm；R_{z1}，R_{z2} 分别为被围件及包围件表面不平度的平均高度，μm，其值随表面粗糙度的级别而异。

根据式(7.12)求得的 Δ'，应按国家标准选定标准过盈配合，此标准过盈配合的最小过盈量应大于等于 Δ'。若使用温差法装配时，由于表面不平度尖峰被擦伤或压平很少，可以忽略不计，也可按式(7.11)求出 Δ 后直接选定标准过盈配合。

还应指出，实践证明，不平度较小的两表面相配合时贴合的情况较好，从而可提高联接的紧固性。

4. 过盈配合联接的强度计算

前已指出过盈配合联接的强度包含两方面，即联接的强度和联接零件本身的强度。由于按照上述方法选出的标准过盈配合已能产生所需的径向比压，即已能保证联接的强度，所以下面只讨论联接零件本身的强度问题。

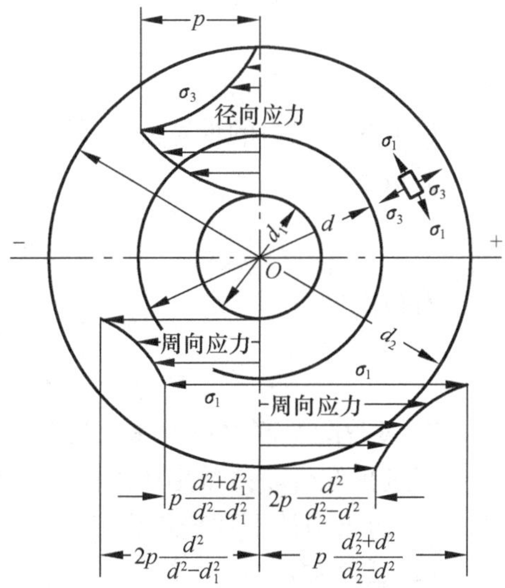

图 7.25　压配合联接中的应力大小及分布情况

过盈配合联接零件本身的强度，可按材料力学中阐明的厚壁圆筒强度计算方法进行校核。当比压 p 一定时，联接零件中的应力大小及分布情况见图 7.25。首先按所选的标准过盈配合种类查算出最大过盈量 $\Delta_{\max}$（采用压入法装配时应减掉被擦去的部分 $2u$），再按式(7.11)求出最大比压 $p_{\max}$，即

$$p_{\max}=\frac{\Delta_{\max}}{d\left(\dfrac{C_1}{E_1}+\dfrac{C_2}{E_2}\right)\times 10^3}(\mathrm{MPa}) \quad (7.11\mathrm{a})$$

然后根据 $p_{\max}$ 来校核联接零件本身的强度。当包(被)围件为脆性材料时，可按图 7.25 所示的最大周向拉压应力用第一强度理论进行校核。由图可见，其主要破坏形式是包围件内表层断裂。当零件材料为塑性材料时，则应按第三强度理论（$\sigma_1-\sigma_3\leqslant\sigma_s$）检验其承受最大应力的表层处于弹性变形范围还是塑性变形范围。设 σ_{s1}，σ_{s2} 分别为被围件及包围件材料的屈服极限，则由图 7.26 可知，开始出现塑性变形时的临界应力 σ_{cr}（或临界比压 p_s）为：

对被围件内表层

$$\sigma_{cr1}=\sigma_1-\sigma_3=-2p_{s1}\frac{d^2}{d^2-d_1^2}-0=\sigma_{s1}$$

或

$$p_{s1}=\sigma_{s1}\frac{d_1^2-d^2}{2d^2} \quad (7.13)$$

对包围件内表层

$$\sigma_{cr2}=\sigma_1-\sigma_3=p_{s2}\frac{d_2^2-d^2}{2d_2^2}-(-p_{s2})=2p_{s2}\frac{d_2^2}{d_2^2-d^2}=\sigma_{s2}$$

或

$$p_{s2}=\sigma_{s2}\frac{d_2^2-d^2}{2d_2^2} \quad (7.14)$$

将 $p_{\max}$ 与 p_{s1}，p_{s2} 中的极小值进行对比，即可达到上述检验的目的。对于需要拆卸的过盈配合联接，使用中常限制 $p_{\max}\leqslant 0.8p_s$（取 p_{s1} 和 p_{s2} 中的极小值代入计算）。

显然，当 $p_{\max}$ 大于 p_{s1} 或 p_{s2} 时，联接即处于塑性变形范围，此时前述建立在弹性范围内的厚壁圆筒应力计算公式就不能适用。但实践证明，在有些情况下，塑性变形层扩展的不厚，联接仍能正常工作。因为对于这种情况进行理论计算很复杂，所以通常只根据经验对联接零件中的最大周向应力作如下的限制：

当联接中未装键时

$$\sigma_{1\max}<0.5\sigma_B$$

当联接中装有键时

$$\sigma_{1\max} < 0.35\sigma_B \tag{7.15}$$

式中，σ_B 为联接零件的拉伸强度极限。

最大周向应力的计算公式(图 7.25)为

对被围件

$$\sigma_{1\max 1} = 2p_{\max}\frac{d^2}{d^2-d_1^2}$$

对包围件

$$\sigma_{1\max 2} = p_{\max}\frac{d_2^2+d^2}{d_2^2-d^2} \tag{7.16}$$

5. 过盈配合联接最大压力及温差法中装配温度的计算

当过盈配合联接采用压入法装配并准备拆开时，为了选择所需压力机的容量，应将其最大压入力、压出力按下列公式算出：

最大压入力

$$F_i = f_i\pi dlp_{\max}$$

最大压出力

$$F_o = f_o\pi dlp_{\max} \tag{7.17}$$

式中摩擦系数 f_i、f 见表 7.6。

如采用温差法装配时，包围件的加热温度或被围件的冷却温度(单位均为℃)可按下式计算：

$$t_2 = \frac{\Delta_{\max}+\Delta_0}{\alpha d\times 10^3}+t_0$$

$$t_1 = -\frac{\Delta_{\max}+\Delta_0}{\alpha d\times 10^3}+t_0 \tag{7.18}$$

式中 $\Delta_{\max}$为所选的标准配合在装配前的最大测量过盈量，单位：μm；Δ_0 为装配时为了避免配合面互相擦伤所需的最小间隙。通常采用同样公称直径的间隙配合 H7/g6 的最小间隙；α 为零件材料的线膨胀系数，查有关手册；t_0 为装配环境的温度，单位：℃。

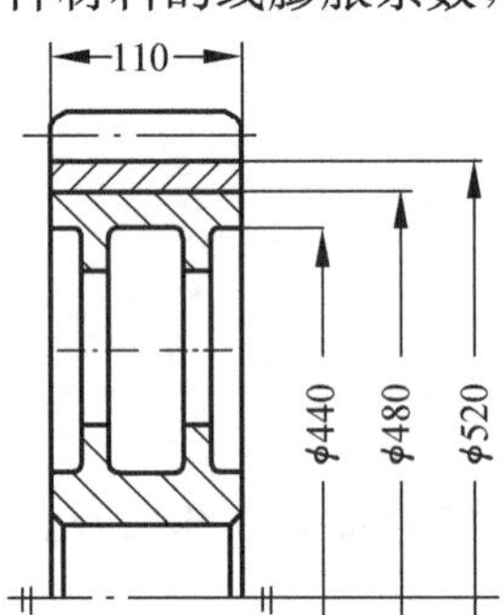

图 7.26　压配合联接组合齿轮

【例 7.3】　图 7.26 所示为以过盈配合联接的组合齿轮，齿圈材料为 45 钢，轮芯材料为铸铁 HT25-47；已知传递的扭矩 $T=6\times10^6$ N·mm，结构尺寸如图 7.26 所示，装配后不再拆开，装配时配合面用机油润滑，试确定标准过盈量和压入力。

解　(1) 确定径向比压 p。

在 $T=6\times10^6$ N·mm 作用下，联接应具有的径向比压 p 根据式(7.9)并由表 7.6 取 $f=0.085$ 得

$$p \geqslant \frac{2T}{f\pi d^2 l} = \frac{2\times6\times10^6}{0.085\pi\times480^2\times110} = 1.77(\text{MPa})$$

(2) 确定过盈量、选定配合种类。

① 求理论过盈量，理论过盈量可按式(7.11)求得。先计算式中的刚性系数 C_1，C_2，已知 $\mu_1=0.25$，$\mu_2=0.3$；$E_1=1.3\times10^5$ MPa，$E_2=2.1\times10^5$ MPa，得

$$C_1 = \frac{d^2+d_1^2}{d^2-d_1^2}-\mu_1 = \frac{480^2+440^2}{480^2-440^2}-0.25 = 11.27$$

$$C_2=\frac{d_2^2+d^2}{d_2^2-d^2}+\mu_2=\frac{520^2+480^2}{520^2-480^2}+0.3=12.82$$

将以上各值代入式(7.11)，得

$$\Delta=pd\left(\frac{C_1}{E_1}+\frac{C_2}{E_2}\right)\times10^3=1.77\times480\left(\frac{11.27}{1.3\times10^5}+\frac{12.82}{2.1\times10^5}\right)\times10^3$$

$$\approx126(\mu\text{m})$$

② 选择标准配合，确定标准过盈量，根据式(7.12)确定设计过盈量。设配合孔的表面粗糙度选取 $R_{z2}=10\mu\text{m}$，$R_{z1}=6.3\mu\text{m}$，则

$$\Delta'=\Delta+1.2(R_{z1}+R_{z2})=126+1.2(6.3+10)=145.6(\mu\text{m})$$

现考虑齿轮所传递的扭矩较大，由公差配合表选 H7/S6 配合，其孔公差为 $\phi80^{+0.063}_{+0}$；轴公差为 $\phi80^{+0.292}_{+0.253}$。

此标准配合可能产生的最大过盈量为 292－0＝292，最小过盈量为 252－63＝189＞Δ'＝145.6μm，合用。

(3) 计算过盈配合联接的强度。

因所选标准配合可以产生足够的径向比压，故联接强度已可保证。现只需校核联接零件本身的强度。已知所选配合的最大过盈量为 292μm，但因采用压入法装配，考虑配合表面微观尖峰被擦去 $2\mu=1.2(R_{z1}+R_{z2})$，故装配后可能产生的最大径向比压 $p_{\max}$ 按式(7.11)求得为

$$p_{\max}=\frac{\Delta_{\max}-1.2(R_{z1}+R_{z2})}{d\left(\frac{C_1}{E_1}+\frac{C_2}{E_2}\right)\times10^3}=\frac{292-1.2(6.3+10)}{480\left(\frac{11.27}{1.3\times10^5}+\frac{12.82}{2.1\times10^5}\right)\times10^3}$$

$$=3.84(\text{MPa})$$

再由手册查取包围件齿圈材料 45 钢的屈服极限 $\sigma_{s2}=280\text{MPa}$，则由式(7.14)求得

$$p_{s2}=\sigma_{s2}\frac{d_2^2-d^2}{2d_2^2}=280\,\frac{520^2-480^2}{2\times520^2}=20.71(\text{MPa})$$

因 $p_{\max}\ll p_{s2}$，即齿圈强度足够，而轮芯材料为 HT25-47，具有很高的抗压强度，不需进行校核。故联接零件本身强度均已足够。

(4) 计算所需压入力。

由表 7.6 取 $f_i=0.12$，根据式(7.17)求得压入力为

$$F_i=f_i\pi dlp_{\max}=0.12\times3.14\times480\times110\times3.84=76397(\text{N})$$

由上述计算可知，装配此组合齿轮需选用容量至少为 9 吨的压力机。

本章学习要求

在学习本章内容时应掌握以下几点：

(1) 了解铆接焊接胶接及过盈联接的类型、结构特点、优缺点和应用范围，掌握对其工作情况的分析方法和可能的失效形式，以及由这些失效形式得出的保证联接零件工作能力的计算准则和相应的计算方法和公式，并注重掌握其中计算的出发点和公式中各系数的物理概念、分析方法以及各参数的选择原则和对设计结果的影响因素。对这些联接的零件设计步骤和结构设计的原理方法也要掌握。至于公式的推导过程只需了解，不必死记硬背。

(2) 注意归纳所学内容。本章介绍的四种联接方式中铆接、焊接、胶接属于不可拆联接而过盈联接则属于可拆或可不拆的联接。从静、动联接上分析，这四种联接属于静联接即联接件与被联接件之间在宏观上不产生相对运动。从摩擦与非摩擦联接的类型来分，铆接、焊接、胶

接属于非摩擦联接而过盈联接属于摩擦联接。

(3) 设计联接时除考虑强度(静强度与疲劳强度)和经济性外,还应根据联接的不同使用要求以及工作条件,满足诸如紧密性、刚度、相互固定和同心度或耐磨损等方面的要求。

本章习题

7.1 现有如题 7.1 图所示的焊接接头,被焊件材料为 Q235-A 钢,$b=160$mm,$b_1=70$mm,$\delta=10$mm,承受静载荷 $F=0.3$MN,设采用 T42 号焊条手工焊接,试校核该接头的强度。

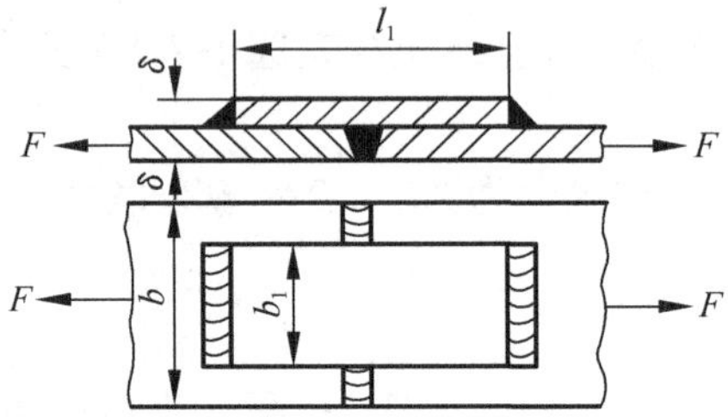

题 7.1 图　铆接接头

7.2 现有 45 钢制的实心轴与套筒用过盈配合联接,轴径 $d=60$mm,套筒外径 $d_2=100$mm,配合长度 $l=60$mm,材料的屈服极限 $\sigma_s=350$MPa,配合面上的摩擦系数 $f=0.080$,轴与孔配合表面的粗糙度分别为 $\sqrt[1.6]{}$ 及 $\sqrt[3.2]{}$,传递的扭矩 $T=1400$Nm,试设计此过盈配合联接。

第3篇　传动设计

1. 传动装置的分类

传动装置是指能在一定距离间传递能量的装置，这些装置同时往往还要具有能量的分配、转速的改变、运动形式的改变等功能。

所谓机组就是由动力机、传动装置和工作机共同组成的机器。为工作机提供动力的机器称为原动机，常见的原动机有以下两种：

(1) 一次动力机。直接利用自然能源的动力机械，如汽轮机、内燃机、水轮机、风力机等。

(2) 二次动力机。利用一次动力机得到的电能、液能、气能等能源转变为机械能的动力机械，如电动机、液压马达、气动马达等。

动力机将全部动力直接传递给一个工作机，中间经过或不经过传动装置的，称为单流传动，这种传动应用最广。一个动力机同时给若干个工作机提供动力，中间经过传动装置的，称为分流传动，一般应用于工作机较多，但每个工作机功率不大时。若干个动力机并联起来，中间通过传动装置，同时向同一个工作机提供动力的，称为汇流传动，这种传动形式一般用于低速、重载、大功率的工作机。

传动分为机械传动、流体传动和电传动三类。在机械传动和流体传动中，输入的是机械能，输出的仍是机械能；在电传动中，则把电能变为机械能或把机械能变为电能。

机械传动分为啮合传动和摩擦传动；流体传动分为液压传动和气压传动。

2. 传动装置的作用

传动装置的作用及设置传动装置的原因一般可以归纳为：

(1) 工作机构所要求的速度、转矩或力，通常与动力机不一致。

(2) 工作机构常要求改变速度，用调节动力机速度的方法来达到这一目的往往不经济。

(3) 动力机的输出轴一般只作等速回转运动，而工作机构往往需要多样的运动，如螺旋运动、直线运动或间歇运动等。

(4) 一个动力机有时要带动若干个运动形式和速度都不同的工作机构。

在机械设计中，传动装置是大多数机器的主要组成部分。例如，在汽车中，制造传动部件所花费的劳动量约占制造整个汽车的50%，而在金属切削机床中则占60%以上。

3. 机械传动的基本参数

1) 传动比

所谓传动比就是主动轮的转速 n_1 与从动轮的转速 n_2 之比 i，$i=n_1/n_2$，传动可以做成单级和多级。多级传动的总传动比 i_Σ 等于各级传动比的连乘积。除齿轮和蜗杆传动外，其他传动很少做成多级的。啮合传动的最大传动比 i_{max} 通常受到传动尺寸的限制，如果传动比很大，用多级传动常比用单级传动尺寸小。摩擦轮传动的 i_{max} 同样受到传动尺寸的限制，带传动的 i_{max} 一般受最小包角的限制。此外，摩擦传动由于打滑和弹性滑动等原因，其传动比不能保持恒定。啮合传动能实现传动比恒定。

传动比可以是固定的或可调的。当调节传动比时，如果只能从某一传动比跃迁到另一传动比，变化是不连续的，称为有级调速或有级变速；如果传动比的变化是连续的，理论上可以获得在一定范围内的任一传动比，称为无级调速或无级变速。

2）圆周速度

在一般情况下各种传动的最高圆周速度都是有一定范围的。不同的传动，限制其圆周速度的因素也各不相同：对于摩擦轮传动是接触面的磨损；对于平带传动是离心应力；对于V带传动是带进入和离开带轮时的弯曲频率；对于齿轮传动是制造误差；对于链传动则是链节进入链轮时所产生的冲击。

3）传动功率

各种传动所能传递的最大功率是不一样的，由于功率等于圆周速度与传递载荷的乘积，所以限制圆周速度的各因素也同样限制着传递的功率。限制传递载荷的因素主要是传动的宽度(或中间挠性件的根数)，因为传动的宽度越大(或根数越多)，载荷沿接触面(或每根上的载荷)的分布就越不均匀，所以当宽度超过一定限度以后，对提高承载能力的作用也就甚微。

4）效率

能量经过传动装置时将产生能量损失，其能量的利用程度用效率 η 表示，损失程度用损失率 $\zeta=1-\eta$ 表示。效率是评定传动优劣的重要指标之一。损失率 ζ 的大小一方面表示耗费于非生产能量的大小，另一方面还间接评定传动的发热和磨损。对于大功率传动，非生产能量的花费和由于发热、磨损而付出的维护费，时常是很高的。

在各种机械传动中，齿轮传动的损耗率最小，依次为链传动、平带传动、V带传动、摩擦轮传动，蜗杆传动最大。

5）质量和尺寸

一般来说，在同样的传递功率和传动比条件下，蜗杆传动的尺寸和质量最小。这是由于蜗杆传动便于实现大传动比。表1列出了传动功率 $P=7.5\text{kW}$，传动比 $i=1000/250=4$，采用不同传动时的尺寸和质量的比较结果。

表1 不同传动的尺寸和质量比较

传动种类	带传动			啮合传动		
	平带传动	有张紧轮的平带传动	V带传动	链传动	齿轮传动	蜗杆传动
中心距/mm	5000	2300	1800	830	280	280
轮宽/mm	350	250	130	360	160	60
质量/kg	500	550	500	500	600	450

4. 机械传动的选择原则

机械传动选择的原则一般可以归纳为：

(1) 小功率宜选用结构简单、价格便宜、标准化程度高的传动，以降低制造费用。

(2) 大功率宜优先选用传动效率高的传动，以节约能源、降低生产费用。齿轮传动效率最高，自锁蜗杆传动和普通螺旋传动效率最低。

(3) 速度低、传动比大时，有多种方案可供选择，比如：①采用多级传动，这时，带传动宜放在高速级，链传动宜放在低速级；②要求结构尺寸小时，宜选用多级齿轮传动、齿轮-蜗杆传动或多级蜗杆传动。传动链应力求短些，以减少零件数目。

(4) 链传动只能用于平行轴间的传动；带传动主要用于平行轴间的传动，功率小、速度低时，也可用于半交叉或交错轴间的传动；蜗杆传动能用于两轴空间交错的传动，交错角为90°的最常用;齿轮传动能适应各种轴线位置。

(5) 工作中可能出现过载的设备,宜在传动系统中设置一级摩擦传动,以便起到过载保护的作用。但摩擦有静电发生,在易爆、易燃的场合,不能采用摩擦传动。

(6) 载荷经常变化,频繁换向的传动,宜在传动系统中设置一级能缓冲、吸振的传动(如带传动、链传动),或工作机采用液力传动(中速)或气力传动(高速)。

(7) 工作温度较高、潮湿、多粉尘、易燃、易爆的场合,宜采用链传动或闭式齿轮传动、蜗杆传动。

(8) 要求两轴严格同步时,不能采用摩擦传动和流体传动,只能采用齿轮传动或蜗杆传动。

第 8 章　带传动设计

8.1　带传动的特点

如图 8.1 所示，带传动是两个或多个带轮之间用带作为挠性拉曳元件的传动，它是由主动轮(1)、从动轮(2)和带(3)三部分构成。当原动机驱动主动轮转动时，由于带和带轮之间的摩擦(或啮合)力，拖动从动轮转动，从而传递运动和动力。

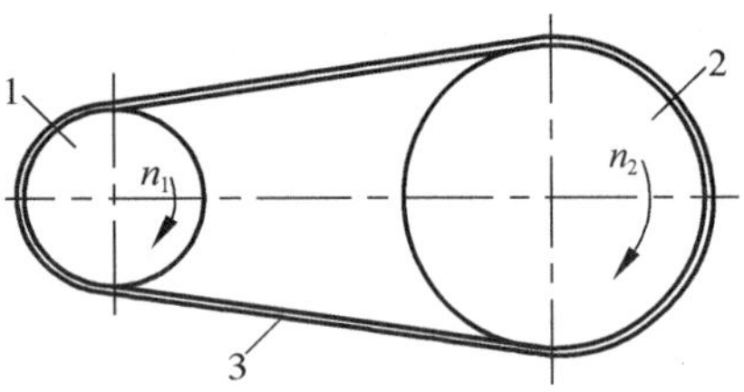

图 8.1　带传动

1-小皮带轮　2-大皮带轮　3-皮带

带传动是一种挠性传动，所以具有以下优点：①能缓和载荷冲击；②运行平稳，无噪声；③制造和安装精度不像啮合传动那样严格；④过载时将引起带在带轮上打滑，因而可防止其他零件的损坏；⑤可增加带长以适应中心距较大的工作条件(可达 15m)。

带传动属于摩擦传动的一种，也有下列缺点：①有弹性滑动和打滑，使效率降低和不能保持准确的传动比(同步带传动是靠啮合传动的，所以可保证传动同步)；②传递同样大的圆周力时，轮廓尺寸和轴上的压力都比啮合传动大；③带的寿命较短。

8.1.1　带传动的分类

根据带的截面形状不同，带传动可分为平带传动、V 带传动、同步带传动、多楔带传动等，见图 8.2。

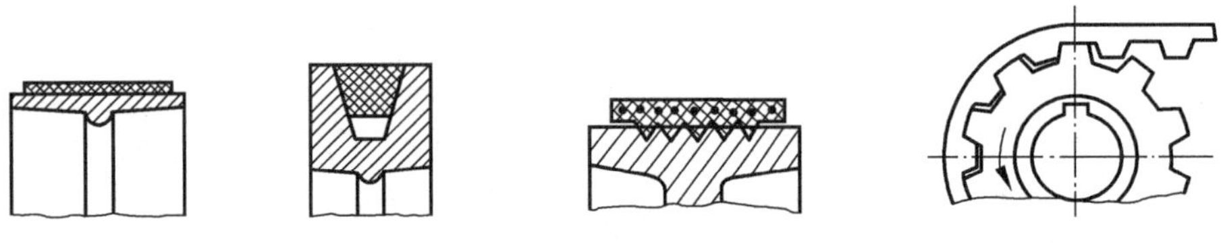

图 8.2　带传动类型

平带传动结构最简单，带轮也容易制造，在传动中心距较大的情况下应用最多。在一般的机械传动中，应用最广的是 V 带传动。V 带的截面呈等腰梯形，带轮上也做成相应的轮槽。传动时，V 带只和轮槽的两个侧面接触，即以两个侧面为工作面。根据槽面摩擦原理，在同样的张紧力下，V 带产生的摩擦力更大，因此传递的功率更大，此外它可以实现更大的传动比，结构较为紧凑。V 带已经标准化并大量生产。本章重点讨论 V 带传动。

多楔带兼有平带和 V 带的优点：柔性好，摩擦力大，能传递的功率大。传动比可达 10，带速可达 40m/s。主要用于传递功率较大而结构要求紧凑的场合。

8.1.2　传动形式和应用

带传动的应用范围很广。带的工作速度一般为 5～25m/s，使用高速环形胶带时可达 60m/s；使用锦纶片复合平带时，可高达 80m/s。胶帆布平带传递功率小于 500kW，普通 V 带传递功率小于 700kW。

带的传动形式十分灵活，可以应用于平行轴传动，也可以应用于交叉轴传动。常用的带传动形式见表 8.1。

表 8.1　带传动的传动形式和比较

传动形式	开口传动	交叉传动①	半交叉传动①	张紧轮传动
传动简图	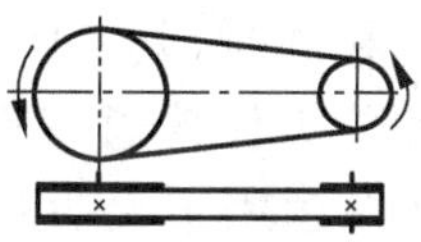	(中心距 $a>20$ 倍带宽) 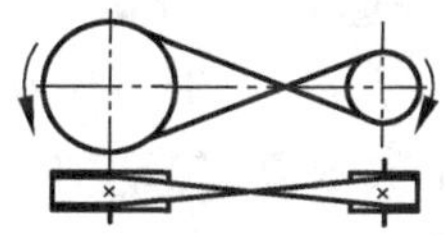	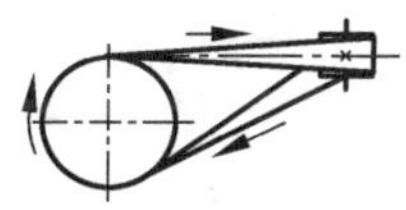	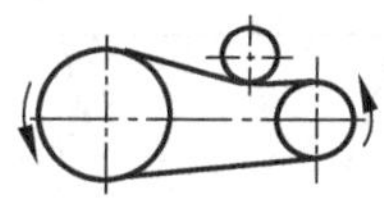
使用范围传动比	$i\leqslant5$(平带) $\leqslant7$(V 带)	$i\leqslant6$	$i\leqslant3$	$i\leqslant10$
带速/(m/s)	$v\leqslant20\sim50$	$v\leqslant15$	$v\leqslant15$	$v\leqslant25\sim50$
相对拉曳能力②	1	0.75～0.85	0.7～0.8	>1
应用场合	两轴平行，回转方向相同	两轴平行，回转方向相反。由于交叉处带的摩擦和扭转，带的寿命短	两轴交错，不能逆转	两轴平行，回转方向相同，不能逆转。用于短中心距、大传动比的传动

注：① 交叉传动、半交叉传动适用于平带。
② 相对于开口传动的拉曳能力。

8.2　带的型号和带轮结构

8.2.1　平带和 V 带材料及型号

1. 平带

胶帆布平带强度高、价廉，在平带传动中应用最多，其尺寸见表 8.2。此外，还有用麻、丝或锦纶等材料编织而成的编织带；承载层为涤纶绳，表面覆以耐磨耐油胶布或聚氨酯的高速胶带；承载层为锦纶片的强力锦纶带等。

表 8.2　胶帆布平带的尺寸(mm)

胶帆布层数 z①	带宽 b	最小带轮直径 $D_{1\min}$
3	16～20	160/112②
4	20～315	224/160
5	63～315	280/200
6	63～500	315/224
7	200～500	355/280
8	200～500	400/315
9	200～500	450/355
10	200～500	500/400

注：①每层厚度约 1.2mm。
②分子为荐用值，分母为许用值。

胶帆布平带通常整卷出售，使用时根据所需长度截取，并将其端部联接起来（硫化接头或机械接头）。高速带为无端的环形平带。

胶帆布平带宽度 b 的系列为：16、20、25、32、40、50、63、71、80、90、100、112、125、140、160、180、200、224、250、280、315、355、400、450、500，单位为 mm。

用聚氨酯材料制成的带具有耐油性强、不产生磨屑、外表透明美观等优点，但使用温度不得高于 80℃。如果工作中有可能受热蒸汽影响或与酸、碱接触，则宜改用橡胶材料制成的带。

2. V 带

V 带有普通 V 带、窄 V 带和宽 V 带等类型。一般多使用普通 V 带，现在使用窄 V 带的也日见广泛。

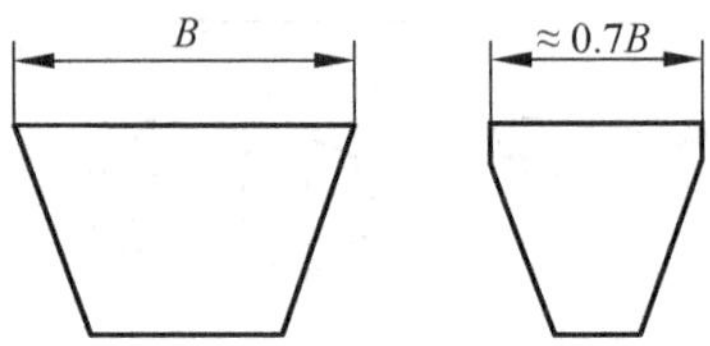

图 8.3　普通 V 带和窄 V 带

窄 V 带采用合成纤维绳或钢丝绳作承载层，如图 8.3 所示，与普通 V 带比较，当高度相同时，其宽度比普通 V 带小约 30%。窄 V 带传递功率的能力比普通 V 带大，允许速度和挠曲次数高，传动中心距小。适用于大功率且结构要求紧凑的传动。

普通 V 带有 Y、Z、A、B、C、D、E 七种型号（见 GB/T 13575.1—1992）；窄 V 带有 SPZ、SPA、SPB、SPC 四种型号（见 GB 1544—1989）。

普通 V 带由顶胶、抗拉体（承载层）、底胶和包布组成（图 8.4）。承载层是胶帘布或胶绳芯。绳芯结构柔韧性好，适用于转速较高，带轮直径较小的场合。

V 带制成无接头的环形。各种型号带的基准长度见表 8.3。

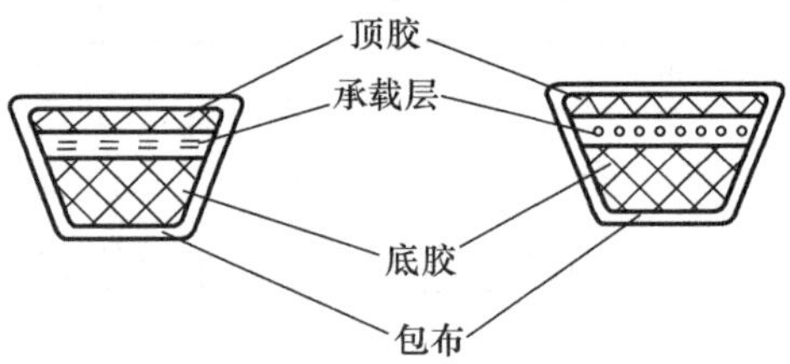

图 8.4　V 带结构

表 8.3　V 带的基准长度系列及长度系数 k_L

基准长度 L_d/mm	普通 V 带							窄 V 带			
	Y	Z	A	B	C	D	E	SPZ	SPA	SPB	SPC
400	0.96	0.87									
450	1.00	0.89									
500	1.02	0.91									
560		0.94									
630		0.96	0.81					0.82			
710		0.99	0.83					0.84			
800		1.00	0.85					0.86	0.81		
900		1.03	0.87	0.82				0.88	0.83		
1000		1.06	0.89	0.84				0.90	0.85		
1120		1.08	0.91	0.86				0.93	0.87		
1250		1.11	0.93	0.88				0.94	0.89	0.82	
1400		1.14	0.96	0.90				0.96	0.91	0.84	

续表

基准长度 L_d/mm	普通 V 带							窄 V 带			
	Y	Z	A	B	C	D	E	SPZ	SPA	SPB	SPC
1600		1.16	0.99	0.92	0.83			1.00	0.93	0.86	
1800		1.18	1.01	0.95	0.86			1.01	0.95	0.88	
2000			1.03	0.98	0.88			1.02	0.96	0.90	0.81
2240			1.06	1.00	0.91			1.05	0.98	0.92	0.83
2500			1.09	1.03	0.93			1.07	1.00	0.94	0.86
2800			1.11	1.05	0.95	0.83		1.09	1.02	0.96	0.88
3150			1.13	1.07	0.97	0.86		1.11	1.04	0.98	0.90
3550			1.17	1.09	0.99	0.89		1.13	1.06	1.00	0.92
4000			1.19	1.13	1.02	0.91			1.08	1.02	0.94
4500				1.15	1.04	0.93	0.90		1.09	1.04	0.96
5000				1.18	1.07	0.96	0.92			1.06	0.98
5600					1.09	0.98	0.95			1.08	1.00
6300					1.12	1.00	0.97			1.10	1.02
7100					1.15	1.03	1.00			1.12	1.04
8000					1.18	1.06	1.02			1.14	1.06
9000					1.21	1.08	1.05				1.08
10000					1.23	1.11	1.07				1.10

V 带的楔角都是 40°。胶带弯曲时，受拉部分（顶胶层）在横向要收缩，受压部分（底胶层）在横向要伸长，因而楔角将减小。V 带截面尺寸见表 8.5。

8.2.2　平带和 V 带带轮结构

1. 平带带轮

平带带轮轮缘的尺寸见表 8.4。

表 8.4　平带带轮轮缘尺寸(mm)

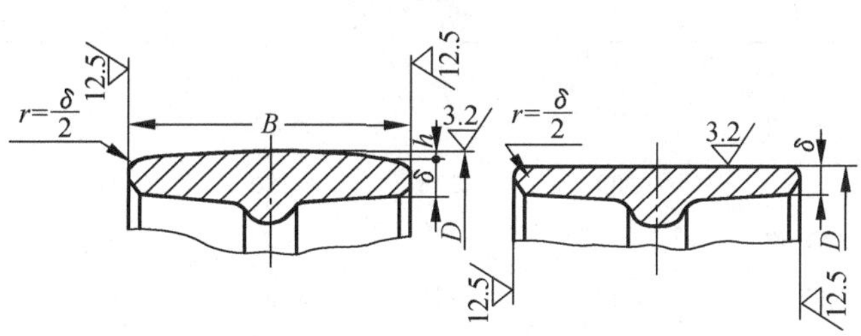

带宽 b	20	25	32	40	50	63	71	80	90	100	112	125	140	160	180	200	224	250
轮缘宽 B	25	32	40	50	63	71	80	90	100	112	125	140	160	180	200	224	250	280
带轮直径 D①	50～112		125～140		160～180		200～224		250～280		315～355		400～500		560～710			
中心凸度 h_{min}	0.3		0.4		0.5		0.6		0.8		1.0		1.2		1.5			
带轮厚度 δ	$\delta=0.005D+3$																	

注：① 平带带轮直径 D 的系列为 50、56、63、71、80、90、100、112、125、140、160、180、200、224、250、280、315、355、400、450、500、560、630、710，单位为 mm。

2. V带带轮

为保证胶带和带轮工作面的良好接触，除很大的带轮外，带轮沟槽的槽角都应适当减小，见表8.5。

表 8.5　V带截面尺寸和带轮轮缘尺寸(mm)

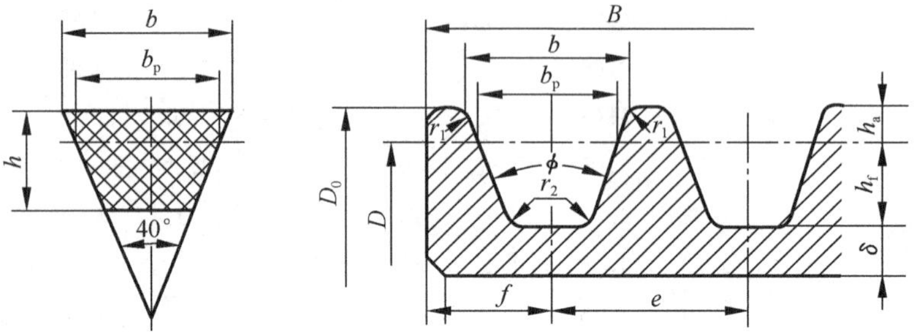

尺　寸	型　号										
	Y	Z		A		B		C		D	E
			SPZ		SPA		SPB		SPC		
V带尺寸　顶宽 b	6	10		13		17		22		32	38
节宽 b_p	5.3	8.5		11.0		14.0		19.0		27.0	32.0
高度 h	4	6		8		11		14		19	25
			(8)①		(10)		(14)		(18)		
带质量 q/(kg/m)	0.04	0.06		0.10		0.17		0.30		0.60	0.87
			(0.07)		(0.12)		(0.20)		(0.37)		
轮缘尺寸 h_{amin}	1.6	2		2.75		3.5		4.8		8.1	9.6
h_{fmin}	4.7	7		8.7		10.8		14.3		19.9	23.4
			(9)		(11)		(14)		(19)		
e	8	12		15		19		25.5		37	44.5
f	7	8		10		12.5		17		24	29
δ_{min}	5	5.5		6		7.5		10		12	15
带轮计算直径 D②											
$\phi=32°$	≤63	—		—		—		—		—	—
34°	—	≤80		≤118		≤180		≤315		—	—
36°	>63	—		—		—		—		≤475	≤630
38°	—	>80		>118		>180		>315		>475	>630
带轮外径 D_0	$D_0=D+2h_a$										
带轮宽度 B	$B=(z-1)e+2f$　(z 为轮槽数)										

注：① h、q、h_f尺寸中未带( )为普通V带的数字；带( )为窄V带的数字；其余尺寸普通V带、窄V带通用。

② 在GB/T 13575.1—1992中，V带带轮的计算直径 D 称为基准直径 d_d。V带带轮计算直径 D 的系列为20、22.4、25、28、31.5、35.5、40、45、50、56、63、71、75、80、85、90、95、100、106、112、118、125、132、140、150、160、170、180、200、212、224、236、250、265、280、300、315、355、375、400、425、450、475、500、530、560、600、630、670、710、750、800、900、1000，单位为mm。

3. 带轮结构

在结构上，带轮应易于制造，能避免由于铸造而产生过大的内应力，重量要轻。高速带轮还要进行动平衡。带轮工作表面要保证适当的粗糙度值，以免把带很快磨坏。带轮的材料主要采用铸铁，常用牌号为 HT150 或 HT200；转速较高时采用铸钢，或用钢板冲压后焊接；小功率时可以采用铸铝或塑料。

对平带传动，轮缘尺寸见表 8.4。为防止掉带，通常在大带轮轮缘表面制成中心凸度。

带轮由三部分组成：轮缘（用以安装传动带）；轮毂（用以安装在轴上）；轮辐或腹板（联接轮缘与轮毂）。

大带轮常采取轮辐式结构（图 8.5），轮辐截面为椭圆形，其长轴与回转平面重合。轮辐数目 z_a 可根据带轮直径选取：$D<500$mm 时取 4；$D=500\sim1600$mm 时取 6；$D=1600\sim3000$mm 时取 8。

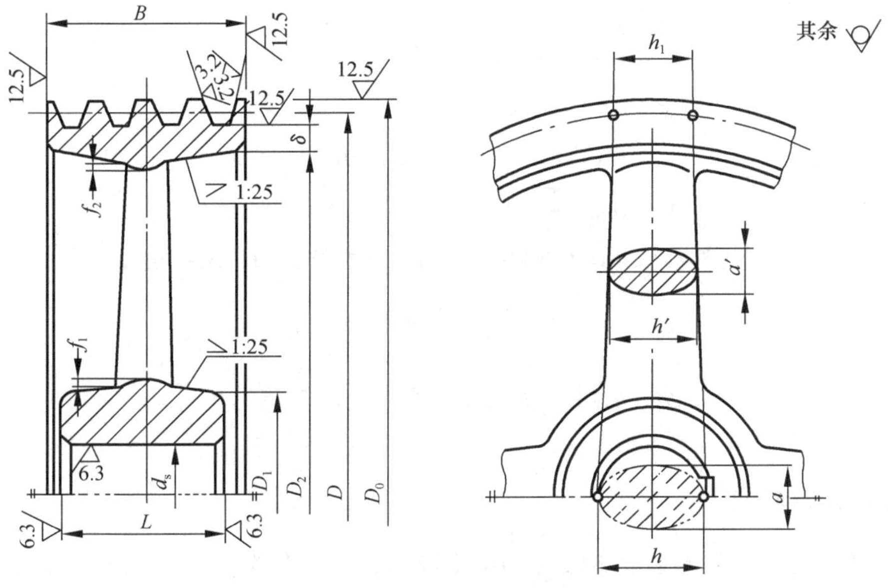

图 8.5　轮辐式带轮的结构

带轮其他部分的尺寸都按经验公式决定，可参看机械零件手册。当轮宽$B>300$mm 时，可用双排轮辐。中小直径的带轮可采用腹板式，如图 8.6 所示。更小的带轮可制成圆柱形。

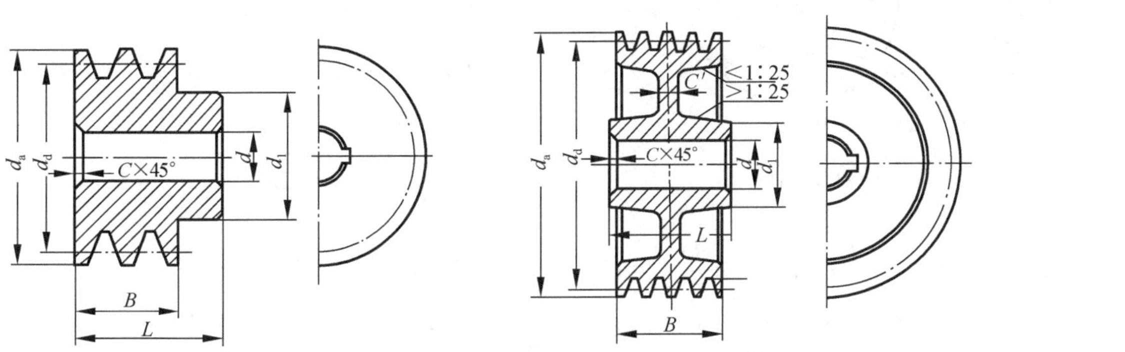

(a)　(b)

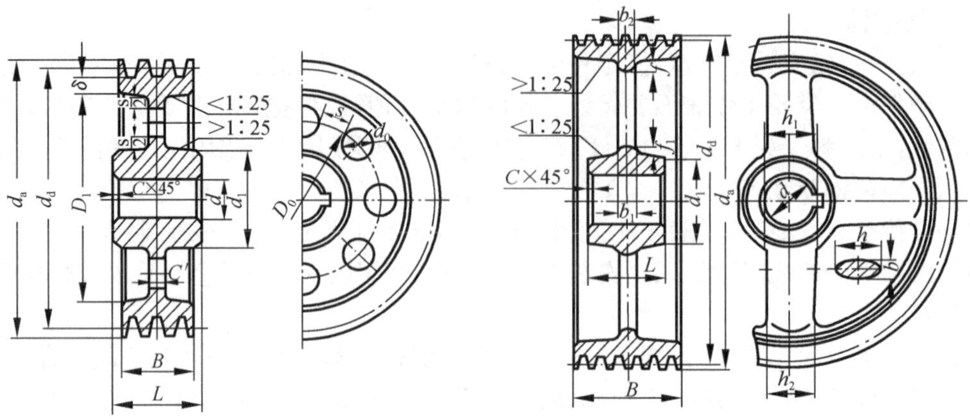

$d_1=(1.8\sim2)d$，d 为轴的直径　$h_2=0.8h_1$

$D_0=0.5(D_1+d_1)$　　$b_1=0.4h_1$

$d_0=(0.2\sim0.3)(D_1-d_1)$　　$b_2=0.8b_1$

$C'=\left(\frac{1}{7}\sim\frac{1}{4}\right)B$　　$S=C'$

$L=(1.5\sim2)d$，当 $B<1.5d$ 时，$L=B$　$f_1=0.2h_1$

$h_1=290\sqrt[3]{\frac{P}{nz_a}}$　　$f_2=0.2h_2$

式中 P 为传递的功率，单位为 kW；n 为带轮的转速，单位为 r/min；z_a 为轮辐数

图 8.6　带轮结构形式

8.3　带传动几何计算及力学分析

8.3.1　带传动几何计算

决定带传动几何关系的主要参数有：中心距 a；带长 L；带轮直径 D_1、D_2；包角 α_1。参照图 8.7，可以得出这些参数间的近似关系。

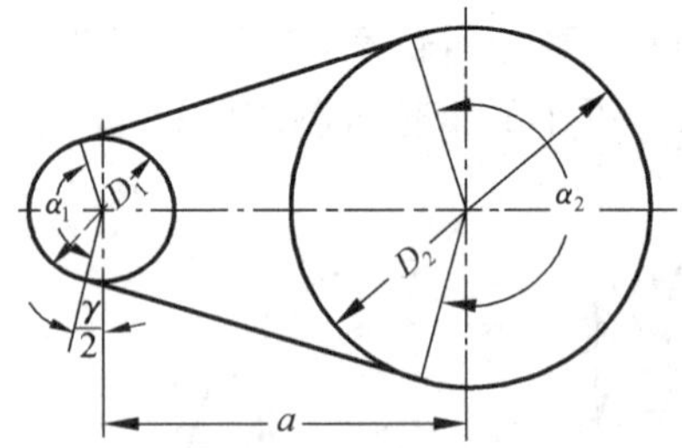

图 8.7　带传动的几何关系

$$L=\frac{\pi(D_2+D_1)}{2}+\gamma\frac{D_2-D_1}{2}+2a\cos\frac{\gamma}{2}\approx\pi D_m+2a+\frac{\Delta^2}{a} \tag{8.1}$$

$$a=\frac{L-\pi D_m}{4}+\frac{1}{4}\sqrt{(L-\pi D_m)^2-8\Delta^2} \tag{8.2}$$

$$\alpha_1=180°-\frac{D_2-D_1}{a}\times60°$$

式中，$D_m=\frac{D_2+D_1}{2}$；$\Delta=\frac{D_2-D_1}{2}$；$\gamma\approx\frac{D_2-D_1}{a}$；$\cos\frac{\gamma}{2}\approx1-\frac{1}{2}\left(\frac{\gamma}{2}\right)^2$。

对于 V 带传动，带长 L 应为基准长度 L_d，见表 8.3。

8.3.2 带传动受力分析

带在安装时就以一定的拉力(称为张紧力)F_0 套在一对带轮上(图 8.8),使带和带轮相互压紧。带传动不工作时,带两边的拉力相等,均为 F_0;工作时,主动轮转动带动从动轮。由于带与轮面间的摩擦力使其一边拉力加大到 F_1,称为紧边拉力,另一边拉力减小到 F_2,称为松边拉力。两者之差 $F=F_1-F_2$ 即为带的有效拉力,它等于沿带轮的接触弧上摩擦力的总和。

如果近似认为带工作时的总长度不变,则带的紧边拉力的增量,应等于松边拉力的减量。

$$F_1-F_0=F_0-F_2 \Rightarrow F_1+F_2=2F_0 \quad (8.3)$$

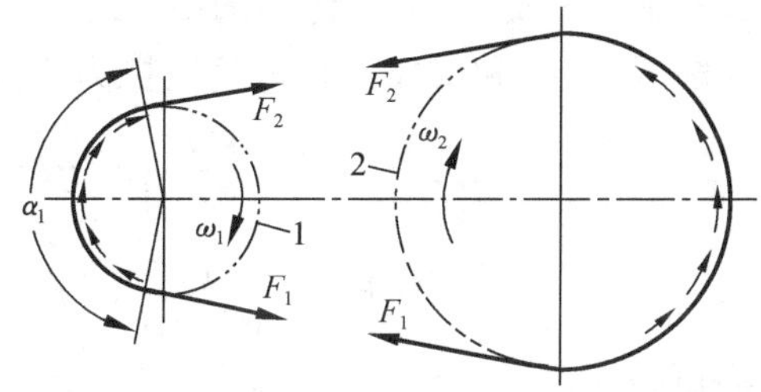

图 8.8　带传动受力图

在一定条件下,摩擦力有一极限值,如果工作阻力超过极限值,带就在轮面上打滑,传动不能正常工作。摩擦力的极限值决定于带材料、张紧程度、包角(带与轮的接触角)大小等因素。当其他条件相同时,张紧力 F_0 和包角 α_1(两轮包角中较小的一个)越大,摩擦力的极限值也越大。因此,带传动必须适当地控制张紧力和维持适当的包角,后一要求限制了带传动的最小中心距和最大传动比。

带传动中,有效拉力 F 是带和带轮接触面上各点摩擦力的总和,即

$$F=F_1-F_2=\frac{1000P}{v} \tag{8.4}$$

式中,v 表示带速,单位:m/s;P 表示名义传动功率,单位:kW。

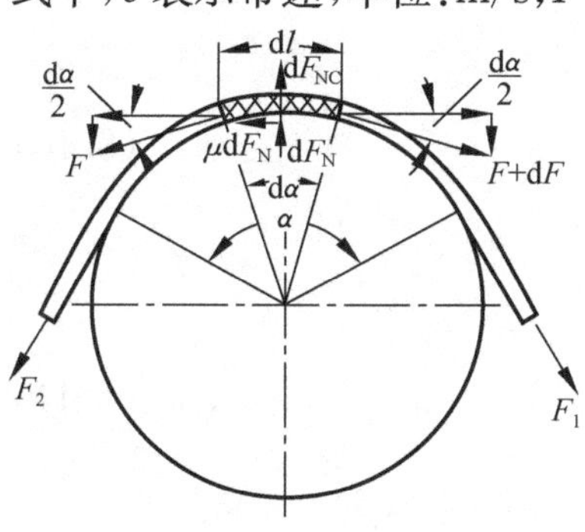

图 8.9　带绕过带轮的力学模型

图 8.9 为带绕过带轮的微元力学模型,可列出带开始打滑时,带上各力沿垂直方向的平衡式为

$$F\sin\frac{d\alpha}{2}+(F+dF)\sin\frac{d\alpha}{2}-dF_N-dF_{NC}=0$$

式中,dF_N 为微段带的正压力;dF 为紧边拉力增量,它等于作用在微段带上的摩擦力。用 $\frac{d\alpha}{2}$ 代替 $\sin\frac{d\alpha}{2}$,略去 $dFd\alpha$,可得 $dF_N=Fd\alpha-dF_{NC}$。已知微段离心力 $dF_{NC}=qv^2d\alpha$,故 $dF_N=(F-qv^2)d\alpha$,由此得

$$dF=\mu dF_N=\mu(F-qv^2)d\alpha$$

上式等号两边同除以 $F-qv^2$ 并分别在 F_1 到 F_2 和 0 到 α 范围内积分,即可得下式:

$$\frac{F_1-qv^2}{F_2-qv^2}=e^{\mu\alpha} \tag{8.5}$$

式中,e 为自然对数的底;μ 为带与带轮间的摩擦系数,对于 V 带传动,μ 应为当量摩擦系数 μ_v;α 为带在带轮上的包角;q 为每米带长的质量,kg/m。

由离心力所产生的拉力可参看图 8.10,列出 dl 微段弧的带离心力 dF_{NC} 与离心拉力 F_c 的平衡式得

$$q(Rd\alpha)\frac{v^2}{R}=2F_c\sin\frac{d\alpha}{2}$$

当 $d\alpha$ 很小时,有

$$\sin\frac{d\alpha}{2}\approx\frac{d\alpha}{2}$$

则带的离心拉力

$$F_c = qv^2 \tag{8.6}$$

若带速 $v<10\text{m/s}$，离心力可以忽略，则 $F_1/F_2=e^{\mu\alpha}$，即著名的欧拉公式。若 $\alpha=180°=\pi$，则平带传动的 $F_1/F_2\approx 2.6$（取 $\mu\approx 0.3$），V 带传动的 $F_1/F_2\approx 5$（取 $\mu_v=0.51$）。联立解式(8.4)和式(8.5)，得紧边拉力 F_1 和松边拉力 F_2 为

$$F_1=\frac{Fe^{\mu\alpha}}{e^{\mu\alpha}-1}+qv^2 \tag{8.7}$$

$$F_2=\frac{F}{e^{\mu\alpha}-1}+qv^2 \tag{8.8}$$

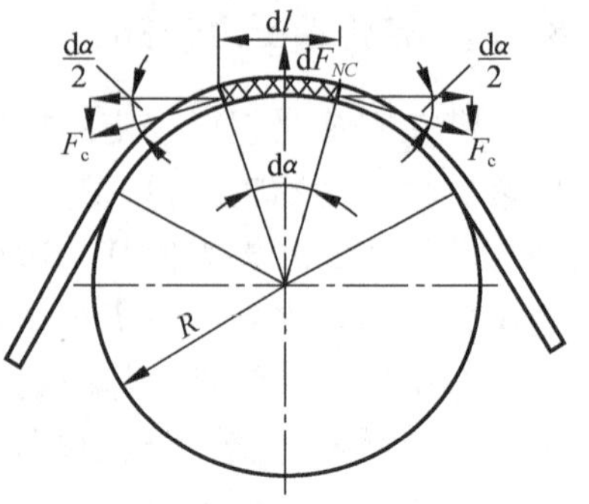

图 8.10　离心力产生模型

如果将式(8.4)带入式(8.3)可以得到

$$\begin{aligned}F_1&=F_0+\frac{F}{2}\\F_2&=F_0-\frac{F}{2}\end{aligned} \tag{8.9}$$

8.3.3　带的应力及其分布规律

带的紧边应力 σ_1、松边应力 σ_2 和张紧应力 σ_0 这三种应力由紧边拉力 F_1、松边拉力 F_2 和张紧力 F_0 产生，计算公式为

$$\sigma_1=\frac{F_1}{A},\quad \sigma_2=\frac{F_2}{A},\quad \sigma_0=\frac{F_0}{A} \tag{8.10}$$

式中，A 为带的截面面积。

如果紧边和松边的应力差用 σ 表示

$$\sigma=\sigma_1-\sigma_2=\frac{F}{A} \tag{8.11}$$

离心应力 σ_c 由离心拉力 F_c 产生，沿带横截面上相等。

$$\sigma_c=\frac{F_c}{A}=\frac{qv^2}{A}=\rho v^2 \tag{8.12}$$

可见离心应力与每米带长的质量 q 或密度 ρ 成正比，与速度 v 的平方成正比，故高速时宜采用轻质带，以利于降低离心应力。对于平带和 V 带，密度 $\rho=1250\sim1400\text{kg/m}^3$。

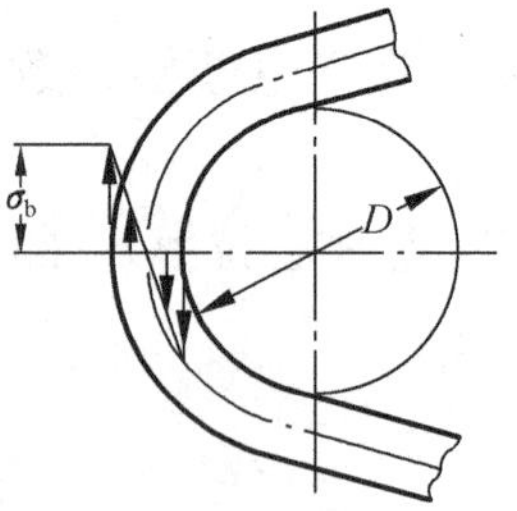

图 8.11　带的弯曲

由于带弯曲而产生的弯曲应力为 σ_b，如图 8.11 所示，带为弹性体，σ_b 只发生绕在带轮的部分。

$$\sigma_b=E\frac{y}{r} \tag{8.13}$$

式中，E 为带的弹性模量，平带为 200～350MPa，V 带为 250～400MPa；r 为曲率半径，平带 $r=(D+h)/2$（h 为带厚），V 带 $r=D/2$；y 为由带中性层到最外层的距离，平带，V 带 $y=h_a$。可见带在小带轮上的弯曲应力比大带轮大。

带上所产生的应力，沿带一周是不断发生变化的，图 8.12 表示带的应力分布情况。图中小带轮为主动轮，最大应力发生在紧边进入小带轮处(图中 b 点)：

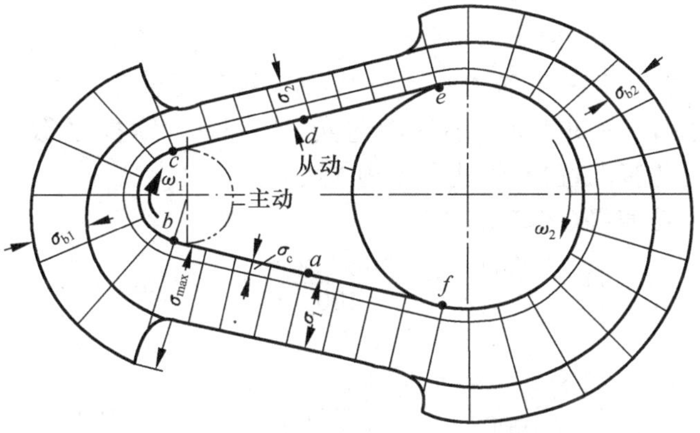

图 8.12　带的应力分布规律

$$\sigma_{max}=\sigma_1+\sigma_{b1}=\frac{F_1}{A}+\sigma_{b1}=\frac{1}{A}\left(\frac{Fe^{\mu\alpha}}{e^{\mu\alpha}-1}+qv^2\right)+\sigma_{b1}$$

$$=\frac{Fe^{\mu\alpha}}{A(e^{\mu\alpha}-1)}+\sigma_{b1}+\sigma_c \tag{8.14}$$

最小应力发生在松边上。

在一般情况下，弯曲应力最大，离心应力比较小。离心应力只占紧边应力的一部分，随着速度的增加而增大。

【例 8.1】　普通 V 带传动的中心距 $a=500$mm，主、从动轮基准直径 $D_1=125$mm，$D_2=400$mm，A 型 V 带。试计算小带轮包角 α_1 和基准带长。

解　(1)计算包角

$$\alpha_1=180°-\frac{D_2-D_1}{a}\times 60°=180°-\frac{400-125}{500}\times 60°=147°$$

(2)确定带的基准长度

$$D_m=\frac{D_2+D_1}{2}=\frac{400+125}{2}=262.5(\text{mm})$$

$$\Delta=\frac{D_2-D_1}{2}=\frac{400-125}{2}=137.5(\text{mm})$$

$$L_d=2a+\pi D_m+\frac{\Delta^2}{a}=2\times 500+\pi\times 262.5+\frac{137.5^2}{500}=1862.06(\text{mm})$$

由表 8.3 查得 A 型 V 带的基准长度为 $L_d=2000$mm。

【例 8.2】　一带传动的传动功率 $P=10$kW，带速 $v=12.5$m/s，张紧力 $F_0=1000$N，求松、紧边拉力。

解　(1)求有效拉力

$$F=\frac{1000P}{v}=\frac{1000\times 10}{12.5}=800(\text{N})$$

(2)求松、紧边拉力

因为

$$F_1-F_2=F$$

$$F_1+F_2=2F_0$$

所以

$$F_1 = \frac{2F_0 + F}{2} = \frac{2 \times 1000 + 800}{2} = 1400(\text{N})$$

$$F_2 = F_1 - F = 1400 - 800 = 600(\text{N})$$

【例 8.3】 带传动的传递功率 $P=7.5\text{kW}$，主、从动轮转速 $n_1=1200\text{r/min}$，$n_2=400\text{r/min}$；主动轮基准直径 $D_1=300\text{mm}$，小带轮包角 $\alpha_1=170°$，摩擦系数 $\mu=0.2$，线密度 $q=0.06\text{kg/m}$。求从动轮的基准直径、带速和紧边拉力。

解 (1)从动轮基准直径(忽略滑动率)

$$D_2 = \frac{D_1 n_1}{n_2} = \frac{300 \times 1200}{400} = 900(\text{mm})$$

(2)带速

$$v = \frac{\pi D_1 n_1}{60 \times 1000} = \frac{\pi \times 300 \times 1200}{60 \times 1000} = 18.84(\text{m/s})$$

(3)求紧边拉力 F_1

带传动的有效拉力 F

$$F = \frac{1000P}{v} = \frac{1000 \times 7.5}{18.8} = 398.09(\text{N})$$

则
$$F_1 = \frac{F e^{\mu\alpha}}{e^{\mu\alpha} - 1} + qv^2 = \frac{398.9 \times e^{0.2 \times \frac{170\pi}{180}}}{e^{0.2 \times \frac{170\pi}{180}} - 1} + 0.06 \times 18.84^2 = 911.1(\text{N})$$

8.4 弹性滑动、打滑和滑动率

8.4.1 带的弹性滑动和打滑

带在工作时受到拉力而产生变形，受力不同时伸长量不等，使带传动发生弹性滑动现象。由图 8.13 可以看出，带自 b 点绕上主动轮时，带的速度和带轮表面的速度是相等的，但当它沿弧 bc 继续前进时，带的拉力由 F_1 降低到 F_2，带的拉伸弹性变形也要相应减小，亦即带在逐渐缩短，带的速度要落后于带轮，因此两者之间必然发生相对滑动。同样的现象也发生在从动轮上，但情况恰好相反，在带绕上从动轮时，带和带轮具有相同速度，但带沿前进方向，却不是缩短而是被拉长，使带的速度领先于带轮。上述现象称为带的弹性滑动。

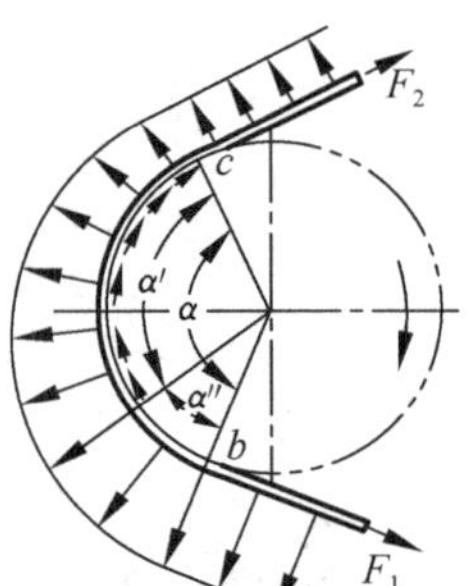

图 8.13 弹性滑动

弹性滑动引起了下列后果：①从动轮的圆周速度低于主动轮；②降低了传动效率；③引起带的磨损；④使带温度升高。

在带传动中由于摩擦力使带的两边发生不同程度的拉伸变形。既然摩擦力是这类传动所必需的，所以弹性滑动也是不能避免的。选用弹性模量大的带材料，可以降低弹性滑动。

一般说来，并不是全部接触弧上都发生弹性滑动。接触弧可分成有相对滑动(滑动弧)和无相对滑动(静弧)两部分，两段弧所对应的中心角，分别称为滑动角(α')和静角(α'')。实践证明，静弧总是发生在带进入带轮的这一边上(图 8.13)。带不传递载荷时，滑动角为零，随着载荷增加，滑动角逐渐加大而静角则在减小，当滑动角 α' 增大到包角 α 时，达到极限状态，带传动的有效拉力达最大值，带就开始打滑。打滑将造成带的严重磨损并使带的运动处于不稳定状态。对于开式传动，带在大轮上的包角总是大于在小轮上的包角，所以打滑总是在小轮上先开始。

值得注意的是，不能将弹性滑动和打滑混淆起来，打滑是由于过载所引起的带在带轮上的全面滑动。打滑可以避免，弹性滑动不能避免。

8.4.2 带的滑动率

根据上述分析，带传动中必然存在弹性滑动现象，使得从动轮的圆周速度低于主动轮，其相对降低率 ε 称为滑动率

$$\varepsilon=\frac{v_1-v_2}{v_1}=\frac{\pi n_1 D_1-\pi n_2 D_2}{\pi n_1 D_1}=1-\frac{D_2 n_2}{D_1 n_1}=1-\frac{D_2}{D_1}\times\frac{1}{i}$$

式中 $i=\dfrac{n_1}{n_2}$ 为传动比。带传动的滑动率 ε 一般为 1%～2%。因此，若计入弹性滑动，则从动轮直径 D_2 或转速 n_2 可由下式求出：

$$D_2=(1-\varepsilon)\frac{n_1 D_1}{n_2}\quad 或\quad n_2=(1-\varepsilon)\frac{n_1 D_1}{D_2}\tag{8.15}$$

8.5 带传动的疲劳强度计算

8.5.1 带的疲劳强度

在带绕过两个带轮过程中，应力由小变大、又由大变小地变化一次。带绕过带轮的次数越多，转速越高，带越短，应力变化也越频繁。因此带传动的主要失效形式为打滑和疲劳破坏。带传动的设计准则是：在不打滑前提下，具有一定疲劳强度和寿命。因此，带的最大应力 σ_{max} 应满足下列要求：$\sigma_{max}=\sigma_1+\sigma_{b1}\leqslant[\sigma]$，$[\sigma]$为根据疲劳寿命决定的带的许用拉应力。由此得带的传动功率为

$$P=\frac{Fv}{1000}=\frac{(F_1-qv^2)\left(1-\frac{1}{e^{\mu\alpha}}\right)v}{1000}=\frac{(\sigma_1 A-qv^2)\left(1-\frac{1}{e^{\mu\alpha}}\right)v}{1000}$$

$$=\frac{([\sigma]-\sigma_{b1}-\sigma_c)A\left(1-\frac{1}{e^{\mu\alpha}}\right)v}{1000}(\mathrm{kW})\tag{8.16}$$

如果在式(8.16)中的 $F_1-qv^2=0$，则 $P=0$，说明带速很大时，紧边拉力全部用来承担离心力。由此得极限速度

$$v_{lim}=\sqrt{\frac{F_1}{q}}=\sqrt{\frac{([\sigma]-\sigma_{b1})A}{q}}$$

对式(8.16)中的 v 求导，并使 $dp/dv=0$，则可求得传递功率最大时的速度，也称最佳速度

$$v_{opt}=\sqrt{\frac{F_1}{3q}}=0.58v_{lim}$$

若带在最佳速度下工作，则能充分发挥带的工作能力。实际上，一般选取的带速总是低于 v_{opt}，这是因为可以选用小一些的带轮，使结构紧凑，降低制造成本。

8.5.2 提高带传动工作能力的方法

1) 增大摩擦系数

在材料方面可采用摩擦系数较高的材料，摩擦系数的大小与带和带轮材料、带的速度和滑动率有关。在一般情况下，铸铁带轮采用胶帆布带时 $\mu=0.3$，采用皮革带时 $\mu=0.35$。在结构方面可利用楔形增压原理采用 V 带传动，其当量摩擦系数 μ_v 比平带传动高约 70%，即$\mu_v\approx1.7\mu$。

如图 8.14，平带工作时，带的内面是工作面，接触面的摩擦力 $F_\mu=\mu F_N=\mu F_Q$，F_Q 是带的压紧力。V 带传动工作时，带的两侧面是工作面。由于带的拉力是变化的，同时引起带宽尺寸的改变，从而使带沿轮槽作径向移动。在从动轮上，带由松变紧，拉力逐渐增大，带向槽内移动，主动轮则相反。因此，V 带传动有周向滑动和径向滑动同时存在，相应有周向摩擦力和径向摩擦力同时存在。根据力的平衡，存在下述关系式：

$$F_Q=2F_N\left(\sin\frac{\phi}{2}+\mu\cos\frac{\phi}{2}\right)$$

$$2F_N=\frac{F_Q}{\sin\frac{\phi}{2}+\mu\cos\frac{\phi}{2}}$$

由此得

$$F_\mu=2\mu F_N=\mu\frac{F_Q}{\sin\frac{\phi}{2}+\mu\cos\frac{\phi}{2}}=\mu_v F_Q$$

$$\mu_v=\frac{\mu}{\sin\frac{\phi}{2}+\mu\cos\frac{\phi}{2}} \tag{8.17}$$

μ_v 为 V 带传动的当量摩擦系数。若取 $\mu=0.3$，$\phi=32^\circ\sim38^\circ$，则 $\mu_v=0.532\sim0.492$，平均取 $\mu_v=0.51$。

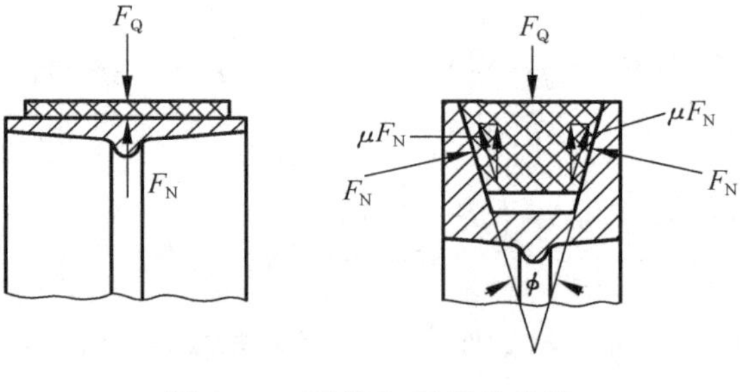

图 8.14　平带和 V 带的比较

由此可见，V 带传动利用楔形增压原理使在同样大的张紧力下产生较大的摩擦力。一般说来，V 带传动适用于短中心距和较大的传动比；在垂直或倾斜的传动中都能工作得很好；V 带传动没有接头，运行较平稳；数根同时使用时，即使损坏一根，机器不致立刻停车。V 带传动的缺点是带的使用寿命较平带短，带轮价格较贵，传动效率较平带传动要低一些。

2) 增大包角

增大包角可以增大有效拉力，提高传动工作能力。增大包角的措施，除减小传动比、增大中心距外，还可以采用张紧装置。

3）尽量使传动在靠近最佳速度下工作

4）采用高强度带材料

如采用钢丝绳、涤纶等合成纤维绳作为带的承载层。

5）采用新型带传动

如大楔角 V 带、多楔带、同步带等传动。

8.6　传动参数的确定和带传动设计过程

8.6.1　传动参数的确定

1）型号的选择

带的型号可根据计算功率 P_c 和小带轮转速 n_1 选取，普通 V 带见图 8.15，窄 V 带见图 8.16。计算功率

$$P_c = K_A P \tag{8.18}$$

式中，P 为名义传动功率；K_A为工作情况系数，见表 8.6。

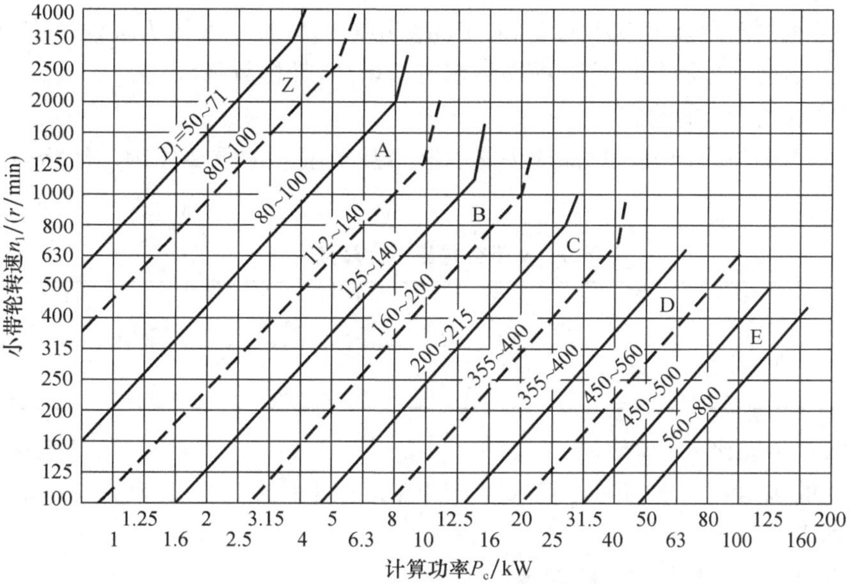

图 8.15　普通 V 带选型

表 8.6　工作情况系数 K_A

工作机载荷性质	动力机（一天工作时数，h）					
	Ⅰ类			Ⅱ类		
	≤10	10～16	＞16	≤10	10～16	＞16
工作平稳	1	1.1	1.2	1.1	1.2	1.3
载荷变动小	1.1	1.2	1.3	1.2	1.3	1.4
载荷变动较大	1.2	1.3	1.4	1.4	1.5	1.6
冲击载荷	1.3	1.4	1.5	1.5	1.6	1.8

注：Ⅰ类——直流电动机、Y 系列三相异步电动机、汽轮机、水轮机。
Ⅱ类——交流同步电动机、交流异步滑环电动机、内燃机、蒸汽机。

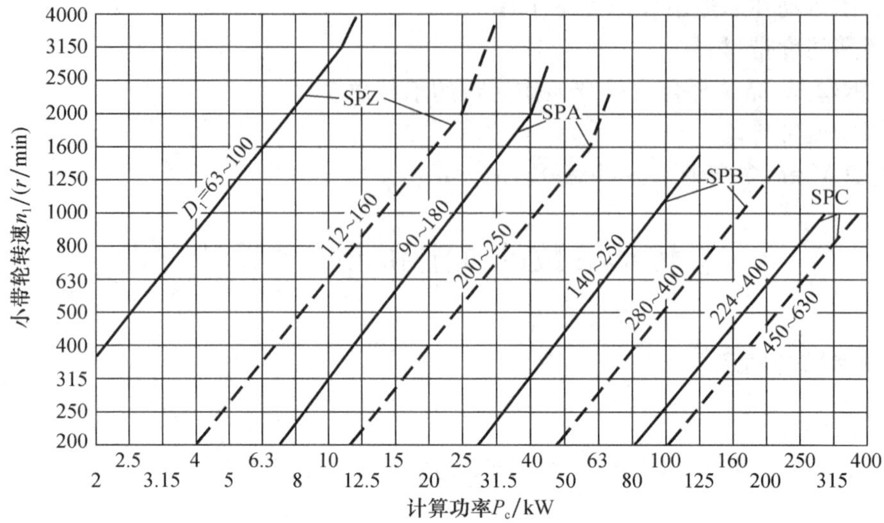

图 8.16　窄 V 带选型

型号的选择具有一定的灵活性，在两种型号相邻的区域，若选用截面较小的型号，则根数较多，传动尺寸相同时可获得较小的 h/D，带的使用寿命较长。如认为根数过多，也可以选择大一号的型号，这时，带轮尺寸、传动中心距都有所增加，带根数则可减少。

2）小带轮直径 D_{min} 的确定

带轮越小，弯曲应力越大。弯曲应力是引起带疲劳损坏的重要原因。V 带带轮的最小直径见表 8.7。

表 8.7　V 带带轮最小计算直径(mm)

型　号	Y		Z		A		B		C		D		E
				SPZ		SPA		SPB		SPC			
D_{min}	20		50		75		125		200		355		500
						63		90		140		224	

3）包角 α_1、传动比 i 的确定

V 带传动的包角 α_1 一般不小于 120°，个别情况下可小到 70°。传动比 i 通常不大于 7，个别情况下可到 10。

4）中心距 a、带基准长度 L_d 的确定

带传动的中心距不宜过大，否则将由于载荷变化引起带的颤动。中心距也不宜过小，否则：①中心距越小，则带的长度越短，在一定速度下，单位时间内带的应力变化次数越多，会加速带的疲劳损坏；②当传动比 i 较大时，短的中心距将导致包角 α_1 过小。

对于 V 带传动，中心距 a 一般可取

$$2(D_1+D_2)\geqslant a\geqslant 0.7(D_1+D_2)+h$$

式中，D_1、D_2 为小、大带轮的计算直径；h 为 V 带的高度。

对于 V 带，决定中心距 a 后，可根据式(8.1)算得带长 L，再由表 8.3 选定相近的基准长度 L_d。实际中心距需根据选定的 L_d 再由式(8.2)决定。

考虑安装调整和补偿张紧力(如胶带伸长而松弛后的张紧)的需要，中心距的变动范围为 $(a-0.015L_d)\sim(a+0.03L_d)$。

5）张紧力 F_0 的确定

对于带传动来说，张紧力过小，摩擦力小，容易发生打滑；张紧力过大，则带寿命低，轴和轴承受力大。

对于 V 带传动，既能保证传动功率又不出现打滑时的单根传动带最合适的张紧力 F_0 可由下式计算：

$$F_0 = 500\frac{P_c}{vz}\left(\frac{2.5-k_\alpha}{k_\alpha}\right)+qv^2(N) \tag{8.19}$$

式中，z 为带根数；k_α 为包角系数，见表 8.8。

表 8.8　包角系数 k_α

包角 α	180°	170°	160°	150°	140°	130°	120°	110°	100°	90°	80°	70°
V 带	1.00	0.98	0.95	0.92	0.89	0.86	0.82	0.78	0.74	0.69	0.64	0.58
平带	1.00	0.97	0.94	0.91	0.88	0.85	0.82	0.72	0.67	0.62	0.56	0.50

6）根数计算方法

在特定条件下（$\alpha=180°$、特定长度、载荷平稳、普通 V 带），应用式(8.16)求得的单根 V 带所能传递的功率以 P_0 表示。普通 V 带的 P_0 值见表 8.9，窄 V 带的 P_0 值见表 8.10。V 带根数可由下式计算：

$$z=\frac{P_c}{(P_0+\Delta P_0)k_\alpha k_L}\leqslant 10\sim 12 \tag{8.20}$$

式中，ΔP_0 为考虑 $i\neq 1$ 时传动功率的增量，单位：kW（因 P_0 是按 $\alpha_1=\alpha_2=180°$ 的条件得到的，当 $i\neq 1$ 时，从动轮直径比主动轮直径大，带绕过大带轮时的弯曲应力较绕过小带轮时小，故其传动能力有所提高），普通 V 带见表 8.11，窄 V 带见表 8.12；k_L 为长度系数，见表 8.3。

表 8.9　单根普通 V 带所能传递的功率 P_0（$\alpha_1=\alpha_2=180°$，特定长度，载荷平稳）(kW)

型号	小带轮计算直径 D_1/mm	小带轮转速 n_1/(r/min)													
		400	730	800	980	1200	1460	1600	2000	2400	2800	3200	3600	4000	5000
Y	20	—	—	—	0.02	0.02	0.02	0.03	0.03	0.04	0.04	0.05	0.06	0.06	0.08
	31.5	—	0.03	0.04	0.04	0.05	0.06	0.06	0.07	0.09	0.10	0.11	0.12	0.13	0.15
	40	—	0.04	0.05	0.06	0.07	0.08	0.09	0.11	0.12	0.14	0.15	0.16	0.18	0.20
	50	0.05	0.06	0.07	0.08	0.09	0.11	0.12	0.14	0.16	0.18	0.20	0.22	0.23	0.25
Z	50	0.06	0.09	0.10	0.12	0.14	0.16	0.17	0.20	0.22	0.26	0.28	0.30	0.32	0.34
	63	0.08	0.13	0.15	0.18	0.22	0.25	0.27	0.32	0.37	0.41	0.45	0.47	0.49	0.50
	71	0.09	0.17	0.20	0.23	0.27	0.31	0.33	0.39	0.46	0.50	0.54	0.58	0.61	0.62
	80	0.14	0.20	0.22	0.26	0.30	0.36	0.39	0.44	0.50	0.56	0.61	0.64	0.67	0.66
	90	0.14	0.22	0.24	0.28	0.33	0.37	0.40	0.48	0.54	0.60	0.64	0.68	0.72	0.73
A	75	0.27	0.42	0.45	0.52	0.60	0.68	0.73	0.84	0.92	1.00	1.04	1.08	1.09	1.02
	90	0.39	0.63	0.68	0.79	0.93	1.07	1.15	1.34	1.50	1.64	1.75	1.83	1.87	1.82
	100	0.47	0.77	0.83	0.97	1.14	1.32	1.42	1.66	1.87	2.05	2.19	2.28	2.34	2.25
	125	0.67	1.11	1.19	1.40	1.66	1.93	2.07	2.44	2.74	2.98	3.16	3.26	3.28	2.91
	160	0.94	1.56	1.69	2.00	2.36	2.74	2.94	3.42	3.80	4.06	4.19	4.17	3.98	2.67
B	125	0.84	1.34	1.44	1.67	1.93	2.20	2.33	2.50	2.64	2.76	2.85	2.96	2.94	2.51
	160	1.32	2.16	2.32	2.72	3.17	3.64	3.86	4.15	4.40	4.60	4.75	4.89	4.80	3.82

续表

型号	小带轮计算直径 D_1/mm	小带轮转速 n_1/(r/min)													
		400	730	800	980	1200	1460	1600	2000	2400	2800	3200	3600	4000	5000
B	200	1.85	3.06	3.30	3.86	4.50	5.15	5.46	6.13	6.47	6.43	5.95	4.98	3.47	—
	250	2.50	4.14	4.46	5.22	6.04	6.85	7.20	7.87	7.89	7.14	5.60	3.12	—	—
	280	2.89	4.77	5.13	5.93	6.90	7.78	8.13	8.60	8.22	6.80	4.26	—	—	—
C	200	1.39	1.92	2.41	2.87	3.30	3.80	4.07	4.66	5.29	5.86	6.07	6.28	6.34	6.26
	250	2.03	2.85	3.62	4.33	5.00	5.82	6.23	7.18	8.21	9.06	9.38	9.63	9.62	9.34
	315	2.86	4.04	5.14	6.17	7.14	8.34	8.92	10.23	11.53	12.48	12.72	12.67	12.14	11.08
	400	3.91	5.54	7.06	8.52	9.82	11.52	12.10	13.67	15.04	15.51	15.24	14.08	11.95	8.75
	450	4.51	6.40	8.20	9.81	11.29	12.98	13.80	15.39	16.59	16.41	15.57	13.29	9.64	4.44
D	355	5.31	7.35	9.24	10.90	12.39	14.04	14.83	16.30	17.25	16.70	15.63	12.97	—	—
	450	7.90	11.02	13.85	16.40	18.67	21.12	22.25	24.16	24.84	22.42	19.59	13.34	—	—
	560	10.76	15.07	18.95	22.38	25.32	28.28	29.55	31.00	29.67	22.08	15.13	—	—	—
	710	14.55	20.35	25.45	29.76	33.18	35.97	36.87	35.58	27.88	—	—	—	—	—
	800	16.76	23.39	29.08	33.72	37.13	39.26	39.55	35.26	21.32	—	—	—	—	—
E	500	10.86	14.96	18.55	21.65	24.21	26.62	27.57	28.52	25.53	16.25	—	—	—	—
	630	15.65	21.69	26.95	31.36	34.83	37.64	38.52	37.14	29.17	—	—	—	—	—
	800	21.70	30.05	37.05	42.53	46.26	47.79	47.38	39.08	16.46	—	—	—	—	—
	900	25.15	34.71	42.49	48.20	51.48	51.13	49.21	34.01	—	—	—	—	—	—
	1000	28.52	39.17	47.52	53.12	55.45	52.26	48.19	—	—	—	—	—	—	—

表 8.10　单根窄 V 带所能传递的功率 P_0(kW)

型号	小带轮计算直径 D_1/mm	小带轮转速 n_1/(r/min)													
		200	400	730	800	980	1200	1460	1600	2000	2400	2800	3200	3600	4000
SPZ	63	0.2	0.35	0.56	0.60	0.70	0.81	0.93	1.00	1.17	1.32	1.45	1.56	1.66	1.74
	75	0.28	0.49	0.79	0.87	1.02	1.21	1.41	1.52	1.79	2.04	2.27	2.48	2.65	2.81
	90	0.37	0.67	1.12	1.21	1.44	1.70	1.98	2.14	2.55	2.93	3.26	3.57	3.84	4.07
	100	0.43	0.79	1.33	1.44	1.70	2.02	2.36	2.55	3.05	3.49	3.90	4.26	4.58	4.85
	125	0.59	1.09	1.84	1.99	2.36	2.80	3.28	3.55	4.24	4.85	5.40	5.88	6.27	6.58
SPA	90	0.43	0.75	1.21	1.30	1.52	1.76	2.02	2.16	2.49	2.77	3.00	3.16	3.26	3.29
	100	0.53	0.94	1.54	1.65	1.93	2.27	2.61	2.80	3.27	3.67	3.99	4.25	4.42	4.50
	125	0.77	1.40	2.33	2.52	2.98	3.50	4.06	4.38	5.15	5.80	6.34	6.76	7.03	7.16
	160	1.11	2.04	3.42	3.70	4.38	5.17	6.01	6.47	7.60	8.53	9.24	9.72	9.94	9.87
	200	1.49	2.75	4.63	5.01	5.94	7.00	8.10	8.72	10.13	11.22	11.92	12.19	11.98	11.25
SPB	140	1.08	1.92	3.13	3.35	3.92	4.55	5.21	5.54	6.31	6.86	7.15	7.17	6.89	—
	180	1.65	3.01	4.99	5.37	6.31	7.38	8.50	9.05	10.34	11.21	11.62	11.43	10.77	—
	200	1.94	3.54	5.88	6.35	7.47	8.74	10.07	10.70	12.18	13.11	13.41	13.01	11.83	—
	250	2.64	4.86	8.11	8.75	10.27	11.99	13.72	14.51	16.19	16.89	16.44	—	—	—
	315	3.53	6.53	10.91	11.71	13.70	15.84	17.84	18.70	20.00	19.44	16.71	—	—	—
SPC	224	2.90	5.19	8.82	10.43	10.39	11.89	13.26	13.81	14.58	14.01	—	—	—	—
	280	4.18	7.59	12.40	13.31	15.40	17.60	19.49	20.20	20.75	18.86	—	—	—	—
	315	4.97	9.07	14.82	15.90	18.37	20.88	22.92	23.58	23.47	19.98	—	—	—	—
	400	6.86	12.56	20.41	21.84	25.15	27.33	29.40	29.53	25.81	19.22	—	—	—	—
	500	9.04	16.52	26.40	28.09	31.38	33.85	33.45	31.70	19.35	—	—	—	—	—

表 8.11　单根普通 V 带 $i \neq 1$ 时传动功率的增量 ΔP_0(kW)

型号	传动比 i	小带轮转速 n_1/(r/min)													
		400	30	800	980	1200	1460	1600	2000	2400	2800	3200	3600	4000	5000
Y	1.35～1.51	0.00	0.00	0.00	0.01	0.01	0.01	0.01	0.01	0.01	0.02	0.02	0.02	0.02	0.02
	≥2	0.00	0.00	0.00	0.01	0.01	0.01	0.01	0.02	0.02	0.02	0.02	0.03	0.03	0.03
Z	1.35～1.51	0.01	0.01	0.01	0.02	0.02	0.02	0.02	0.03	0.03	0.04	0.04	0.04	0.05	0.05
	≥2	0.01	0.02	0.02	0.02	0.03	0.03	0.03	0.04	0.04	0.04	0.05	0.05	0.06	0.06
A	1.35～1.51	0.04	0.07	0.08	0.08	0.11	0.13	0.15	0.19	0.23	0.26	0.30	0.34	0.38	0.47
	≥2	0.05	0.09	0.10	0.11	0.15	0.17	0.19	0.24	0.29	0.34	0.39	0.44	0.48	0.60
B	1.35～1.51	0.10	0.17	0.20	0.23	0.30	0.36	0.39	0.49	0.59	0.69	0.79	0.89	0.99	1.24
	≥2	0.13	0.22	0.25	0.30	0.38	0.46	0.51	0.63	0.76	0.89	1.01	1.14	1.27	1.60
型号	传动比 i	小带轮转速 n_1/(r/min)													
		200	300	400	500	600	730	800	980	1200	1460	1600	1800	2000	2200
C	1.35～1.51	0.14	0.21	0.27	0.34	0.41	0.48	0.55	0.65	0.82	0.99	1.10	1.23	1.37	1.51
	≥2	0.18	0.26	0.35	0.44	0.53	0.62	0.71	0.83	1.06	1.27	1.41	1.59	1.76	1.94
D	1.35～1.51	0.49	0.73	0.97	1.22	1.46	1.70	1.95	2.31	2.92	3.52	3.89	4.98	—	—
	≥2	0.63	0.94	1.25	1.56	1.88	2.19	2.50	2.97	3.75	4.53	5.00	5.62	—	—
E	1.35～1.51	0.96	1.45	1.93	2.41	2.89	3.38	3.86	4.58	5.61	6.83	—	—	—	—
	≥2	1.24	1.86	2.48	3.10	3.72	4.34	4.96	5.89	7.21	8.78	—	—	—	—

表 8.12　单根窄 V 带 $i \neq 1$ 时传动功率的增量 ΔP_0(kW)

型号	传动比 i	小带轮转速 n_1(r/min)													
		200	400	730	800	980	1200	1460	1600	2000	2400	2800	3200	3600	4000
SPZ	1.39～1.57	0.02	0.05	0.09	0.10	0.12	0.15	0.18	0.20	0.25	0.30	0.35	0.40	0.45	0.50
	≥3.39	0.03	0.06	0.12	0.13	0.15	0.19	0.23	0.26	0.32	0.39	0.45	0.51	0.58	0.64
SPA	1.39～1.57	0.06	0.13	0.23	0.25	0.30	0.38	0.46	0.51	0.64	0.76	0.89	1.02	1.14	1.27
	≥3.39	0.08	0.16	0.30	0.33	0.40	0.49	0.59	0.66	0.82	0.99	1.15	1.32	1.48	1.65
SPB	1.39～1.57	0.13	0.26	0.47	0.53	0.63	0.79	0.95	1.05	1.32	1.58	1.85	2.11	2.38	—
	≥3.39	0.17	0.34	0.62	0.68	0.82	1.03	1.23	1.37	1.71	2.05	2.40	2.74	3.07	—
SPC	1.39～1.57	0.40	0.79	1.43	1.58	1.90	2.38	2.85	3.17	3.96	4.75	—	—	—	—
	≥3.39	0.51	1.03	1.85	2.06	2.47	3.09	3.70	4.11	5.14	6.17	—	—	—	—

7) 轴上的载荷确定

为了设计带轮的轴和轴承,需先知道带传动作用在轴上的载荷 F_Q,可近似地(误差不大)由下式确定(图 8.17):

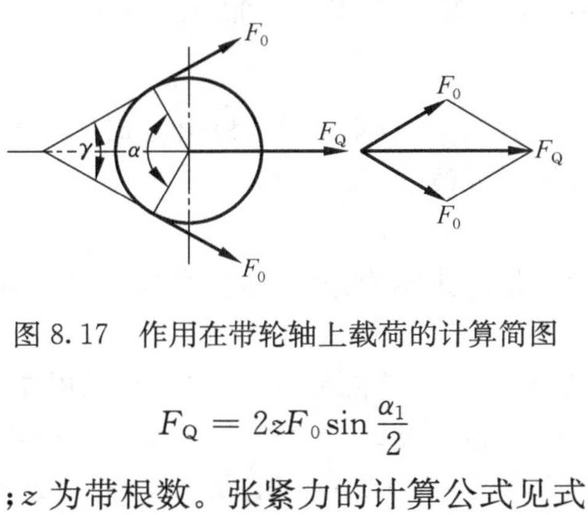

图 8.17　作用在带轮轴上载荷的计算简图

$$F_Q = 2zF_0 \sin\frac{\alpha_1}{2} \tag{8.21}$$

式中,F_0 为单根带的张紧力;z 为带根数。张紧力的计算公式见式(8.19)。带初装上时张紧力要比合适的张紧力大很多，所以常将载荷 F_Q 加大 50%，自动张紧的可以不加。

为使带拉力不作用在轴上以减小轴的挠度和提高轴的旋转精度，可以采用卸载带轮，见图 8.18。

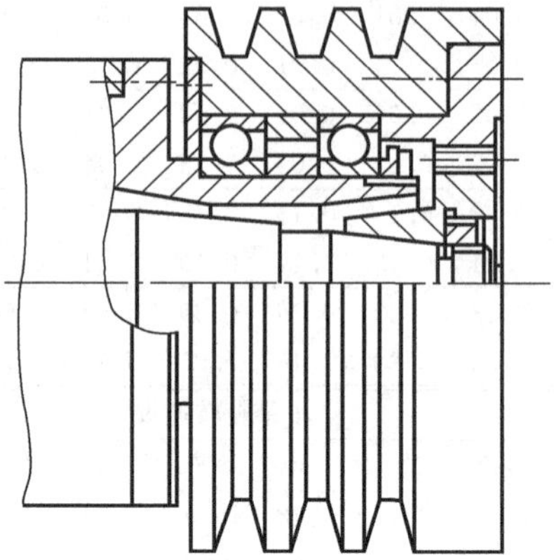

图 8.18 卸载带轮

8.6.2 带传动设计过程

带传动的失效形式是：打滑和疲劳破坏。因此，带传动的设计过程应能体现避免这两种失效。一般进行的带传动设计，给定的原始数据为：传递的功率 P、转速 n_1、n_2（或传动比 i），传动位置要求及工作条件等。

设计内容一般包括确定带的型号、长度、根数、带轮基准直径、传动中心距、结构尺寸等。一般的设计步骤为：

1）确定带的型号

带的型号要根据带传动的计算功率选择，计算功率 P_c 根据公式(8.18)计算获得，然后通过图 8.15 查取型号。

2）确定带轮的基准直径

初步根据表 8.7 选择小带轮直径 D_1，然后利用公式(8.15)计算大带轮直径 D_2。

3）计算带长、中心距、包角

根据公式 $2(D_1+D_2)\geqslant a\geqslant 0.55(D_1+D_2)+h$，初取中心距，然后根据公式(8.1)计算带长，再根据计算带长查表 8.3，选择标准带长 L_d；利用公式 8.2 计算实际中心距，利用公式 $\alpha_1=180°-\dfrac{D_2-D_1}{a}\times 60°$ 求出小带轮包角，并验算是否满足要求。

4）确定带的根数

根据表 8.9 查取 P_0，根据表 8.11 查取 ΔP_0，利用公式(8.20)计算带的根数，并验算是否在许用范围，如果根数过多，将需要改变带的型号。

5）求轴上载荷

首先根据公式(8.19)计算带的张紧力，然后根据公式(8.21)计算轴上的载荷。

6）带轮的结构确定

根据大小带轮的直径，参照 8.2.2 节部分内容，进行带轮的结构设计。绘制出零件图。

【例 8.4】 某风机用普通 V 带传动。动力机为 Y 系列三相异步电动机，功率 $P=8.5\text{kW}$，转速 $n_1=1440\text{r/min}$。鼓风机转速 $n_2=650\text{r/min}$，每天工作 16h。希望中心距不超过 710mm。

解

计算项目	计算内容	计算结果
确定 V 带型号和带轮直径		
工作情况系数	由表 8.6	$K_A=1.2$
计算功率	$P_c=K_AP=1.2\times8.5$　(式(8.18))	$P_c=11\text{kW}$
选带型号	由图 8.15	A 型
小带轮直径	由表 8.7 取	$D_1=125\text{mm}$
大带轮直径	$D_2=(1-\varepsilon)\dfrac{D_1n_1}{n_2}=(1-0.01)\times\dfrac{125\times1440}{650}$　(式(8.15))	
	(设 $\varepsilon=1\%$)	选 $D_2=280\text{mm}$
大带轮转速	$n_2=(1-\varepsilon)\dfrac{D_1n_1}{D_2}=(1-0.01)\times\dfrac{125\times1440}{280}$	$n_2=636.4\text{r/min}$
计算带长		
求 D_m	$D_m=\dfrac{D_2+D_1}{2}=\dfrac{280+125}{2}$	
求 Δ	$\Delta=\dfrac{D_2-D_1}{2}=\dfrac{280-125}{2}$	
初取中心距	$a=700\text{mm}$	
带长	$L=\pi D_m+2a+\dfrac{\Delta^2}{a}$　(式(8.1))	
	$=\pi\times202.5+2\times700+\dfrac{77.5^2}{700}$	$L=2044\text{mm}$
基准长度	由表 8.3	$L_d=2000\text{mm}$
求中心距和包角		
中心距	$a=\dfrac{L-\pi D_m}{4}+\dfrac{1}{4}\sqrt{(L-\pi D_m)^2-8\Delta^2}$　(式(8.2))	
	$=\dfrac{2000-\pi\times202.5}{4}+\dfrac{1}{4}\sqrt{(2000-\pi\times202.5)^2-8\times77.5^2}$	
	$a=677.4\text{mm}$	$<710\text{mm}$
小轮包角	$\alpha_1=180^\circ-\dfrac{D_2-D_1}{a}\times60^\circ$　(式(8.4))	
	$=180^\circ-\dfrac{280-125}{677.4}\times60^\circ$	$>120^\circ$
求带根数		
带速	$v=\dfrac{\pi D_1n_1}{60\times1000}=\dfrac{\pi\times125\times1440}{60\times1000}$	$v=9.4\text{m/s}$
传动比	$i=\dfrac{n_1}{n_2}=\dfrac{1440}{636.4}$	$i=2.26$
带根数	由表 8.9 $P_0=1.93\text{kW}$；由表 8.8 $k_\alpha=0.969$	
	由表 8.13 $k_L=1.03$；由表 8.11 $\Delta P_0=0.17\text{kW}$	
	$z=\dfrac{P_c}{(P+\Delta P_0)k_\alpha k_L}$　(式(8.20))	
	$=\dfrac{11}{(1.93+0.17)\times0.969\times1.03}$	取 $z=6$ 根
求轴上载荷		
张紧力	$F_0=500\dfrac{P_c}{vz}\left(\dfrac{2.5-k_\alpha}{k_\alpha}\right)+qv^2$　(式(8.19))	
	$=500\times\dfrac{11}{9.4\times6}\times\left(\dfrac{2.5-0.969}{0.969}\right)+0.10\times9.4^2$	$F_0=162.83\text{N}$

续表

计算项目	计算内容	计算结果
	(由表 8.4 $q=0.10\text{kg/m}$)	
轴上载荷	$F_Q=2zF_0\sin\frac{\alpha_1}{2}$ (式(8.21))	
	$=2\times6\times162.83\times\sin\frac{166.3°}{2}$	$F_Q=1940\text{N}$
带轮结构	略	

8.7 平带传动设计

平带传动的设计较为简单，最常用的平带为胶帆布平带传动。平带传动的设计项目和计算方法如下：

带轮直径 $D_1=(1100\sim1350)\sqrt[3]{\frac{P_c}{3}}$ (mm)(按表 8.4 取标准值)

或 $D_1=\frac{60\times1000v}{n_1}$ (mm)(最合适的带速 $v=10\sim20\text{m/s}$)

$D_2=iD_1(1-\varepsilon)$ (mm)(按表 8.4 取标准值)

中心距 $1.5(D_1+D_2)\leqslant a\leqslant5(D_1+D_2)$，通常取 $a=(1.5\sim2)(D_1+D_2)$

带长 L 见式(8.1)(粘接接头需加接头长度 200～400mm)

包角 $\alpha_1=180°-\frac{D_2-D_1}{a}\times60°$， $\alpha_1\geqslant150°$

曲挠次数 $y=\frac{1000z_pv}{L}\leqslant6\sim10$ (s^{-1}) (z_p 为带轮数)

带厚 $\delta\leqslant(1/40\sim1/30)D_1$ (按表 8.2 取值)

带截面面积 $A=P_c/(k_\alpha P_0)$ (mm^2)(k_α 见表 8.8，P_0 见表 8.13)

带宽 $b=A/\delta$ (mm)(按表 8.4 取标准值)

轴上载荷 $F_Q=2\sigma_0A\sin\frac{\alpha_1}{2}$ (N)(取 $\sigma_0=1.8\text{MPa}$)

表 8.13 胶帆布平带单位截面面积传递的基本额定功率 P_0[①]

($\alpha=180°$，载荷平稳，$\sigma_0=1.8\text{MPa}$) (单位：kW/mm^2)

D_1/δ	带速 $v/(\text{m/s})$										
	5	6	8	10	12	14	16	18	20	22	24
30	0.011	0.013	0.017	0.021	0.025	0.029	0.032	0.035	0.037	0.040	0.041
35	0.011	0.013	0.017	0.022	0.025	0.029	0.032	0.036	0.038	0.040	0.041
40	0.011	0.013	0.018	0.022	0.026	0.029	0.033	0.036	0.039	0.041	0.043
50	0.012	0.014	0.018	0.023	0.026	0.030	0.034	0.037	0.040	0.042	0.044
75	0.012	0.014	0.019	0.023	0.027	0.031	0.035	0.038	0.041	0.043	0.045
100	0.012	0.014	0.019	0.024	0.028	0.032	0.036	0.039	0.041	0.044	0.046

注：① 本表只适用于 $b<300\text{mm}$ 的传动。

8.8　带传动的张紧装置

由于传动带的材料不是完全的弹性体，因而带在工作一段时间后会发生塑性伸长而松弛，使张紧力降低。因此，带传动需要能够持续张紧的装置，以保持正常工作。张紧装置分定期张紧和自动张紧两类。

1）定期张紧

所谓定期张紧，就是采用定期改变中心距的方法来调节带的预紧力，实现张紧功能。如图 8.19 为几种定期张紧装置。其中图 8.19(a)适用于两轴水平或倾斜不大的场合，通过改变中心距实现张紧；图 8.19(b)适用于垂直或接近垂直的传动中的张紧，也需要改变中心距；图 8.19(c)适用于中心距不能调的场合，张紧轮装于松边内侧以免反向弯曲降低带寿命。

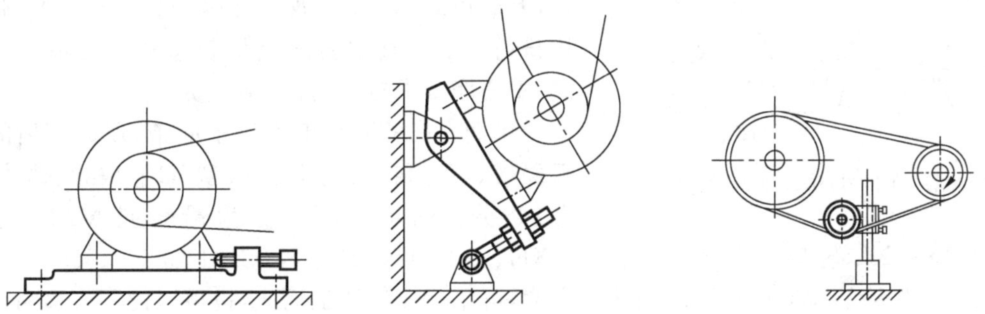

(a)　(b)　(c)

图 8.19　带轮定期张紧方法

2）自动张紧

所谓自动张紧，就是通过利用机器本身自重、配重或机构工作中自然产生的力实现张紧，这样的张紧过程完全是自发地进行的，无需人的干预。图 8.20 列出了几种自动张紧装置。其中图 8.20(a)适用于中小功率的带传动，图 8.20(b)利用机构本身在工作过程中自动产生一向左的力实现张紧，图 8.20(c)是通过一平衡重物实现张紧，也是一种自动过程。

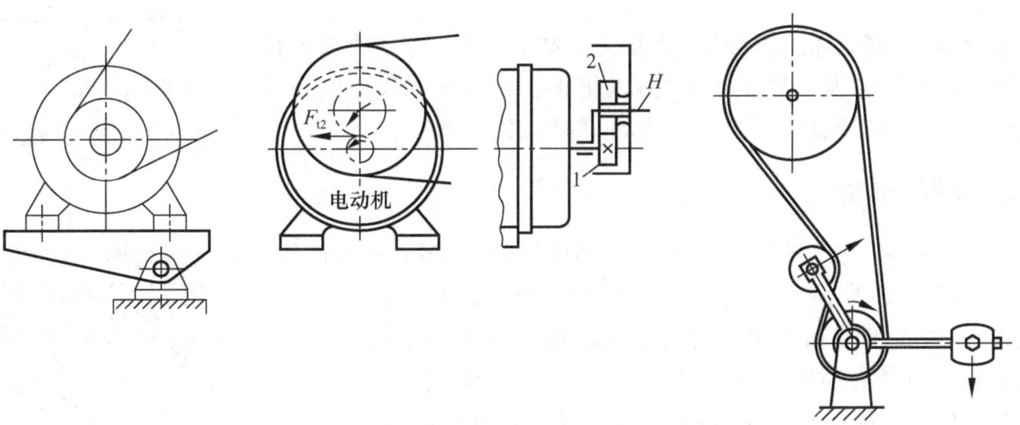

(a)　(b)　(c)

图 8.20　带轮自动张紧方法

8.9 其他带传动简介

8.9.1 同步带传动

同步带综合利用了带传动和链传动的优点。同步带的工作面有齿，带轮的轮缘表面也制有相应的齿槽，带与带轮是靠啮合进行传动的(图 8.21)，故传动比恒定。

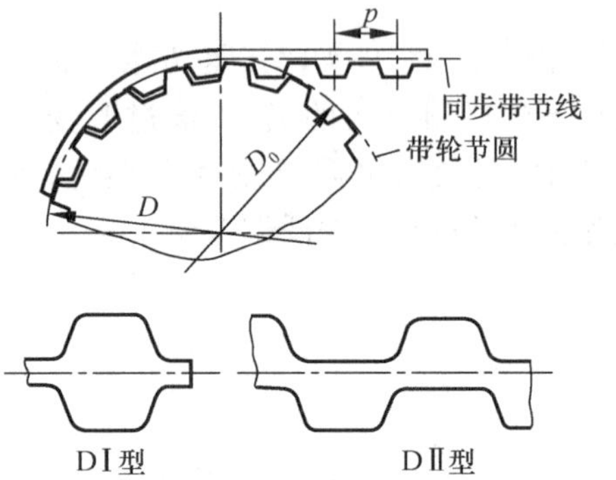

图 8.21 同步带传动结构示意

同步带通常以钢丝绳或玻璃纤维绳为承载层，氯丁橡胶或聚氨酯为基体。这种带薄而且轻，故可用于较高速度。传动时的线速度可达 50 m/s，传动比可达10，有时可以达到 20，效率可达 98%，所以同步带的应用日益广泛。其主要缺点是制造和安装精度要求较高，中心距要求较严格，价格较贵。

单面有齿的同步带称为单面带，双面有齿的称为双面带。双面带又有对称齿型(DⅠ)和交错齿型(DⅡ)之分。同步带型号分为最轻型 MXL、超轻型 XXL、特轻型 XL、轻型 L、重型 H、特重型 XH、超重型 XXH 七种(GB 11362—1989)。

同步带带轮的齿形推荐采用渐开线齿形，可用范成法加工而成，也可以使用直边齿形。

8.9.2 高速带传动

所谓高速带传动是指：带速 $v>30$m/s，高速轴转速 $n_1=10000\sim50000$ r/min的带传动。这种传动要求运转平稳，传动可靠，并有一定的寿命。高速带要求采用重量轻、薄而均匀、挠曲性好的环形平带，如特制的编织带(丝、麻、锦纶等)、薄型锦纶片复合平带等。

高速带轮通常采用钢或铝合金制造。高速带轮要求重量轻、质量均匀对称、运转时空气阻力小。带轮各面均应进行精加工，并进行动平衡。

大、小轮缘都应加工出凸度，这是为了防止掉带，可制成鼓形面或双锥面。在轮缘表面常开环形槽，以防止在带与轮缘表面间形成空气层而降低摩擦系数，影响正常传动(图 8.22)。

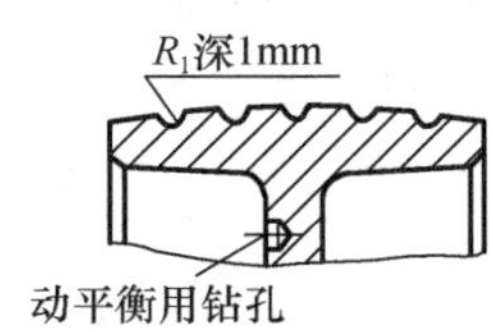

图 8.22 高速带轮结构

8.9.3 多楔带传动

所谓多楔带，它是平带和 V 带组合结构，其楔形部分嵌入带轮上的楔形槽内，靠楔面摩擦工作。见图 8.23 所示。多楔带是无端的。摩擦力和横向刚度较大，兼有平带和 V 带的优点，故适用于传递功率较大而要求结构紧凑的场合，也可用于载荷变动较大或有冲击载荷的传动。因其长度完全一致，故运转稳定性较好，振动也较小，从皮带轮上脱落的可能性很小。

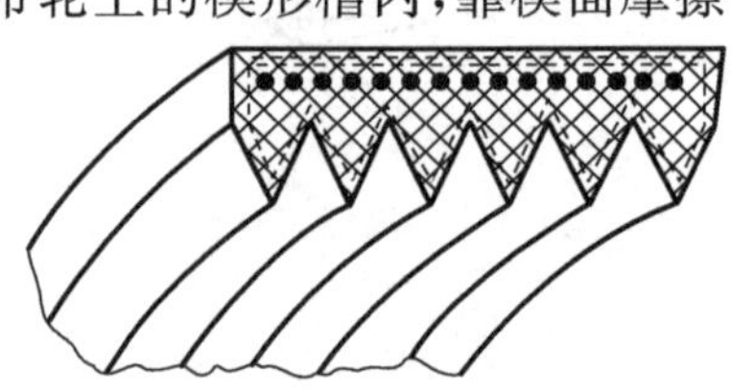
图 8.23 多楔带形状

本章学习要求和知识点小结

学习要求　掌握带传动的分类、优缺点、应用范围；掌握 V 带的型号规定、普通 V 带和窄 V 带的不同；掌握带传动中带长、中心距、包角的计算方法；掌握带传动中工作拉力(应力)、紧边拉力(应力)、松边拉力(应力)、离心拉力(应力)的计算方法，能够分析带传动中绕带一周的应力变化过程；掌握弹性滑动和打滑的原理，弄清减少弹性滑动和避免打滑的方法有哪些；掌握带传动的失效方式有哪些，带传动的设计准则是什么；弄清一般有哪些提高带传动能力的措施；掌握带传动主要参数的确定方法，以及这些参数大小对带传动性能会产生什么样的影响；明确带传动设计计算的步骤。

知识点小结　(1) 带传动是一种挠性传动，其优点在于：能缓和载荷冲击；运行平稳，无噪声；制造和安装精度不像啮合传动那样严格；过载时将引起带在带轮上打滑，因而可防止其他零件的损坏；可适应中心距较大的工作条件。其缺点在于：有弹性滑动和打滑，使效率降低和不能保持准确的传动比；传递同样大的圆周力时，轮廓尺寸和轴上的压力都比啮合传动大；带的寿命较短。

(2) V 带有普通 V 带、窄 V 带和宽 V 带等类型。窄 V 带比普通 V 带宽度小约 30%。窄带传递功率的能力比普通 V 带大，允许速度和曲挠次数高，传动中心距小。适用于大功率且结构要求紧凑的传动。普通 V 带有 Y、Z、A、B、C、D、E 七种型号。窄 V 带有 SPZ、SPA、SPB、SPC 四种型号(见 GB 1544—1989)。

(3) 带传动中存在关系式

$$F_1=\frac{Fe^{\mu\alpha}}{e^{\mu\alpha}-1}+qv^2,\quad F_2=\frac{F}{e^{\mu\alpha}-1}+qv^2,\quad F=F_1-F_2=\frac{1000P}{v},$$

$$F_1=F_0+\frac{F}{2},\quad F_2=F_0-\frac{F}{2}$$

$$\begin{aligned}\sigma_{\max}&=\sigma_1+\sigma_{b1}=\frac{F_1}{A}+\sigma_{b1}=\frac{1}{A}\left(\frac{Fe^{\mu\alpha}}{e^{\mu\alpha}-1}+qv^2\right)+\sigma_{b1}\\&=\frac{Fe^{\mu\alpha}}{A(e^{\mu\alpha}-1)}+\sigma_{b1}+\sigma_c\end{aligned}$$

(4) 带的弹性滑动使：从动轮的圆周速度低于主动轮；降低了传动效率；引起带的磨损；使带温度升高。弹性滑动是不能避免的。选用弹性模量大的带材料，可以降低弹性滑动。当滑动角 α' 增大到包角 α 时，达到极限状态，带传动的有效拉力达最大值，带就开始打滑。打滑将造成带的严重磨损并使带的运动处于不稳定状态。打滑总是在小轮上先开始。打滑是由于过载所引起的带在带轮上的全面滑动。打滑可以避免，弹性滑动不能避免。

(5) 带传动设计内容一般包括确定带的型号、长度、根数、带轮基准直径、传动中心距、结构尺寸等。一般的设计步骤为确定带的型号、确定带轮的基准直径、计算带长、中心距、包角、确定带的根数、求轴上载荷、带轮的结构确定。

(6) 带的型号可根据计算功率 P_c 和小带轮转速 n_1 选取，普通 V 带见图 8.15，窄 V 带见图 8.16。计算功率 $P_c=K_AP$。

(7) V 带传动的包角 α_1 一般不小于 120°，个别情况下可小到 70°。传动比 i 通常不大于 7，个别情况下可到 10。带传动的中心距不宜过大，否则将由于载荷变化引起带的颤动。中心距也不宜过小，否则中心距越小，则带的长度越短，在一定速度下，单位时间内带的应力变化次数越多，会加速带的疲劳损坏；当传动比 i 较大时，短的中心距将导致包角 α_1 过小。对于带传动来说，张紧力过小，摩擦力小，容易发生打滑；张紧力过大，则带寿命低，轴和轴承受力大。

(8) 提高带传动工作能力的方法有增大摩擦系数、增大包角、尽量使传动在靠近最佳速度下工作、采用高强度带材料、采用新型带传动。

本章习题

8.1 普通V带传动和平带传动相比，有什么优缺点？

8.2 说明带传动中紧边拉力 F_1、松边拉力 F_2 和有效拉力 F、张紧力 F_0 之间的关系。

8.3 带传动工作时，带上所受应力有哪几种？如何分布？最大及最小应力在何处？

8.4 带传动的主要失效形式是什么？带传动设计的主要依据是什么？

8.5 试说明带传动设计中，如何确定下列参数：(1)带轮直径；(2)带速 v；(3)小带轮包角 α_1；(4)张紧力 F_0；(5)带的根数 z；(6)传动比 i。

8.6 V带传动功率 $P=7.5\text{kW}$，带速 $v=10\text{m/s}$，紧边拉力是松边拉力的两倍，即 $F_1=2F_2$，试求紧边拉力 F_1、有效拉力 F 和预紧力 F_0。

8.7 V带传动中，已知小带轮直径 $D_1=140\text{mm}$，转速 $n_1=960\text{r/min}$，大带轮直径 $D_2=425\text{mm}$，V带传动的弹性滑动率 $\varepsilon=0.02$。试问：计入弹性滑动率和不计入弹性滑动率，大带轮转速相差多少？

8.8 已知一V带传动，传递功率 $P=10\text{kW}$，带速 $v=12.5\text{m/s}$，现测得张紧力 $F_0=700\text{N}$。求紧边拉力 F_1 和松边拉力 F_2。

8.9 设计一破碎机装置用的V带传动。已知电动机型号 Y132M_2-6，电动机额定功率 $P=5.5\text{kW}$，转速 $n_1=960\text{r/min}$，传动比 $i=2$，两班制工作，求轴间距 $a<600\text{mm}$。

第 9 章　齿轮传动设计

9.1　齿轮传动的特点

齿轮传动是机械传动中最为重要的一种传动形式。齿轮传动的形式很多，适用范围很广，在实际机器中应用的也最多，传递功率可高达数万千瓦，圆周速度可达 150m/s，目前最高可达 300m/s，齿轮的直径能做到 10m 以上，单级传动比可达 8 或更大。

9.1.1　齿轮传动的主要优缺点

1. 齿轮传动的主要优点

(1) 工作可靠，使用寿命长。设计制造正确合理、使用维护良好的情况下，齿轮传动工作十分可靠，寿命可达一、二十年，在所有的机械传动形式中是最高的。

(2) 瞬时传动比为常数。齿轮传动是一种可以实现恒速、恒传动比的机械啮合传动形式，齿轮传动广泛应用的重要原因之一是其能够实现稳定的传动比。

(3) 传动效率高。常用的机械传动中，齿轮传动所能够实现的效率最高，一级齿轮传动能够达到的效率高达 99%。这样的高效率对大功率传动十分重要。

(4) 结构紧凑。与带传动、链传动相比，齿轮传动的空间体积要小得多。

(5) 功率和速度适用范围广。带传动和链传动的圆周速度都有一定的限制，而齿轮传动可以达到的速度要大得多。

2. 齿轮传动的主要缺点

(1) 齿轮制造需专用机床和设备，成本较高。

(2) 精度低时，振动和噪声较大。

(3) 不宜用于轴间距离大的传动。

9.1.2　齿轮传动的主要类型

(1) 按轴的布置方式分。可分为平行轴齿轮传动、相交轴齿轮传动、交错轴齿轮传动。

(2) 按齿线相对于齿轮母线方向分。可分为直齿齿轮传动、斜齿齿轮传动、人字齿齿轮传动、曲线齿齿轮传动。

(3) 按齿轮传动工作条件分。可分为闭式齿轮传动、开式齿轮传动、半开式齿轮传动。

(4) 按齿轮的齿廓曲线分。渐开线齿轮，摆线齿轮，圆弧齿轮。

(5) 按齿轮齿面硬度分。软齿面齿轮(≤350HB)，硬齿面齿轮(>350HB)。

如图 9.1 所示为若干种常见齿轮传动形式。

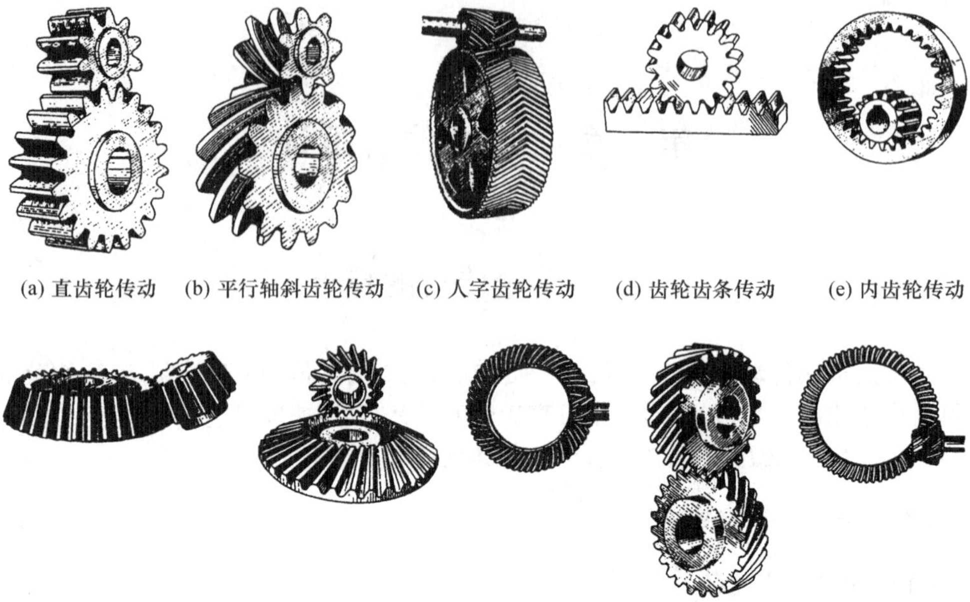

(a) 直齿轮传动 (b) 平行轴斜齿轮传动 (c) 人字齿轮传动 (d) 齿轮齿条传动 (e) 内齿轮传动

(f) 直齿锥齿轮传动 (g) 斜齿锥齿轮传动 (h) 曲线齿锥齿轮传动 (i) 交错轴斜齿轮传动 (j) 准双曲面轮传动

图 9.1 常见齿轮传动形式

9.1.3 齿轮传动的主要参数

1. 模数

为了减少齿轮加工刀具种数，规定齿轮的模数为 $m=\frac{p}{\pi}$，标准模数见表 9.1。

表 9.1 标准模数 m[①]（mm）

圆柱齿轮 GB 1357—1987	第一系列[②]	1	1.25	1.5	2	2.5	3	4	5	6	8	10	12	16	20
	第二系列	1.75	2.25	2.75	(3.25)	3.5	(3.75)	4.5	5.5	(6.5)	7	9	(11)	14	18
锥齿轮 GB 12368—1990		1	1.125	1.25	1.375	1.5	1.75	2	2.25	2.5	2.75	3	3.25		
		3.5	3.75	4	4.5	5	5.5	6	6.5	7	8				
		9	10	11	12	14	16	18	20						

注：① 斜齿轮及人字齿轮取法向模数为标准模数；锥齿轮取大端模数为标准模数。

② 优先采用第一系列，括号内的模数尽可能不用。

2. 中心距

荐用的中心距系列见表 9.2。

表 9.2 中心距 a 的荐用系列（mm）

第一系列	40	50	63	80	100	125	160	200	250	315
	400	500	630	800	1000	1250	1600	2000	2500	
第二系列	140	180	225	280	355	450	560	710	900	1120
	1400	1800	2240							

3. 基本齿廓

渐开线齿轮轮齿的基本齿廓及其基本参数见表 9.3。

表 9.3　渐开线圆柱齿轮和直齿锥齿轮基本齿廓

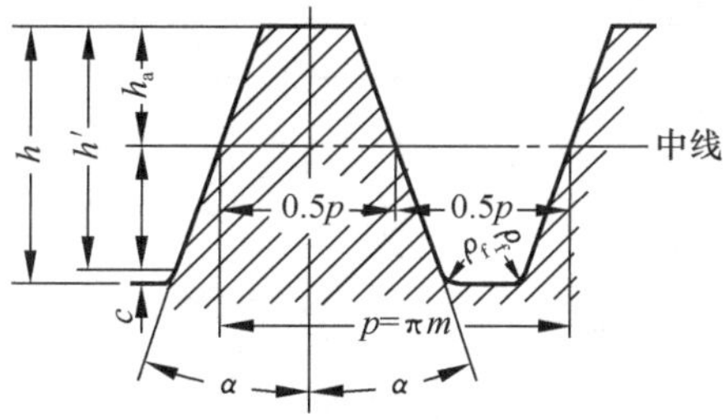

基本参数	圆柱齿轮 GB 1356—1988	锥齿轮 GB 12369—1990
齿形角 α	20°	20°
齿顶高 h_a	m	m
工作齿高 h'	2m	2m
顶隙 c	0.25m	0.2m
齿根圆角半径 ρ_f	0.38m	0.3m

4. 传动比、齿数比

主动轮转速 n_1 与从动轮转速 n_2 之比称为传动比，用 i 表示

$$i=\frac{n_1}{n_2}=\frac{d_2'}{d_1'}=\frac{d_2}{d_1}=\frac{z_2}{z_1} \tag{9.1}$$

式中 d'、d 分别为齿轮的节圆直径和分度圆直径；z_1、z_2 分别为主动轮和从动轮齿数。对于减速传动，$i>1$；增速传动，$i<1$。

除了传动比以外，在齿轮传动计算中，更多的是使用齿数比，齿数比等于大齿轮齿数与小齿轮齿数之比

$$u=\frac{z_2(\text{大齿轮齿数})}{z_1(\text{小齿轮齿数})} \tag{9.2}$$

对于减速传动 $u=i$；对于增速传动 $u=1/i$。

5. 变位系数

如果在齿轮加工过程中，刀具从切制标准齿轮的位置移动某一径向距离(通称变位量)后切制的齿轮，称为径向变位齿轮。刀具变位量用 x(m)表示，x 称为变位系数。刀具向齿轮中心移动，x 为负值，反之为正值。齿轮变位的根本目的在于，随着 x 的改变，轮齿形状也改变，因而可使渐开线上的不同部分作为工作齿廓，以改善啮合性质。

对于一对啮合齿轮，若两轮变位系数的绝对值相等，但一正一负，即 $x_1=-x_2\neq0$($x_1+x_2=0$)，这时，传动的啮合角等于分度圆压力角，分度圆和节圆重合，中心距等于标准齿轮传动中心距，只是齿顶高和齿根高有所变化，这种齿轮传动称为高度变位(或等变位)齿轮传动。若 $x_1+x_2\neq0$，啮合角将不等于分度圆压力角，分度圆和节圆不再重合，中心距亦不等于标准齿轮传动中心距，这种齿轮传动称为角度变位齿轮传动。

9.1.4　齿轮传动的精度等级

根据国标 GB 10095—1988 和 GB 11365—1989，渐开线圆柱齿轮和锥齿轮精度规定了 12 个等级，按精度高低依次为 1～12 级，1 级精度最高，12 级精度最低。根据对运动准确性、传动平稳性和载荷分布均匀性的要求不同，每个精度等级的各项公差相应分成三个组：第Ⅰ公差组、第Ⅱ公差组和第Ⅲ公差组。标准中还规定了齿坯公差、齿轮副侧隙、图纸标注等内容。

齿轮精度等级应根据传动的用途、使用条件、传动功率、圆周速度等决定。表 9.4 为某些机器中常用的齿轮传动精度等级。

表 9.4 某些机器中齿轮传动精度等级的常用范围

机器类型	精度等级										
	2	3	4	5	6	7	8	9	10	11	12
测量齿轮		----	----	----							
透平机用减速器		----	----	----	----						
金属切削机床		----	----	----	----	----	----				
航空发动机			----	----	----	----					
轻便汽车				----	----	----	----				
内燃机车和电气机车					----	----					
载重汽车及一般用途减速器					----	----	----	----			
拖拉机及轧钢机的小齿轮					----	----	----	----	----		
起重机构						----	----	----	----		
矿山用卷扬机							----	----	----		
农业机械							----	----	----	----	

9.1.5 圆柱齿轮传动的几何关系

圆柱齿轮传动的几何关系十分重要。表 9.5 列出了渐开线外啮合圆柱齿轮传动的主要几何计算公式。

表 9.5 渐开线外啮合圆柱齿轮传动的主要几何计算公式

名称及代号	计算公式及说明	
	直齿轮	斜齿轮、人字齿轮
模数 m	由强度计算或结构设计确定，并按表 9.1 取标准值	法向模数 m_n，按表 9.1 取标准值 $m_t=m_n/\cos\beta$ m_t 为端面模数
分度圆螺旋角 β	$\beta=0°$	两轮螺旋角相等，方向相反
分度圆压力角 α	$\alpha=20°$	$\alpha_n=20°$ $\tan\alpha_t=\tan\alpha_n/\cos\beta$
分度圆直径 d	$d=mz$	$d=m_t z$
未变位时(标准齿轮传动)的中心距 a	$a=(d_2+d_1)/2=(z_2+z_1)m/2$	$a=(d_2+d_1)/2=(z_2+z_1)m_t/(2\cos\beta)$
啮合角 α'	情况Ⅰ 已知变位系数(x_2+x_1)： $\text{inv}\alpha'=\dfrac{2(x_2+x_1)}{z_2+z_1}\tan\alpha+\text{inv}\alpha$， $\text{inv}\alpha_t'=\dfrac{2(x_{n2}+x_{n1})}{z_2+z_1}\tan\alpha_n+\text{inv}\alpha_t$ 求出啮合角 α'后，再由下式求中心距 a' 情况Ⅱ 已知中心距 a'(变位后的)： $\cos\alpha'=\dfrac{a}{a'}\cos\alpha$， $\cos\alpha_t'=\dfrac{a}{a'}\cos\alpha_t$ 求出啮合角 α'后，由上式求(x_2+x_1)值，再进行分配	
中心距变动系数 y	$y=\dfrac{a'-a}{m}=\dfrac{z_2+z_1}{2}\left(\dfrac{\cos\alpha}{\cos\alpha'}-1\right)$	$y=\dfrac{a'-a}{m_n}=\dfrac{z_2+z_1}{2\cos\beta}\left(\dfrac{\cos\alpha_t}{\cos\alpha_t'}-1\right)$ $y_t=y_n\cos\beta$
中心距 a'	$a'=a+ym=a\dfrac{\cos\alpha}{\cos\alpha'}$	$a'=a+y_t m_t=a+y_n m_n=a\dfrac{\cos\alpha_t}{\cos\alpha_t'}$
根圆直径 d_f	$d_f=d-2(h_a+c-xm)$	$d_f=d-2(h_{an}+c_n-x_n m_n)$
顶圆直径 d_a	$d_{a1}=2a'-d_{f2}-2c$ $d_{a2}=2a'-d_{f1}-2c$	$d_{a1}=2a'-d_{f2}-2c_n$ $d_{a2}=2a'-d_{f1}-2c_n$
齿顶高 h_a	$h_a=(d_a-d)/2$	
齿根高 h_f	$h_f=(d-d_f)/2$	

续表

名称及代号	计算公式及说明	
	直齿轮	斜齿轮、人字齿轮
齿高 h	$h=h_a+h_f$	
基圆直径 d_b	$d_b=d\cos\alpha$	$d_b=d\cos\alpha_t$
节圆直径 d'	$d'=d_b/\cos\alpha'$	$d'=d_b/\cos\alpha_t'$
分度圆齿距 p	$p_b=\pi m$	$p_n=\pi m_n$，　$p_t=\pi m_t$
基圆齿距 p_b	$p_b=p\cos\alpha$	$p_{bt}=p_t\cos\alpha_t$
齿顶压力角 α_a	$\alpha_a=\arccos\dfrac{d_b}{d_a}$	$\alpha_{at}=\arccos\dfrac{d_b}{d_a}$
基圆螺旋角 β_b	$\beta_b=0$	$\tan\beta_b=\tan\beta\cos\alpha_t$ $\cos\beta_b=\cos\beta\cos\alpha_n/\cos\alpha_t$
端面重合度 ε_α	$\varepsilon_\alpha=\dfrac{1}{2\pi}[z_1(\tan\alpha_{a1}-\tan\alpha')+z_2(\tan\alpha_{a2}-\tan\alpha')]$	$\varepsilon_\alpha=\dfrac{1}{2\pi}[z_1(\tan\alpha_{at1}-\tan\alpha_t')+z_2(\tan\alpha_{at2}-\tan\alpha_t')]$
纵向重合度 ε_β	$\varepsilon_\beta=0$	$\varepsilon_\beta=\dfrac{b\sin\beta}{\pi m_n}$，$b$ 为齿轮宽度
总重合度 ε_γ	$\varepsilon_\gamma=\varepsilon_\alpha$	$\varepsilon_\gamma=\varepsilon_\alpha+\varepsilon_\beta$

9.2　齿轮传动的失效形式与计算准则

齿轮传动可做成开式、半开式及闭式结构。所谓开式传动，就是齿轮传动没有设置防尘罩或箱体，齿轮完全暴露于外面，这样一种齿轮传动叫做开式齿轮传动。有些齿轮传动装有简易的外罩，但密封不严，或根本就没有密封，这样的齿轮传动叫做半开式齿轮传动。将齿轮传动装在精密加工而且严格密封的箱体内，称为闭式传动。

齿轮传动的失效一般是指轮齿的失效。大体分为轮齿折断和齿面损伤两类。齿面损伤又有齿面接触疲劳磨损（点蚀）、胶合、磨粒磨损和塑性流动等。

9.2.1　齿轮的常见失效形式

1. 轮齿折断

轮齿折断有多种形式，在正常情况下，主要是齿根弯曲疲劳折断。折断一般发生在齿根部位。折断有两种：一种是由多次重复的弯曲应力和应力集中造成的疲劳折断；另一种是因短时过载或冲击载荷而产生的过载折断。两种折断均起始于轮齿受拉应力一侧。

齿宽较小的直齿圆柱齿轮，齿根裂纹一般是从齿根沿着横向扩展，发生全齿折断。齿宽较大的直齿圆柱齿轮常因载荷集中在齿的一端，斜齿圆柱齿轮和人字齿轮常因接触线是倾斜的，载荷有时会作用在一端齿顶上，故裂纹往往是从齿根斜向齿顶的方向扩展，发生轮齿局部折断（图 9.2）。

为了提高齿轮的抗折断能力，可以采取以下措施：①增大齿根过渡曲线半径；②降低表面粗糙度值、减轻加工损伤（如磨削烧伤、滚切拉伤）、采用表面强化处理（如喷丸、辗压）；③增大轴及轴承的刚度，使接触面受力均匀。

2. 齿面点蚀（接触疲劳磨损）

点蚀又称接触疲劳磨损，是润滑良好的闭式传动常见的失效形式之一。所谓点蚀是由于齿面接触应力是交变的、经多次反复后，在节线附近靠近齿根部分的表面上，产生的若干小片状剥落而形成麻点(图 9.3)。润滑油是接触疲劳磨损的媒介，实践证明，润滑油粘度越低，越易渗入裂纹，点蚀扩展越快。点蚀将影响传动的平稳性并产生振动和噪声，甚至不能正常工作。

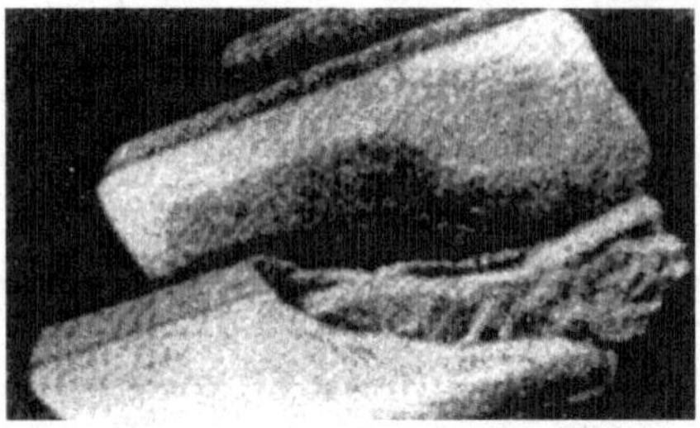

图 9.2　轮齿局部折断

图 9.3　齿面点蚀(疲劳磨损)

点蚀一般发生于靠近节线附近的齿根一侧，原因在于：在靠近节线附近啮合时，由于相对滑动速度低，难以形成油膜润滑，摩擦力较大，特别对于直齿轮传动，在节线附近只有一对齿啮合，轮齿受力最大，因此点蚀往往从节点处发生，然后向其他区域蔓延。

刚投入使用的新齿轮在短期工作后出现的点蚀痕迹，继续工作不再发展或反而消失的称为收敛性点蚀。收敛性点蚀只发生在软齿面(≤350HB)上，原因是轮齿初期工作时表面接触不够好，在个别凸起处有很大的接触应力，但当点蚀形成后，凸起逐渐变平，接触面积扩大，待接触应力降至小于极限值时，点蚀即停止发展。硬齿面(>350HB)轮齿不发生收敛性点蚀。原因是齿面出现小凹坑后，由于材料的脆性，凹坑边缘不易被辗平，而是继续碎裂成为大凹坑，直到齿面完全破坏为止。

软齿面轮齿经跑合后，接触应力高于接触疲劳极限值时，有时会随着工作时间的延长而继续扩展的点蚀称为扩展性点蚀。严重的扩展性点蚀能使齿轮在很短时间内报废。

开式传动没有点蚀现象，这是由于齿面磨粒磨损比疲劳磨损(点蚀)发展得快的缘故。

提高齿面接触疲劳强度，防止或减轻点蚀可以采取以下措施：①提高齿面硬度和降低表面粗糙度值；②在许可范围内采用大的变位系数和($x_\Sigma=x_1+x_2$)，以增大综合曲率半径；③采用粘度较高的润滑油；④减小动载荷等。

3. 齿面胶合

对于高速重载的齿轮传动来说，胶合是一种常见的失效形式。所谓胶合就是比较严重的粘着磨损。高速重载传动因滑动速度高而产生的瞬时高温会使油膜破裂，造成齿面间的粘焊现象，粘焊处被撕脱后，轮齿表面沿滑动方向形成沟痕(图 9.4)。对于低速重载的齿轮传动，由于滑动速度低，传动过程不易形成油膜，摩擦热虽不大，但也可能会出现胶合现象，这时的瞬时温升不大，故也称为冷胶合现象。

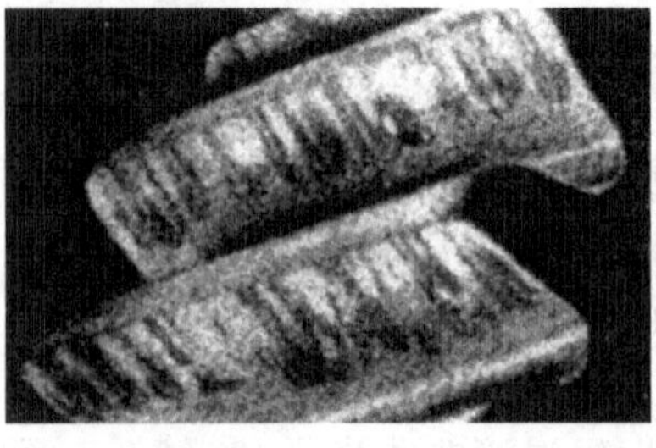

图 9.4　齿面胶合

防止或减轻齿面胶合的主要措施有：①采用角度变位齿轮传动；②减小模数和齿高以降低滑动速度；③采用极压润滑油；④选用抗胶合性能好的齿轮副材料；⑤材料相同时，使大、小齿轮保持适当硬度差；⑥提高齿面硬度和降低表面粗糙度值等。

4. 齿面磨粒磨损

图 9.5　齿面磨粒磨损

齿轮齿面磨粒磨损有两种情形，一是当表面粗糙的硬齿与较软的轮齿相啮合时，由于相对滑动，软齿表面易被划伤而产生齿面磨粒磨损(图 9.5)。二是外界硬屑落入啮合轮齿间也将产生磨粒磨损。磨损后，正确齿形遭到破坏，齿厚减薄，最后导致轮齿因强度不足而折断。

减轻或防止磨粒磨损的主要措施有：①提高齿面硬度；②降低表面粗糙度值；③降低滑动系数；④注意润滑油的清洁和定期更换等；⑤采用闭式传动；⑥对于开式传动，应特别注意环境清洁，减少磨粒侵入。

5. 齿面塑性流动

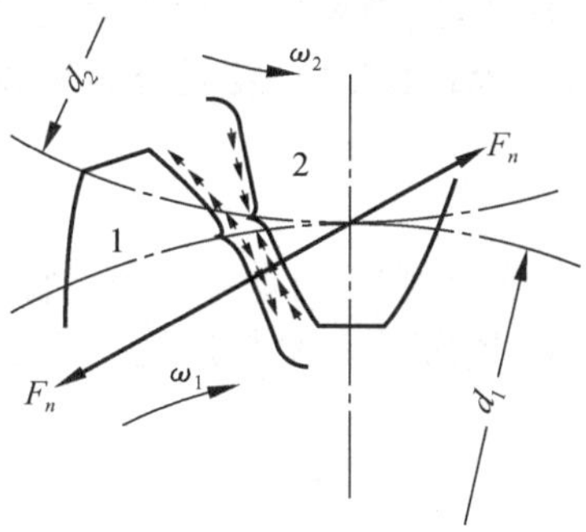

图 9.6　塑性流动

齿面塑性流动是一种永久失效形式，伴随有材料的屈服现象。齿面较软的轮齿，重载时可能在摩擦力作用下产生齿面塑性流动(图 9.6)，从而破坏正确的齿面啮合。由于在主动轮齿面的节线两侧，齿顶和齿根的摩擦力方向相背，因此在节线附近形成凹槽；从动轮则相反，由于摩擦力方向相对，因此在节线附近形成凸脊。这种损坏常在低速重载、频繁启动和过载传动中见到。

减轻或避免塑性流动的主要措施为：适当提高齿面硬度，采用粘度较大的润滑油。

9.2.2　齿轮传动的计算准则

根据上述分析可见，所设计的齿轮传动，在规定的工况下必须具备足够的强度，以抵抗可能发生的各种失效问题。因此，齿轮的计算准则由失效形式确定。

(1) 对于闭式传动的齿轮，主要失效形式是接触疲劳磨损、弯曲疲劳折断和胶合。目前，一般只进行接触疲劳强度和弯曲疲劳强度计算。当有短时过载时，还应进行静强度计算。

(2) 对于高速大功率的齿轮传动，还应进行抗胶合计算。

(3) 对于开式传动的齿轮，主要失效形式是弯曲疲劳折断和磨粒磨损，磨损尚无完善的计算方法，故目前只进行弯曲疲劳强度计算，用适当加大模数的办法以考虑磨粒磨损的影响。

(4) 对于有短时过载的齿轮传动，还应进行静强度计算。

9.3　齿 轮 材 料

9.3.1　齿轮材料应具备的特性

齿轮作为一种十分重要的传动形式，对其材料有一些特殊要求，一般来说，齿轮材料应具备下列条件：

(1) 齿面具有足够的硬度，以获得较高的抗点蚀、抗磨粒磨损、抗胶合和抗塑性流动的能力。

(2) 在变载荷和冲击载荷下有足够的弯曲疲劳强度。

(3) 具有良好的加工和热处理工艺性。

(4) 价格较低。

9.3.2　常用齿轮材料

最常用的材料是钢，钢的品种很多，且可通过各种热处理方式获得适合工作要求的综合性能。其次是铸铁，还有非金属材料。

1) 锻钢

除尺寸过大或结构形状过于复杂只宜铸造外，一般都用锻钢加工齿轮。硬齿面齿轮可用整体淬火、表面淬火、渗碳淬火、渗氮和碳氮共渗等方法处理。软齿面齿轮可由正火或调质处理，精切齿形可在热处理后进行。

2) 铸钢

对于直径较大(顶圆直径 $d_a \geqslant 400$mm)的齿轮一般采用铸钢制造，其毛坯应进行正火处理以消除残余应力和硬度不均匀现象。常用的牌号为 ZG270-500～ZG340-640，或低合金铸钢ZG40Mn、ZG40Cr。

3) 铸铁

普通灰铸铁的铸造性能和切削性能好、价廉、抗点蚀和抗胶合能力强，但弯曲强度低、冲击韧性差，常用于低速、无冲击和大尺寸的场合。铸铁中石墨有自润滑作用，尤其适用于开式传动。

4) 非金属材料

对于高速、小功率和精度要求不高的齿轮传动，可采用夹布胶木、尼龙等非金属材料。非金属材料的弹性模量较小，可减轻因制造和安装不精确所引起的不利影响，传动时的噪声小。由于非金属材料的导热性差，与其啮合的配对齿轮仍应采用钢或铸铁制造，以利于散热。

9.3.3　齿轮热处理

钢制齿轮常用的热处理方法主要有以下几种：

1) 整体淬火

整体淬火后再低温回火。

2) 表面淬火

表面淬火后再低温回火。

3) 渗碳淬火

冲击载荷较大的齿轮，宜采用渗碳淬火。齿轮经渗碳淬火后，轮齿变形较大，应进行磨齿。

4) 渗氮

渗氮齿轮硬度高、变形小，适用于内齿轮和难于磨削的齿轮。

5) 碳氮共渗

碳氮共渗工艺时间短，且有渗氮的优点，可以代替渗碳淬火，其材料和渗碳淬火的相同。

6) 正火和调质

批量小、单件生产、对传动尺寸没有严格限制时，常采用正火或调质处理。为了减少胶合危险，并使大、小齿轮寿命相近，小齿轮齿面硬度应比大齿轮高数十个 HB 单位。

9.3.4　齿轮材料的选择

齿轮材料的确定，取决于工作条件、齿轮尺寸大小、毛坯成型方法、热处理工艺、材料的终端性能等。齿轮的常用材料及其力学性能见表 9.6。

表 9.6　齿轮常用材料及其力学性能

材料牌号	热处理方法	强度极限 σ_B/MPa	屈服极限 σ_s/MPa	硬度/HBS	
				齿芯部	齿面
HT250		250		170～241	
HT300		300		187～225	
HT350		350		197～269	
QT500-5	常化	500		147～241	
QT600-2		600		229～302	
ZG310-570		580	320	156～217	
ZG340-640		650	350	169～229	
45		580	290	162～217	
ZG340-640	调质	700	380	241～269	
45		650	360	217～255	
30CrMnSi		1100	900	310～360	
35SiMn		750	450	217～269	
38SiMnMo		700	550	217～269	
40Cr		700	500	241～268	
45	调质后表面淬火			217～255	40～50HRC
40Cr				241～286	48～55HRC
20Cr	渗碳后淬火	650	400	300	58～62HRC
20CrMnTi		1100	850		
12Cr2Ni4		1100	850	320	
20Cr2Ni4		1200	1100	350	
35CrAlA	调质后氮化	950	750	255～321	>850HV
38CrMoAlA		1000	850		
夹布塑胶		100		25～35	

9.4　齿轮传动的受力分析

9.4.1　直齿圆柱齿轮传动的受力

如图 9.7 所示，在理想工况下，将作用于齿轮上的力看作是沿接触线均匀分布的，用集中力代替。齿面间摩擦力较小，在一般的工程计算中可以忽略不计，故法向力 F_n沿啮合线方向垂直于齿面。

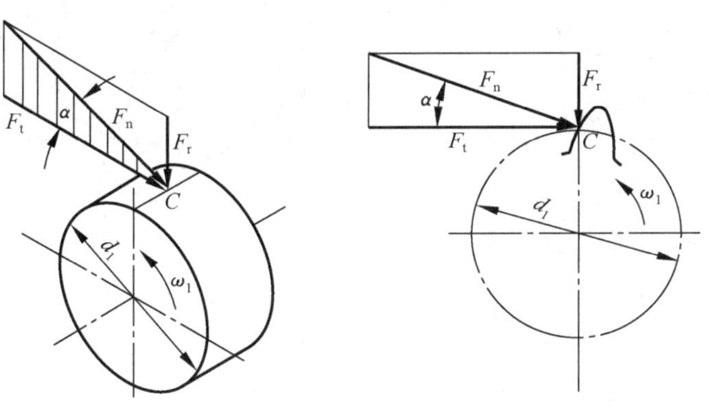

(a)　　(b)

图 9.7　直齿圆柱齿轮受力

以分度圆作为分析对象，在分度圆上，法向力 F_n可分解为两个互相垂直的分力：切于分度圆的圆周力(切向力)F_t和半径方向的径向力 F_r。

$$\left.\begin{array}{ll}\text{圆周力} & F_t = \dfrac{2T_1}{d_1} \\ \text{径向力} & F_r = F_t\tan\alpha \\ \text{法向力} & F_n = \dfrac{F_t}{\cos\alpha}\end{array}\right\} \tag{9.3}$$

式中，d_1 为小齿轮分度圆直径；α 为分度圆压力角；T_1 为小齿轮传递的名义转矩。

对于从动轮来说，根据作用力与反作用力的关系，作用在主动轮和从动轮上各对应力大小相等、方向相反。从动轮上的圆周力是驱动力，其方向与回转方向相同；主动轮上的圆周力是阻力，其方向与回转方向相反；径向力分别指向各轮轮心(内齿轮为远离轮心方向)。

9.4.2 斜齿圆柱齿轮传动的受力

对于斜齿圆柱齿轮，啮合过程的受力关系如图 9.8 所示，在切于两基圆柱的啮合平面内，法向力 F_n可分解为三个互相垂直的分力

$$\left.\begin{array}{ll}\text{圆周力} & F_t = \dfrac{2T_1}{d_1} \\ \text{径向力} & F_r = F_t\tan\alpha_t = \dfrac{F_t\tan\alpha_n}{\cos\beta} \\ \text{轴向力} & F_a = F_t\tan\beta \\ \text{法向力} & F_n = \dfrac{F_t}{\cos\alpha_t\cos\beta_b} = \dfrac{F_t}{\cos\alpha_n\cos\beta}\end{array}\right\} \tag{9.4}$$

式中，α_t 为端面压力角；α_n 为法向压力角；β 为螺旋角；β_b 为基圆螺旋角。

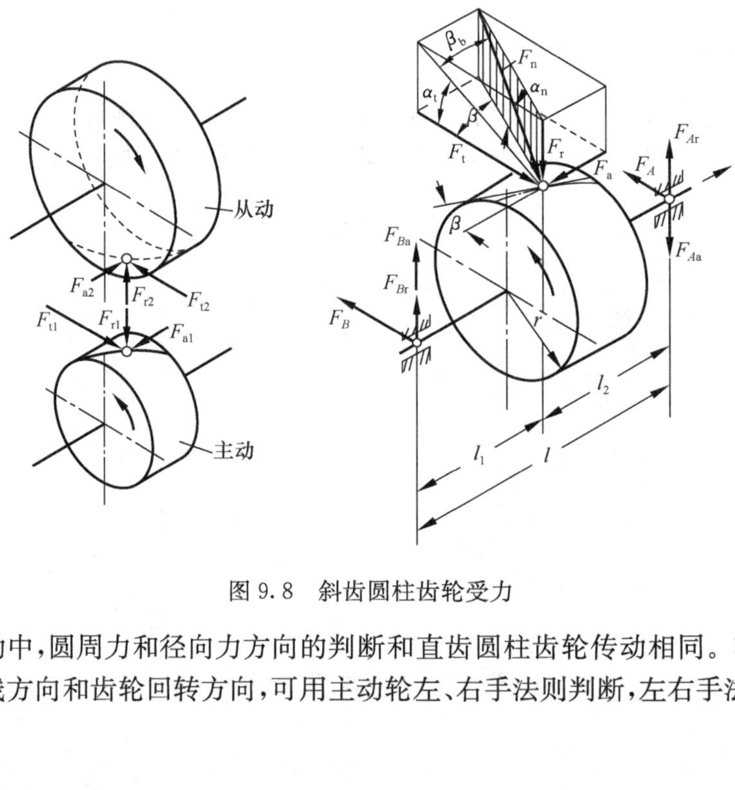

图 9.8 斜齿圆柱齿轮受力

斜齿轮传动中，圆周力和径向力方向的判断和直齿圆柱齿轮传动相同。轴向力的方向取决于轮齿螺旋线方向和齿轮回转方向，可用主动轮左、右手法则判断，左右手法则可以归纳为：

①左螺旋用左手、右螺旋用右手；②用在主动轮上；③判断的是轴向力方向。具体方法为：握住主动轮轴线，除拇指外其余四指代表旋转方向，拇指的指向即主动轮所受轴向力方向，从动轮轴向力方向与其相反、大小相等。

9.4.3　直齿锥齿轮传动的受力

如图 9.9 所示为直齿锥齿轮传动受力示意图，忽略摩擦力，将法向力 F_n看作集中作用在齿宽节线中点处，则 F_n可分解为以下互相垂直的三个分力：

$$\left.\begin{aligned} &\text{圆周力} && F_t = \frac{2T_1}{d_{m1}} \\ &\text{径向力} && F_{r1} = F'_{vr}\cos\delta_1 = F_t\tan\alpha\cos\delta_1 \\ &\text{轴向力} && F_{a1} = F'_{vr}\sin\delta_1 = F_t\tan\alpha\sin\delta_1 \end{aligned}\right\} \tag{9.5}$$

锥齿轮上各作用力的方向为：主动轮上受到的圆周力方向与回转方向相反，从动轮上受到的圆周力方向与回转方向相同；径向力方向分别指向各自的轮心；轴向力方向分别指向大端，且有以下关系：$F_{r1}=-F_{a2}$，$F_{a1}=-F_{r2}$。负号表示方向相反。

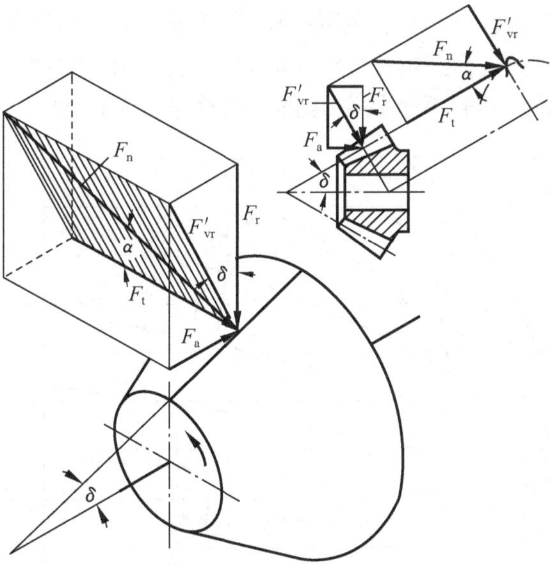

图 9.9　直齿圆锥齿轮受力

9.5　齿轮传动的计算载荷

根据名义转矩求得的圆周力称为名义圆周力。实际圆周力一般要比名义圆周力大。为此，用各种系数对名义圆周力进行修正以考虑各种因素的影响，故实际圆周力 F_{tc}为

$$\left.\begin{aligned} F_{tc} &= KF_t \\ K &= K_A K_v K_\alpha K_\beta \end{aligned}\right\} \tag{9.6}$$

式中，K 为载荷系数；K_A为工况系数；K_v为动载系数；K_α为齿间载荷分配系数，对于接触强度计算和弯曲强度计算分别为 $K_{H\alpha}$和 $K_{F\alpha}$；K_β为齿向载荷分布系数，对于接触强度计算和弯曲强度计算分别为 $K_{H\beta}$和 $K_{F\beta}$，F_{tc}也称计算载荷。

9.5.1 工况系数 K_A

动力机和工作机的运转特性、联轴器的缓冲性能等外部因素引起的动载荷应在计算载荷中加以修正，为此引入工况系数，见表 9.7。

表 9.7 工况系数 K_A①

动力机工作特性	工作机工作特性			
	均匀平稳	轻微冲击	中等冲击	严重冲击
均匀平稳	1.00	1.25	1.50	1.75
轻微冲击	1.10	1.35	1.60	1.85
中等冲击	1.25	1.50	1.75	2.0
严重冲击	1.50	1.75	2.0	≥2.25

注：① 对于增速传动，建议取表值的 1.1 倍；当外部机械与齿轮装置之间挠性联接时，K_A 值可适当减小。

9.5.2 动载系数 K_v

齿轮传动的齿轮副在啮合过程中因存在制造和装配误差，轮齿受载后还要产生弹性变形，这些误差和变形，导致齿轮不能正确地啮合传动，瞬时传动比就不能保持恒定，从动轮产生瞬时加速度，产生动载荷，引入动载系数加以修正。动载系数可由图 9.10 查得。

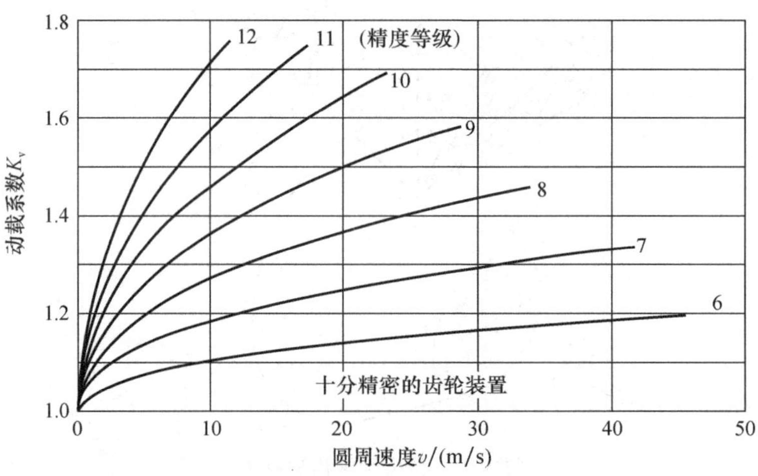

图 9.10 动载系数 K_v

齿轮的制造精度及圆周速度对轮齿啮合过程中产生动载荷的大小影响很大。提高制造精度，减小齿轮直径以降低圆周速度，均可以减小动载荷。

对于渐开线齿廓的齿轮，只有基圆齿距相等($p_{b1}=p_{b2}$)时才能正确啮合，瞬时传动比才恒定。但由于制造误差、弹性变形等原因，基圆齿距不可能完全相等，这时，当主动轮的角速度 ω_1 为常数时，从动轮瞬时角速度 ω_2 将忽大忽小，从而产生附加动载荷。动载荷的大小随圆周速度和齿轮质量的增大而增大，随齿轮精度的提高而减小。因此，对不同精度等级齿轮的最大圆周速度作了限制(表 9.8)。圆周速度越高，齿轮精度等级亦应越高。

表 9.8　动力齿轮传动的最大圆周速度(m/s)

精度等级	圆柱齿轮传动		锥齿轮传动[1]	
	直齿	斜齿	直齿	曲线齿
5 级和以上	≥15	≥30	≥12	≥20
6 级	<15	<30	<12	<20
7 级	<10	<15	<8	<10
8 级	<6	<10	<4	<7
9 级	<2	<4	<1.5	<3

注:① 锥齿轮传动的圆周速度按平均直径计算。

在图 9.11(a)中,因基圆齿距 $p_{b2}>p_{b1}$,使即将进入啮合的一对轮齿在偏离开始啮合点(从动轮的顶圆和啮合线的交点 A)的 A' 点提前进入啮合,节点 C 移至 C',从而改变了两齿轮的节圆直径,瞬时传动比也随之改变。在这一瞬间,从动轮的角速度增大了。

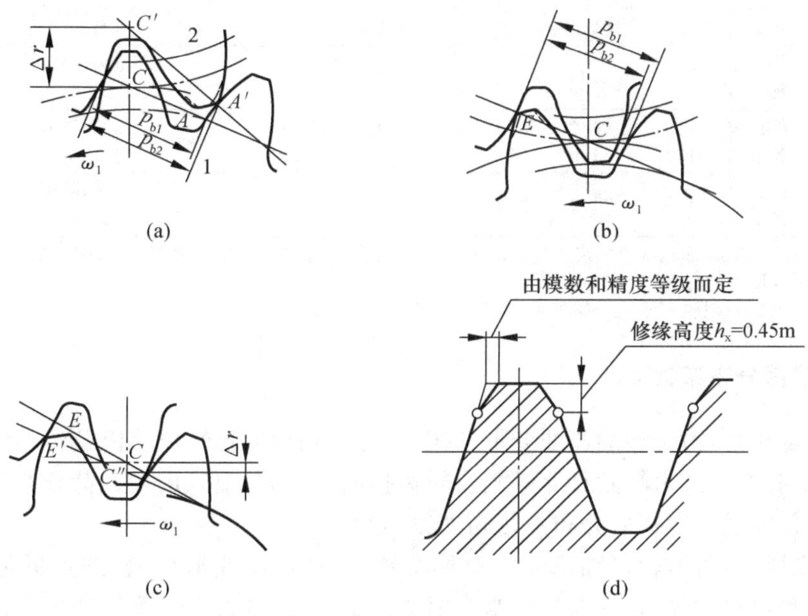

图 9.11　齿轮基节误差及修缘

在图 9.11(b)中,因 $p_{b2}<p_{b1}$,则当前一对轮齿应该在终止啮合点(主动轮的顶圆和啮合线的交点)E 脱离啮合时,后一对轮齿尚未进入啮合,致使前一对轮齿离开啮合线后继续保持接触,直至后一对轮齿进入啮合时,前一对轮齿才在 E' 点脱离接触(图 9.11(c))。在此瞬间,节点 C 移至 C'',两轮的节圆直径也发生了变化,ω_2 降低了。随后,由于轮齿进入正常啮合,必将使 ω_2 又骤然增大,从而也将产生附加动载荷,并出现冲击、振动和噪声。

为了减小动载荷,可以采用对齿顶进行修缘的方法(图 9.11(d)),即对齿顶的一小部分渐开线齿廓适量修削。图 9.11(a)和(b)中齿顶的虚线分别为从动轮和主动轮修缘后的齿廓,显然,从动轮轮齿修缘后会使实际的开始啮合点向理论开始啮合点 A 靠近(图 9.11(a));主动轮轮齿修缘后会使实际的终止啮合点向理论终止啮合点 E 靠近(图 9.11(c))。这样,就减小了传动时由于基圆齿距误差所产生的附加动载荷。

但应注意,若修缘量过大,不仅重合度减小过多,而且动载荷也不一定就相应减小,所以轮齿的修缘量要适当,图中给出的修缘高度仅供参考。

9.5.3　齿间载荷分配系数 K_α

由于齿轮传动的端面重合度一般都大于 1。工作时,单对齿啮合和双对齿啮合交替进行,单对齿啮合时,作用力由一对齿承担,双对齿啮合时作用力则由两对齿分担。由于制造误差和轮齿变形等原因,载荷在各啮合齿对之间的分配是不均匀的。为此引入齿间载荷分配系数进行修正,目的就是考虑同时啮合的各对轮齿间载荷分配不均匀对计算载荷的影响,它取决于轮齿啮合刚度、基圆齿距误差、修缘量、跑合量等多种因素。简化计算方法的接触强度计算和弯曲强度计算的齿间载荷分配系数 $K_{H\alpha}$ 和 $K_{F\alpha}$ 见表 9.9。

表 9.9　齿间载荷分配系数 $K_{H\alpha}$ 和 $K_{F\alpha}$ ①

K_AF_t/b 精度等级 (Ⅱ组)		≥100/(N/mm)							<100/(N/mm)
		5	6	7	8	9	10	11～12	5 级及更低
经表面硬化的直齿轮	$K_{H\alpha}$	1.0	1.0	1.1	1.2			$1/Z_\varepsilon^2 \geqslant 1.2$	
	$K_{F\alpha}$	1.0	1.0	1.1	1.2			$1/Y_\varepsilon \geqslant 1.2$	
经表面硬化的斜齿轮	$K_{H\alpha}$ $K_{F\alpha}$	1.0	1.1②	1.2	1.4			$\varepsilon_\alpha/\cos^2\beta_b$③ $\geqslant 1.4$	
未经表面硬化的直齿轮	$K_{H\alpha}$	1.0	1.0	1.0	1.1	1.2		$1/Z_\varepsilon^2 \geqslant 1.2$	
	$K_{F\alpha}$	1.0	1.0	1.0	1.1	1.2		$1/Y_\varepsilon \geqslant 1.2$	
未经表面硬化的斜齿轮	$K_{H\alpha}$ $K_{F\alpha}$	1.0	1.0	1.1	1.2	1.4		$\varepsilon_\alpha/\cos^2\beta_b$③ $\geqslant 1.4$	

注:① 对于硬齿面和软齿面相啮合的齿轮副,K_α 取其平均值,若大、小齿轮精度等级不同时,则按精度等级较低的取值。
② 对修形齿轮取 $K_{H\alpha}=K_{F\alpha}=1$。
③ 若 $K_{F\alpha}>\varepsilon_\gamma/(\varepsilon_\alpha Y_\varepsilon)$,则取 $K_{F\alpha}=\varepsilon_\gamma/(\varepsilon_\alpha Y_\varepsilon)$。

9.5.4　齿向载荷分布系数 K_β

齿轮传动工作时,由于轴的弯曲变形和扭转变形、轴承的弹性位移以及传动装置的制造和安装误差等原因,将导致齿轮副相互倾斜及轮齿扭曲。为此,引入齿向载荷分布系数 K_β,就是考虑使轮齿沿接触线产生载荷分布不均匀现象的影响。

如图 9.12 所示,若齿轮在轴承间不对称布置,则轴弯曲变形后,轴线连同齿轮将发生偏斜。假设轮齿是绝对刚体,则一对轮齿啮合时为局部接触,通过发生弹性变形后产生的接触应力将不均匀。

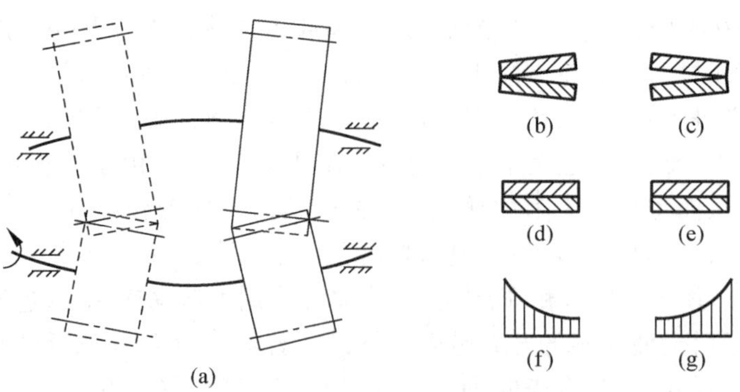

图 9.12　轴偏斜时齿向载荷分布

另外，在转矩 T_1 的作用下，轮齿的扭转变形也会使载荷沿齿宽分布不均匀，如图 9.13 所示。在转矩输入端，轮齿所受的载荷最大。综合考虑弯曲和扭转变形的影响，当齿轮位于远离转矩输入端时，载荷分布不均匀现象较缓和；否则，载荷分布不均匀现象较严重。

为了减轻这一现象，可以采用对齿形进行鼓形修整的方法，如图 9.14 所示，这样可以使齿宽中部首先接触，并扩大到整个齿宽。

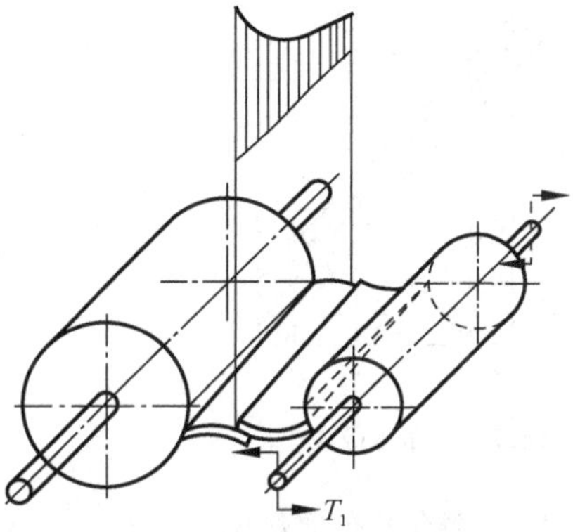

图 9.13　扭转作用下载荷分布

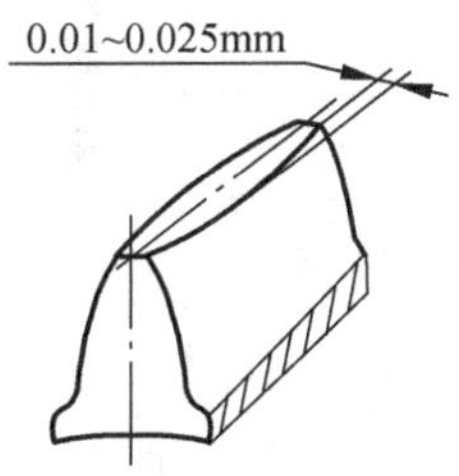

图 9.14　鼓形齿

齿轮在轴上的布置位置、轴、轴承和机座的刚度也对齿向载荷分布影响很大。

影响载荷集中的因素很多，齿向载荷分布系数的计算方法也十分繁冗，接触强度计算的齿向载荷分布系数 $K_{H\beta}$ 可由表 9.10 所列简化计算公式计算。

表 9.10　接触强度计算的齿向载荷分布系数 $K_{H\beta}$（简化公式）

结构布局	对称支承 $\left(\frac{s}{l}<0.1\right)$		非对称支承 $\left(0.1<\frac{s}{l}<0.3\right)$		悬臂支承 $\left(\frac{s}{l}<0.3\right)$	
	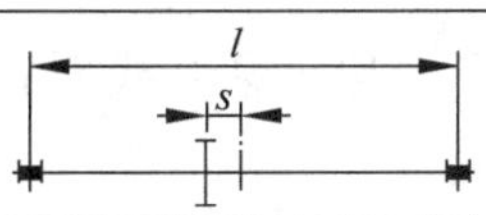		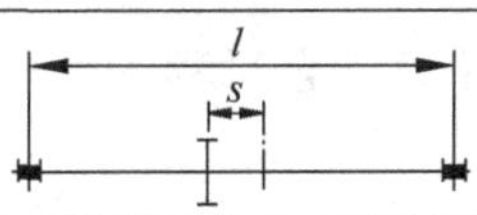		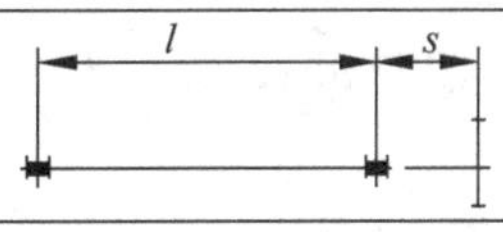	
计算公式 $K_{H\beta}=$	$A+B\left(\frac{b}{d_1}\right)^2+C\cdot10^{-3}b$		$A+B\left[1+0.6\left(\frac{b}{d_1}\right)^2\right]\left(\frac{b}{d_1}\right)^2+C\cdot10^{-3}b$		$A+B\left[1+6.7\left(\frac{b}{d_1}\right)^2\right]\left(\frac{b}{d_1}\right)^2+C\cdot10^{-3}b$	
	b 为轮齿工作宽度；d_1 为小齿轮分度圆直径					
调质齿轮精度等级①	装配时不作检验调整			装配时检验调整或对研跑合		
	A	B	C	A	B	C
5	1.07	0.16	0.23	1.03	0.16	0.12
6	1.09	0.16	0.30	1.04	0.16	0.15
7	1.11	0.16	0.47	1.05	0.16	0.23
8	1.17	0.16	0.61	1.09	0.16	0.31

硬齿面齿轮精度等级①	装配时不作检验调整						装配时检验调整					
	$K_{H\beta}\leqslant1.34$			$K_{H\beta}>1.34$			$K_{H\beta}\leqslant1.34$			$K_{H\beta}>1.34$		
	A	B	C	A	B	C	A	B	C	A	B	C
5	1.09	0.26	0.20	1.05	0.31	0.23	1.05	0.26	0.10	0.99	0.31	0.12
6	1.09	0.26	0.33	1.05	0.31	0.23	1.05	0.26	0.16	1.0	0.31	0.19

注：① 精度等级为第Ⅲ公差组。

对于弯曲强度计算的齿向载荷分布系数 $K_{F\beta}$ 可按图 9.15 由 $K_{H\beta}$ 和 b/h 查得。b/h 中的 b 为齿宽，对于人字齿或双斜齿齿轮，用单个斜齿轮的齿宽；h 为齿高。b/h 应取大、小齿轮中的小值。

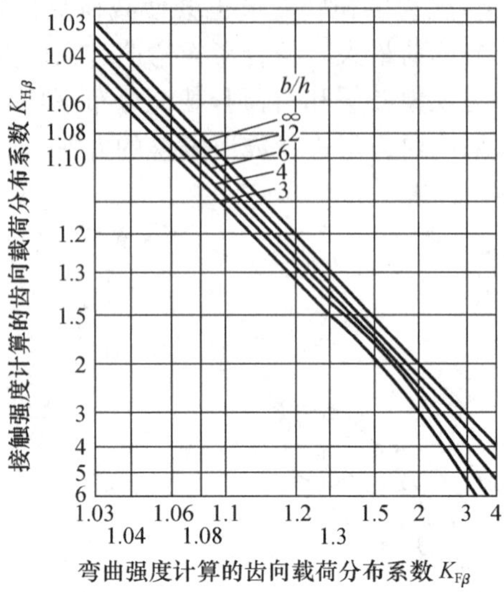

图 9.15　弯曲强度计算的齿向载荷分布系数 $K_{F\beta}$

9.6　标准直齿圆柱齿轮传动的强度计算

由前所述，齿轮传动的强度计算主要有三种，即齿面接触疲劳强度计算、齿根弯曲疲劳强度计算和静强度计算。

9.6.1　齿面接触疲劳强度计算

如图 9.16 所示为一对齿轮传动啮合过程的接触，图中还给出了渐开线齿廓沿啮合线各点

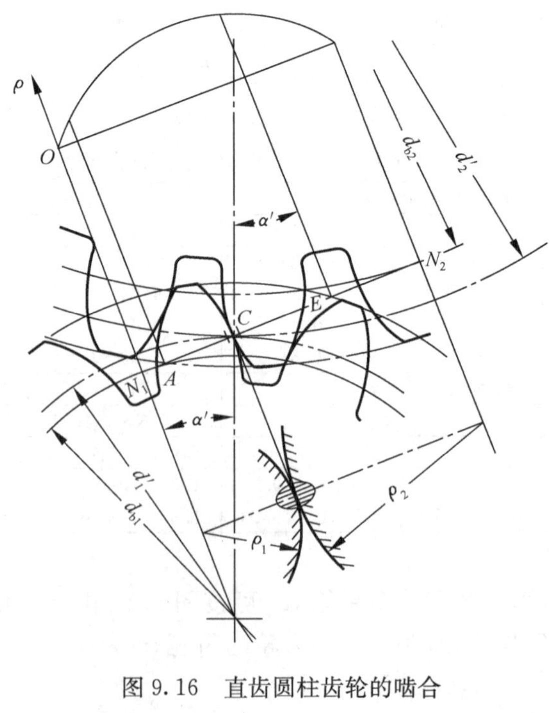

图 9.16　直齿圆柱齿轮的啮合

的综合曲率半径变化情况，节点 C 处的 ρ 值虽不是最小值，但该点处一般只有一对齿啮合，点蚀也往往先在节线附近的齿根表面出现。一对齿轮啮合时，接触疲劳强度计算通常以节点为计算点。恰可将齿廓啮合点的曲率半径 ρ_1 和 ρ_2 视为接触圆柱体的半径，这样就可以将一对齿轮的啮合看作一对圆柱的外啮合。因此，根据相关赫兹接触公式，在预定的使用期限内，齿面不产生疲劳点蚀的强度条件为

$$\sigma_H = \sqrt{\frac{F}{\pi b}\left(\frac{\frac{1}{\rho}}{\frac{1-\mu_1^2}{E_1}+\frac{1-\mu_2^2}{E_2}}\right)} \leqslant [\sigma_H] \tag{9.7}$$

式中，F 为圆柱体上的压力，用于齿轮应为法向力 F_n；b 为圆柱体接触长度，用于齿轮则为齿轮宽度 b，由于端面重合度 ε_α 总是大于 1，故 b 应代以接触线总长度 L。根据有关几何关系有

$$\begin{aligned} \frac{1}{\rho} &= \frac{2}{d_1\cos\alpha\tan\alpha'}\cdot\frac{u\pm 1}{u} \\ F_n &= \frac{F_t}{\cos\alpha} = \frac{2T_1}{d_1\cos\alpha} \\ L &= \frac{b}{Z_\varepsilon^2},\quad b = \psi_d d_1 \end{aligned} \tag{9.8}$$

其中 $Z_\varepsilon = \sqrt{\frac{4-\varepsilon_\alpha}{3}}$。

计入载荷系数 K 后，得最大接触应力 σ_H 和小齿轮分度圆直径 d_1 分别为

$$\begin{aligned} \sigma_H &= \underbrace{\sqrt{\frac{1}{\pi\left(\frac{1-\mu_1^2}{E_1}+\frac{1-\mu_2^2}{E_2}\right)}}}_{Z_E}\underbrace{\sqrt{\frac{2}{\cos^2\alpha\cdot\tan\alpha'}}}_{Z_H}\underbrace{Z_\varepsilon}_{Z_\varepsilon}\sqrt{\frac{2KT_1}{bd_1^2}\cdot\frac{u\pm 1}{u}} \\ &= Z_E Z_H Z_\varepsilon\sqrt{\frac{2KT_1}{bd_1^2}\cdot\frac{u\pm 1}{u}} \leqslant [\sigma_H] \end{aligned} \tag{9.9}$$

上式经公式变形得到

$$d_1 \geqslant \sqrt[3]{\frac{2KT_1}{\psi_d}\cdot\frac{u\pm 1}{u}\left(\frac{Z_E Z_H Z_\varepsilon}{[\sigma_H]}\right)^2} \tag{9.10}$$

式(9.9)为校核公式，式(9.10)为设计公式，对标准齿轮传动和变位齿轮传动均适用。式中“+”号用于外啮合，“−”号用于内啮合。许用接触应力$[\sigma_H]$应以两齿轮中的小者代入计算。公式中各参数的单位：T_1 为 N·mm；b、d_1 为 mm；E、σ_H、$[\sigma_H]$为 MPa。

在上述计算公式中：

(1) 弹性系数 Z_E($\sqrt{\text{MPa}}$)。是用来反映弹性模量和泊松比对接触应力的影响，有关数据见表 9.11。

表 9.11 弹性系数 Z_E

小齿轮材料	大齿轮材料(E/MPa)						
	钢 (206×10³)	铸钢 (202×10³)	球墨铸铁 (173×10³)	灰铸铁 (118～126×10³)	铸锡青铜 (103×10³)	锡青铜 (113×10³)	尼龙 7850
钢	189.8	188.9	181.4	162.0～165.4	155.0	159.8	56.4
铸钢	—	188.0	180.5	161.4	—	—	—
球墨铸铁	—	—	173.9	156.6	—	—	—
灰铸铁	—	—	—	143.7～146.7	—	—	—

(2) 重合度系数 Z_ε。用以考虑重合度对单位齿宽载荷的影响。计算方法如式(9.8),其中指数 2 是人为给定的,目的是使式(9.9)中的三个系数 Z_E、Z_H、Z_ε整齐并列。而上述接触线总长的计算方法为

$$L=\frac{b}{Z_\varepsilon^2}$$

(3) 节点区域系数 Z_H。节点区域系数用以考虑节点处齿廓曲率对接触应力的影响,可由图 9.17 查得。

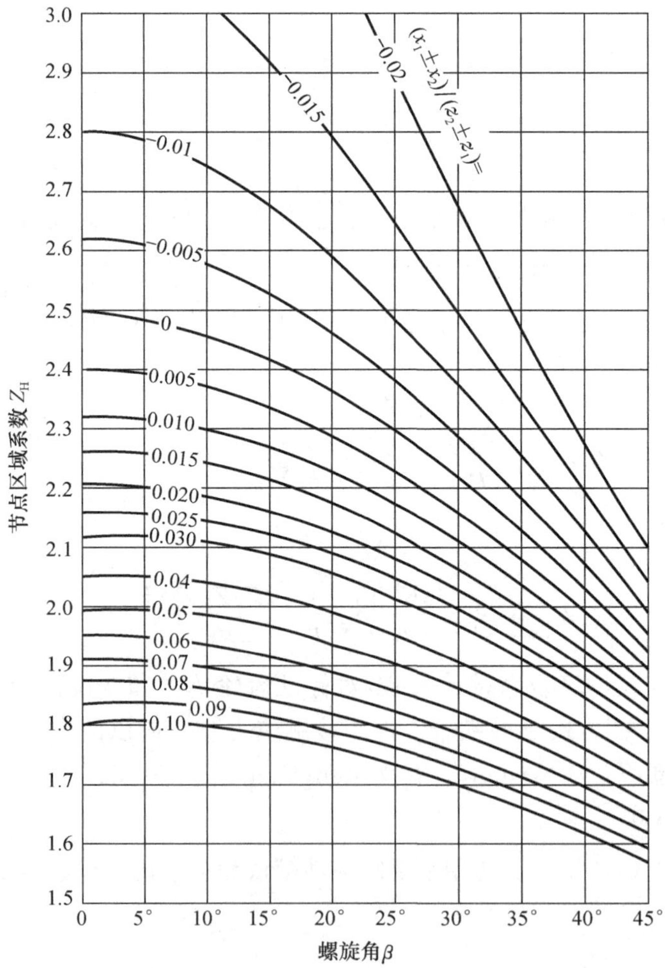

图 9.17 节点区域系数 Z_H

(4) 齿宽系数 ψ_d。齿宽 b 和小齿轮分度圆直径的比值称为齿宽系数($\psi_d=b/d_1$)。在一定载荷作用下，增大齿宽可减小齿轮直径和传动中心距，从而降低圆周速度。但齿宽越大，载荷分布越不均匀，因此必须合理地选择齿宽系数，表 9.12 可供选择时参考。

表 9.12　齿宽系数 $\psi_d=\dfrac{b}{d_1}$

齿轮相对于轴承的位置	齿面硬度	
	软齿面 (大轮或大、小轮硬度≤350HB)	硬齿面 (大、小轮硬度>350HB)
对称布置	0.8～1.4	0.4～0.9
非对称布置	0.6～1.2	0.3～0.6
悬臂布置	0.3～0.4	0.2～0.25

为便于装配和调整，根据 d_1 和 ψ_d求出轮宽 b 后，将小齿轮宽度再加大 5～10mm(锥齿轮和人字齿轮传动的小齿轮不加宽)，但计算时按大齿轮宽度计算。

(5) 许用接触应力$[\sigma_H]$。许用接触应力按下式计算：

$$[\sigma_H]=\frac{\sigma_{Hlim}Z_N}{S_{Hmin}} \tag{9.11}$$

式中，σ_{Hlim}为失效概率为 1%时，试验齿轮的接触疲劳极限，可由图 9.18 查出；S_{Hmin}为接触强度的最小安全系数，参考表 9.13 选取；Z_N为接触疲劳强度计算的寿命系数，可由图 9.19 查出。

图 9.19 中的横坐标 N_L 的计算方法分为载荷稳定和载荷不稳定两种情况。

载荷稳定

$$N_L=60\gamma n t_h \tag{9.12}$$

式中，γ 为齿轮每转一周，同一侧齿面的啮合次数；n 为齿轮转速，r/min；t_h为齿轮的设计寿命，h。

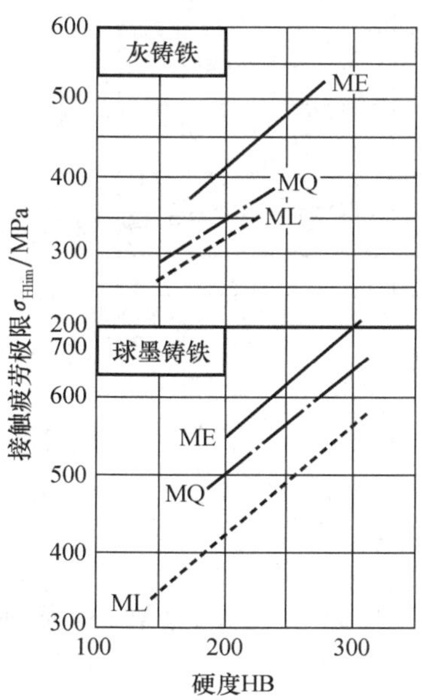

(a) 铸铁

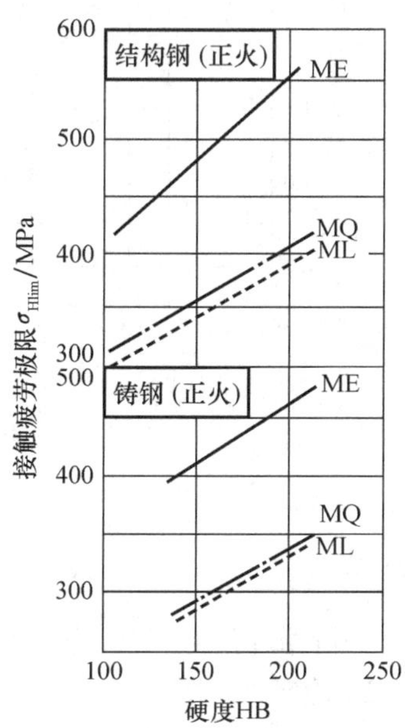

(b) 正火处理的结构钢和铸钢

图 9.18　齿轮接触疲劳极限

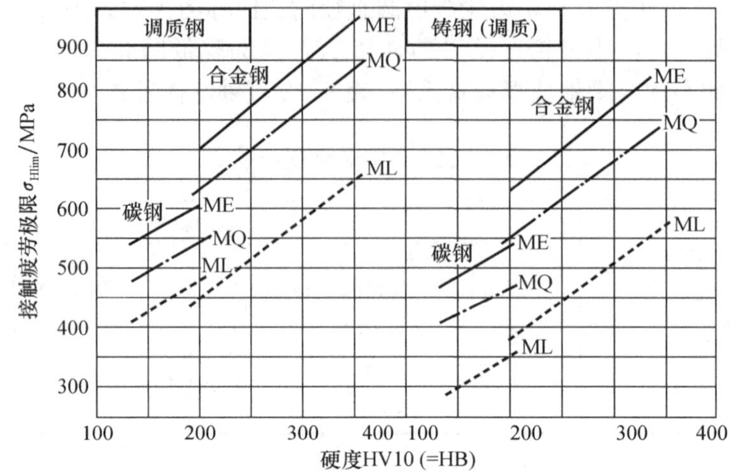

(c) 调质处理的碳钢、合金钢及铸钢

图 9.18(续)

注:图 9.18 中 ML 为齿轮材料质量和热处理质量达到最低要求时的疲劳极限取值线;MQ 为齿轮材料质量和热处理质量达到中等要求时的取值线,此要求是有经验的工业齿轮制造者以合理的生产成本所能达到的;ME 为齿轮材料质量和热处理质量达到很高要求时的取值线,这只有在具备高可靠度的制造过程可控能力时才能达到

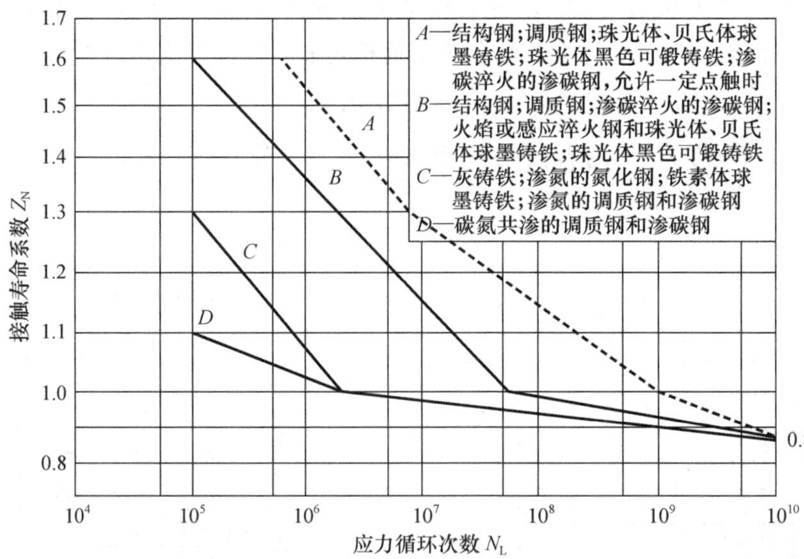

图 9.19　接触寿命系数 Z_N

载荷不稳定

$$N_L = N_v = 60\gamma \sum_{i=1}^{n} n_i t_{hi} \left(\frac{T_i}{T_{max}}\right)^m \tag{9.13}$$

式中,N_v为当量循环齿数;T_{max}为较长期作用的最大转矩;角标 i 表示的是第 i 个循环;m 为指数,由表 9.14 确定。

表 9.13　最小安全系数 S_{Hmin}、S_{Fmin}（参考值）

使用要求	S_{Hmin}	S_{Fmin}
高可靠度（失效概率不大于$\frac{1}{10000}$）	1.50～1.60	2.00
较高可靠度（失效概率不大于$\frac{1}{1000}$）	1.25～1.30	1.60
一般可靠度（失效概率不大于$\frac{1}{100}$）	1.00～1.10	1.25
低可靠度（失效概率不大于$\frac{1}{10}$）	0.85	1.00

表 9.14　应力循环次数 N_L 和指数 m

材料与热处理		静强度最大循环次数 N_0	持久寿命循环次数 N_e	工作应力循环次数 N_L	指数 m
结构钢、调质钢、球墨铸铁、珠光体可锻铸铁、渗碳淬火的渗碳钢、感应或火焰淬火的钢和球墨铸铁	允许一定点蚀	6×10^5	10^9	$6\times10^5<N_L\leqslant10^7$ $10^7<N_L\leqslant10^9$ $10^9<N_L\leqslant10^{10}$	6.77 8.78 7.08
	不允许点蚀	10^5	5×10^7	$10^5<N_L\leqslant5\times10^7$ $5\times10^7<N_L\leqslant10^{10}$	6.61 16.30
灰铸铁、铁素体球墨铸铁、渗氮的氮化钢、调质钢和渗碳钢		10^5	2×10^6	$10^5<N_L\leqslant2\times10^6$ $2\times10^6<N_L\leqslant10^{10}$	5.71 26.20
碳氮共渗的调质钢		10^5	2×10^6	$10^5<N_L\leqslant2\times10^6$ $2\times10^6<N_L\leqslant10^{10}$	15.72 26.20
弯曲强度					
球墨铸铁、珠光体黑色可锻铸铁、调质钢		10^4	3×10^6	$10^4<N_L\leqslant3\times10^6$ $3\times10^6<N_L\leqslant10^{10}$	6.23 49.91
渗碳淬火的渗碳钢、火焰或全齿感应淬火的钢和球墨铸铁		10^3	3×10^6	$10^3<N_L\leqslant3\times10^6$ $3\times10^6<N_L\leqslant10^{10}$	8.74 49.91
灰铸铁、铁素体球墨铸铁、结构钢、渗氮的氮化钢、调质钢和渗碳钢		10^3	3×10^6	$10^3<N_L\leqslant3\times10^6$ $3\times10^6<N_L\leqslant10^{10}$	17.03 49.91
碳氮共渗的调质钢和渗碳钢		10^3	3×10^6	$10^3<N_L\leqslant3\times10^6$ $3\times10^6<N_L\leqslant10^{10}$	84.00 49.91

(6) 分度圆直径的初步计算。若传动尺寸（b、d_1）和有关参数（Z_H、Z_ε、K_v、$K_{H\alpha}$、$K_{H\beta}$）均已知，则利用上述公式进行齿面接触疲劳强度验算并不困难。但若设计新的齿轮传动时，尺寸均未知，也无法求出有关参数 $K_{H\beta}$（因未知 b、d_1）、K_v（因未知 v 和齿轮精度）、Z_ε（因未知 ε_α），故式(9.10)无法用于设计计算。为此，需将该式进行简化，以便先作初步计算，求出主要尺寸和有关参数后，再利用式(9.9)进行较精确的校核计算。

若大、小齿轮均为钢制，由表 9.11 查得 $Z_E=189.8\sqrt{\text{MPa}}$；对于标准直齿圆柱齿轮传动，由图 9.17 查得 $Z_H=2.5$；设 $\varepsilon_\alpha=1$，由式(9.8)求得 $Z_\varepsilon=1$；取载荷系数$K=1.2$～2，则式(9.10)可简化为

$$d_1 \geqslant A_d \sqrt[3]{\frac{T_1}{\psi_d[\sigma_H]^2}\cdot\frac{u\pm1}{u}} \tag{9.14}$$

此式对于直齿或斜齿圆柱齿轮均适用，式中 A_d 值见表 9.15。若为其他材料配对时，应将 A_d 值乘以修正系数，其值亦见表 9.15。

初步计算的许用接触应力$[\sigma_H]$推荐取

$$[\sigma_H] \approx 0.9\sigma_{Hlim} \tag{9.15}$$

表 9.15 A_d值及其修正系数

螺旋角 β	A_d 值	A_d 修正系数				
		小齿轮材料	大齿轮材料			
			钢	铸钢	球墨铸铁	灰铸铁
0°	81.4～96.5	钢	1	0.997	0.970	0.906
8°～15°	80.3～95.3	铸钢	—	0.994	0.967	0.898
25°～35°	75.3～89.3	球墨铸铁	—	—	0.943	0.880
		灰铸铁	—	—	—	0.836

9.6.2 齿根弯曲疲劳强度计算

轮齿在受载时，齿根所受的弯矩最大，因此，齿根处的弯曲疲劳强度最弱。由于轮缘刚度很大，故轮齿可看作是宽度为 b 的悬臂梁。因此，齿根处为危险截面，如图 9.20 所示。它可用 30°切线法确定：作与轮齿对称中线成 30°角并与齿根过渡曲线相切的切线，通过两切点平行于齿轮轴线的截面，即齿根危险截面。

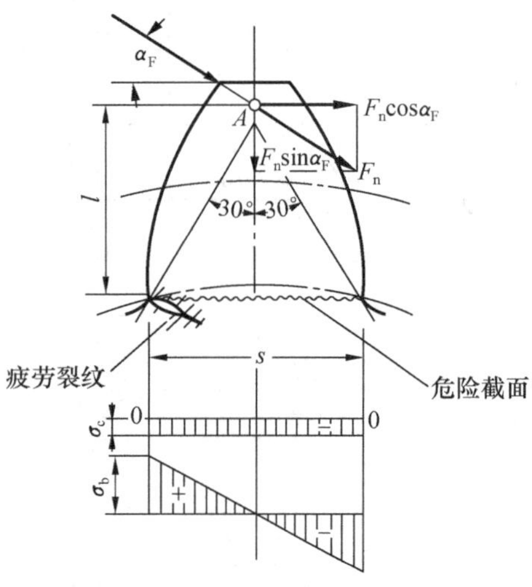

图 9.20 齿根危险截面确定方法

因端面重合度 $\varepsilon_\alpha>1$，理论上载荷应由同时啮合的多对齿分担，但为简化计算，假设全部载荷作用于只有一对齿啮合时的齿顶进行分析，另用重合度系数 Y_ε对齿根弯曲应力予以修正。

沿啮合线方向作用于齿顶的法向力 F_n可分解为互相垂直的两个分力：$F_n\cos\alpha_F$ 和 $F_n\sin\alpha_F$。前者使齿根产生弯曲应力 σ_b和切应力 τ，后者使齿根产生压缩应力 σ_c。弯曲应力起主要作用，其余影响很小，只在应力修正系数 Y_{Sa}中考虑。

在弯曲应力作用下，轮齿长期工作后，受拉侧先产生疲劳裂纹，因此齿根弯曲疲劳强度计算是以受拉侧为计算依据，根据力学关系，齿根的最大弯曲力矩为

$$M=F_n\cos\alpha_F\cdot l=\frac{F_t}{\cos\alpha}\cos\alpha_F\cdot l=\frac{2T_1}{d_1}\cdot\frac{l\cos\alpha_F}{\cos\alpha}$$

引入载荷系数 K、应力修正系数 Y_{Sa}、重合度系数 Y_ε后，得

$$\sigma_F\approx\sigma_b=\frac{M}{W}KY_{Sa}Y_\varepsilon=\frac{2KT_1}{d_1\dfrac{bs^2}{6}}\cdot\frac{l\cos\alpha_F}{\cos\alpha}Y_{Sa}Y_\varepsilon=\frac{2KT_1}{bd_1m}\cdot\frac{6\left(\dfrac{l}{m}\right)\cos\alpha_F}{\left(\dfrac{s}{m}\right)^2\cos\alpha}Y_{Sa}Y_\varepsilon$$

$$=\frac{2KT_1}{bd_1m}Y_{Fa}Y_{Sa}Y_\varepsilon=\frac{KF_t}{bm}Y_{Fa}Y_{Sa}Y_\varepsilon \tag{9.16}$$

该公式即为齿根弯曲强度校核公式。

将 $b=\psi_d d_1$，$d_1=mz_1$ 代入上式，得齿轮传动的设计公式

$$m\geqslant\sqrt[3]{\frac{2KT_1}{\psi_d z_1^2[\sigma_F]}Y_{Fa}Y_{Sa}Y_\varepsilon} \tag{9.17}$$

在应用公式(9.17)时应该注意：应对大、小齿轮的$\dfrac{Y_{Fa}Y_{Sa}}{[\sigma_F]}$进行比较，并按两者中的较大值

进行计算。模数应圆整成标准值。对于传递动力的齿轮，模数一般应大于 2mm。

在上述计算公式中：

（1）齿形系数 Y_{Fa}。Y_{Fa} 只取决于轮齿的形状（随齿数 z 和变位系数 x 而异），而与模数大小无关。数学表达式为 $Y_{Fa}=\dfrac{6\left(\dfrac{l}{m}\right)\cos\alpha_F}{\left(\dfrac{s}{m}\right)^2\cos\alpha}$。具体计算可以由图 9.21 查得。

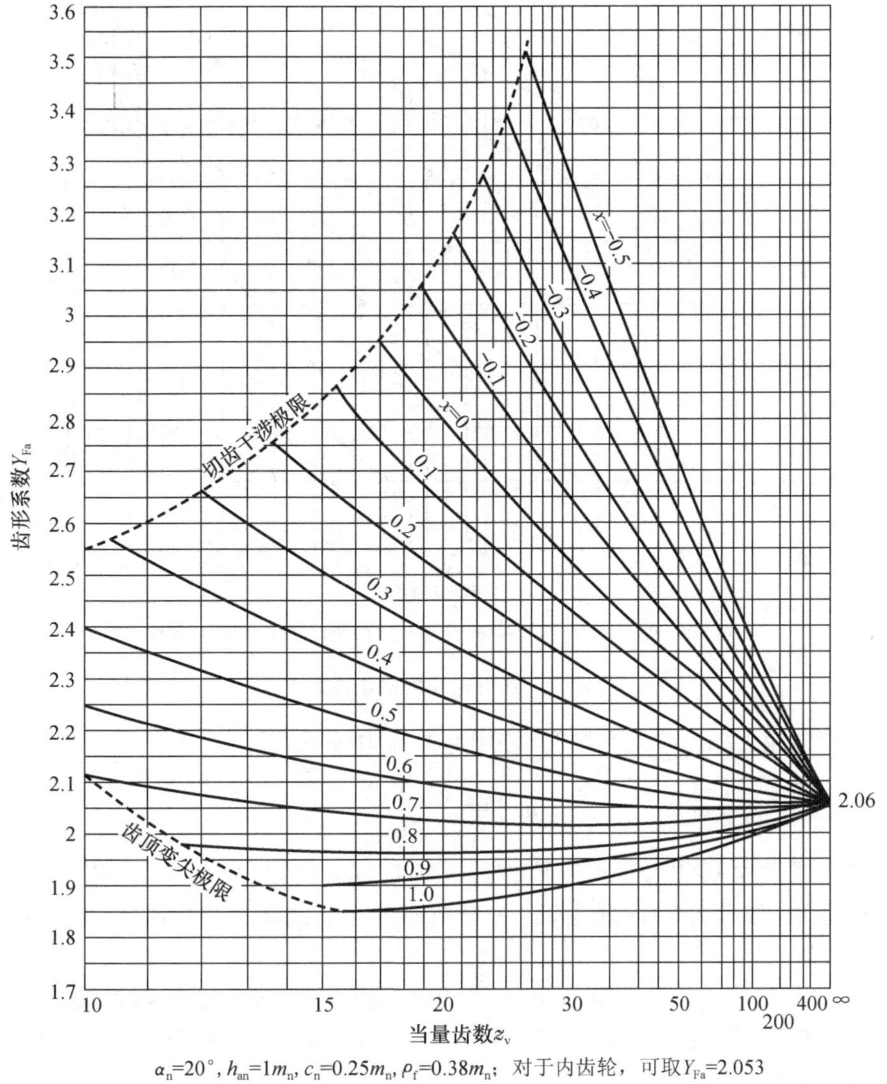

图 9.21　外齿轮齿形系数 Y_{Fa}

（2）应力修正系数 Y_{Sa}。用以综合考虑齿根过渡曲线处的应力集中和除弯曲应力外其余应力对齿根应力的影响的系数。具体数值可以查图 9.22。

（3）重合度系数 Y_ε。重合度系数可按下式计算：

$$Y_\varepsilon = 0.25 + \frac{0.75}{\varepsilon_\alpha} \tag{9.18}$$

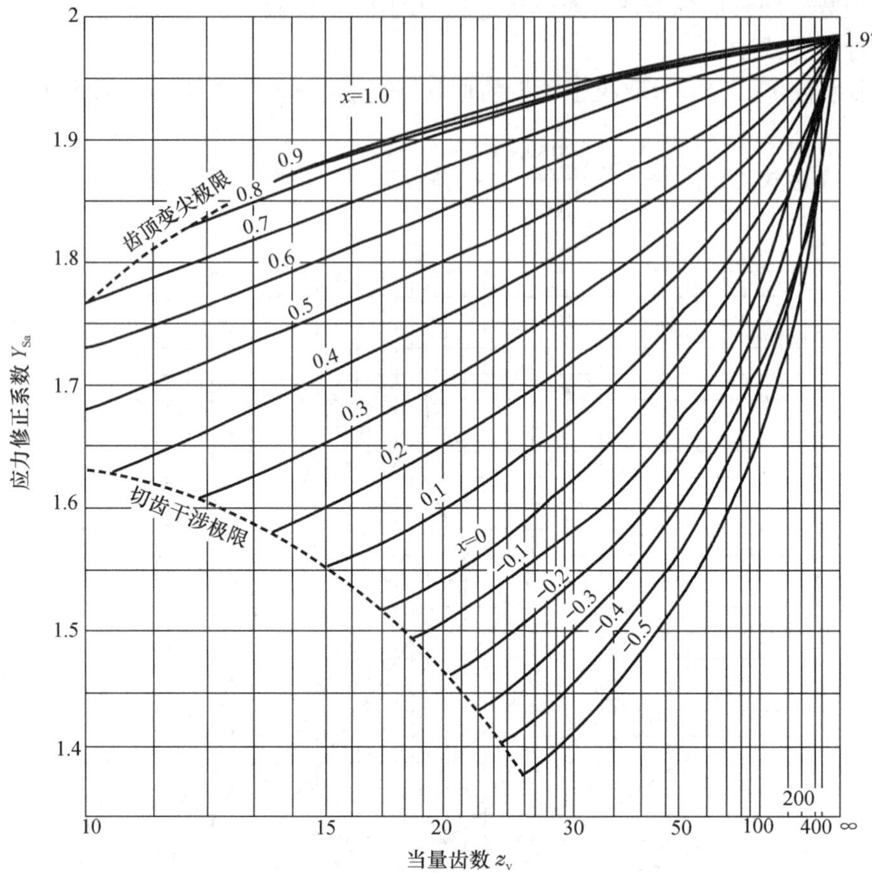

$\alpha_n=20°$, $h_{an}=1m_n$, $c_n=0.25m_n$, $\rho_f=0.38m_n$；对于内齿轮：可取$Y_{Sa}=2.65$

图 9.22 外齿轮应力修正系数 Y_{Sa}

(4) 许用弯曲应力[σ_F]单向受载时，许用弯曲应力按下式计算：

$$[\sigma_F]=\frac{\sigma_{Flim}Y_NY_X}{S_{Fmin}} \tag{9.19}$$

其中 σ_{Flim}为失效概率为 1%时，试验齿轮的齿根弯曲疲劳极限，见图 9.23；S_{Fmin}为弯曲疲劳强度的最小安全系数，参考表 9.13 选取；Y_N为弯曲疲劳强度计算的寿命系数，查图 9.24；Y_X为尺寸系数，查图 9.25。

(5) 齿数 z_1 的选择。对于软齿面闭式传动，传动尺寸主要取决于接触疲劳强度，而弯曲疲劳强度往往比较富裕。这时，在传动尺寸不变并满足弯曲疲劳强度要求的前提下，齿数宜取多些(模数相应减小)。

选取较多的齿数有利于：①增大重合度，提高传动平稳性；②减小滑动系数，提高传动效率；③减小毛坯外径，减轻齿轮重量；④减少切削量(模数小则齿槽小)，延长刀具使用寿命，减少加工工时等。一般可取 $z_1=20\sim40$。

对于硬齿面闭式传动，传动尺寸有可能要取决于轮齿弯曲疲劳强度，故齿数不宜过多。

开式传动的尺寸主要取决于轮齿弯曲疲劳强度，齿数不宜多。对于标准齿轮，应使 $z_1\geqslant17$，以免根切。

(6) 模数的初步计算。在进行直齿圆柱齿轮齿根弯曲疲劳强度的校核计算时，由于齿轮

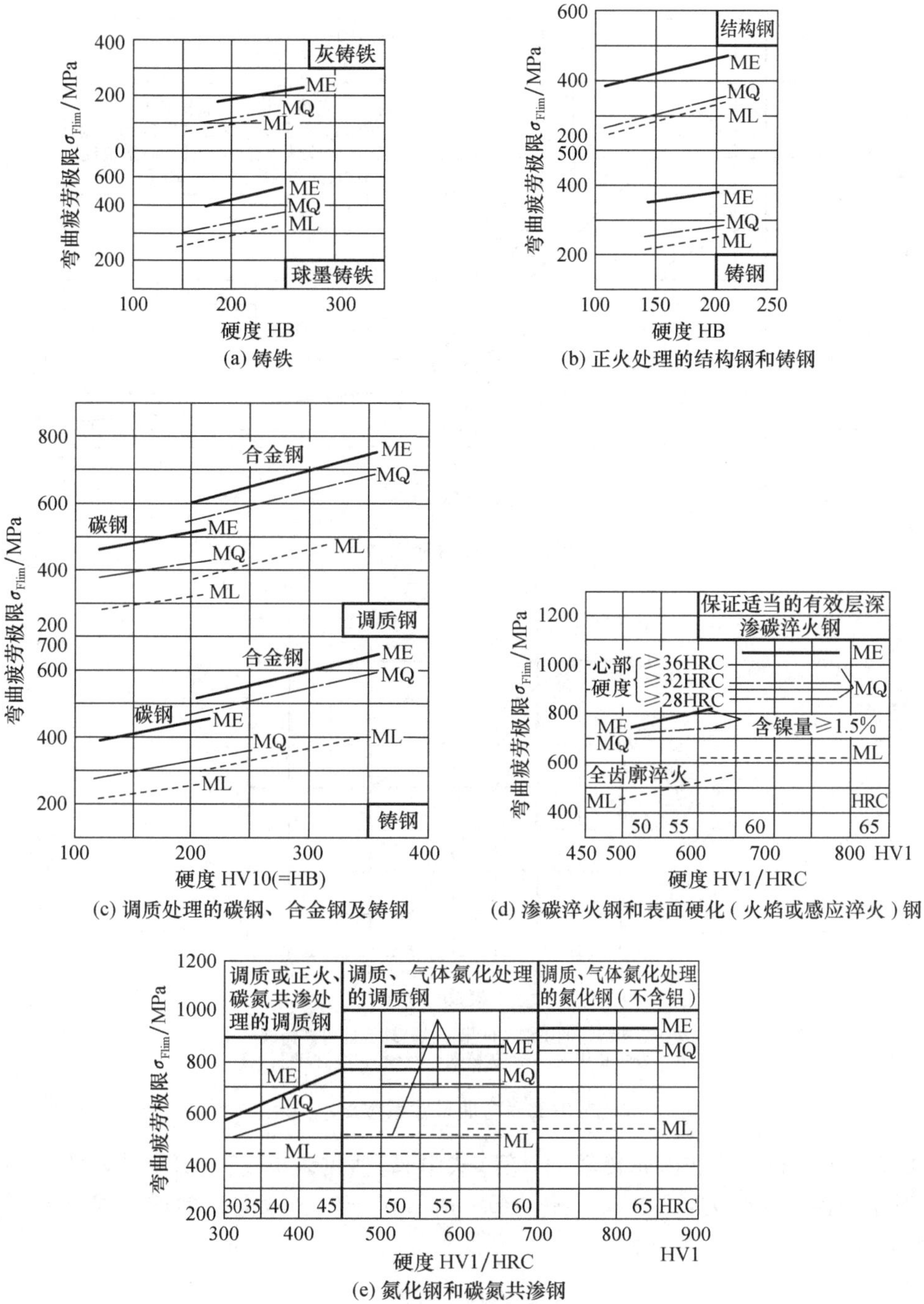

图 9.23　弯曲疲劳强度极限 σ_{Flim}

传动的尺寸和有关参数均为已知，在计算时并不存在什么困难。但当按齿根弯曲疲劳强度进行设计计算时，也应将式(9.17)进行简化。对于直齿圆柱齿轮传动，设 $\varepsilon_\alpha=1$，由式(9.18)求得 $Y_\varepsilon=1$；取载荷系数 $K=1.2\sim2$，则式(9.17)可简化为

$$m_n \geqslant A_m \sqrt[3]{\frac{T_1}{\psi_d z_1^2 [\sigma_F]} Y_{Fa} Y_{Sa}} \tag{9.20}$$

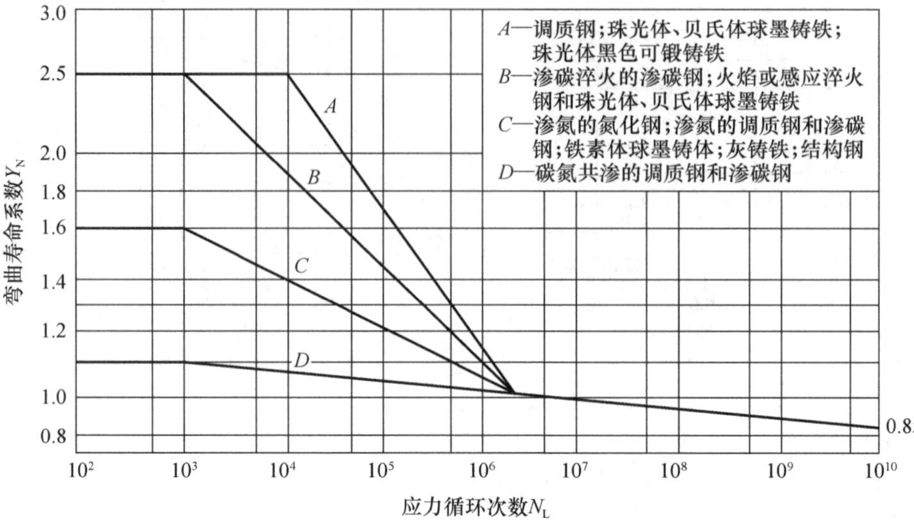

图 9.24　弯曲寿命系数 Y_N

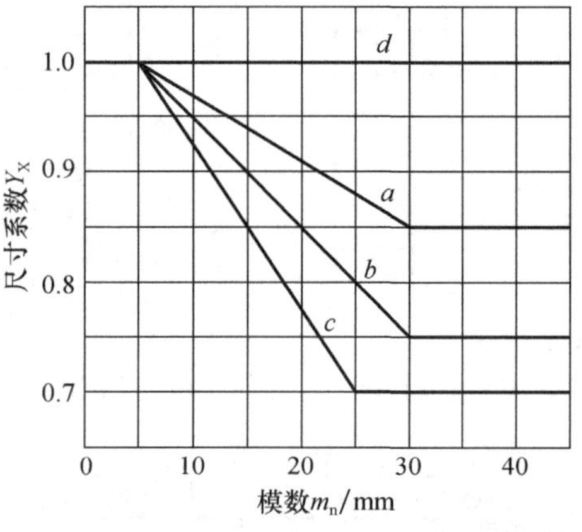

a—结构钢、调质钢、球墨铸铁、珠光体可锻铸铁；
b—表面硬化钢；c—灰铸铁；d—静强度(所有材料)

图 9.25　弯曲尺寸系数 Y_X

此式也可以应用于斜齿圆柱齿轮传动的计算，式中 A_m 值见表 9.16。初步计算的许用弯曲应力$[\sigma_F]$，对于轮齿单向受力，可以取：$[\sigma_F]\approx 0.7\sigma_{Flim}$，对于轮齿双向受力或开式传动，可以取：$[\sigma_F]\approx 0.5\sigma_{Flim}$。

表 9.16　A_m值

螺旋角 β	0°	8°～15°	25°～35°
A_m①	1.34～1.59	1.32～1.56	1.22～1.45

注：①当载荷平稳、齿宽系数较小、对称布置、轴的刚性较大、齿轮精度较高(6 级以上)时，A_m取较小值，反之取较大值。

在进行齿轮强度计算过程中，一般的计算顺序和原则为：

(1) 对于闭式传动，一般先按接触疲劳强度进行计算，求出齿轮直径和齿宽，再校核其弯曲疲劳强度。齿面硬度很高的闭式传动，也可以按弯曲疲劳强度确定齿轮模数，再校核其接触疲劳强度。

(2) 对于开式传动，只需进行弯曲疲劳强度计算，求取齿轮模数。为了补偿磨粒磨损，计算出来的模数应增大 10%～15%。

9.6.3　轮齿的静强度校核计算

对于少循环次数(低周循环)和瞬时过载两种情况，要进行静强度校核计算。当齿轮工作可能出现短时间、少次数的超过额定工况的大载荷时，则应进行静强度校核计算：$10^2 < N_L < N_0$ 时，进行少循环次数强度校核；$N_L < 10^2$ 时，进行瞬时过载强度校核计算。

1) 少循环次数齿面接触强度校核

$$\sigma_{Hst} = Z_H Z_E Z_\varepsilon \sqrt{\frac{2K_v K_{H\alpha} K_{H\beta} T_{1max}}{bd_1^2} \cdot \frac{u \pm 1}{u}} \leqslant [\sigma_{Hst}]$$

式中，$[\sigma_{Hst}] = \dfrac{\sigma_{Hlim} Z_N}{S_{Hmin}}$；$\sigma_{Hst}$为静强度最大接触应力；$[\sigma_{Hst}]$为静强度许用接触应力。

2) 少循环次数齿根弯曲静强度校核

$$\sigma_{Fst} = \frac{2K_v K_{F\alpha} K_{F\beta} T_{1max}}{bd_1 m} Y_{Fa} Y_{Sa} Y_\varepsilon \leqslant [\sigma_{Fst}]$$

式中，$[\sigma_{Fst}] = \dfrac{\sigma_{Flim} Y_N}{S_{Flim}}$；$\sigma_{Fst}$为静强度最大弯曲应力；$[\sigma_{Fst}]$为静强度许用弯曲应力。

3) 瞬时过载强度校核

$$\sigma_{Fmax} = \frac{F_{max} K_{Hs}}{bm} Y_{Fa} Y_{Sa} Y_\varepsilon \leqslant [\sigma_s]$$

式中，$[\sigma_s] = K_y \sigma_s$，$K_y$ 为屈服强度系数，对于一般工业齿轮 $K_y = 0.75$，对于重要齿轮 $K_y = 0.5$；σ_{Fmax}为瞬时过载齿根最大拉应力；F_{max}为瞬时最大圆周力；σ_s 为材料屈服极限，见表 9.6；$[\sigma_s]$为许用屈服应力；K_{Hs} 为齿面载荷集中系数，对跨距支承的闭式传动可取 $K_{Hs} = 1.07 + 0.567b \times 10^{-3}$。

在上述计算公式中：T_{1max}为小齿轮最大转矩；因已按最大载荷计算，故工况系数 $K_A = 1$；对在启动或堵转时产生的最大载荷或低速工况，可取动载系数 $K_v = 1$，其他情况 K_v 仍按图 9.10 查得；寿命系数 Z_N和 Y_N按 $N_L = N_0$ 由图 9.19 和图 9.24 查得；其余各参数均与疲劳强度计算相应值相同。

9.6.4　直齿轮传动的设计步骤

通过例 9.1 对直齿轮传动的设计过程和设计步骤进行叙述。

【例 9.1】　某变速器上使用的一闭式标准直齿圆柱齿轮传动。已知：名义功率 $P = 15kW$；小齿轮转速 $n_1 = 1500r/min$；传动比 $i(=u) = 3$；载荷变化规律见图 9.26。单班制。预期使用寿命 10 年，每年 300 个工作日。在使用期限内，工作时间占 20%。动力机为电动机，工作有中等振动，传动不逆转，齿轮对称布置。传动尺寸无严格限制，小批量生产，齿面允许少量点蚀，无严重过载。试设计该齿轮传动。

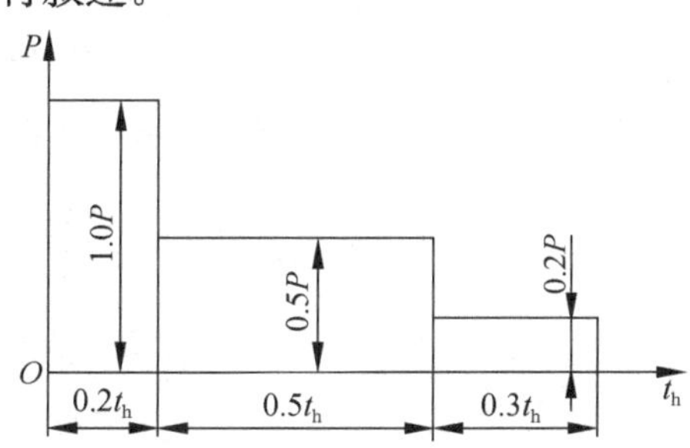

图 9.26　载荷变化规律

解 因传动尺寸无严格限制，批量较小，故小齿轮用 40Cr，调质处理，硬度241～286HB，平均取为 260HB，大齿轮用 45 钢，调质处理，硬度 229～286HB，平均取为 240HB。计算步骤如下：

计算项目	计算内容	计算结果
齿面接触疲劳强度计算		
(1) 初步计算		
转矩 T_1	$T_1=9.55\times10^6\dfrac{P}{n_1}=9.55\times10^6\times\dfrac{15}{1500}$	$T_1=95500\text{N}\cdot\text{mm}$
齿宽系数 ψ_d	由表 9.12 取 $\psi_d=1.0$	$\psi_d=1.0$
接触疲劳极限 σ_{Hlim}	由图 9.18(c)	$\sigma_{Hlim1}=710\text{MPa}$ $\sigma_{Hlim2}=580\text{MPa}$
初步计算的许用接触应力$[\sigma_H]$	$[\sigma_{H1}]\approx0.9\sigma_{Hlim1}=0.9\times710$ $[\sigma_{H2}]\approx0.9\sigma_{Hlim2}=0.9\times580$　(式(9.15))	$[\sigma_{H1}]=639\text{MPa}$ $[\sigma_{H2}]=522\text{MPa}$
A_d 值	由表 9.15，取 $A_d=85$	$A_d=85$
初步计算的小齿轮直径 d_1	$d_1\geqslant A_d\sqrt[3]{\dfrac{T_1}{\psi_d[\sigma_H]^2}\cdot\dfrac{u\pm1}{u}}$ $=85\sqrt[3]{\dfrac{95500}{1\times522^2}\times\dfrac{3+1}{3}}=65.96$　(式(9.14))	取 $d_1=70\text{mm}$
初步齿宽 b	$b=\psi_d d_1=1\times70$	$b=70\text{mm}$
(2) 校核计算		
圆周速度 v	$v=\dfrac{\pi d_1 n_1}{60\times1000}=\dfrac{\pi\times70\times1500}{60\times1000}$	$v=5.498\text{m/s}$
精度等级	由表 9.8	选 8 级精度
齿数 z 和模数 m	初取齿数 $z_1=25$；$z_2=iz_1=3\times25=75$ $m=d_1/z_1=70/25=2.8$ 由表 9.1，取 $m=2.5$(这里往大或往小取均可，视验算结果而定)则 $z_1=d_1/m=70/2.5=28$；$z_2=iz_1=3\times28=84$	$m=2.5$ $z_1=28$ $z_2=84$
使用系数 K_A	由表 9.7	$K_A=1.5$
动载系数 K_v	由图 9.10	$K_v=1.21$
齿间载荷分配系数 $K_{H\alpha}$	由表 9.9，先求 $F_t=\dfrac{2T_1}{d_1}=\dfrac{2\times95500}{70}=2729(\text{N})$ $\dfrac{K_AF_t}{b}=\dfrac{1.5\times2729}{70}=58.47(\text{N/mm})<100(\text{N/mm})$ $\alpha_{a1}=\arccos\dfrac{d_{b1}}{d_{a1}}=\arccos\dfrac{d_1\cos\alpha}{d_1+2h_a}$ $=\arccos\dfrac{70\cos20^\circ}{70+2\times2.5}=28.7^\circ$ $\alpha_{a2}=\arccos\dfrac{d_{b2}}{d_{a2}}=\arccos\dfrac{d_2\cos\alpha}{d_2+2h_a}$ $=\arccos\dfrac{210\cos20^\circ}{210+2\times2.5}=23.39^\circ$ $\varepsilon_\alpha=\dfrac{1}{2\pi}[z_1(\tan\alpha_{a1}-\tan\alpha')+z_2(\tan\alpha_{a2}-\tan\alpha')]$ $=\dfrac{1}{2\pi}[28\times(\tan28.7^\circ-\tan20^\circ)]$ $+[84\times(\tan23.39^\circ-\tan20^\circ)]=1.73$　(表 9.5) $Z_\varepsilon=\sqrt{\dfrac{4-\varepsilon_\alpha}{3}}=\sqrt{\dfrac{4-1.73}{3}}=0.87$　(式(9.8)) 由此得 $K_{H\alpha}=\dfrac{1}{Z_\varepsilon^2}=\dfrac{1}{0.87^2}=1.32$	$\varepsilon_\alpha=1.73$ $Z_\varepsilon=0.87$ $K_{H\alpha}=1.32$

续表

计算项目	计算内容	计算结果
齿向载荷分布系数 $K_{H\beta}$	由表 9.10 $K_{H\beta}=A+B\left(\frac{b}{d_1}\right)^2+C\cdot 10^{-3}b$ $=1.17+0.16\times 1^2+0.61\times 10^{-3}\times 70$	$K_{H\beta}=1.37$
载荷系数 K	$K=K_AK_vK_{H\alpha}K_{H\beta}$ $=1.5\times 1.21\times 1.32\times 1.37$　（式(9.6)）	$K=3.29$
弹性系数 Z_E	由表 9.11	$Z_E=189.8\sqrt{MPa}$
节点区域系数 Z_H	由图 9.17	$Z_H=2.5$
接触最小安全系数 S_{Hmin}	由表 9.13	$S_{Hmin}=1.05$
总工作时间 t_h	$t_h=10\times 300\times 8\times 0.2$	$t_h=4800h$
应力循环次数 N_L	由表 9.14，估计 $10^7<N_L\leqslant 10^9$ 则指数 $m=8.78$ $N_{L1}=N_{v1}=60\gamma\sum_{i=1}^{n}n_it_{hi}\left(\frac{T_i}{T_{max}}\right)^m$ $=60\gamma n_1t_h\sum_{i=1}^{n}\left(\frac{T_i}{T_{max}}\right)^{8.78}\cdot\frac{t_{hi}}{t_h}$　（式(9.13)） $=60\times 1\times 1500\times 4800$ $\times(1^{8.78}\times 0.2+0.5^{8.78}\times 0.5+0.2^{8.78}\times 0.3)$ 原估计应力循环次数正确 $N_{L2}=N_{L1}/i=8.69\times 10^7/3$	$N_{L1}=8.69\times 10^7$ $N_{L2}=2.89\times 10^7$
接触寿命系数 Z_N	由图 9.19	$Z_{N1}=1.15$ $Z_{N2}=1.23$
许用接触应力$[\sigma_H]$	$[\sigma_{H1}]=\frac{\sigma_{Hlim1}Z_{N1}}{S_{Hmin}}=\frac{710\times 1.15}{1.05}$ $[\sigma_{H2}]=\frac{\sigma_{Hlim2}Z_{N2}}{S_{Hmin}}=\frac{580\times 1.23}{1.05}$　（式(9.11)）	$[\sigma_{H1}]=778MPa$ $[\sigma_{H2}]=679MPa$
验算	$\sigma_H=Z_EZ_HZ_\varepsilon\sqrt{\frac{2KT_1}{bd_1^2}\cdot\frac{u+1}{u}}$ $=189.8\times 2.5\times 0.87\times\sqrt{\frac{2\times 3.29\times 95500}{70\times 70^2}\times\frac{3+1}{3}}$ （式(9.9)） 计算结果表明，接触疲劳强度较为合适，齿轮尺寸无须调整。否则，尺寸调整后还应再进行验算	$\sigma_H=645MPa$ $<[\sigma_{H2}]$
(3) 确定传动主要尺寸		
实际分度圆直径 d	因模数取标准值，齿数已重新确定，但并未圆整，故分度圆直径不会改变，即 $d_1=mz_1=2.5\times 28=70(mm)$ $d_2=mz_2=2.5\times 84=210(mm)$	$d_1=70mm$ $d_2=210mm$
中心距 a	$a=\frac{m(z_1+z_2)}{2}=\frac{2.5\times(28+84)}{2}mm$	$a=140mm$
齿宽 b	$b=\psi_dd_1=1\times 70=70(mm)$	取 $b_1=80mm$ $b_2=70mm$
齿根弯曲疲劳强度验算		
重合度系数 Y_ε	$Y_\varepsilon=0.25+\frac{0.75}{\varepsilon_\alpha}=0.25+\frac{0.75}{1.73}$　（式(9.18)）	$Y_\varepsilon=0.68$
齿间载荷分配系数 $K_{F\alpha}$	由表 9.9，$K_{F\alpha}=\frac{1}{Y_\varepsilon}=\frac{1}{0.68}$	$K_{F\alpha}=1.46$
齿向载荷分配系数 $K_{F\beta}$	$b/h=70/(2.25\times 2.5)=12.44$ 由图 9.15	$K_{F\beta}=1.35$

续表

计算项目	计算内容	计算结果
载荷系数 K	$K=K_A K_v K_{F\alpha} K_{F\beta}=1.5\times1.21\times1.46\times1.35$	$K=3.58$
齿形系数 Y_{Fa}	由图 9.21	$Y_{Fa1}=2.52$ $Y_{Fa2}=2.21$
应力修正系数 Y_{Sa}	由图 9.22	$Y_{Sa1}=1.62$ $Y_{Sa2}=1.75$
弯曲疲劳极限 σ_{Flim}	由图 9.23(c)	$\sigma_{Flim1}=600\text{MPa}$ $\sigma_{Flim2}=450\text{MPa}$
弯曲最小安全系数 S_{Fmin}	由表 9.13	$S_{Fmin}=1.25$
应力循环次数 N_L	由表 9.14,估计 $3\times10^6<N_L\leqslant10^{10}$ 则指数 $m=49.91$ $N_{L1}=N_{v1}=60\gamma n_1 t_h\sum_{i=1}^{n}\left(\frac{T_i}{T_{max}}\right)^{49.91}\cdot\frac{t_{hi}}{t_h}$ $=60\times1\times1500\times4800$ $\times(1^{49.91}\times0.2+0.5^{49.91}\times0.5+0.2^{49.91}\times0.3)$ 原估计应力循环次数正确 $N_{L2}=N_{L1}/i=8.64\times10^7/3$	$N_{L1}=8.64\times10^7$ $N_{L2}=2.88\times10^7$
弯曲寿命系数 Y_N	由图 9.24	$Y_{N1}=0.93$ $Y_{N2}=0.95$
尺寸系数 Y_X	由图 9.25	$Y_X=1.0$
许用弯曲应力$[\sigma_F]$	$[\sigma_{F1}]=\frac{\sigma_{Flim1}Y_{N1}Y_X}{S_{Fmin}}=\frac{600\times0.93\times1}{1.25}$ $[\sigma_{F2}]=\frac{\sigma_{Flim2}Y_{N2}Y_X}{S_{Fmin}}=\frac{450\times0.95\times1}{1.25}$ (式(9.19))	$[\sigma_{F1}]=446\text{MPa}$ $[\sigma_{F2}]=342\text{MPa}$
验算	$\sigma_{F1}=\frac{2KT_1}{bd_1m}Y_{Fa1}Y_{Sa1}Y_\varepsilon$ (式(9.16)) $=\frac{2\times3.58\times95500}{70\times70\times2.5}\times2.52\times1.62\times0.68$ $\sigma_{F2}=\sigma_{F1}\frac{Y_{Fa2}Y_{Sa2}}{Y_{Fa1}Y_{Sa1}}=155\times\frac{2.21\times1.75}{2.52\times1.62}$ 传动无严重过载,故不作静强度校核	$\sigma_{F1}=155\text{MPa}$ $<[\sigma_{F1}]$ $\sigma_{F2}=147\text{MPa}$ $<[\sigma_{F2}]$

9.7 斜齿圆柱齿轮传动的强度计算

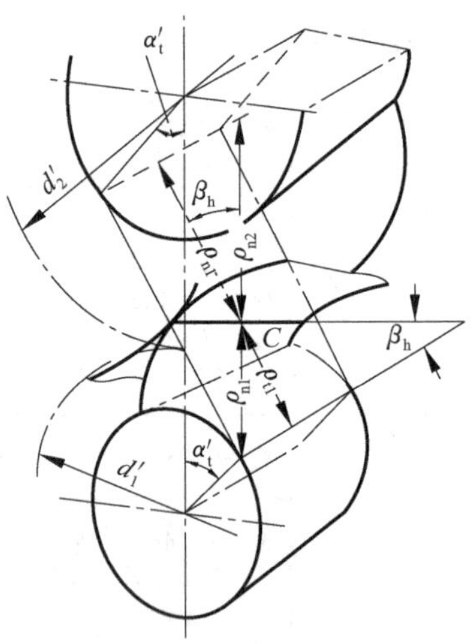

图 9.27 斜齿轮啮合几何关系

9.7.1 齿面接触疲劳强度计算

如图 9.27 所示,为斜齿轮传动的啮合过程的几何关系,斜齿圆柱齿轮传动的齿面接触疲劳强度条件与直齿轮传动相同,在计算公式的推导过程中有以下几点不同:①斜齿圆柱齿轮的齿廓啮合点的曲率半径应代以法向曲率半径 ρ_{n1} 和 ρ_{n2};②接触线总长度随啮合位置不同而变化,同时还受端面重合度 ε_α 和纵向重合度 ε_β 的共同影响;③接触线倾斜有利于提高接触疲劳强度,用螺旋角系数 Z_β 考虑其影响。

考虑上述因素后,将直齿圆柱齿轮的齿面接触疲劳强度计算公式(9.7)进行改造,将

$$\frac{1}{\rho}=\frac{2\cos\beta_b}{d_1\cos\alpha_t\tan\alpha_t'}\cdot\frac{u\pm1}{u}$$

$$F_n=\frac{F_t}{\cos\alpha_t\cos\beta_b}=\frac{2T_1}{d_1}\frac{1}{\cos\alpha_t\cos\beta_b}$$

$$L=\frac{b}{Z_\varepsilon^2\cos\beta_b}$$

代入到式(9.7)中，同时计入载荷系数 K、螺旋角系数 Z_β 后，得斜齿圆柱齿轮传动齿面接触疲劳强度的校核公式和设计公式

$$\sigma_H=\sqrt{\frac{1}{\pi\left(\frac{1-\mu_1^2}{E_1}+\frac{1-\mu_2^2}{E_2}\right)}}\sqrt{\frac{2\cos\beta_b}{\cos^2\alpha_t\cdot\tan\alpha_t'}}Z_\varepsilon Z_\beta\sqrt{\frac{2KT_1}{bd_1^2}\cdot\frac{u\pm1}{u}}$$

$$=Z_EZ_HZ_\varepsilon Z_\beta\sqrt{\frac{2KT_1}{bd_1^2}\cdot\frac{u\pm1}{u}}\leqslant[\sigma_H] \tag{9.21}$$

$$d_1\geqslant\sqrt[3]{\frac{2KT_1}{\psi_d}\cdot\frac{u\pm1}{u}\left(\frac{Z_EZ_HZ_\varepsilon Z_\beta}{[\sigma_H]}\right)^2} \tag{9.22}$$

在上述计算公式中：

1）接触线总长度 L 和重合度系数 Z_ε

$$\left.\begin{aligned}L_{\min}&=\frac{\chi\varepsilon_\alpha b}{\cos\beta_b}=\frac{b}{Z_\varepsilon^2\cos\beta_b}\\Z_\varepsilon&=\sqrt{\frac{4-\varepsilon_\alpha}{3}(1-\varepsilon_\beta)+\frac{\varepsilon_\beta}{\varepsilon_\alpha}}\end{aligned}\right\} \tag{9.23}$$

式中，端面重合度 ε_α 和纵向重合度 ε_β 的计算公式见表 9.5。若 $\varepsilon_\beta\geqslant1$，则取 $\varepsilon_\beta=1$；χ 为接触线长度变化系数。

2）螺旋角系数 Z_β

$$Z_\beta=\sqrt{\cos\beta} \tag{9.24}$$

3）弹性系数 Z_E、节点区域系数 Z_H

和直齿轮的同名系数相同，分别查表 9.11 和图 9.17。

4）许用接触应力 $[\sigma_H]$

和直齿圆柱齿轮计算方法相同，仍按式(9.11)计算。

9.7.2　齿根弯曲疲劳强度计算

斜齿圆柱齿轮传动的齿根弯曲应力比较复杂，很难精确计算，通常按斜齿轮的法面当量直齿圆柱齿轮进行简化计算，分析截面应为法向截面，模数应为法向模数 m_n。在此基础上，仍然采用圆柱齿轮传动的计算方法，考虑接触线倾斜对弯曲强度的有利影响，再引入螺旋角系数 Y_β，得到斜齿圆柱齿轮齿根弯曲疲劳强度的校核公式

$$\sigma_F=\frac{2KT_1}{bd_1m_n}Y_{Fa}Y_{Sa}Y_\varepsilon Y_\beta=\frac{KF_t}{bm_n}Y_{Fa}Y_{Sa}Y_\varepsilon Y_\beta\leqslant[\sigma_F] \tag{9.25}$$

将 $b=\psi_dd_1$，$d_1=\frac{m_n}{\cos\beta}z_1$ 代入上式得到设计公式

$$m_n \geqslant \sqrt[3]{\frac{2KT_1\cos^2\beta}{\psi_d z_1^2[\sigma_F]}Y_{Fa}Y_{Sa}Y_\varepsilon Y_\beta} \tag{9.26}$$

在上述计算公式中：

1）齿形系数 Y_{Fa}

根据当量齿数 $z_v=\dfrac{z}{\cos^3\beta}$由图 9.21 查取；$Y_{Sa}$为应力修正系数，按当量齿数 z_v由图 9.22 查取。

2）重合度系数 Y_ε

按式(9.18)计算，但该式中的 ε_α应代以当量齿轮的端面重合度 $\varepsilon_{\alpha v}$；$[\sigma_F]$为同直齿圆柱齿轮传动。

3）螺旋角系数 Y_β

按下式计算：

$$Y_\beta = 1-\varepsilon_\beta\frac{\beta^\circ}{120^\circ}\geqslant Y_{\beta\min} \tag{9.27}$$

$$Y_{\beta\min} = 1-0.25\varepsilon_\beta \geqslant 0.75 \tag{9.28}$$

式中，当 $\varepsilon_\beta\geqslant 1$ 时，按 $\varepsilon_\beta=1$ 计算。若 $Y_\beta<0.75$，则取 $Y_\beta=0.75$。当 $\beta>30^\circ$时，按 $\beta=30^\circ$计值。

4）螺旋角 β 的确定

对于斜齿轮传动来说，螺旋角过小斜齿轮的优点不明显，过大则轴向力增大，一般取 $\beta=8^\circ\sim25^\circ$。对于人字齿轮，因轴向力可以互相抵消，可取 $\beta=20^\circ\sim35^\circ$。

9.7.3　静强度校核计算

和直齿圆柱齿轮传动对应计算相同，只是在计算齿面接触应力时，要在 Z_ε之后应再乘以 Z_β；计算齿根弯曲应力时，要在 Y_ε之后再乘以 Y_β。此外，有关各式的 m 改为 m_n。

9.7.4　斜齿圆柱齿轮传动的设计步骤

通过例 9.2 对斜齿轮传动的设计过程和设计步骤进行叙述。

【例 9.2】　将例 9.1 的设计的变速器使用的标准直齿圆柱齿轮传动改为设计标准斜齿圆柱齿轮传动，已知条件、材料、热处理以及精度等级等均不变。

解

计算项目	计算内容	计算结果
齿面接触疲劳强度计算		
(1) 初步计算		
转矩 T_1	同例 9.1	$T_1=95500\text{N}\cdot\text{mm}$
齿宽系数 ψ_d	同例 9.1	$\psi_d=1.0$
A_d 值	由表 9.14，估计 $\beta\approx15^\circ$，取 $A_d=80$	$A_d=80$
初步计算的许用接触应力$[\sigma_H]$	同例 9.1	$[\sigma_{H1}]=639\text{MPa}$ $[\sigma_{H2}]=522\text{MPa}$
初步计算的小齿轮直径 d_1	$d_1\geqslant A_d\sqrt[3]{\dfrac{T_1}{\psi_d[\sigma_H]^2}\cdot\dfrac{u\pm1}{u}}$ $=80\times\sqrt[3]{\dfrac{95500}{1\times522^2}\times\dfrac{3+1}{3}}=62.08$　（式 9.14）	取 $d_1=64\text{mm}$

续表

计算项目	计算内容	计算结果
初步齿宽 b	$b=\psi_d d_1=1\times 64$	$b=65\text{mm}$
(2) 校核计算		
圆周速度 v	$v=\dfrac{\pi d_1 n_1}{60\times 1000}=\dfrac{\pi\times 64\times 1500}{60\times 1000}$	$v=5.03\text{m/s}$
精度等级	由表 9.8	选 8 级精度
齿数 z,模数 m 和螺旋角 β	初取齿数 $z_1=31$,$z_2=iz_1=3\times 31=93$ $m_t=d_1/z_1=64/31=2.0645$ 由表 9.1,取 $m_n=2$ $\beta=\arccos\dfrac{m_n}{m_t}=\arccos\dfrac{2}{2.0645}$	$z_1=31$ $z_2=93$ $m_t=2.0645$ $m_n=2$ $\beta=14°21'41''$(和估计值接近)
使用系数 K_A	由表 9.7	$K_A=1.5$
动载系数 K_v	由图 9.10	$K_v=1.23$
齿间载荷分配系数 $K_{H\alpha}$	由表 9.9,先求 $F_t=\dfrac{2T_1}{d_1}=\dfrac{2\times 95500}{64}=2984(\text{N})$ $\dfrac{K_AF_t}{b}=\dfrac{1.5\times 3183}{64}=70.0(\text{N/mm})<100(\text{N/mm})$ $\alpha_t=\arctan\dfrac{\tan\alpha_n}{\cos\beta}$ $=\arctan\dfrac{\tan 20°}{\cos 14°21'41''}=20.59°$　(表 9.5) $\alpha_t'=\arccos\left(\dfrac{a}{a'}\cos\alpha_t\right)=\alpha_t$ $\alpha_{at1}=\arccos\dfrac{d_{b1}}{d_{a1}}=\arccos\dfrac{d_1\cos\alpha_t}{d_1+2h_a}$ $=\arccos\dfrac{64\cos 20°}{64+2\times 2}=27.82°$　(表 9.5) $\alpha_{at2}=\arccos\dfrac{d_{b2}}{d_{a2}}=\arccos\dfrac{d_2\cos\alpha_t}{d_2+2h_a}$ $=\arccos\dfrac{192\cos 20°}{192+2\times 2}=22.998°$ $\varepsilon_\alpha=\dfrac{1}{2\pi}[z_1(\tan\alpha_{at1}-\tan\alpha_t')+z_2(\tan\alpha_{at2}-\tan\alpha_t')]$ $=\dfrac{1}{2\pi}[31\times(\tan 27.82°-\tan 20.59°)+93$ $\times(\tan 22.998°-\tan 20.59°)]=1.47$　(表 9.5) $\varepsilon_\beta=\dfrac{b\sin\beta}{\pi m_n}$　(表 9.5) $\varepsilon_\gamma=\varepsilon_\alpha+\varepsilon_\beta=1.47+2.52$　(表 9.5) $\cos\beta_b=\cos\beta\cos\alpha_n/\cos\alpha_t$ $=\cos 14°21'41''\cos 20°/\cos 20.59°$ $=0.97$　(表 9.5) 由此得 $K_{H\alpha}=K_{F\alpha}=\varepsilon_\alpha/\cos^2\beta_b=1.55$	$\varepsilon_\alpha=1.47$ $\varepsilon_\beta=2.52$ $\varepsilon_\gamma=4.0$ $K_{H\alpha}=1.55$
齿向载荷分布系数 $K_{H\beta}$	由表 9.10 $K_{H\beta}=A+B\left(\dfrac{b}{d_1}\right)^2+C\cdot 10^{-3}b$ $=1.17+0.16\times 1^2+0.61\times 10^{-3}\times 64$	$K_{H\beta}=1.37$
载荷系数 K	$K=K_AK_vK_{H\alpha}K_{H\beta}$ $=1.5\times 1.23\times 1.55\times 1.37$　(式(9.6))	$K=3.92$
弹性系数 Z_E	由表 9.11	$Z_E=189.8\sqrt{\text{MPa}}$
节点区域系数 Z_H	由图 9.17	$Z_H=2.42$

续表

计算项目	计算内容	计算结果
重合度系数 Z_ε	由式 9.23,因 $\varepsilon_\beta>1$,取 $\varepsilon_\beta=1$,故 $Z_\varepsilon=\sqrt{\frac{4-\varepsilon_\alpha}{3}(1-\varepsilon_\beta)+\frac{\varepsilon_\beta}{\varepsilon_\alpha}}$ $=\sqrt{\frac{1}{\varepsilon_\alpha}}=\sqrt{\frac{1}{1.47}}$	$Z_\varepsilon=0.82$
螺旋角系数 Z_β	$Z_\beta=\sqrt{\cos\beta}=\sqrt{\cos14°21'41''}$　　(式(9.24))	$Z_\beta=0.98$
许用接触应力$[\sigma_H]$	同例 9.1	$[\sigma_{H1}]=778\text{MPa}$ $[\sigma_{H2}]=679\text{MPa}$
验算	$\sigma_H=Z_EZ_HZ_\varepsilon Z_\beta\sqrt{\frac{2KT_1}{bd_1^2}\cdot\frac{u+1}{u}}$ $=189.8\times2.42\times0.82\times0.98$ $\times\sqrt{\frac{2\times3.92\times95500}{64\times64^2}\times\frac{3+1}{3}}$　　(式(9.21)) 计算结果表明,接触疲劳强度不够,亦即齿轮尺寸偏小,适当增大尺寸再进行验算	$\sigma_H=720\text{MPa}$ $>[\sigma_{H2}]$
尺寸调整	取 $d_1=69\text{mm}$ $b=69\text{mm}$ 按以上校核计算相同的步骤,再次求得各参数如下: $v=5.42\text{m/s}$ $z_1=27,z_2=81$ $m_t=2.5556\text{mm},m_n=2.5\text{mm}$ $\beta=11°58'07''$ $K_A=1.5$ $K_v=1.23$ $\varepsilon_\alpha=1.56,\varepsilon_\beta=3.06$ $\varepsilon_\gamma=4.62$ $\cos\beta_b=0.98$ $K_{H\alpha}=K_{F\alpha}=1.62$ $K_{H\beta}=1.37$ $K=4.09$ $Z_H=2.43$ $Z_\varepsilon=0.8$ $Z_\beta=0.99$ Z_E 和$[\sigma_H]$未变 $\sigma_H=189.8\times2.43\times0.8\times0.99$ $\times\sqrt{\frac{2\times4.09\times95500}{69\times69^2}\times\frac{3+1}{3}}$	$d_1=69\text{mm}$ $b=69\text{mm}$ $v=5.42\text{m/s}$ $z_1=27$ $z_2=81$ $m_n=2.5\text{mm}$ $\beta=11°58'7''$ $K_A=1.5$ $K_v=1.23$ $\varepsilon_\alpha=1.55$ $\varepsilon_\beta=3.06$ $\varepsilon_\gamma=4.62$ $K_{H\alpha}=K_{F\alpha}=1.62$ $K_{H\beta}=1.37$ $K=4.09$ $Z_H=2.43$ $Z_\varepsilon=0.8$ $Z_\beta=0.99$ $Z_E=189.8\sqrt{\text{MPa}}$ $[\sigma_{H1}]=778\text{MPa}$ $[\sigma_{H2}]=679\text{MPa}$ $\sigma_H=646\text{MPa}$ $<[\sigma_{H2}]$
(3) 确定传动主要尺寸		
中心距 a	$a=\frac{d_1(i+1)}{2}=\frac{69\times(3+1)}{2}=138(\text{mm})$	$a=138\text{mm}$
实际分度圆直径 d	因模数取标准值,齿数已重新确定,但并未圆整,故分度圆直径不会改变,即 $d_1=\frac{2a}{i+1}=\frac{2\times138}{3+1}=69(\text{mm})$ $d_2=id_1=3\times69=207(\text{mm})$	$d_1=69\text{mm}$ $d_2=207\text{mm}$
齿宽 b	$b=\psi_d d_1=1\times69=69(\text{mm})$	取 $b_1=75\text{mm}$ $b_2=69\text{mm}$
齿根弯曲疲劳强度验算		

续表

计算项目	计算内容	计算结果
齿形系数 Y_{Fa}	$z_{v1}=\frac{z_1}{\cos^3\beta}=\frac{27}{\cos^3 11°58'7''}=29$ $z_{v2}=\frac{z_2}{\cos^3\beta}=\frac{81}{\cos^3 11°58'7''}=87$　由图 9.21	$Y_{Fa1}=2.55$ $Y_{Fa2}=2.22$
应力修正系数 Y_{Sa}	由图 9.22	$Y_{Sa1}=1.62$ $Y_{Sa2}=1.78$
重合度系数 Y_ε	$\varepsilon_{\alpha v}$计算方法同 ε_α，但齿数用当量齿数代替 $\varepsilon_{\alpha v}=1.67$ $Y_\varepsilon=0.25+\frac{0.75}{\varepsilon_{\alpha v}}=0.25+\frac{0.75}{1.67}=0.7$　(式(9.18))	$Y_\varepsilon=0.7$
螺旋角系数 Y_β	$Y_{\beta\min}=1-0.25\varepsilon_\beta=1-0.25\times1=0.75$　(式(9.28)) (当 $\varepsilon_\beta\geqslant1$ 时，按 $\varepsilon_\beta=1$ 计算) $Y_\beta=1-\varepsilon_\beta\frac{\beta°}{120°}=1-1\times\frac{11.97°}{120°}$ $=0.9>Y_{\beta\min}$　(式(9.27))	$Y_\beta=0.9$
齿间载荷分配系数 $K_{F\alpha}$	由表 9.9，注③ $\frac{\varepsilon_\gamma}{\varepsilon_\alpha Y_\varepsilon}=\frac{4.62}{1.55\times0.7}=4.26$ 前已求得 $K_{F\alpha}=1.75<\frac{\varepsilon_\gamma}{\varepsilon_\alpha Y_\varepsilon}$ 故 $K_{F\alpha}=1.62$	$K_{F\alpha}=1.62$
齿向载荷分配系数 $K_{F\beta}$	$b/h=83/(2.25\times3)=12.3$ 由图 9.15	$K_{F\beta}=1.36$
载荷系数 K	$K=K_AK_vK_{F\alpha}K_{F\beta}=1.5\times1.23\times1.62\times1.36$	$K=4.06$
许用弯曲应力[σ_F]	同例 9.1	$[\sigma_{F1}]=446\text{MPa}$ $[\sigma_{F2}]=342\text{MPa}$
验算	$\sigma_{F1}=\frac{2KT_1}{bd_1m_n}Y_{Fa1}Y_{Sa1}Y_\varepsilon Y_\beta$　(式(9.25)) $=\frac{2\times4.06\times95500}{69\times69\times2.5}\times2.55\times1.62\times0.7\times0.9$ $\sigma_{F2}=\sigma_{F1}\frac{Y_{Fa2}Y_{Sa2}}{Y_{Fa1}Y_{Sa1}}=170\times\frac{2.22\times1.78}{2.55\times1.62}$ 传动无严重过载，故不作静强度校核	$\sigma_{F1}=170\text{MPa}<[\sigma_{F1}]$ $\sigma_{F2}=162\text{MPa}<[\sigma_{F2}]$

9.8　直齿锥齿轮传动计算

锥齿轮用于传递两相交轴之间的运动和动力，有直齿、斜齿和曲线齿之分，直齿最常用，轴交角可为任意角度，最常用的是 90°。

锥齿轮沿齿宽方向的齿廓大小与其距锥顶的距离成正比。轮齿刚度大端大，小端小，故沿齿宽的载荷分布不均匀。

直齿锥齿轮的制造精度较低，工作时振动和噪声都较大(和圆柱齿轮相比)，故圆周速度不宜过高。

9.8.1　锥齿轮的当量直齿圆柱齿轮

为了简化，将一对直齿锥齿轮传动转化为一对当量直齿圆柱齿轮传动进行强度计算。方法是:用锥齿轮齿宽中点处的当量圆柱齿轮代替该锥齿轮,其分度圆半径即为齿宽中点处的背锥母线长,模数即为齿宽中点的平均模数 m_m,法向力即为齿宽中点的合力 F_n。如图 9.28,将齿宽中点处的背锥展开,即可画出直径分别为 d_{v1} 和 d_{v2} 的两个当量直齿圆柱齿轮。当量直齿圆柱齿轮的直径为

$$d_{v1}=\frac{d_{m1}}{\cos\delta_1}=d_{m1}\frac{\sqrt{u^2+1}}{u}$$

$$d_{v2}=\frac{d_{m2}}{\cos\delta_2}=d_{m2}\sqrt{u^2+1}$$

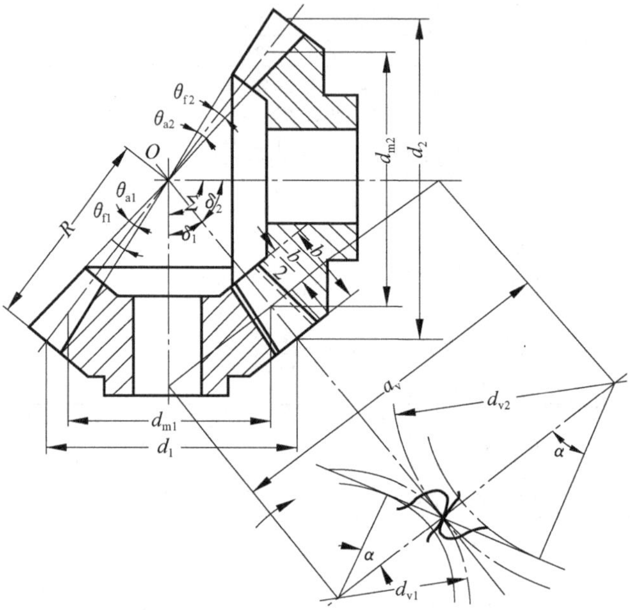

图 9.28　锥齿轮与当量直齿圆柱齿轮

标准直齿锥齿轮传动的主要几何尺寸见表 9.17,有关尺寸见图 9.28。

表 9.17　标准直齿锥齿轮传动的主要几何尺寸计算公式(轴交角 $\Sigma=90°$)

名称及代号	计算公式
齿数比 u	$u=\frac{z_2}{z_1}$
当量齿数 z_v	$z_v=\frac{z}{\cos\delta}$
当量齿轮的齿数比 u_v	$u_v=\frac{z_{v2}}{z_{v1}}=u^2$
分锥角 δ	$\tan\delta_1=\frac{z_1}{z_2}=\frac{1}{u}$
大端模数 m	由强度计算或结构设计确定,并按表 9.1 取标准值
大端分度圆直径 d	$d=mz$
锥距 R	$R=\frac{d_1}{2\sin\delta_1}=\frac{d_2}{2\sin\delta_2}=\frac{m}{2}\sqrt{z_1^2+z_2^2}$
齿宽系数 ψ_R	$\psi_R=\frac{b}{R}\leqslant\frac{1}{3}$,$b$ 为齿宽,一般 $\psi_R=0.25\sim0.3$
平均分度圆直径 d_m	$d_m=(1-0.5\psi_R)d$

续表

名称及代号	计算公式
平均模数 m_m	$m_m=\frac{d_m}{z}=(1-0.5\psi_R)m$
齿高 h	$h=h_a+h_f=m+1.2m=2.2m$
大端齿轮直径 d_a	$d_a=d+2h_a\cos\delta$
齿顶角 θ_a	不等顶隙收缩齿 $\tan\theta_a=\frac{h}{R}$ 等顶隙收缩齿 $\theta_{a1}=\theta_{f2},\theta_{a2}=\theta_{f1}$
齿根角 θ_f	$\tan\theta_f=\frac{h_f}{R}$
顶锥角 δ_a	不等顶隙收缩齿 $\delta_{a1}=\delta_1+\theta_{a1},\delta_{a2}=\delta_2+\theta_{a2}$ 等顶系收缩齿 $\delta_{a1}=\delta_1+\theta_{f2},\delta_{a2}=\delta_2+\theta_{f1}$
根锥角 δ_f	$\delta_{f1}=\delta_1-\theta_{f1},\delta_{f2}=\delta_2-\theta_{f2}$

9.8.2　锥齿轮齿面接触疲劳强度计算

直齿锥齿轮传动的强度计算实际上也是通过引入当量圆柱齿轮概念，对前面介绍的直齿圆柱齿轮传动的强度计算公式进行修正。这样，直齿锥齿轮传动的强度计算即可引用直齿圆柱齿轮传动的相应公式。

将当量圆柱齿轮的有关参数代入式(9.9)，考虑齿面接触区长短对齿面应力的影响，取有效齿宽为 0.85b，得

$$\sigma_H=Z_EZ_HZ_\varepsilon\sqrt{\frac{2KT_{v1}}{0.85bd_{v1}^2}\cdot\frac{u_v+1}{u_v}}\leqslant[\sigma_H]$$

将上式中代入

$$d_{v1}=\frac{d_{m1}}{\cos\delta_1}=(1-0.5\psi_R)d_1\frac{\sqrt{u^2+1}}{u}$$

$$T_{v1}=F_{t1}\cdot\frac{d_{v1}}{2}=F_{t1}\cdot\frac{d_{m1}}{2\cos\delta_1}=\frac{T_1}{\cos\delta_1}=T_1\frac{\sqrt{u^2+1}}{u}$$

$$u_v=\frac{z_{v2}}{z_{v1}}=\frac{z_2/\cos\delta_2}{z_1/\cos\delta_1}=\frac{z_2}{z_1}\cdot\frac{\cos\delta_1}{\cos\delta_2}=u\tan\delta_2=u^2$$

$$b=\psi_RR=\psi_R\frac{d_1}{2\sin\delta_1}=\frac{\psi_Rd_1\sqrt{u^2+1}}{2}$$

得直齿锥齿轮传动的齿面接触疲劳强度校核公式和设计公式分别为

$$\sigma_H=Z_EZ_HZ_\varepsilon\sqrt{\frac{4.7KT_1}{\psi_R(1-0.5\psi_R)^2d_1^3u}}\leqslant[\sigma_H] \tag{9.29}$$

$$d_1\geqslant\sqrt[3]{\frac{4.7KT_1}{\psi_R(1-0.5\psi_R)^2u}\left(\frac{Z_EZ_HZ_\varepsilon}{[\sigma_H]}\right)^2} \tag{9.30}$$

其中载荷系数 $K=K_AK_vK_\alpha K_\beta$。各系数的确定过程以当量齿轮为依据，与直齿圆柱齿轮的对应系数确定方法一样，只是在查图 9.10 确定动载系数时使用的 v 为齿宽中点圆周速度，齿向载荷分布系数 K_β查表 9.18。

表 9.18 齿向载荷分布系数 K_β

应 用	支承情况		
	两轮均为两端支承	一轮两端支承另一轮悬挂	两轮均为悬臂支承
飞机，车辆	1.50	1.65	1.88
工业机器，船舶	1.65	1.88	2.25

9.8.3 齿根弯曲疲劳强度计算

将当量齿轮的有关参数代入式(9.16)，并取有效齿宽为 0.85b，得齿根弯曲疲劳强度的校核公式和设计公式分别为

$$\sigma_F=\frac{2KT_{v1}}{0.85bd_{v1}m_m}Y_{Fa}Y_{Sa}Y_\varepsilon=\frac{2K\dfrac{T_1}{\cos\delta_1}}{0.85b\dfrac{d_{m1}}{\cos\delta_1}m_m}Y_{Fa}Y_{Sa}Y_\varepsilon$$

$$=\frac{2KT_1}{0.85\times\dfrac{\psi_R d_1\sqrt{u^2+1}}{2}(1-0.5\psi_R)d_1(1-0.5\psi_R)m}Y_{Fa}Y_{Sa}Y_\varepsilon$$

$$=\frac{4.7KT_1}{\psi_R(1-0.5\psi_R)^2z_1^2m^3\sqrt{u^2+1}}Y_{Fa}Y_{Sa}Y_\varepsilon\leqslant[\sigma_F] \tag{9.31}$$

$$m\geqslant\sqrt[3]{\frac{4.7KT_1}{\psi_R(1-0.5\psi_R)^2z_1^2[\sigma_F]\sqrt{u^2+1}}Y_{Fa}Y_{Sa}Y_\varepsilon} \tag{9.32}$$

其中各系数的确定过程以当量齿轮为依据，与直齿圆柱齿轮的对应系数确定方法一样，只是齿形系数 Y_{Fa} 和应力修正系数 Y_{Sa} 按当量齿数 z_v 分别由图 9.29 和图 9.30 查取；重合度系数 Y_ε 按

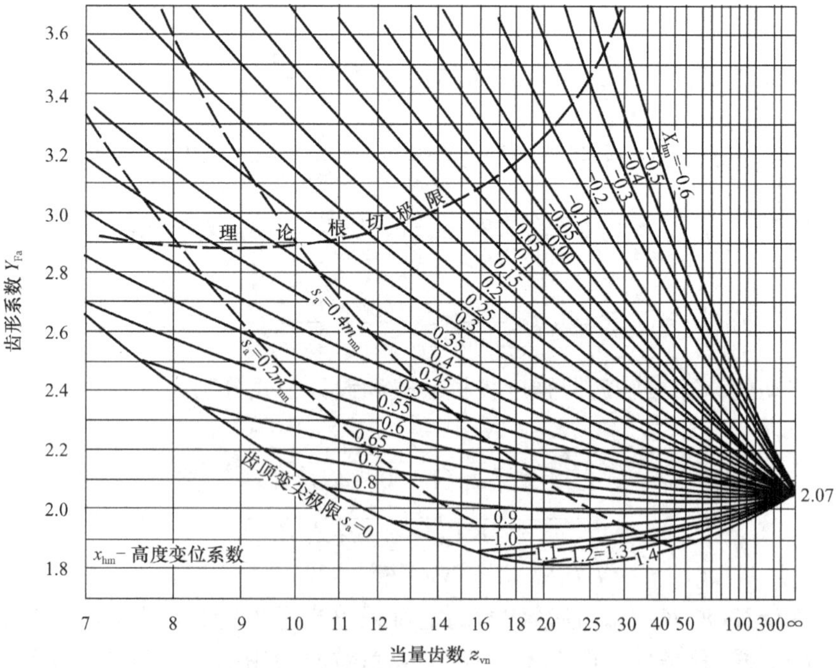

$\alpha=20°$, $h_a/m_m=1$, $h_{a0}/m_m=1.25$, $\rho_{a0}/m_m=0.25$

(h_{a0} 为刀具齿顶高；ρ_{a0} 为刀具齿顶圆角半径)

图 9.29 齿形系数 Y_{Fa}

当量齿轮的重合度 $\varepsilon_{\alpha v}$ 由式(9.18)计算。而 $\varepsilon_{\alpha v}$ 在设计计算过程中，可以采用以下公式计算，即

$$\varepsilon_{\alpha v}=1.88-3.2\left(\frac{1}{z_{v1}}\pm\frac{1}{z_{v2}}\right) \tag{9.33}$$

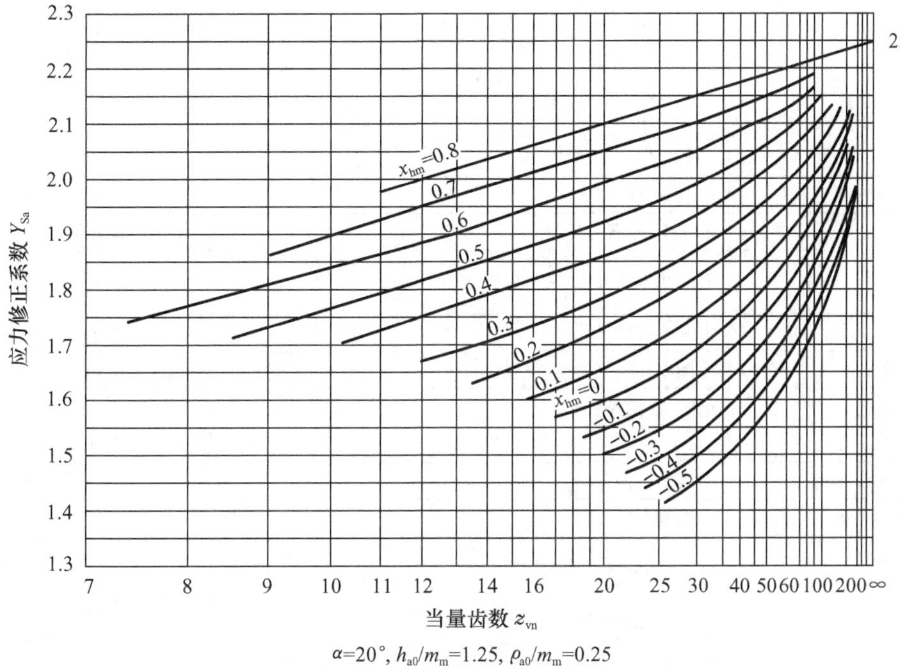

图 9.30　应力修正系数

【例 9.3】　某型号机床上使用的闭式直齿锥齿轮传动中，轴交角 $\Sigma=90°$，小齿轮悬臂支承，大齿轮两端支承，传递功率 $P=15$kW，小齿轮转速 $n_1=1000$r/min，传动比 $i=u=3$，电动机驱动，工作机载荷稳定而平稳，长期单向运转，可不考虑寿命因素。试设计该直齿锥齿轮传动。

解　直齿锥齿轮加工多为刨齿，不宜采用硬齿面。小齿轮选用 40Cr，调质处理，硬度为 241～286HB，取平均硬度 260HB；大齿轮选用 42SiMn，调质处理，硬度为 217～255HB，取平均硬度 230HB。计算步骤如下：

计算项目	计算内容	计算结果
齿面接触疲劳强度计算		
齿数 z 和精度等级	取 $z_1=31$，$z_2=iz_1=3\times31=93$ 估计 $v_m\approx5$m/s，由表 9.8	$z_1=31$，$z_2=93$ 选 8 级精度
使用寿命 K_A	由表 9.7	$K_A=1.0$
动载系数 K_v	由图 9.10	$K_v=1.18$
齿间载荷分配系数 $K_{H\alpha}$	由表 9.10，估计 $\frac{K_AF_t}{b}<100$N/mm $\cos\delta_1=\frac{u}{\sqrt{u^2+1}}=\frac{3}{\sqrt{3^2+1}}=0.95$ $\cos\delta_2=\frac{u}{\sqrt{u^2+1}}=\frac{1}{\sqrt{3^2+1}}=0.32$ $z_{v1}=\frac{z_1}{\cos\delta_1}=\frac{31}{0.95}=32.63$　　(由表 9.16) $z_{v2}=\frac{z_2}{\cos\delta_2}=\frac{93}{0.32}=291$	

续表

计算项目	计算内容	计算结果
	$\varepsilon_{\alpha v}=1.88-3.2\left(\frac{1}{z_{v1}}\pm\frac{1}{z_{v2}}\right)$ $=1.88-3.2\times\left(\frac{1}{32.63}+\frac{1}{291}\right)=1.77$ （式(9.33)） $Z_\varepsilon=\sqrt{\frac{4-\varepsilon_{\alpha v}}{3}}=\sqrt{\frac{4-1.77}{3}}$ （式(9.8)） $K_{H\alpha}=\frac{1}{Z_\varepsilon^2}=\frac{1}{0.86^2}$	$Z_\varepsilon=0.86$ $K_{H\alpha}=1.35$
齿向载荷分布系数 K_β	由表 9.17，取 $K_\beta=1.88$	$K_\beta=1.88$
载荷系数 K	$K=K_AK_vK_{H\alpha}K_\beta=1\times1.18\times1.35\times1.88$	$K=2.99$
转矩 T_1	$T_1=9.55\times10^6\frac{P}{n_1}=9.55\times10^6\frac{15}{1000}$	$T_1=143250\text{N}\cdot\text{mm}$
弹性系数 Z_E	由表 9.11	$Z_E=189.8\sqrt{\text{MPa}}$
节点区域系数 Z_H	由图 9.17	$Z_H=2.5$
接触疲劳极限 σ_{Hlim}	由图 9.18(c)	$\sigma_{Hlim1}=710\text{MPa}$ $\sigma_{Hlim2}=680\text{MPa}$
接触最小安全系数 S_{Hmin}	由表 9.14	$S_{Hmin}=1.05$
接触寿命系数 Z_n	由题意	$Z_{n1}=Z_{n2}=1.0$
许用接触应力$[\sigma_H]$	$[\sigma_{H1}]=\frac{\sigma_{Hlim1}Z_{n1}}{S_{Hmin}}=\frac{710\times1}{1.05}$ $[\sigma_{H2}]=\frac{\sigma_{Hlim2}Z_{n2}}{S_{Hmin}}=\frac{680\times1}{1.05}$ （式(9.11)）	$[\sigma_{H1}]=676\text{MPa}$ $[\sigma_{H2}]=648\text{MPa}$
小轮大端分度圆直径 d_1	取 $\psi_R=0.3$ $d_1\geqslant\sqrt[3]{\frac{4.7KT_1}{\psi_R(1-0.5\psi_R)^2u}\left(\frac{Z_EZ_HZ_\varepsilon}{[\sigma_H]}\right)^2}$ （式(9.30)） $d_1\geqslant\sqrt[3]{\frac{4.7\times2.99\times143250}{0.3\times(1-0.5\times0.3)^2\times3}\left(\frac{189.8\times2.5\times0.86}{648}\right)^2}$ $=107.07(\text{mm})$	$\psi_R=0.3$ $d_1=107.07\text{mm}$
验算圆周速度及$\frac{K_AF_t}{b}$		
	$d_{m1}=(1-0.5\psi_R)d_1$ $=(1-0.5\times0.3)\times107.07=91.012(\text{mm})$ （表 9.17） $v_m=\frac{\pi d_{m1}n_1}{60\times1000}=v_m=\frac{\pi\times91.012\times1000}{60\times1000}=4.76(\text{m/s})$ （与估计值接近） $F_t=\frac{2T_1}{d_{m1}}=\frac{2\times143250}{91.012}=3148(\text{N})$ （式(9.5)） $b=\psi_RR=\psi_R\frac{d_1}{2\sin\delta_1}=\frac{\psi_Rd_1}{2\sqrt{1-\cos^2\delta_1}}$ $=\frac{0.3\times107.07}{2\sqrt{1-0.95^2}}=51.4(\text{mm})$ $\frac{K_AF_t}{b}=\frac{1.0\times3148}{51.43}=61.2(\text{N/mm})$ $<100(\text{N/mm})$ （与原估计相符）	
确定传动主要尺寸		
大端模数 m	$m=\frac{d_1}{z_1}=\frac{107.07}{31}=3.45(\text{mm})$ 由表 9.1 取 $m=4\text{mm}$	$m=4\text{mm}$

续表

计算项目	计算内容	计算结果
实际大端分度圆直径 d	$d_1=mz_1=4\times31$ $d_2=mz_2=4\times93$	$d_1=124\text{mm}$ $d_2=372\text{mm}$
锥距 R	$R=\dfrac{m}{2}\sqrt{z_1^2+z_2^2}$ $=\dfrac{4}{2}\sqrt{31^2+93^2}$（此值必须准确）　（表 9.16）	$R=196.06\text{mm}$
齿宽 b	$b=\psi_{\text{d}}R=0.3\times196.06=58.82(\text{mm})$	取 $b=60\text{mm}$
齿根弯曲疲劳强度计算		
齿形系数 Y_{Fa}	由图 9.29	$Y_{\text{Fa1}}=2.6$ $Y_{\text{Fa2}}=2.21$
应力修正系数 Y_{Sa}	由图 9.30	$Y_{\text{Sa1}}=1.68$ $Y_{\text{Sa2}}=1.95$
重合度系数 Y_ε	$Y_\varepsilon=0.25+\dfrac{0.75}{\varepsilon_{\alpha\text{v}}}=0.25+\dfrac{0.75}{1.77}$　（式(9.16)）	$Y_\varepsilon=0.67$
齿间载荷分配系数 $K_{\text{F}\alpha}$	由表 9.9，$K_{\text{A}}F_{\text{t}}/b<100\text{N/mm}$ $K_{\text{F}\alpha}=\dfrac{1}{Y_\varepsilon}=\dfrac{1}{0.67}$	$K_{\text{F}\alpha}=1.48$
载荷系数 K	$K=K_{\text{A}}K_{\text{v}}K_{\text{F}\alpha}K_\beta=1\times1.18\times1.48\times1.88$	$K=3.28$
弯曲疲劳极限 σ_{Flim}	由图 9.23(c)	$\sigma_{\text{Flim1}}=600\text{MPa}$ $\sigma_{\text{Flim2}}=570\text{MPa}$
弯曲最小安全系数 S_{Fmin}	由表 9.13	$S_{\text{Fmin}}=1.25$
弯曲寿命系数 Y_{N}	由题意	$Y_{\text{N1}}=1.0$ $Y_{\text{N2}}=1.0$
尺寸系数 Y_{X}	由图 9.25	$Y_{\text{X}}=1.0$
许用弯曲应力$[\sigma_{\text{F}}]$	$[\sigma_{\text{F1}}]=\dfrac{\sigma_{\text{Flim1}}Y_{\text{N1}}Y_{\text{X}}}{S_{\text{Fmin}}}=\dfrac{600\times1.0\times1.0}{1.25}$ $[\sigma_{\text{F2}}]=\dfrac{\sigma_{\text{Flim2}}Y_{\text{N2}}Y_{\text{X}}}{S_{\text{Fmin}}}=\dfrac{570\times1.0\times1.0}{1.25}$　（式(9.17)）	$[\sigma_{\text{F1}}]=480\text{MPa}$ $[\sigma_{\text{F2}}]=456\text{MPa}$
验算	$\sigma_{\text{F1}}=\dfrac{4.7KT_1Y_{\text{Fa1}}Y_{\text{Sa1}}Y_\varepsilon}{\psi_{\text{R}}(1-0.5\psi_{\text{R}})^2z_1^2m^3\sqrt{u^2+1}}$　（式(9.29)） $=\dfrac{4.7\times3.28\times143250\times2.6\times1.68\times0.67}{0.3\times(1-0.5\times0.3)^2\times31^2\times4^3\times\sqrt{3^2+1}}$ $\sigma_{\text{F2}}=\sigma_{\text{F1}}\dfrac{Y_{\text{Fa2}}Y_{\text{Sa2}}}{Y_{\text{Fa1}}Y_{\text{Sa1}}}=153.6\times\dfrac{2.21\times1.95}{2.6\times1.68}$	$\sigma_{\text{F1}}=153.6\text{MPa}$ $<[\sigma_{\text{F1}}]$ $\sigma_{\text{F2}}=151.5\text{MPa}$ $<[\sigma_{\text{F2}}]$

9.9　齿轮传动的润滑和效率

9.9.1　齿轮传动的润滑

齿轮在传动过程中，相互啮合的齿面间产生相对滑动，会发生摩擦和磨损，增加动力消耗，降低传动效率。特别是高速传动，就更需要考虑齿轮的润滑问题。对轮齿啮合面加注润滑剂，可以避免金属直接接触，减少摩擦损失，还可以散热及防止锈蚀。因此，对齿轮传动进行适当的润滑，可以大大改善轮齿的工作状况，确保运转正常及预期的使用寿命。

对于开式及半开式齿轮传动，或速度很低的闭式传动，通常采用人工定期加油的润滑就可以满足要求。

对于闭式齿轮传动，润滑方式根据齿轮圆周速度大小而定。当齿轮的圆周速度 $v<12\text{m/s}$ 时，一般采用浸油润滑，将大齿轮的轮齿浸入油池中进行润滑（图 9.31(a)）。这样，齿轮在传动时，就把润滑油带到啮合的齿面上，同时也将油甩到箱壁上，起到促进散热作用。齿轮浸入油的深度可根据齿轮的圆周速度大小而定，对于圆柱齿轮通常不宜超过一个齿高，但一般亦不应超过 10mm，对于锥齿轮应浸入全齿宽，至少应浸入齿宽的一半。如图 9.31(b)所示，在多级齿轮传动中，有时设置带油轮将油带入到未浸入油池内的齿轮的齿面上，或者采用减速器的箱盖和箱座的剖分面作成倾斜的，从而使高速级和低速级传动的浸油深度大致相等（图 9.31(c)）。

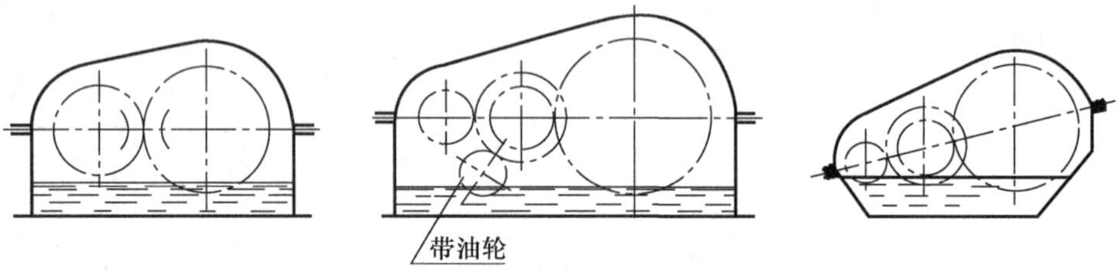

(a) 浸油润滑　　(b) 带油轮润滑　　(c) 剖分面倾斜

图 9.31　齿轮传动的润滑

油池中的油量多少，取决于齿轮传动所传递的功率大小。对于单级传动，每 1kW 的功率，需要油量为 0.35～0.7L，对于多级传动，需油量按级数成倍地增加。同时要保证齿轮顶圆距离箱底不低于 30mm，以免太浅时激起沉降在箱体底面的油泥。

若齿轮传动的平衡工作温度超过 90℃，需采用循环油润滑，或者其他冷却措施，如油池润滑加风扇，油池内装冷却盘管等。循环润滑的润滑油量一般不少于 0.5L/kW。

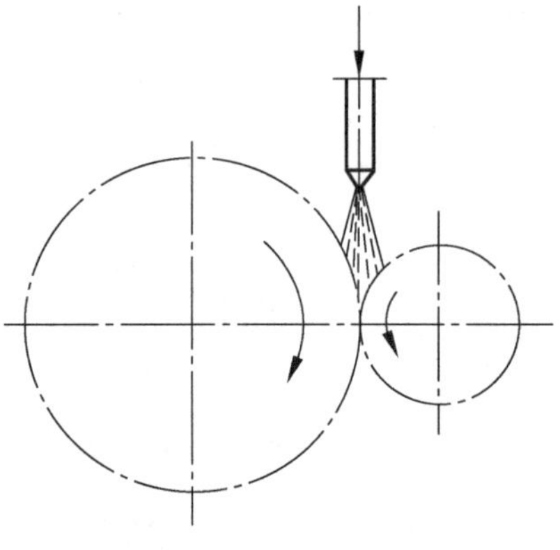

图 9.32　喷油润滑

当齿轮传动的圆周速度 $v>12\text{m/s}$ 时，齿轮传动不宜采用油池润滑。因为：①由齿轮带上来的油会被离心力甩出去而送不到啮合处；②由于搅动会使温度升高；③会搅起箱底的油泥，从而加速齿轮的磨损；④加速润滑油的老化、降低润滑性能。这时最好采用喷油润滑。如图 9.32 所示，由油泵或中心供油站以一定的压力供油，通过喷嘴将润滑油喷到轮齿的啮合面上。当 $v\leqslant 25\text{m/s}$ 时，喷嘴可位于轮齿啮合的啮入边或啮出边均可；当 $v\geqslant 25\text{m/s}$ 时，喷嘴应位于轮齿的啮出边，以便润滑油及时冷却刚啮合过的轮齿，同时对齿轮进行润滑。

润滑油的粘度一般也是根据齿轮的圆周速度选择的。表 9.19 列出了润滑油的荐用值，根据查得的粘度选定润滑油的牌号。

表 9.19　齿轮传动荐用的润滑油运动粘度 $\nu_{40℃}$ (mm²/s)

齿轮材料	圆周速度 v/(m/s)						
	<0.5	0.5～1	1～2.5	2.5～5	5～12.5	12.5～25	>25
铸铁，青铜	320	220	150	100	80	60	—
钢 σ_B=450～1000MPa	500	320	220	150	100	80	60
1000～1250MPa	500	500	320	220	150	100	80
1250～1600MPa	1000	500	500	320	220	150	100
渗碳或表面淬火钢	1000	500	500	320	220	150	100

注：多级减速器的润滑油粘度应按各级粘度的平均值选取。

9.9.2　齿轮传动的效率

齿轮传动的功率损失来自于三个方面：①啮合中的摩擦损失；②润滑油被搅动的油阻损失；③轴承中的摩擦损失。闭式齿轮传动的效率为

$$\eta = \eta_1 \eta_2 \eta_3 \tag{9.34}$$

式中，η_1 为考虑齿轮啮合损失时的效率；η_2 为考虑油阻损失时的效率；η_3 为轴承的效率。满载时，采用滚动轴承的齿轮传动，计入上述三种损失后的平均效率列于表 9.20。

表 9.20　采用滚动轴承时齿轮传动的平均效率

传动类型	精度等级和结构类型		
	6 级或 7 级精度的闭式传动	8 级精度的闭式传动	脂润滑的开式传动
圆柱齿轮传动	0.98	0.97	0.95
锥齿轮传动	0.97	0.96	0.94

9.10　齿轮结构设计

通过齿轮的强度计算，只能确定出齿轮的主要尺寸，比如，齿数、模数、齿宽、螺旋角、分度圆直径、齿根圆直径、齿顶圆直径等，而齿圈、轮辐、轮毂等的结构形式及尺寸大小，通常要通过结构设计完成。

齿轮结构形式与毛坯材料、几何尺寸、加工工艺、生产批量、使用要求、加工制造条件、经济性等因素有关，各部分尺寸由经验公式求得。对于齿数很少的小齿轮，当其分度圆直径 d 与轴的直径 d_s 相差很小（$d<1.8d_s$）时，可将齿轮和轴做成整体，称为齿轮轴（图 9.33）。这样，轴和齿轮必须用同一种材料制造。如果齿轮直径比轴的直径大得多，则不论是从制造还是从节约贵重材料的观点，都应把齿轮和轴分开。

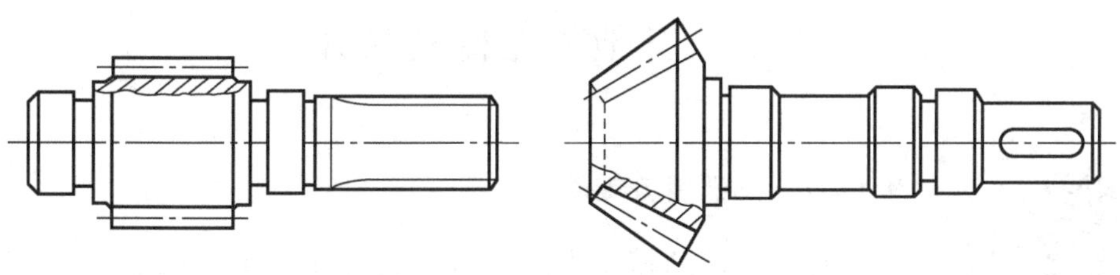

图 9.33　齿轮轴

顶圆直径 $d_a \leqslant 500$mm 的齿轮通常是锻造（重要的齿轮）或铸造的。锻造的齿轮一般采用圆盘式（腹板式）结构（图 9.34），小的齿轮可做成实心的（无腹板）。

顶圆直径 $d_a \geqslant 400$mm 的齿轮常用铸铁或铸钢铸成。铸造齿轮常做成轮辐式的（图 9.35 为十字形轮辐）。

对于尺寸很大的齿轮，为节约贵重钢材，常采用齿圈套装于轮心上的组合结构。齿圈用较好的钢，轮心用铸铁或铸钢，两者用过盈联接，在配合接缝上加装4～8 个紧定螺钉（图 9.36）。

单件生产的大齿轮，可采用焊接结构。

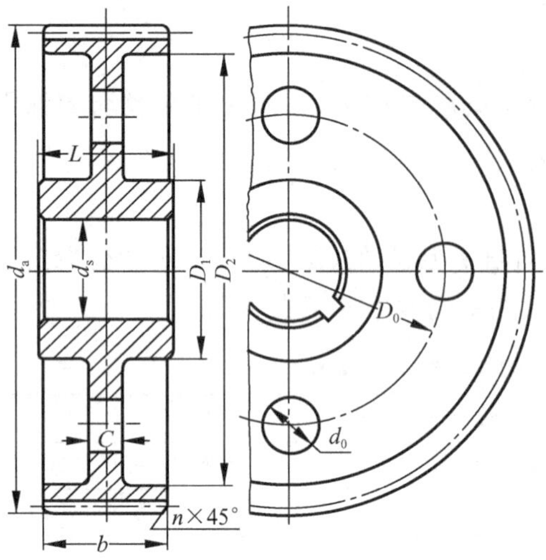

$d_a \leqslant 500$ mm；$D_0=0.5(D_1+D_2)$；$d_0=0.25(D_2-D_1)$，
$D_2=d_a-10m_n$，$D_1=1.6d_s$；$C=0.3b$；
$n=0.5m_n$，$L=(1.2\sim1.5)d_s$

图 9.34　腹板式齿轮结构

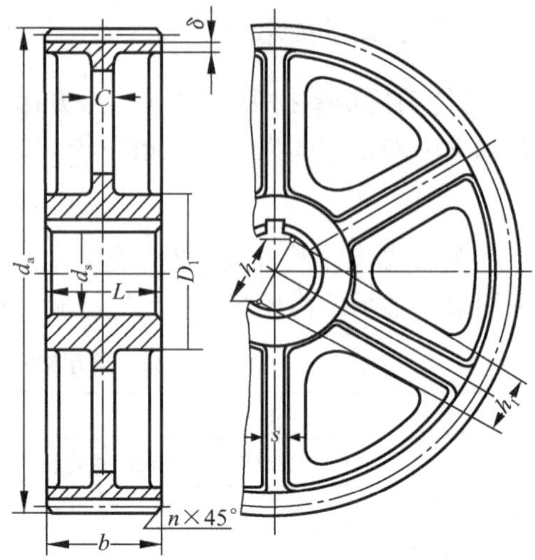

$d_a=400\sim1000$mm；$\delta=5m_n$；$D_1=(1.6\sim1.8)d_s$；
$h=0.8d_s$；$h_1=0.8h$；$C=0.2h$；$n=0.5m_n$；
$s=\frac{h}{6}$(不小于 10 mm)；$L=(1.2\sim1.5)d_s$

图 9.35　轮辐式齿轮结构

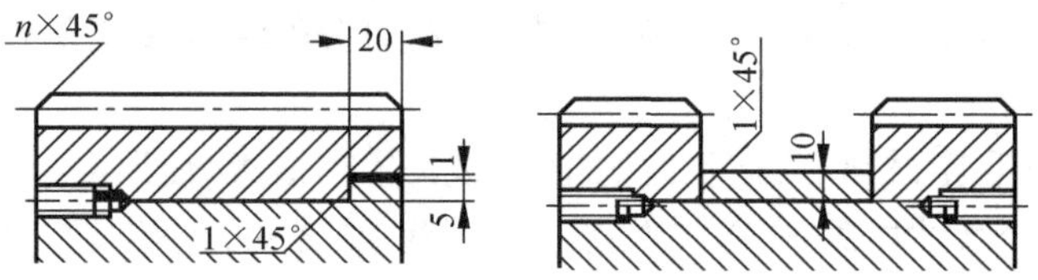

$n=0.5m_n$

图 9.36　组合齿轮结构

9.11　其他齿轮传动简介

图 9.37　圆弧齿轮传动

9.11.1　圆弧齿轮传动

目前使用的渐开线齿轮传动已有几百年的历史。虽然渐开线齿轮传动具有易于精加工、便于安装、承载能力较强等优点，应用很广。但它也有某些缺点，例如：①外啮合时，接触点的综合曲率半径较小，接触强度较低；②轮齿是线接触，对齿轮制造和安装误差的敏感性较大；③齿廓间滑动较大，磨损后即失去精确的渐开线齿形。渐开线齿轮传动的这些缺点，已不适应日益向高速、重载和结构紧凑方向发展的要求。圆弧齿轮传动(图 9.37)能较好地克服这些缺点，在冶金、矿山和起重运输机械中已逐渐得到广泛应用。

圆弧齿轮传动分为单圆弧齿轮和双圆弧齿轮。

单圆弧齿轮传动的小齿轮常为凸齿，大齿轮为凹齿。凸齿的工作齿廓在节圆以外，凹齿的工作齿廓在节圆以内(图 9.38)，凸齿的齿廓圆心在节圆上，凹齿的齿廓圆心在节圆之外，凹齿的齿廓半径略大于凸齿的齿廓半径。圆弧齿轮的端面重合度等于零。要保证连续定传动比传动，圆弧齿轮必须是斜齿，其接触过程是接触点的移动，理论上为点接触，故又称圆弧点啮合齿轮。

要实现定传动比的连续传动，一对圆弧齿轮必须满足的条件为：模数相等、螺旋角相等(旋向相反)和纵向重合度大于 1。

双圆弧齿轮的齿顶部为凸齿，齿根部为凹齿(图 9.39)，相当于两对单圆弧齿的复合。工作时，一对是凸齿带动凹齿，接触点为 K_T；另一对是凹齿带动凸齿，接触点为 K_A。K_T和 K_A不在同一端截面内，其轴向距离为 q，因一对齿同时有两点接触，故又称双点啮合圆弧齿轮传动。

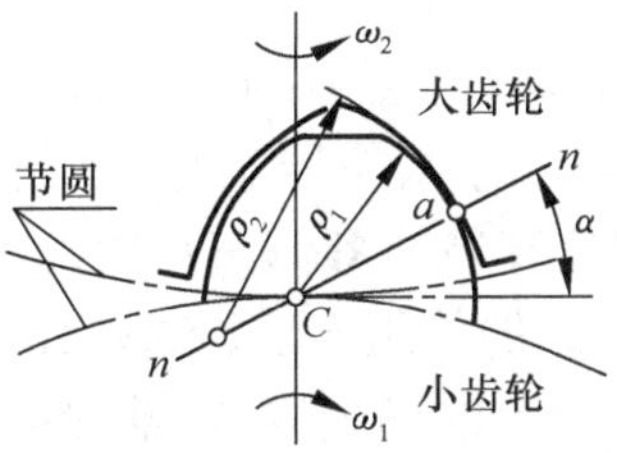

图 9.38　圆弧齿廓的瞬时啮合

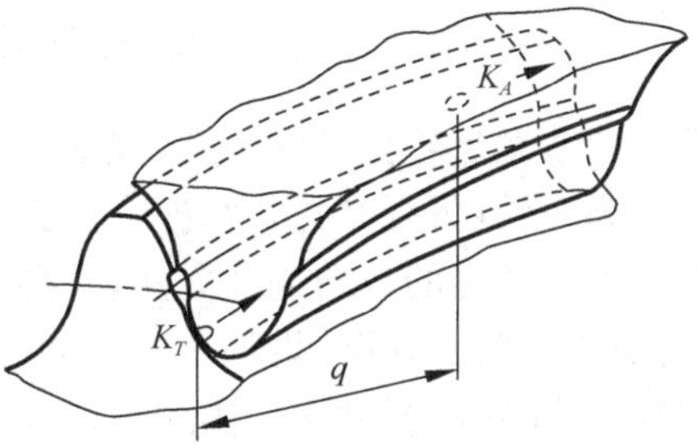

图 9.39　双圆弧齿轮传动啮合

与渐开线圆柱齿轮传动相比，圆弧齿轮传动的主要特点为：

(1) 圆弧齿轮传动啮合轮齿的综合曲率半径较大，轮齿具有较高的接触强度。

(2) 圆弧齿轮具有良好的磨合性。

(3) 圆弧齿轮无根切现象，齿数可以很少，可实现较大的传动比传动，最少齿数主要受轴的强度和刚度的限制。

(4) 圆弧齿轮传动不能做成直齿，为保证传动的连续性，必须具有一定的宽度。

(5) 双圆弧齿轮传动的两个齿轮采用同一种基本齿廓，故可用一把刀切制。

(6) 理论上圆弧齿轮传动是点接触，齿轮对于轴线不平行和支座变形的敏感比渐开线齿轮小，但对中心距偏差、切齿深度偏差和滚刀齿形压力角偏差的敏感性则很大。

9.11.2　曲线齿锥齿轮传动

曲线齿锥齿轮传动有弧齿、摆线齿和零度锥齿轮等。如图 9.40(a)所示，弧齿锥齿轮的齿线为圆弧，在格里森(Gleason)铣齿机上切齿，生产率高，且可进行磨齿以获得较高精度，应用很广。如图 9.40(b)所示，摆线齿锥齿轮的齿线为长幅外摆线，滚圆沿基圆纯滚动时，滚圆外一点的轨迹即为长幅外摆线(延伸外摆线)。这种齿轮在奥列康(Oerlikon)机床上切齿，生产率比弧齿锥齿轮高，但尚未实现磨齿加工。齿线上各点的螺旋角是不相同的，通常取齿线在齿宽中点处的螺旋角 β_m为名义螺旋角，称之为中点螺旋角(简称螺旋角)。对于一般工业用的弧齿锥齿轮，常取 $\beta_m=35°$。$\beta_m=0$ 的曲线齿锥齿轮称为零度锥齿轮，图 9.40(c)即为弧齿零度锥齿轮。

弧齿锥齿轮传动的特点为：传动平稳，动载荷和噪声小，承载能力大，生产率高并可进行磨削加工以达到高精度。此外接触区的位置和大小可以控制和调整，还允许不大的安装误差，故适用于高速、重载的情况。

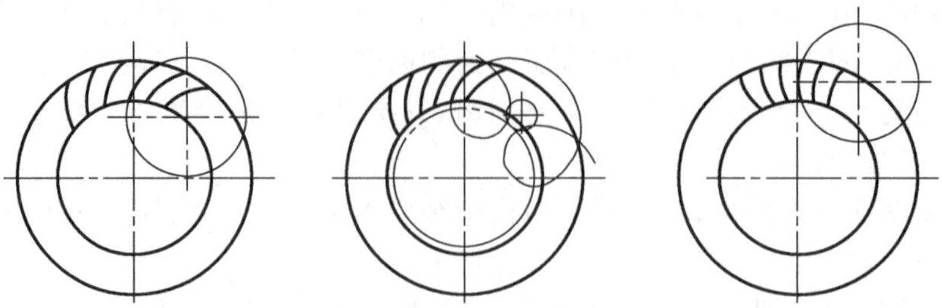

(a) 弧齿锥齿轮 (b) 摆线齿锥齿轮 (c) 零度锥齿轮

图 9.40 曲线齿锥齿轮

本章学习要求和知识点小结

学习要求 掌握齿轮传动的分类、优缺点、应用范围和主要参数；掌握齿轮传动的主要失效方式以及影响失效过程的因素；掌握直齿圆柱齿轮、斜齿轮、锥齿轮传动的受力分析、主要受力的计算方法以及各力的方向判断方法；掌握齿轮传动的计算载荷各修正系数的意义和影响因素；掌握齿面接触疲劳强度、齿根弯曲疲劳强度的计算公式的使用方法、各参数的代入方法；掌握齿轮齿数 z、齿宽 b、模数 m、中心距 a、变位系数 x 等参数的确定方法；掌握重合度系数、节点区域系数、弹性系数、应力修正系数、齿形系数、螺旋角系数、接触线长度等参数的意义和影响因素；掌握齿轮传动设计计算的一般过程；掌握齿轮传动的效率构成以及影响齿轮传动效率的因素；弄清齿轮结构设计的方法和一般原则；了解齿轮传动的润滑方法。

知识点小结 (1) 齿轮传动的主要优点包括：①工作可靠，使用寿命长；②瞬时传动比为常数；③传动效率高；④结构紧凑；⑤功率和速度适用范围很广等。齿轮传动的主要缺点为：①齿轮制造需专用机床和设备，成本较高；②精度低时，振动和噪声较大；③不宜用于轴间距离大的传动等。

(2) 齿轮传动可作成开式、半开式及闭式结构。所谓开式传动，就是齿轮传动没有设置防尘罩或箱体，齿轮完全暴露于外面，这样一种齿轮传动叫做开式齿轮传动。有些齿轮传动装有简易的外罩，但密封不严，或根本就没有密封，这样的齿轮传动叫做半开式齿轮传动。将齿轮传动装在精密加工而且严格密封的箱体内，这称为闭式传动。

齿轮传动的失效一般是指轮齿的失效。大体分为轮齿折断和齿面损伤两类。齿面损伤又有齿面接触疲劳磨损(点蚀)、胶合、磨粒磨损和塑性流动等。

(3) 钢制齿轮常用的热处理方法主要有：①整体淬火，整体淬火后再低温回火；②表面淬火，表面淬火后再低温回火；③渗碳淬火，冲击载荷较大的齿轮，宜采用渗碳淬火；④渗氮，渗氮齿轮硬度高、变形小，适用于内齿轮和难于磨削的齿轮；⑤碳氮共渗，碳氮共渗工艺时间短，且有渗氮的优点，可以代替渗碳淬火，其材料和渗碳淬火的相同；⑥正火和调质，批量小、单件生产、对传动尺寸没有严格限制时，常采用正火或调质处理。为了减少胶合危险，并使大、小齿轮寿命相近，小齿轮齿面硬度应比大齿轮高数十个 HB 单位。

(4) 齿轮的计算准则由失效形式确定。①对于闭式传动的齿轮，主要失效形式是接触疲劳磨损、弯曲疲劳折断和胶合。目前，一般只进行接触疲劳强度和弯曲疲劳强度计算。当有短时过载时，还应进行静强度计算。②对于高速大功率的齿轮传动，还应进行抗胶合计算。③对于开式传动的齿轮，主要失效形式是弯曲疲劳折断和磨粒磨损，磨损尚无完善的计算方法，故目前只进行弯曲疲劳强度计算，用适当加大模数的办法以考虑磨粒磨损的影响。④对于有短时过载的齿轮传动，还应进行静强度计算。

(5) 在分度圆上，直齿圆柱齿轮传动的法向力 F_n 可分解为两个互相垂直的分力：切于分度圆的圆周力(切向力)F_t 和半径方向的径向力 F_r。$F_{tc}=\frac{2T_1}{d_1}$，$F_r=F_t\tan\alpha$，$F_n=\frac{F_t}{\cos\alpha}$；斜齿圆柱齿轮上，法向力 F_n 可分解为三个互相垂直的分力，$F_t=\frac{2T_1}{d_1}$，$F_r=F_t\tan\alpha_t=\frac{F_t\tan\alpha_n}{\cos\beta}$，$F_a=F_t\tan\beta$；直齿锥齿轮传动法向力 F_n 可分解为互相垂直的三个分力：$F_t=\frac{2T_1}{d_{m1}}$，$F_{r1}=F_t\tan\alpha\cos\delta_1$，$F_{a1}=F_t\tan\alpha\sin\delta_1$。

斜齿轮传动中，轴向力的方向决定于轮齿螺旋线方向和齿轮回转方向，可用主动轮左、右手法则判断，左右手法则可以归纳为：①左螺旋用左手、右螺旋用右手；②用在主动轮上；③判断的是轴向力方向。锥齿轮上各作用力的方向为：主动轮上受到的圆周力方向与回转方向相反，从动轮上受到的圆周力方向与回转方向相同；径向力方向分别指向各自的轮心；轴向力方向分别指向大端，且有以下关系：$F_{r1}=-F_{a2}$，$F_{a1}=-F_{r2}$。

(6) 齿轮传动的计算载荷计算公式为：$\left.\begin{aligned}F_{tc}&=KF\\K&=K_AK_vK_\alpha K_\beta\end{aligned}\right\}$，其中：①工况系数 K_A：动力机和工作机的运转特性、联轴器的缓冲性能等外部因素引起的动载荷应在计算载荷中加以修正，为此引入工况系数。②动载系数 K_v：齿轮传动的齿轮副在啮合过程中因存在制造和装配误差，轮齿受载后还要产生弹性变形，这些误差和变形，导致齿轮产生瞬时加速度，产生动载荷，引入动载系数加以修正。③齿间载荷分配系数 K_α：由于齿轮传动工作时，单对齿啮合和双对齿啮合交替进行，由于制造误差和轮齿变形等原因，载荷在各啮合齿对之间的分配是不均匀的。为此引入齿间载荷分配系数进行修正。④齿向载荷分布系数 K_β：齿轮传动工作时，由于轴的弯曲变形和扭转变形、轴承的弹性位移以及传动装置的制造和安装误差等原因，将导致齿轮副相互倾斜及轮齿扭曲。为此，引入齿向载荷分布系数。

(7) 直齿圆柱齿轮齿面接触疲劳强度计算公式为

$$\sigma_H=Z_EZ_HZ_\varepsilon\sqrt{\frac{2KT_1}{bd_1^2}\cdot\frac{u\pm1}{u}}\leqslant[\sigma_H],\quad d_1\geqslant\sqrt[3]{\frac{2KT_1}{\psi_d}\cdot\frac{u\pm1}{u}\left(\frac{Z_EZ_HZ_\varepsilon}{[\sigma_H]}\right)^2}$$

直齿圆柱齿轮齿根弯曲疲劳强度计算公式为

$$\sigma_F\approx\sigma_b=\frac{M}{W}KY_{Sa}Y_\varepsilon=\frac{2KT_1}{bd_1m}Y_{Fa}Y_{Sa}Y_\varepsilon=\frac{KF_t}{bm}Y_{Fa}Y_{Sa}Y_\varepsilon\leqslant[\sigma_F],$$

$$m\geqslant\sqrt[3]{\frac{2KT_1}{\psi_dz_1^2[\sigma_F]}Y_{Fa}Y_{Sa}Y}$$

应对大、小齿轮的$\frac{Y_{Fa}Y_{Sa}}{[\sigma_F]}$进行比较，并按两者中的较大值进行计算。模数应圆整成标准值。对于传递动力的齿轮，模数一般应大于 1.5mm。Y_{Fa} 只取决于轮齿的形状(随齿数 z 和变位系数 x 而异)，而与模数大小无关。应力修正系数 Y_{Sa} 用以综合考虑齿根过渡曲线处的应力集中和除弯曲应力外其余应力对齿根应力的影响的系数，根据齿数(对于斜齿轮和锥齿轮根据当量齿数)和变为系数而定。选择齿数 z_1 时，对于软齿面闭式传动，传动尺寸主要取决于接触疲劳强度，而弯曲疲劳强度往往比较富裕。这时，在传动尺寸不变并满足弯曲疲劳强度要求的前提下，齿数宜取多些(模数相应减小)。

(8) 斜齿圆柱齿轮齿面接触疲劳强度计算与直齿轮传动在计算公式的推导过程中有以下几点不同：①斜齿圆柱齿轮的齿廓啮合点的曲率半径应代以法向曲率半径 ρ_{n1} 和 ρ_{n2}；②接触线总长度随啮合位置不同而变化，同时还受端面重合度 ε_α 和纵向重合度 ε_β 的共同影响；③接触线倾斜有利于提高接触疲劳强度，用螺旋角系数 Z_β 考虑其影响。

斜齿圆柱齿轮传动齿面接触疲劳强度的校核公式和设计公式

$$\sigma_H = Z_E Z_H Z_\varepsilon Z_\beta \sqrt{\frac{2KT_1}{bd_1^2} \cdot \frac{u \pm 1}{u}} \leqslant [\sigma_H], \quad d_1 \geqslant \sqrt[3]{\frac{2KT_1}{\psi_d} \cdot \frac{u \pm 1}{u} \left(\frac{Z_E Z_H Z_\varepsilon Z_\beta}{[\sigma_H]}\right)^2}$$

斜齿圆柱齿轮齿根弯曲疲劳强度的校核公式

$$\sigma_F = \frac{KF_t}{bm_n} Y_{Fa} Y_{Sa} Y_\varepsilon Y_\beta \leqslant [\sigma_F], \quad m_n \geqslant \sqrt[3]{\frac{2KT_1 \cos^2\beta}{\psi_d z_1^2 [\sigma_F]} Y_{Fa} Y_{Sa} Y_\varepsilon Y_\beta}$$

(9) 对于开式及半开式齿轮传动，或速度很低的闭式传动，通常采用人工定期加油的润滑就可以满足要求。对于闭式齿轮传动，润滑方式根据齿轮圆周速度大小而定。当齿轮的圆周速度 $v<12\text{m/s}$ 时，一般采用浸油润滑，将大齿轮的轮齿浸入油池中进行润滑；若齿轮传动的平衡工作温度超过 90℃，需采用循环油润滑，或者其他冷却措施，如油池润滑加风扇，油池内装冷却盘管等。循环润滑的润滑油量一般不少于 0.5L/kW；当齿轮传动的圆周速度 $v>12\text{m/s}$ 时，齿轮传动不宜采用油池润滑。这时最好采用喷油润滑，由油泵或中心供油站以一定的压力供油，通过喷嘴将润滑油喷到轮齿的啮合面上。润滑油的粘度一般也是根据齿轮的圆周速度选择的。

齿轮传动的功率损失来自于三个方面：①啮合中的摩擦损失；②润滑油被搅动的油阻损失；③轴承中的摩擦损失。闭式齿轮传动的效率为 $\eta=\eta_1\eta_2\eta_3$。

本章习题

9.1　齿轮传动有哪些主要类型？各种类型的特点和应用场合如何？齿轮传动与其他机械传动相比特点怎样？试举出若干现代机械中应用齿轮传动的实例。

9.2　齿轮传动常见的失效形式有哪些？各种失效形式常在何种情况下发生？试对工程实际中所见到的齿轮失效的形式和原因进行分析。

9.3　齿轮传动的设计计算准则是根据什么来确定的？目前常用的计算方法有哪些，它们分别针对何种失效形式？针对其余失效形式的计算方法怎样？在工程设计实践中，对于一般使用的闭式硬齿面、闭式软尺面和开式齿轮传动的设计计算准则是什么？

9.4　轮齿折断一般起始于轮齿的哪一侧？全齿折断和局部折断通常在什么条件下发生？轮齿疲劳折断和过载折断的特征如何？

9.5　齿面点蚀一般首先发生在节线附近的齿根面上，试对这一现象加以解释。

9.6　在设计软齿面齿轮传动时，为什么常使小齿轮的齿面硬度高于大齿轮齿面硬度 30～50HBS？

9.7　齿轮传动的效率和哪些因素有关，如何提高齿轮传动的效率？

9.8　试比较直齿和斜齿圆柱齿轮强度计算的不同点。

9.9　根据齿轮啮合原理，渐开线齿轮传动可以实现瞬时传动比不变，为什么齿轮啮合过程中还会产生内部附加动载荷？动载荷系数 K_v 反映了哪些产生动载荷的影响因素？如何减小作用在轮齿上的内部附加动载荷？

9.10　为什么斜齿圆柱齿轮传动的强度计算中要引入螺旋角系数 Z_β 和 Y_β，它们分别对齿轮的接触强度和抗弯强度有何影响？

9.11　一对圆柱齿轮传动，大、小齿轮齿面接触应力是否相等？大、小齿轮的接触强度是否相等？在什么条件下两齿轮的接触强度相等？一般大、小齿轮齿根抗弯应力是否相等？大、小齿轮弯曲强度相等的条件是什么？

9.12　在圆柱齿轮传动设计中，为什么通常取小齿轮的齿宽大于大齿轮齿宽？锥齿轮传动如何？

9.13　通常齿轮变位的目的有哪些，如何根据不同目的的要求选择变位方法和变位系数？对于一对圆柱齿轮传动分别采用怎样的变位方法可提高其接触强度和抗弯强度？若采用高度变位齿轮传动，对齿轮接触强度和抗弯强度影响如何？

9.14　在题 9.14 图所示的直齿圆柱齿轮传动中，已知齿轮 1 为主动轮，其转向如图所示。试在图中标出：

(1) 齿轮 2 的转向。

(2) 齿轮 1 和齿轮 2 所受切向力 F_t 和径向力 F_r 的关系。

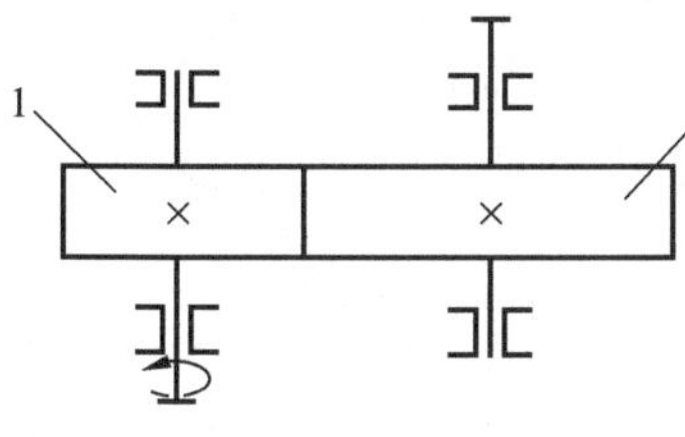

题 9.14 图

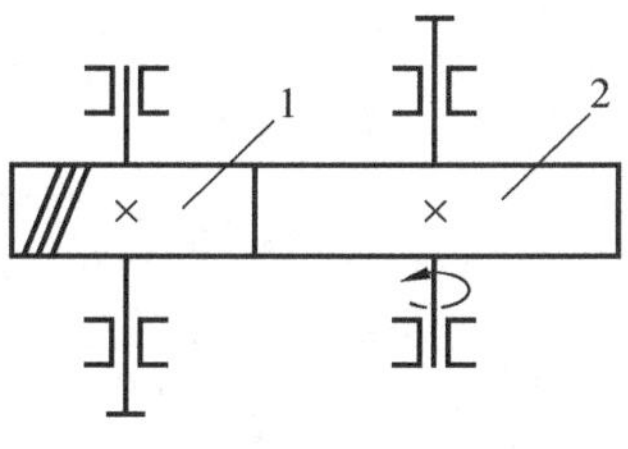

题 9.15 图

9.15　在题 9.15 图所示的单级斜齿圆柱齿轮传动中，已知齿轮 1 是主动论，轮齿为右旋，齿轮 2 的转向如图所示。试求：

(1) 确定并标出从动轮 2 的轮齿旋向。

(2) 在啮合点处分别标出齿轮 1 和齿轮 2 所受切向力 F_t、径向力 F_r 和轴向力 F_x 的方向。

9.16　在题 9.16 图所示的二级展开式斜齿圆柱齿轮减速器中，已知：Ⅰ轴为输入轴，输入功率 $P_1=10\text{kW}$，转速 $n_1=1450\text{r/min}$，转向如图所示，Ⅲ轴为输出轴；高速级齿轮参数为：模数 $m_{n1}=3\text{mm}$，齿数 $z_1=21$，$z_2=52$，螺旋角 $\beta_1=12°7'43''$，齿轮 1 的轮齿为右旋；低速级齿轮参数为：模数 $m_{n3}=5\text{mm}$，齿数 $z_3=27$，$z_4=54$；齿轮啮合效率 $\eta_1=0.98$，滚动轴承效率 $\eta_2=0.99$。试解答：

(1) 确定齿轮 2、3 和 4 的轮齿旋向，要求使Ⅱ轴上 2 和 3 齿轮的轴向力相互抵消一部分以减轻轴承所受的载荷。

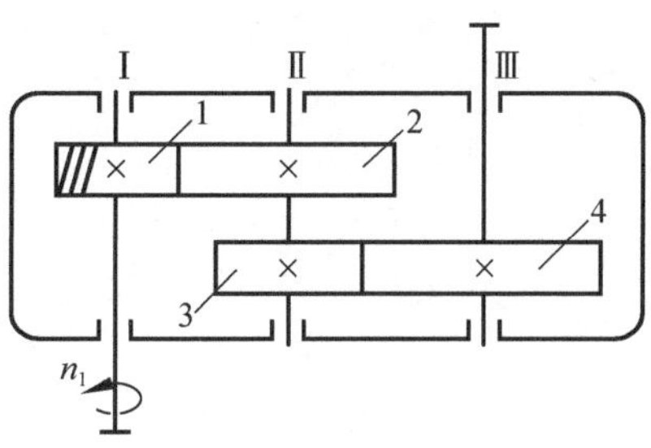

题 9.16 图

(2) 欲使Ⅱ轴上齿轮 2 和齿轮 3 的轴向力完全抵消，求齿轮 3 的螺旋角 β_3 应为多少？

(3) 在图中标出各轴转向，并求出各轴所受转矩的大小。

(4) 标出各齿轮在啮合点处所受切向力 F_t、径向力 F_r 和轴向力 F_X 的方向，并求出各力的大小。

9.17　有一通用机械上用的闭式直齿圆柱齿轮传动，已知：齿数 $z_1=20$，齿数比 $u=3$，模

数 $m=6\text{mm}$，齿宽 $b_1=125\text{mm}$，$b_2=120\text{mm}$，齿轮制造精度为 8 级，小齿轮用 45 钢调质 255HBS，大齿轮用 45 钢正火 200HBS；齿轮在轴上相对两轴承对称布置，传动功率 $P_1=22\text{kW}$，转速 $n_1=730\text{r/min}$，单向转动，原动机为电动机，工作机载荷有中等振动，两班制工作，使用寿命 12 年。试校核该齿轮传动的强度。

9.18　设计铣床变速箱中的一对直齿圆柱齿轮传动，已知：小齿轮为主动轮，转速 $n_1=1450\text{r/min}$，单向转动，传递功率 $P_1=7.5\text{kW}$，小齿轮相对两支承非对称布置，但轴的刚性较大，要求结构紧凑，预期使用寿命 $t_h=12000\text{h}$，已选定齿数 $z_1=26$，$z_2=54$，齿轮制造精度 6 级。

9.19　设计小型航空发动机中的一斜齿圆柱齿轮传动。已知：传递功率 $P_1=130\text{kW}$，转速 $n_1=12640\text{r/min}$，小齿轮悬臂布置，单向转动，预期工作寿命 $t_h=100\text{h}$，工况系数 $K_A=1.25$ 考虑，已确定：齿数 $z_1=23$，$z_2=73$，齿轮制造精度 6 级，大、小齿轮均采用 18Cr2Ni4WA 渗碳淬火，齿面硬度 60HRC。

第 10 章　蜗杆传动设计

10.1　概　　述

蜗杆传动是由蜗杆和蜗轮组成的(图 10.1),它是由交错轴斜齿圆柱齿轮传动演变而来。若将小齿轮的直径取得很小,轴向尺寸取得很大,每个轮齿在分度圆柱面上可缠绕一周以上,这样的齿轮外形像一根螺杆,因而称为蜗杆,与蜗杆啮合的齿轮称为蜗轮。

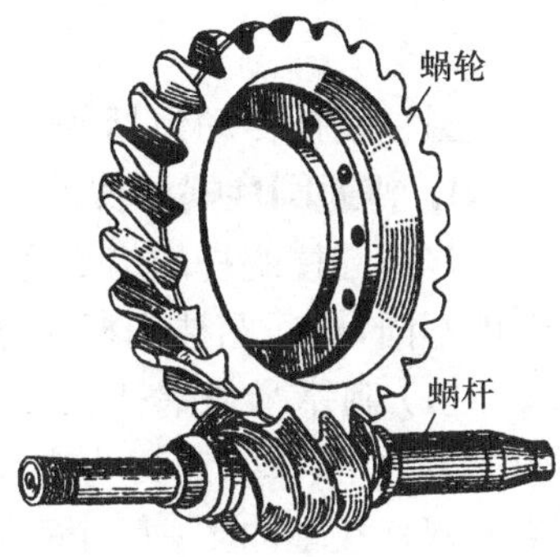

图 10.1　蜗杆传动

为了改善啮合状况,常将蜗轮分度圆柱面的母线改为圆弧形,使之将蜗杆部分地包住,并用与蜗杆形状和参数相同的滚刀范成加工蜗轮,这样啮合齿廓间的接触为线接触,可传递较大的动力。蜗杆传动用于传递两根空间交错轴间的运动和动力,两轴间的夹角可为任意值,通常为 90°。

蜗杆传动具有以下特点:

(1) 传动比大。在动力传动中,单级传动比在 8～80;只传递运动或用于分度时,单级传动比可达 1000。由于传动比大,因而结构紧凑。

(2) 蜗杆为连续的螺旋齿,与蜗轮轮齿啮合过程是连续的,同时啮合的齿的对数较多,故传动平稳、没有噪音。

(3) 当蜗杆分度圆导程角小于轮齿间的当量摩擦角时,蜗杆传动具有自锁性。

(4) 蜗杆传动的主要缺点是效率低,摩擦磨损大。当蜗杆主动时,效率一般为 70%～80%;具有自锁性能时,效率为 0.4 左右。为了减摩耐磨,蜗轮齿圈常需用青铜制造,成本较高。蜗杆轴向力较大,致使轴承受力损害较大。

由于蜗杆传动具有以上特点,故常用于传动比较大、传递功率不太大或间歇工作的场合(当要求传递较大功率时,为提高传动效率,常需取较大齿数的蜗杆)。利用蜗杆传动的自锁性能,常用于卷扬机等起重机械中,起安全保护作用。此外蜗杆传动还广泛应用于机床、汽车、仪器、冶金机械及其他机器或设备中。

10.1.1　蜗杆传动的类型

按蜗杆齿螺旋方向分类:左旋蜗杆和右旋蜗杆,为方便切制,一般采用右旋蜗杆。

按蜗杆螺旋线头数分类:单头蜗杆和多头蜗杆。

按蜗杆齿面硬度分类:软面蜗杆和硬面蜗杆。软面蜗杆只经调质处理,用于低速轻载及不重要的传动中。硬面蜗杆可用渗碳钢淬火或中碳钢表面淬火获得,蜗杆齿面必须磨削。硬面蜗杆精度高,承载大,多用于大动力传动中。

按蜗杆分度曲面形状不同分类:圆柱蜗杆传动(图 10.2(a))、环面蜗杆传动(图 10.2(b))和锥蜗杆传动(图 10.2(c))。其分度曲面分别是圆柱面、圆环面和圆锥面。圆柱蜗杆制造简单,使用广泛。环面蜗杆的分度曲面是圆环面,润滑状态好,传动效率高,主要应用于大功率传动，其缺点是对制造和安装精度要求高。锥蜗杆的分度曲面是圆锥，啮合齿数多，重合度大，传动平稳，承载能力大，效率高，但设计和制造较为复杂。

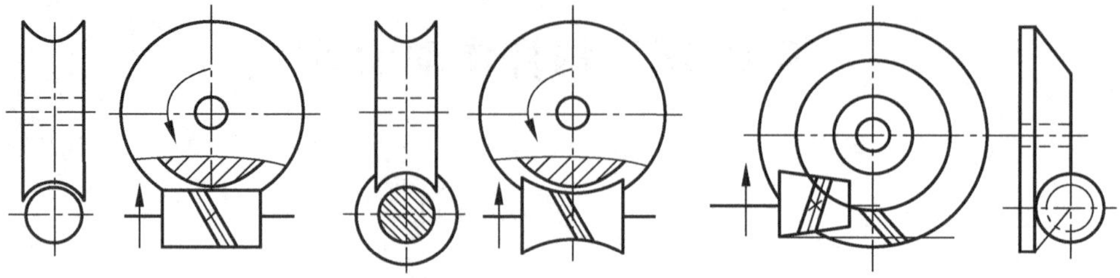

(a)　　(b)　　(c)

图 10.2　蜗杆传动类型

圆柱蜗杆传动包括普通圆柱蜗杆传动和圆弧圆柱蜗杆传动两类。

1. 普通圆柱蜗杆传动

普通圆柱蜗杆的齿面通常用直线刀刃车刀或锥面盘形铣刀加工。按蜗杆齿廓形状及形成机理不同，普通圆柱蜗杆又分为阿基米德蜗杆、延伸渐开线蜗杆、渐开线蜗杆和锥面包络蜗杆。

(1) 阿基米德蜗杆(ZA 蜗杆，轴向直廓蜗杆)。如图 10.3 所示，ZA 蜗杆可在车床上用梯形车刀加工，车刀刀刃为直线，并与蜗杆轴线在同一水平面内，与车梯形螺纹相似，这样加工出来的蜗杆在轴向 $I—I$ 剖面内的齿形为直线，在法向 $N—N$ 剖面内的齿形为曲线，在垂直于轴线的端面上，其齿形阿基米德螺线。这种蜗杆加工简便，应用较广，主要在低速轻载或手动机械中采用。缺点是蜗杆磨削困难，精度不高，当导程角 γ 较大时，加工不便。

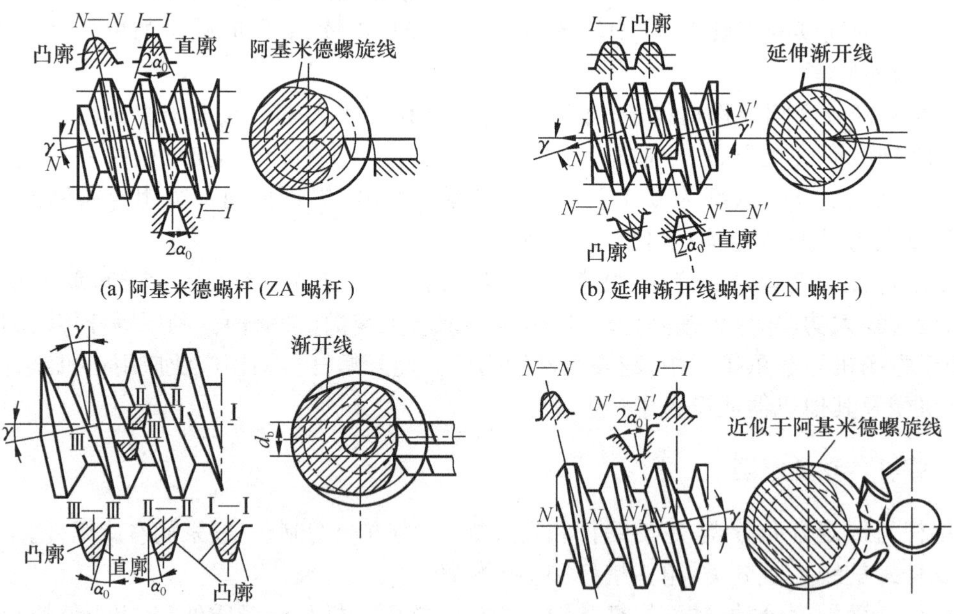

(a) 阿基米德蜗杆 (ZA 蜗杆)　(b) 延伸渐开线蜗杆 (ZN 蜗杆)

(c) 渐开线蜗杆 (ZI 蜗杆)　(d) 锥面包络蜗杆图 (ZK 蜗杆)

图 10.3　普通圆柱蜗杆类型

(2) 延伸渐开线蜗杆(ZN 蜗杆，法向直廓蜗杆)。如图 10.3 所示，当蜗杆头数较多，导程角 γ 较大时，为使车刀获得合理的前角和后角，将直线刀刃放在蜗杆轴线法向，这样加工出来的蜗杆在法向 $N—N$ 剖面内的齿形为直线，在轴向 $I—I$ 剖面内的齿形为曲线，在端面上，其齿形为延伸渐开线。同阿基米德蜗杆一样，这种蜗杆磨削也较困难，精度不高，应用较少。

(3) 渐开线蜗杆(ZI 蜗杆)。如图 10.3 所示，将刀刃与蜗杆的基圆相切，加工出来的蜗杆在切于基圆柱的轴向剖面Ⅱ－Ⅱ、Ⅲ－Ⅲ内的齿形一侧为直线，在轴向 *I*—*I* 剖面和法向剖面 *N*—*N* 内的齿形均为曲线，其端面齿形为渐开线。渐开线蜗杆可以看作是一个少齿数大螺旋角的渐开线斜齿圆柱齿轮，因而可以像圆柱齿轮那样用滚刀滚铣，并可以用平面砂轮进行磨消，制成硬面蜗杆，并得到较高精度，可用于传递载荷和功率较大场合，如电梯牵引机及精密机床传动中。

(4) 锥面包络蜗杆(ZK 蜗杆)。如图 10.3 所示，ZK 蜗杆用锥面盘形铣刀沿蜗杆齿槽法向铣削。加工时，铣刀或砂轮在作切削运动的同时，与工件做螺旋运动，形成蜗杆包络螺旋齿面。由于蜗杆可用锥面砂轮磨削，因而可制成硬面蜗杆，并获得较高精度，可用于中速、中载、连续传动的场合，应用较广。

2. 圆弧圆柱蜗杆传动

与普通圆柱蜗杆不同，圆弧圆柱蜗杆(ZC 蜗杆)是用刃边为凸圆弧形的刀具切制而成。如图 10.4 所示，在蜗杆螺旋线的法平面内，蜗杆齿形为凹弧形，蜗轮齿廓在其端面(蜗杆轴面)内为凸弧形，所以圆弧圆柱蜗杆传动是一种凹凸弧齿廓相啮合的传动。其主要特点为承载能力大，传动效率高，而且体积小，结构紧凑，是目前推荐应用的一种蜗杆传动。

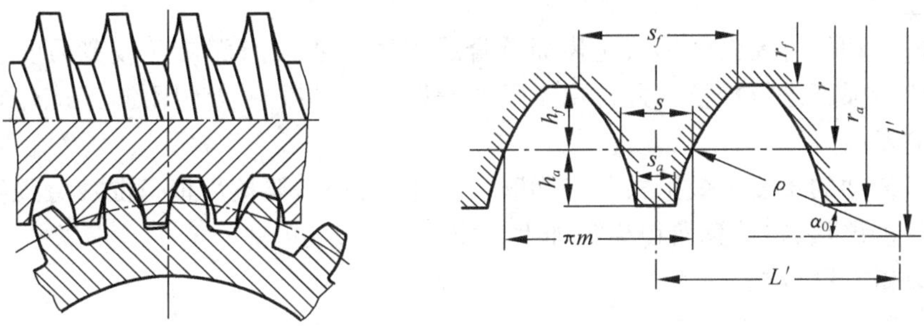

图 10.4　圆弧圆柱蜗杆传动

10.1.2　蜗杆传动精度

GB/T 10089—1998 对蜗杆、蜗轮和蜗杆传动规定了 12 个精度等级，1 级最高，12 级最低。与齿轮公差相似，蜗杆、蜗轮以及蜗杆传动的公差也分为三个公差组。

普通圆柱蜗杆传动的精度等级多在 6～9 级。精度等级的确定主要取决定于传动功率、使用条件和蜗轮圆周速度等(见表 10.1)。对于动力传动，要按照 7～9 级精度制造。对于测量、分度等要求运动精度高的传动，要按照 6 级或 6 级以上的精度制造。

表 10.1　蜗杆传动精度等级的选择

精度等级		3～6	7	8	9
应用范围	使用条件	分度机构	高速动力传动	一般动力传动	低速动力传动
	蜗轮圆周速度/(m/s)	>5	≤7.5	≤3	≤1.5
切齿方法	蜗杆	齿面需要磨削加工		车削加工	
	蜗轮	用滚刀铣切，并用蜗杆形剃齿刀精切		用滚刀铣切或飞刀加工并加载跑合	用滚刀铣切或飞刀加工
齿面粗糙度 $R_a/\mu m$	蜗杆	≤0.40	≤1.60	≤3.2	≤6.3
	蜗轮	≤0.80	≤1.60	≤3.2	≤6.3

蜗杆通常在车床上车制，也可在铣床上铣制；蜗轮要用与它相啮合的蜗杆同样大小的滚刀切制。

10.2 蜗杆传动的失效形式、材料选择和结构

10.2.1 蜗杆传动的失效形式

蜗杆传动的失效形式和齿轮传动相似，即点蚀、齿根折断、齿面胶合以及磨料磨损等，但蜗杆传动齿面之间的相对滑动速度大，发热量高，更容易发生磨损和胶合。尤其是当重载、高转速且润滑不良时，胶合将是蜗杆传动的主要失效形式。由于蜗杆轮齿材料的强度要高于蜗轮轮齿材料的强度，而且蜗杆轮齿是连续的螺旋，因此蜗杆传动的失效通常只发生在蜗轮轮齿上。只有当蜗杆轴直径小、支承跨度较大时，受载后将产生较大变形，才会影响到蜗杆、蜗轮的正确啮合和承载能力，所以蜗杆的主要失效形式是刚度不足。

目前对胶合和磨损的计算尚缺乏通用可靠的方法，因而蜗杆传动承载能力的计算，仍沿用接触疲劳强度和弯曲疲劳强度的方法，在此基础上适当考虑胶合和磨损因素的影响，故其强度计算是条件性的。

闭式蜗杆传动的主要失效形式是齿面胶合或点蚀。要按齿面接触疲劳强度进行设计，而按齿根弯曲疲劳强度进行校核。此外由于闭式蜗杆传动的散热较为困难，还应作热平衡计算，以限制胶合的发生。

开式蜗杆传动的主要失效形式是齿面磨损和轮齿折断，要按齿根弯曲疲劳强度进行设计。考虑到磨料磨损严重，将计算所得模数加大 10%～15%。

对蜗杆只做刚度校核。

10.2.2 蜗杆传动材料的选择

根据蜗杆传动的失效特点，对传动副的材料的基本要求是：不仅有足够的强度，更重要的是要有良好的减摩耐磨性能和抗胶合性能。工程中常采用钢制蜗杆与青铜蜗轮（低速时可用铸铁蜗轮）相配。

蜗杆一般是用合金钢或碳钢制成。高速重载且载荷变化较大的条件下常用 15CrMn、20Cr、20CrMnTi、20CrNi 等，经渗碳淬火，齿面硬度为 HRC 56—62；高速重载且载荷稳定的条件下常用 45、40Cr、40CrNi、42SiMn 等，经表面淬火，HRC 45—55；对于不重要的传动及低速中载蜗杆，可采用 45 调质，HB 255—270。

常用的蜗轮材料有四种。①铸锡青铜（ZQSn10P1、ZQSn10Zn2）。铸锡青铜抗胶合、减摩耐磨性最好，但价格较高，用于高滑动速度（$v_s \geqslant 12 \sim 25 \mathrm{m/s}$）的重要和连续传动场合。但铸锡青铜材料要有致密的细晶粒组织，才能达到较高的耐磨性，故离心铸造的锡青铜材料可用于较大 v_s 的场合，而砂型铸造的锡青铜材料用于较小 v_s 的场合。②铸铝青铜（ZCuAl10Fe3、ZCuAl9Fe4NiMn3）。铝铁青铜有足够的强度、硬度和抗点蚀能力，但跑合性能、抗胶合性能以及减摩性能差，多用于重载、低滑动速度（$v_s \leqslant 10 \mathrm{m/s}$）的传动。③铸铝黄铜（ZCuAl10Fe3Mn2）。有较好的抗点蚀性能，但其他性能较差，主要用于 $v_s \leqslant 10 \mathrm{m/s}$ 的低速场合。④灰铸铁（HT200、HT300）及球墨铸铁（如 QT700-2）等。灰铸铁用于 $v_s \leqslant 2 \mathrm{m/s}$ 轻载不重要的传动；球墨铸铁多用于不经常工作的低速重载传动。为了消除内应力，防止变形，一般应对蜗轮进行时效处理。

10.2.3　蜗杆传动的结构

蜗杆直径小，通常与轴做成一个整体，称为蜗杆轴，如图 10.5 所示，蜗杆轮齿部分可用车制和铣制两种方法加工，图 10.5(a)为车制出的蜗杆，车削的轮齿部分要有退刀槽，因而削弱了蜗杆轴的刚度。图 10.5(b)为铣削出的蜗杆，在轴上直接铣出螺旋部分，无退刀槽，因而蜗杆轴的刚度好。当蜗杆的直径过大，或蜗杆与轴采用不同的材料时，可将蜗杆做成套筒套装在轴上。

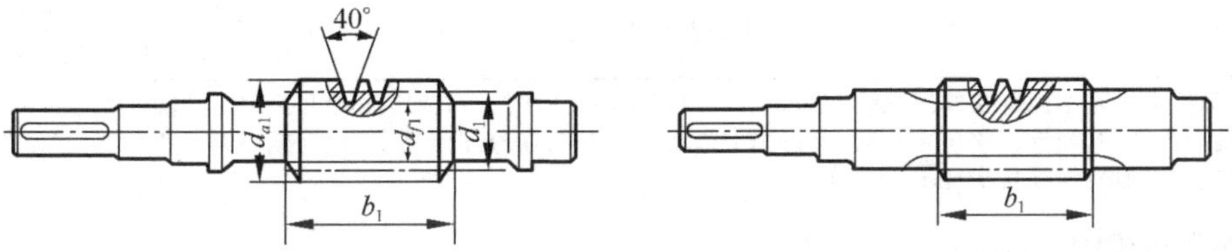

(a) 车削　(b) 铣削

图 10.5　蜗杆结构形式

蜗轮直径较大，为节约贵重的有色金属，通常蜗轮做成装配式，常见的蜗轮结构形式有以下几种：

(1) 拼铸式(图 10.6(a))，将青铜齿圈铸造在铸铁轮芯上，然后切齿。只用于成批制造的蜗轮。

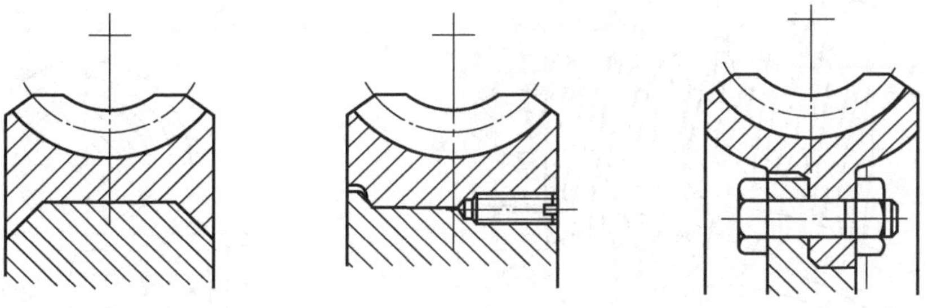

(a) 拼铸式　(b) 压配式　(c) 螺栓联接式

图 10.6　蜗轮结构形式

(2) 压配式(图 10.6(b))。这种结构由青铜齿圈及铸铁轮芯所组成，齿圈与轮芯常采用过盈配合 H7/s6 或 H7/r6，加热齿圈或加压装配。蜗轮圆周力靠配合面摩擦力传递。为可靠起见，沿配合面装置 4～8 个螺钉。

(3) 螺栓联接式(图 10.6(c))。青铜齿圈与铸铁轮芯可采用过渡配合或间隙配合，如 H7/j6 或 H7/h6。用普通螺栓或铰制孔用螺栓联接，蜗轮圆周力由螺栓传递。螺栓联接式蜗轮拆卸方便，多用于大尺寸或易于磨损的蜗轮。

只有铸铁蜗轮，铝合金蜗轮以及直径小于 100mm 的青铜蜗轮，才采用整体式。

10.3　普通圆柱蜗杆传动的基本参数

1. 基本齿廓

普通圆柱蜗杆基本齿廓见表 10.2。

表 10.2　普通圆柱蜗杆基本齿廓

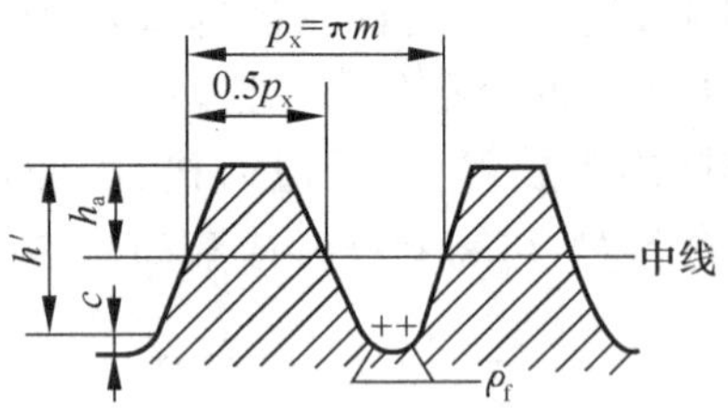

基本参数	数　值	说　明
轴向齿形角 α	20°	ZA 蜗杆
轴向齿形角 α	20°	ZI 蜗杆、ZN 蜗杆
刀具齿形角 α	20°	ZK 蜗杆
齿顶高 h_a	$h_a^* m$	正常 $h_a^*=1$，短齿 $h_a^*=0.8$
工作齿高 h'	$2m$	短齿 $1.6m$
轴向齿距 p_x	πm	中线上齿厚等于齿槽宽
顶隙 c	$c^* m$	正常 $c^*=0.2$
齿根圆角半径 ρ_f	$0.3m$	可减小到 $0.2m$ 或增大到 $0.4m$，也可加工成单圆弧

注：(1) 圆柱蜗杆基本齿廓指蜗杆在给定截面上的规定齿形。适用于 $m\geqslant1$，轴交角 $\Sigma=90°$的圆柱蜗杆传动。
(2) 在动力传动中，当导程角 $\gamma>30°$时，允许增大齿形角到 25°；在分度传动中，允许减小齿形角到 15°或 12°。
(3) 允许顶圆倒角，但圆角半径不大于 0.2m。

2. 模数 m 和压力角 α

如图 10.7 所示，中间平面(通过蜗杆轴线并垂直于蜗轮轴线的平面)上，为保证蜗杆蜗轮传动的正确啮合，蜗杆的轴面模数 m_{x1} 应等于蜗轮的端面模数 m_{t2}，并等于标准模数；蜗杆的轴面压力角 α_{x1} 应等于蜗轮的端面压力角 α_{t1}，并等于标准压力角即

$$m_{x1}=m_{t2}=m$$

$$\alpha_{x1}=\alpha_{t2}=\alpha$$

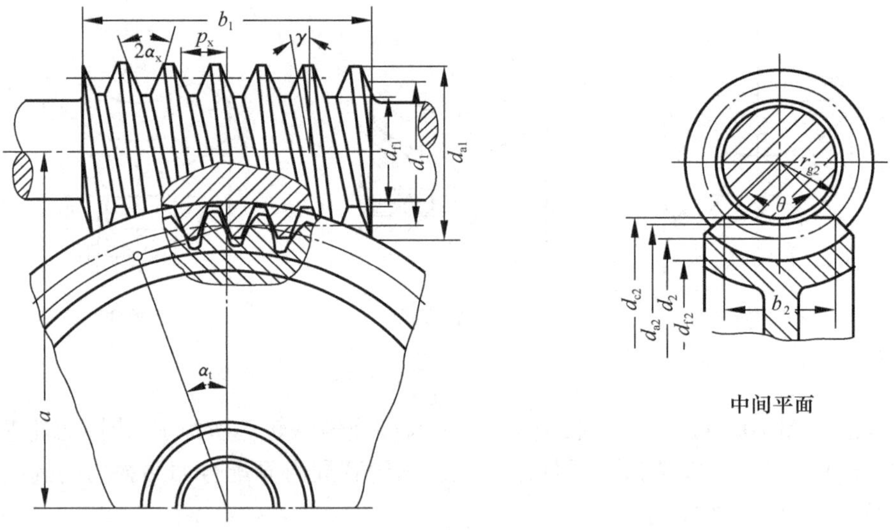

图 10.7　蜗轮传动的中间平面与几何参数

蜗杆轴向压力角与法向压力角的关系为

$$\tan\alpha_n=\tan\alpha_x/\cos\gamma \tag{10.1}$$

式中，γ 为导程角。

3. 蜗杆的分度圆直径 d_1 和直径系数 q

为了保证蜗杆与蜗轮的正确啮合，要用与蜗杆尺寸相同的蜗轮滚刀来加工蜗轮。由于相同的模数，可以有许多不同的蜗杆直径，这样就造成要配备很多的蜗轮滚刀，以适应不同的蜗杆直径。显然，这样很不经济。为了减少蜗轮滚刀的个数和便于滚刀的标准化，对每一标准模数规定了一定数量的蜗杆分度圆直径 d_1，而把分度圆直径和模数的比称为蜗杆直径系数 q，即

$$q = \frac{d_1}{m} \tag{10.2}$$

常用的标准模数 m 和蜗杆分度圆直径 d_1 及直径系数 q 见表 10.3。对于轴跨距较大的蜗杆传动，轴刚度差，q 应取大值；蜗杆模数 m 较大，轴刚度较好，q 应取小值。

表 10.3　90°夹角传递动力用普通圆柱蜗杆传动的基本参数

模数/mm	分度圆直径 d_1/mm	蜗杆头数 z_1	直径系数 q
1	18	1	18.00
1.25	20	1	16.00
	22.4	1	17.93
1.6	20	1、2、4	12.50
	28	1	17.50
2	(18)	1、2、4	9.0
	22.4	1、2、4、6	11.2
	(28)	1、2、4	14.00
	35.5	1	17.75
2.5	(22.4)	1、2、4	8.960
	28	1、2、4、6	11.2
	(35.5)	1、2、4	14.20
	45	1	18.00
3.15	(28)	1、2、4	8.89
	35.5	1、2、4、6	11.27
	(45)	1、2、4	14.29
	56	1	17.78
4	(31.5)	1、2、4	7.875
	40	1、2、4、6	10.000
	(50)	1、2、4	12.500
	71	1	17.750
5	(40)	1、2、4	8.000
	50	1、2、4、6	10.000
	(63)	1、2、4	12.600
	90	1	18.000
6.3	(50)	1、2、4	7.936
	63	1、2、4、6	10.000

模数/mm	分度圆直径 d_1/mm	蜗杆头数 z_1	直径系数 q
6.3	(80)	1、2、4	12.698
	112	1	17.778
8	(63)	1、2、4	7.875
	80	1、2、4、6	10.000
	(100)	1、2、4	12.500
	140	1	17.750
10	(71)	1、2、4	7.100
	90	1、2、4、6	9.000
	(112)	1、2、4	8.960
	160	1	16.000
12.5	(90)	1、2、4	7.200
	112	1、2、4	11.200
	(140)	1、2、4	11.200
	200	1	16.000
16	(112)	1、2、4	7.000
	140	1、2、4	8.750
	(180)	1、2、4	11.250
	250	1	15.625
20	(140)	1、2、4	7.000
	160	1、2、4	8.000
	(224)	1、2、4	11.200
	315	1	15.750
25	(180)	1、2、4	7.200
	200	1、2、4	8.000
	(280)	1、2、4	11.200
	400	1	16.000

4. 蜗杆头数 z_1 和蜗轮齿数 z_2

蜗杆头数可根据要求的传动比和效率来选择。由于 z_1 越大制造越困难，一般取 z_1=1、2、4、6，没有 3、5 是为了减少滚刀数量。蜗杆头数选择的原则是：要求具有较高传动效率或高速传动时，z_1 取大值；要求较大传动比，或要求传递较大扭矩时，z_1 取小值；要求传动自锁时，z_1 取 1。

蜗轮齿数由蜗杆头数和传动比决定，并受到两个限制：最少齿数应避免发生根切与干涉，理论上应使 $z_{2\min} \geqslant 17$，但 $z_2 < 26$ 时，啮合区显著减小，影响平稳性，而在 $z_2 \geqslant 30$ 时，可始终保持有两对齿以上啮合，因而通常规定 $z_2 \geqslant 28$。另一方面 z_2 也不能过多，若 $z_2 > 80$（对于动力传动），蜗轮直径很大，在结构上必须相应增大蜗杆两支承点间的跨距，将影响蜗杆轴的刚度和啮合精度；对一定直径的蜗轮，如 z_2 取得过多，模数 m 就减小甚多，也将影响轮齿的弯曲强度，故对于动力传动，常用的范围为 $z_2 \approx 28 \sim 82$，z_1 和 z_2 的推荐值见表 10.4。用于分度传动时，z_2 最大可到 1000。

表 10.4 蜗杆头数 z_1 与蜗轮齿数 z_2 的推荐值

$i=z_2/z_1$	z_1	z_2	$i=z_2/z_1$	z_1	z_2
5	6	28～31	5	2	28～61
7～15	4	28～61	7～15	1	28～82

5. 导程角 γ

蜗杆的螺旋面与分度圆柱的交线是螺旋线，假想将分度圆柱展开（图 10.8），螺旋线即为一斜直线，由此可得蜗杆分度圆柱上的导程角 γ 为

$$\tan\gamma = \frac{z_1 p_x}{\pi d_1} = \frac{z_1 m}{d_1} = \frac{z_1}{q} \tag{10.3}$$

式中，p_x 为蜗杆轴向齿距。

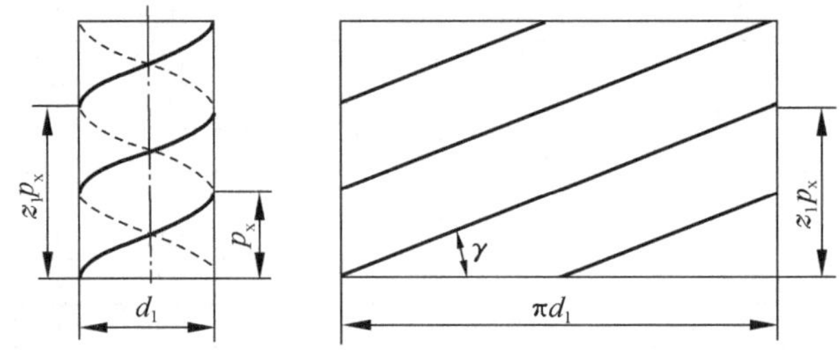

图 10.8 蜗杆分度圆柱上的导程角

导程角 γ 的范围为 3.5°～33°。导程角大时，传动效率高，但需要采用多头蜗杆，蜗杆车削困难。导程角小时，效率低，易自锁。

6. 传动比 i

$$i = \frac{n_1}{n_2} = \frac{z_2}{z_1} \tag{10.4}$$

式中，n_1 为蜗杆转速；n_2 为蜗轮转速。

减速运动的动力蜗杆传动，通常取 $5 \leqslant i \leqslant 70$，优先采用 $15 \leqslant i \leqslant 50$；增速传动 $5 \leqslant u \leqslant 15$。应当指出，蜗杆传动的传动比不等于蜗轮、蜗杆的直径比。

7. 蜗杆传动的标准中心距 a

蜗杆传动的中心距

$$a = \frac{1}{2}(d_1 + d_2) = \frac{1}{2}m(q + z_2) \tag{10.5}$$

中心距 a 的值必须为整数，推荐值如下（单位 mm）：

40、50、63、80、100、125、160、(180)、200、(225)、250、315、(335)、400、(450)、500 未带括号的数据优先选用。大于 500mm 时，可以按照 R20 优先数系选用。

8. 蜗杆传动变位

为了配凑中心距或凑传动比使之符合推荐值，或提高蜗杆传动的承载能力和传动效率，常采用变位蜗杆传动。变位方法与齿轮传动的变位方法相似，即在切削时利用刀具相对于蜗轮毛坯的径向位移来实现变位。但由于蜗杆的齿廓形状和尺寸与加工其配偶的蜗轮的滚刀形状和尺寸相同，为了保持刀具不变，蜗杆尺寸是不能变动的，因此变位的只是蜗轮。变位后，蜗杆尺寸不变，但其在中间平面上的节线有所改变，不再与其分度线重合；蜗轮的尺寸变动了，但其

分度圆和节圆依旧重合;蜗杆传动变位的各种情况如图 10.9 所示。

蜗轮变位系数的计算分以下三种情况:

1) 传动比不变,只配凑中心距

蜗杆传动的标准中心距为

$$a=\frac{1}{2}(d_1+d_2)=\frac{1}{2}(d_1+mz_2)$$

凑中心距时变位蜗杆传动的中心距为

$$a'=\frac{1}{2}(d_1+2xm+d_2)$$

由此可求出变位系数

$$x=\frac{a'-a}{m} \tag{10.6}$$

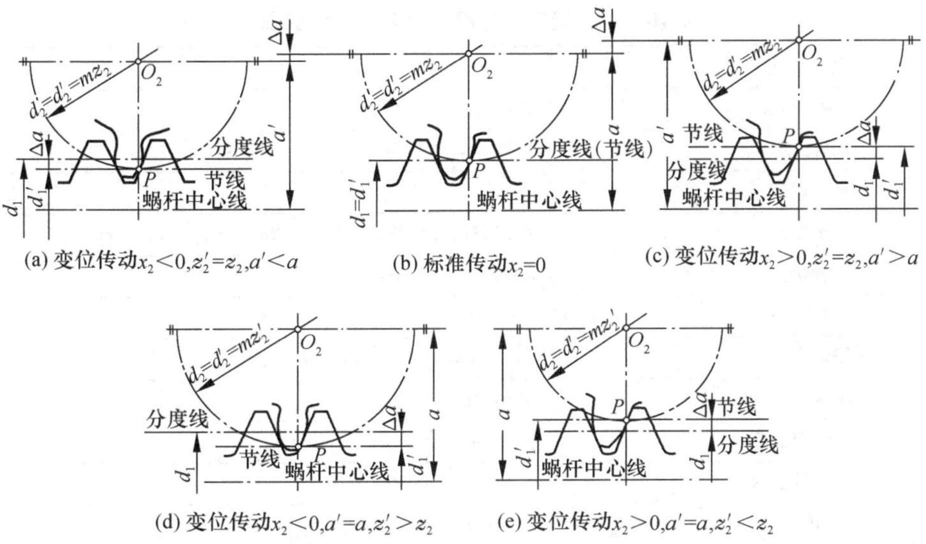

(a) 变位传动 $x_2<0, z_2'=z_2, a'<a$　(b) 标准传动 $x_2=0$　(c) 变位传动 $x_2>0, z_2'=z_2, a'>a$

(d) 变位传动 $x_2<0, a'=a, z_2'>z_2$　(e) 变位传动 $x_2>0, a'=a, z_2'<z_2$

图 10.9　蜗杆传动的变位示意图

2) 中心距不变,只配凑传动比

为将原传动比 i 凑成 i',由于 z_1 不能改变,故只能改变 z_2 为 z_2',变位后有

$$d_1'=d_1+2mx \quad d_2'=d_2=mz_2'$$

因此有

$$a=\frac{1}{2}(d_1'+d_2')=\frac{1}{2}(d_1+2mx+mz_2')$$

进行变换

$$a=\frac{1}{2}(d_1+mz_2+2mx+mz_2'-mz_2)=a+xm+\frac{1}{2}m(z_2'-z_2)$$

由此可求出变位系数

$$x=\frac{1}{2}(z_2-z_2') \tag{10.7}$$

3) 需要同时配凑中心距和传动比时

将中心距计算式等号左边换为

$$a' = a + xm + \frac{1}{2}m(z_2' - z_2)$$

由此可求出变位系数

$$x = \frac{a' - a}{m} + \frac{1}{2}(z_2 - z_2') \tag{10.8}$$

蜗轮变位系数的常用取值范围为$-0.5 \leqslant x \leqslant +0.5$。为了有利于蜗轮轮齿强度的提高最好取 x 为正值。

10.4 圆柱蜗杆传动几何尺寸计算

普通圆柱蜗杆传动几何尺寸的参照图见图 10.7,它们的计算关系式由表 10.5 列出。

表 10.5 普通圆柱蜗杆传动几何尺寸计算

名称及代号	计算关系式及说明
中心距 a'	$a'=(d_1+d_2+2xm)/2$
蜗杆头数 z_1	按规定 $z_1=1,2,4,6$
蜗轮齿数 z_2	$z_2=iz_1$
齿形角 α	ZA 蜗杆:$\alpha_x=20°$;其余 $\alpha_n=20°$,$\tan\alpha_n=\tan\alpha_x/\cos\gamma$
模数 m	$m=m_x=m_n/\cos\gamma$
传动比 i	$i=n_1/n_2=z_2/z_1$
蜗轮变位系数 x_2	$x_2=a'/m-(d_1+d_2)/2m$
蜗杆直径系数 q	$q=d_1/m$
蜗杆轴向齿距 p_x	$p_x=\pi m$
蜗杆导程 p_z	$p_z=p_x z_1=\pi m z_1$
蜗杆分度圆直径 d_1	$d_1=mq=mz_1/\tan\gamma$
蜗杆齿顶圆直径 d_{a1}	$d_{a1}=d_1+2h_{a1}=d_1+2h_a^* m$
蜗杆齿根圆直径 d_{f1}	$d_{f1}=d_1-2h_{f1}=d_1-2(h_a^* m+c)$
蜗杆节圆直径 d_1'	$d_1'=d_1+2x_2m=m(q+2x_2)$
蜗杆基圆直径 d_{b1}	$d_{b1}=d_1\tan\gamma/\tan\gamma_b=mz_1/\tan\gamma_b$
蜗杆齿顶高 h_{a1}	$h_{a1}=h_a^* m=1/[2(d_{a1}-d_1)]$
蜗杆齿根高 h_{f1}	$h_{f1}=(h_a^*+c^*)m=1/[2(d_1-d_{f1})]$
蜗杆齿高 h_1	$h_1=h_{a1}+h_{f1}=1/[2(d_{a1}-d_{f1})]$
蜗杆轴向齿厚 s_{x1}	$s_{x1}=0.5p_x$
蜗杆法向齿厚 s_{n1}	$s_{n1}=s_{x1}\cos\gamma$
蜗杆导程角 γ	$\tan\gamma=mz_1/d_1=z_1/q$
渐开线蜗杆基圆导程角 γ_b	$\cos\gamma_b=\cos\gamma\cdot\cos\alpha_n$
蜗杆齿宽(螺纹长度)L_1	推荐 $L_1\approx 2m\sqrt{z_2+1}$
蜗轮分度圆直径 d_2	$d_2=mz_2=2a-d_1-2x_2m$
蜗轮喉圆直径 d_{a2}	$d_{a2}=d_2+2(h_a+xm)$

续表

名称及代号	计算关系式及说明
蜗轮齿根圆直径 d_{f2}	$d_{f2}=d_2-2h_{f2}$
蜗轮节圆直径 d_2'	$d_2'=d_2$
蜗轮齿顶高 h_{a2}	$h_{a2}=1/[2(d_{a1}-d_1)]=m(h_a^*+x_2)$
蜗轮齿根高 h_{f2}	$h_{f2}=1/[2(d_2-d_{f2})]=m(h_a^*-x_2+c^*)$
蜗轮齿高 h_2	$h_{21}=h_{a2}+h_{f2}=1/[2(d_{a2}-d_{f2})]$
蜗轮顶圆直径 d_{c2}	当 $z_1=1$ 时，$d_{c2}\leqslant d_{a2}+2m$；$z_1=2$ 时，$d_{c2}\leqslant d_{a2}+1.5m$； 当 $z_1=4\sim6$ 时，$d_{c2}\leqslant d_{a2}+m$ 或按结构设计
蜗轮齿宽 b_2	推荐 $b_2\approx 2m(0.5+\sqrt{q+1})$，或当 $z_1<3$ 时，$b_2\leqslant 0.75d_{a1}$； $z_1=4\sim6$ 时，$b_2\leqslant 0.67d_{a1}$
蜗轮齿顶圆弧半径 R_{a2}	$R_{a2}=0.5d_1-h_a^*m$
蜗轮齿根圆弧半径 R_{f2}	$R_{f2}=0.5d_{a1}-c^*m$
蜗轮齿宽角 θ	$\theta\approx\arcsin(b_2/d_1)$
蜗轮分度圆螺旋角 β_2	$\beta_2=\gamma$
蜗轮分度圆齿厚 s_2	$s_2=(0.5\pi+2x_2\tan\alpha_x)m$

【例 10.1】 有一标准蜗杆传动，已知蜗杆轴向齿距 $p_x\approx 9.89$mm，分度圆直径 $d_1=35.5$mm，头数 $z_1=2$，蜗杆螺旋线方向为右旋，蜗轮齿数 $z_2=38$，蜗杆蜗轮轴线交错角为 90°。试求蜗杆分度圆柱上的导程角 γ、蜗轮分度圆直径 d_2、传动比 i、中心距 a、蜗杆齿顶圆直径 d_{a1}、齿根圆直径 d_{f1}、蜗轮喉圆直径 d_{a2}、蜗轮分度圆螺旋角 β_2 以及蜗杆螺旋线旋向。

解 (1) 计算蜗杆参数。

模数　$m=p_x/\pi=9.89/3.14=3.15(\text{mm})$

导程角　$\gamma=\arctan\dfrac{z_1 m}{d_1}=\dfrac{2\times3.15}{35.5}=10.06°$

蜗杆齿顶圆直径　$d_{a1}=d_1+2h_{a1}=d_1+2m=35.5+2\times3.15=41.8(\text{mm})$

蜗杆齿根圆直径

$$d_{f1}=d_1-2h_{f1}=d_1-2\times1.2m=35.5-2\times1.2\times3.15=27.94(\text{mm})$$

(2) 计算蜗轮参数。

蜗轮分度圆直径　$d_2=mz_2=3.15\times38=119.7(\text{mm})$

蜗轮喉圆直径　$d_{a2}=d_2+2h_a=119.7+2\times3.15=126$

蜗轮分度圆螺旋角 $\beta_2=\gamma=10.06°$，蜗杆螺旋线旋向与蜗杆螺旋线方向相同，为右旋。

(3) 计算传动比 i 和中心距 a。

$$i=z_2/z_1=38/2=19$$
$$a=(d_1+d_2)/2=(35.5+119.7)/2=77.6(\text{mm})$$

【例 10.2】 有一变位蜗杆传动，已知蜗杆分度圆直径 $d_1=63$mm，模数 $m=5$mm 头数 $z_1=1$，传动比 $i=36$，变位后的中心距 $a'=125$mm，试求变位系数 x 及该传动中与变位有关的主要几何尺寸，并分析哪些尺寸不同于非变位传动。

解 (1) 计算变位系数 x。

$$z_2=iz_1=36\times1=36$$

由 $a=(d_1+d_2+2xm)/2$ 可得

$$x=\frac{2a'-d_1-mz_2}{2m}=\frac{2\times125-63-5\times36}{2\times5}=0.7$$

(2) 蜗杆几何尺寸。

变位后蜗杆的几何尺寸保持不变,但在啮合传动时,蜗杆节圆不再和其分度圆重合,该变位蜗杆传动的蜗杆节圆直径

$$d_1'=d_1+2x_2m=63+2\times0.7\times5=70(\mathrm{mm})$$

(3) 蜗轮几何尺寸。

变位后蜗轮分度圆直径和节圆直径保持不变,但蜗轮喉圆直径 d_{a2} 和蜗轮齿根圆直径 d_{f2} 发生了变化,它们分别为

$$\begin{aligned}d_{a2}&=d_2+2(h_a+xm)=(z_2+2+2x)m\\&=(36+2+2\times0.7)\times5=197(\mathrm{mm})\\d_{f2}&=d_2-2h_{f2}=(z_2-2\times1.2+2x)m\\&=(36-2\times1.2+2\times0.7)\times5=175(\mathrm{mm})\end{aligned}$$

(4) 该变位传动中,中心距、蜗杆节圆直径、蜗轮喉圆直径、蜗轮齿根圆直径不同于非变位传动。

10.5　蜗杆传动的受力分析和效率计算

10.5.1　蜗杆传动的受力分析

蜗杆传动的受力分析与斜齿圆柱齿轮的受力分析相似,图 10.10 表示了蜗杆螺旋面上的受力情况。

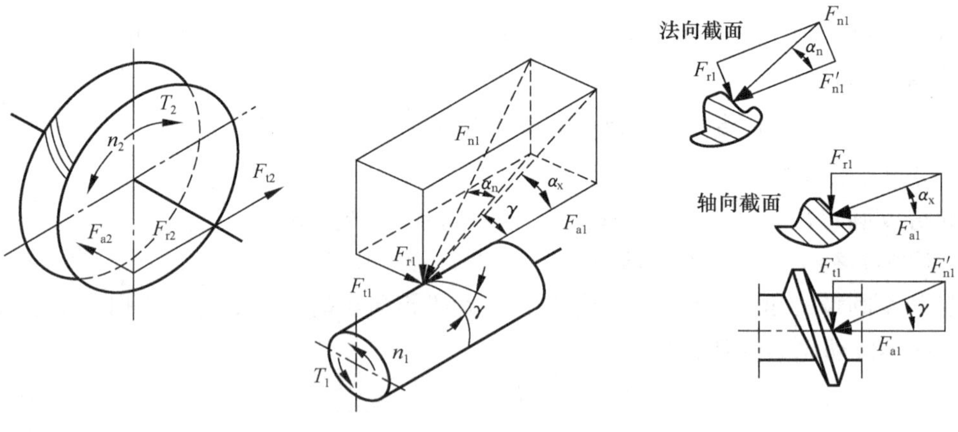

图 10.10　蜗杆传动受力情况

F_n 为集中作用于节点处的法向载荷,它作用于法向截面内。F_n 可分解为三个互相垂直的分力,即圆周力 F_t、径向力 F_r 和轴向力 F_a。显然,当蜗杆轴和蜗轮轴成 90°时,在蜗杆与蜗轮间有,$F_{t1}=-F_{a2}$;$F_{a1}=-F_{t2}$;$F_{r1}=-F_{r2}$。

当不考虑摩擦力时,各力的大小可按下式计算:

$$\left.\begin{aligned}
&\text{蜗杆法向力(蜗轮法向力)}\quad F_{n1}=F_{n2}=\frac{F_{a1}}{\cos\gamma\cos\alpha_n}=\frac{F_{t2}}{\cos\gamma\cos\alpha_n}\\
&\text{蜗杆圆周力(蜗轮轴向力)}\quad F_{t1}=F_{a2}=\frac{2T_1}{d_1}\\
&\text{蜗杆径向力(蜗轮径向力)}\quad F_{r1}=F_{r2}=F_{t2}\tan\alpha\\
&\text{蜗杆轴向力(蜗轮圆周力)}\quad F_{a1}=F_{t2}=\frac{2T_2}{d_2}
\end{aligned}\right\}\tag{10.9}$$

式中，T_1、T_2 为蜗杆与蜗轮上的转矩，单位：N·mm，$T_2=T_1\cdot i\cdot\eta_1$；$d_1$、$d_2$ 分别为蜗杆和蜗轮的分度圆直径，单位：mm；α 为蜗杆轴面压力角，对于阿基米德蜗杆 $\alpha=20°$；i 为传动比；η_1 为蜗杆传动的啮合效率。

蜗杆主动时，确定各力的方向：蜗杆的圆周力 F_{t1} 的方向与蜗杆转向相反；蜗轮圆周力 F_{t2} 的方向与蜗轮转向相同；蜗杆和蜗轮的径向力 F_{r1}、F_{r2} 的方向分别从啮合点指向各自的圆心。蜗杆的轴向力 F_{a1} 的方向可用左(右)手法则确定，即对左(右)旋蜗杆用左(右)手握蜗杆，四指指向沿蜗杆转向，与四指垂直的拇指的指向就是 F_{a1} 的方向。蜗轮的轴向力 F_{a2} 的方向与蜗杆的周向力 F_{t1} 方向相反。

10.5.2　蜗杆传动的效率计算

闭式蜗杆传动的效率同齿轮传动的计算相似，即

$$\eta=\eta_1\eta_2\eta_3\tag{10.10}$$

式中，η_1 为传动啮合效率；η_2 为轴承损耗效率，每对滚动轴承 $\eta_2\approx0.99\sim0.995$，每对滑动轴承 $\eta_2\approx0.97\sim0.98$；$\eta_3$ 为搅油损耗效率，可取 $\eta_3\approx0.96\sim0.99$。

传动啮合效率 η_1 可参照螺旋传动的效率公式进行计算。

蜗杆主动时

$$\eta_1=\frac{\tan\gamma}{\tan(\gamma+\rho_v)}\tag{10.11}$$

蜗轮主动时

$$\eta_1=\frac{\tan(\gamma-\rho_v)}{\tan\gamma}\tag{10.12}$$

式中，γ 为蜗杆导程角；ρ_v 为当量摩擦角($\rho_v=\arctan u_v$)。

当量摩擦角 ρ_v(因数 f')除了与蜗杆副材料、表面状况，以及啮合角有关外，还与啮合轮齿间的相对滑动速度 v_s 有关，v_s 越大，润滑油膜越易形成，摩擦系数越小。由图 10.11，v_s 应根据下式计算：

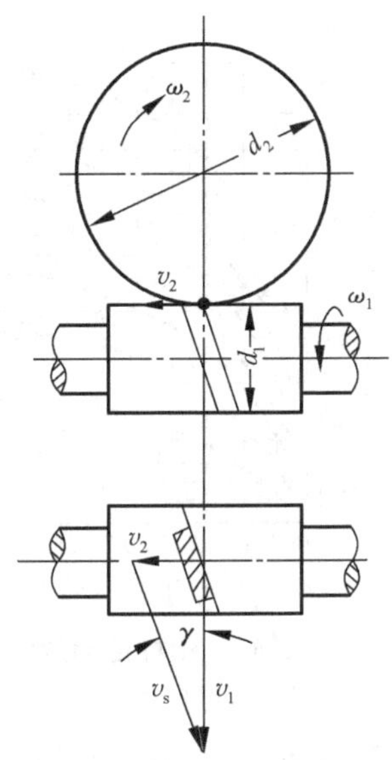

图 10.11　蜗杆传动的相对滑动速度

$$v_s=\frac{v_1}{\cos\gamma}=\frac{\pi d_1 n}{60\times10^3\cos\gamma}\tag{10.13}$$

式中，v_1 为蜗杆节圆处线速度，m/s；d_1 为蜗杆分度圆直径，mm；n_1 为蜗杆转速，r/min；γ 为蜗杆分度圆柱上的导程角。

钢制蜗杆与青铜蜗轮配对时，当量摩擦角 ρ_v 的值列于表 10.6 中。

表 10.6 普通圆柱蜗杆传动中的当量摩擦角 ρ_v

蜗轮材料	锡青铜		无锡青铜	灰铸铁	
蜗杆齿面硬度	HRC≥45	其他情况	HRC≥45	HRC≥45	其他情况
滑动速度 v_s	当量摩擦角 ρ_v				
0.01	6°17′	6°51′	10°12′	10°12′	10°45′
0.10	4°34′	5°09′	7°24′	7°24′	7°58′
0.25	3°43′	4°17′	5°43′	5°43′	6°51
0.5	3°09′	3°43′	5°09′	5°09′	5°43′
2	2°00′	2°35′	3°09′	3°09′	4°00′
3	1°36′	2°00′	2°35′		
4	1°22′	1°47′	2°17′		
5	1°16′	1°40′	2°00′		
8	1°02′	1°29′	1°43′		
10	0°55′	1°22′			
15	0°48′	1°09′			
20	0°45′				

注:(1) HRC>45 的蜗杆,其 ρ_v 值是经过磨削和跑合并有充分润滑的情况。
(2) 中间值可用插入法求得。

以上三项效率中,轴承损耗和搅油损耗两项较小,一般可取 $\eta_2 \cdot \eta_3 = 0.95 \sim 0.97$,即蜗杆传动的效率取决于轮齿的啮合效率。当 $\gamma \leqslant \rho_v$ 时,蜗杆传动具有自锁性,此时,蜗杆传动的效率 $\eta < 50\%$。欲提高蜗杆传动的效率,可增大蜗杆导程角 γ,图 10.12 反映了蜗杆传动啮合效率与蜗杆导程角之间的关系。由图可见导程角 γ 越大,效率越高,但当导程角 $\gamma > 28°$时,效率提高很少。而且导程角过大,会造成蜗杆加工困难。

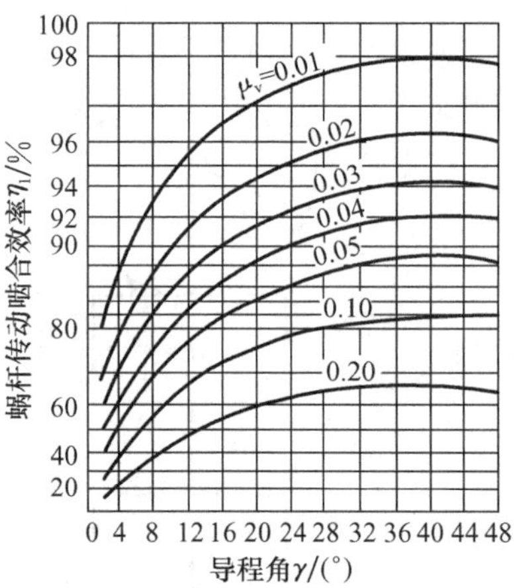

图 10.12 蜗杆传动效率与蜗杆导程角之间的关系

设计蜗杆传动时,为了近似求出蜗轮轴上的转矩 T_2,蜗杆传动的总效率可按如下选取:

蜗杆头数 z_1	1	2	3	4	6
总效率 η	0.7	0.8	0.85	0.90	0.95

【例 10.3】 图10.13 示为一手动滑车的蜗杆传动。已知单头蜗杆的模数 $m=5$mm,蜗杆分度圆直径 $d_1=90$mm,传动比 $i=50$,起重链轮分度圆直径 $d_3=200$mm,驱动链轮分度圆直径 $d_4=300$mm。试判断传动能否自锁?并求驱动力 $F=150$N 时起重量 Q 是多少(蜗杆传动的当量摩擦系数 $f'=0.10$,忽略链与轴承的摩擦损耗)?

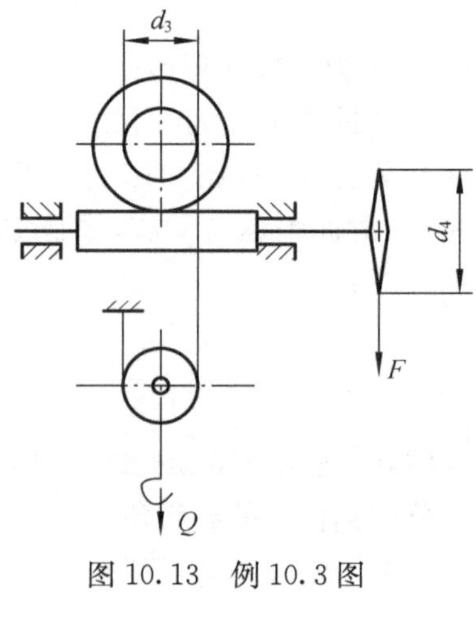

图 10.13 例 10.3 图

解 (1)自锁验算

蜗杆分度圆导程角

$$\gamma = \arctan\frac{z_1}{q} = \arctan\frac{mz_1}{d_1} = \arctan\frac{5\times 1}{90}$$
$$= 3.18^\circ$$

当量摩擦角

$$\rho_v = \arctan f' = \arctan 0.10 = 5.71^\circ$$

满足 $\gamma < \rho_v$ 的自锁条件，蜗杆传动能自锁。

(2)计算起重量

蜗轮轴上的阻力矩

$$T_2 = \frac{Q}{2}\cdot\frac{d_3}{2} = \frac{Q}{4}\times 200 = 50Q$$

蜗杆轴上驱动转矩

$$T_1 = \frac{Fd_4}{2} = \frac{150\times 300}{2} = 2.25\times 10^4(\text{N}\cdot\text{mm})$$

蜗杆传动啮合效率

$$\eta = \frac{\tan\gamma}{\tan(\gamma+\rho_v)} = \frac{\tan 3.18^\circ}{\tan(3.18^\circ + 5.71^\circ)} = 0.355$$

而有 $T_2 = T_1 i\eta$，即 $50Q = 2.25\times 10^4\times 50\times 0.355$，则

$$Q = 7987.5(\text{N})$$

10.6　圆柱蜗杆传动的强度计算

10.6.1　蜗轮齿面接触疲劳强度计算

蜗轮齿面接触疲劳强度计算与斜齿轮类似，仍以赫兹公式为基础，其接触应力为

$$\sigma_H = Z_E\sqrt{\frac{KF_n}{L_0\rho_\Sigma}} \tag{10.14}$$

式中，F_n 为啮合齿面上的法向载荷，N；L_0 为接触线总长，mm；K 为载荷系数；Z_E 为材料的弹性影响系数，$\sqrt{\text{MPa}}$，对于钢制蜗杆与青铜或铸铁蜗轮配对时，取 $Z_E = 160\sqrt{\text{MPa}}$。

将蜗杆蜗轮啮合传动的相应参数代入上式，即以蜗轮转矩与蜗轮分度圆直径之比(T_2/d_2)替换 F_n；以中心距 a 的函数替换 L_0、ρ_Σ、d_2，可得到轮齿齿面接触强度的验算公式

$$\sigma_H = Z_E Z_\rho\sqrt{\frac{KT_2}{a^3}} \leqslant [\sigma_H] \tag{10.15}$$

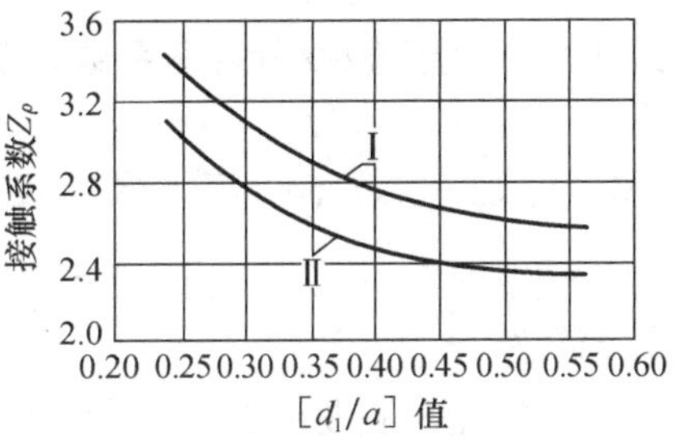

图 10.14　接触系数 Z_ρ

Ⅰ—用于 ZI 型蜗杆(ZA、ZN 型也适用)

Ⅱ—用于 ZC 型蜗杆

式中，σ_H、$[\sigma_H]$为分别为齿面接触应力和许用接触应力，MPa；Z_ρ 为蜗杆传动中接触线长度和曲率半径对接触强

度的影响系数，简称接触系数，可由图 10.14 查得；K 为载荷系数；$K=K_A K_\beta K_v$，其中 K_A 为工况系数，可按表 10.7 查取。

K_β 为齿向载荷分布不均匀系数，当蜗杆传动在稳定载荷下工作时，由于良好的跑合，载荷分布均匀，可取 $K_\beta=1$；在变载荷或有冲击情况下工作时，取 $K_\beta=1.1\sim1.5$，蜗杆刚度大(q 大，z_2 小)时取大值，反之取小值。K_v 为动载系数，当蜗轮圆周速度 $v_2\leqslant3\text{m/s}$ 可取 $K_v=1.0\sim1.1$，当 $v_2>3\text{m/s}$ 时，取 $K_v=1.1\sim1.2$。

表 10.7　工况系数 K_A

工作类型	Ⅰ	Ⅱ	Ⅲ
载荷性质	均匀、无冲击	不均匀、小冲击	不均匀、大冲击
每小时启动次数	<25	25～50	>50
起动载荷	小	较大	大
K_A	1	1.15	1.2

若蜗轮齿圈是 $\sigma_B<300\text{MPa}$ 锡青铜制造的，蜗轮的损坏形式主要是疲劳点蚀，蜗轮材料在 $N=10^7$ 时的基本许用接触应力$[\sigma_H]'$列于表 10.8。

表 10.8　铸锡青铜蜗轮的基本许用接触应力$[\sigma_H]'$

蜗轮材料	铸造方法	滑动速度 v_s(m/s)	蜗杆齿面硬度	
			≤45HRC	>45HRC
铸锡磷青铜(ZCuSn10P1)	砂模铸造	≤12	180	200
	金属模铸造	≤25	200	220
铸锡锌铅青铜 ZCuSn5Pb5Zn5	砂模铸造	≤10	110	125
	金属模铸造	≤12	135	150

注：由于青铜材料的循环基数为 25×10^7，而不是 10^7，因而 Y_{HN} 值也可能小于 1；当 N(或 N')$>25\times10^7$ 时，取 N(或 N')$=25\times10^7$。当 N(或 N')$<2.6\times10^5$ 时，取 N(或 N')$=2.6\times10^5$。

许用接触应力为

$$[\sigma_H]=Y_{HN}\cdot[\sigma_H]' \tag{10.16}$$

式中，Y_{HN} 为接触疲劳寿命系数，载荷稳定时，$Y_{HN}=\sqrt[8]{\dfrac{10^7}{N}}$，应力循环次数 $N=60n_2t_h$。载荷不稳定时，$Y_{HN}=\sqrt[8]{\dfrac{10^7}{N'}}$，应力循环次数 $N'=60\sum\limits_{i}^{n}n_i t_{hi}\left(\dfrac{T_i}{T_{max}}\right)^4$。此处 n_2 为蜗轮转速，r/min；t_h 为工作总时数，h；T_{max} 为较长期作用的最大转矩；n_i、t_{hi}、T_i 分别为第 i 个循环的转速、工作时数和转矩。

当蜗轮材料是 $\sigma_B>300\text{MPa}$ 的铸锡青铜或铸铁时，蜗轮的损坏形式主要是胶合，承载能力决定于蜗轮的抗胶合能力，这时接触强度计算是条件性计算，许用接触应力$[\sigma_H]$应根据材料组合和滑动速度来确定，而与应力循环次数 N 无关。表 10.9 的许用接触应力$[\sigma_H]$就是根据抗胶条件拟定的。

表 10.9　铸锡青铜或铸铁蜗轮的许用接触应力$[\sigma_H]$

材　料		滑动速度 v_s/(m/s)							
蜗 轮	蜗 杆	0.25	0.5	1	2	3	4	6	8
ZQAl9-4 ZQAl0-3-1.5	钢(淬火)	—	250	230	210	180	160	120	90
ZHMn 58-2-2	钢(淬火)	—	215	200	180	150	135	95	75
HT20-40 HT15-33 (HB120～150)	渗碳钢	160	130	115	90	—	—	—	—
HT15-33 (HB120～150)	钢(调质或正火)	140	110	90	70	—	—	—	—

由式(10.15)可得到按蜗轮齿面接触疲劳强度计算的设计公式为

$$a \geqslant \sqrt[3]{KT_2\left(\frac{Z_E Z_\rho}{[\sigma_H]}\right)^2} \tag{10.17}$$

设计计算求出的中心距 a 需圆整为标准值。

10.6.2　蜗轮齿根弯曲疲劳强度计算

在齿数较多($z_2>80$)或开式、有冲击的条件下，蜗轮齿根会出现因弯曲疲劳强度不足而折断的情况。由于蜗轮齿形复杂，弯曲疲劳强度难于精确计算，一般是将蜗轮近似当作斜齿轮来进行概略估算的。

根据斜齿圆柱齿轮齿根弯曲疲劳强度计算公式得到蜗轮弯曲应力为

$$\sigma_F=\frac{KF_{t2}}{\hat{b}_2 m_n}Y_{Fa2}Y_{Sa2}Y_\varepsilon Y_\beta=\frac{2KT_2}{\hat{b}_2 d_2 m_n}Y_{Fa2}Y_{Sa2}Y_\varepsilon Y_\beta \leqslant [\sigma_F] \tag{10.18}$$

式中，$\hat{b}_2$ 为蜗轮轮齿弧长，$\hat{b}_2=\frac{\pi d_1\cdot 2\theta}{360^\circ}$；$2\theta$ 为蜗轮包角，取 $2\theta=100^\circ$；m_n 为法面模数，$m_n=m\cos\gamma$；Y_{Sa2}为齿根应力修正系数，放在$[\sigma_F]$中考虑；Y_ε 为弯曲疲劳强度的重合度系数，$Y_\varepsilon=\frac{1}{x\varepsilon_a}=0.667$；$Y_\beta$ 为螺旋角影响系数，$Y_\beta=1-\frac{\gamma}{140^\circ}$。

将以上参数代入上式得

$$\sigma_F=\frac{1.53KT_2}{d_1 d_2 m}Y_{Fa_2}Y_\beta=\frac{1.53KT_2}{m^3 q z_2}Y_{Fa_2}Y_\beta \leqslant [\sigma_F]\quad (\text{MPa}) \tag{10.19}$$

式中，σ_F 为蜗轮轮齿弯曲应力，单位：MPa；Y_{Fa2}为蜗轮齿形系数，可根据蜗轮当量齿数 $z_{v2}=\frac{z_2}{\cos^3\gamma}$及变位系数 x_2 从图 10.15 中查得。

$[\sigma_F]$为蜗轮许用弯曲应力，单位：MPa。

$$[\sigma_F]=Y_{FN}\cdot[\sigma_F]' \tag{10.20}$$

式中，$[\sigma_F]'$为计入齿根应力修正系数 Y_{Sa2}后蜗轮的基本许用弯曲应力，由表 10.10 选取。Y_{FN}为弯曲疲劳寿命系数。载荷稳定时，$Y_{FN}=\sqrt[9]{\frac{10^6}{N}}$，应力循环次数 $N=60n_2t_h$；载荷不稳定时，$Y_{FN}=\sqrt[9]{\frac{10^6}{N'}}$，应力循环次数 $N'=60\sum_i^n n_i t_{hi}\left(\frac{T_i}{T_{max}}\right)^9$。

表 10.10 蜗轮材料的基本许用弯曲应力$[\sigma_F]'$(MPa)

蜗轮材料		铸造方法	单侧工作$[\sigma_{0F}]'$	双侧工作$[\sigma_{-1F}]'$
铸锡青铜 ZCuSn10P1		砂模铸造	40	29
		金属模铸造	56	40
铸锡锌铅青铜 ZCuSn5Pb5Zn5		砂模铸造	26	22
		金属模铸造	32	26
铸铝铁青铜 ZCuAl10Fe3		砂模铸造	80	57
		金属模铸造	90	64
灰铸铁	HT150	砂模铸造	40	28
	HT200	砂模铸造	48	34

注:表中基本许用弯曲应力为循环基数为$N=10^6$时之值,当$N\neq10^6$时,需将表中数值乘以Y_{FN};当N或$N'>25\times10^7$时,取N(或N')$=25\times10^7$。当N(或N')$<10^5$时,取N(或N')$=10^5$。

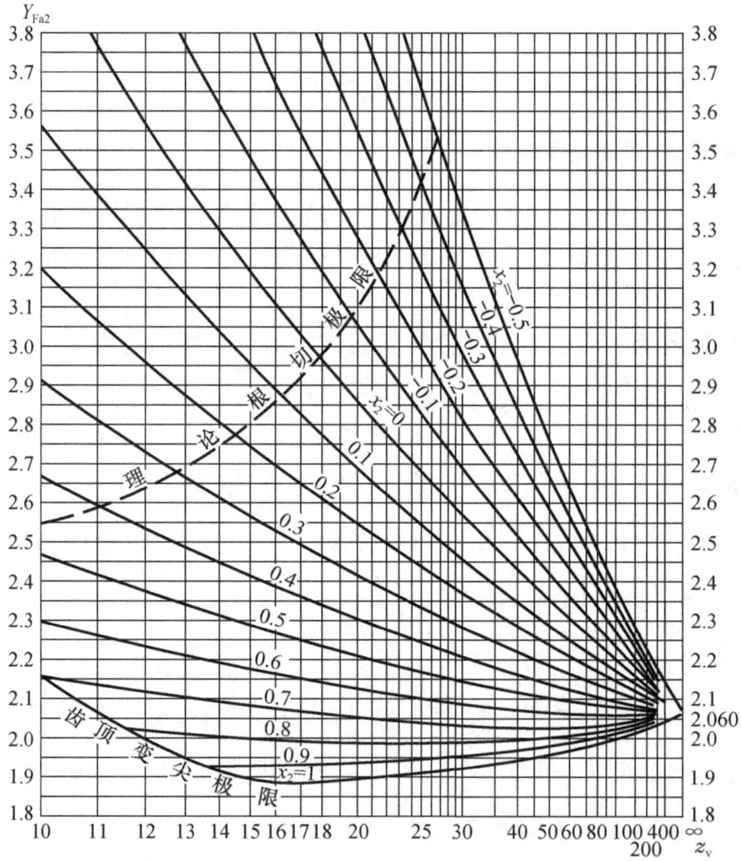

图 10.15 蜗轮齿形系数Y_{Fa2}

式(10.18)为蜗轮弯曲疲劳强度校核公式,由该式还可得到按蜗轮弯曲疲劳强度条件进行设计的设计公式为

$$m^3q \geqslant \frac{1.53KT_2}{z_2[\sigma_F]}Y_{Fa2}Y_\beta \quad (\text{mm}^3) \tag{10.21}$$

10.6.3　蜗杆刚度计算

前已说明，蜗杆的失效主要是蜗杆的刚度不足，把蜗杆螺旋部分看作以齿根圆直径为直径的轴段，进行刚度计算，其最大挠度 y 可按下式作近似计算：

$$y=\frac{\sqrt{F_{t1}^2+F_{r1}^2}L'^3}{48EI}\leqslant[y]\quad(\mathrm{mm})\tag{10.22}$$

式中，F_{t1} 为蜗杆所受的圆周力(N)；F_{r1} 为蜗杆所受的径向力(N)；E 为蜗杆材料的弹性模量(MPa)；I 为蜗杆危险截面的惯性矩，$I=\frac{\pi d_{f1}^4}{64}$，单位：$\mathrm{mm}^2$，$d_{f1}$ 为蜗杆齿根圆直径；L' 为蜗杆两端支承间的跨距，单位：mm；按照具体结构要求而定，初步计算时可取 $L'=0.9d_2$，d_2 为蜗轮分度圆直径，单位：mm；$[y]$为蜗杆许用最大挠度，一般可取$[y]=\frac{d_1}{1000}$，d_1 为蜗杆分度圆直径，单位：mm。

10.6.4　各种设计参数的选取与确定

1) d_1/a 值的选取

d_1/a 值的大小对齿面接触疲劳强度、蜗杆刚度、啮合效率等有较大的影响。但在初步设计时，d_1、a 是未知的，此时可以根据传动比按以下经验公式选取：

$$i=5\sim20\text{ 时},\quad d_1/a\approx0.4\sim0.5\tag{10.23}$$

$$i=20\sim70\text{ 时},\quad d_1/a\approx0.3\sim0.4\tag{10.24}$$

d_1/a 选取后，按照图 10.16 可初步选取蜗杆 z_1 和导程角 γ，同时还可以确定传动啮合效率 η_1。

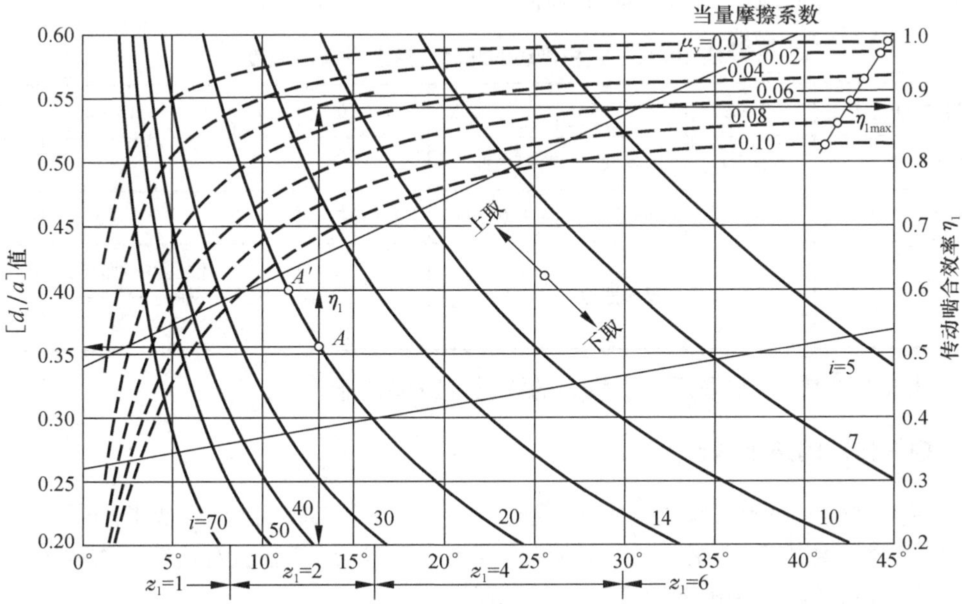

图 10.16　$[d_1/a]$值与各参数的关系

2) d_1、z_1、m 的确定

选定 d_1/a 后，再根据设计公式计算得出中心距 a，a 进行圆整后，蜗杆分度圆直径 d_1、蜗杆头数 z_1 和模数 m 即可利用以下公式求得：

$$d_1 \approx 0.68a^{0.875} \tag{10.25}$$

$$z_1 = (7 + 2.4\sqrt{a})/i \tag{10.26}$$

$$m \approx (1.4 \sim 1.7)a/z_2 \tag{10.27}$$

经计算求得的 d_1、z_1、m 均需圆整或圆整为标准值。

10.7 圆柱蜗杆传动的润滑和热平衡计算

10.7.1 蜗杆传动的润滑

蜗杆传动的润滑是一个需要重视的问题。为避免或减少轮齿胶合和磨损，常采用粘度大的矿物油进行润滑，并在润滑油中常加入各种添加剂(如用硫化鲸鱼油制成的油性极压添加剂)以提高抗胶合能力。

对于闭式蜗杆传动，常用的润滑方法及润滑油运动粘度可见表 10.11。当滑动速度 $v_s \leqslant$ 5～10m/s 时，在采用油池润滑的蜗杆传动中蜗杆最好下置，形成下置式蜗杆传动。下置的蜗杆不宜浸油过深，浸油深度应为蜗杆的一个螺旋齿高。当蜗杆线速度 $v_1 > 4$m/s 时，为减小搅油损失，常将蜗杆置于蜗轮之上，形成上置式蜗杆传动，由蜗轮带油润滑，此时蜗轮的浸油深度可取蜗轮半径的 1/6～1/3。当滑动速度 $v_s > 10$m/s 必须采用喷油润滑。为增强冷却效果，喷油嘴应放在啮出齿侧，双向转动的应布置在双侧。

表 10.11 蜗杆传动的润滑方法及润滑油粘度

滑动速度/(m/s)	0～1	0～2.5	0～5	5～10	10～15	15～25	>25
工作条件	重载	重载	中载	—	—	—	—
粘度，cSt50℃(100℃)	450(55)	300(35)	180(20)	120(12)	80	60	45
润滑方法	浸入油池			喷油或浸油	用压力喷油，压力/MPa		
					0.07	0.2	0.3

对于开式蜗杆传动，则采用粘度较高的润滑油或润滑脂。

10.7.2 蜗杆传动的热平衡计算

蜗杆传动时齿面间相对滑动速度大，摩擦、磨损及发热都较为严重，如果产生的热量不能及时散逸，将使油温升高、润滑失效，进而导致轮齿齿面胶合。因此，对连续工作的闭式蜗杆传动要进行热平衡计算，这是限制胶合发生的重要措施。

所谓热平衡计算，就是指闭式蜗杆传动在连续工作时，单位时间内的发热功率应小于或等于同一时间内的散热功率，以保证温升不超过许用值。

蜗杆传动在单位时间内的发热功率为

$$P_s = 1000P_1(1-\eta) \tag{10.28}$$

式中，P_1 为蜗杆传动的输入功率，kW。

单位时间内从箱体表面散逸的散热功率为

$$P_c = \alpha_W A(t-t_0) \quad (\text{W}) \tag{10.29}$$

式中，α_W 为箱体表面的传热系数，W/(m²·℃)，一般取 $\alpha_W=12\sim18$，通风环境好取偏大值；否则取小。若蜗杆上置，因飞溅冷却作用差，表面传热系数 α_W 还应乘 80%。t 为润滑油的工作温度，℃。t_0 为环境空气温度，℃。A 为箱体散热面积，m²。指箱体外壁与空气接触而内壁能被润滑油飞溅的表面积。对于箱体上的散热片，其散热面积按 50%计算。

对于散热肋布置良好的固定式蜗杆传动，其散热面积可用下式估算：

$$A = 9\times10^{-5}a^{1.88} \quad (\text{m}^2) \tag{10.30}$$

式中，a 为传动中心距。

当达到热平衡时，$P_s=P_c$，则蜗杆传动的热平衡条件是

$$\Delta t = t-t_0 = \frac{1000P_1(1-\eta)}{\alpha_W A} \leqslant [\Delta t] \tag{10.31}$$

式中，$[\Delta t]$为温差允许值，一般为 60～70℃，并应使油温 $t<90$℃。

若热平衡不能满足要求时，可采取下述措施来提高散热能力：

(1) 合理设计箱体结构，在箱体外表面增添散热片，增大散热面积。

(2) 提高传热系数。在蜗杆轴上装风扇加速空气流通(图 10.17(a))，或在箱体油池内加装循环冷却水管冷却(图 10.17(c))，还可采用外喷油冷却(图 10.17(b))。

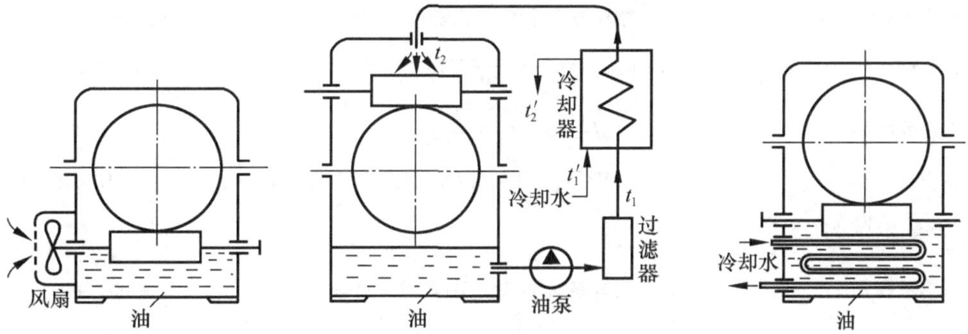

图 10.17　蜗杆传动的散热方法

10.8　圆柱蜗杆传动的设计步骤

通过例 10.4 对蜗杆传动的设计过程和设计步骤进行叙述。

【例 10.4】　试设计一混料机用的闭式蜗杆减速器中的 ZA 蜗杆传动。已知蜗杆输入功率 $P_1=7.2$kW，蜗杆转速 $n_1=1450$r/min，传动比 $i=20$，单向转动，载荷不均匀、且有小的振动冲击。蜗杆减速器工作寿命 8 年，每年工作 300 天，双班制工作。

解

计算项目	计算内容	计算结果
1)选择材料		
	考虑到蜗杆传动的功率与速度适中的条件	选取蜗杆材料为45钢表面淬火,蜗轮材料为ZQSn10P1,金属模铸造
2)按蜗轮接触疲劳强度进行设计		
(1) 选取 d_1/a 值		
d_1/a	由图10.16,$i=20$ 线上选取	$d_1/a=0.355$
蜗杆导程角 γ	由图10.16选取	$\gamma=13°$
啮合效率 η_1	由图10.16选取	$\eta_1=0.88$
接触系数 Z_ρ	由图10.14根据 d_1/a 选取	$Z_\rho=2.85$
(2) 确定作用在蜗轮上的扭矩 T_2		
蜗轮扭矩 T_2	$T_2=9.55\times10^6\dfrac{P_1\eta_1}{n_1/i}$ $=9.55\times10^6\dfrac{7.2\times0.88}{1450/20}$	$T_2=8.34\times10^5$ Nmm
(3) 确定载荷系数 K 齿向载荷分布不均匀系数 K_β	由载荷稳定无冲击工作条件按规定选取	$K_\beta=1.0$
动载系数 K_v	假设蜗轮圆周速度 $v_s\leqslant3$m/s,可取 $K_v=1.0\sim1.1$	$K_v=1.05$
使用系数 K_A	由表10.7选取	$K_A=1.0$
载荷系数 K	$K=K_\beta\cdot K_v\cdot K_A=1.0\times1.05\times1.0$	$K=1.05$
(4) 确定许用接触应力$[\sigma_H]$		
蜗轮基本许用接触应力$[\sigma_H]'$	根据蜗轮材料等条件,由表10.8选取	$[\sigma_H]'=220$MPa
应力循环次数 N	$N=60n_2t_h=60\times\dfrac{1450}{20}\times16\times300\times8$	$N=1.67\times10^8$
接触疲劳寿命系数 Y_{HN}	$Y_{HN}=\sqrt[8]{\dfrac{10^7}{N}}=\sqrt[8]{\dfrac{10^7}{1.67\times10^8}}$	$Y_{HN}=0.703$
许用接触应力$[\sigma_H]$	$[\sigma_H]=Y_{HN}\cdot[\sigma_H]'=0.703\times220$　　(式(10.16))	$[\sigma_H]=155$MPa
(5) 计算中心距 a、模数 m、齿数与蜗杆直径系数 q		
材料弹性影响系数 Z_E	由铸锡青铜蜗轮与钢蜗杆配对材料确定	$Z_E=160(\text{MPa})^{1/2}$
中心距 a	$a\geqslant\sqrt{KT_2\left(\dfrac{Z_EZ_\rho}{[\sigma_H]}\right)^2}$ $=\sqrt[3]{1.05\times8.34\times10^5\times\left(\dfrac{160\times2.85}{155}\right)^2}$ (mm)　　(式(10.17))	$a=1.96\times10^2$mm 取标准 $a=200$mm
蜗杆头数 z_1	$z_1=(7+2.4\sqrt{a})/i=(7+2.4\sqrt{200})/20$　　(式(10.26))	$z_1=2.047$ 取 $z_1=2$
蜗轮齿数 z_2	$z_2=iz_1=20\times2=40$	$z_2=40$
	$m=(1.4\sim1.7)a/z_2=(1.4\sim1.7)200/40$　　(式(10.27))	$m=7\sim8.5$ 取 $m=8$
直径系数 q	由表10.3选取	$q=10$
(6) 验算蜗轮圆周速度 v_2		
蜗轮圆周速度 v_2	$v_2=\dfrac{\pi z_2mn_2}{60\times1000}=\dfrac{\pi\times40\times8\times1450/20}{60\times1000}$	$v_2=1.214$m/s<3m 取 $K_v=1.05$ 合适
(7) 计算当量摩擦角		

续表

计算项目	计算内容	计算结果
蜗杆导程角 γ	由式(10.3)计算 $\gamma=\arctan\dfrac{z_1}{q}=\arctan\dfrac{2}{10}$	$\gamma=11.31^*$
齿面相对滑动速度 v_s	$v_s=\dfrac{v_1}{\cos\gamma}=\dfrac{\pi mqn_1}{60\times1000\cos\gamma}=\dfrac{\pi\times8\times10\times1450}{60\times1000\times\cos11.31^\circ}$　(式(10.13))	$v_s=6.19\text{m/s}$
当量摩擦角 ρ_v	查表 10.6 并插值	$\rho_v=1.2^\circ$
3) 蜗杆、蜗轮各部分尺寸计算		
(1) 蜗杆尺寸	由表 10.5 计算	
蜗杆分度圆直径 d_1	$d_1=0.68a^{0.875}=0.68\times200^{0.875}$　(式(10.25))	$d_1=70.13$ 取标准值 $d_1=80\text{mm}$
蜗杆齿顶高 h_{a1}	$h_{a1}=h_a^* m=1\times8=8\text{mm}$	$h_{a1}=8\text{mm}$
蜗杆齿根高 h_{f1}	$h_{f1}=(h_a^*+c^*)m=(1+0.2)\times8=9.6\text{mm}$	$h_{f1}=9.6\text{mm}$
蜗杆全齿高 h_1	$h_1=h_{a1}+h_{f1}=8+9.6=17.6\text{mm}$	$h_1=17.6\text{mm}$
蜗杆齿顶圆直径 d_{a1}	$d_{a1}=d_1+2h_{a1}=80+2\times8=96\text{mm}$	$d_{a1}=96\text{mm}$
蜗杆齿根圆直径 d_{f1}	$d_{f1}=d_1-2h_{f1}=80-2\times9.6=60.8\text{mm}$	$d_{f1}=60.8\text{mm}$
蜗杆轴向齿距 p_x	$p_x=\pi m=\pi\times8=25.12\text{mm}$	$p_x=25.12\text{mm}$
蜗杆导程 p_z	$p_z=z_1p_x=2\times25.12=50.24\text{mm}$	$p_z=50.24\text{mm}$
蜗杆螺纹部分长度 L_1	$L_1\approx2m\sqrt{z_2+1}=2\times8\sqrt{40+1}=102.45\text{mm}$	$L_1\approx102.45\text{mm}$
(2) 蜗轮尺寸	由表 10.5 计算	
蜗轮齿顶高 h_{a2}	$h_{a2}=(h_a^*+x_2)m=1\times8$	$h_{a2}=8\text{mm}$
蜗轮齿根高 h_{f2}	$h_{f2}=(h_a^*+c^*-x_2)m=(1+0.2)\times8$	$h_{f2}=9.6\text{mm}$
蜗轮全齿高 h_2	$h_2=h_{a2}+h_{f2}=8+9.6$	$h_2=17.6\text{mm}$
蜗轮分度圆直径 d_2	$d_2=mz_2=8\times40$	$d_2=320\text{mm}$
蜗轮齿顶圆直径 d_{a2}	$d_{a2}=d_2+2h_{a2}=320+2\times8$	$d_{a2}=336\text{mm}$
蜗轮齿根圆直径 d_{f2}	$d_{f2}=d_2-2h_{f2}=320-2\times9.6$	$d_{f2}=300.8\text{mm}$
蜗轮分度圆螺旋角 β_2	$\beta_2=\gamma$	$\beta_2=11.31^\circ$
蜗轮宽度 b_2	$b_2\approx2m(0.5+\sqrt{q+1})=2\times8(0.5+\sqrt{10+1})$	$b_2\approx61\text{mm}$
蜗轮齿宽角 θ	$\theta=2\times\arcsin\dfrac{b_2}{d_1}=2\times\arcsin\dfrac{61}{80}$	$\theta=99.37^\circ$
4) 校核蜗轮齿面接触疲劳强度		
蜗轮最大接触应力 σ_H	$\sigma_H=Z_EZ_\rho\sqrt{\dfrac{KT_2}{a^3}}=160\times2.85\sqrt{\dfrac{1.05\times834000}{200^3}}$　(式(10.15))	$\sigma_H=150.86\text{MPa}$ $<[\sigma_H]$满足接触疲劳强度要求
5) 校核蜗轮齿根弯曲疲劳强度		
基本许用应力$[\sigma_F]'$	查表 10.10，基本许用应力	$[\sigma_F]'=56\text{MPa}$
弯曲疲劳寿命系数 Y_{FN}	$Y_{FN}=\sqrt[9]{\dfrac{10^6}{N}}=\sqrt[9]{\dfrac{10^6}{1.67\times10^8}}=0.566$	$Y_{FN}=0.566$
许用弯曲应力$[\sigma_F]$	$[\sigma_F]=Y_{FN}[\sigma_F]'=0.566\times56$　(式(10.20))	$[\sigma_F]=31.7\text{MPa}$
蜗轮当量齿数 z_v	$z_v=\dfrac{z_2}{\cos^3\gamma}=\dfrac{40}{\cos^3 11.31^\circ}$	$z_v=42.42$
蜗轮齿形系数 Y_F	根据 z_v，由图 10.15 查取	$Y_F=2.40$
螺旋角影响系数 Y_β	$Y_\beta=1-\dfrac{\gamma}{140^\circ}=1-\dfrac{11.31^\circ}{140^\circ}=0.92$	$Y_\beta=0.92$

续表

计算项目	计算内容	计算结果
蜗轮弯曲应力 σ_F	$\sigma_F=\dfrac{1.53KT_2}{m^3qz_2}Y_FY_\beta$ $=\dfrac{1.53\times1.05\times8.34\times10^5}{8^3\times10\times40}\times2.45\times0.92$ (式(10.19))	$\sigma_F=14.44$MPa $<31.7\text{MPa}=[\sigma_F]$满足接触弯曲强度要求
6) 热平衡计算		
啮合效率 η_1	$\eta_1=\dfrac{\tan\gamma}{\tan(\gamma+\varphi_v)}=\dfrac{\tan11.31°}{\tan(11.31°+1.2°)}=0.9$ (式(10.11))	$\eta_1=0.9$
传动效率 η	$\eta=(0.95\sim0.97)\eta_1=(0.95\sim0.97)\times0.9$	取中间 $\eta=0.864$
散热面积 A	$A=9\times10^{-5}a^{1.88}=9\times10^{-5}\times200^{1.88}$ $=1.906\text{m}^2$ (式(10.30))	$A=1.906\text{m}^2$
箱体工作温度 t_1	取 $t_0=20°$，$K_s=14\text{W}/(\text{m}^2\cdot℃)$ $t_1=20°+\dfrac{1000P(1-\eta)}{K_sA}$ $=\dfrac{1000\times7.2\times(1-0.864)}{14\times1.906}$ (式(10.31))	$t_1=56.7℃$ 箱体工作温度合格
7) 精度选择和齿面粗糙度选择	根表 10.1，$v_2=1.214$m/s，为低速动力传动，选择精度等级为“9c GB/T10089”。蜗杆齿面粗糙度 $R_a\leqslant6.3\mu$m 蜗轮齿面粗糙度 $R_a\leqslant6.3\mu$m	
8) 蜗杆刚度验算（略）		
9) 绘制工作图（略）		

10.9 提高普通圆柱蜗杆传动性能的措施

普通圆柱蜗杆瞬时接触线如图 10.18 所示。当蜗杆导程角 γ 较小时，可以用蜗杆的圆周速度 v_1 来近似地表示相对滑动速度 v_s。在靠近中间平面的区域(图中的 a 点区域)，相对滑动速度 v_s 与蜗杆蜗轮啮合线的夹角(即润滑角)接近为零，齿面间不易形成油膜，处于半干摩擦甚至干摩擦状态，因而磨损大、效率低，承载能力也低。由此改善圆柱蜗杆传动的润滑状况、降低摩擦磨损，是提高蜗杆传动效率和传动性能的主要途径，具体的措施如下：

(1) 蜗轮轮齿挖窝(图 10.19)。将不利于形成油膜的轮齿中间平面部分挖去一部分——挖窝，以储存润滑油，改善润滑条件。

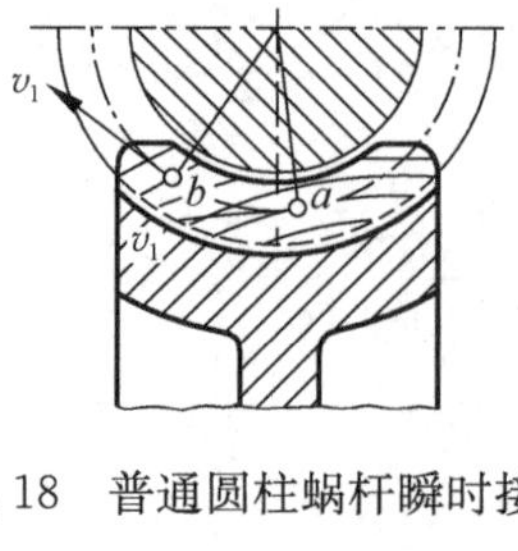

图 10.18 普通圆柱蜗杆瞬时接触线

图 10.19 轮齿挖窝

(2) 开设人工油涵(图 10.20)。用较大直径的滚刀或移动滚刀位置在蜗轮上加工出人工油涵，从结构上制出有利于润滑油膜形成的油楔。

(3) 蜗轮偏位安装(图 10.21)。安装时，使蜗轮轮齿偏出啮合端，增加了啮出端的接触面积，同时有利于啮入端形成油楔。

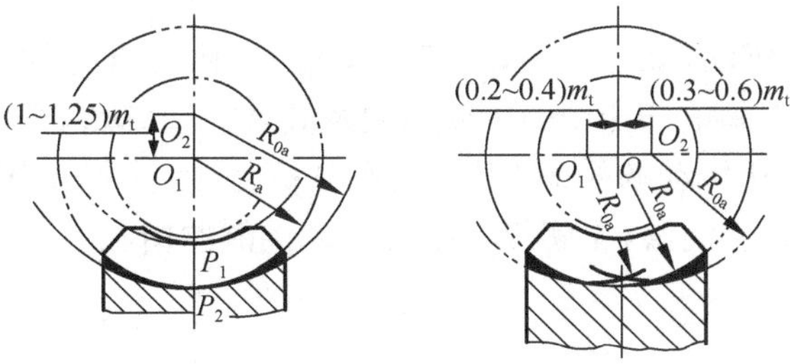

图 10.20　人工油涵

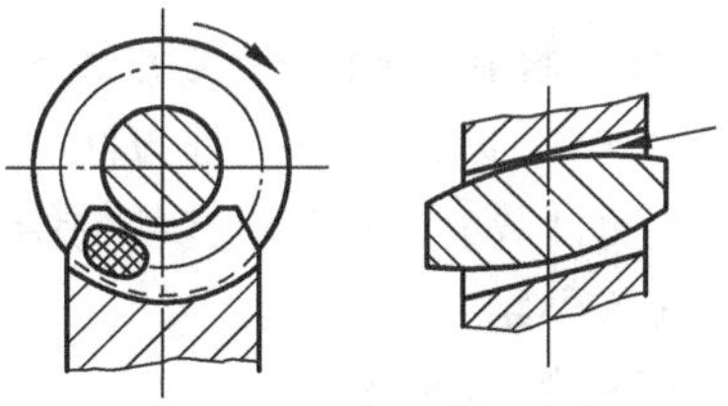

图 10.21　蜗杆偏位

（4）采用新型蜗杆传动。如环面蜗杆传动。如图 10.22 所示，在环面蜗杆传动的中间平面内瞬时接触线 aa、bb、cc 等处处都几乎与 v_1（可近似看作相对滑动速度 v_s）方向垂直，因而易于形成油膜，使接触应力减小。此外环面蜗杆传动由于蜗杆包围蜗轮，同时啮合齿数也有所增加，环面蜗杆传动比普通蜗杆传动提高承载能力 2～4 倍。再如滚动蜗杆传动，即将滚动体安装在蜗杆上（图 10.23(a)），或将滚动体安装在蜗轮上（图 10.23(b)）。显然滚动蜗杆传动的摩擦、磨损小，效率高，同时也节约了有色金属，但它的结构较为复杂，承载能力不如滑动蜗杆传动大，主要用于功率不大或以传递运动为主的场合。

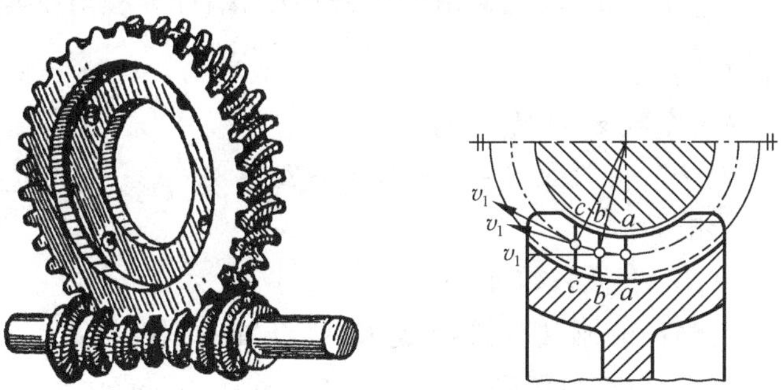

图 10.22　环面蜗杆传动

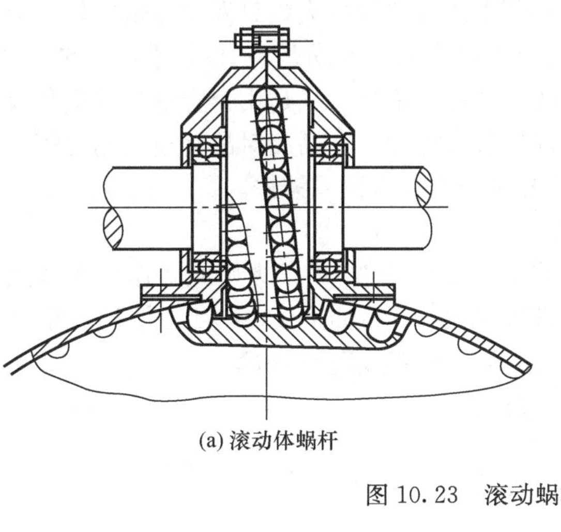

(a) 滚动体蜗杆

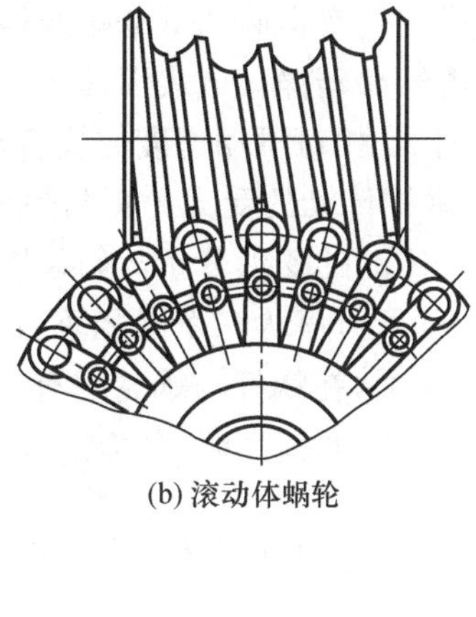

(b) 滚动体蜗轮

图 10.23　滚动蜗杆传动

本章学习要求和知识点小结

学习要求　弄清蜗杆传动与其他机械传动(如齿轮传动、带传动等)相比所具有的特点及应用场合;了解各类蜗杆传动的优缺点。掌握蜗杆传动的主要参数及其选择;掌握蜗杆传动的失效形式、材料选择和热处理方法;掌握蜗杆传动的受力分析、效率分析、强度计算、刚度计算以及热平衡计算;了解蜗杆传动的结构设计和润滑,了解提高蜗杆传动性能的措施。

知识点小结

1) 蜗杆传动的特点

蜗杆传动既具有齿轮齿条传动的特点,又具有螺旋传动的特点,即具有传动准确、工作可靠、传动比大、可自锁,发热大、效率低、易胶合、需使用贵重材料制造、成本高等特点。这些特点决定了蜗杆传动的使用场合。

2) 蜗杆传动的主要参数

蜗杆传动的主要参数与齿轮传动相似,但也有不同。其主要参数有:

(1) 模数 m 和压力角 α,ZA 蜗杆传动在中间平面内相当于一对渐开线齿轮齿条的啮合传动,在主平面内 $m_{a1}=m_{t2}=m$,$\alpha_{a1}=\alpha_{t2}=\alpha$。

(2) 蜗杆导程角 γ 与蜗轮螺旋角 β。

$\tan\gamma=\dfrac{z_1 p_x}{\pi d_1}=\dfrac{z_1 m}{d_1}=\dfrac{z_1}{q}$ 两轴线垂直交错的蜗杆传动,蜗杆导程角 γ 与蜗轮螺旋角 β 相等,且蜗杆与蜗轮螺旋方向相同。

(3) 蜗杆头数 z_1、蜗轮齿数 z_2 和传动比 i。

$i=n_1/n_2=z_2/z_1\neq d_2/d_1$,一般取 $z_1=1\sim6$,$z_2\approx28\sim82$;$z_1 z_2$ 的取值与传动尺寸、传动效率和自锁性能等有较大影响。

(4) 蜗杆分度圆直径 d_1、直径系数 q。

$q=d_1/m$,q 的取值与蜗杆的刚度有关,q 越大,蜗杆轴的刚度越大。

3) 蜗杆传动的失效形式与材料选择

蜗杆传动的失效形式和齿轮传动相似,但蜗杆传动更容易发生胶合。由于蜗杆材料为钢,蜗轮材料为铜合金,而且蜗杆齿是连续螺旋,所以蜗杆传动的失效只发生在蜗轮轮齿上。

考虑到蜗杆传动的失效特点,对传动副的材料的基本要求是:不仅要求有足够的强度,更重要的是还要有良好的减摩耐磨性能和抗胶合性能。蜗杆一般是用合金钢或碳钢制成。高速重载还需经渗碳淬火或表面淬火以提高蜗杆抗胶合能力。在高相对滑动速度场合蜗轮材料为铸锡青铜,低相对滑动速度的场合蜗轮材料常选择无锡青铜或铸铁。

4) 蜗杆传动的受力分析与效率分析

蜗杆传动的受力分析与斜齿圆柱齿轮的受力分析相似,蜗杆螺旋面上作用于节点处的法向载荷 F_n 可分解为三个互相垂直的分力,即圆周力 F_t、径向力 F_r 和轴向力 F_a。蜗杆轴和蜗轮轴成90°时,在蜗杆与蜗轮间有,$F_{t1}=-F_{a2}$,$F_{a1}=-F_{t2}$,$F_{r1}=-F_{r2}$。

当不考虑摩擦力时,各力的大小可按下式计算:

$$F_{n1}=F_{n2}=\frac{F_{a1}}{\cos\gamma\cos\alpha_n}=\frac{F_{t2}}{\cos\alpha_n\cos\gamma},\quad F_{t1}=F_{a2}=\frac{2000T_1}{d_1}$$

$$F_{r1}=F_{r2}=F_{t2}\cdot\tan\alpha,\quad F_{a1}=F_{t2}=\frac{2T_2}{d_2}$$

各力的方向可这样确定：蜗杆的圆周力 F_{t1} 的方向与蜗杆转向相反；蜗轮圆周力 F_{t2} 的方向与蜗轮转向相同；蜗杆和蜗轮的径向力 F_{r1}、F_{r2} 的方向分别从啮合点指向各自的圆心。蜗杆的轴向力 F_{a1} 的方向可用左(右)手法则确定。

闭式蜗杆传动的效率由传动啮合效率 η_1、轴承损耗效率 η_2、搅油损耗效率 η_3 组成，三项效率中，蜗杆传动的效率取决于轮齿的啮合效率。轮齿的啮合效率 η_1 可参照螺旋传动的效率公式进行计算，蜗杆主动时

$$\eta_1 = \frac{\tan\gamma}{\tan(\gamma + \rho_v)}$$

由式可见，η_1 大小取决于导程角 γ 和当量摩擦角 ρ_v。导程角 γ 越大，效率越高；当 $\lambda \leqslant \rho_v$ 时，蜗杆传动具有自锁性。

当量摩擦角 ρ_v 主要与啮合轮齿之间的相对滑动速度 v_s 有关，v_s 越大，润滑油膜越易形成，摩擦系数越小。

5) 蜗杆传动的强度计算

闭式蜗杆传动的主要失效形式是齿面胶合或点蚀，其强度计算方法为：按齿面接触疲劳强度进行设计，而按齿根弯曲疲劳强度进行校核。此外由于闭式蜗杆传动的散热较为困难，还应作热平衡计算，以限止胶合的发生。开式蜗杆传动的主要失效形式是齿面磨损和轮齿折断，其强度计算方法为：按齿根弯曲疲劳强度进行设计。考虑到磨料磨损严重，将计算所得模数加大10%～15%左右。对蜗杆只做刚度校核。

蜗杆传动的齿面接触疲劳强度设计公式和校核公式分别为

$$a \geqslant \sqrt[3]{KT_2\left(\frac{Z_E Z_\rho}{[\sigma_H]}\right)^2} \quad 和 \quad \sigma_H = Z_E Z_\rho \sqrt{\frac{KT_2}{a^3}} \leqslant [\sigma_H]$$

蜗杆传动的齿面弯曲疲劳强度设计公式和校核公式分别为

$$m^3 q \geqslant \frac{1.53KT_2}{z_2[\sigma]_F} Y_{Fa_2} Y_\beta \quad 和 \quad \sigma_F = \frac{1.53KT_2}{m^3 q z_2} Y_{Fa_2} Y_\beta \leqslant [\sigma]_F$$

蜗杆是一个细长的轴形零件，其支点之间有一定的距离。简化计算方法是把蜗杆简化为一根等径轴，其直径等于蜗杆齿根圆直径。其挠度校核公式为

$$y = \frac{\sqrt{F_{t1}^2 + F_{r1}^2}\,L'^3}{48EI} \leqslant [y]$$

6) 蜗杆传动的热平衡计算

蜗杆传动效率较低，摩擦损失都转化为热能使蜗杆传动装置温度升高，导致润滑油粘度降低，引起胶合失效。蜗杆传动开始工作后的温度逐渐上升到一定温度时，其发出的热量等于散发到周围空气中的热量，则达热平衡。此时蜗杆传动装置的温度不应超过一定值。这一计算称为热平衡计算。热平衡的计算公式为 $\Delta t = t - t_0 = \dfrac{1000P_1(1-\eta)}{\alpha_W A} \leqslant [\Delta t]$。热平衡计算的关键是准确估计传动装置的效率、散热面积和散热系数。若热平衡不能满足要求时，可采取①合理设计箱体结构，增大散热面积。②在蜗杆轴加装风扇冷却，在箱体油池内加装循环水管冷却，还可用外喷油冷却等措施来提高散热能力。

7) 蜗杆传动的结构和润滑

一般蜗杆直径小，通常与轴做成一个整体，称为蜗杆轴。而蜗轮常采用组合的结构。为了

确保足够的抗胶合能力，蜗轮轮缘用青铜制造，而轮芯用铸铁制造，再用各种方法装配起来。只有铸铁蜗轮，铝合金蜗轮以及直径小于 100mm 的青铜蜗轮。才采取整体式。

对于闭式蜗杆传动，当 $v_s \leqslant 5 \sim 10\text{m/s}$ 时，应采用下置式蜗杆传动。下置的蜗杆的浸油深度应为蜗杆的一个螺旋齿高。当蜗杆线速度 $v_1 > 4\text{m/s}$ 时，应采用上置式蜗杆传动，由蜗轮带油润滑，蜗轮的浸油深度可取蜗轮半径的 1/6～1/3；当滑动速度 $v_s > 10\text{m/s}$ 必须采用喷油润滑，喷油嘴应放在啮出齿侧，双向转动的应布置在双侧。对于开式蜗杆传动，则采用粘度较高的润滑油或润滑脂。

8）提高蜗杆传动性能的措施

可采用：①蜗轮轮齿挖窝；②开设人工油涵；③蜗轮偏位安装；④采用新型蜗杆传动等措施来提高普通圆柱蜗杆的传动性能。

本 章 习 题

10.1 与齿轮传动相比，蜗杆传动有哪些优缺点？常用于什么场合？

10.2 蜗杆传动的失效形式有几种？为什么其胶合的危险较大？

10.3 蜗杆直径系数 q 的意义是什么？为什么对蜗杆传动要规定蜗杆分度圆直径 d_1 的标准系列和相应的 q？它对传动的啮合效率、蜗杆传动的强度刚度有什么影响？

10.4 蜗杆传动的效率如何计算？蜗杆的头数 z_1 和导程角 γ 对蜗杆传动啮合效率有何影响？啮合效率最高为多少？证明有自锁特性的蜗杆传动的啮合效率 $\eta < 0.5$。

10.5 对蜗杆传动进行散热计算的目的是什么？可采用哪些措施来改善蜗杆传动的散热条件？

10.6 蜗杆传动的变位的目的是什么？变位系数应如何确定？

10.7 有一动力蜗杆传动。要求蜗杆头数 $z_1=1$，蜗轮齿数 $z_2=64$，中心距 $a=50\text{mm}$，采用蜗杆滚刀加工蜗轮。试配置该传动的主要参数，m、d_1 及直径系数 q。

10.8 有一 ZA 蜗杆传动。已知 $m=3.15$，$z_1=2$，$z_2=65$，$q=11.27$。如取中心距 $a'=125$，试求：①变位系数；②计算蜗杆蜗轮的主要几何尺寸。将计算结果和标准蜗杆传动比较，看哪些尺寸发生了变化？

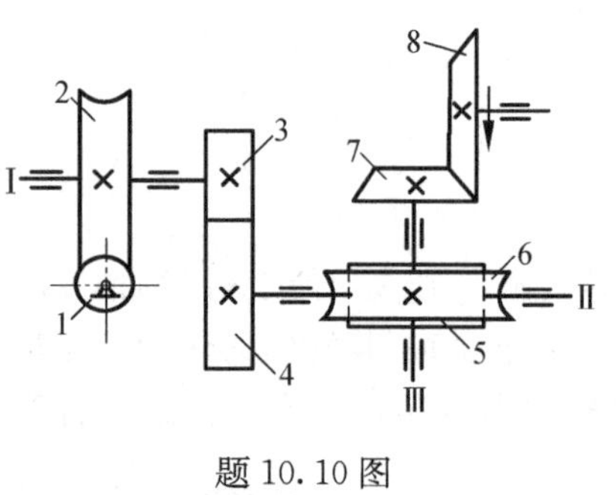

题 10.10 图

10.9 一双头蜗杆的转速 $n_1=960\text{r/min}$，导程为 12.56mm，测得蜗杆的外径为 31mm，求蜗杆的模数 m，直径系数 q、螺旋升角 γ 和相对滑动速度 v_s 各为多少？

10.10 在题 10.10 图中所示传动系统中，1、5 为蜗杆，2、6 为蜗轮，3 为斜齿圆柱齿轮，7、8 为直齿锥齿轮。已知蜗杆 1 为主动，要求输出轮的回转方向如图所示。试确定：

（1）各轴的回转方向（画在图上）。

（2）考虑Ⅰ、Ⅱ、Ⅲ轴上所受轴向力能抵消一部分，定出各轮的螺旋线（画在图上）。

（3）画出各轮的轴向分力的方向。

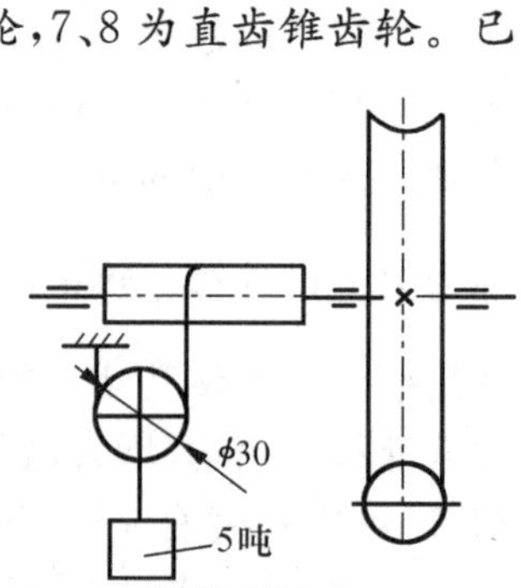

题 10.11 图

10.11 如题 10.11 图所示，电动机经蜗杆传动带动 φ300 卷筒提升重物 5 吨。重物上升速度为 0.25m/s，传动总效率 $\eta=0.45$，电动机的转速为 730r/min。求：蜗杆头数 z_1，蜗轮齿数 z_2，电动机功率(kW)。

10.12　一圆柱蜗杆减速器，蜗杆轴功率 $P=100\text{kW}$，传动总效率 $\eta=0.85$，三班制工作。试按工业用电价格(每千瓦小时 1.1 元)计算五年中用于功率损耗的费用(每年按 300 天计)。

10.13　设计一由电动机驱动的单级圆柱蜗杆减速器。电动机功率为 7kW，蜗杆转速为 $n_1=1210\text{r/min}$，蜗轮轴转速 $n_2=80\text{r/min}$，载荷平稳，单向传动。蜗轮材料选 ZCuSn5Pb5Zn5，砂型；蜗杆选用 40Cr，表面淬火。

10.14　试设计一运料机中的单级 ZA 蜗杆传动。已知作用在蜗轮轴上的扭矩 $T_2=7.5\times10^5\text{N}\cdot\text{mm}$，$n_1=1440\text{r/min}$，传动比 $i=11$。工作载荷有中等冲击。每天工作 2 小时，预期使用寿命 8 年。

第 11 章　链传动设计

11.1　链传动的特点

链传动是一种应用较为广泛的机械传动，它的特点介于齿轮传动和皮带传动之间。它是由链条和主、从动链轮所组成，如图 11.1 所示。链传动是在两个或多于两个链轮之间用链作为挠性拉曳元件的一种啮合传动，见图 11.2。

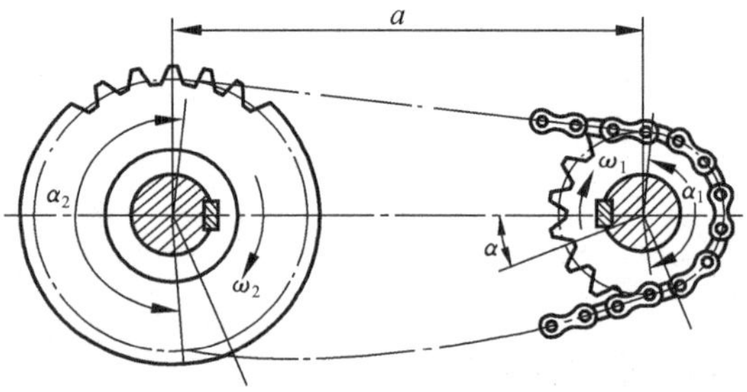

图 11.1　链传动

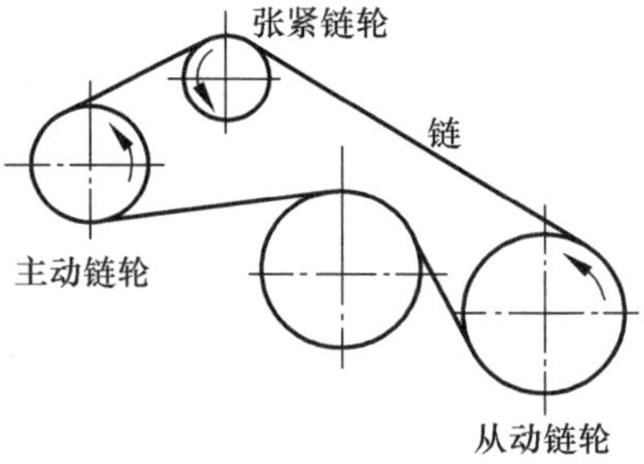

图 11.2　链传动的形式

链传动的优缺点是通过与皮带传动和齿轮传动相比较而得出的。和带传动比较，链传动的主要优点是：没有滑动；工况相同时，传动尺寸比较紧凑；不需要很大的张紧力，作用在轴上的载荷较小；效率较高，可以达到 $\eta\approx98\%$；能在温度较高、湿度较大的环境中使用；需要时轴间距离可以很大。

链传动的缺点是：只能用于平行轴间的传动；瞬时速度不均匀，高速运转时不如带传动平稳；不宜在载荷变化很大和急促反向的传动中应用；工作时有噪声；制造费用比带传动高等。

1. 链传动的应用

链传动主要用于要求工作可靠，且两轴相距较远，以及其他不宜采用齿轮传动的场合。因其经济、可靠，故广泛用于农业、采矿、冶金、起重、运输、石油、化工、纺织等各种机械的动力传动中。链传动在传递功率、速度、传动比、中心距等方面都有很广的应用范围。目前，最大传递功率达到 5000kW，最高速度达到 40m/s，最大传动比达到 15，最大中心距达到 8m。由于经济及其他原因，链传动的传动功率一般小于 100kW，速度小于 15m/s，传动比小于 8。

2. 链的分类

按照工作性质的不同，链有传动链、起重链、曳引链三种。最常用的是传动链。传动链主要用来传递动力，通常都在中等速度（$v\leqslant20$m/s）以下工作。起重链主要用在起重机械中提升重物，其工作速度不大于 0.25m/s。曳引链主要用在运输机械中移动重物，其工作速度不大于 4m/s。本章主要讨论传动链。

11.2　传动链结构

传动链主要分为套筒链、套筒滚子链(简称滚子链)、齿形链和成型链。

11.2.1　套筒链和滚子链

滚子链是最为常用的一种传动链,滚子链的构造见图 11.3,它是由内链板、外链板、销轴、套筒、滚子等所组成。销轴与外链板、套筒与内链板分别用过盈配合固定,滚子与套筒为间隙配合。

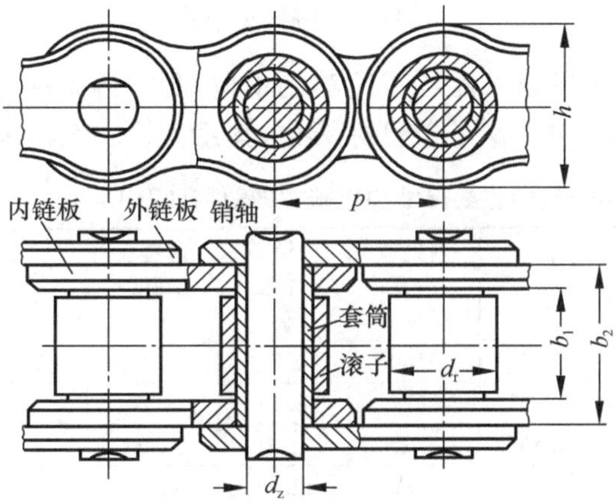

图 11.3　滚子链结构

套筒链和滚子链的结构十分相似,只是缺少滚子,其他结构与滚子链相同。

当套筒链和链轮进入啮合和脱离啮合时,套筒将沿链轮轮齿表面滑动,易于引起轮齿磨损。滚子链则不同,滚子起着变滑动摩擦为滚动摩擦的作用,有利于减小摩擦和磨损。

套筒链结构较简单、重量较轻、价格较便宜,常在低速传动中应用。滚子链较套筒链贵,但使用寿命长,且有降低噪声的作用,故应用很广。

滚子链的链板一般做成 8 字形,以使它的各个横截面具有接近相等的抗拉强度,同时也减少了链的重量和运动时的惯性力。节距 p 是链的基本特性参数。滚子链的节距是指链在拉直情况下,相邻滚子外圆中心之间的距离。套筒和销轴间的接触面积称为铰链承压面,它的投影面积为

$$A = d_z b_2 \tag{11.1}$$

式中,d_z 为销轴直径;b_2 为套筒宽度。

当传递大功率时,可以用双排链或多排链。把一根以上的单列链并列、用长销轴联接起来的链称为多排链,图 11.4 为双排链。多排链的排数一般不超过 3～4 排,因为排数的增加会导致各排受力不均增加。当载荷大而要求排数多时,可采用两根或两根以上的双排链或三排链。

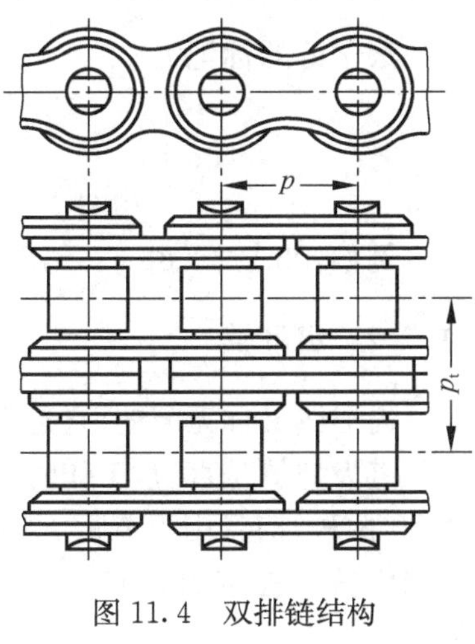

图 11.4　双排链结构

链的节数根据实际需要而定,通过链接头链接。链接

头形式见图 11.5。当一根链的链节数为偶数时采用联接链节，其形状与链节相同，仅联接链板，与销轴为间隙配合，用弹簧卡片或钢丝锁销等止锁件将销轴与联接链板固定；当链节数为奇数时，则必须加一个过渡链节。过渡链节的链板受有附加弯矩，最好不用，但在重载、冲击、反向等繁重条件下工作时，采用全部由过渡链节构成的链，柔性较好，能减轻冲击和振动。

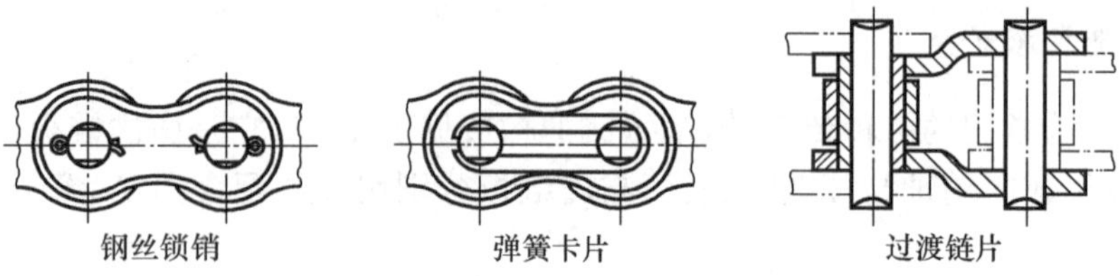

图 11.5 链接头结构

国际上几乎所有的国家的链节距均采用英制单位，我国链条标准 GB/T 1243.1—1983 规定节距用英制折算成米制单位。滚子链已标准化，其系列、尺寸、极限拉伸载荷见表 11.1。

表 11.1 滚子链的主要尺寸和极限拉伸载荷(GB 1243.1—1983)(mm)

链号[1]	链节距 p	滚子外径 d_{rmax}	销轴直径 d_{zmax}	内链节内宽 b_{1min}	内链节外宽 b_{2max}	内链板高度 h_{max}	排距 p_t	单排每米质量 q/(kg/m)	单排链[2]极限拉伸载荷 F_Q/N
05B	8.00	5.00	2.31	3.00	4.77	7.11	5.64	0.18	4400
06B	9.525	6.35	3.28	5.72	8.53	8.26	10.24	0.40	8900
08B	12.70	8.51	4.45	7.75	11.30	11.81	13.92	0.70	17800
08A	12.70	7.95	3.96	7.85	11.18	12.07	14.38	0.6	13800
10A	15.875	10.16	5.08	9.40	13.84	15.09	18.11	1.0	21800
12A	19.05	11.91	5.94	12.57	17.75	18.08	22.78	1.5	31100
16A	25.40	15.88	7.92	15.88	22.61	24.13	29.29	2.6	55600
20A	31.75	19.05	9.53	18.90	27.46	30.18	35.76	3.8	86700
24A	38.10	22.23	11.10	25.22	35.46	36.20	45.44	5.6	124600
28A	44.45	25.40	12.70	25.22	37.19	42.24	48.87	7.5	169000
32A	50.80	28.58	14.27	31.55	45.21	48.26	58.55	10.10	222400
40A	63.50	39.68	19.84	37.85	54.89	60.33	71.55	16.10	347000
48A	76.20	47.63	23.80	47.35	67.82	72.39	87.83	22.60	500400

注：① 链号中的后缀本 B 表示 B 系列，A 表示 A 系列。
② 使用过渡链节时，其极限拉伸载荷按表列数值的 80%计算。

滚子链的标记为

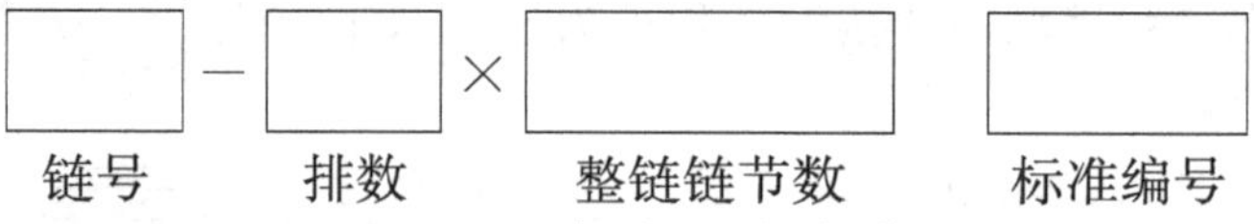

例如，08A-2×88 GB1243.1—1983 表示 A 系列、节距 12.7mm、双排、88 节的滚子链。

11.2.2 齿形链

齿形链又称无声链，它是由一组带有两个齿的链板左右交错并列铰接而成，如图 11.6 所示。链齿外侧是直边，工作时链齿外侧边与链轮轮齿相啮合实现传动，其啮合的齿楔角有 60°和 70°两种，前者用于节距 $p \geqslant 9.525$mm，后者用于 $p < 9.525$mm。其中楔角为 60°的齿形链传动因较易制造，应用较广。

(a) 带内导板的　　(b) 带外导板的

图 11.6　齿形链

齿形链既适宜于高速传动，又适宜于传动比大和中心距小的场合，其传动效率一般为95%～98%，润滑良好的传动可达 98%～99%。和滚子链比较，齿形链具有工作平稳、噪声较小、允许链速较高、承受冲击载荷能力较好(有严重冲击载荷时，最好采用带传动)和轮齿受力较均匀等优点；但价格较贵、重量较大并且对安装和维护的要求也较高。

齿形链的铰链形式主要有三种，见图 11.7。圆销式，又称简单铰接，其链板孔与销轴为间隙配合。轴瓦式，又称衬瓦铰接，在链板销孔两侧有长、短扇形槽各一条，且在同一销轴上，相邻链板是左右相间排列，所以长短扇形槽也是相间排列。在销孔中装入销轴后，就在销轴左右的槽中嵌入与短槽相配的轴瓦。这就使得相邻链节在作屈伸动作时，左右轴瓦将各在其长槽中摆动，同时轴瓦内面又沿销轴表面滑动。滚柱式，又称滚动摩擦铰接，它没有销轴，在链板孔上做有直边，相邻链板也是左右相间排列，孔中嵌入摇块。滚柱式齿形链的特点是当链节屈伸时，两摇块间的运动为滚动摩擦。

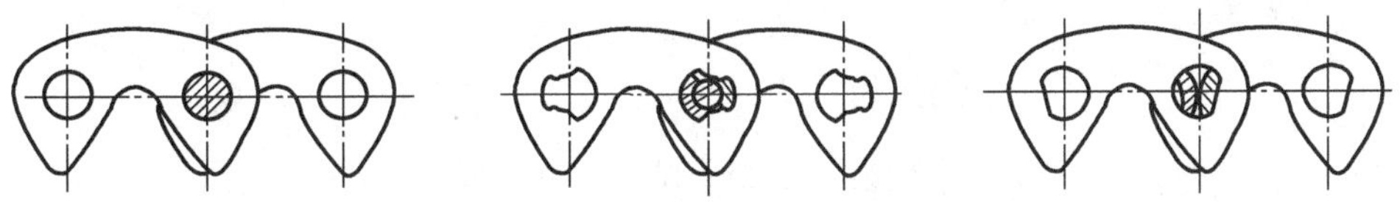

圆销式　　轴瓦式　　滚柱式

图 11.7　齿形链铰接形式

11.3　链轮结构和材料

链轮是链传动的主要零件，链轮轮齿的齿形应保证链节能自由地进入和退出啮合，在啮合时应保证良好的接触，同时它的形状应尽可能地简单。链轮齿形已经标准化，链轮设计主要是确定其结构尺寸。

11.3.1　滚子链链轮

链轮的基本参数是配用链条的节距 p、套筒的最大外径 d_1、排距 p_t 以及齿数 z。标准只规定链轮的最大齿槽形状和最小齿槽形状。实际齿槽形状在最大、最小范围内都可用，因而链轮齿廓曲线的几何形状可以有很大的灵活性。常用的齿廓为三圆弧一直线齿形，它由 $\overset{\frown}{aa}$、$\overset{\frown}{ab}$、$\overset{\frown}{cd}$ 和 $\overline{bc}$ 组成，$abcd$ 为齿廓工作段(图 11.8)。由于链轮齿形用标准刀具加工，在链轮工作图中不必画出，只需在图上注明“齿形按 3RGB1244—1985 规定制造”即可。链轮分度圆直径 d、齿顶圆直径 d_a、齿根圆直径 d_f(或最大齿根距离 L_x)的计算公式如下(图 11.8 和图 11.9)：

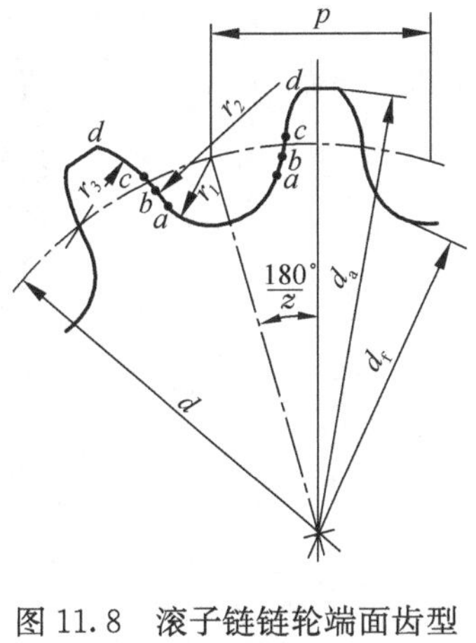

图 11.8　滚子链链轮端面齿型

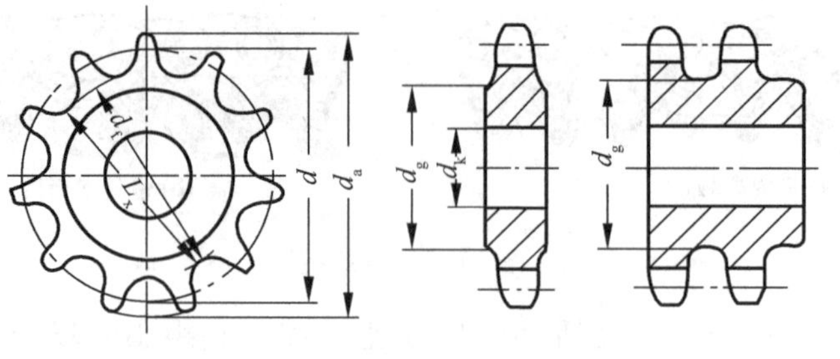

图 11.9　滚子链链轮几何尺寸

分度圆直径

$$d = \frac{p}{\sin \frac{180^\circ}{z}} \tag{11.2}$$

齿顶圆直径

$$d_a = p\left(0.54 + \cot \frac{180^\circ}{z}\right) \tag{11.3}$$

齿根圆直径

$$d_f = d - d_r \tag{11.4}$$

最大齿根距离

$$\text{偶数齿}\quad L_x = d_f$$

$$\text{奇数齿}\quad L_x = d\cos \frac{90^\circ}{z} - d_r \tag{11.5}$$

齿侧凸缘(或排间槽)直径

$$d_g < p\cot \frac{180^\circ}{z} - 1.04h - 0.76 \tag{11.6}$$

滚子链链轮的其他几何尺寸可查有关手册。

小直径的链轮可制成整体式,中等尺寸的链轮可以制成腹板式,大直径的链轮可以采用组合式,即用可更换的齿圈用螺栓联接在轮芯上。如图 11.10 所示。

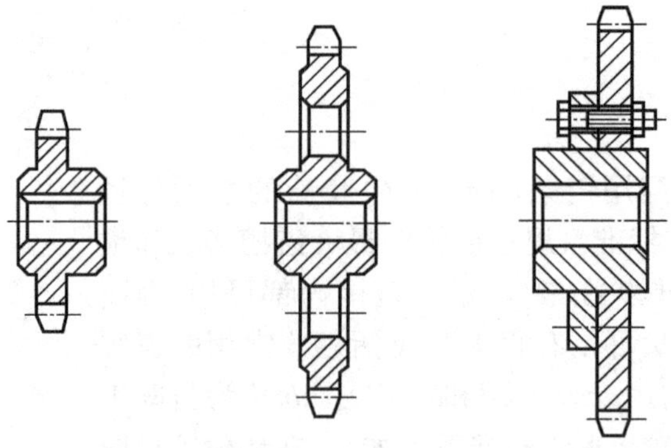

图 11.10　滚子链链轮的结构

11.3.2　齿形链链轮

齿形链链轮端面齿形见图 11.11，齿廓线工作段最低点至节距线的距离 h 是一主要啮合尺寸参数。主要尺寸计算公式如下：

分度圆直径

$$d=\frac{p}{\sin\frac{180^\circ}{z}} \tag{11.7}$$

齿顶圆直径

$$d_a=\frac{p}{\tan\frac{180^\circ}{z}} \tag{11.8}$$

齿根圆直径

$$d_f=p\sqrt{1.296328+\left(\cot\frac{180^\circ}{z}-1.26\right)} \tag{11.9}$$

齿槽角

$$\beta=30^\circ-\frac{180^\circ}{z} \tag{11.10}$$

齿形角

$$\gamma=30^\circ-\frac{360^\circ}{z} \tag{11.11}$$

齿面工作段最低点至节距线的距离

$$h=0.55p \tag{11.12}$$

和滚子链链轮的结构相似，小直径的齿形链链轮可采用整体式、中等尺寸的链轮可以制成腹板式，大直径的链轮可以采用组合式。如图 11.12 所示。

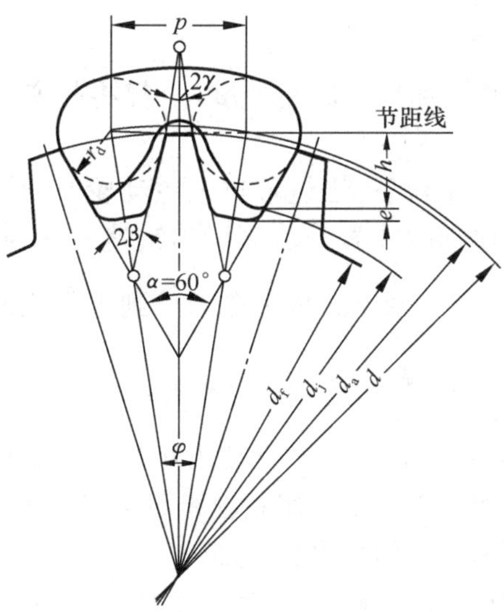

图 11.11　齿型链链轮端面齿型

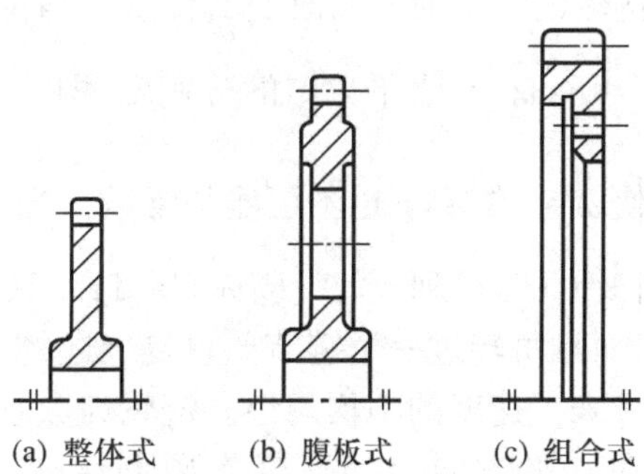

图 11.12　齿形链链轮结构

11.3.3 链和链轮的材料

链的使用寿命在很大程度上取决于链的材料及其热处理、制造精度等。制造链的材料及其硬度要求均见有关标准。

链轮材料应能满足强度和耐磨性的要求。在低速、轻载、平稳传动中，链轮可采用中碳钢制造；中速、中载时，采用中碳钢淬火处理，其硬度>40HRC；高速、重载、连续工作的传动，采用低碳钢、低碳合金钢表面渗碳淬火(如用15、20Cr、12CrNi3等钢淬硬至55～60HRC)或中碳钢、中碳合金钢表面淬火(如用45、40Cr、45Mn、35SiMn、35CrMo等钢淬硬至40～50HRC)。

载荷平稳、速度较低、齿数较多时，也允许采用$\sigma_B \geqslant 200$MPa的铸铁制造链轮。在工作环境较差、链轮容易磨损的场合，铸铁最好经过等温淬火处理或采用优质铸铁。

由于小链轮的啮合次数比大链轮多，因此对材料的要求也比大链轮高。当大链轮用铸铁制造时，小链轮通常都用钢。

11.4 链传动的运动特性

11.4.1 链传动的不均匀性

因为链是由刚性链节通过销轴铰接而成，当链绕在链轮上时，这一段链条将曲折成正多边形的一部分。因此链传动的运动情况和绕在多边形轮子上的带传动很相似(图11.13)，边长相当于链节距p，边数相当于链轮齿数z。轮子每转一周，带子转过的长度应为zp，当两链轮转速分别为n_1和n_2时，链速

$$v = \frac{z_1 p n_1}{60 \times 1000} = \frac{z_2 p n_2}{60 \times 1000} \text{(m/s)} \tag{11.13}$$

利用上式，可求得链传动的传动比

$$i = \frac{n_1}{n_2} = \frac{z_2}{z_1} \tag{11.14}$$

可以看出即使主动轮的角速度ω_1=常数，链速v和从动轮角速度ω_2都将是变化的，因此，从上两式中求出的链速和传动比都是平均值。

如图11.13所示，假设紧边在传动时总是处于水平位置，当链节进入主动轮时，其销轴总是随着链轮的转动而不断改变其位置。当位于β角的瞬时(图11.13(b))，链速v应为销轴圆周速度($=R_1\omega_1$)在水平方向的分速度，即$v=R_1\omega_1\cos\beta$。由于β角是在$-\frac{\phi_1}{2}$到$+\frac{\phi_1}{2}$之间变化，因而即使ω_1=常数，v也不可能是常数。当$\beta=-\frac{\phi_1}{2}$和$+\frac{\phi_1}{2}$时得到$v_{\min}=R_1\omega_1\cos\frac{\phi_1}{2}$(图11.13(c))，当$\beta=0$时得到$v_{\max}=R_1\omega_1$(图11.13(d))。由此可知，链速做着由小至大、又由大至小的变化，而且每转过一个链节要重复上述的变化一次。正由于链速做着周期性的变化，因而给链传动带来了速度的不均匀性。链轮齿数越少，链速不均匀性也越增加。

链在水平方向上的速度作周期性变化的同时，在垂直方向上还要作上下移动($v'=R_1\omega_1\sin\beta$)。开始时以减速上升($-\frac{\phi_1}{2}<\beta<0$)，随后又以增速下降($0<\beta<\frac{\phi_1}{2}$)。因为链节做着忽上忽下、忽快忽慢的变化，所以给链传动带来了工作的不平稳性和有规律的振动。从动链轮

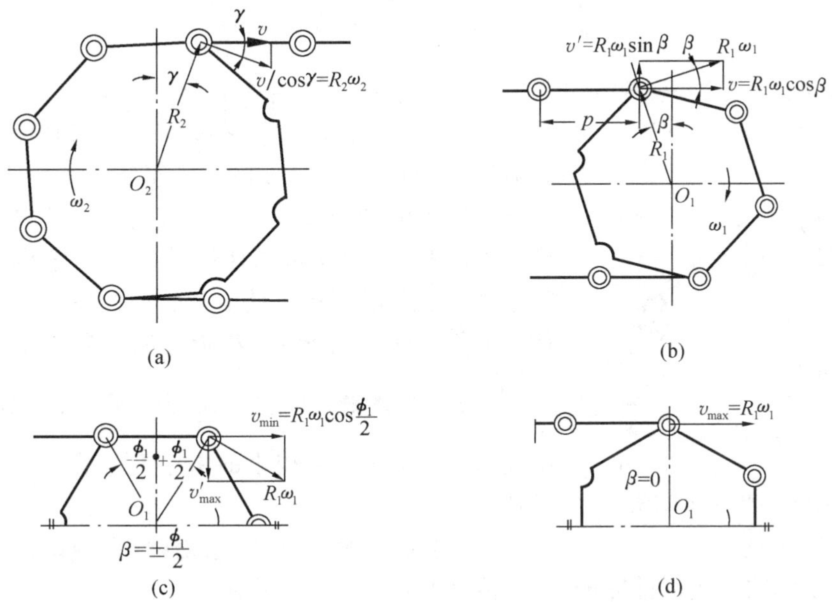

图 11.13　链传动的运动图

由于链速 $v\neq$常数和 γ 角(图 11.13(a))的不断变化,因而它的角速度 $\omega_2\left(=\dfrac{v}{R_2\cos\gamma}\right)$也是变化的。同时,这也说明了链传动的瞬时传动比 $i\left(=\dfrac{\omega_1}{\omega_2}=\dfrac{R_2\cos\gamma}{R_1\cos\beta}\right)$不能得到恒定值。只有当两链轮的齿数相等、紧边的长度又恰为链节距的整数倍时,γ 角和 β 角的变化随时相等,ω_2 和 i 才能得到恒定值。

11.4.2　链传动动载荷的形成

因为链速和从动链轮角速度周期性变化,从而产生了变化的加速度,也就产生了附加的动载荷。链的加速度越大,动载荷也将越大。

(1) 链的水平方向的加速度可以通过下式求出:

$$a=\frac{\mathrm{d}v}{\mathrm{d}t}=-R_1\omega_1\sin\beta\frac{\mathrm{d}\beta}{\mathrm{d}t}=-R_1\omega_1^2\sin\beta$$

其中 t 为时间。可以看出当销轴正位于 $\beta=\pm\dfrac{\phi_1}{2}$时将得到最大加速度

$$a_{\max}=\pm R_1\omega_1^2\sin\frac{\phi_1}{2}=\pm R_1\omega_1^2\sin\frac{180^\circ}{Z}=\pm\frac{\omega_1^2 p}{2}$$

从上述有关加速度的计算公式可以看出:链轮转速越高、链节距越大、链轮齿数越少,动载荷都将越大。因此,当转速、链轮大小(或 z_1p 乘积)一定时,也即链速 v 一定时,采用较多的链轮齿数和较小的链节距对降低动载荷是有利的。

(2) 链的垂直方向分速度 v'也作周期性地变化,使链产生横向振动,甚至发生共振。这也是链传动产生动载荷的原因之一。

链的垂直方向的加速度可以通过下式进行计算:

$$a_t = \frac{\mathrm{d}v'}{\mathrm{d}t} = R_1\omega_1\cos\beta\frac{\mathrm{d}\beta}{\mathrm{d}t} = R_1\omega_1^2\cos\beta$$

可以看出，当 β 为零时，垂直方向上的加速度达到最大，冲击载荷也达到最大。

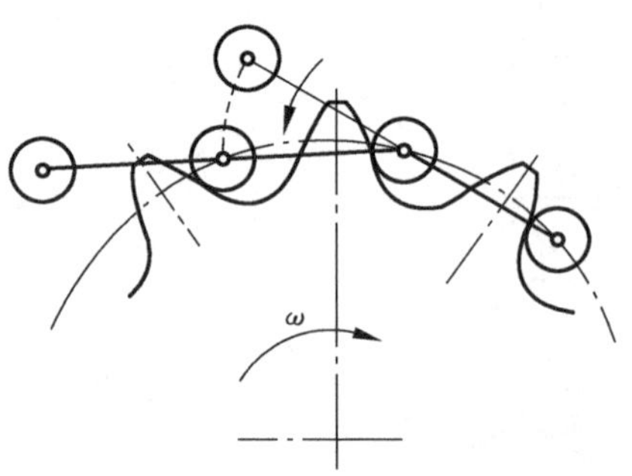

图 11.14　链节和链轮啮合时的冲击示意图

(3) 当链节进入链轮的瞬间，链节和轮齿以一定的相对速度相啮合(图 11.14)，从而使链和轮齿受到冲击并产生附加的动载荷。由于链节对轮齿的连续冲击，将产生振动和噪声，并将加速链的损坏和轮齿的磨损，同时增加了能量的消耗。链节对轮齿的冲击动能越大，对传动的破坏作用也越大。根据理论分析，冲击动能 $E_k=\frac{qp^3n^2}{C}$，q 为每米链长的质量；C 为常数。因此，从减少冲击能量看来，应采用较小的链节距并限制链轮的极限转速。

(4) 若链张紧不好，链条松弛，在启动、制动、反转、载荷变化等情况下，将产生惯性冲击，使链传动产生很大的动载荷。

【例 11.1】 一链号为 16A 的滚子链传动，主动链轮齿数 $z_1=17$，链轮转速 $n_1=730\text{r/min}$，中心距 $a=600\text{mm}$。求平均链速 v、瞬时链速的最大值 v_{max} 和最小值 v_{min}，并计算链速波动百分比。

解 (1)计算链速

$$v = \frac{z_1pn_1}{60\times1000} = \frac{17\times25.4\times730}{60\times1000} = 5.25(\text{m/s})$$

(2)链的瞬时速度

$$v = R_1\omega_1\cos\beta$$

其中

$$R_1=\frac{d_1}{2}=\frac{1}{2}\ \frac{p}{\sin\dfrac{180^\circ}{z_1}}=\frac{1}{2}\ \frac{25.4}{\sin\dfrac{180^\circ}{17}}=69.12(\text{mm})$$

$$\omega_1 = \frac{2\pi n_1}{60} = \frac{730\pi}{30} = 76.41(\text{rad/s})$$

$$\phi_1 = \frac{360^\circ}{z_1} = \frac{360^\circ}{17} = 21.176^\circ$$

β 在 $\left(-\frac{\phi_1}{2},\frac{\phi_1}{2}\right)$ 之间变化，当 $\beta=0$ 时，链速最大，则

$$v_{max} = R_1\omega_1\cos0 = \frac{69.12}{1000}\times76.44 = 5.28(\text{m/s})$$

当 $\beta=\pm\frac{\phi_1}{2}$ 时，链速最小，即

$$v_{min} = R_1\omega_1\cos\frac{\phi_1}{2} = \frac{69.12}{1000}\times76.44\times\cos\frac{21.176^\circ}{2} = 5.19(\text{m/s})$$

(3)链速波动的百分比

最大速度波动百分比为

$$\Delta_{max} = \frac{v_{max}-v}{v} = \frac{5.28-5.25}{5.25} = 0.57\%$$

最小链速波动百分比为

$$\Delta_{\min} = \frac{v_{\min} - v}{v} = \left| \frac{5.19 - 5.25}{5.25} \right| = 1.14\%$$

11.5　链传动的受力分析

链在安装时应进行一定的张紧，张紧是为了控制链的垂度不致过大。链在工作过程中，紧边和松边的拉力是不一样大的。如果不考虑动载荷，链在传动中的主要作用力有：

(1) 工作拉力 F_1。它取决于传动功率 P(kW)和链速 v(m/s)，即

$$F_1 = \frac{1000P}{v}\ (\mathrm{N}) \tag{11.15}$$

(2) 离心拉力 F_c。它取决于每米链长的质量 q 和链速 v(链速 $v>7$m/s 时，离心力不可忽略)，即

$$F_c = qv^2(\mathrm{N}) \tag{11.16}$$

(3) 垂度拉力 F_f。它取决于传动的布置方式及链在工作时允许的垂度。若允许垂度过小，则必须以很大的 F_f 力拉紧，从而增加链的磨损和轴承载荷；允许垂度过大，则又会使链和链轮的啮合情况变坏。可按照图 11.15 求悬索拉力的方法求得垂度拉力

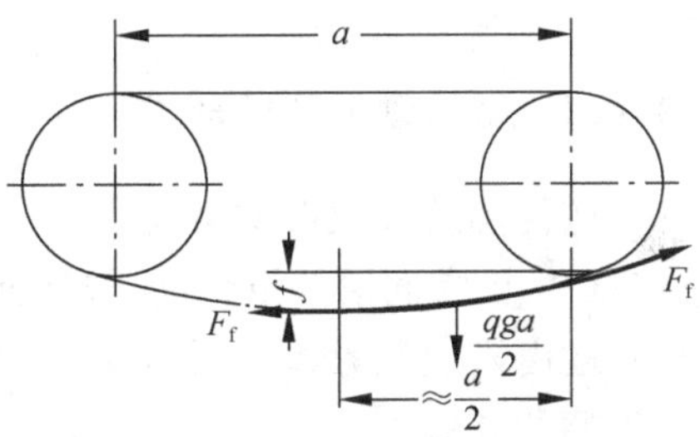

图 11.15　垂度拉力的计算简图

$$F_f \approx \frac{1}{f}\left(\frac{qga}{2} \times \frac{a}{4}\right) = \frac{qga}{8\left(\frac{f}{a}\right)} = k_f qga\,(\mathrm{N}) \tag{11.17}$$

对于水平传动，$k_f \approx 6$(允许 $f/a \approx 0.02$，f 为悬索垂度)。对于倾斜角(两链轮中心连线与水平面所成的角)小于 40°的传动，可取$k_f=4$；大于 40°的传动，可取 $k_f=2$；垂直传动，可取 $k_f=1$。上式中，g 为重力加速度，单位：m/s^2；a 为中心距，单位：m。

链的紧边和松边拉力：

$$\left.\begin{aligned} &\text{紧边总拉力}\quad F = F_1 + F_c + F_f \\ &\text{松边总拉力}\quad F' = F_c + F_f \end{aligned}\right\} \tag{11.18}$$

作用在轴上的载荷 F_Q 可近似地取为紧边和松边总拉力之和。离心拉力对它没有影响，不应计算在内，由此得 $F_Q \approx F_1 + 2F_f$。又由于垂度拉力不大，故近似取

$$F_Q \approx 1.2K_A F_1 \tag{11.19}$$

式中，K_A 为工作情况系数，平稳载荷取 1.0～1.2，中等冲击取 1.2～1.4，严重冲击取 1.4～1.7。

【例 11.2】　已知某滚子链传动传递的功率 $P=9.7$kW，小链轮转速 $n_1=730$r/min，齿数 $z_1=19$，链节距 $p=19.05$mm，中心距 $a=665$mm，水平布置。求传动中紧边总拉力及作用在轴上的载荷。

解　(1)计算工作拉力

$$\text{链速}\ v = \frac{z_1 p n_1}{60 \times 1000} = \frac{19 \times 19.05 \times 730}{60 \times 1000} = 4.40(\mathrm{m/s})$$

$$F_1 = \frac{1000P}{v} = \frac{1000 \times 9.7}{4.40} = 2204.55(\mathrm{N})$$

(2)计算离心拉力

$$F_c = qv^2 = 1.5 \times 4.40^2 = 29.04(\mathrm{N})$$

(3)计算垂度拉力

$$F_f = k_f qga = 6 \times 1.5 \times 9.8 \times 0.665 = 58.653(\mathrm{N})$$

(4)计算总拉力

$$F = F_1 + F_c + F_f = 2204.55 + 29.04 + 58.653 = 2292.24(\mathrm{N})$$

(5)作用在轴上的载荷

$$F_Q = 1.2F = 1.2 \times 2292.24 = 2750.69(\mathrm{N})$$

11.6 滚子链传动的失效形式及计算方法

11.6.1 链传动的失效形式

链传动的失效形式可能有：

(1) 正常润滑的链传动，铰链元件由于疲劳强度不足而破坏。由于链在工作过程中，周而复始地由松边到紧边不断运动，各元件都在变应力作用下工作，经过一定循环后将不可避免地发生疲劳失效。

(2) 因铰链销轴磨损使链节距过度伸长(在标准试验条件下允许伸长率为3%)，从而破坏正确啮合和造成脱链现象。由于链条在工作过程中，铰链的销轴和套筒之间承受较大的压力，传动时又彼此产生相对转动，导致磨损。

(3) 润滑不当或转速过高时，销轴和套筒的摩擦表面易发生胶合破坏。胶合在一定程度上限制了链的极限转速。

(4) 经常启动、反转、制动的链传动，由于过载造成冲击破断。

(5) 低速重载的链传动，铰链元件发生静强度破坏。

(6) 链轮轮齿磨损。

11.6.2 额定功率曲线

链传动的各种失效形式都在一定程度上限制它的承载能力。因此，在选择链条型号时，必须全面考虑各种失效形式产生的原因及条件，从而确定它的额定功率 P_0。

图 11.16 所示为通过试验作出的单排链的额定功率曲线。可以看出，在润滑良好、中等速

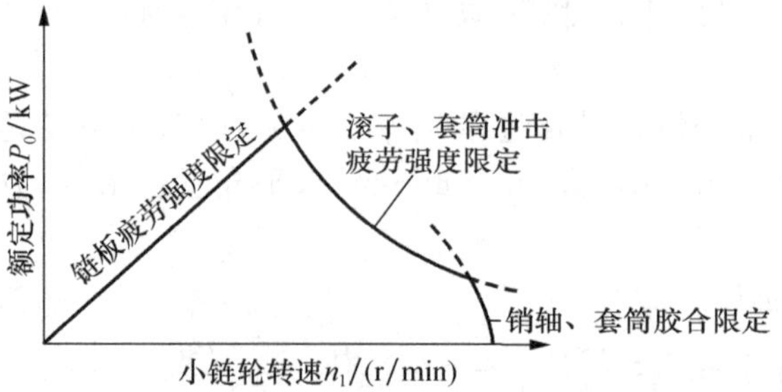

图 11.16 滚子链额定功率曲线

度的链传动中，链传动的承载能力主要取决于链板的疲劳强度；随着转速的升高，链传动的多边形效应增加，传动能力主要取决于滚子和套筒的冲击疲劳强度，转速越高，传动能力就越低，并有可能出现胶合现象，链条迅速失效。润滑不良、工作环境恶劣的链传动，它所能传递的功率要比润滑良好的链传动低得多。

11.6.3 额定功率确定方法

图 11.17 给出了滚子链在特定试验条件下的额定功率曲线。试验条件为：$z_1=19$，$L_p=100$，两链轮安装在同一个水平面上，单列链水平布置、载荷平稳、工作环境正常、按推荐的润滑方式润滑、使用寿命 15000h；链因磨损而引起链节距的相对伸长量≤3%。实际使用中，与上列条件不同时，需作适当修正，由此得链传动的计算功率

$$P_c=\frac{K_A P}{k_z k_p}\leqslant P_0 \tag{11.20}$$

式中，P_0 为额定功率，单位：kW，见图 11.17；P 为名义传动功率，单位：kW；k_z 为小链轮齿数系数，见表 11.2，当工作点落在图 11.17 中曲线顶点左侧时，取表中 k_z 值，当工作点落在曲线顶点右侧时，取表中 k_z' 值；k_p 为多排链排数系数，见表 11.3。

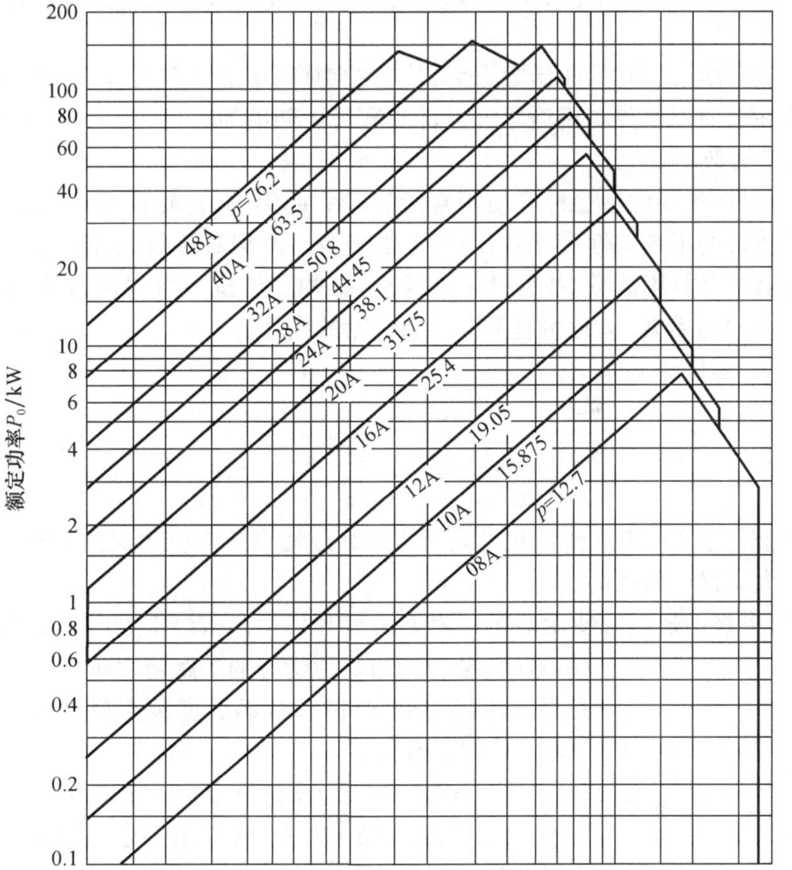

图 11.17　A 系列滚子链额定功率曲线

表 11.2 小链轮齿数系数 k_z

z_1	9	11	13	15	17	19	21	23	25	27	29	31	33	35
k_z	0.446	0.554	0.664	0.775	0.887	1.00	1.11	1.23	1.34	1.46	1.58	1.70	1.82	1.93
k_z'	0.326	0.441	0.566	0.701	0.846	1.00	1.16	1.33	1.51	1.69	1.89	2.08	2.29	2.50

表 11.3 多排链排数系数 k_p

排数 z_p	1	2	3	4	5
k_p	1	1.7	2.5	3.3	4.1

对于 $v<0.6\text{m/s}$ 的低速链传动，链的主要失效形式是过载拉断，应进行静强度校核。静强度安全系数应满足下列要求：

$$S=\frac{z_p F_Q}{K_A F_1+F_c+F_f}\geqslant 4\sim 8 \tag{11.21}$$

式中，z_p 为链排数；F_Q 为单排链的极限拉伸载荷，由表 11.1 查取。当工作寿命低于 15000h 时，其允许传递的功率可以高些。

11.7 滚子链传动的设计步骤和主要参数的确定

一般来说，设计滚子链时的原始数据为：传动的功率、小链轮和大链轮的转速（或传动比）、原动机种类、载荷性质以及传动用途等。设计步骤可以归纳为：

1. 选择链轮齿数 z_1、z_2

小链轮齿数对链传动的平稳性和使用寿命有较大的影响，链轮齿数不宜过多或过少。过少时将：①增加传动的不均匀性和动载荷；②增加链节间的相对转角，从而增大功率消耗；③增加铰链承压面间的压强（因齿数少时，链轮直径小，链的工作拉力将增加），从而加速铰链磨损等；④增加链传动的圆周力，从而加速了链条和链轮的损坏。

在动力传动中建议选取如下：

$$v=0.6\sim 3\text{m/s},\quad z_1\geqslant 15\sim 17$$
$$v=3\sim 8\text{m/s},\quad z_1\geqslant 21$$
$$v>8\text{m/s},\quad z_1>23\sim 25$$

从限制大链轮齿数和减少传动尺寸考虑，传动比大的链传动建议选取较少的链轮齿数。当链速很低时，允许最少齿数为 9。

链轮齿数太多将缩短链的使用寿命。因为链节磨损后，套筒和滚子都被磨薄而且中心偏移，这时，链与轮齿实际啮合的节距将由 p 增至 $p+\Delta p$，链节势必沿着轮齿齿廓向外移，因而分度圆直径将由 d 增至 $d+\Delta d$，见图 11.18。有公式

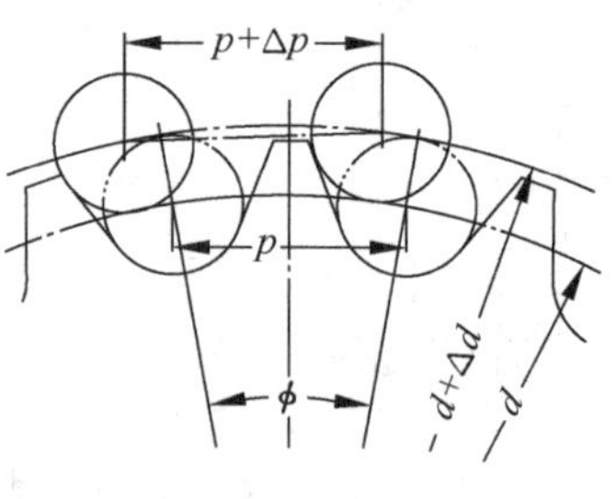

图 11.18 链节伸长与分度圆外移的关系

$$\pi(d+\Delta d)\approx(p+\Delta p)z\Rightarrow\pi\Delta d\approx\Delta pz$$

可以看出，若 Δp 不变（磨损量一定），则链轮齿数越多，分度圆直径的增量 Δd 就越大，所以链节越向外移，因而链从链轮上脱落下来的可能性也就越大，链的使用期限也就越短。因此，链轮最多齿数限制为 $z_{max}=120$。

在选取链轮齿数时，应同时考虑到均匀磨损的问题。由于

链节数应选用偶数，所以链轮齿数最好选质数或不能整除链节数的数。并优先选取 17、19、21、23、25、38、57、76、95、114。

2. 确定传动比 i

链传动的传动比一般 $i \leqslant 8$，推荐 $i=2\sim3.5$，在低速和外廓尺寸不受限制的地方允许到 10（个别情况可到 15）。如传动比过大，则链包在小链轮上的包角过小，啮合的齿数太少，这将加速轮齿的磨损，容易出现跳齿，破坏正常啮合，通常包角最好不小于 120°，传动比在 3 左右。

3. 确定计算功率

根据公式(11.20)进行计算，根据计算出来的功率值即可从图 11.17 中确定链的型号。

4. 确定链节距

链节距是链传动十分重要的参数。链节距越大，链和链轮齿各部分尺寸也越大，链的拉曳能力也越大，但传动的速度不均匀性、动载荷、噪声等都将增加。因此设计时，在承载能力足够条件下，应选取较小节距的单排链，高速重载时，可选用小节距的多排链。一般，载荷大、中心距小、传动比大时，选小节距多排链；速度不太高、中心距大、传动比小时选大节距单排链。

若已知计算功率 P_c（取 $P_c=P_0$）和转速 n_1，可由图 11.18 选取链节距。反之，由转速 n_1 和节距 p 可确定链能传递的功率。

5. 确定中心距和链长

当链速不变，中心距小、链节数少的传动，在单位时间内同一链节的屈伸次数势必增多，因此会加速链的磨损。中心距大、链较长，则弹性较好，抗振能力较高，又因磨损较慢，所以链的使用寿命较长。但中心距如果太大，又会发生松边上下颤动的现象，使传动运行不平稳。推荐的最适宜的中心距 $a=(30\sim50)p$ 和最大中心距 $a_{max}=80p$。最小中心距 a_{min} 受小轮上包角不小于120°的限制，通常取

$$\begin{aligned} i<4 \quad a_{min} &= 0.2z_1(i+1)p \\ i\geqslant4 \quad a_{min} &= 0.33z_1(i-1)p \end{aligned} \tag{11.22}$$

链的长度常用链节数 L_p 表示。将式(8.1)除以 p，并以 $d_1=\frac{z_1p}{\pi}$ 和 $d_2=\frac{z_2p}{\pi}$ 代入，得到计算链节数的公式

$$L_p=\frac{z_1+z_2}{2}+2\frac{a}{p}+\left(\frac{z_2-z_1}{2\pi}\right)^2\frac{p}{a} \tag{11.23}$$

式中，a 为链传动的中心距。链节数必须取为整数，且最好为偶数。

然后根据圆整后的链节数用下式计算实际中心距，即

$$a=\frac{p}{4}\left[\left(L_p-\frac{z_1+z_2}{2}\right)+\sqrt{\left(L_p-\frac{z_1+z_2}{2}\right)-8\left(\frac{z_2-z_1}{2\pi}\right)}\right] \tag{11.24}$$

6. 链速和链轮的极限转速

链速的提高受到动载荷的限制，所以一般最好不超过 12m/s。如果链和链轮的制造质量很高，链节距较小，链轮齿数较多，安装精度很高，以及采用合金钢制造的链，则链速也允许超过 20～30m/s。

链轮的最佳转速和极限转速见图 11.17。图中接近于最大额定功率时的转速为最佳转速，功率曲线右侧竖线为极限转速。

7. 计算链传动作用在轴上的力 F_Q

根据公式(11.19)进行计算。

下面结合例题详细介绍链传动设计的步骤和过程。

【例 11.3】 设计某一过滤机用链传动，电动机转速 $n_1=1350\text{r/min}$，过滤机转速 $n_2=430\text{r/min}$，传动功率 $P=9\text{kW}$，两班制工作，传动倾斜角小于 40°，中心距可调节。

解

计算项目	计算内容	计算结果
选择链轮齿数		
小链轮齿数	自定	$z_1=23$
传动比	$i=n_1/n_2=1350/430$	$i=3.139$
大链轮齿数	$z_2=iz_1=3.139\times 23$	$z_2=72$
选取链节距		
初定中心距	取 $a=40p$	
链节数	$L_p=\frac{z_1+z_2}{2}+2\frac{a}{p}+\left(\frac{z_2-z_1}{2\pi}\right)^2\frac{p}{a}$ $=\frac{23+72}{2}+2\times\frac{40p}{p}+\left(\frac{72-23}{2\pi}\right)^2\frac{p}{40p}$	取 $L_p=141$
传动功率	$P_0\geqslant\frac{K_AP}{k_zk_p}=\frac{1.2\times 9}{1.23\times 1}$ （式(11.20)）	$P_0\geqslant 8.78\text{kW}$
链节距	根据 $P_0\geqslant 8.78\text{kW}$，$n_1=1350\text{r/min}$，由图 11.17 查出选用 10A 滚子链	取 $p=15.875\text{mm}$
确定实际中心距		
中心距		
$a=\frac{p}{4}\left[\left(L_p-\frac{z_1+z_2}{2}\right)+\sqrt{\left(L_p-\frac{z_1+z_2}{2}\right)^2-8\left(\frac{Z_2-Z_1}{2\pi}\right)^2}\right]$ （式(11.24)） $=\frac{15.875}{4}\times\left[\left(141-\frac{23+72}{2}\right)+\sqrt{\left(141-\frac{23+72}{2}\right)^2-8\times\left(\frac{72-23}{2\pi}\right)}\right]$		取 $a=727\text{mm}$
计算作用轴上载荷		
链速	$v=\frac{n_1z_1p}{60\times 1000}=\frac{1350\times 23\times 15.875}{60\times 1000}$	$v=8.2\text{m/s}$
有效拉力	$F_1=\frac{1000P}{v}=\frac{1000\times 9}{8.2}$ （式(11.15)）	$F_1=1097\text{N}$
轴上载荷	$F_Q\approx 1.2K_AF_1=1.2\times 1.2\times 1097$	$F_Q=1579.68\text{N}$
定润滑方式		
润滑方式	根据 v、p 由图 11.23 查出	压力喷油润滑

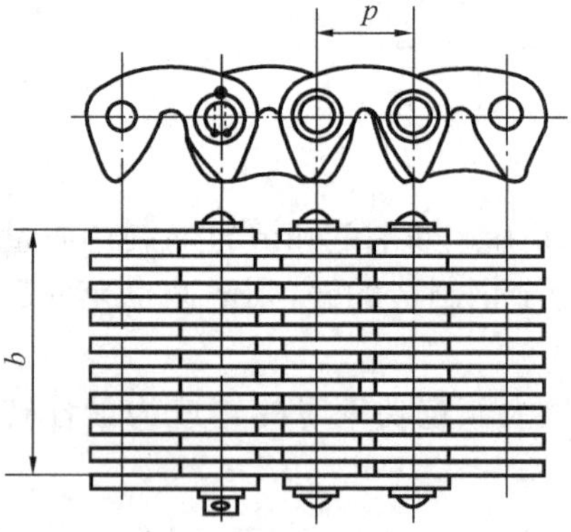

图 11.19 齿型链节距与链宽

11.8 齿形链传动设计

齿形链的基本参数确定方法为：链轮齿数 $z_{1\min}=15$，通常 $z_1\geqslant 21$，且宜取奇数齿；传动比 $i_{\max}=10$，通常取 $i\leqslant 7$，推荐 $i=2\sim 3.5$；齿型链节距 p、链宽 b 和适用小链轮转速范围见表 11.4。p 和 b 见图 11.19。

表 11.4　齿型链链宽和小链轮转速范围

链　号	C950	C127	C158	C190	C254	C317
节距 p/mm	9.525	12.7	15.875	19.05	25.4	31.75
链宽 b/mm	13.5　16.5 19.5　22.5 28.5　34.5 40.5　46.5	19.5　22.5 25.5　28.5 34.5　40.5 46.5　52.5	30　80 46　54 62　70	38　46 54　62 70　78	46　54 62　70 78　86	57　69 81　93
转速 n_1/(r/min)	2000～5000	1500～3000	1200～2000	1000～2000	800～1500	600～1200

齿形链计算功率的确定为

$$P_c = \frac{K_A P}{k_z} \tag{11.25}$$

式中，K_A 为工作情况系数，同滚子链传动；k_z 为齿数系数，见表 11.5。

表 11.5　齿形链齿数系数

z_1	17	19	21	23	25	27	29	31	33	35
k_z	0.77	0.89	1.0	1.11	1.22	1.34	1.45	1.56	1.66	1.77

齿形链链宽的确定为

$$b \geqslant \frac{P_c}{P_0} \tag{11.26}$$

式中，P_0 为链宽每 1mm 所能传递的额定功率，见图 11.20。b 应取标准值，如不合适，需重新选链节距。实际中心距和作用在轴上载荷等的计算公式同滚子链传动。

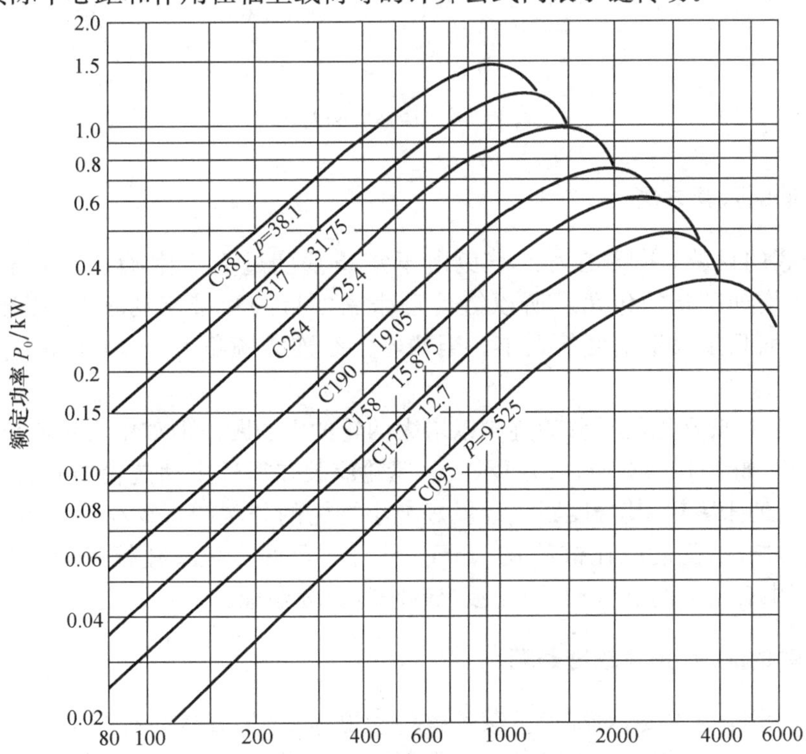

图 11.20　齿型链传动额定功率曲线
(b=1mm，z_1=21，平稳载荷)

11.9 链传动的布置、张紧和润滑

11.9.1 链传动的合理布置

两链轮的回转平面应在同一垂直平面内，否则易使链条脱落和产生不正常的磨损。两链轮中心连线最好是水平的，或与水平面成45°以下的倾斜角，尽量避免垂直传动，以免与下方链轮啮合不良或脱离啮合。图11.21列出了几种链传动布置方式。

属于下列情况时，紧边最好布置在传动的上面：①中心距$a \leqslant 30p$和$i \geqslant 2$的水平传动；②倾斜角相当大的传动；③中心距$a \geqslant 60p$，传动比$i \leqslant 1.5$和链轮齿数$z_1 \leqslant 25$的水平传动。在前两种情况中，松边在上时，可能有少数链节垂落到小链轮上或下方的链齿上，因而有咬链的危险；在后一种情况中，松边在上时，有发生紧边和松边相互碰撞的可能。

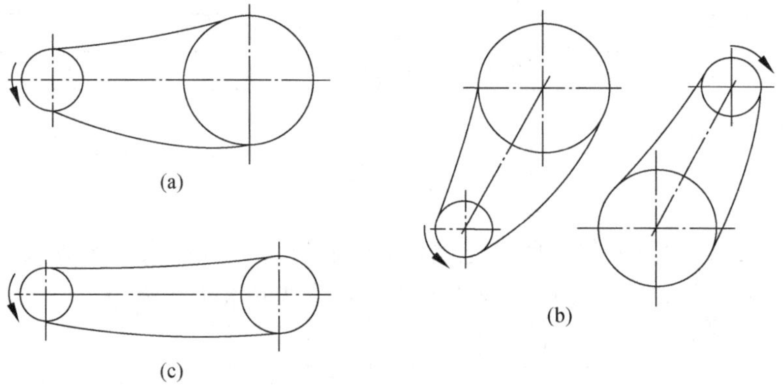

图11.21 传动链的布置

11.9.2 链传动的张紧方法

链传动张紧的目的，主要是为了避免由于链条垂度过大产生啮合不良和链条振动现象，同时也为了增加链条的包角。所以链传动张紧的目的和带传动不同，张紧力并不决定链的工作能力，而只是决定垂度的大小。当两轮中心连线倾角大于60°时，一般都要设置张紧装置。

张紧方法很多，最常见的是移动链轮以增大两轮的中心距。但如中心距不可调时，也可以采用张紧轮传动，如图11.22(a)、(b)所示。张紧轮应装在靠近主动链轮的松边上。不论是带齿的还是不带齿的张紧轮，其分度圆直径最好与小链轮的分度圆直径相近。不带齿的张紧轮可以用夹布胶木制成，宽度应比链约宽5mm。此外还可用压板或托板张紧，如图11.22(c)、(d)所示。对于中心距大的链传动，用托板控制垂度更为合理。

11.9.3 链传动的润滑、护罩或链条箱

链传动的润滑十分重要，对高速重载的链传动更为重要，铰链中有润滑油时，有利于缓和冲击、减小摩擦和降低磨损。润滑条件良好与否对传动工作能力和使用寿命有很大影响。链传动的润滑方法可以根据图11.23选取。

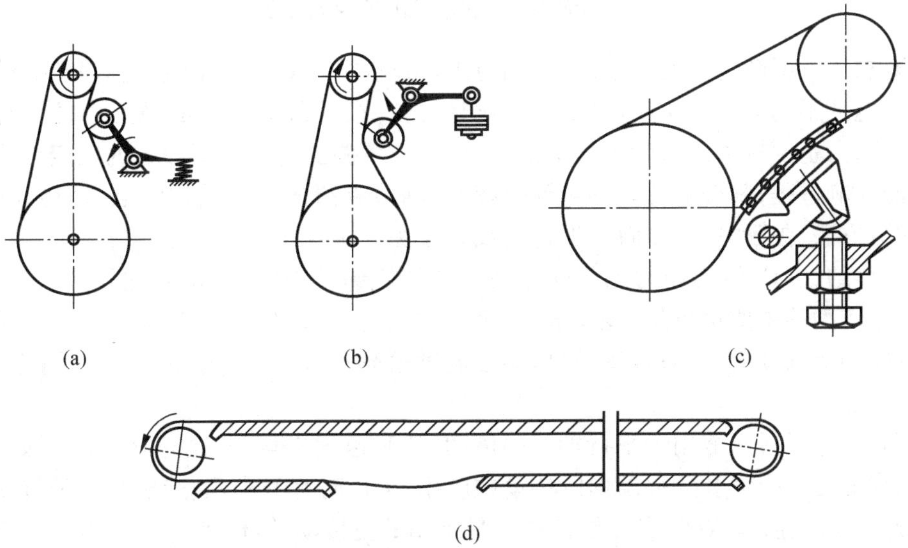

图 11.22　链传动的张紧方法

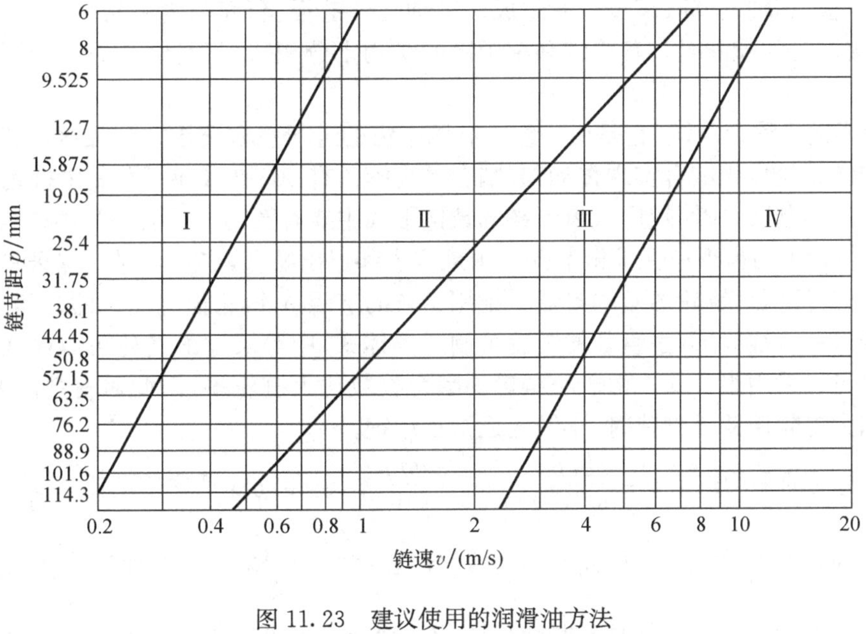

图 11.23　建议使用的润滑油方法

Ⅰ—人工定期润滑；Ⅱ—滴油润滑；Ⅲ—油浴或飞溅润滑；Ⅳ—压力喷油润滑

润滑时，应设法将油注入链活动关节间的缝隙中，并均匀分布于链宽上。润滑油应加在松边上，因这时链节处于松弛状态，润滑油容易进入各摩擦面之间。

链传动使用的润滑油运动粘度在运转温度下为 $20\sim40mm^2/s$。只有转速很慢又无法供油的地方，才可以用油脂代替。

为了工作安全、保持环境清洁、防止灰尘侵入、减小噪声以及由于润滑需要(护罩可兼作油池)等原因，链传动常用铸造或焊接护罩封闭。兼作油池的护罩应设置油面指示器、注油孔、排油孔等。传动功率较大和转速较高的链传动，则常采用落地式链条箱。

本章学习要求和知识点小结

学习要求 掌握链传动的优缺点、应用范围、常见类型、套筒滚子链和套筒链的结构构成；掌握链传动速度不均匀性产生的原因、传动比计算方法、动载荷产生的原因；掌握链传动工作拉力、离心拉力、垂度拉力以及轴上载荷的计算方法；掌握链传动主要参数的确定方法、参数大小对性能的影响过程；掌握链传动的设计过程和步骤；弄清链轮的结构特点、链传动的空间布置方法、润滑方法、张紧方法；了解齿形链的设计方法。

知识点小结 （1）链传动的优缺点是通过与皮带传动和齿轮传动相比较而得出的。和带传动比较，链传动的主要优点是：没有滑动；工况相同时，传动尺寸比较紧凑；不需要很大的张紧力，作用在轴上的载荷较小；效率较高，能在温度较高、湿度较大的环境中使用；需要时轴间距离可以很大。

链传动的缺点是：只能用于平行轴间的传动；瞬时速度不均匀，高速运转时不如带传动平稳；不宜在载荷变化很大和急促反向的传动中应用；工作时有噪声；制造费用比带传动高等。

（2）链有传动链、起重链、曳引链三种。最常用的是传动链，传动链主要用来传递动力，起重链主要用在起重机械中提升重物，曳引链主要用在运输机械中移动重物。传动链主要有套筒链、套筒滚子链（简称滚子链）、齿形链和成型链。滚子链是最为常用的一种传动链，它是由内链板、外链板、销轴、套筒、滚子等所组成。销轴与外链板、套筒与内链板分别用过盈配合固定，滚子与套筒为间隙配合。套筒链和滚子链的结构十分相似，只是缺少滚子，其他结构与滚子链相同。

（3）齿形链又称无声链，它是由一组带有两个齿的链板左右交错并列铰接而成，工作时链齿外侧边与链轮轮齿相啮合实现传动，其啮合的齿楔角有 60°和 70°两种，其中楔角为 60°的齿形链传动因较易制造，应用较广。齿形链的铰链形式主要有圆销式、轴瓦式、滚柱式三种。

（4）链轮轮齿的齿形应保证链节能自由地进入和退出啮合，在啮合时应保证良好的接触。链轮齿形已经标准化，链轮的基本参数是配用链条的节距 p，链轮齿廓曲线的几何形状常用的齿廓为三圆弧一直线齿形，小直径的链轮可制成整体式，中等尺寸的链轮可以制成腹板式，大直径的链轮可以采用组合式。由于小链轮的啮合次数比大链轮多，因此对材料的要求也比大链轮高。当大链轮用铸铁制造时，小链轮通常都用钢。

（5）链传动的平均链速 $v=\dfrac{z_1pn_1}{60\times1000}=\dfrac{z_2pn_2}{60\times1000}$，链传动的平均传动比 $i=\dfrac{n_1}{n_2}=\dfrac{z_2}{z_1}$。而瞬时的速度分为水平速度为 $v=R_1\omega_1\cos\beta$，垂直分速度为 $v'=R_1\omega_1\sin\beta$，瞬时传动比为 $i=\dfrac{\omega_1}{\omega_2}=\dfrac{R_2\cos\gamma}{R_1\cos\beta}$。瞬时速度和传动比都是不断变化的，不能得到恒定值。只有当两链轮的齿数相等、紧边的长度又恰为链节距的整数倍时，γ 角和 β 角的变化随时相等，ω_2 和 i 才能得到恒定值。

（6）链速和从动链轮角速度周期性变化，从而产生了变化的加速度，也就产生了附加的动载荷。链轮转速越高、链节距越大、链轮齿数越少，动载荷都将越大。当链节进入链轮的瞬间，链节和轮齿以一定的相对速度相啮合，从而使链和轮齿受到冲击并产生附加的动载荷。若链张紧不好，链条松弛，在启动、制动、反转、载荷变化等情况下，将产生惯性冲击，使链传动产生很大的动载荷。

（7）链在传动中的主要作用力有工作拉力$\left(F_1=\dfrac{1000P}{v}\right)$、离心拉力（$F_c=qv^2$）、垂度拉力

$\left(F_f \approx \frac{1}{f}\left(\frac{qga}{2} \times \frac{a}{4}\right)=\frac{qga}{8\left(\frac{f}{a}\right)}=k_f qga\right)$。链的紧边总拉力 $F=F_1+F_c+F_f$，松边总拉力 $F'=F_c+F_f$。

(8) 链传动的失效形式可能有：正常润滑的链传动，铰链元件由于疲劳强度不足而破坏；因铰链销轴磨损使链节距过度伸长（在标准试验条件下允许伸长率为 3%），从而破坏正确啮合和造成脱链现象；润滑不当或转速过高时，销轴和套筒的摩擦表面易发生胶合破坏。胶合在一定程度上限制了链的极限转速；经常启动、反转、制动的链传动，由于过载造成冲击破断；低速重载的链传动，铰链元件发生静强度破坏；链轮轮齿磨损。

(9) 滚子链传动一般设计步骤为：①选择链轮齿数 z_1、z_2；②确定传动比 i；③确定计算功率；④确定链节距；⑤确定中心距和链长；⑥计算链传动作用在轴上的力 F_Q。

(10) 链轮齿数不宜过多或过少。过少时将：①增加传动的不均匀性和动载荷；②增加链节间的相对转角，从而增大功率消耗；③增加铰链承压面间的压强（因齿数少时，链轮直径小，链的工作拉力将增加），从而加速铰链磨损等；④增加链传动的圆周力，从而加速了链条和链轮的损坏。链轮齿数太多将缩短链的使用寿命。

(11) 链传动的传动比过大，则链包在小链轮上的包角过小，啮合的齿数太少，这将加速轮齿的磨损，容易出现跳齿，破坏正常啮合，传动比在 3 左右为好；链节距越大，链和链轮齿各部分尺寸也越大，链的拉曳能力也越大，但传动的速度不均匀性、动载荷、噪声等都将增加；当链速不变，中心距小、链节数少的传动，在单位时间内同一链节的屈伸次数势必增多，因此会加速链的磨损。中心距大、链较长，则弹性较好，抗振能力较高，又因磨损较慢，所以链的使用寿命较长。但中心距如果太大，又会发生松边上下颤动的现象，使传动运行不平稳。

(12) 两链轮的回转平面应在同一垂直平面内，否则易使链条脱落和产生不正常的磨损。两链轮中心连线最好是水平的，或与水平面成 45°以下的倾斜角，尽量避免垂直传动。紧边最好布置在传动的上面。

链传动张紧的目的，主要是为了避免由于链条垂度过大产生啮合不良和链条振动现象，同时也为了增加链条的包角，张紧力并不决定链的工作能力，而只是决定垂度的大小。张紧轮应装在靠近主动链轮的松边上，其分度圆直径最好与小链轮的分度圆直径相近。

本章习题

11.1　与带传动及齿轮传动比较，链传动有哪些优缺点？

11.2　题 11.2 图所示传动方案是否合理？为什么？

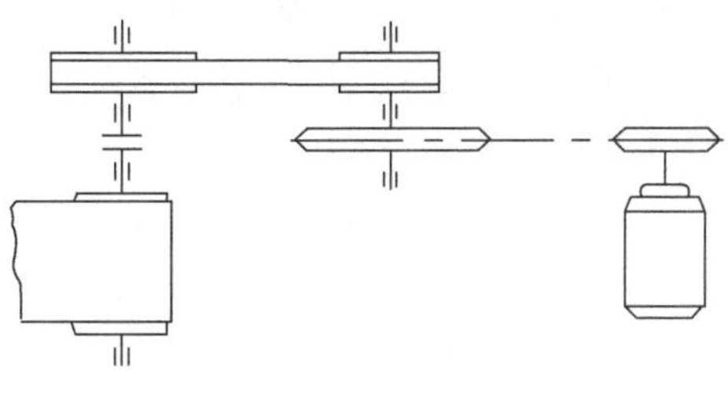

题 11.2 图

11.3　分析链传动的“运动不均匀性”和动载荷产生的原因；影响它们的主要参数有哪些？

11.4　链传动的主要失效形式有哪些？

11.5　传动比 i，链轮齿数 z，链轮转速 n，链节距 p，中心距 a 及链节数 L_p 等参数的取值大小对链传动有何影响？

11.6　已知一链传动，链号为 16A，小链轮齿数 $z_1=19$，转速 $n_1=960\text{r/min}$。试计算链条的平均速度 v、瞬时最大速度 v_{max} 和最小速度 v_{min}。

11.7　设计一压气机用的链传动，已知电动机型号为 Y225M-8，额定功率 $p=22\text{kW}$，转速 $n_1=730\text{r/min}$，压气机转速 $n_2=250\text{r/min}$。要求：中心距 $a\leqslant 650\text{mm}$，载荷平稳，两班制工作，水平传动，并绘制小链轮工作图。

第 4 篇　轴系零部件设计

第 12 章　轴 的 设 计

12.1　概　　述

轴是组成机器的重要零件之一，用来支承旋转或不旋转的机械零件，如齿轮、带轮、链轮、凸轮等，并传递运动和动力。但绝大多数情况下是用来支撑旋转零件的。同时它又通过轴承和机架联接，所有轴上零件都围绕轴心线做回转运动，形成一个以轴为基准的组合件，即轴系部件。

轴一般是由滑动轴承或滚动轴承进行支承，轴系上受到的径向力及轴向力主要由轴承承担。

12.1.1　轴的分类

按照轴的受载情况不同，轴可分为转轴、心轴和传动轴三类。

(1) 转轴既传递转矩又承受弯矩(图 12.1)，是机器中最常见轴。

(2) 传动轴只传递转矩(图 12.2)，如汽车传动轴。

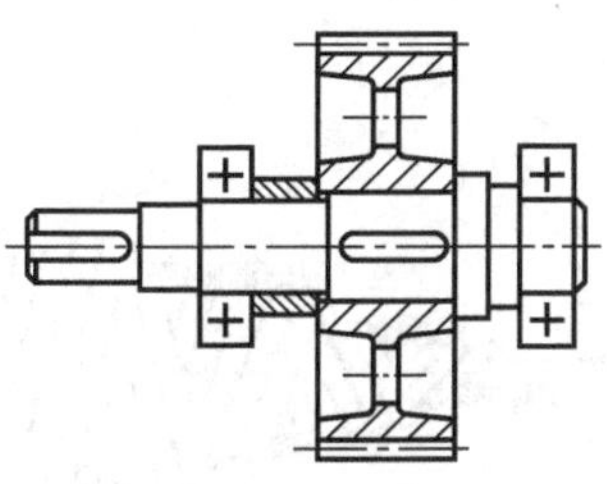

图 12.1　转轴

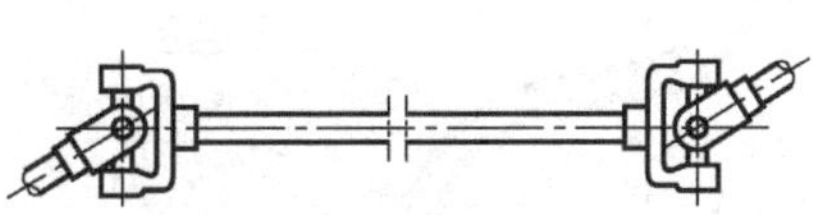

图 12.2　传动轴

(3) 心轴只承受弯矩，不受转矩。心轴分为两种，一种是转动心轴(图 12.3(a))，另一种是固定心轴(图 12.3(b))。转动心轴工作时轴受弯矩，且轴转动；固定心轴工作时轴受弯矩，且轴固定。

按照轴线几何形状的不同，轴又可分为直轴、曲轴和挠性轴。

(1) 直轴为各轴段轴线为同一直线的轴，直轴又可分为光轴和阶梯轴两类(图 12.4)。若根据其内部结构，分为实心轴和空心轴，直轴一般都是实心的，但有些特殊情况下要求在轴中安装其他零件或为了减小轴的质量，也可做成空心的。空心轴内外径比值在 0.6 左右，以保证轴的刚度及扭转稳定性。比如：当外径 d 相同时，空心轴的内径如果取为 $d_0=0.625d$，其强度比实心轴削弱 18%，而质量可以减少 39%。

(2) 曲轴为轴段轴线不在同一直线上的轴，主要用于有往复式运动的机械中，如用于汽油机和柴油机中，见图 12.5。

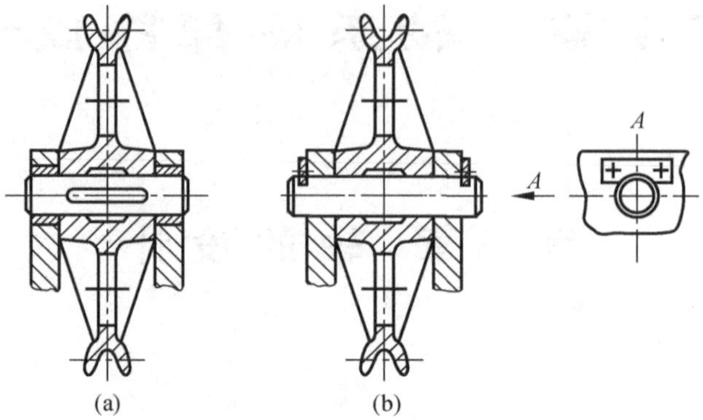

图 12.3　转动心轴和固定心轴

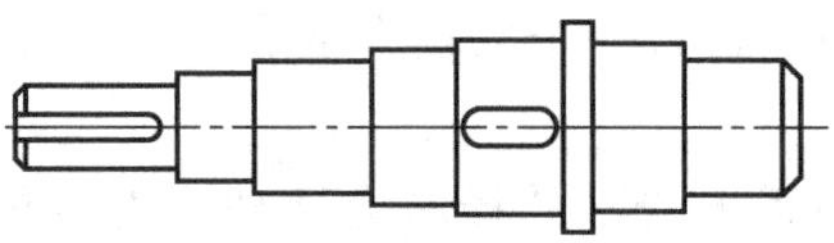

图 12.4　直轴

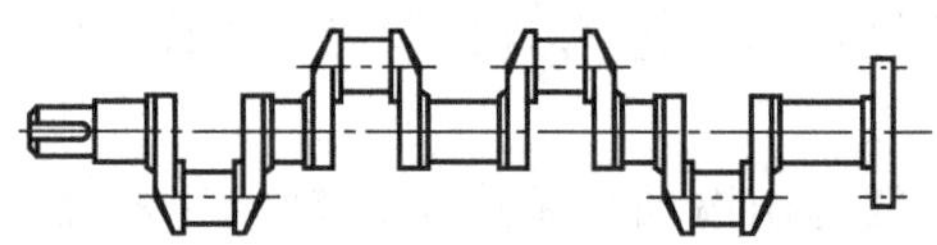

图 12.5　曲轴

(3) 钢丝软轴（又称挠性轴）常用在农业机械中，它由几层紧贴在一起的钢丝卷绕而成，可将运动和转矩传递到空间任意位置，见图 12.6。

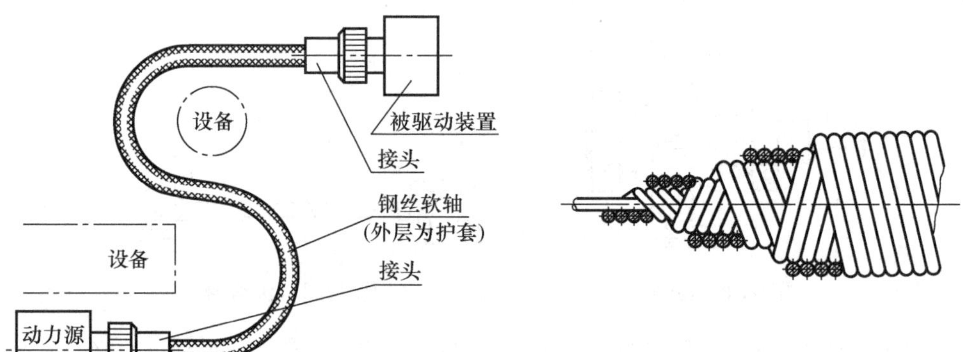

图 12.6　钢丝软轴

12.1.2　轴的材料及选择

轴的材料种类很多，常用材料是碳素钢和合金钢，如表 12.1 所列轴的常用材料及其主要机械性能。

表 12.1 轴的常用材料及其主要机械性能

材料牌号	热处理	毛坯直径 /mm	硬度 HBS	抗拉强度极限 σ_B	屈服强度极限 σ_s	弯曲疲劳极限 σ_{-1}	剪切疲劳极限 τ_{-1}	许用弯曲应力 $[\sigma_{-1}]$	备注
Q235A	热轧或锻后空冷	≤100		400～420	225	170	105	40	用于不重要及受载荷不大的轴
		100～250		375～390	215				
45	正火	≤100	170～217	590	295	225	140	55	应用最广泛
	回火	100～300	162～217	570	285	245	135		
	调质	≤200	217～255	650	360	270	155	60	
40Cr	调质	≤100	241～286	735	540	355	200	70	用于载荷较大，而无很大冲击的重要轴
		100～300		685	490	355	185		
40CrNi	调质	≤100	270～300	900	735	430	260	75	用于很重要的轴
		100～300	240～270	785	570	370	210		
38SiMnMo	调质	≤100	229～286	735	590	365	210	70	用于重要的轴，性能近于 40CrNi
		100～300	217～269	685	540	345	195		
38CrMoAlA	调质	≤60	293～321	930	785	440	280	75	用于要求高耐磨性，高强度且热处理（氮化）变形很小的轴
		60～100	277～302	835	685	410	270		
		100～160	241～277	785	590	375	220		
20Cr	渗碳淬火回火	≤60	渗碳 56～62HRC	640	390	305	160	60	用于要求强度及韧性均较高的轴
3Cr13	调质	≤100	≥241	835	635	395	230	75	用于腐蚀条件下的轴
1Cr18Ni9Ti	淬火	≤100	≤192	530	195	190	115	45	用于高低温及腐蚀条件下的轴
		100～200		490		180	110		
QT600-3			190～270	600	370	215	185		用于制造复杂外形的轴
QT800-2			245～335	800	480	290	250		

注：(1) 剪切屈服极限 $\tau_s \approx (0.55\sim0.62)\sigma_s$，$\sigma_0 \approx 1.4\sigma_{-1}$；$\tau_0 \approx 1.5\tau_{-1}$。

(2) 等效系数 ψ：碳素钢，$\psi_\sigma = 0.1\sim0.2$，$\psi_\tau = 0.05\sim0.1$；合金钢，$\psi_\sigma = 0.2\sim0.3$，$\psi_\tau = 0.1\sim0.15$。

1）碳素钢

该类材料比合金钢价格低廉，对应力集中的敏感性低，可通过热处理改善其综合性能，加工工艺性好，故应用最广。一般用途的轴，多用含碳量为 0.25%～0.5%的中碳钢，尤其是 45 钢十分常用。对于不重要或受力较小的轴也可用 Q235～Q275 等普通碳素钢。

2）合金钢

对于用在高温、高速和重载条件下、结构紧凑、质量小等使用要求的轴，可选合金钢。该类材料具有比碳素钢更好的机械性能和淬火性能，但对应力集中比较敏感，且价格较贵，多用于对强度和耐磨性有特殊要求的轴。如 12CrNi2、12CrNi3、20Cr、20CrMnTi 等低碳合金钢，经渗碳处理后可提高耐磨性；20CrMoV、38CrMoAl 等合金钢，有良好的高温机械性能。

需要注意的是：①由于常温下合金钢与碳素钢的弹性模量相差很小，因此想通过选用合金钢来提高轴的刚度是不合理的；②合金钢对于应力集中敏感性较高，所以在结构设计中应考虑减小其应力集中，降低表面粗糙度。

低碳钢和低碳合金钢经渗碳淬火，可提高其耐磨性，常用于韧性要求较高或转速较高的轴。

轴的毛坯多用轧制的圆钢或锻钢。锻钢内部组织均匀，强度较好，因此，重要的大尺寸的轴，常用锻造毛坯。对于制造结构形状复杂的曲轴等，则采用球墨铸铁和高强度铸铁，因其具有良好的工艺性，而易于得到所需的结构形状。

轴的材料选择时应主要考虑如下因素：

(1) 轴的强度、刚度及耐磨性要求。

(2) 轴的热处理方法及机加工工艺性的要求。

(3) 轴的材料来源和经济性等。

一般来说，轴的常用材料为优质碳钢 35，45，50 正火或调质处理，对于一般的轴采用普通碳钢如 Q235、Q275，重要的轴采用合金钢 40Cr、35SiMn 调质，表面淬火处理。

12.1.3 轴的设计准则

轴的设计是根据给定的轴的功能要求(传递功率或转矩、所支持零件的要求等)和满足物理、几何约束的前提下，确定轴的形状和尺寸。尽管轴设计中所受的物理约束很多，但设计时，其物理约束的重要性仍是有区别的。对一般用途的轴，满足强度约束条件，具有合理的结构和良好的工艺性即可。对于静刚度要求高的轴，如机床主轴，工作时不允许有过大的变形，则应按刚度约束条件来设计轴的尺寸。对于高速或载荷作周期变化的轴，为避免发生共振，则需按临界转速约束条件进行轴的稳定性计算。

轴的设计包括结构设计和工作能力计算两方面内容：

轴的结构设计是根据轴上零件的安装、定位以及轴的制造工艺等方面要求，合理地确定轴的结构形式和尺寸。设计不合理会影响轴的工作能力和轴上零件的工作可靠性，还会增加轴的制造成本和轴上零件装配困难等。

轴的工作能力计算指轴的强度、刚度和振动稳定性等方面的计算。为了保证轴具有足够的承载能力，要根据轴的工作要求对轴进行强度计算，以防止轴的断裂和塑性变形。对刚度要求高和受力较大的细长轴，应进行刚度计算，以防止产生过大的弹性变形。对高速轴应进行振动稳定性计算，以防止产生共振。

由分类可知，转轴既受弯矩又受转矩，所以掌握了转轴的设计方法，也就掌握了心轴和传动轴的设计方法。在轴的设计过程中，结构设计和设计计算应交叉进行，边设计边修改，并无固定的步骤，要根据具体情况来定。一般可按如下步骤来设计：

(1) 根据工作要求选择轴的材料和热处理方式。

(2) 按扭转确定约束条件或同类机器类比，初步确定轴的最小直径。

(3) 考虑轴上零件的定位和装配及轴的加工等条件，进行轴的结构设计，画出草图，确定轴的几何尺寸，得到轴的跨距和力的作用点。

(4) 根据结构尺寸和工作要求，进行强度计算。如不满足要求，则修改初定的最小轴径，重复(3)、(4)步骤，直到满足设计要求。

值得指出的是：轴结构设计的结果具有多样性。不同的工作要求、不同的轴上零件的装配方案以及轴的不同加工工艺等，都将得出不同的轴的结构形式。因此，设计时，必须对其结果进行综合评价，确定较优的方案。

12.2 轴的结构设计

1. 轴的一般结构

轴的典型结构为阶梯形状。如图12.7所示，轴主要由轴头、轴颈和轴身三部分构成，安装轮毂的部分称为轴头，安装轴承的部分称为轴颈，联接轴颈和轴头的部分称为轴身。轴颈的尺寸应根据轴承的内径尺寸进行确定。

轴的结构之所以大部分为阶梯形，原因如下：从节省材料、减少重量的观点来看，轴的各截面最好是等强度的(图2.8)，但从加工工艺观点来看，轴的形状是越简单越好。结构简单的轴制造省工，热处理不易变形，并有可能减少应力集中。在确定轴的外形时，在能保证装配精度的前提下，既要考虑节约材料，又要考虑便于加工和装配。因此，实际的轴多做成阶梯形的外形，只有一些简单的心轴和一些有特殊要求的转轴，才能做成具有同一名义直径的等直径轴。

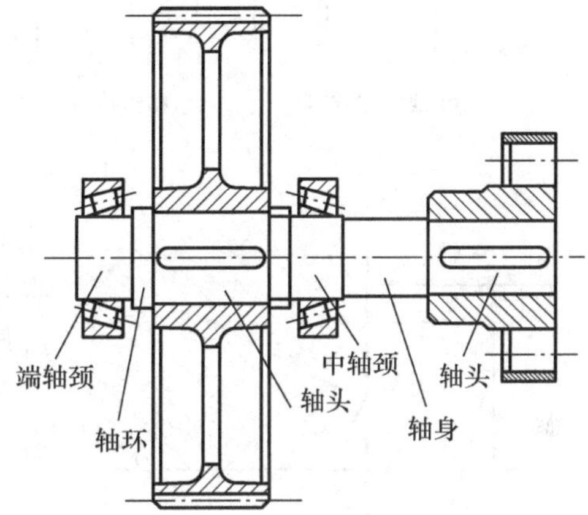

图12.7 阶梯轴结构

2. 轴的结构主要取决于以下因素

(1) 轴在机器中的安装位置及形式。

(2) 轴上安装零件的类型、尺寸、数量以及和轴联接的方法。

(3) 载荷的性质、大小、方向及分布情况。

(4) 轴的加工工艺等。

由于影响轴的结构的因素较多，且其结构形式又要随着具体情况的不同而异，所以轴没有标准的结构形式。设计时，必须针对不同情况进行具体的分析。

3. 轴的结构应满足

(1) 轴和装在轴上的零件要有准确的工作位置。

(2) 轴上的零件应便于装拆和调整。

(3) 轴应具有良好的制造工艺性等。

12.2.1 轴上零件的轴向固定

零件安装在轴上，要有准确的定位。各轴段长度的确定，应尽可能使结构紧凑。对于不允许轴向滑动的零件，零件受力后不改变其准确的位置，即定位要准确，固定要可靠。与轮毂相配装的轴段长度，即轴头长度应略小于轮毂宽2～3mm。对轴向滑动的零件，轴上应留出相应的滑移距离。

轴上零件的轴向固定常用的方法包括：轴肩(轴环)、挡圈、圆螺母、套筒、圆锥形轴头等，如图12.8所示。

轴肩结构简单，可以承受较大的轴向力。轴肩分为定位轴肩和非定位轴肩两类，利用轴肩定位是最方便可靠的方法，但采用轴肩就必然会使轴的直径加大，而且轴肩处将因截面突变而引起应力集中。另外，轴肩过多时也不利于加工。因此，轴肩定位多用于轴向力较大的场合。定位轴肩的高度 h 一般取为 $h=(0.07\sim0.1)d$，d 为与零件相配处的轴径尺寸。为了使零件

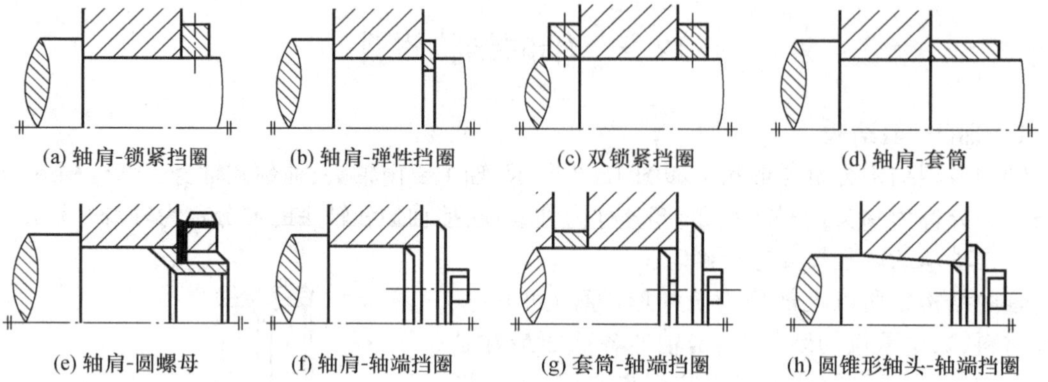

图 12.8　轴上零件轴向固定方法

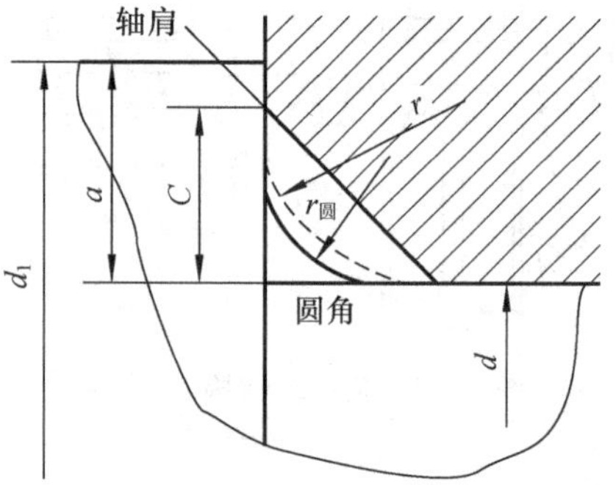

图 12.9　轴的圆角结构

能靠紧轴肩而得到准确可靠的定位，轴肩处的过渡圆角半径 $r_{圆}$ 必须小于与之相配的零件毂孔端部的圆角半径 r 或倒角尺寸 C，即：$r_{圆}<C<a$ 或 $r_{圆}<r<a$（见图 12.9）。非定位轴肩是为了加工和装配方便而设置的，其高度没有严格的规定，一般取为 1～2mm。

注：滚动轴承的定位轴肩高度必须低于轴承内圈端面的高度，以便拆卸轴承，其轴肩的高度可查手册中轴承的安装尺寸。

套筒结构简单，定位可靠，轴上不需开槽、钻孔和切制螺纹，因而不影响轴的疲劳强度，一般用于轴上两个零件之间的固定。如两零件的间距较大时，不宜采用套筒固定，以免增大套筒的质量及材料用量。因套筒与轴的配合较松，如轴的转速较高时，也不宜采用套筒固定。

圆螺母固定可承受大的轴向力，但轴上螺纹处有较大的应力集中，会降低轴的疲劳强度，故一般用于固定轴端的零件，有双圆螺母和圆螺母与止动垫片两种型式。当轴上两零件间距离较大不宜使用套筒固定时，也常采用圆螺母固定。

螺钉锁紧挡圈用紧定螺钉固定在轴上，在轴上的零件两侧各用一个挡圈时，可以任意调整轴上零件的位置，装拆方便，但不能承受大的轴向力，且钉端坑会引起轴上的应力集中。

需要注意的是，当套筒过长时可以采用螺母固定零件；轴端挡圈常用于轴端零件的固定；圆锥形轴头对中好，常用于转速较高时，也常用于轴端零件的固定。

12.2.2　轴上零件的周向固定

轴上零件与轴的周向固定所形成的联接，通常称为轴毂联接，轴毂联接的形式多种多样，本节介绍常用的几种。

1）平键联接

平键工作时，靠其两侧面传递转矩，键的上表面和轮毂槽底之间留有间隙。这种键定心性较好，装拆方便。但这种键不能实现轴上零件的轴向固定。如图 12.10 所示。

2）花键联接

花键联接的齿侧面为工作面，可用于静联接或动联接，如图 12.11 所示。它比平键联接有更高的承载能力，较好的定心性和导向性；对轴的削弱也较小，适用于载荷较大或变载及定心要求较高的静联接、动联接。

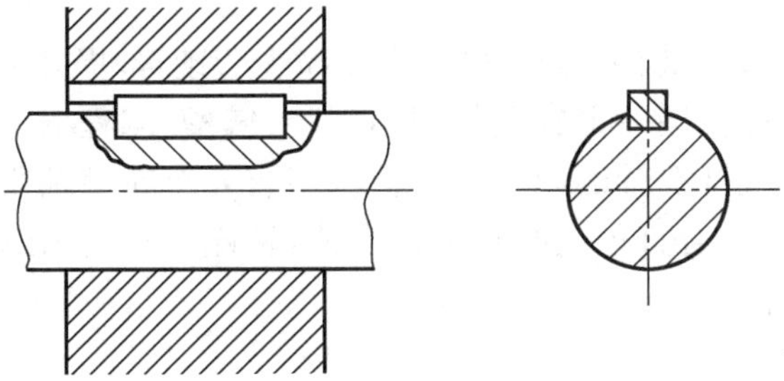

图 12.10　平键联接

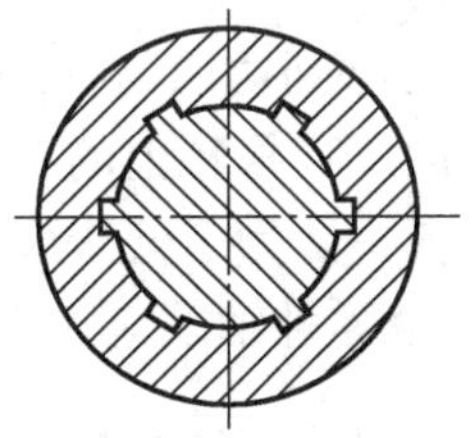

图 12.11　花键联接

3）成形联接

成形联接利用非圆剖面的轴和相应的轮毂构成的轴毂联接，是无键联接的一种形式。轴和毂孔可做成柱形和锥形，前者可传递转矩，并可用于不在载荷作用下的轴向移动的动联接；后者除传递转矩外，还可承受单向轴向力。

成形联接无应力集中源，定心性好，承载能力高。但加工比较复杂，特别是为了保证配合精度，最后一道工序多要在专用机床上进行磨削，故目前应用还不广泛。

4）过盈联接

过盈联接是利用零件间的过盈量来实现联接的。轴和轮毂孔之间因过盈配合而相互压紧，在配合表面上产生正压力，工作时依靠此正压力产生的摩擦力（也称为固持力）来传递载荷。过盈联接既能实现周向固定传递转矩，又能实现轴向固定传递轴向力。其结构简单，定心性能好，承载能力大，受变载和冲击载荷的能力好。常用于某些齿轮、车轮、飞轮等的轴毂联接。其缺点是承载能力取决于过盈量的大小，对配合面加工精度要求较高，装拆也不方便。

过盈联接的配合表面常为圆柱面和圆锥面，如图 12.12 所示，前者的装配有压入法和温差法，当过盈量或尺寸较小时，一般用压入法装配，当过盈量或尺寸较大时，或对联接量要求较高时，常用温差法装配。后者的装配可通过螺纹联接和液压装拆法实现（图 12.12(b)、(c)）。螺纹压紧联接使配合面间产生相对的轴向位移和压紧，这种结构常用于轴端；液压装拆是用高压油泵将高压油通过油孔和油沟压入联接的配合面，使轮毂孔径胀大而轴径缩小，同时施加一定的轴向力使之相互压紧，当压至预定的位置时，排除高压油即可，这种装配对配合面的接触精度要求较高，需要高压油泵等专用设备。

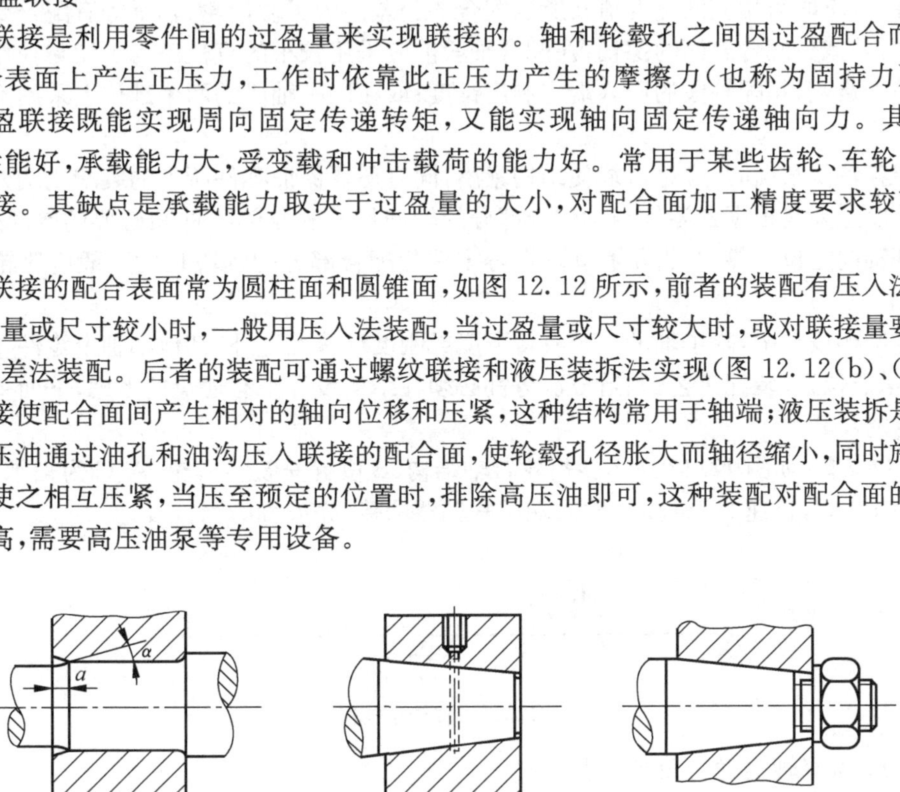

$\alpha=10°\sim30°$

$a=3\sim8$mm

(a) 圆柱面压入端的结构　　(b) 用液压装配　　(c) 用螺母压紧

图 12.12　过盈联接

12.2.3　保证轴的结构工艺性

设计轴时，要使轴的结构便于加工、测量、装拆和维修，力求减少劳动量，提高劳动生产率。为了便于加工，减小加工工具的种类，应使同一根轴上的圆角半径、键槽、越程槽、退刀槽的尺寸各自应相同。一根轴上的各个键槽应开在轴的同一母线上。当有几个花键轴段时，花键尺寸最好也应统一。为了便于装配，轴的配合直径应圆整为标准值，轴端应加工出倒角(一般为45°)；过盈配合零件轴端应加工出导向锥面。

12.2.4　各轴段直径和长度的确定

各轴段所需的直径与轴上载荷的大小有关。初步确定轴的直径时，通常还不知道支反力的作用点，不能决定弯矩的大小与分布情况，因而还不能按轴所受的具体载荷及其引起的应力来确定轴的直径。但在进行轴的结构设计前，通常已能求得轴所受的转矩。因此，可按轴所受的转矩初步估算轴所需的最小直径 $d_{\min}$，然后再按轴上零件的装配方案和定位要求，从 $d_{\min}$ 处起逐一确定各段轴的直径。在实际设计中，轴的直径亦可凭设计者的经验取定，或参考同类机械用类比的方法确定。

有配合要求的轴段，应尽量采用标准直径。安装标准件(如滚动轴承、联轴器、密封圈等)部位的轴径，应取为相应的标准值及所选配合的公差。为了使齿轮、轴承等有配合要求的零件装拆方便，并减少配合表面的擦伤，在配合轴段前应采用较小的直径。为了使与轴作过盈配合的零件易于装配，相配轴段的压入端应制出锥度；或在同一轴段的两个部位上采用不同的尺寸公差。

确定各轴段长度时，应尽可能使结构紧凑，同时还要保证零件所需的装配或调整空间。轴的各段长度主要是根据各零件与轴配合部分的轴向尺寸和相邻零件间必要的空隙来确定的。为了保证轴向定位可靠，与齿轮和联轴器等零件相配合部分的轴段长度一般应比轮毂长度短2～3mm。

轴的结构设计中，除了轴的直径有待强度或刚度计算确定外，其他如轴上零件布置和固定方法、支承点位置、装配工艺、制造方法等都必须在结构设计中有通盘的考虑，下面举例说明轴结构设计的步骤。

【例 12.1】　如图 12.13 所示斜齿轮转轴结构，B 位置安装斜齿轮，A、C 为轴承支承位置，传递功率 13kW，转速 250r/min，输入端用联轴器联接，完成轴的结构设计。

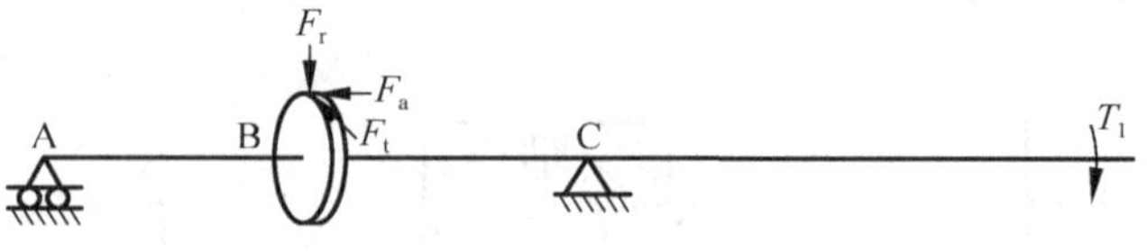

图 12.13　转轴结构简图

解　1) 选择轴的材料和热处理方式

选择轴的材料为 45 钢，经调质处理，其机械性能由表 12.1 查得

$$\sigma_b = 650\text{MPa},\quad \sigma_s = 360\text{MPa},\quad \sigma_{-1} = 270\text{MPa},\quad \tau_{-1} = 155\text{MPa}$$

查表 12.3 得，$[\sigma_{-1}]_b=60\text{MPa}$。

2) 初算轴的最小轴径

由公式(12.2)，选 $C=110$，则轴的最小直径为

$$d \geqslant 110 \times \sqrt[3]{\frac{13}{250}} = 41.098(\text{mm})$$

轴的最小直径显然是安装联轴器处轴的直径，需开键槽，故将最小轴径增加5%，变为43.153mm。查《机械设计手册》，取标准直径45mm。

3）选择联轴器

取载荷系数$K_A=1.3$，则联轴器的计算转矩为

$$T_{ca} = K_A T_1 = 1.3 \times 496600 = 645580(\text{N·mm})$$

根据计算转矩、最小轴径、轴的转速，查标准GB5014—1985或手册，选用弹性柱销联轴器，其型号为HL4 $\frac{\text{JC}45\times 84}{\text{JC}45\times 84}$GB5014—1985。

4）初选轴承

因轴同时受有径向力和轴向力的作用。故选用角接触球轴承。根据工作要求及输入端的直径（为45mm），由轴承产品目录中选取型号为311的滚动轴承，其尺寸（内径×外径×宽度）为$d\times D\times b=55\times 135\times 29$。

5）轴的结构设计

（1）拟定轴上零件的装配方案。

据轴上零件定位、加工要求以及不同的零件装配方案，参考轴的结构设计的基本要求，得出不同轴结构设计。为了便于装拆轴上零件，将轴做成两端直径小而中间直径大的阶梯形，即阶梯轴。图12.14中，齿轮从输入端装入，齿轮、套筒、右端轴承和端盖、联轴器依次从轴的右端装入，仅左端轴承从左端装入。装拆简单方便，若为成批生产，该方案在机加工和装拆等方面更能发挥其长处。

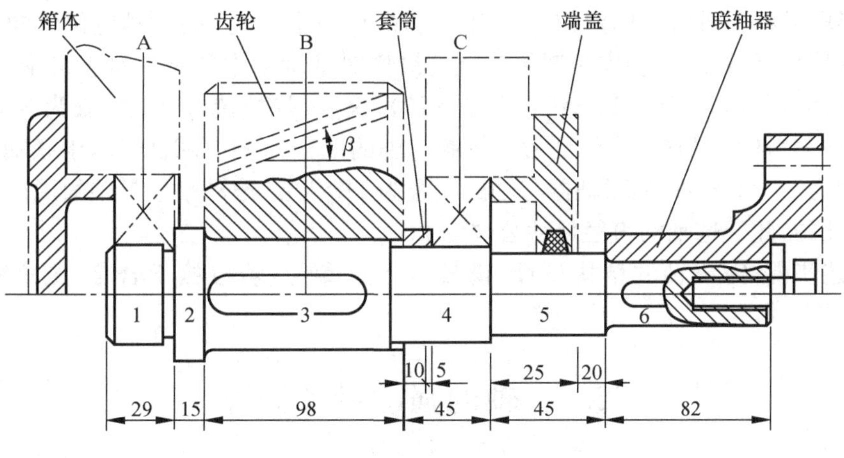

图12.14　轴的结构设计

为了便于安装轴上零件，相应轴段的端部都应有倒角，其尺寸可按GB/T 6403.4—1986选取。为便于机械加工，轴的结构应有良好的工艺性，并尽可能简单。需要磨削的轴段应有砂轮越程槽，如图12.14轴段1和2处。其尺寸可按GB/T 6403.5—1986选取。

（2）确定轴的各段直径。

由于联轴器型号已定，右端用轴端挡圈定位，左端用轴肩定位。故轴段6的直径即为相配合的半联轴器的直径，取为45mm。

联轴器是靠轴段5的轴肩来进行轴向定位的，为了保证定位可靠，轴段5要比轴段6的直

径大 5～10mm，取轴段 5 的直径为 52mm。

轴段 1 和轴段 4 均是放置滚动轴承的，所以直径与滚动轴承内圈直径一样，为 55mm。

考虑拆卸的方便，轴段 3 的直径只要比轴段 4 的直径大 1～2mm 就行了，这里取为 58mm。

轴段 2 是一轴环，右侧用来定位齿轮，左侧用来定位滚动轴承，查滚动轴承的手册，可得该型号的滚动轴承内圈安装尺寸最小为 64mm，同时轴环的直径还要满足比轴段 3 的直径（为 58mm）大 5～10mm 的要求，故这段直径最终取为 66mm。

(3) 确定轴的各段长度。

轴段 6 的长度比半联轴器的毂孔长度（为 84mm）要短 2～3mm，这样可保证轴端挡圈只压在半联轴器上而不压在轴的端面上，故该段轴长取为 82mm。

同理，轴段 3 的长度要比齿轮的轮毂宽度（为 100mm）短 2～3mm，故该段轴长取为 98mm。

轴段 1 的长度即为滚动轴承的宽度，查手册为 29mm。

轴环 2 宽度取为 15mm。

轴承端盖的总宽度为 25mm（由减速器及轴承端盖的结构设计而定）。根据轴承端盖的装拆及便于对轴承添加润滑脂的要求，取端盖的外端面与半联轴器右端面间的距离 $l=20$mm，故取轴段 5 的长度为 45mm。

取齿轮距箱体内壁之距离为 10mm，考虑到箱体的铸造误差，在确定滚动轴承位置时，应距箱体内壁一段距离，取 5mm。已知滚动轴承宽度为 29mm，齿轮轮毂长为 100mm，则轴段 4 的长度为 $10+5+(100-98)+29=46$(mm)。

(4) 轴上零件的周向定位。

齿轮、半联轴器与轴的周向定位均采用平键联接。同一轴上的键槽应位于同一加工直线上，键槽尽可能靠近轴端，以便安装时轮毂上的键槽对准轴槽中的键。对于齿轮，由手册查得平键的截面尺寸宽×高＝16×10(GB1095—1979)，键槽用键槽铣刀加工，长为 80mm（标准键长见 GB1096—1979），同时为了保证齿轮轮毂与轴的配合为 H7/n6；同样，半联轴器与轴的联接，选用平键为 14×9×63，半联轴器与轴的配合为 H7/k6。滚动轴承与轴的周向定位是借过渡配合来保证的，此处选轴的直径尺寸公差为 k6。

按照上述步骤，完成轴的结构设计，供校核计算参考，若校核不合格，则重新进行设计改进。

12.3 轴的强度设计计算

轴的工作能力设计计算通常在初步完成结构设计后进行，根据轴的工作要求，进行强度、刚度计算，必要时还要校核轴的振动稳定性。强度计算可防止轴发生断裂或塑性变形。刚度计算可防止工作时产生较大弹性变形。对高速轴则进行振动稳定性计算，防止产生共振。

轴的强度计算应根据轴的承载情况，采用相应的计算方法，常见的轴强度计算方法有四种：基于扭转强度计算；基于弯扭合成强度条件计算；基于疲劳强度的安全系数校核计算；基于静强度的安全系数计算。

12.3.1　基于扭转强度计算

对只受转矩或以承受转矩为主的传动轴，应按扭转强度条件计算轴的直径。若有弯矩作用，可用降低许用应力的方法来考虑其影响。通常用这种方法初步估算轴径，对于不太重要的轴，也可作为最后计算结果。

轴的扭转强度约束条件为

$$\tau_T = \frac{T}{W_T} = \frac{9550 \times 10^3 P/n}{W_T} \leqslant [\tau_T] \tag{12.1}$$

式中，τ_T 为轴危险截面的最大扭剪应力(MPa)；T 为轴所传递的转矩(N·mm)；W_T 为轴危险截面的抗扭截面模量(mm^3)；P 为轴所传递的功率(kW)；n 为轴的转速(r/min)；$[\tau_T]$为轴的许用扭剪应力(MPa)，见表 12.2。

表 12.2　轴的常用材料的许用扭转剪切力$[\tau_T]$和 C 值

轴的材料	Q235	1Cr18Ni9Ti	35	45	40Cr，35SiMn，2Cr13，20CrMnTi
$[\tau_T]$	12～20	12～25	20～30	30～40	40～52
C	160～135	148～125	135～118	118～107	107～98

对实心圆轴，$W_T = \pi d^3/16 \approx d^3/5$，以此代入式(12.1)，可得扭转强度条件的设计式

$$d \geqslant \sqrt[3]{\frac{5}{[\tau_T]}\left(9550 \times 10^3\,\frac{P}{n}\right)} = C\sqrt[3]{\frac{P}{n}} \tag{12.2}$$

式中，C 为由轴的材料和受载情况决定的系数，其值可查表 12.2。

当弯矩相对转矩很小时，C 值取较小值，$[\tau_T]$取较大值；反之，C 取较大值，$[\tau_T]$取较小值。

应用式(12.2)求出的 d 值，一般作为轴受转矩作用段最细处的直径，一般是轴端直径。若计算的轴段有键槽，则会削弱轴的强度，作为补偿，此时应将计算所得的直径适当增大，若该轴段同一剖面上有一个键槽，则将 d 增大 5%，若有两个键槽，则增大 10%。

此外，也可采用经验公式来估算轴的直径。如在一般减速器中，高速输入轴的直径可按与之相联的电机轴的直径 D 估算：$d=(0.8\sim1.2)D$；各级低速轴的轴径可按同级齿轮中心距 a 估算，$d=(0.3\sim0.4)a$。

12.3.2　基于弯扭合成强度条件计算

对于同时承受弯矩和转矩的轴，可根据转矩和弯矩的合成强度进行计算。计算时，先根据结构设计所确定的轴的几何结构和轴上零件的位置，画出轴的受力简图，然后，绘制弯矩图、转矩图，按第三强度理论条件建立轴的弯扭合成强度约束条件

$$\sigma_{ca} = \sqrt{M^2 + T^2}/W = \frac{M_{ca}}{W} \leqslant [\sigma] \tag{12.3}$$

考虑到弯矩 M 所产生的弯曲应力和转矩 T 所产生的扭剪应力的性质不同，对上式中的转矩 T 乘以折合系数 α，则强度约束条件一般公式为

$$\sigma_{ca} = \frac{\sqrt{M^2 + (\alpha T)^2}}{W} = \frac{M_{ca}}{W} \leqslant [\sigma_{-1}]_b \tag{12.4}$$

式中，$M_{ca} = \sqrt{M^2 + (\alpha T)^2}$ 称为当量弯矩；α 为根据转矩性质而定的折合系数；转矩不变时，$\alpha = [\sigma_{-1}]_b/[\sigma_{+1}]_b \approx 0.3$；转矩按脉动循环变化时，$\alpha = [\sigma_{-1}]_b/[\sigma_0]_b \approx 0.6$；转矩按对称循环变化

时，$\alpha=[\sigma_{-1}]_b/[\sigma_{-1}]_b\approx 1$。

若转矩的变化规律不清楚，一般也按脉动循环处理。$[\sigma_{-1}]_b$、$[\sigma_0]_b$、$[\sigma_{+1}]_b$ 分别为对称循环、脉动循环及静应力状态下的许用应力，见表 12.3。

表 12.3　轴的许用弯曲应力(MPa)

材　料	σ_b	$[\sigma_{+1}]_b$	$[\sigma_0]_b$	$[\sigma_{-1}]_b$
碳钢	400	130	70	40
	500	170	75	45
	600	200	95	55
	700	230	110	65
合金钢	800	270	130	75
	900	300	140	80
	1000	330	150	90
	1200	400	180	110
铸钢	400	100	50	30
	500	120	70	40

W 为轴的抗弯截面模量(mm^3)，见附表 12.8。

对实心轴，式(12.4)也可写为

$$d\geqslant\sqrt[3]{\frac{M_{ca}}{0.1[\sigma_{-1}]_b}}\tag{12.5}$$

若计算的剖面有键槽，则应将计算所得的轴径 d 增大，方法同扭转强度计算。

12.3.3　基于疲劳强度的安全系数校核计算

按当量弯矩计算轴的强度中没有考虑轴的应力集中、轴径尺寸和表面品质等因素对轴的疲劳强度的影响，因此，对于重要的轴，还需要进行轴危险截面处的疲劳安全系数的精确计算，评定轴的安全裕度，即建立轴在危险截面的安全系数的约束条件。

安全系数的约束条件为

$$S=\frac{S_\sigma S_\tau}{\sqrt{S_\sigma^2+S_\tau^2}}\geqslant[S]\tag{12.6}$$

$$S_\sigma=\frac{k_N\sigma_{-1b}}{\dfrac{k_\sigma}{\beta\varepsilon_\sigma}\sigma_a+\psi_\sigma\sigma_m}\tag{12.7}$$

$$S_\tau=\frac{k_N\tau_{-1b}}{\dfrac{k_\tau}{\beta\varepsilon_\tau}\tau_a+\psi_\tau\tau_m}\tag{12.8}$$

式中，S 为计算安全系数；$[S]$为最小许用安全系数，见表 12.4；S_σ、S_τ 分别为受弯矩和转矩作用时的安全系数；σ_{-1}、τ_{-1} 为对称循环应力时材料试件的弯曲和扭转疲劳极限，见表 12.1；k_σ、k_τ 为弯曲和扭转时的有效应力集中系数，见附表 12.1～12.3；k_N 为寿命系数，见第 3 章公式(3.2)；ε_σ、ε_τ 为弯曲和扭转时的绝对尺寸系数，见附表 12.4；β 为弯曲和扭转时的表面状态系数，见附表 12.5～12.7；ψ_σ、ψ_τ 为弯曲和扭转时平均应力折合应力幅的等效系数，见表 12.1 注(2)；σ_a、τ_a 为弯曲和扭转的应力幅；σ_m、τ_m 为弯曲和扭转平均应力。

表 12.4　疲劳强度的最小许用安全系数

条　　件	[S]
载荷可精确计算，材质均匀，材料性能精确可靠	1.3～1.5
计算精度较低，材质不够均匀	1.5～1.8
计算精度很低，材质很不均匀，或尺寸很大的轴(d>200mm)	1.8～2.5

注：(1) 对于转轴或转动心轴，弯曲应力按对称循环变化，故 $\sigma_a = M/W$，$\sigma_m = 0$；

(2) 对于固定心轴或载荷随轴一起转动的转动心轴，考虑到载荷波动的实际情况，弯曲应力可作为脉动循环变化考虑，即 $\sigma_a = \sigma_m = M/(2W)$；

(3) 若转矩变化的规律难以确定，一般而言，对单方向转动的转轴，常视扭剪应力按脉动循环变化，即 $\tau_a = \tau_m = T/(2W_T)$；若轴经常正反转，则应按对称循环处理，即 $\tau_a = T/W_T$，$\tau_m = 0$。

当式(12.6)不能满足时，则说明轴的疲劳强度不足，需采取相应措施予以改进。如改进轴的结构以降低应力集中；采用热处理、表面强化处理等工艺措施提高强度；加大轴的直径；或改用较好材料等。

12.3.4　基于静强度的安全系数计算

对于应力循环严重不对称或短时过载严重的轴，在尖峰载荷作用下，可能产生塑性变形，为了防止在疲劳破坏前发生大的塑性变形，还应按尖峰载荷校核轴的静强度安全系数。其约束条件为

$$S_0 = \frac{S_{0\sigma} S_{0\tau}}{\sqrt{S_{0\sigma}^2 + S_{0\tau}^2}} \geqslant [S_0] \tag{12.9}$$

$$S_{0\sigma} = \frac{\sigma_s}{\sigma_{max}} \tag{12.10}$$

$$S_{0\tau} = \frac{\tau_s}{\tau_{max}} \tag{12.11}$$

式中，S_0 为静强度计算安全系数；$S_{0\sigma}$、$S_{0\tau}$ 为受弯矩和转矩作用时的静强度安全系数；$[S_0]$为静强度最小许用安全系数，见表 12.5；σ_s、τ_s 为材料抗弯、抗扭屈服极限；σ_{max}、σ_{max}为尖峰载荷所产生的最大弯曲、扭剪应力。

表 12.5　静强度的最小许用安全系数[S_0]

σ_s/σ_b	0.45～0.55	0.55～0.70	0.70～0.90	铸造轴
$[S_0]$	1.2～1.5	1.4～1.8	1.7～2.2	1.6～2.5

12.3.5　轴的设计步骤

对于轴的设计步骤，以下通过两则例题加以说明。

【例 12.2】 设计带式运输机减速器的输出轴。已知该轴传递功率 P=13kW，转速 n=250r/min，齿轮齿宽 B=100mm，齿数 z=40，模数 m_n=5mm，螺旋角β=9°22′，α_n=20°，h_a^*=1，轴端用联轴器联接，本例不考虑联轴器由于制造和安装误差产生的附加圆周力，结构见图 12.14。

解　说明：对于零件作用于轴上的分布载荷或转矩(因轴上零件如齿轮、联轴器等均有宽度)可当作集中力作用于轴上零件的宽度中点。对于支反力的位置，随轴承类型和布置方式不同而异，应从滚动轴承样本手册中查取确定轴承载荷中心的 a 值。对于跨距较大时可近似认

为支反力位于轴承宽度的中点，本例题取在中心附近，跨接长度为齿轮中心距到轴承中心距离，如图 12.15(a)所示，取 $AB=BC=80$。

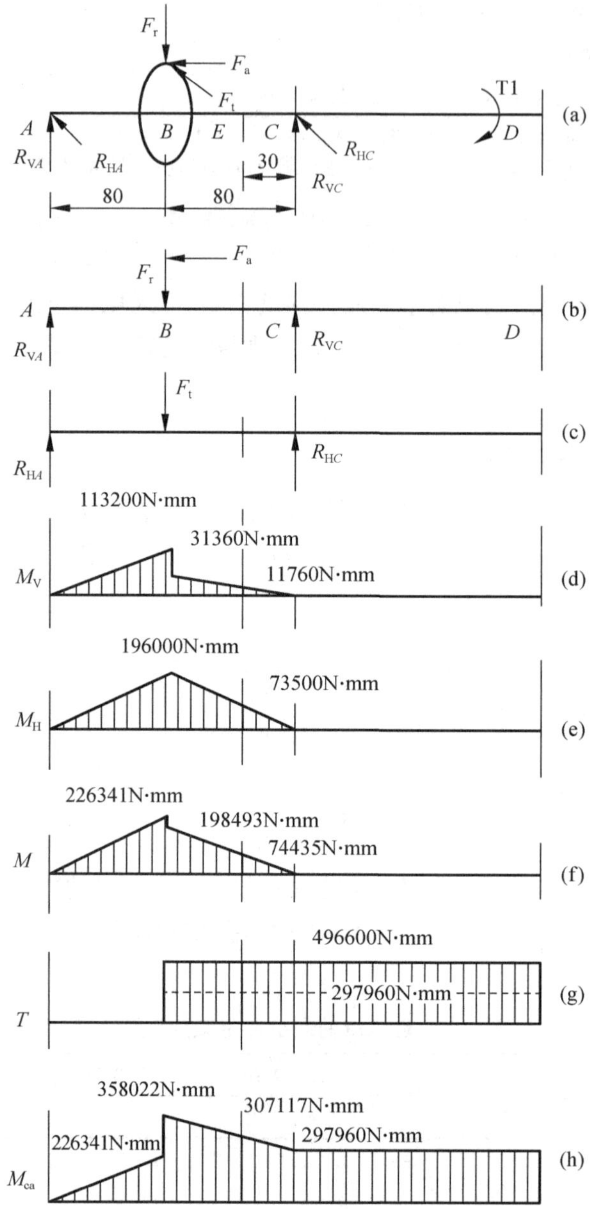

图 12.15 轴的载荷分布图

一般而言，轴的强度是否满足要求只需对危险截面进行校核即可，而轴的危险截面多发生在当量弯矩最大或当量弯矩较大且轴的直径较小处。根据轴的结构尺寸和当量弯矩图可知，齿轮中间截面处弯矩最大(B 点位置)，且有齿轮配合与键槽引起的应力集中，截面尺寸也非最大，属于危险截面；距离 B 点 30mm 处的轴段 3 和 4 联接处，即 E 点位置处，当量弯矩不大但轴径较小，有轴承配合引起的应力集中，也属于危险截面。而对于其他截面受纯转矩作用，但由于轴最小直径是按扭转强度较为宽裕地确定的，故强度肯定满足，无须校核弯扭合成强度，本例题选 B 和 E 处校核。

轴的计算步骤列于下表：

计算项目	计算内容	计算结果
计算齿轮受力		
轴传递的转矩	$T_1=9.55\times10^6\dfrac{P}{n}=9.55\times10^6\times\dfrac{13}{250}$	$T_1=496600\text{N}\cdot\text{mm}$
齿轮的圆周力	$F_t=\dfrac{2T}{d_1}=\dfrac{2T}{zm_n/\cos\beta}=\dfrac{2\times496600}{40\times5/\cos9°22'}$	$F_t=4900\text{N}$
齿轮的径向力	$F_r=\dfrac{F_t\tan\alpha_n}{\cos\beta}=\dfrac{4900\times\tan20°}{\cos9°22'}$	$F_r=1807\text{N}$
齿轮的轴向力	$F_a=F_t\tan\beta=4900\times\tan9°22'$	$F_a=808\text{N}$
画出轴受力图	见图 12.5(a)	
计算轴上的支反力		
水平面内支反力	$R_{HA}=R_{HC}=F_t/2$	2450N
垂直面内支反力	$R_{VC}=\dfrac{1807\times80-808\times\dfrac{d_1}{2}}{160}$ $R_{VA}=1807-392$	392N 1415N
垂直面受力图	见图 12.15(b)	
水平面受力图	见图 12.15(c)	
画出轴的弯矩图		
垂直弯矩图	见图 12.15(d)	
水平弯矩图	见图 12.15(e)	
合成弯矩图	见图 12.15(f)，合成弯矩计算 $M=\sqrt{M_H^2+M_V^2}$	
许用应力		
许用应力值	选择轴的材料为 45 钢，经调质处理，查表 12.3 得 $[\sigma_{-1}]_b=60\text{MPa}$，　$[\sigma_0]_b=102.5\text{MPa}$	
应力校正系数	$\alpha=\dfrac{[\sigma_{-1b}]}{[\sigma_{0b}]}$	取 0.6
画转矩图		
轴受转矩	$T=T_1$	
转矩图	见图 12.15(g)	
画当量转矩图		
当量转矩	$\alpha T=0.6\times496600$，见图 12.15(h)	$297960\text{N}\cdot\text{mm}$
当量弯矩		
	齿轮中间 B 处当量弯矩为 $M_{ca}^B=\sqrt{M^2+(\alpha T)^2}=\sqrt{198493^2+297960^2}$	$358022\text{N}\cdot\text{mm}$
	E 处当量弯矩为 $M_{ca}^E=\sqrt{M_E^2+(\alpha T)^2}=\sqrt{74435^2+297960^2}$	$307117\text{N}\cdot\text{mm}$
抗弯截面系数计算	B 处抗弯截面系数查附表 12.8 计算， $(b=16\text{mm}, t=10\text{mm})$	16.9cm^3
	E 处抗弯截面系数查附表 12.8 计算($d=55\text{mm}$) $W_E=0.1d^3$	16.6cm^3
	$\sigma_b^B=\dfrac{M_{ca}^B}{W_B}=\dfrac{358.022}{16.9}$	21.2MPa
	$\sigma_b^E=\dfrac{M_{ca}^E}{W_E}=\dfrac{307.117}{16.6}$	18.5MPa
		$\sigma_b^B\leqslant[\sigma_{-1}]_b$ $\sigma_b^E\leqslant[\sigma_{-1}]_b$ 故安全；零件图略

【例 12.3】 按安全系数校核例 12.2 中转轴的强度。

解 一般用途的轴按前述弯扭合成强度校核后就足够了,对于重要的轴可直接用下述的安全系数法校核。这两种方法不必同时进行。如果单独使用安全系数校核的方法,上例步骤中前四步仍需进行,此后要计算的项目见下表:

计算项目	计算内容	计算结果
判断危险截面	危险截面判断如上题分析,下面以齿轮中心截面 B 位置进行安全系数校核	
对称循环疲劳极限	选择轴的材料为 45 钢,经调质处理,$\sigma_b=650\text{MPa}$,$\sigma_s=360\text{MPa}$,由表 3.1 所列公式求得疲劳极限: $\sigma_{-1b}=0.44\sigma_b=0.44\times650$ $\tau_{-1}=0.30\sigma_b=0.3\times650$	$\sigma_{-1b}=286\text{MPa}$ $\tau_{-1}=195\text{MPa}$
应力计算		
弯曲应力幅(对称循环)	$\sigma_a=\dfrac{M}{W}=\dfrac{\sqrt{113.2^2+196^2}}{16.9}$	13.39MPa
扭剪应力幅(脉动循环)	$\tau_a=\dfrac{T}{2W_T}=\dfrac{496.6}{2\times33}$	7.52MPa
弯曲平均应力	$\sigma_m=0$	$\sigma_m=0$
扭转切应力幅和平均切应力	$\tau_a=\tau_m=\dfrac{\tau}{2}$	7.52MPa
等效系数	材料的疲劳极限:根据 $\sigma_b=650\text{MPa}$,$\sigma_s=360\text{MPa}$ 查表 12.1 附注得	$\psi_\sigma=0.2$,$\psi_\tau=0.1$
应力集中系数		
有效应力集中系数	查附表 12.1 得 $k_\sigma=1.825$,$k_\tau=1.625$	
表面状态系数	查附表 12.5 得 $\beta=0.92$($\sigma_0=650\text{MPa}$,$R_a=1.6\mu\text{m}$)	
尺寸系数	附表 12.4 $\varepsilon_\sigma=0.81$, $\varepsilon_\tau=0.76$	
安全系数		
弯矩安全系数	$S_\sigma=\dfrac{k_n\sigma_{-1b}}{\dfrac{k_\sigma}{\beta\varepsilon_\sigma}\sigma_a+\psi_\sigma\sigma_m}=\dfrac{1\times286}{\dfrac{1.825}{0.92\times0.81}\times13.39+0.2\times0}$	8.72
转矩安全系数	$S_\tau=\dfrac{k_n\tau_{-1b}}{\dfrac{k_\tau}{\beta\varepsilon_\tau}\tau_a+\psi_\tau\tau_m}=\dfrac{1\times195}{\dfrac{1.625}{0.92\times0.76}\times7.52+0.1\times7.52}$	10.7
复合安全系数	$S=\dfrac{S_\sigma S_\tau}{\sqrt{S_\sigma^2+S_\tau^2}}=\dfrac{8.72\times10.7}{\sqrt{8.72^2+10.7^2}}$	$6.76>[S]=1.4$ 故安全

结论:根据校核,齿轮中心截面足够安全,其他截面尚需作进一步分析与校核。此外,安全系数较大时,对轴全面分析后应考虑有无可能减小轴直径。对于重要的轴,所有可能出现危险的截面都要校核。轴上有过盈配合零件的还应考虑过盈配合对应力集中的影响,不能忽略。

12.4 轴的刚度计算

轴在弯矩和转矩的作用下会产生弹性变形,包括弯曲变形和扭转变形,变形严重时,将使轴和轴上的零件不能正常工作,影响机器的工作性能。如安装齿轮的轴,若弯曲变形过大,会使轮齿上的载荷沿齿宽分布不均,引起偏载;机床主轴变形过大,会降低被加工零件的制造精度。因此,对刚度要求较高的轴,为防止工作中出现过大的弹性变形,需要进行刚度计算。

轴的刚度计算有弯曲刚度和扭转刚度两种,弯曲刚度用轴的挠度 y 或偏转角 θ 来表示,扭转刚度用轴的扭转角 φ 来表示。刚度计算就是计算轴在工作载荷下的变形量,并要求其在允许的范围内，使其满足下列刚度条件：

$$y\leqslant[y],\quad \theta\leqslant[\theta],\quad \varphi\leqslant[\varphi] \tag{12.12}$$

式中，y、$[y]$分别为轴的挠度和许用挠度(mm)；θ，$[\theta]$分别为轴的偏转角和许用偏转角(rad)；φ、$[\varphi]$分别为轴的扭转角和许用扭转角(°/m)。

按材料力学中的公式计算，相应的许用值则根据机器的要求确定，见表12.6所示。

表12.6　轴许用的挠度、偏转角和扭转角

应用场合	$[y]$/mm	应用场合	$[\theta]$/rad	应用场合	$[\varphi]$(°/m)
一般用途	$(0.0003\sim0.005)L$	滑动轴承	$\leqslant0.001$	一般传动	$0.5\sim1$
刚度要求较高	$\leqslant0.0002L$	向心球轴承	$\leqslant0.005$	较精密的传动	$0.25\sim0.5$
安装齿轮的轴	$(0.01\sim0.05)m_n$	调心轴承	$\leqslant0.05$	重要传动	0.25
安装蜗轮的轴	$(0.02\sim0.05)m_t$	圆柱滚子轴承	$\leqslant0.0025$		
蜗杆轴	$(0.01\sim0.02)m_t$	圆锥滚子轴承	$\leqslant0.0016$		
电动机轴	$\leqslant0.1\delta$	安装齿轮处	$\leqslant0.001\sim0.002$		

注：L为支承间跨距；δ为电动机定子与转子的间隙；m_n为齿轮法面模数；m_t为蜗轮端面模数，单位：mm。

12.4.1　弯曲刚度计算

进行轴的弯曲刚度计算时，须计算轴的弯曲变形。由于轴承间隙、箱体刚度、配合在轴上零件的刚度以及轴的局部削弱等都要影响到轴的刚度，所以精确计算轴的弯曲变形很复杂。机械设计中通常按材料力学的方法计算挠度和偏转角，常用的有当量轴径法和能量法。

1) 当量轴径法

当量轴径法适用于轴的各段直径相差较小且需作近似计算的场合。它是通过将阶梯轴转化为当量等径光轴后求其弯曲变形。当量轴径 d_v 可用下面公式求出

$$d_v=\frac{\sum d_i l_i}{l} \tag{12.13}$$

式中，l是支点间距离；l_i、d_i 分别指轴上第 i 段的长度和直径。

2) 能量法

能量法适用于阶梯轴弯曲刚度较精确的计算。它是通过对轴受外力作用后所引起的变形能的分析，并应用材料力学的方法分析轴的变形。

12.4.2　扭转刚度计算

轴受转矩作用时，其扭角 $\phi=Tl/(GI_p)$，由此可得单位轴长的扭角为

$$\frac{\phi}{l}=\frac{T}{GI_p}\leqslant[\phi] \tag{12.14}$$

式中，l为轴受转矩作用的长度；I_p 为轴截面的极惯性矩；G为轴材料的切变模量。扭角 ϕ 的单位是rad，每米轴长的许可扭角$[\phi]$ 单位是rad/m。

对于钢制实心轴，代入 $T=9.55\times10^6P/n$(N·mm)，$I_p=\pi d^4/32$(mm^4)，每米轴长许可扭角为$[\phi^\circ]$，$G=81000$MPa，则上式可化成

$$d\geqslant\sqrt[4]{\frac{9.55\times10^6\times1000}{8.1\times10^4\times\frac{\pi}{32}\times\frac{[\phi^\circ]}{57.3}}}\sqrt[4]{\frac{P}{n}}=A\sqrt[4]{\frac{P}{n}} \tag{12.15}$$

不同的[ϕ°]，对应的 A 值可由表 12.7 查出。

表 12.7 A 值

[ϕ°]	0.1	0.2	0.3	0.4	0.5	0.75	1
A	162	136	123	115	108	98	91

12.5 轴的临界转速

大多数机器中的轴虽然不受周期性外载荷的作用，但由于零件的材质分布不均匀，以及制造、安装误差等原因，将导致零件的质心与回转轴线之间偏移一段距离，因而回转时将产生离心力，使轴受到周期性载荷的干扰作用。若周期性载荷引起的强迫振动频率与轴的固有频率相同或接近时，轴将产生显著的振动，这种现象称为轴的共振，产生共振时轴的转速称为临界转速(记为 n_c)。如果轴的转速停滞在临界转速附近，则轴的弹性变形将迅速增大，以至于轴或轴上零件乃至整个机器遭到破坏。因此，对于转速极高的轴或受周期性外载荷作用的轴，必须进行临界转速计算，使轴的工作转速避开临界转速。

轴的临界转速可以有多个，最低的一个称为一阶临界转速，其余为二阶、三阶临界转速等，分别记为 n_{c1}，n_{c2}，n_{c3}，…。工作转速低于一阶临界转速的轴称为刚性轴，超过一阶临界转速的轴称为挠性轴。

对于刚性轴应使轴的工作转速 $n<0.85n_{c1}$；对于挠性轴应使 $1.15n_{c1}<n<0.85n_{c2}$。有些情况下，还需要计算高阶的临界转速。

12.6 提高轴强度的常用措施

1. 合理布置轴上零件以减小轴的载荷

为了减小轴所承受的弯矩，传动件应尽量靠近轴承，并尽可能不采用悬臂的支承形式，力求缩短支承跨距及悬臂长度等。图 12.16 中(a)方案较(b)方案优，可减少轴的弯矩，使载荷分布更趋合理。

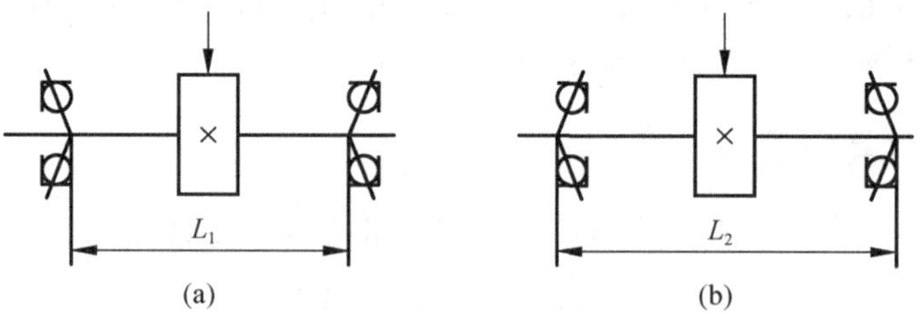

图 12.16 轴承弯矩布置方案

当转矩由一个传动件输入，再由几个传动件输出时，为了减小轴上扭矩，应将输入件放在中间，而不要置于一端。图 12.17 中，输入扭矩为 $T_1=T_2+T_3+T_4$，按图 12.17(a)布置时，轴所受的最大扭矩为 $T_2+T_3+T_4$ 若改为图 12.17(b)布置时，轴所受的最大扭矩减小为 T_3+T_4。

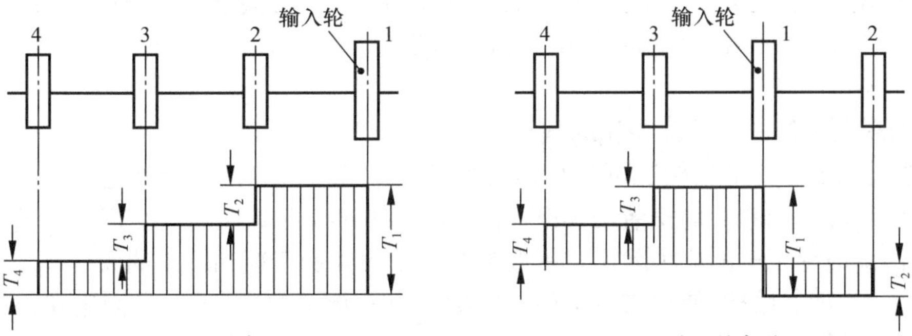

(a) 不合理的布置　　(b) 合理的布置

图 12.17　轴上转矩布置方案

2. 改进轴的结构以减小应力集中的影响

轴通常是在变应力条件下工作的，轴的截面尺寸发生突变处要产生应力集中，轴的疲劳破坏往往在此发生。为了提高轴的疲劳强度，应尽量减少应力集中源和降低应力集中程度。为此轴肩处应采用较大的过渡圆角半径 r 来降低应力集中。但对定位轴肩，还必须保证零件得到可靠的定位。当靠轴肩定位的零件的圆角半径很小时，为了增大轴肩处的圆角半径，可采用内凹圆角或加装隔离环，如图 12.18 所示。

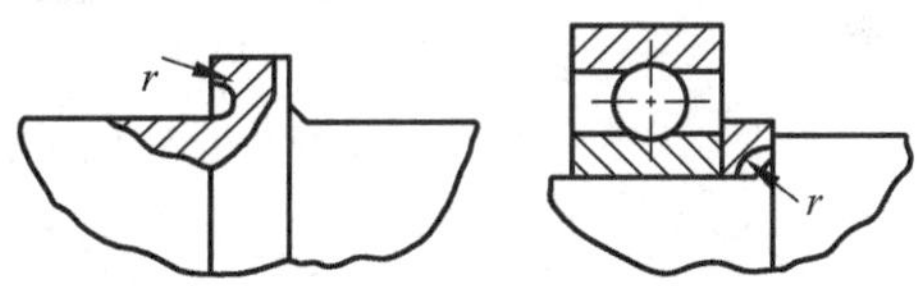

内凹圆角　　加装隔离体

图 12.18　轴肩过渡结构

用盘状铣刀加工的键槽比用键槽铣刀加工的键槽在过渡处对轴的截面削弱较为平缓(图 12.19)，因而应力集中较小；渐开线花键比矩形花键在齿根处的应力集中小，在轴的结构设计时应予以考虑；由于切制螺纹处的应力集中较大，故应尽量避免在轴上受载较大的区段切制螺纹。

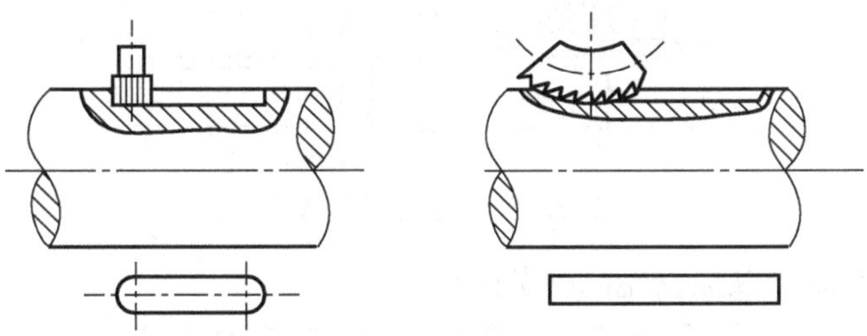

键槽铣刀加工槽　　盘状铣刀加工槽

图 12.19　键槽加工方法

当轴与轮毂为过盈配合时，配合边缘处会产生较大的应力集中(图 12.20(a))。为了减小

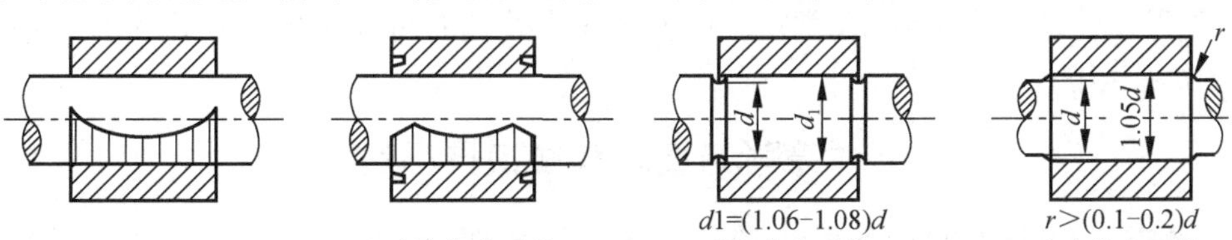

(a) 过盈配合处的应力集中　(b) 过盈配合处的应力集中　(c) 轴上开卸载槽　(d) 增大配合处直径

图 12.20　轴毂配合处的应力集中及其降低方法

应力集中,可在轮毂上或轴上开卸载槽(图 12.20(b)、(c));或者加大配合部分的直径(图 12.20(d))。由于配合的过盈量越大,引起的应力集中也越严重,因而在设计中应合理选择零件与轴的配合。

3. 采用载荷分担的方法减小轴的载荷

通过改进轴上零件的结构也可减小轴上的载荷。图 12.21(a)中所示卷筒轴工作时,既受弯矩又受转矩作用;当卷筒的安装结构改为图 12.21(b)时,卷筒轴则只受弯矩作用,且轴向结构更紧凑,因此改变了轴的应力状态。一般安装带轮的轴受弯矩和转矩的联合作用,而采用如图 12.22 所示的卸载结构,使得带轮上的横向载荷由轴承承担,而轴承是固定在机架上,从而使得轴只承受转矩,提升了轴的强度。

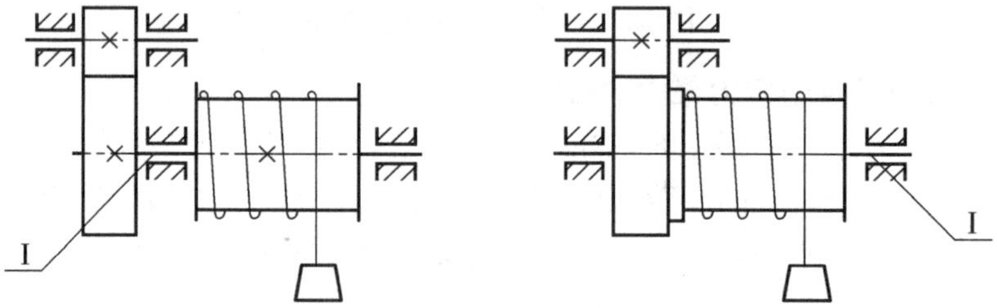

图 12.21 卷筒的两种安装方案

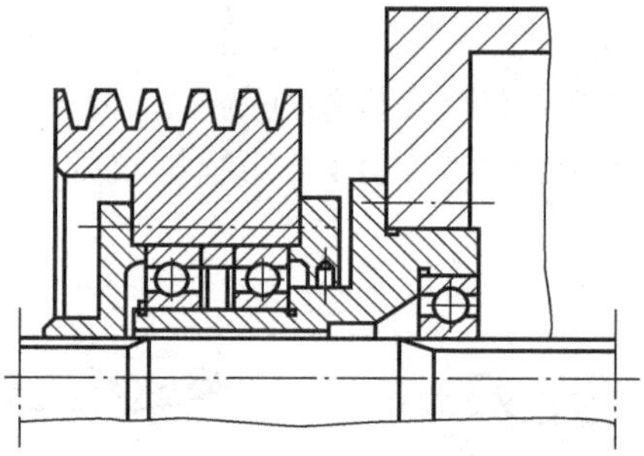

图 12.22 卸载带轮结构

4. 改进轴的表面质量以提高轴的疲劳强度

轴的表面粗糙度和表面强化处理方法也会对轴的疲劳强度产生影响。轴的表面越粗糙,疲劳强度也越低。因此,应合理减小轴的表面及圆角处的加工粗糙度值。当采用对应力集中甚为敏感的高强度材料制作轴时,表面质量尤应予以注意。

表面强化处理的方法有:表面高频淬火等热处理;表面渗碳、氰化、氮化等化学热处理;碾压、喷丸等强化处理。通过碾压、喷丸进行表面强化处理时可使轴的表层产生预压应力,从而提高轴的抗疲劳能力。

本章学习要求和知识点小结

学习要求 掌握轴的类型、用途,在设计中能够合理选择轴的材料;重点掌握轴的结构设计,能根据具体要求,选择轴上零件的轴向及周向的定位和固定方法、考虑结构装配性和结构工艺性,确定轴径、轴段长度等相关尺寸;根据具体的结构完成轴的 4 种强度校核计算,能分清楚各种计算方法的使用条件,掌握各种方法的计算步骤和有关系数的确定;了解轴的刚度计算方法和轴的临界转速概念;掌握提高轴强度的一些常用措施。

知识点小结　(1) 轴是用来支承回转件和传递运动和动力的重要零件,轴的设计质量直接影响机器的精度和寿命。设计是否合理,关系到轴上零件能否正常工作,甚至关系到整个机器能否正常运转,本章重点介绍了轴的结构设计和强度计算的方法。

(2) 根据轴的受载情况不同,可分为转轴、传动轴和心轴三类,转轴既传递转矩又承受弯矩;心轴则只承受弯矩而不传递转矩;传动轴只传递转矩而不承受弯矩或弯矩很小。

(3) 轴的材料选择时应主要考虑如下因素:①轴的强度、刚度及耐磨性要求;②轴的热处理方法及机加工工艺性的要求;③轴的材料来源和经济性等。一般来说,轴的常用材料为优质碳钢 35,45,50 正火或调质处理,对于一般的轴采取普通碳钢 如 Q235,Q275,重要的轴采用合金钢 40Cr,35SiMn 调质表面淬火处理。

(4) 轴的设计主要解决两个问题:①轴的结构设计,根据轴上零件的安装、定位和加工等要求确定轴的形状和各部分尺寸。②轴的设计计算,为保证轴具有足够的承载能力,根据轴的工作要求,进行强度、刚度计算。

设计轴的一般步骤为按转矩初估轴径,再进行结构设计,最后校核弯曲应力和安全系数。

(5) 弯扭合成强度计算具体步骤:①根据结构设计图,确定外载荷作用点、大小、方向和支点位置,绘出受力计算简图。②确定坐标系,将外载荷分解为水平和垂直面内分力,求出两平面内的支反力。③绘制水平面弯矩和垂直面弯矩。④计算合成弯矩,$M=\sqrt{M_{\mathrm{H}}^2+M_{\mathrm{V}}^2}$。⑤绘制转矩图。⑥按照强度理论计算当量弯矩,$M_{\mathrm{ca}}=\sqrt{M^2+(\alpha T)^2}$,$\alpha=\frac{[\sigma_{-1\mathrm{b}}]}{[\sigma_{0\mathrm{b}}]}$是根据转矩性质而定的应力校正系数,绘出当量弯矩图。⑦确定危险截面,校核危险截面轴径,校核公式为 $\sigma_{\mathrm{b}}=\frac{M_{\mathrm{ca}}}{W}\leqslant[\sigma_{-1\mathrm{b}}]$。

(6) 安全系数校核计算步骤:①同弯扭合成强度计算步骤①,还需确定轴的表面粗糙度,与其他零件的配合性质和表面热处理状况及材料性能等资料。②绘制弯矩图和转矩图。③确定危险截面,求出其弯曲应力和切应力。④计算疲劳强度的安全系数 $S=\frac{S_\sigma S_\tau}{\sqrt{S_\sigma^2+S_\tau^2}}\geqslant[S]$,弯矩作用下的安全系数 $S_\sigma=\frac{k_{\mathrm{n}}\sigma_{-1\mathrm{b}}}{\frac{k_\sigma}{\beta\varepsilon_\sigma}\sigma_{\mathrm{a}}+\psi_\sigma\sigma_{\mathrm{m}}}$ 和转矩作用下的安全系数 $S_\tau=\frac{k_{\mathrm{n}}\tau_{-1\mathrm{b}}}{\frac{k_\tau}{\beta\varepsilon_\tau}\tau_{\mathrm{a}}+\psi_\tau\tau_{\mathrm{m}}}$。

(7) 轴的刚度计算有弯曲和扭转刚度两种,弯曲刚度计算方法有当量轴径法和能量法。强度计算可防止轴的断裂或塑性变形。刚度计算可防止工作时产生较大弹性变形。对高速轴则进行振动稳定性计算,防止产生共振。

(8) 提高轴强度的常用措施:①合理布置轴上零件以减小轴的载荷;②改进轴的结构以减小应力集中的影响;③改进轴上零件的结构以减小轴的载荷;④改进轴的表面质量以提高轴的疲劳强度。

本章习题

12.1　轴按受载情况分类有哪些形式,各用在哪些地方?

12.2　零件在轴上的轴向和周向固定的常见方法有哪些?各有何特点?

12.3　计算当量弯矩时为何要引入系数,作何考虑?

12.4　在初算轴传递转矩段的最小直径公式中,系数 C 与什么有关?当材料已确定时,C

应如何选取？计算出的 d 值应经如何处理才能定出最细段直径？此轴径应放在轴的哪一部分？

12.5 已知一单级直齿圆柱齿轮减速器，用电动机直接拖动，电动机功率 $P=22\text{kW}$，转速 $n_1=1470\text{r/min}$，齿轮模数 $m=4\text{mm}$，齿数 $z_1=18$，$z_2=82$。若支承间的跨距 $l=180\text{mm}$，轴的材料用45钢调质，要求：(1)完成轴的结构设计；(2)根据弯扭合成理论验算轴的强度；(3)精确校核输出轴危险截面是否安全。

12.6 题12.6图中为一台起重机的传动机构，试分析该机构中每根轴的工作情况并按载荷性质进行分类，其中轴的自重可忽略不计。

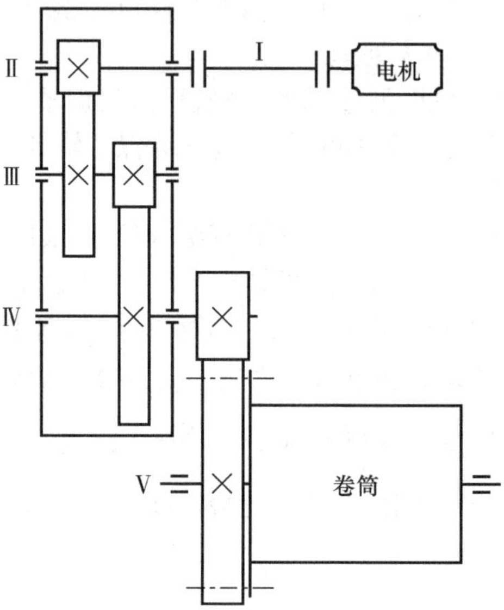

题12.6图

附表 12.1 螺纹、键、花键、横孔处及配合边缘处的有效应力集中系数

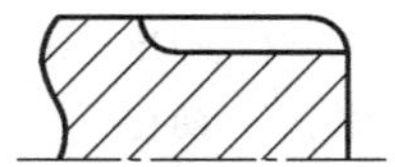

A

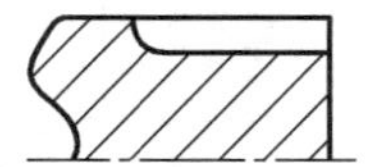

B

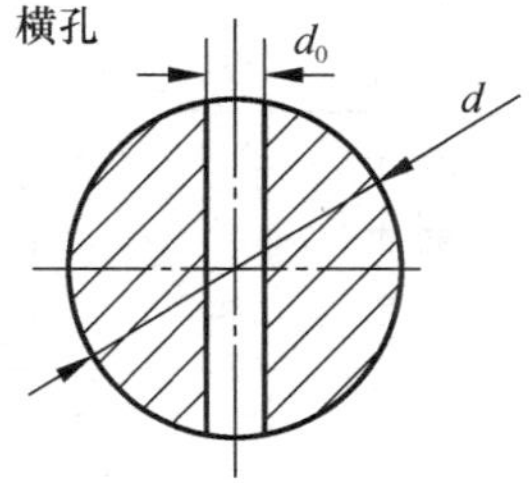

σ_b /MPa	螺纹 ($k_\tau=1$) k_σ	键槽			花键			横孔			配合					
		k_σ		k_τ	k_σ	k_τ		k_σ		k_τ	H7/r6		H7/k6		H7/h6	
		A型	B型	A、B型	齿轮轴	矩形	渐开线形	$d_0/d=$ 0.05～0.15	$d_0/d=$ 0.05～0.25	$d_0/d=$ 0.05～0.25	k_σ	k_τ	k_σ	k_τ	k_σ	k_τ
400	1.45	1.51	1.30	1.20	1.35	2.10	1.40	1.90	1.70	1.70	2.05	1.55	1.55	1.25	1.33	1.14
500	1.78	1.64	1.38	1.37	1.45	2.25	1.43	1.95	1.75	1.75	2.30	1.69	1.72	1.36	1.49	1.23
600	1.96	1.76	1.46	1.54	1.55	2.35	1.46	2.00	1.80	1.80	2.52	1.82	1.89	1.46	1.64	1.31
700	2.20	1.89	1.54	1.71	1.60	2.45	1.49	2.05	1.85	1.80	2.73	1.96	2.05	1.56	1.77	1.40
800	2.32	2.01	1.62	1.88	1.65	2.55	1.52	2.10	1.90	1.85	2.96	2.09	2.00	1.65	1.92	1.49
900	2.47	2.14	1.69	2.05	1.70	2.65	1.55	2.15	1.95	1.90	3.18	2.22	2.39	1.76	2.08	1.57
1000	2.61	2.26	1.77	2.22	1.72	2.70	1.58	2.20	2.00	1.90	3.41	2.36	2.56	1.86	2.22	1.66
1200	2.90	2.50	1.92	2.39	1.75	2.80	1.60	2.30	2.10	2.00	3.87	2.62	2.90	2.06	2.50	1.83

注：(1) 滚动轴承与轴的配合按 H7/r6 配合选择系数。

(2) 蜗杆螺旋根部有效应力集中系数可取 $k_\sigma=2.3$～2.5，$k_\tau=1.7$～1.9。

附表 12.2 圆角处的有效应力集中系数

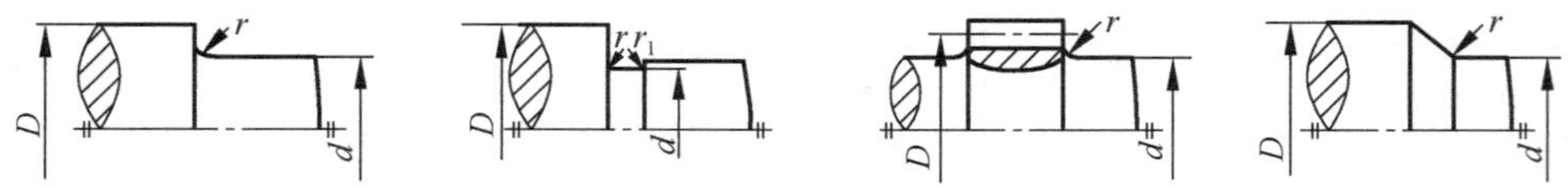

$(D-d)/r$	r/d	k_σ								k_τ							
		σ_b/MPa								σ_b/MPa							
		400	500	600	700	800	900	1000	1200	400	500	600	700	800	900	1000	1200
2	0.01	1.34	1.36	1.38	1.40	1.41	1.43	1.45	1.49	1.26	1.28	1.29	1.29	1.30	1.30	1.31	1.32
	0.02	1.41	1.44	1.47	1.49	1.52	1.54	1.57	1.62	1.33	1.35	1.36	1.37	1.37	1.38	1.39	1.42
	0.03	1.59	1.63	1.67	1.71	1.76	1.80	1.84	1.92	1.39	1.40	1.42	1.44	1.45	1.47	1.48	1.52
	0.05	1.54	1.59	1.64	1.69	1.73	1.78	1.83	1.93	1.42	1.13	1.44	1.46	1.47	1.50	1.51	1.54
	0.10	1.38	1.44	1.50	1.55	1.61	1.66	1.72	1.83	1.37	1.38	1.39	1.42	1.43	1.45	1.46	1.50
4	0.01	1.51	1.54	1.57	1.59	1.62	1.64	1.67	1.72	1.37	1.39	1.40	1.42	1.43	1.44	1.46	1.47
	0.02	1.76	1.81	1.86	1.91	1.96	2.01	2.06	2.16	1.53	1.55	1.58	1.59	1.61	1.62	1.65	1.68
	0.03	1.76	1.82	1.88	1.94	1.99	2.05	2.11	2.23	1.52	1.54	1.57	1.59	1.61	1.64	1.66	1.71
	0.05	1.70	1.76	1.82	1.88	1.95	2.01	2.07	2.19	1.50	1.53	1.57	1.59	1.62	1.65	1.68	1.74
6	0.01	1.86	1.90	1.94	1.99	2.03	2.08	2.12	2.21	1.54	1.57	1.59	1.61	1.64	1.66	1.68	1.73
	0.02	1.90	1.96	2.02	2.08	2.13	2.19	2.25	2.37	1.59	1.62	1.66	1.69	1.72	1.75	1.79	1.86
	0.03	1.89	1.96	2.03	2.10	2.16	2.23	2.30	2.44	1.61	1.65	1.68	1.72	1.74	1.77	1.71	1.88
10	0.01	2.07	2.12	2.17	2.23	2.28	2.34	2.30	2.50	2.12	2.18	2.24	2.30	2.37	2.42	2.48	2.60
	0.02	2.09	2.16	2.23	2.30	2.38	2.45	2.52	2.66	2.03	2.08	2.12	2.17	2.22	2.26	2.31	2.40

注：当 r/d 值超过表中给出的最大值时，按最大值查取。

附表 12.3 环槽处的有效应力集中系数

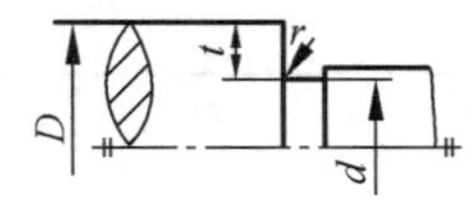

系　数	$(D-d)/r$	r/d	σ_b/MPa						
			400	500	600	700	800	900	1000
k_σ	1	0.01	1.88	1.93	1.98	2.04	2.09	2.15	2.20
		0.02	1.79	1.84	1.89	1.95	2.00	2.06	2.11
		0.03	1.72	1.77	1.82	1.87	1.92	1.97	2.02
		0.05	1.61	1.66	1.71	1.77	1.82	1.88	1.93
		0.10	1.41	1.48	1.52	1.55	1.59	1.62	1.66
	2	0.01	2.09	2.15	2.21	2.27	2.34	2.39	2.45
		0.02	1.99	2.05	2.11	2.17	2.23	2.28	2.35
		0.03	1.91	1.97	2.03	2.08	2.14	2.19	2.25
		0.05	1.79	1.85	1.91	1.97	2.03	2.09	2.15
	4	0.01	2.29	2.36	2.43	2.50	2.56	2.63	2.70
		0.02	2.18	2.25	2.32	2.38	2.45	2.51	2.58
		0.03	2.10	2.16	2.22	2.28	2.35	2.41	2.47
	6	0.01	2.38	2.47	2.56	2.64	2.73	2.81	2.90
		0.02	2.28	2.35	2.42	2.49	2.56	2.63	2.70
k_τ	任何比值	0.01	1.60	1.70	1.80	1.90	2.00	2.10	2.20
		0.02	1.51	1.60	1.69	1.77	1.86	1.94	2.03
		0.03	1.44	1.52	1.60	1.67	1.75	1.82	1.90
		0.05	1.34	1.40	1.46	1.52	1.57	1.63	1.69
		0.10	1.17	1.20	1.23	1.26	1.28	1.31	1.34

附表 12.4 绝对尺寸影响系数

直径 d/mm		>20～30	>30～40	>40～50	>50～60	>60～70	>70～80	>80～100	>100～120	>120～150	>150～500
ε_σ	碳钢	0.91	0.88	0.84	0.81	0.78	0.75	0.73	0.70	0.68	0.60
	合金钢	0.83	0.77	0.73	0.70	0.68	0.66	0.64	0.62	0.60	0.54
ε_τ	各种钢	0.89	0.81	0.78	0.76	0.74	0.74	0.72	0.70	0.68	0.60

附表 12.5 不同表面粗糙度的表面状态系数

加工方法	轴表面粗糙度 R_a/mm	σ_b/MPa		
		400	800	1200
磨削	R_a=0.004～0.002	1	1	1
车削	R_a=0.0032～0.0008	0.95	0.90	0.80
粗车	R_a=0.025～0.0063	0.85	0.80	0.65
未加工表面		0.75	0.65	0.45

附表 12.6 各种腐蚀情况的表面状态系数 β

工作条件	σ_b/MPa										
	400	500	600	700	800	900	1000	1100	1200	1300	1400
淡水中,有应力集中	0.7	0.63	0.56	0.52	0.46	0.43	0.40	0.38	0.36	0.35	0.33
淡水中,无应力集中	0.58	0.50	0.44	0.37	0.33	0.28	0.25	0.23	0.21	0.20	0.19
海水中,有应力集中											
海水中,无应力集中	0.37	0.30	0.26	0.23	0.21	0.18	0.16	0.14	0.13	0.12	0.12

附表 12.7 各种强化方法的表面状态系数

强化方法	心部强度 σ_b/MPa	β		
		光轴	低应力集中的轴 $k_\sigma \leqslant 1.5$	高应力集中的轴 $k_\sigma \geqslant 1.8 \sim 2$
高频淬火	600～800 800～1000	1.5～1.7 1.3～1.5	1.6～1.7 —	2.4～2.8 —
氮化	900～1200	1.1～1.25	1.5～1.7	1.7～2.1
渗碳	400～600 700～800 1000～1200	1.8～2.0 1.4～1.5 1.2～1.3	3 — 2	— — —
喷丸硬化	600～1500	1.1～1.25	1.5～1.6	1.7～2.1
滚子滚压	600～1500	1.1～1.3	1.3～1.5	1.6～2.0

注:(1) 高频淬火是根据直径为10～20mm,淬硬层厚度为(0.05～0.20)d 的试件,实验求得的数据,对大尺寸试件,强化系数的值会有某些降低。

(2) 氮化层厚度为0.01d 时用小值,在(0.03～0.04)d 时用大值。

(3) 喷丸硬化是根据8～40mm 的计划试件求得的数据。喷丸速度低时用小值;速度高时用大值。

(4) 滚子滚压是根据17～130mm 的试件求得的数据。

附表 12.8　抗弯、抗扭截面系数 W、W_T 的计算公式

横截面	截面系数	横截面	截面系数
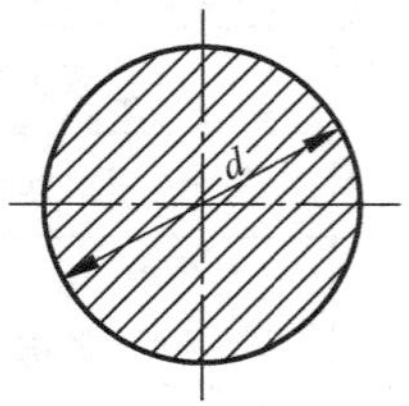	$W=\frac{\pi}{32}d^3\approx 0.1d^3$ $W_T=\frac{\pi}{16}d^3\approx 0.2d^3$	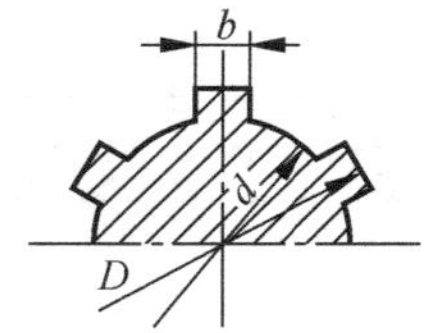	$W=\frac{\pi d^4+bz(D-d)(D+d)^2}{32D}$ $W_T=\frac{\pi d^4+bz(D-d)(D+d)^2}{16D}$ z 为花键齿数
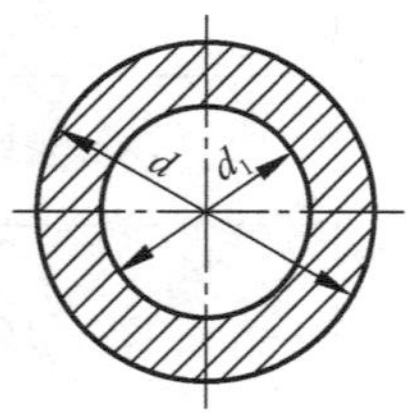	$W=\frac{\pi}{32}d^3(1-r^4)$ $W_T=\frac{\pi}{16}d^3(1-r^4)$ $r=\frac{d_1}{d}$	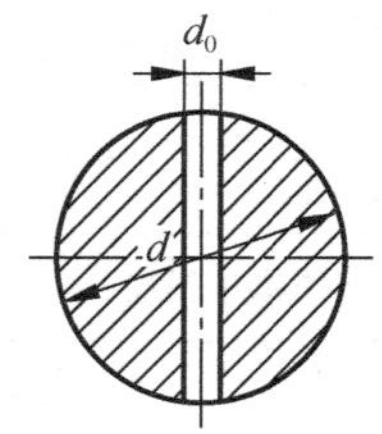	$W=\frac{\pi}{32}d^3\left(1-1.54\frac{d_0}{d}\right)$ $W_T=\frac{\pi}{16}d^3\left(1-\frac{d_0}{d}\right)$
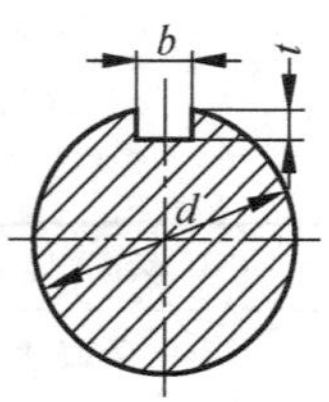	$W=\frac{\pi}{32}d^3-\frac{bt(d-t)^2}{2d}$ $W_T=\frac{\pi}{16}d^3-\frac{bt(d-t)^2}{2d}$	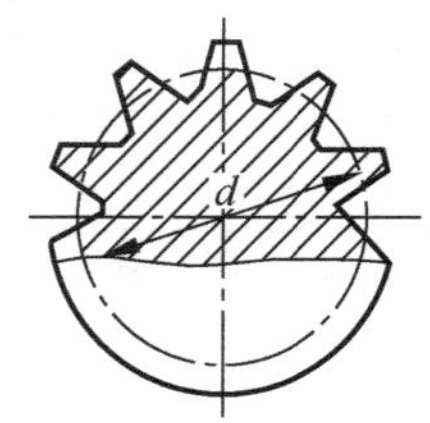	渐开线花键轴 $W\approx\frac{\pi}{32}d^3$ $W_T\approx\frac{\pi}{16}d^3$
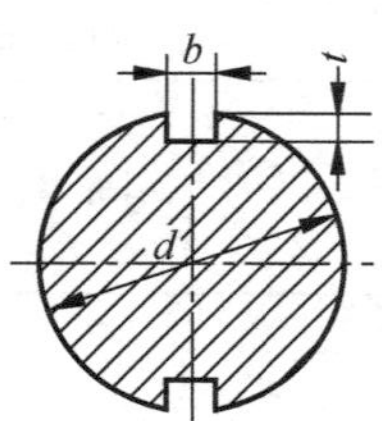	$W=\frac{\pi}{32}d^3-\frac{bt(d-t)^2}{d}$ $W_T=\frac{\pi}{16}d^3-\frac{bt(d-t)^2}{d}$		

第 13 章　滑动轴承设计

13.1　概　　述

回转运动的轴需要有元件对其支承，轴承就是这种能对作回转运动的轴进行支承的部件。此外，轴承还可以对装在轴上并相对轴进行回转运动的零部件进行支承。

轴承的种类很多，但按照摩擦性质，在目前工业应用中最为常见的有两种。一种是以滑动摩擦方式工作的滑动轴承，另一种是以滚动摩擦方式工作的滚动轴承。根据承受的载荷方向，这两种轴承又可以分为径向轴承(轴承上产生的反作用力与轴线方向垂直)和推力轴承(轴承上产生的反作用力与轴线方向一致)。再进一步细分，滑动轴承在工作过程中摩擦面有两种摩擦状态。一种情况下，摩擦面间能够形成液体油膜，将两表面完全隔开，处于完全的液体润滑状态，称为液体润滑滑动轴承。液体润滑滑动轴承又分为液体动压润滑滑动轴承(靠两表面间的收敛形间隙和足够的相对运动，将润滑液体带入摩擦面间隙中，形成足以抵抗外部载荷的动压油膜)和液体静压润滑滑动轴承(由外部输入的压力油建立压力油膜，使两摩擦表面分开)两种。另一种情况下，滑动轴承的两摩擦表面间无法形成完全的油膜，称为非液体润滑滑动轴承，这时的摩擦面一般处于边界摩擦或混合摩擦状态。

本章主要讨论液体滑动轴承的设计问题，重点讨论径向滑动轴承，包括：滑动轴承的结构形式设计、滑动轴承的轴瓦和轴承衬材料的选择、滑动轴承的结构参数确定方法、滑动轴承的润滑方式选择和润滑剂选择方法、滑动轴承的工作能力及有关性能参数计算方法。

13.2　径向滑动轴承的结构特点

13.2.1　径向滑动轴承的基本结构

径向滑动轴承的结构一般有整体式和剖分式两种。如图 13.1(a)所示为整体式径向滑动轴承的结构。主要由轴承座、轴套、油孔、油杯螺纹孔构成。轴承座通过螺栓与机座联接，顶部

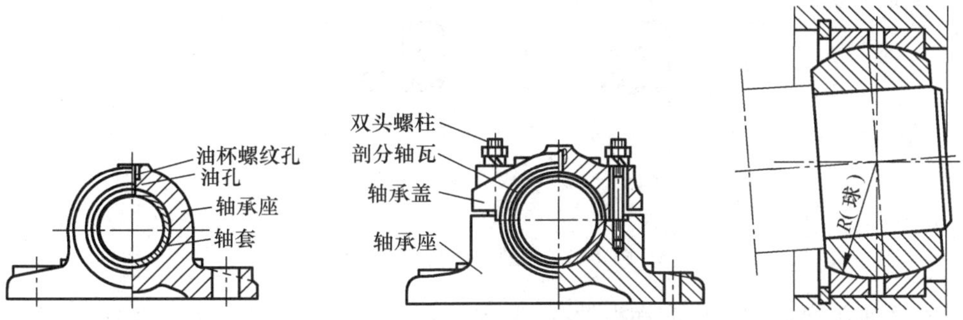

(a) 整体式　　(b) 剖分式　　(c) 自动调心式

图 13.1　滑动轴承结构

的螺纹孔用于安装油杯，轴承孔通过压入方式安装减摩材料制作的轴套，轴套上开有用于输送润滑油的油孔，轴套内表面上开有油沟以均布润滑油。整体式滑动轴承的优点是结构简单，常应用于低速、轻载条件下工作的轴承和不重要的机械设备或手动机构中。主要缺点是磨损后间隙过大时无法调整，轴径只能从轴承端部轴向安装与拆卸，很不方便，也无法用于中间轴颈上。

如图 13.1(b)所示为剖分式滑动轴承结构，一般由轴承座、轴承盖、剖分式轴瓦、轴承盖螺柱等组成。在轴瓦的内表面上常贴附一层轴承衬，起到改善性能和节省贵重金属的作用。不重要的轴承也可以不用轴瓦，轴承与机架之间采用螺栓联接，轴瓦内表面上不承受载荷部分开设油沟，润滑油通过进油孔和油沟进入轴承间隙。轴瓦的剖分面最好与载荷方向近于垂直，多数轴承的剖分面是水平的，也有倾斜的，轴承座的剖分面做成阶梯形，以便安装定位和防止工作中错动。

如图 13.1(c)所示为自动调心滑动轴承，其特点是轴瓦外表面做成球形面，与轴承座的球状内表面相配合，轴瓦可以自动调位以适应轴颈在轴弯曲或偏斜时所产生的偏移。这种轴承一般用于轴承的宽径比较大的情形，所谓宽径比是指轴承的宽度(B)与轴承的直径(d)之比，宽径比越大，由于轴径偏移所产生的干涉作用会越强，对于 $B/d>1.5$ 的轴承，应该考虑采用自动调心滑动轴承。

13.2.2 轴瓦、轴承衬、油孔、油沟和油室

轴瓦分为整体式和剖分式两种，如图 13.2 所示。为了改善轴瓦表面的摩擦性质，常在其内表面上浇铸一层或两层减摩材料(图 13.3)，通常称为轴承衬，所以轴瓦又有双金属轴瓦和三金属轴瓦。轴承衬的厚度一般随轴承直径的增大而增大，尺寸范围在十分之几到 6mm 之间。

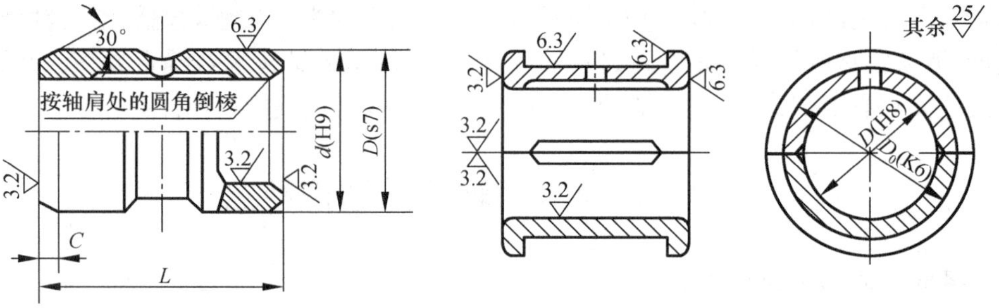

(a) 整体式　　(b) 剖分式

图 13.2　整体式和剖分式轴瓦结构

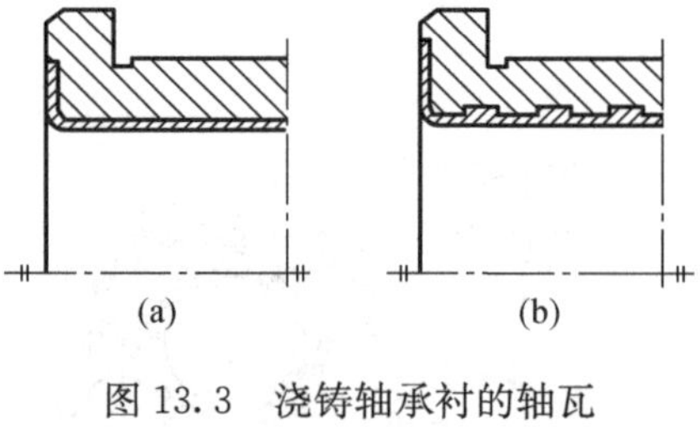

(a)　　(b)

图 13.3　浇铸轴承衬的轴瓦

油孔是用来为滑动轴承供应润滑油的，油沟用来输送和分布润滑油。图 13.4 所示为几种常见的油沟形状，轴向油沟有时也开在剖分面上(图 13.2(b))。油孔的位置、油沟的位置和形状会对轴承的油膜压力分布产生很大影响，油孔应该开在润滑油膜压力最小的地方，油沟也不

应开在油膜承载区内，否则会降低油膜的承载能力，图 13.5 所示为油沟位置对承载能力的影响。轴向油沟应较轴承宽度稍短，以免润滑油从油沟端部流失过大。图 13.6 为油室结构，油室的主要作用是使润滑油沿轴承宽度方向均匀分布，并同时起储存润滑油和稳定供油的作用。

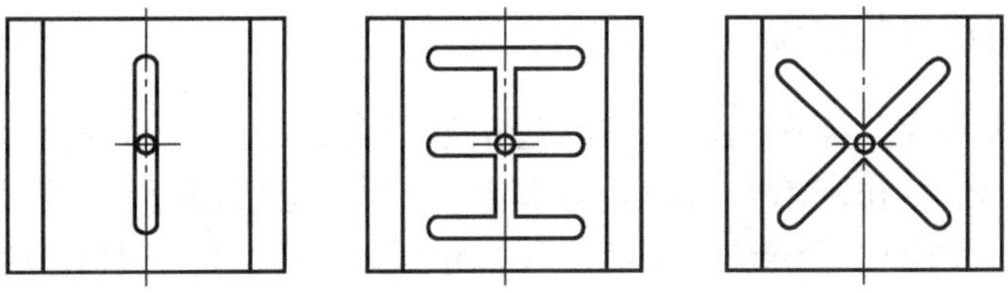

图 13.4　油沟的形状

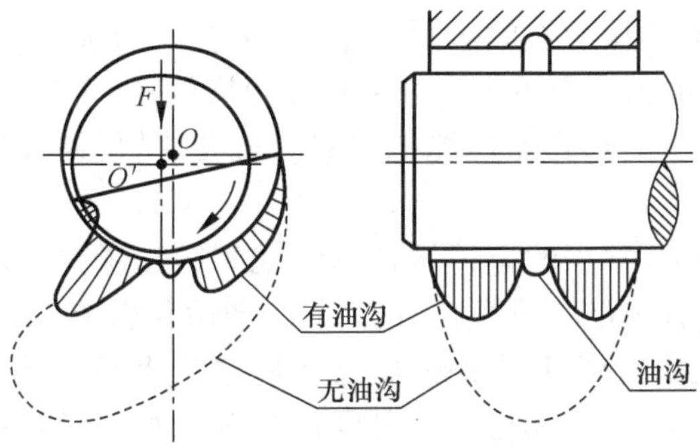

图 13.5　油沟位置对承载能力的影响

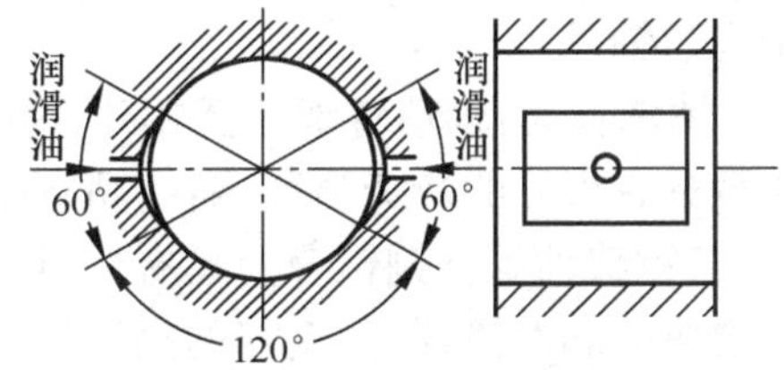

图 13.6　油室结构

关于轴瓦、轴承衬、油孔、油沟以及油室的结构尺寸和标准应根据有关手册进行确定。

13.3　滑动轴承的材料

所谓滑动轴承材料是指滑动轴承中轴瓦和轴承衬的材料，轴瓦和轴承衬是滑动轴承的关键零件，直接参与滑动摩擦。安装轴承的轴承座最为常用材料是铸铁。

13.3.1　轴瓦的失效形式及对材料的要求

轴瓦的常见失效形式包括：过度磨损、由于强度不足而产生的疲劳破坏、由于工艺原因而出现的轴承衬脱落。根据这些失效形式，对轴瓦材料提出以下性能要求：

(1) 轴瓦材料要有足够的疲劳强度，使其在变载荷作用下有足够的抵抗疲劳破坏的能力。

(2) 轴瓦材料要有足够的抗压强度和抗冲击强度，使其在要求的载荷下不发生过度的塑性变形、能够承受较大的冲击载荷。

(3) 轴瓦材料应具有良好的减摩性和耐磨性，使得滑动过程摩擦系数小、磨损率低。

(4) 轴瓦材料应具有良好的抗胶合性，以防止在温度升高、油膜破裂时造成胶合失效。

(5) 轴瓦材料应具有良好的顺应性和嵌藏性，所谓顺应性就是轴承材料补偿对中误差和顺应其他几何误差的能力，弹性模量低、塑性好的材料，顺应性也好。嵌藏性是指轴承材料嵌藏污物和外来微颗粒防止刮伤和磨损的能力，顺应性好的材料，一般嵌藏性也好，非金属材料则相反，如碳-石墨，弹性模量低，顺应性好，但嵌藏性不好。

(6) 轴瓦材料应具有良好的润滑油吸附能力，使得易于形成强度较高的边界润滑膜。

(7) 轴瓦材料应具有良好的导热性，具有良好的经济性和加工性能。

在现实中很难找到能同时满足上述所有要求的轴瓦材料，因此，在设计中要根据具体条件，综合考虑选择能够最大限度满足实际要求的轴承材料。

13.3.2　常用轴承材料及其性质

常用的轴承材料分为三类：①金属材料，包括轴承合金、青铜、铝基合金、锌基合金、减磨铸铁等；②多孔质金属材料(粉末冶金材料)；③非金属材料，包括塑料、橡胶、硬木等。

(1) 轴承合金：所谓轴承合金是指由锡(Sn)、铅(Pb)、锑(Sb)、铜(Cu)组成的合金，又称为白合金或巴氏合金，它是以锡或铅作基体，悬浮锑锡(Sb-Sn)及铜锡(Cu-Sn)的硬质晶粒，硬晶粒起耐磨作用，软基体则增加材料的塑性和顺应性。受载时，硬晶粒会嵌入到软基体中，增加了承载面积。它的弹性模量和弹性极限都很低。在所有轴承材料中，轴承合金的嵌藏性和顺应性最好，具有良好的磨合性和卓越的抗胶合能力。但轴承合金的机械强度较低，通常将它贴附在软钢、铸铁或青铜制作的轴瓦上。锡基合金的热膨胀性能比铅基合金要好，价格也较贵，适用于高速轴承。

(2) 轴承青铜：轴承青铜广泛用于一般轴承，常用的有铸锡锌铅青铜和铸锡磷青铜，铸锡锌铅青铜具有很好的疲劳强度，铸锡磷青铜具有很好的减摩性，它们的耐磨性和机械强度都很好，适用于重载轴承。铜铅合金具有优良的抗胶合性能，在高温状态下能够析出铅，在铜基上形成一层薄的润滑膜，起到良好的润滑作用。此外，黄铜也是一种常用的轴承材料，铸造黄铜用于滑动速度不高的轴承，综合性能不如轴承合金和青铜。

(3) 多孔质金属材料：多孔质金属材料实际上就是粉末冶金材料，用不同的金属粉末混合、压制、烧结而成的具有多孔结构的轴承材料，孔隙率可达10%～30%，轴瓦浸入热油中以后，孔隙中充满润滑油，又称为含油轴承。工作时由于轴旋转时产生的抽吸作用、热膨胀作用，油从孔隙中回渗到轴承摩擦表面，起到润滑作用，因此具有自润滑作用。常用的含油轴承材料有铁-石墨和青铜-石墨两种。

(4) 轴承塑料：目前使用的轴承塑料主要是以布为基体和以木为基体的塑料，可以用水或油润滑，具有摩擦系数小、较高强度和耐冲击性能、良好的耐磨性和跑合性、优越的嵌藏性，但导热性差，吸水和吸油后体积会有所膨胀，受载后有冷流现象，尺寸不稳定。

常用的轴承材料性能见表13.1～表13.3。

表13.1　常用轴承金属材料性能

<table>
<tr><th rowspan="2">轴承材料</th><th colspan="3">最大许用值</th><th rowspan="2">最高工作温度/℃</th><th rowspan="2">最小轴颈硬度HB</th><th colspan="4">性能比较</th><th rowspan="2">备　注</th></tr>
<tr><th>[p]/MPa</th><th>[v]/(m/s)</th><th>[pv]/(MPa·m/s)</th><th>抗胶合性</th><th>顺应性嵌藏性</th><th>耐蚀性</th><th>耐疲劳性</th></tr>
<tr><td rowspan="2">锡锑轴承合金
ZSnSb12Pb10Cu4
ZSnSb11Cu6</td><td colspan="4">平稳载荷</td><td rowspan="4">150</td><td rowspan="4">1</td><td rowspan="4">1</td><td rowspan="4">1</td><td rowspan="4">5</td><td rowspan="4">一般用于高速、重载下的轴承，变载荷下易于疲劳。价格较高</td></tr>
<tr><td>25</td><td>80</td><td>20</td><td>150</td></tr>
<tr><td rowspan="2">ZSnSb8Cu4
ZSnSb4Cu4</td><td colspan="4">冲击载荷</td></tr>
<tr><td>20</td><td>60</td><td>15</td><td></td></tr>
<tr><td>铅锑轴承合金
ZPbSb16Sn16Cu2
ZPbSb15Sn5Cu3Cd2
ZPbSb155n10</td><td>15
5
20</td><td>12
8
15</td><td>10
5
15</td><td>150</td><td>150</td><td>1</td><td>1</td><td>3</td><td>5</td><td>一般用于中速、中载的轴承，不宜受显著冲击。可作为锡锑轴承合金的代用品</td></tr>
</table>

续表

轴承材料	最大许用值			最高工作温度/℃	最小轴颈硬度HB	性能比较				备　注
	[p]/MPa	[v]/(m/s)	[pv]/(MPa·m/s)			抗胶合性	顺应性嵌藏性	耐蚀性	耐疲劳性	
锡青铜 ZCuSn10P1 ZCuSn5Pb5Zn5	15 8	10 3	15 15	280	200	3	5	1	1	一般用于中速、重载及受变载荷的轴承 一般用于中速、中载的轴承
铝青铜 ZCuAl10Fe3 ZCuAl10Fe3Mn2	15 20	4 5	12 15	280	200	5	5	5	2	宜用于润滑充分的低速重载轴承
铅青铜 ZCuPb30	25	12	30	280	300	3	4	4	2	能承受变载和冲击。宜用于高速、重载轴承
黄铜 ZCuZn38Mn2Pb2 ZCuZn16Si4	10 12	1 2	10 10	200	200	3	5	1	1	宜用于低速、中载轴承
铸铁 HT150 HT200 HT250	4 2 1	0.5 1 2			250	4	5	1	1	宜用于低速、轻载的不重要的轴承。价格低

表 13.2　粉末冶金轴承材料许用压强[p]

材　料	孔隙度/%	滑动速度/(m/s)					
		0.1	0.5	1	2	3	4
青铜-石墨 (锡 9%～10%,石墨 1%～4%,其余为铜)	15～20	17.7	6.86	5.88	4.90	3.43	1.18
	20～25	14.7	5.88	4.90	3.92	2.94	0.98
	25～30	11.8	4.90	3.92	2.94	2.45	0.79
铁-石墨 (石墨 1%～3%,其余为铁)	15～20	24.5	8.34	7.85	6.37	4.41	0.98
	20～25	19.6	6.86	6.37	5.39	3.43	0.78
	25～30	14.7	5.39	4.90	3.92	2.45	0.59

表 13.3　常用非金属轴承材料性能参数

轴承材料	最大许用值			最高工作温度℃	备　注
	[p]/MPa	[v]/(m/s)	[pv]/(MPa·m/s)		
酚醛塑料	41	13	0.18	120	抗咬合性好,强度、抗振性好,耐酸碱,导热性差,易膨胀,轴承间隙宜取大些
尼龙	14	3	0.11(0.05m/s) 0.09(0.5m/s)	90	摩擦系数低,耐磨性好,无噪声,加入石墨、二硫化钼等填料,可以提高机械性能、刚度和耐磨性
聚碳酸酯	7	5	0.03(0.05m/s) 0.01(0.5m/s)	150	物理性能好,易于喷射成型,经济性好
醛缩醇	14	3	0.1	100	
聚酰亚胺	—	—	4(0.05m/s)	260	

续表

轴承材料	最大许用值			最高工作温度℃	备注
	[p]/MPa	[v]/(m/s)	[pv]/(MPa·m/s)		
聚四氯乙烯(PTFE)	3	1.3	0.04(0.05m/s) 0.06(0.5m/s) <0.09(5m/s)	250	摩擦系数小，具有自润滑性能，耐化学侵蚀，适用温度范围宽。成本高，承载能力小
填充 PTFE	17	5	0.5	250	通过填充，承载能力和 pv 值可大幅度提高
碳-石墨	4	13	0.5(干) 5.25(湿)	400	具有自润滑性，耐酸、油及其他化学品。用于要求清洁工作的轴承
橡胶	0.34	5	0.53	65	能隔振、降低噪声、减少动载、补偿误差。导热性差，温度高，易老化，需加强冷却。常用于水、泥浆等工业设备中

13.4 滑动轴承的润滑材料

滑动轴承常用的润滑材料为润滑油和润滑脂。润滑油主要是矿物油，润滑脂是指在润滑剂中加入增稠剂而形成的半固体润滑剂。此外，用于滑动轴承的润滑剂还有固体(石墨、二硫化钼)、气体润滑剂(空气、氮气等)。

滑动轴承润滑的主要作用是减少摩擦和磨损，同时还有冷却、防尘、防锈以及吸振等作用。

13.4.1 滑动轴承润滑油选用原则

对于动压润滑的滑动轴承，粘度是最为重要的指标，也是选择轴承用润滑油的主要依据。所谓选择润滑油，实际上就是选择不同粘度值的润滑油。在具体选择过程中，应考虑轴承压力、滑动速度、摩擦表面状况、润滑方式等条件。对于液体动力润滑的滑动轴承，其润滑油的选择一般应遵守如下原则：

(1) 滑动速度高，容易形成油膜，为了减少摩擦功耗，应采用粘度较低的润滑油。

(2) 压力大或有冲击、变载荷等工作条件下，应选用粘度较高的润滑油。

(3) 对加工面粗糙或未经跑合的滑动轴承，应选用粘度较高的润滑油。

(4) 当采用循环润滑，芯捻润滑或油垫润滑时，应选用粘度较低的润滑油；飞溅润滑应选用高品质、能防止由于与空气接触以及剧烈搅拌而发生的氧化。

(5) 低温工作的滑动轴承应选择凝点低的润滑油。

对于液体动力润滑的滑动轴承，其使用的润滑油粘度可以通过计算和参考同类轴承使用润滑油的情况进行粘度的确定，也可以通过对同一台机器和相同的工作条件下，对不同的润滑油进行试验，选择功耗小而温升又较低的润滑油。

表 13.4 列出了混合润滑滑动轴承的润滑油选择方法。

表 13.4　混合润滑滑动轴承的润滑油选择方法（工作温度<60℃）

轴颈速度/(m/s)	平均压强 p<3MPa
<0.1	机械油 AN100、AN150
0.1～0.3	机械油 AN68、AN100
0.3～2.5	机械油 AN46、AN68
2.5～5	汽轮机油 TSA46 机械油 AN32、AN46
5～9	汽轮机油 TSA46 机械油 AN15、AN32
>9	汽轮机油 TSA32、AN46 机械油 AN7、AN10、AN15

轴颈速度/(m/s)	平均压强 p=3～7.5MPa
<0.1	机械油 AN150
0.1～0.3	机械油 AN100、AN150
0.3～0.6	机械油 AN100
0.6～1.2	机械油 AN68、AN100
1.2～2	机械油 AN68、AN100

13.4.2　滑动轴承润滑脂选用原则

对于轴颈速度小于 2m/s 的滑动轴承，一般很难形成液体动压润滑，可以采用脂润滑。润滑脂的稠度大，不易流失，承载能力也较大，但物理和化学性质没有润滑油稳定，摩擦功耗大，不宜在温度变化大或高速下使用。选用原则为：

(1) 在潮湿环境或与水、水汽接触的工作部位，应选用耐水性好的润滑脂。

(2) 在低温或高温下工作的部位，所选用的润滑脂应满足其允许使用温度范围要求。最高工作温度应至少比滴点低 20℃。

(3) 受载较大（压强 p>5MPa）的部位，应选择锥入度小的润滑脂，低速重载的部位，最好选用含有极压添加剂的润滑脂。

(4) 在相对滑动速度较高的部位，应选用锥入度大、机械安定性好的润滑脂。

表 13.5 列出了几种润滑脂的性能。

表 13.5　几种润滑脂的性能

润滑脂	锥入度 1/10mm	滴点/℃	使用温度/℃	耐水性	寿　命	机械安定性
钙基脂 GB441—1987	175～340	80～95	−10～60	优	中	优
钠基脂 GB442—1989	220～295	160	−10～120	劣	中～长	良
铝基脂 ZBE36004—1988	230～280	75	−10～80	良	短	中
锂基脂 GB7323—1987	265～385	170	−20～120	良	中～长	良
钡基脂 SY1406—1976	200～260	135	−10～130	良	中	良

13.5　滑动轴承的润滑方式

所谓润滑方式是指向滑动轴承提供润滑油的方法，轴承的润滑状态与润滑油的提供方法有很大的关系。润滑脂为半固体性质，决定了它的供给方法与润滑油不同，润滑方式不同，使用的润滑装置也不一样。

13.5.1　油润滑

向滑动轴承摩擦表面添加润滑油的方法可分为间歇式和连续式两种。间歇式润滑是每隔一定时间用注油枪或油壶向润滑部位加注润滑剂。常用的间歇式和连续式润滑供油装置如图 13.7和图 13.8 所示。

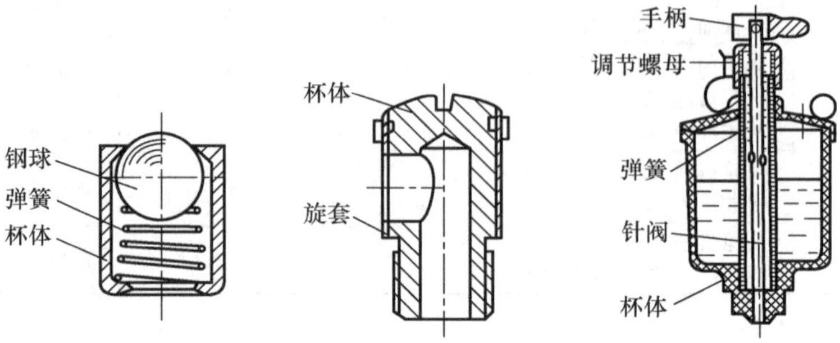

(a) 压配式压注油杯　(b) 旋套式注油油杯　(c) 针阀式注油油杯

图 13.7　间歇式供油装置

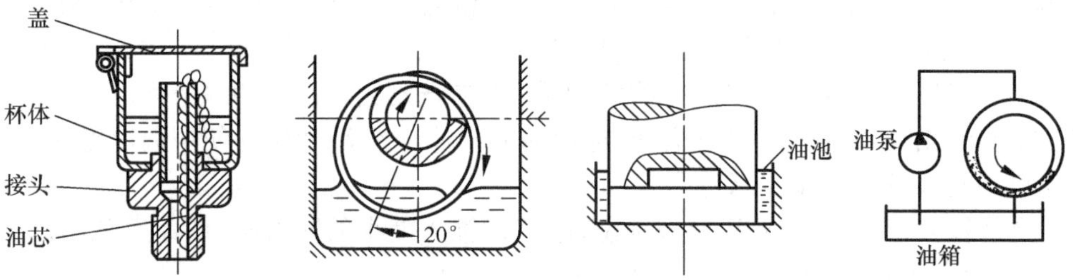

(a) 芯捻或线纱润滑　(b) 油环润滑　(c) 浸油润滑　(d) 压力循环润滑

图 13.8　连续式供油方式

对于连续供油润滑方式，主要可分成如下几种：

1）滴油润滑

图 13.7 (c) 和图 13.8 (a) 分别是针阀油杯和油芯滴油式油杯，都是可以作成连续滴油润滑装置。对于针阀式油杯，扳起手柄可将针阀提起，润滑油经杯的下端的小孔滴入润滑部位，不需要润滑时，放下手柄，针阀在弹簧力作用下向下移动将漏油孔堵住。对于油芯式油杯，利用油芯的毛细管作用，将润滑油滴入润滑的部位。这两种润滑方式只用于润滑油量不需要太大的场合。

2）油环润滑

图 13.8(b)所示，轴颈上套有油环，油环下垂浸到油池中，轴颈回转时把润滑油带到轴颈上，实现供油。这种装置只能用于水平而连续运转的轴颈，供油量与轴的转速、油环的截面形状和尺寸、润滑油粘度等有关。适用的转速范围为 60～100r/min$<n<$1500～2000r/min。速度过低，油环不能把油带起来；速度过高，油环上的润滑油会被甩掉。

3）浸油润滑

如图 13.8(c)所示，将润滑的轴承面直接浸入润滑油池中，不需另加润滑装置，轴颈便可将润滑油带入轴承，浸油润滑供油充分，结构也较为简单，散热良好，但搅油损失大。

4）飞溅润滑

利用传动件，如齿轮或专供润滑用的甩油盘将润滑油甩起并飞溅到需要润滑的部位，或通过壳体上的油沟将润滑油收集起来，使其沿油沟流入润滑部位。采用飞溅润滑时，浸入油中的零件的圆周速度应在 2～13m/s。速度太低，被甩起的润滑油量过少，速度太大时，润滑油产生的大量泡沫不利于润滑且易产生润滑油的氧化变质。

5）压力循环润滑

如图 13.8(d)所示。当润滑油的需要量很大，采用前几种润滑方式满足不了润滑的要求时，必须采用压力循环供油。利用油泵供给具有足够压力和流量的润滑油，施行强制润滑。这种润滑方式一般用在高速重载轴承中。压力供油不仅可以加大供油量，而且还可以把摩擦产生的热量带走，维持轴承的热平衡，但增加了一个供油系统，增加了成本和系统的复杂性。

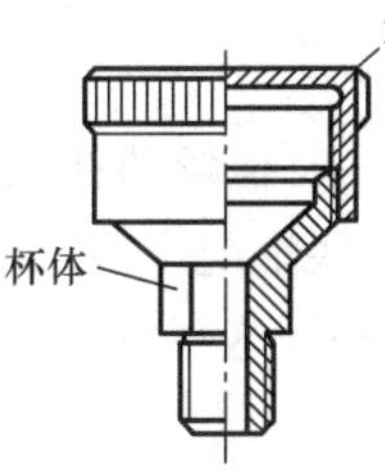

图 13.9　旋盖式黄油杯

13.5.2　脂润滑

润滑脂润滑一般只能采用间歇供应的方式。图 13.9 所示为黄油杯，是最为广泛使用的脂润滑装置。润滑脂储存在杯体内，杯盖用螺纹与杯体联接，旋拧杯盖可将润滑脂压送到轴承孔内。有时也使用黄油枪向轴承补充润滑脂。润滑脂也可以集中供应。

13.5.3　滑动轴承润滑方式确定依据

滑动轴承的润滑方式一般可以根据类比或经验的方法进行确定，也可以通过对系数 k 的计算进行确定

$$k = \sqrt{pv^3} \tag{13.1}$$

式中，$p=F/(dB)$为滑动轴承的平均压强，单位：MPa；v 为滑动轴承的轴颈的线速度，单位：m/s。当 $k\leqslant 2$ 时，用润滑脂，油杯润滑；当 $k=2\sim16$ 时，采用针阀注油油杯润滑；当 $k=16\sim32$ 时，采用油环或飞溅润滑；当 $k>32$ 时，采用压力循环润滑。

13.6　非液体润滑滑动轴承的计算

非液体润滑滑动轴承工作在混合摩擦状态下，摩擦表面部分处于液体润滑，部分处于边界润滑，有时还会出现部分干摩擦状态，干摩擦的出现会使摩擦系数增大、磨损加剧，严重时导致粘着磨损和胶合现象。所以在非液体润滑条件下工作的滑动轴承保持边界膜不破坏是十分重要的。边界膜抗破坏能力与润滑油的油性有关，也与轴瓦材料、摩擦表面的压力和温度有关。温度高，压力大，边界膜容易破坏。非液体润滑滑动轴承设计时，一旦材料选定，则应限制温度和压力，即进行所谓的条件性计算，根据这种条件性计算可以确定轴承的尺寸，但液体动力润滑滑动轴承只能用它作为初步计算，而混合润滑和固体润滑的滑动轴承则用这种条件性计算作为主要的计算方法。

13.6.1　径向滑动轴承的条件性计算

1）限制滑动轴承的平均压强 p

为了使滑动轴承不产生过度磨损，应对轴承的平均压强进行计算，使其满足条件

$$p = \frac{F}{dB} \leqslant [p] \quad \text{(MPa)} \tag{13.2}$$

式中，F 为轴承径向载荷，单位：N；d 和 B 为轴颈直径和有效宽度，单位：mm；$[p]$为许用压强，单位：MPa。对上式进行变换可以进行尺寸计算。

对于低速或间歇转动的滑动轴承只需进行压强校核。

2）限制滑动轴承的 pv 值

对于速度较高的滑动轴承，常需限制 pv 值。v 是轴颈的圆周速度，轴承的发热量与其单位面积上的摩擦功耗 μpv 成正比，摩擦系数 μ 近似为常数，故限制摩擦温升实际上就是应该限制滑动轴承的 pv 值。计算表达式为

$$pv \approx \frac{Fn}{20000B} \leqslant [pv] \quad (\text{MPa} \cdot \text{m/s}) \tag{13.3}$$

3）限制滑动轴承的轴颈线速度 v

有些情况下，压强 p 较小，可能 p 和 pv 都在许用范围内，但也可能由于滑动速度过高而加速磨损，这就要求对轴承轴颈线速度进行限制，满足条件

$$v = \frac{\pi dn}{60 \times 1000} \leqslant [v] \tag{13.4}$$

13.6.2 推力滑动轴承的条件性计算

推力滑动轴承的条件性计算方法与径向滑动轴承十分相似，主要是对 p、pv 进行限制。常见的推力滑动轴承止推面的形状见图 13.10。实心端面推力轴颈由于跑合时中心与边缘的磨损不均匀，越接近边缘的部分磨损越快，会导致中心部分的压强极高。空心轴颈和环状轴颈可以克服这一缺点。载荷很大时可以采用多环轴颈，多环轴颈的推力滑动轴承还可以承受双向载荷的作用。

推力滑动轴承的条件性计算方法为

$$p = \frac{F}{\frac{\pi}{4}(d^2 - d_0^2)z} \leqslant [p] \quad (\text{MPa}) \tag{13.5}$$

$$pv = \frac{Fn}{30000(d - d_0)z} \leqslant [pv] \quad (\text{MPa} \cdot \text{m/s}) \tag{13.6}$$

式中，F 为轴向载荷，单位：N；v 为推力轴颈平均直径处的圆周速度，单位：m/s；n 为轴的转速，单位：r/min；d_0、d 分别为轴的内外直径，单位：mm；z 为轴环数。

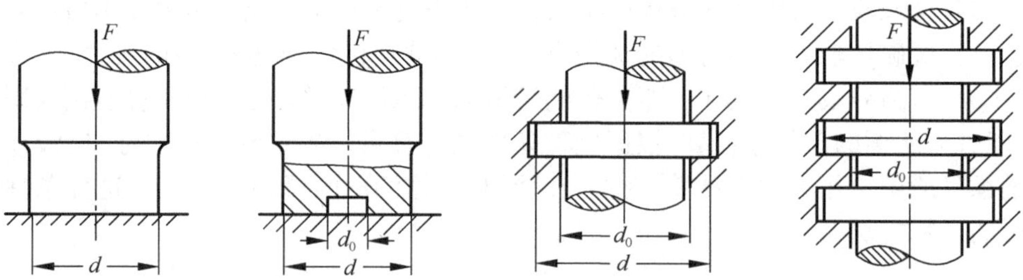

(a) 实心端面轴颈　(b) 空心端面轴颈　(c) 环状轴颈　(d) 多环轴颈

图 13.10　推力滑动轴承轴颈结构形式

13.7 液体动压形成原理及基本方程

通过润滑油将两摩擦面完全分开所形成的摩擦称为液体摩擦。这时两个摩擦表面并不发生直接接触，所以这种摩擦的性质决定于使用的润滑油，而与两个摩擦面的材料无关。

产生液体摩擦主要有两种方式：①在滑动表面间用足以平衡外载荷的压力输入润滑油，人为地将两个表面分开，实际上就是通过油压将滑动轴承的轴颈顶起，用这种方式实现液体摩擦的轴承成为液体（流体）静压轴承；②利用轴颈回转运动时的泵吸作用，将润滑油带入到摩擦面间，建立压力油膜将两表面分开，这种方法实现的液体摩擦轴承称为液体（流体）动压轴承。应用最为广泛的是液体动压轴承。

如图 13.11 所示为直角坐标系内两块互相倾斜平板间流体的流动，其中下板静止，上板以速度 v 沿 x 方向滑动。描述流体动压润滑的雷诺方程可以通过对该模型的分析而建立起来。

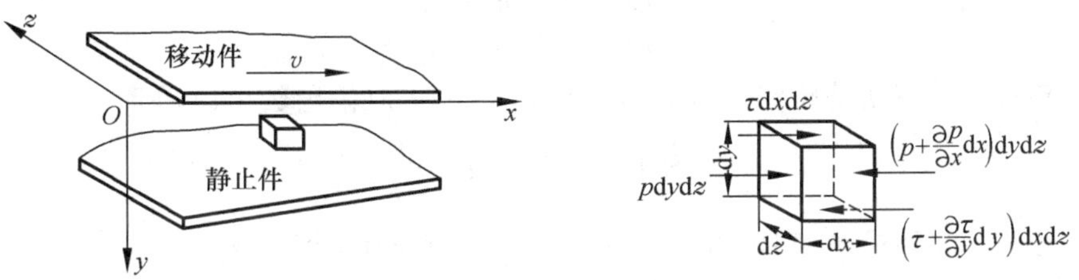

图 13.11　间隙中的流动

1. 基本假设

①两板间的流体只作层流运动；②两板间流体为牛顿流体；③润滑油不可压缩；④不计压力对润滑油粘度的影响；⑤润滑油沿 z 向（宽度方向）没有流动；⑥润滑油与板表面之间没有滑动；⑦不计润滑油的惯性力和重力的影响。

2. 基本方程的建立

在两板之间取微元体 $\mathrm{d}x\mathrm{d}y\mathrm{d}z$（图 13.11）进行分析，作用在微元体左右两侧的压力为 p 和 $\left(p+\dfrac{\partial p}{\partial x}dx\right)$，作用在微元体上下两面的切应力为 τ 和 $\left(\tau+\dfrac{\partial \tau}{\partial y}\mathrm{d}y\right)$。根据 x 方向力系的平衡，得到

$$p\mathrm{d}y\mathrm{d}z-\left(p+\frac{\partial p}{\partial x}\mathrm{d}x\right)\mathrm{d}y\mathrm{d}z+\tau\mathrm{d}x\mathrm{d}z-\left(\tau+\frac{\partial \tau}{\partial y}\mathrm{d}y\right)\mathrm{d}x\mathrm{d}z=0$$

整理后得到

$$\frac{\partial p}{\partial x}=-\frac{\partial \tau}{\partial y}$$

将 $\tau=-\eta\dfrac{\partial u}{\partial y}$代入上式，得到

$$\frac{\partial p}{\partial x}=\eta\frac{\partial^2 u}{\partial y^2}$$

对上式进行积分

$$u=\frac{1}{2\eta}\frac{\partial p}{\partial x}y^2+C_1y+C_2$$

引入边界条件：当 $y=0$ 时，$u=v$；当 $y=h$（油膜厚度）时，$u=0$。可将上式中的积分常数求出，得到一个新的速度表达式

$$u=\frac{v}{h}(h-y)+\frac{1}{2\eta}\frac{\partial p}{\partial x}(y-h)y$$

根据该速度表达式，就可以求出沿 x 方向单位宽度的流量

$$q_x = \int_0^h u \mathrm{d}y = \frac{v}{2}h - \frac{1}{12\eta}\frac{\partial p}{\partial x}h^3$$

设油压最大处的间隙为 h_0，在这一截面上$\frac{\partial p}{\partial x}=0$，同时有

$$q_x = \frac{1}{2}vh_0$$

根据流动的连续性原理，即通过间隙任一截面的流量相等，有

$$\frac{\partial p}{\partial x} = 6\eta v \frac{h-h_0}{h^3} \tag{13.7}$$

上式即为著名的一维雷诺动压润滑方程，经整理，并对 x 取偏导数可以得到

$$\frac{\partial}{\partial x}\left(\frac{h^3}{\eta}\frac{\partial p}{\partial x}\right) = 6v\frac{\partial h}{\partial x} \tag{13.8}$$

考虑润滑油沿 z 方向的流动，则可以延伸建立二维雷诺动力润滑方程式

$$\frac{\partial}{\partial x}\left(\frac{h^3}{\eta}\frac{\partial p}{\partial x}\right) + \frac{\partial}{\partial z}\left(\frac{h^3}{\eta}\frac{\partial p}{\partial z}\right) = 6v\frac{\partial h}{\partial x} \tag{13.9}$$

3. 动压形成机理

根据一维雷诺方程(13.7)可以看出，油膜承载能力的建立需要满足以下条件：①润滑油要有一定的粘度。粘度越大，承载能力也越大；②要有相当大的相对滑动速度，在一定范围内，油膜的承载能力与滑动速度成正比；③相对滑动面之间必须形成收敛形的间隙(油楔)；要有足够的供油量。

结合雷诺方程，可以用图 13.12(a)说明油压形成过程，在油膜厚度 h_0 的左面 $h>h_0$，此时$\frac{\partial p}{\partial x}>0$，即油压随 x 的增大而增大；在油膜厚度 h_0 的右边 $h<h_0$，此时$\frac{\partial p}{\partial x}<0$，即油压随 x 的增加而减少。这一现象表明，油膜必须呈收敛形油楔，才能使油楔内各处的油压都大于入口和出口处的压力，产生正压力以支承外载荷。

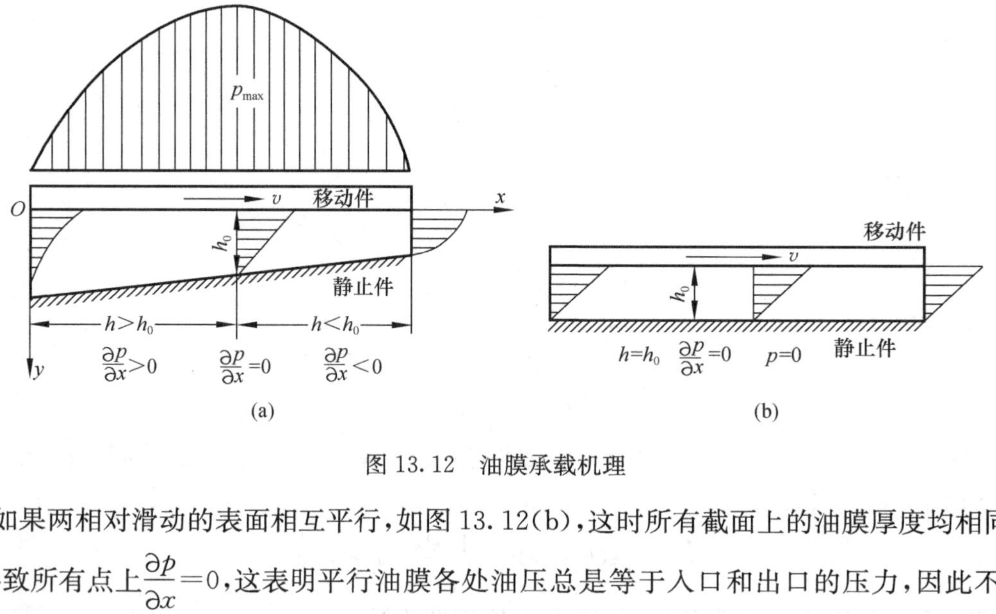

图 13.12 油膜承载机理

如果两相对滑动的表面相互平行，如图 13.12(b)，这时所有截面上的油膜厚度均相同 $h=h_0$，导致所有点上$\frac{\partial p}{\partial x}=0$，这表明平行油膜各处油压总是等于入口和出口的压力，因此不能产

生高于外面压力的油压,无法承受载荷。

如果两滑动表面呈扩散楔形,移动件将带着润滑油从小口走向大口,油压必将低于出口和入口处的压力,不仅不能产生油压支承外部载荷,而且会产生使两表面相吸的力。

13.8　液体动压径向滑动轴承承载能力计算

13.8.1　径向滑动轴承油膜建立过程

液体动力润滑滑动轴承从静止、启动到稳定工作的过程可用图 13.13 进行表述。滑动轴承液体动力润滑油膜的建立过程分为三个阶段:①轴的启动阶段(图 13.13(a));②不稳定润滑阶段,这时轴颈沿轴承内壁上爬,不时与轴瓦内壁发生接触摩擦(图 13.13(b));③液体动力润滑运行阶段(图 13.13(c)),这时的轴颈转速已经足够高,带入到油楔中的润滑油能产生足以支承外载荷的油压,将轴颈稳定在一个固定的空间位置。

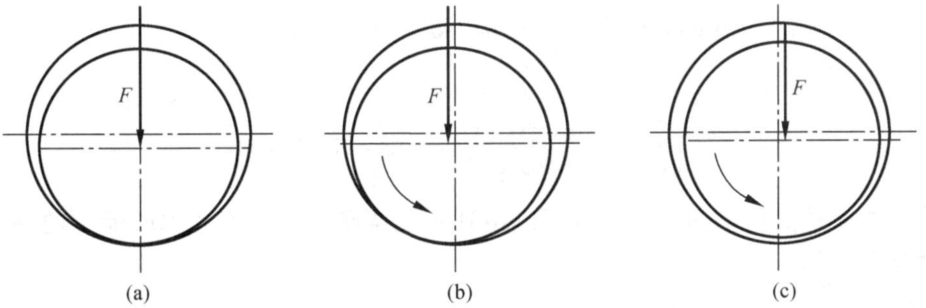

图 13.13　径向滑动轴承油膜建立过程示意图

13.8.2　径向滑动轴承承载能力计算

如图 13.14 所示为滑动轴承几何关系与油压分布示意图。令 R、r 分别为轴承孔和轴颈的半径,两者之差为半径间隙,用 δ 表示,$\delta=R-r$,半径间隙与轴颈半径之比为相对间隙,用 ψ 表示,$\psi=\dfrac{\delta}{r}$。轴颈中心 O' 偏离轴承孔中心 O 的距离 e 称为偏心距,轴颈的偏心程度用偏心率 ε 表示,$\varepsilon=\dfrac{e}{\delta}$。轴颈以角速度 ω 旋转,β 为轴承包角,是轴瓦连续包围轴颈所对应的角度;$\alpha_1+\alpha_2$ 为承载油膜角,它只占轴承包角的一部分;θ 为偏位角,是轴承中心 O 与轴颈中心 O' 的连线与载荷作用线之间的夹角;ϕ 为从 OO' 连线起至任意油膜处的油膜角,ϕ_1 为油膜起始角,ϕ_2 为油膜终止角,最小油膜厚度 h_{min} 和最大轴承间隙都位于 OO' 连线的延长线上。在 $\phi=\phi_0$ 处,油膜压力为最大,这时油膜的厚度为 $h_0=\delta(1+\varepsilon\cos\phi_0)$。

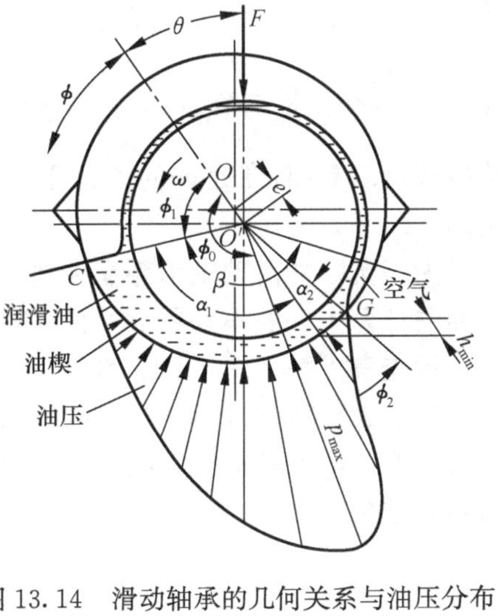

图 13.14　滑动轴承的几何关系与油压分布

首先考虑轴承为无限宽的一种假想情况，这时轴承中的润滑油可以认为不发生轴向流动。将一维雷诺方程(13.7)通过如下转换变成极坐标形式：

$$dx = rd\phi$$
$$h = \delta(1+\varepsilon\cos\phi)$$
$$v = r\omega$$

一维雷诺方程的极坐标形式

$$\frac{dp}{d\phi} = \frac{6\eta\omega}{\psi^2}\frac{\varepsilon(\cos\phi - \cos\phi_0)}{(1+\varepsilon\cos\phi)^3}$$

通过积分，得到任意角度 ϕ 处的油膜压力值

$$p_\phi = \int_{\phi_1}^{\phi} dp = \frac{6\eta\omega}{\psi^2}\int_{\phi_1}^{\phi}\frac{\varepsilon(\cos\phi - \cos\phi_0)}{(1+\varepsilon\cos\phi)^3}d\phi$$

单位宽度上滑动轴承的油膜承载能力为

$$F_1 = \int_{\phi_1}^{\phi_2} p_\phi \cos[180° - (\phi+\theta)] r d\phi$$

$$= \frac{6\eta\omega}{\psi^2}\int_{\phi_1}^{\phi_2}\left[\int_{\phi_1}^{\phi}\frac{\varepsilon(\cos\phi - \cos\phi_0)}{(1+\varepsilon\cos\phi)^3}d\phi\right]\cos[180° - (\phi+\theta)] r d\phi$$

将上式乘以轴承宽度 B，代入 $r=d/2$，可以得到有限宽滑动轴承不考虑端泄的油膜承载能力 F，通过整理后得到

$$\frac{F\psi^2}{Bd\eta\omega} = 3\varepsilon\int_{\phi_1}^{\phi_2}\left[\int_{\phi_1}^{\phi}\frac{(\cos\phi - \cos\phi_0)}{(1+\varepsilon\cos\phi)^3}d\phi\right]\cos[180° - (\phi+\theta)] d\phi$$

令 $S_0 = 3\varepsilon\int_{\phi_1}^{\phi_2}\left[\int_{\phi_1}^{\phi}\frac{(\cos\phi - \cos\phi_0)}{(1+\varepsilon\cos\phi)^3}d\phi\right]\cos[180° - (\phi+\theta)] d\phi$，$S_0$ 称为索氏数(Sommerfeld number)，是一个无量纲参数，它是轴承包角 β、偏心率 ε 的函数。可以看出，有关系式：$S_0 = \frac{F\psi^2}{Bd\eta\omega}$，从该式可以看出，在允许的条件下，降低间隙、提高润滑油粘度都可以起到提高承载能力的作用。

由于实际的滑动轴承存在端泄现象，承载能力比上面理论计算出来的数值要低，因此，在实际的计算中一般不采用上述公式直接计算，而是通过对二维雷诺方程数值求解得出的曲线图进行查表求解。图 13.15 给出了两种不同包角滑动轴承的索氏数的曲线图。

对于大型滑动轴承、重要的滑动轴承或结构不规范的滑动轴承，其承载能力的计算，要通过对二维雷诺方程进行专门的研究、修正、离散化、计算机编程等过程进行求解，才能得出真正精确的结果。

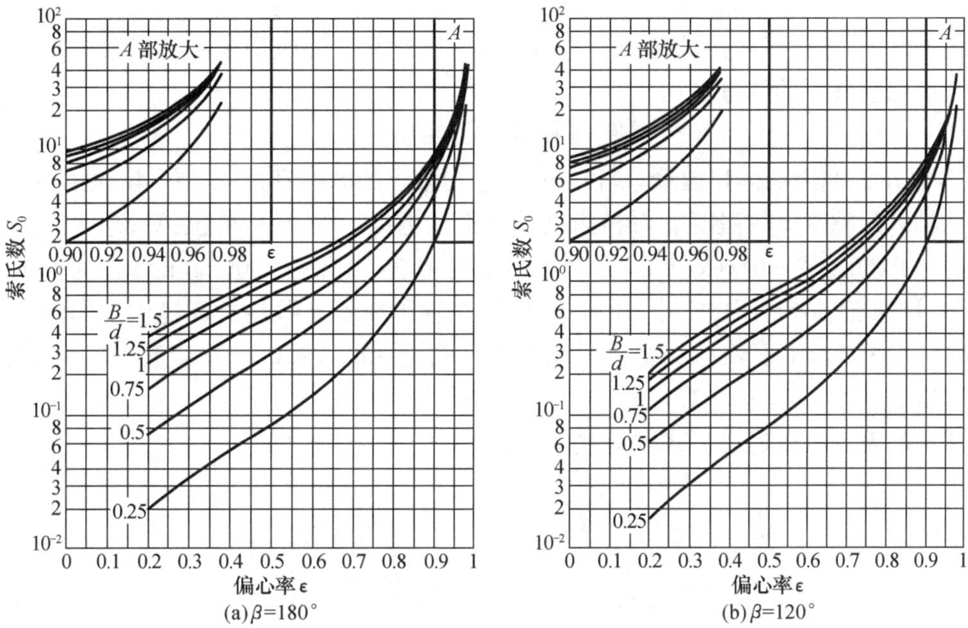

图 13.15　滑动轴承的索氏数

13.9　径向滑动轴承的有关性能参数计算与选择

13.9.1　最小油膜厚度的计算

对于实际应用中的滑动轴承，偏心率很大时，索氏数 S_0 也很大，承载能力很高，但最小油膜厚度很小。为了滑动轴承的安全运转，必须满足条件 $h_{min} \geqslant [h_{min}]$，这也是滑动轴承实现液体摩擦（润滑）的充分条件，即保证最小油膜厚度处的表面不平度高峰不直接接触。

滑动轴承的最小油膜厚度的计算可按照下述公式进行：

$$h_{min} = (1-\varepsilon)\psi d/2$$

许用的最小油膜厚度主要取决于轴颈和轴承表面的粗糙度、轴承工作表面的几何误差、制造和安装中的对中误差、轴和轴承的变形、润滑油的过滤质量等，计算可按照下述公式进行：

$$[h_{min}] = K(R_{z1} + R_{z2})$$

K 为考虑到表面几何形状不准确性和零件的变形而设置的安全系数，一般取 $K \geqslant 2$。R_{z1} 和 R_{z2} 分别为轴颈和轴瓦表面的微观不平度的十点平均高度。其大小与加工方法有关。具体数值可以参考表 13.6。

表 13.6　几种加工方法的表面不平度十点高度

加工方法	精车或精镗、中等磨光、刮	铰、精磨、刮	钻石刀头镗、研磨	研磨、抛光、超精加工
R_z	>3.2～6.3	0.8～3.2	0.2～0.8	<0.2

13.9.2　热平衡计算

滑动轴承在工作过程中，由于液体内摩擦作用将产生大量的热，这些热量一部分被流动的润滑油带走，另一部分则通过轴承座的温度上升，与环境产生温度差，散热到周围的空气中。在热平衡条件下，单位时间内轴承产生的热量等于同时润滑油流带走的热量及轴承箱体外表面散失到周围空气中的热量之和。即

$$\mu F v = c_p \rho q_v \Delta t + \pi B d \alpha_b \Delta t$$

其中 q_v 为轴承的润滑油体积流量，单位：m^3/s；μ 为轴承的摩擦系数；Δt 为润滑油的温升（等于润滑油从轴承间隙流出的温度 t_2 和流入间隙润滑油温度 t_1 之差），单位：℃；c_p 为润滑油的比定压热容，为 1680～2000J/(kg·℃)；ρ 为润滑油的密度，为 850～900kg/m^3；α_b 为轴承的表面散热系数，取决于轴承结构、尺寸、通风条件，轻型轴承或不易散热的环境中工作的轴承可取 α_b=50W/(m^2·℃)，中型轴承及普通通风条件可取 α_b=80W/(m^2·℃)，重型轴承，冷却条件良好的可取 α_b=140W/(m^2·℃)。

润滑油的温升可以通过下式求得：

$$\Delta t = \frac{\dfrac{\mu}{\psi}\dfrac{F}{Bd}}{c_p \rho \dfrac{q_v}{\psi v B d} + \dfrac{\pi \alpha_b}{\psi v}} = \frac{\bar{\mu} p}{2 c_p \rho \dfrac{d}{B} \bar{q}_v + \dfrac{\pi \alpha_b}{\psi v}} \quad (℃) \tag{13.10}$$

式中，$\bar{\mu}=\dfrac{\mu}{\psi}$ 为摩擦特性系数；$\bar{q}_v$ 为无量纲体积流量。

润滑油的平均温度为

$$t_m = \frac{1}{2}(t_1 + t_2) = t_1 + \frac{\Delta t}{2} \quad (℃)$$

润滑油的平均温度一般不能超过 75℃，润滑油的进油温度依供油方式而定，通常取 t_1=30～40℃。

13.9.3 油流量和摩擦功计算

滑动轴承在正常工作中，润滑油始终处于连续的流入和流出状态，轴承的体积流量 q_v 可以按照下式进行计算：

$$q_v = \psi d^3 \omega \bar{q}_v \quad (m^3/s) \tag{13.11}$$

式中，$\bar{q}_v$ 为无量纲体积流量，是 ε、B/d 和 β 的函数，具体数值可查图 13.16。

滑动轴承在正常工作过程中，由于液体的内摩擦作用，会产生摩擦功耗损失，具体计算方法为

$$P_\mu = \mu F v = \bar{\mu} \psi F v \quad (W) \tag{13.12}$$

式中，$\bar{\mu}=\dfrac{\mu}{\psi}$ 为摩擦特性系数，也是 ε、B/d 和 β 的函数，具体数值可查图 13.17。

13.9.4 滑动轴承有关参数选择

1. 宽径比 B/d 的选择

常用范围是 B/d=0.5～1.5。宽径比小时，占用空间较小。对于高速轻载轴承，由于压强增大，可提高运转平稳性。但 B/d 减小，轴承承载力也随之降低。目前 B/d 有减小的趋势。表 13.7 列出了几种类型的机械设备中滑动轴承的 B/d 的取值范围。

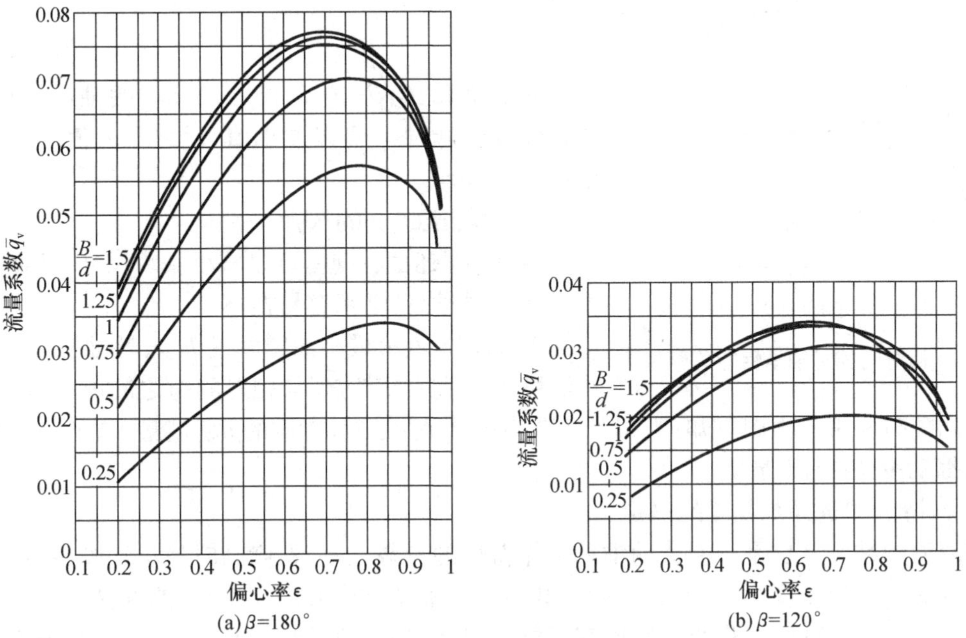

图 13.16　液体动压径向滑动轴承流量系数 $\bar{q}_v$

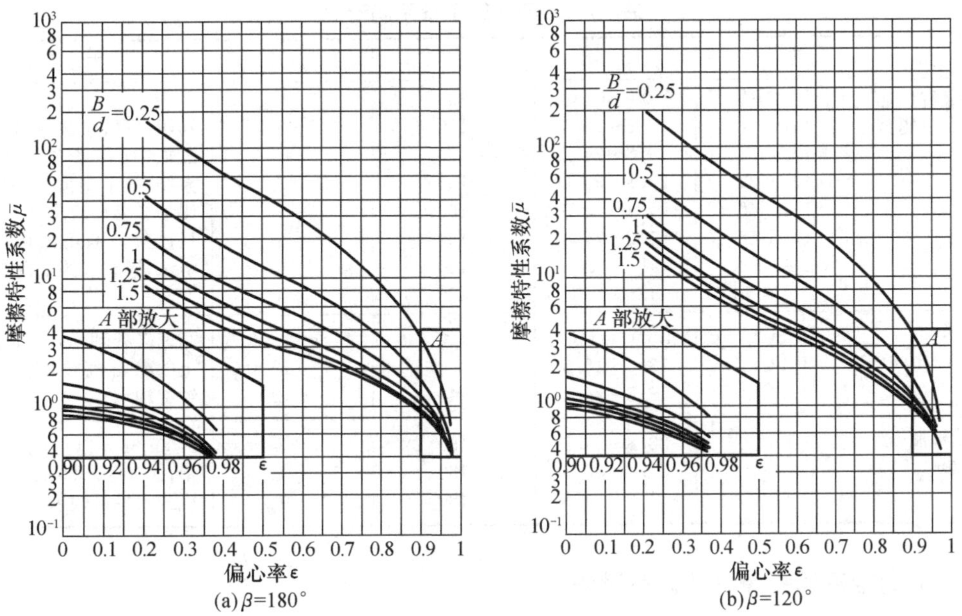

图 13.17　液体动压径向滑动轴承摩擦特性系数 $\bar{\mu}$

表 13.7　液体摩擦轴承的 B/d

机器类型	汽轮机、风机	电机、离心泵、减速机	机　床	轧钢机
B/d	0.5～1	0.7～1.5	0.8～1.2	0.6～1.5

2. 相对间隙ψ的选择

一般情况下，ψ 值主要根据载荷和速度选取：速度高，ψ 值应取大一些，可以减少发热；载荷大，ψ 值应取小一些，可以提高承载能力。ψ 值可按轴颈圆周速度 v 参照下列经验公式

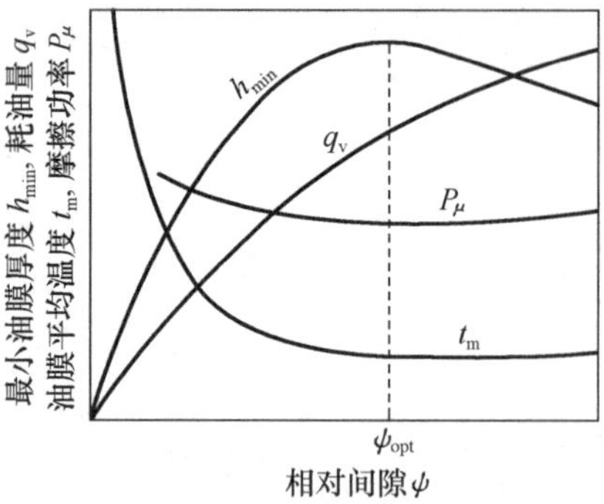

图 13.18　相对间隙对轴承性能的影响

计算：

$$\psi = (0.6 \sim 1.0) \times 10^{-3} \sqrt[4]{v} \quad (13.13)$$

对于重载、$B/d<0.8$、能自动调心的轴承，或当轴承材料硬度较低时，ψ 可以取小值，反之取大值。式中 v 的单位为 m/s。

3. 平均压强 p 的选择

压强 p 取值大一些，可以减小轴承尺寸，并使运转平稳。但压强过高，轴承容易损坏。

图 13.18 表示最小油膜厚度 h_{min}、耗油量 q_v、油膜平均温度 t_m、摩擦功率 P_μ 与相对间隙之间的关系，可供选定相对间隙时参考。由图可知：当相对间隙为最佳值 ψ_{opt} 时，对应的 h_{min} 值最大，油膜平均温度 t_m 和摩擦功率 P_μ 趋于最低。

4. 润滑油的选择及粘度的确定

润滑油的粘度 η 也是影响滑动轴承工作特性的参数之一，粘度高时最小油膜厚度大，有较大的承载能力。但粘度高易于发热，所以载荷大一般选粘度高的润滑油，速度高时一般要选粘度低的润滑油。设计时当最小油膜厚度不能满足要求时，改选粘度高的润滑油，当温升过高时改选粘度低的润滑油。液体摩擦滑动轴承润滑油的选择可以参照表 13.8 进行初步确定。

表 13.8　滑动轴承常用润滑油

名　称	牌　号	运动粘度	闪点/℃≥	凝固点/℃≤	主要用途
全损耗系统用油 (GB443—1989)	L-AN10	9.00～11.00	130	−5	
	L-AN15	13.5～16.5	150	−5	纺织机械，机床轴承；高速轻
	L-AN22	19.8～24.2	150	−5	载或中小负荷轴承集中润滑
	L-AN32	28.8～35.2	150	−5	系统；中小型齿轮、蜗杆传动
	L-AN46	41.4～50.6	160	−5	浸油或喷油润滑
	L-AN68	61.2～74.8	160	−5	低速重载的纺织机械，重型
	L-AN100	90～110	180	−5	机床，锻压或铸工设备轴承
	L-AN150	135～165	180	−5	
轴承油 (SH0017—1990)	L-FC10	1.00～11.00	140	−18	高速轻载轴承：8000r/min 以
	L-FC15	13.5～16.5	140	−12	上的精密机械、机床及纺织
	L-FC22	19.8～24.2	140	−12	纱锭轴承
汽轮机油 (GB11120—1989)	L-TSA32	28.8～35.2	180	−7	3000r/min 以上的汽轮机轴
	L-TSA46	41.4～50.6	180	−7	承；2000～3000r/min 的汽轮
	L-TSA68	61.2～74.8	180	−7	机或水轮机轴承

13.9.5　滑动轴承的一般设计计算过程

滑动轴承的一般设计过程包括：轴承材料选择、润滑剂和润滑方法选择、承载能力计算、流量计算、功耗计算、热平衡计算、安全计算等步骤。下面结合例题进行介绍。

【例 13.1】 某离心机上使用的径向滑动轴承，工作载荷稳定，采用对开轴瓦，作用在轴颈上的径向载荷为 $F=36000$N，轴颈直径为 $d=100$mm，轴颈转速为 $n=1000$r/min，试选择轴承材料，并完成相关轴承润滑性能计算。

解　取 $B/d=1$，故轴承宽度 $B=100$mm。对开轴瓦 $\beta=180°$。计算结果见下表：

计算项目	计算内容	计算结果
轴承材料选择		
轴承压强	$p=\frac{F}{Bd}=\frac{36000}{0.1\times0.1}=3.6\times10^6(N/m^2)$	$p=3.6MPa$
轴承速度	$v=\frac{\pi dn}{60\times1000}=\frac{\pi\times100\times1000}{60\times1000}$	$v=5.24m/s$
pv 值	$pv=3.6\times5.24$	$pv=18.864MPa\cdot m/s$
轴承材料	由表 13.1	选 ZChSnSb 11-6
润滑剂和润滑方法选择		
选择润滑油牌号	自定	机械油 AN32
设平均油温 t_m	自设	$t_m=50℃$
t_m 下油的运动粘度	查图 4.13	$v_{50℃}=20mm^2/s$
t_m 下油的动力粘度	$\eta=v\rho=20\times10^{-6}\times900(\rho=900kg/m^3)$	$\eta_{50℃}=0.018Pa\cdot s$
润滑方法选择	$k=\sqrt{pv^3}=\sqrt{3.6\times5.24^3}=22.7587$	选择油环润滑
承载能力计算		
相对间隙	$\psi=(0.6\sim1)\times10^{-3}\sqrt[4]{v}=(0.6\sim1)\times10^{-3}\sqrt[4]{5.24}$ （式(13.20)）	$\psi=0.0009\sim0.0015$ 取 $\psi=0.001$
轴转速	$\omega=2\pi n/60=2\pi\times1000/60$	$\omega=104.7rad/s$
索氏数	$S_0=\frac{F\psi^2}{Bd\eta\omega}=\frac{36000\times0.001^2}{0.1\times0.1\times0.018\times104.7}$	$S_0=1.91$
偏心率	查图 13.15	$\varepsilon=0.71$
流量计算		
流量系数	查图 13.16	$\bar{q}_v=0.075$
轴承润滑油的体积流量	$q_v=\psi d^3\omega\bar{q}_v=0.001\times0.1^3\times104.7\times0.075$ （式(13.15)）	$q_v=7.8\times10^{-6}m^3/s$
功耗计算		
摩擦特性系数	查图 13.17	$\bar{\mu}=2.5$
摩擦系数	$\mu=\bar{\mu}\psi=2.5\times0.001$	$\mu=0.0025$
摩擦功耗	$P_\mu=\mu Fv=0.0025\times36000\times5.24$	$P_\mu=471.6W$
热平衡计算		
油温升	$\Delta t=\frac{\bar{\mu}P}{2c_P\rho\frac{d}{B}\bar{q}_v+\frac{\pi a_b}{\psi v}}=\frac{2.5\times3.6\times10^6}{2\times1.8\times10^6\times1\times0.075+\frac{\pi80}{0.001\times5.24}}$	$\Delta t=27.154℃$
进油温度	$t_1=t_m-\frac{\Delta t}{2}=50-\frac{27.154}{2}$	$t_1=36.423℃$
出油温度	$t_2=t_m+\frac{\Delta t}{2}=50+\frac{27.154}{2}$	$t_2=63.577℃$ 均符合要求
安全计算		
最小油膜厚度	$h_{min}=\frac{d}{2}\psi(1-\varepsilon)=\frac{0.1}{2}\times0.001\times(1-0.71)$	$h_{min}=14.5\times10^{-6}m$

续表

计算项目	计算内容	计算结果
轴颈表面粗糙度	精磨，由表 13.6	$R_{z1}=1.6\mu m$
轴瓦表面粗糙度	精车，由表 13.6	$R_{z2}=3.2\mu m$
安全度	$S=\dfrac{h_{min}}{(R_{z1}+R_{z2})\times10^{-6}}=\dfrac{14.5\times10^{-6}}{(1.6+3.2)\times10^{-6}}$	$S=3.02>2$
		符合安全要求

13.10 滑动轴承性能的数值计算方法

前面介绍的关于滑动轴承的性能计算是基于图表的近似计算。随着计算机技术的出现和应用，目前大多数滑动轴承的研究者和设计者都用数值法，通过数值求解二维雷诺方程来精确计算滑动轴承的性能。数值计算方法有差分法、变分法、有限单元法等。对于常用的轴承形式，一般用差分法即可以较少计算时间获得很好的结果，只在轴瓦表面结构复杂(例如开有小孔或特殊形状沟槽、台阶等)时，才更宜用有限元法。用差分法解压力分布，就是将一块轴瓦的油膜划分为许多网格，用各个节点上的压力值构成各阶差商，近似取代雷诺方程中的导数，将方程化为一组代数方程，由此解出各节点上的压力值。所得的一组离散的压力数值，也就近似表达了油膜中的压力分布。根据这组压力值，再用相应的数值积分，求得承载力、阻力、流量等性能值。

如前所述，对于常见的稳定运转的向心滑动轴承，可用式(13.9)进行描述。对该式进行无量纲化，需要引入以下关系式：

$$x=r\varphi\Rightarrow\varphi=\frac{x}{r},0\leqslant\varphi\leqslant2\pi,$$

$$z=\lambda\left(\frac{L}{2}\right)\Rightarrow\lambda=\frac{z}{\frac{L}{2}},-1\leqslant\lambda\leqslant1$$

$$H=\frac{h}{c}$$

$$P=\frac{p}{p_0}$$

则，式(13.9)变为

$$\frac{\partial}{\partial(r\varphi)}\left[(Hc)^3\frac{\partial(Pp_0)}{\partial(r\varphi)}\right]+\frac{\partial}{\partial(\lambda(L/2))}\left[(Hc)^3\frac{\partial(Pp_0)}{\partial(\lambda(L/2))}\right]=6U\eta\frac{\partial(Hc)}{\partial(r\varphi)}$$

$$\Rightarrow\frac{\partial}{\partial\varphi}\left(H^3\frac{\partial P}{\partial\varphi}\right)+\left(\frac{d}{L}\right)^2\frac{\partial}{\partial\lambda}\left(H^3\frac{\partial P}{\partial\lambda}\right)=\frac{6U\eta r}{p_0c^2}\frac{\partial H}{\partial\varphi}\tag{13.14}$$

令 $p_0=\frac{6U\eta r}{c^2}$ 代入式(13.14)，可以得到柱坐标系下的无量纲二维雷诺方程为

$$\frac{\partial}{\partial\varphi}\left(H^3\frac{\partial P}{\partial\varphi}\right)+\left(\frac{d}{L}\right)^2\frac{\partial}{\partial\lambda}\left(H^3\frac{\partial P}{\partial\lambda}\right)=\frac{\partial H}{\partial\varphi}\tag{13.15}$$

如图 13.19 所示，用各个节点上的压力值构成各阶差商，近似取代雷诺方程中的导数。

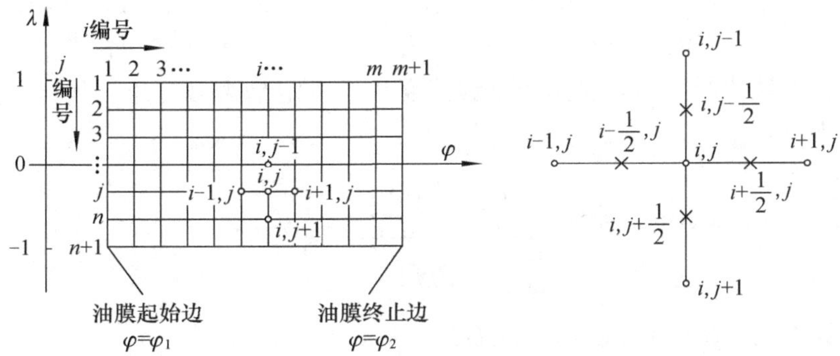

图 13.19　网格划分

对于节点(i,j)上的一阶导数，$\frac{\partial P}{\partial \varphi}$和$\frac{\partial P}{\partial \lambda}$，可用其相邻节点上的 P 值构成的前差商、中差商、后差商来表达，为提高精度，常常采用半步长插入点上的值构成的中差商表示一阶导数，则有

$$\left(\frac{\partial P}{\partial \varphi}\right)_{i,j} \approx \frac{P_{i+1/2,j} - P_{i-1/2,j}}{\Delta\varphi} \tag{13.16}$$

$$\left(\frac{\partial P}{\partial \lambda}\right)_{i,j} \approx \frac{P_{i,j+1/2} - P_{i,j-1/2}}{\Delta\lambda} \tag{13.17}$$

对于(i,j)上的二阶导数，可先用相邻半步长插入点上的一阶导数的中差商表示，然后再将式中的一阶导数用相应节点值的中差商表示，即

$$\frac{\partial}{\partial \phi}\left(H^3 \frac{\partial P}{\partial \phi}\right)_{i,j} = \frac{H^3_{i+1/2,j}P_{i+1,j} + H^3_{i-1/2,j}P_{i-1,j} - (H^3_{i+1/2,j} + H^3_{i-1/2,j})P_{i,j}}{(\Delta\phi)^2} \tag{13.18}$$

$$\frac{\partial}{\partial \lambda}\left(H^3 \frac{\partial P}{\partial \lambda}\right)_{i,j} = \frac{H^3_{i,j+1/2}P_{i,j+1} + H^3_{i,j-1/2}P_{i,j-1} - (H^3_{i,j+1/2} + H^3_{i,j-1/2})P_{i,j}}{(\Delta\lambda)^2} \tag{13.19}$$

$$\left(\frac{\partial H}{\partial \varphi}\right)_{i,j} = \frac{H_{i+1/2,j} - H_{i-1/2,j}}{\Delta\varphi} \tag{13.20}$$

将以上各式代入二维雷诺方程(13.15)，可化为

$$\begin{aligned} & H^3_{i+1/2,j}P_{i+1,j} + H^3_{i-1/2}P_{i-1,j} - (H^3_{i+1/2,j} + H^3_{i-1/2,j})P_{i,j} \\ & + \left(\frac{d}{L}\frac{\Delta\varphi}{\Delta\lambda}\right)^2 \left[H^3_{i,j+1/2}P_{i,j+1} + H^3_{i,j-1/2}P_{i,j-1} - (H^3_{i,j+1/2} + H^3_{i,j-1/2})P_{i,j}\right] \\ & = \Delta\varphi(H_{i+1/2,j} - H_{i-1/2,j}) \end{aligned} \tag{13.21}$$

进一步整理可得

$$A_{i,j}P_{i+1,j} + B_{i,j}P_{i-1,j} + C_{i,j}P_{i,j+1} + D_{i,j}P_{i,j-1} - E_{i,j}P_{i,j} = F_{i,j} \tag{13.22}$$

其中各系数为

$$\left.\begin{aligned} A_{i,j} &= H^3_{i+1/2,j} \\ B_{i,j} &= H^3_{i-1/2,j} \\ C_{i,j} &= \left(\frac{d}{L}\frac{\Delta\varphi}{\Delta\lambda}\right)^2 H^3_{i,j+1/2} \\ D_{i,j} &= \left(\frac{d}{L}\frac{\Delta\varphi}{\Delta\lambda}\right)^2 H^3_{i,j-1/2} \\ E_{i,j} &= A_{i,j} + B_{i,j} + C_{i,j} + D_{i,j} \\ F_{i,j} &= \Delta\varphi(H_{i+1/2,j} - H_{i-1/2,j}) \end{aligned}\right\} \tag{13.23}$$

因此共有$(m-1)(n-1)$个式(13.22),构成一组对于$(m-1)(n-1)$个内节点的$P_{i,j}$值的线性非齐次代数方程,应用逐点松弛迭代法,引入边界条件,可解出各个内节点$P_{i,j}$的值。

为了判断每次迭代结果是否已达到足够精度从而决定是否可终止迭代过程,通常根据如下的相对收敛准则:

$$\frac{\sum_{j=2}^{n}\sum_{i=2}^{m}\left|P_{i,j}^{(k)}-P_{i,j}^{(k-1)}\right|}{\sum_{j=2}^{n}\sum_{i=2}^{m}\left|P_{i,j}^{(k)}\right|}\leqslant ERR \tag{13.24}$$

允许相对误差值 ERR 常可取 10^{-3}左右。

利用上述方法可以计算出滑动轴承在不同工况条件下的油膜压力分布(图 13.20),进而求出滑动轴承的承载能力、流量、摩擦力、油膜厚度分布等一系列有关滑动轴承的润滑性能参数。

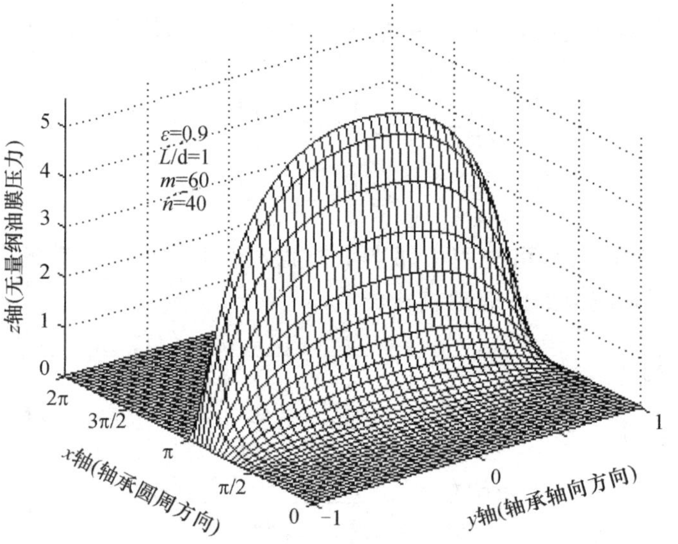

图 13.20　滑动轴承三位油膜压力分布

(偏心率 $\varepsilon=0.9$,宽径比 $d/L=1$)

13.11　其他形式的滑动轴承简介

13.11.1　自润滑滑动轴承

自润滑轴承也称为无润滑轴承,它是在没有润滑剂润滑的条件下,靠轴承材料本身的自润滑性润滑的轴承。自润滑滑动轴承一般是由多孔质金属材料制成,在使用之前浸满润滑剂,当轴颈旋转工作时,润滑介质由于毛细作用、负压吸引、热膨胀等几种作用,使润滑介质在轴承间隙内不断地流出和流入,实现一种内循环,对滑动轴承起到润滑作用。

自润滑滑动轴承的主要设计参数与普通滑动轴承十分类似,对自润滑的径向滑动轴承,其宽径比 B/d 一般取 0.35～1.5。自润滑滑动轴承的间隙选择要遵循:塑料轴承的间隙比金属轴承的间隙大。自润滑轴承的承载能力计算和校核计算与非液体润滑的滑动轴承类似。工程上校核一般用途的自润滑滑动轴承的承载能力时，应将其 p 值和 pv 值限制在允许范围之内，对于接触压强较低、相对滑动速度较高的轴承，还应限制其 v 值在许用范围之内。常用的金属及非金属自润滑滑动轴承材料的 $[p]$、$[pv]$ 和 $[v]$ 值见表 13.2 和表 13.3。

13.11.2　多油楔滑动轴承

如果径向轴承的轴颈受到一个外部的微小干扰而偏离平衡位置，最后不能自动回到其原来的平衡位置，轴颈作有规律的或无规律的运动，这种状态叫做轴承失稳。载荷越轻，转速越高，轴承越容易失稳。当轴承只有一个压力区时称单油楔轴承，为了提高轴承的工作稳定性和旋转精度，常把轴承做成多油楔形状，轴承承载力等于各油楔承载力的矢量和。

图 13.21 是常见的几种多油楔轴承。它们在工作时能形成二个或三个动压油膜，分别称为二油楔和三油楔轴承。和单油楔轴承相比，多油楔轴承的稳定性好，旋转精度高，但承载能力较低，功耗较大。图(a)和图(c)能用于双向回转，图(b)和图(d)只能用于单向回转。

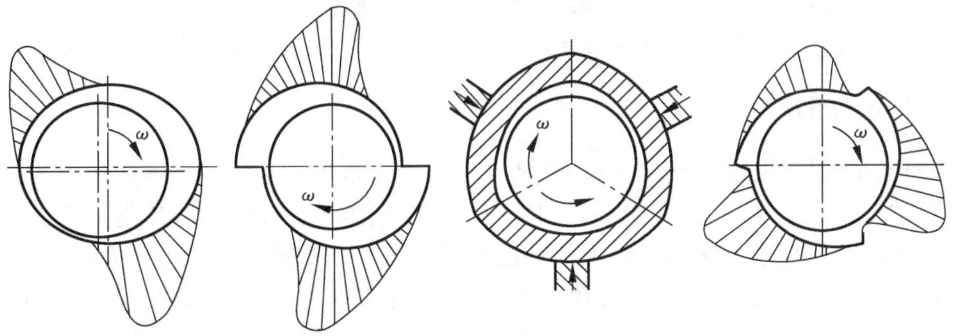

(a) 椭圆轴承　(b) 错位轴承　(c) 三油楔轴承（双向）　(d) 三油楔轴承（单向）

图 13.21　常见多油楔滑动轴承

图 13.22 为可倾瓦多油楔径向滑动轴承，轴瓦由三块（或五块，通常为奇数）扇形块组成，扇形块背面有球形窝，并用调整螺钉支持。轴瓦的倾斜度可以随轴颈位置的不同而自动调整，以适应不同的载荷、转速、轴的弹性变形和偏斜，并建立液体摩擦。

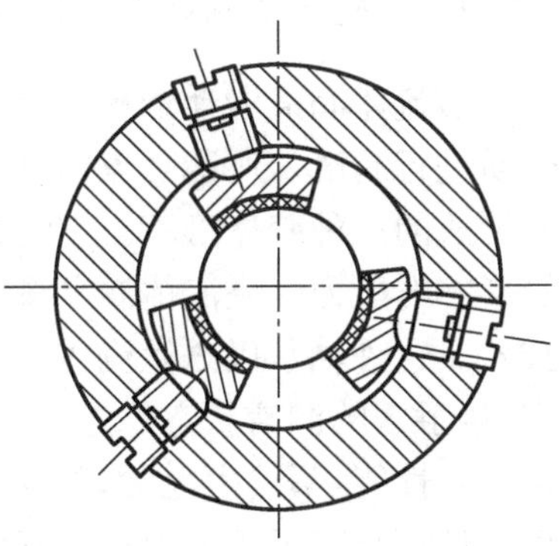

图 13.22　可倾瓦滑动轴承

13.11.3　液体静压滑动轴承

液体静压轴承是用油泵把高压油送到轴承间隙里，强制形成油膜，靠液体的静压平衡外载荷。图 13.23 是静压径向轴承的示意图。高压油经节流器进入油腔，节流器是用来保持油膜稳定性的。当轴承载荷为零时，轴颈与轴孔同心，各油腔的油压彼此相等，即 $p_1=p_2=p_3=p_4$。当轴承受载荷 F 时，轴颈偏移，各油腔附近的间隙不同，受力大的油膜减薄，流量减小，因此经过这部分的节流器的流量也减小，在节流器中的压力降也减小，但是油泵的压力 p_5 保持不变，所以下油腔中的压力 p_3 将加大。同理，上油腔中的压力 p_1 将减小。轴承依靠压力差为 (p_3-p_1) 平衡载荷 F。

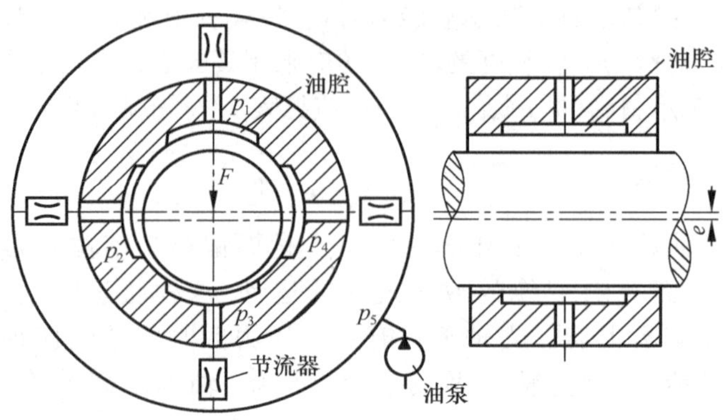

图 13.23　液体静压滑动轴承结构原理

液体静压轴承的主要特点是:①润滑状态和油膜压力与轴颈转速的关系很小,即使轴颈不旋转也可以形成油膜,因此可以在转速极低的条件下(如巨型天文望远镜的轴承)获得液体摩擦润滑;②提高油压 p_s 就可以提高承载能力,在重载的条件下(如球磨机和轧钢机的轴承)也可获得液体动力润滑;③转速不高时轴承摩擦系数极小,故宜用于像测力天平这类仪器中。

13.11.4　气体润滑滑动轴承

气体轴承是用气体作润滑剂的滑动轴承。空气最为常用。空气的粘度约为油的四五千分之一(29℃时空气的粘度约为 1.88×10^{-5} Pa·s),所以气体轴承可以在高转速下工作。根据目前资料,气体轴承的转速可达到每分钟几十甚至百万转。气体轴承的摩擦阻力很小,因而功耗甚微,更重要的是,空气粘度受温度变化的影响很小,所以能在很大的温度范围内应用。

气体轴承也分气体动压轴承和气体静压轴承两大类。其工作原理和液体润滑轴承基本相同。

13.11.5　磁流体润滑滑动轴承

磁流体润滑滑动轴承是近年来发展起来的一种新型滑动轴承,它是利用磁流体作为润滑介质进行润滑。所谓磁流体是指将纳米级尺寸的磁粉颗粒通过界面活性剂高度分散在载液中而形成的一种胶体溶液。它既具有磁性材料和液体的特点,又具有利用磁场控制流变性和空间形态的能力。磁流体润滑滑动轴承正是利用磁流体的这些特殊性能而进行工作的一种新兴技术。这种轴承以磁性流体为润滑介质,在外加磁场的作用下,磁性流体被控制在润滑区域内,接触区的润滑状态稳定,不会出现干摩擦,消除了磨损,提高轴承的使用寿命;具有一定的自密封性能,不发生泄漏,不仅对外界不产生污染,同时外界的污染物也无法进入轴承间隙;可以在低速状态下仍能保持良好的油膜润滑;在较高的温度状态下仍可良好地工作;可以在轴承间隙很小的条件下工作,因而具有较高的回转精度;节省润滑油,无须供油系统。

图 13.24 所示为磁流体滑动轴承结构示意。

轴承内套的内表面作为滑动轴承的摩擦面,与工作轴进行滑动配合,轴承内套可以由常用的青铜、黄铜、轴承合金等非导磁材料进行加工;环形永磁体由磁性较强的永磁体加工而成,环形永磁体和轴承内套之间采用滑动配合,通过粘结剂的粘合作用使永磁体固定在轴承内套的外部;环形永磁体之间设有环形永磁体隔圈,永磁体隔圈采用非导磁金属或非金属材料加工,永磁体隔圈与永磁体及轴承内套之间采用粘结剂粘合在一起;永磁体固定环由非导磁材料加

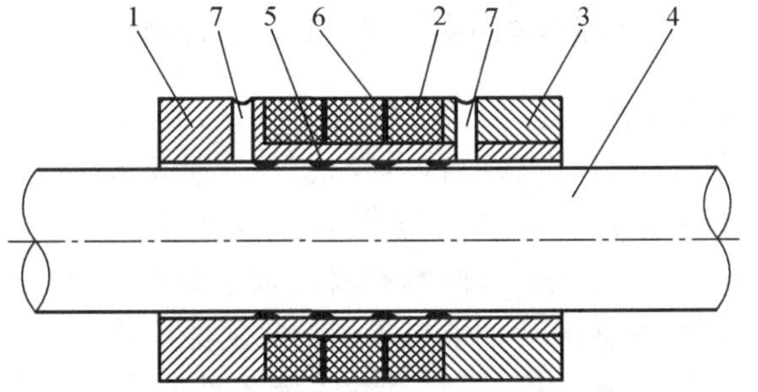

1- 轴承内套；2- 环形永磁磁体；3- 永磁体固定环；4- 转动轴；5- 磁流体；
6- 环形永磁体隔圈；7- 磁流体注入孔

图 13.24　磁流体滑动轴承结构示意

工，用来固定环形永磁体，永磁体固定环与轴承内套之间采用粘合剂粘接。整个磁流体轴承外观上为一环形柱体。在环形永磁体两侧的轴承套和永磁体固定环上开有径向孔，用来将磁流体送入到轴承套的内表面上。受环形永磁体的磁场作用，通过径向孔进入轴承套内表面的磁流体将在每块环形永磁体的两端位置对应的轴承内套的内表面和转动轴之间的间隙中形成由磁流体组成的环形液体"O"形圈，由于这一"O"形圈的存在，使得滑动轴承的润滑表面上始终具有充分的润滑介质，该"O"形圈不仅能实现润滑作用，同时具有不泄漏和一定的密封作用。

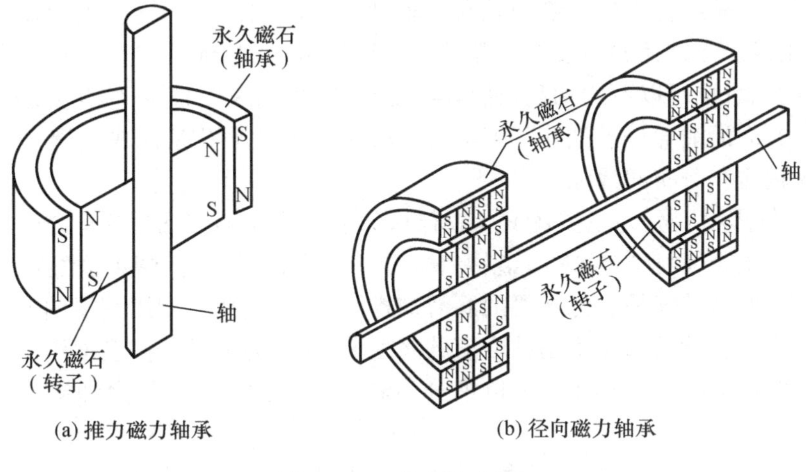

(a) 推力磁力轴承　(b) 径向磁力轴承

图 13.25　磁力滑动轴承

13.11.6　磁力滑动轴承

磁力滑动轴承是利用磁场力使轴悬浮，故又称为磁悬浮轴承。它无需任何润滑剂，可在真空中工作。因此，可以达到很高的速度。磁力轴承是利用磁性相斥与相吸的原理进行工作的。磁力轴承也分为推力轴承和径向轴承两种类型(图 13.25)。磁力推力轴承是利用永久磁体(或激励线圈)异性相吸的原理，而磁力径向轴承是利用永久磁体(或激励线圈)同性相斥的原理，它们都是利用吸引或排斥力将转子悬浮起来。其轴承的承载量大小与轴承内表面和转子外表面之间的距离的平方成反比，与磁极间相互作用的吸引力或排斥力的乘积成正比。在正常工作状态下，磁力轴承可以保证轴承与转子之间完全无金属摩擦。

本章学习要求和知识点小结

学习要求　掌握滑动轴承的用途、分类方法、主要结构形式、主要结构的构成、轴瓦结构特点；掌握滑动轴承常用的材料、巴氏合金的特点及代号；掌握滑动轴承的条件性计算方法及应用范围；掌握液体动力润滑的形成原理、影响滑动轴承承载能力的因素有哪些、形成动压润滑的基本条件以及保证流体动压润滑的条件；掌握滑动轴承结构参数的选择原则以及参数大小对滑动轴承性能的影响过程；明确滑动轴承热平衡计算的原因和目的；弄清滑动轴承常见的几种润滑方式；弄懂雷诺方程的推导过程；了解滑动轴承各性能参数的计算方法和计算过程；了解其他几种滑动轴承的原理和特点。

知识点小结　(1) 滑动轴承在工作过程中摩擦面有两种摩擦状态，一种情况下，摩擦面间能够形成液体油膜，将两表面完全隔开，处于完全的液体润滑状态，称为液体润滑滑动轴承。液体润滑滑动轴承又分为液体动压润滑滑动轴承(靠两表面间的收敛形间隙和足够的相对运动，将润滑液体带入摩擦面间隙中，形成足以抵抗外部载荷的动压油膜)和液体静压润滑滑动轴承(由外部输入的压力油建立压力油膜，使两摩擦表面分开)两种。另一种情况下，滑动轴承的两摩擦表面间无法形成完全的油膜，称为非液体润滑滑动轴承，这时的摩擦面一般处于边界摩擦或混合摩擦状态。

(2) 径向滑动轴承的结构一般有整体式和剖分式两种。整体式径向滑动轴承主要由轴承座、轴套、油孔、油杯螺纹孔构成。剖分式滑动轴承结构，一般由轴承座、轴承盖、剖分式轴瓦、轴承盖螺柱等组成。在轴瓦的内表面上常贴附一层轴承衬，起到改善性能和节省贵重金属的作用。不重要的轴承也可以不用轴瓦，轴承与机架之间采用螺栓联接，轴瓦内表面上不承受载荷部分开设油沟，润滑油通过进油孔和油沟进入轴承间隙。油孔是用来为滑动轴承供应润滑油的，油沟用来输送和分布润滑油。

(3) 常用的轴承材料分为三类：①金属材料，包括轴承合金、青铜、铝基合金、锌基合金、减磨铸铁等；②多孔质金属材料(粉末冶金材料)；③非金属材料，包括塑料、橡胶、硬木等。对于动压润滑的滑动轴承，粘度是最为重要的润滑剂指标，也是选择轴承用润滑油的主要依据。所谓选择润滑油，实际上就是选择不同粘度值的润滑油；向滑动轴承摩擦表面添加润滑油的方法可分为间歇式和连续式两种，具体还可以细分为滴油润滑、油环润滑、浸油润滑、飞溅润滑、压力循环润滑。

(4) 非液体润滑滑动轴承的摩擦表面，部分处于液体润滑，部分处于边界润滑，有时还会出现部分干摩擦状态，混合润滑和固体润滑的滑动轴承则用条件性计算作为主要的计算方法。主要方法有限制滑动轴承的平均压强 p、限制滑动轴承的 pv 值、限制滑动轴承的轴颈线速度 v。推力滑动轴承的条件性计算方法与径向滑动轴承十分相似，主要是对 p、pv 进行限制。

(5) 滑动轴承液体动压形成的原理可以通过雷诺方程进行说明，二维雷诺方程为 $\frac{\partial}{\partial x}\left(\frac{h^3}{\eta}\frac{\partial p}{\partial x}\right)+\frac{\partial}{\partial z}\left(\frac{h^3}{\eta}\frac{\partial p}{\partial z}\right)=6v\frac{\partial h}{\partial x}$，该方程表明，要形成液体动压润滑，必须满足条件：①润滑油要有一定的粘度。粘度越大，承载能力也越大；②要有相当大的相对滑动速度，在一定范围内，油膜的承载能力与滑动速度成正比；③相对滑动面之间必须形成收敛形的间隙(油楔)；④要有足够的供油量。

(6) 为了滑动轴承的安全运转，必须满足条件 $h_{min}\geqslant[h_{min}]$，这也是滑动轴承实现液体摩擦

(润滑)的充分条件,即保证最小油膜厚度处的表面不平度高峰不直接接触;滑动轴承热平衡计算的目的是为了保证润滑油温升不能超过许用值,计算方法是根据在热平衡条件下,单位时间内轴承产生的热量等于同时润滑油流带走的热量及轴承箱体外表面散失到周围空气中的热量之和的原理进行的。

(7) 滑动轴承宽径比的常用范围是 $B/d=0.5\sim1.5$。宽径比小时,占用空间较小,由于压强增大,可提高运转平稳性,但 B/d 减小,轴承承载力也随之降低。宽径比过大则会导致发热量增加、散热困难、轴颈与轴瓦容易发生干涉;滑动轴承的相对间隙 ψ 值主要根据载荷和速度选取:速度高,ψ 值应取大一些,可以减少发热;载荷大,ψ 值应取小一些,可以提高承载能力;滑动轴承平均压强 p 的取值大一些,可以减小轴承尺寸,并使运转平稳。但压强过高,轴承容易损坏;润滑油的粘度 η 选得高时最小油膜厚度大,有较大的承载能力。但粘度高易于发热。

(8) 当已知滑动轴承的工作载荷 F、转速 n,滑动轴承的润滑性能计算的一般步骤为:①假设平均温度 t_m。②选定润滑油牌号。确定粘度 η。③根据公式 $S_0=\dfrac{F\psi^2}{Bd\eta\omega}$计算 S_0。④查图 13.15 求 ε,计算 $h_{min}=(1-\varepsilon)\psi d/2$,计算 $[h_{min}]=K(R_{z1}+R_{z2})$,验算 $h_{min}\geqslant[h_{min}]$。⑤查图 13.16、图 13.17 求 $\bar{\mu}$、$\bar{q}_v$ 进而计算 q_v、P_μ。⑥计算润滑油平均温度 t_m 和润滑油出口温度 t_2,验算是否满足温度条件。

本章习题

13.1　轴承的作用是什么?如何分类?滑动轴承有何优缺点?

13.2　轴承材料指的是什么材料?应满足什么要求?

13.3　油孔、油沟及油室起什么作用?如何设置?

13.4　滑动轴承条件性计算包括哪几项?各针对什么失效形式?

13.5　雷诺方程如何导出?油膜承载能力的建立需满足哪几项条件?

13.6　轴承参数 ψ、ε、ω、η、B/d 等对轴承性能有什么影响?

13.7　动压滑动轴承为什么一般要计算最小油膜厚度和温升?如何计算?

13.8　非液体润滑滑动轴承的计算有哪几种形式?分别针对什么失效形式?

13.9　某空气压缩机主轴向心滑动轴承的转速为 $n=3000\text{r/min}$、轴承宽度为 $B=240\text{mm}$,径向载荷 $F=50000\text{N}$,试选择确定该轴承材料,设计轴承的主要参数,并进行液体动力润滑计算。

13.10　齿轮减速器中一齿轮轴采用混合润滑向心滑动轴承,轴承承受径向载荷 $F_r=10^5\text{N}$,轴颈直径 $d=200\text{mm}$,转速 $n=500\text{r/min}$,轴承宽径比 $B/d=1$,轴瓦材料用 ZChPb17-17-2。问该轴承是否可用?如不可用,应如何改进?

13.11　一船舶螺旋桨的轴颈 $d=250\text{mm}$,受轴向推力 $F_a=1.12\times10^5\text{N}$,推力轴承推力环的外径 $D=375\text{mm}$,许用压强 $[p]=0.4\text{MPa}$。试问需要几个推力环?

第 14 章　滚动轴承设计

14.1　概　　述

滚动轴承是机械工业重大基础标准件之一，广泛应用于各类机械。滚动轴承由轴承厂专业大批生产，使用者只需根据具体工作条件合理选用轴承的类型和尺寸，验算轴承的承载能力，以及进行轴承的组合结构设计(轴承的定位、装拆、调整、润滑、密封等问题)。

滚动轴承依靠元件间的滚动接触来承受载荷，与滑动轴承相比，滚动轴承具有摩擦阻力小、效率高、启动容易、安装与维护简便等优点。其缺点是耐冲击性能较差、高速重载时寿命低、噪声和振动较大。

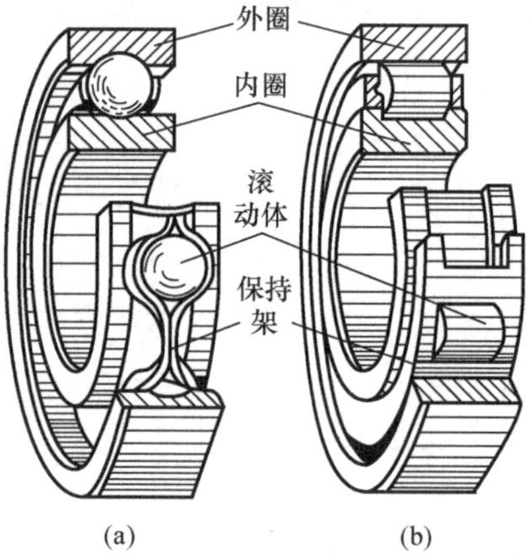

图 14.1　滚动轴承的基本结构

滚动轴承的基本结构如图 14.1 所示，它由内圈、外圈、滚动体和保持架等四部分组成。内圈装在轴颈上，外圈装在轴承座孔内。使用时通常外圈固定，内圈随轴回转，但也可用于内圈不动而外圈回转，或者是内、外圈同时回转的场合。滚动体均匀分布于内、外圈滚道之间，其形状、数量、大小的不同对滚动轴承的承载能力和极限转速有很大的影响。常用的滚动体有球、圆柱滚子、滚针、圆锥滚子、球面滚子和非对称球面滚子等几种，见图 14.2。保持架的作用是将滚动体均匀地隔开，以避免其因直接接触而产生剧烈磨损。

轴承的内、外圈和滚动体，一般是用轴承钢(如 GCr15、GCr15SiMn)制造，热处理后硬度应达到 61～65HRC。保持架有冲压的(图 14.1(a))和实体的(图 14.1(b))两种结构。冲压保持架一般用低碳钢板冲压制成，它与滚动体间有较大间隙，工作时噪声大；实体保持架常用铜合金、铝合金或酚醛树脂等高分子材料制成，有较好的隔离和定心作用。

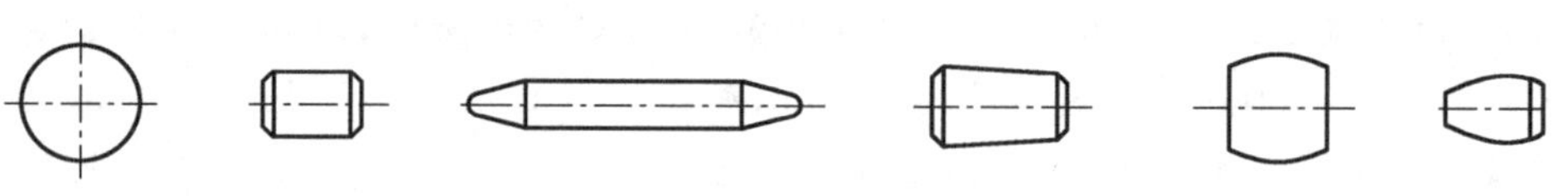

图 14.2　常用的滚动体

当滚动体是圆柱或滚针时，有时为了减小轴承的径向尺寸，可省去内圈、外圈或保持架，这时的轴颈或轴承座要起到内圈或外圈的作用，还必须具有相应的硬度和表面粗糙度。为满足使用中的某些需要，有些轴承附加有特殊结构或元件，如外圈带止动环、附加防尘盖等。

14.2　滚动轴承的主要类型、特点和代号

14.2.1　滚动轴承的类型、性能和特点

按照轴承主要承受的载荷方向，可分为向心轴承、推力轴承和向心推力轴承三大类。主要承受径向载荷的轴承称为向心轴承，主要承受轴向载荷的称为推力轴承，能同时承受轴向和径向载荷的称为向心推力轴承。表 14.1 给出了常用滚动轴承的类型、结构、代号和性能特点。

表 14.1　常用滚动轴承的类型、结构、代号和性能特点

<table>
<tr><th>类型名称</th><th>结构简图</th><th>结构代号</th><th>基本额定动载荷比①</th><th>极限转速比②</th><th>轴向载荷能力</th><th>性能特点和适用场合</th></tr>
<tr><td>调心球轴承</td><td>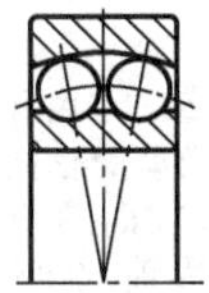</td><td>10000</td><td>0.6～0.9</td><td>中</td><td>少量</td><td>外圈滚道表面是以轴承中心为中心的球面，故能自动调心。内、外圈之间在 2°～3°范围内可自动调心正常工作。一般不宜承受纯轴向载荷</td></tr>
<tr><td>调心滚子轴承</td><td>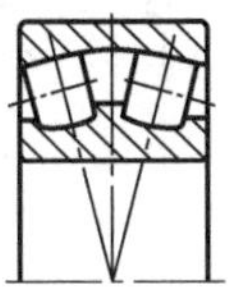</td><td>20000</td><td>1.8～4</td><td>低</td><td>少量</td><td>性能特点与调心球轴承相同，能承受较大径向载荷。允许角偏移较小</td></tr>
<tr><td>推力调心滚子轴承</td><td>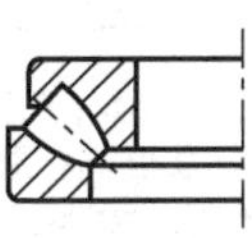</td><td>29000</td><td>1.6～2.5</td><td>低</td><td>很大</td><td>承受以轴向载荷为主的轴向、径向联合载荷，但径向载荷不得超过轴向载荷的 55%。运转中滚动体受离心力矩作用，滚动体与滚道间产生滑动，并导致轴圈与座圈分离。为保证正常工作，需施加一定轴向预载荷。允许轴圈对座圈轴线偏斜量<1.5°～2.5°</td></tr>
<tr><td rowspan="2">圆锥滚子轴承</td><td rowspan="2">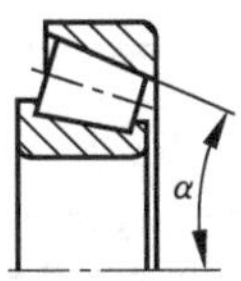</td><td>30000
α=10°～18°</td><td>1.5～2.5</td><td>中</td><td>较大</td><td rowspan="2">可同时承受径向载荷和单向轴向载荷。外圈可分离，安装时调整轴承游隙，须成对使用</td></tr>
<tr><td>30000B
α=27°～30°</td><td>1.1～2.1</td><td>中</td><td>很大</td></tr>
<tr><td>推力球轴承</td><td>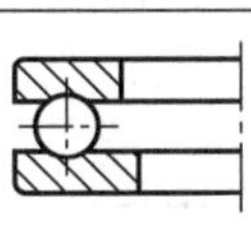</td><td>51000</td><td>1</td><td>低</td><td>只能承受单方向的轴向载荷</td><td rowspan="2">只能承受轴向载荷，双向推力球轴承可承受双向轴向载荷。套圈可分离。高速时离心力大，钢球与保持架磨损发热大，故极限转速很低</td></tr>
<tr><td>双向推力球轴承</td><td>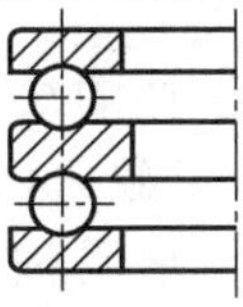</td><td>52000</td><td>1</td><td>低</td><td>能承受双向的轴向载荷</td></tr>
<tr><td>深沟球轴承</td><td>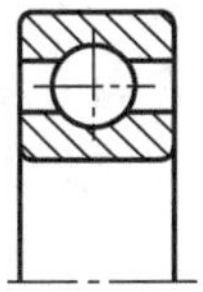</td><td>60000</td><td>1</td><td>高</td><td>少量</td><td>主要承受径向载荷，也可同时承受较小的轴向载荷。高速装置中可代替推力轴承。价格低廉，应用最广泛</td></tr>
</table>

续表

类型名称	结构简图	结构代号	基本额定动载荷比①	极限转速比②	轴向载荷能力	性能特点和适用场合
角接触球轴承	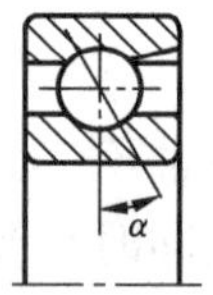	7000C $\alpha=15°$	1.0～1.4	高	一般	可同时承受径向和轴向载荷，也可单独承受轴向载荷。接触角 α 越大，轴向承载能力越高。由于一个轴承只能承受单向轴向力，应成对使用
		7000AC $\alpha=25°$	1.0～1.3		较大	
		7000B $\alpha=40°$	1.0～1.2		大	
外圈无挡边的圆柱滚子轴承	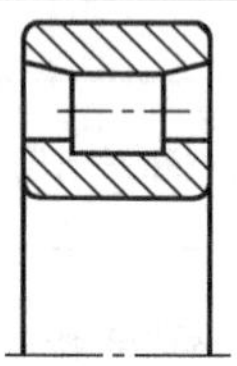	N0000	1.5～3	高	无	能承受较大径向载荷，由于外圈（或内圈）可分离，故不能承受轴向载荷。只有NJ可以承受少量轴向载荷。滚子由内圈（或外圈）的挡边轴向定位，工作时允许内、外圈有少量的轴向错动。内、外圈轴线之间允许有很小的角偏移（2′～4′）
内圈无挡边的圆柱滚子轴承	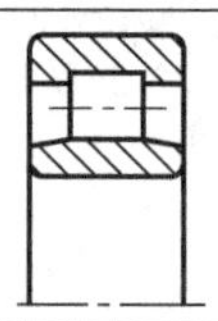	NU0000				
内圈有单挡边的圆柱滚子轴承	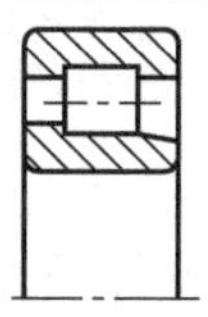	NJ0000			少量	
滚针轴承	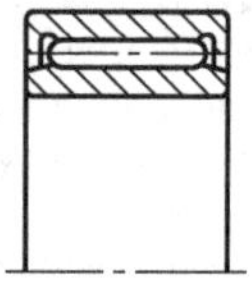	NA0000	—	低	无	承受径向载荷能力很高。径向尺寸紧凑，内、外圈可分离。无保持架，摩擦系数大，对中性好，轴刚度高
带顶丝外球面球轴承	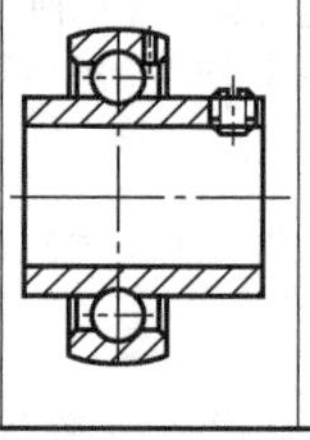	UC000	1	中	少量	外圈外表面为球面，与轴承座凹球面配合能自动调心。内圈用顶丝固定在轴上，装拆方便

注：①、②基本额定动载荷比、极限转速比是指同一尺寸系列的轴承与深沟球轴承之比（平均值）。

对圆锥滚子轴承和角接触球轴承这两大类轴承，滚动体与外圈接触处的法线与轴承径向平面（垂直于轴承轴心线的平面）的夹角 α，称为滚动轴承的公称接触角（简称接触角），按照公称接触角，滚动轴承的分类见图 14.3。α 的大小反映了轴承承受轴向载荷能力的大小。

用细长滚子（滚子直径≤5mm，长度与直径之比为 3～10）作为滚动体的向心轴承称为滚针轴承，结构见图 14.4。滚针轴承的特点是：外径尺寸小，径向承载能力大，价格便宜。因此，常用于径向尺寸受限制而载荷又比较大的场合。

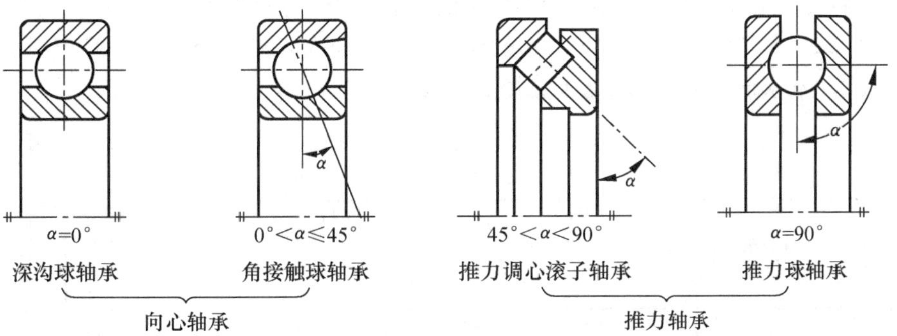

图 14.3　接触角

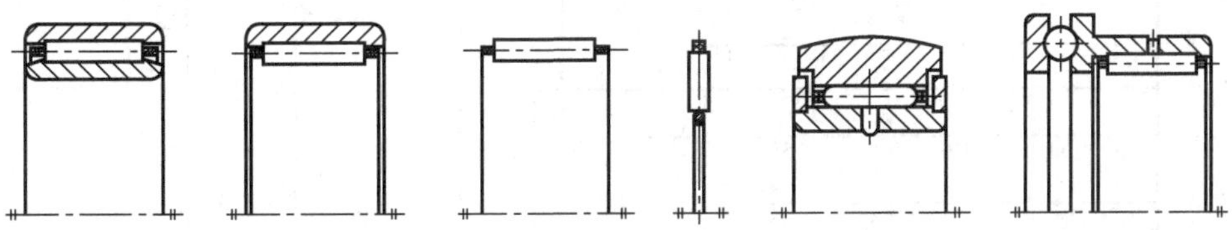

(a) 滚针轴承　(b) 无内圈滚针轴承　(c) 滚针和保持架组件(推力滚针)　(d) 滚轮滚针轴承　(e) 滚针和推力球轴承

图 14.4　滚针轴承

14.2.2　滚动轴承的代号

滚动轴承的代号由前置代号、基本代号和后置代号构成，见表 14.2。

表 14.2　滚动轴承的代号组成

<table>
<tr><th colspan="14">轴承代号</th></tr>
<tr><th>前置代号</th><th colspan="5">基本代号</th><th colspan="8">后置代号</th></tr>
<tr><td rowspan="3">轴承分部件代号</td><td>五</td><td>四</td><td>三</td><td>二</td><td>一</td><td rowspan="3">内部结构代号</td><td rowspan="3">密封与防尘结构代号</td><td rowspan="3">保持架及其材料代号</td><td rowspan="3">特殊轴承材料代号</td><td rowspan="3">公差等级代号</td><td rowspan="3">游隙代号</td><td rowspan="3">多轴承配置代号</td><td rowspan="3">其他代号</td></tr>
<tr><td rowspan="2">类型代号</td><td colspan="2">尺寸系列代号</td><td colspan="2" rowspan="2">内径代号</td></tr>
<tr><td>宽度系列代号</td><td>直径系列代号</td></tr>
</table>

1. 滚动轴承的基本代号

滚动轴承的基本代号(滚针轴承除外)由类型代号、尺寸系列代号及内径系列代号组成，按顺序自左向右依次排列。

(1) 类型代号。类型代号用数字或字母表示，见表 14.1。

(2) 尺寸系列代号。尺寸系列代号是轴承的宽度系列(或高度系列)代号和直径系列代号的组合代号。宽(高)度系列在前，直径系列在后，宽度系列代号为“0”时可省略(调心滚子轴承和圆锥滚子轴承不可省略)。宽度系列是指结构、内径和直径系列都相同的轴承在宽度方面的变化系列；高度系列是指内径相同的轴向接触轴承在高度方面的变化系列；直径系列是指内径相同的同类型轴承在外径和宽度方面的变化系列。尺寸系列代号可以通过示意图 14.5 直观表示。

(3) 内径代号。内径代号表示轴承内径的大小，用两位数字表示，常用内径代号见表 14.3。内径为 22、28、32mm 及≥500mm 的轴承，用内径毫米数直接表示，但与组合代号之间用“/”分开，如深沟球轴承 62/22，表示内径 d=22mm。

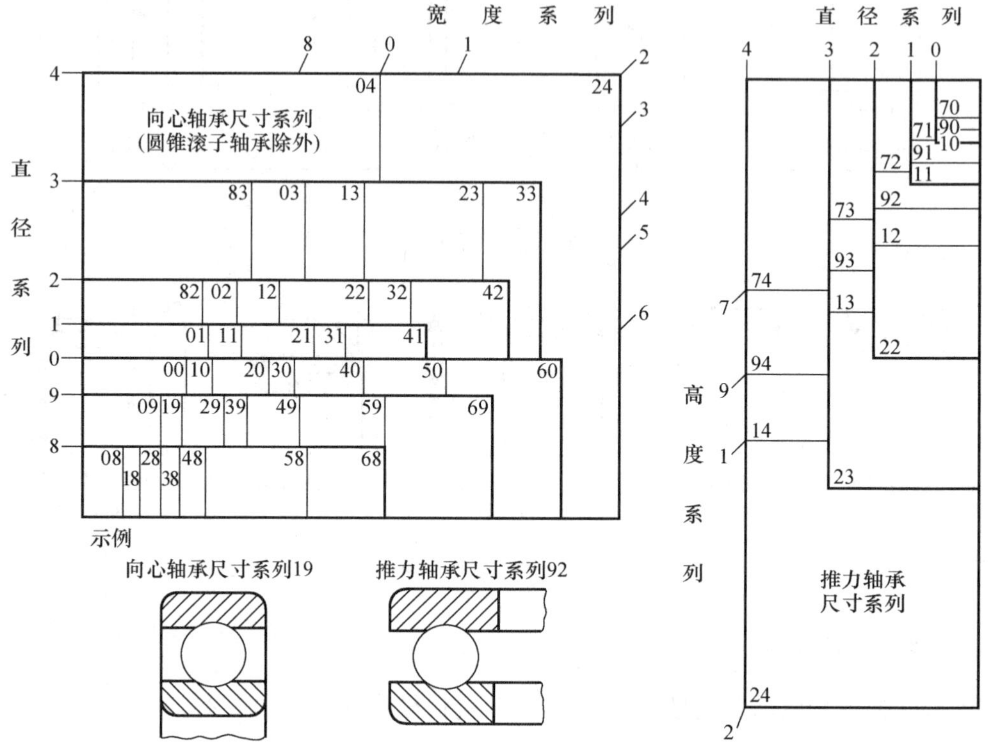

图 14.5　尺寸系列代号示意图

表 14.3　轴承内径代号

轴承公称内径 d/mm	内径代号	代号示例
10 12 15 17	00 01 02 03	6201 6-深沟球轴承 2-尺寸系列代号(0)2 01-d=12mm
20～480	04～96 代号乘以 5 即为内径 d,mm	N2208 N-圆柱滚子轴承 22-尺寸系列代号 08-d=8×5=40(mm)
≥500 22,28,32 1～9(整数) 0.6～10	直接用内径尺寸毫米数表示，与尺寸系列代号用“/”分开	230/500,62/22,618/2.5 2、6-轴承类型 30、(0)2、18-尺寸系列代号 500、22、2.5-内径 d,mm

2. 前置、后置代号

前置、后置代号是轴承在结构形状、尺寸、公差、技术要求等有改变时，在基本代号左、右侧添加的补充代号。

(1) 前置代号。前置代号用字母表示，代号及含义，见表 14.4。

表 14.4　前置代号

代　号	含　义	示　例
L	可分离轴承的可分离内圈或外圈	LNU207 LN207
R	不带可分离内圈或外圈的轴承(滚针轴承仅适用于 NA 型)	RNU207 RNA6904
K	滚子和保持架组件	K81107
WS	推力圆柱滚子轴承轴圈	WS81107
GS	推力圆柱滚子轴承座圈	GS81107

(2) 后置代号。后置代号共有 8 组,用数字表示,见表 14.2。其中,①内部结构代号。表示同一类型轴承的不同内部结构,用字母表示。如用 C、AC、B 分别表示 $\alpha=15°$、25°、40°的角接触球轴承,α 越大轴承承受轴向载荷的能力也越大;B 还表示圆锥滚子轴承增大接触角;C 还表示 C 型调心滚子轴承;D 表示剖分式轴承;E 表示加强型(改进内部结构设计增大轴承承载能力)等。②公差等级代号。轴承公差等级分 0、6、6x、5、4、2 共 6 级,分别用/P0、/P6、/P6x、/P5、/P4、/P2 表示。其中 0 级为最低(称为普通级),2 级最高,6x 级仅用于圆锥滚子轴承。P0 级常用于一般机械,在轴承代号中可省略不标;P6、P5 用于高精度机械;P4、P2 用于精密机械或精密仪器。③游隙代号。表示轴承径向游隙组别,分 1、2、0、3、4、5 共 6 个组别,径向游隙依次由小到大。要求轴承有高旋转精度时,应选用小径向游隙组;工作温度高时,应选用大径向游隙组。其中 0 游隙组最为常用,故省略不标,其他组别的代号对应为/C1、/C2、/C3、/C4、/C5。当公差等级代号与游隙代号需同时表示时,取公差等级代号加上游隙组号(省掉游隙代号中的"/C")组合表示,如/P63表示轴承公差等级 6 级;径向游隙 3 组。④配置代号。成对安装的轴承有三种配置形式,见图 14.6。分别用三种代号表示:/DB—背对背安装;/DF—面对面安装;/DT—串联安装。例如,32208/DF、7210C/DT。

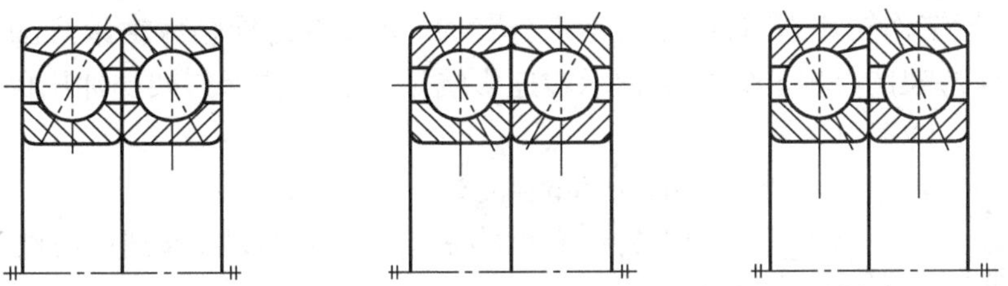

图 14.6　轴承成对安装形式

【例 14.1】 说明轴承代号 6212、30208/P6x、7310C/P5 的含义。

解　6212:6 表示深沟球轴承;2 为尺寸系列代号,已略去宽度系列代号 0,故 2 仅为直径系列代号;12 表示轴承内径 $d=12\times5\text{mm}=60\text{mm}$;公差等级为 P0 级(省略)。

30208/P6x:3 表示圆锥滚子轴承;02 为尺寸系列代号,其中 0 为宽度系列代号,2 直径系列代号;08 表示轴承内径 $d=8\times5\text{mm}=40\text{mm}$;P6x 表示公差等级 6x 级。

7310C/P5:7 表示角接触球轴承;3 仅为直径系列代号,略去宽度系列代号 0,故 3 仅为直径系列代号;10 表示轴承内径 $d=10\times5\text{mm}=50\text{mm}$;C 表示轴承接触角 $\alpha=15°$;P5 表示轴承的公差等级为 5 级。

14.3　滚动轴承的类型选择

选择滚动轴承的类型，一般从以下几个方面进行考虑。

1. 载荷的大小、方向和性质

载荷的大小、方向和性质，是选择轴承类型的主要依据。

(1) 按载荷的大小、性质考虑：在外廓尺寸相同的条件下，滚子轴承比球轴承承载能力大，适用于载荷较大或有冲击的场合。球轴承适用于载荷较小、振动和冲击较小的场合。

(2) 按载荷方向考虑：当承受纯径向载荷时，通常选用深沟球轴承、圆柱滚子轴承或滚针轴承；当承受纯轴向载荷时，选用推力轴承；当承受较大径向载荷和一定轴向载荷时，可选用深沟球轴承、接触角不大的角接触球轴承或圆锥滚子轴承；当承受较大轴向载荷和一定径向载荷时，可选用接触角较大的角接触球轴承或圆锥滚子轴承，或者将向心轴承和推力轴承进行组合，分别承受径向和轴向载荷。

2. 轴承的转速

一般情况下工作转速的高低并不影响轴承的类型选择，只有在转速较高时，才会有比较显著的影响。

轴承标准中对各种类型、各种规格尺寸的轴承都规定了油润滑及脂润滑时的极限转速$n_{\lim}$值。

根据工作转速选择轴承类型时，可参考以下几点：①球轴承比滚子轴承具有较高的极限转速和旋转精度，高速时应优先选用球轴承。②为减小离心惯性力，高速时宜选用同一直径系列中外径较小的轴承。当用一个外径较小的轴承承载能力不能满足要求时，可再装一个相同的轴承，或者考虑采用宽系列的轴承。外径较大的轴承宜用于低速重载场合。③推力轴承的极限转速都很低，当工作转速高、轴向载荷不十分大时，可采用角接触球轴承或深沟球轴承替代推力轴承。④保持架的材料和结构对轴承转速影响很大。实体保持架比冲压保持架允许更高的转速。

3. 调心性能要求

轴承的调心性能是指轴承适应内、外圈中心线存在角度偏差的性能。

当轴因受力而弯曲或倾斜时，或由于制造安装误差等原因，都会引起轴承内、外圈中心线的角度偏差，这时应采用有调心性能的调心轴承或带座外球面球轴承，见图 14.7。

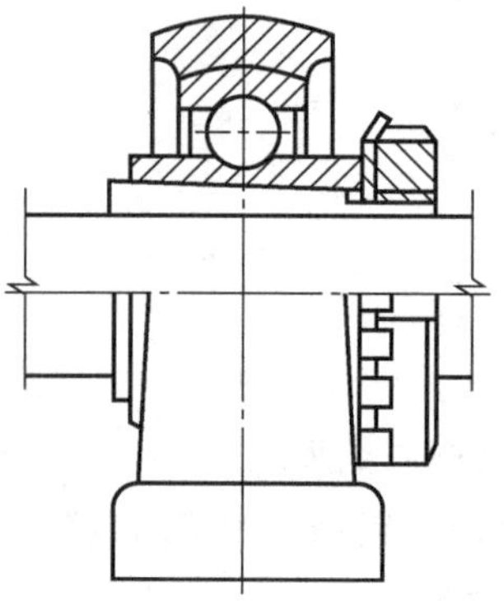

图 14.7　带座外球面球轴承

圆柱滚子轴承和滚针轴承对轴承的偏斜最为敏感，这类轴承在偏斜状态下的承载能力可能低于球轴承。因此在轴的刚度和轴承座孔的支承刚度较低时，应尽量避免使用这类轴承。

4. 轴承的安装和拆卸

便于装拆也是选择轴承类型时应考虑的一个因素。

在轴承座为非剖分式而必须沿轴向安装和拆卸轴承部件时，应优先选用内外圈可分离的轴承(如 N0000、NA0000、30000 等)。轴承在长轴上安装时，为便于装拆，可选用内圈孔呈锥度的轴承或选用带紧定衬套的轴承。

5. 经济性

在满足使用要求的前提下还应考虑经济性要求。

球轴承比滚子轴承价格低;派生型轴承(如带止动槽、密封圈或防尘盖的轴承等)比其基本型轴承贵;同型号轴承,精度高一级价格将急剧增加。故在满足使用功能的前提下,应尽量选用低精度、低价格的轴承。

选择轴承类型时,要全面衡量上述各方面的要求,拟定多种方案,通过比较选出最佳方案。

14.4　滚动轴承的工作情况分析

14.4.1　受力分析

1. 滚动轴承工作时轴承元件的载荷分布

对于向心轴承和向心推力轴承,当受纯径向载荷作用时(图 14.8),在工作的某一瞬间,径向载荷 F_r 通过轴颈作用于内圈,位于载荷方向的上半圈滚动体不受力,载荷由下半圈滚动体传到外圈再传到轴承座。假定轴承内、外圈的几何形状不变,下半圈滚动体与套圈的接触变形量的大小决定了各滚动体承受载荷的大小。从图中可以看出,处于力作用线正下方位置的滚动体变形量最大,承载也就最大,而 F_r 作用线两侧的各滚动体,承载逐渐减小。各滚动体从开始受载到受载终止所滚过的区域叫做承载区,其他区域称为非承载区。由于轴承内存在游隙,故实际承载区的范围将小于 180°。如果轴承在承受径向载荷的同时再作用有一定的轴向载荷,则可以使承载区扩大。

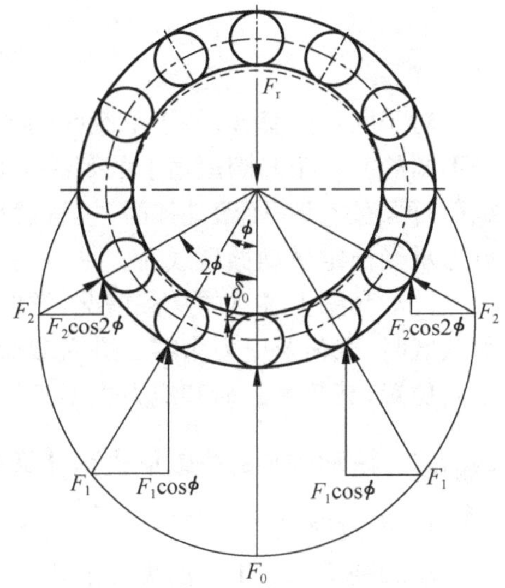

图 14.8　深沟球轴承中径向载荷的分布

根据力的平衡条件可以求出受载荷最大的滚动体的载荷为

$$F_0=\frac{4.37F_r}{Z}\approx\frac{5}{Z}F_r \quad \text{(点接触轴承)}$$

$$F_0=\frac{4.08F_r}{Z}\approx\frac{4.6}{Z}F_r \quad \text{(线接触轴承)}$$

注释:对于能同时承受径向和轴向载荷的轴承(如 30000、70000 轴承),应使其承受一定的轴向载荷,以使承载区扩大到至少有一半滚动体受载。

角接触轴承承受径向载荷 F_r 时会产生附加的轴向力 F_s。如图 14.9 所示,按一半滚动体受力计算:$F_s\approx1.25F_r\tan\alpha$。

2. 轴承工作时轴承元件的应力分析

轴承工作时,由于内、外圈相对转动,滚动体与套圈的接触位置是时刻变化的。当滚动体进入承载区后,所受载荷及接触应力即由零逐渐增至最大值,然后再逐渐减至零。

就滚动体上某一点而言,由于滚动体相对内、外套圈滚动,每自转一周,分别与内、外套圈接触一次,故它的载荷和应力按周期性不稳定脉动循环变化。

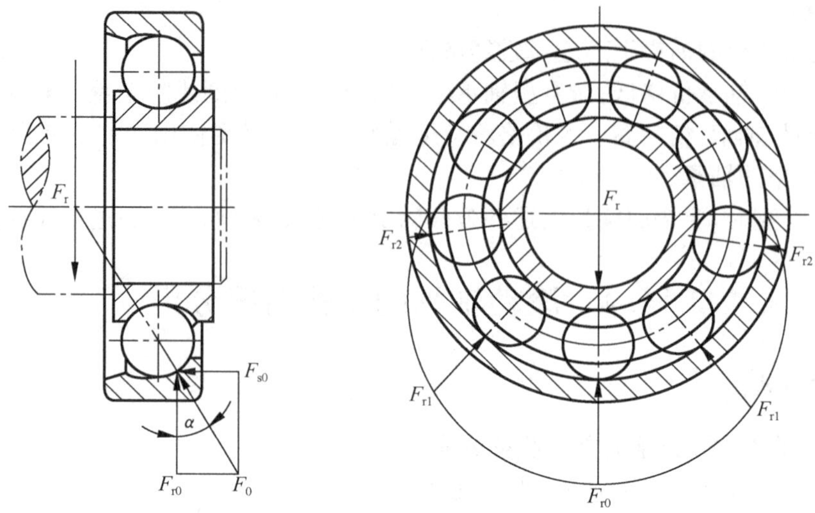

图 14.9 轴向力的产生

对于固定的套圈，处于承载区的各接触点，按其所在位置的不同，承受的载荷和接触应力是不同的。对于套圈滚道上的每一个具体接触点，每当滚动体滚过该点的一瞬间，便承受一次载荷，再滚过另一个滚动体时，接触载荷和应力是不变的。这说明固定套圈在承载区内的某一点上承受稳定脉动循环载荷。

转动套圈上各点的受载情况，类似于滚动体的受载情况。就其滚道上某一点而言，处于非承载区时，载荷及应力为零。进入载荷区后，每与滚动体接触一次就受载一次，且在承载区的不同位置，其接触载荷和应力也不一样。

14.4.2 滚动轴承的失效形式和计算准则

1. 失效形式

滚动轴承可能出现的失效形式主要有：

(1) 疲劳点蚀。轴承在安装、润滑、维护良好的条件下工作时，由于各承载元件承受周期性变应力的作用，各接触表面的材料将会产生局部脱落，产生疲劳点蚀，它是滚动轴承主要的失效形式。轴承发生疲劳点蚀破坏后，通常在运转时会出现比较强烈的振动、噪声和发热现象，轴承的旋转精度将逐渐下降，直至丧失正常的工作能力。

(2) 塑性变形。在过大的静载荷或冲击载荷作用下，轴承承载元件间的接触应力超过了元件材料的屈服极限，接触部位发生塑性变形，形成凹坑，使轴承性能下降、摩擦阻力矩增大。这种失效多发生在低速重载或做往复摆动的轴承中。

(3) 磨损。由于润滑不充分、密封不好或润滑油不清洁，以及工作环境多尘，一些金属屑或磨粒性灰尘进入了轴承的工作部位，轴承将会发生严重的磨损，导致轴承内、外圈与滚动体间隙增大、振动加剧及旋转精度降低而报废。

(4) 胶合。在高速重载条件下工作的轴承，因摩擦面发热而使温度急骤升高，导致轴承元件的回火，严重时将产生胶合失效。

2. 计算准则

针对上述失效形式，应对滚动轴承进行寿命和强度计算以保证其可靠地工作，计算准则为：①一般转速(n>10r/min)轴承的主要失效形式为疲劳点蚀，应进行疲劳寿命计算。②极慢转速($n\leqslant 10$r/min)或低速摆动的轴承，其主要失效形式是表面塑性变形，应按静强度计算。③高速轴承的主要失效形式为由发热引起的磨损、烧伤，故不仅要进行疲劳寿命计算，还要校验其极限转速。

14.5　滚动轴承的寿命计算

14.5.1　滚动轴承的基本额定寿命

对于一个具体的轴承，轴承的寿命是指轴承中任何一个套圈或滚动体材料首次出现疲劳点蚀扩展之前，一个套圈相对于另一个套圈的转数或者在一定转速下的工作小时数。

大量试验结果表明，一批型号相同的轴承(即结构、尺寸、材料、热处理及加工方法等都相同的轴承)，即使在完全相同的条件下工作，它们的寿命也是极不相同的，其寿命差异最大可达几十倍。因此，不能以一个轴承的寿命代表同型号一批轴承的寿命。

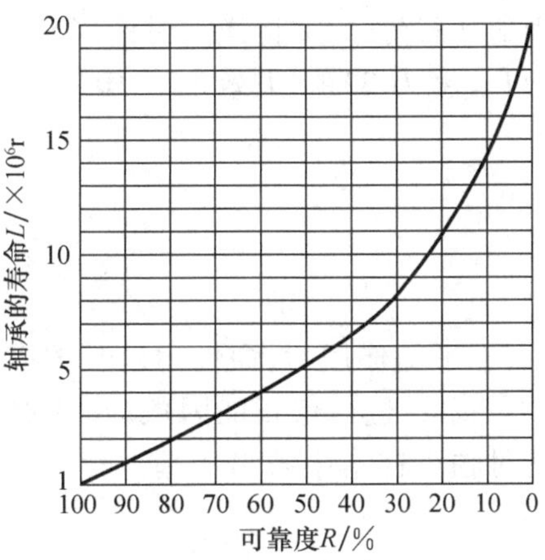

图 14.10　滚动轴承的寿命-可靠度曲线

用一批同类型和同尺寸的轴承在同样工作条件下进行疲劳试验，得到轴承实际转数 L 与这批轴承中不发生疲劳破坏的百分率(即可靠度 R)之间的关系曲线如图 14.10 所示。由图可知，在一定的运转条件下，对应于某一转数，一批轴承中只有一定百分比的轴承能正常工作到该转数；转数增加，轴承的损坏率将增加，而能正常工作到该转数的轴承所占的百分比则相应地减少。

基本额定寿命：是指一组在相同条件下运转的滚动轴承，10%的轴承发生点蚀破坏而90%的轴承未发生点蚀破坏前的转数或在一定转速下的工作小时数，以 L_{10}(单位为 10^6r)或 L_h(单位为 h)表示。即按基本额定寿命选用的一批同型号轴承，可能有 10%的轴承发生提前破坏，有 90%的轴承寿命超过其基本额定寿命，其中有些轴承甚至还能工作更长时间。对于一个具体的轴承而言，能顺利地在额定寿命期内正常工作的概率为 90%，而在额定寿命期到达前就发生点蚀破坏的概率为 10%。

14.5.2　基本额定动负荷

轴承的寿命与所受载荷的大小有关，工作载荷越大，接触应力也就越大，承载元件所能经受的应力变化次数也就越少，轴承的寿命就越短。图 14.11 是用深沟球轴承 6207 进行寿命试验得出的载荷-寿命关系曲线。其他轴承也存在类似的关系曲线。

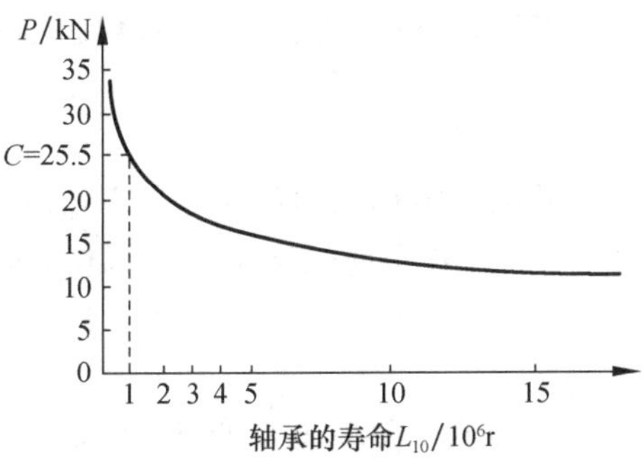

图 14.11　滚动轴承的载荷-寿命曲线

滚动轴承在基本额定寿命等于 10^6r 时所能承受的载荷，称为基本额定动载荷 C。对向心轴承，指的是纯径向载荷，称为径向基本额定动载荷，记为 C_r；对于推力轴承，指的是纯轴向载荷，称为轴向基本额定动载荷，记为 C_a；对于角接触球轴承或圆锥滚子轴承，指的是使套圈间产生纯径向位移的载荷的径向分量，记为 C_r。在基本额定动载荷作用下，轴承工作寿命为 10^6r 时的可靠度为 90%。

不同型号的轴承有不同的基本额定动载荷值 C，它表征了具体型号轴承的承载能力。各型号轴承的基本额定动载荷值 C 可查轴承样本或设计手册，它们是在常规运转条件下——轴承正确安装、无外来物侵入、充分润滑、按常规加载、工作温度不过高或过低、运转速度不特别高或特别低，以及失效率为 10%、基本额定寿命为 10^6r 时给出的。

14.5.3 寿命计算公式

图 14.11 所示轴承的载荷-寿命曲线（即疲劳曲线）满足关系式

$$P^{\varepsilon}L_{10} = C^{\varepsilon}\times 1 = 常数 \tag{14.1}$$

式中，C 为轴承的基本额定动载荷值(N)；P 为轴承所受的当量动载荷（后文将详细讨论）(N)；ε 为轴承的寿命指数，球轴承 $\varepsilon=3$，滚子轴承 $\varepsilon=10/3$；L_{10} 为可靠度为 90%（失效率为 10%）时轴承的基本额定寿命(10^6r)。

当考虑温度及载荷特性对轴承寿命的影响后，可得

$$L_{10} = \left(\frac{f_t C}{f_P P}\right)^{\varepsilon} \tag{14.2}$$

式中，f_P 为载荷因数，见表 14.5。系考虑附加载荷如冲击力、不平衡作用力、惯性力以及轴挠曲或轴承座变形产生的附加力等对轴承寿命影响，将当量动负荷 P 进行修正的因数；f_t 为温度因数，见表 14.6。系考虑较高温度(t>120℃)工作条件下对轴承样本中给出的基本额定动载荷值 C 进行的修正。

表 14.5 载荷因数 f_P

载荷性质	f_P	举 例
平稳运转或轻微冲击	1.0～1.2	电机、汽轮机、通风机、水泵等
中等冲击	1.2～1.8	车辆、动力机械、起重机、造纸机、冶金机械、选矿机械、卷扬机、机床等
强大冲击	1.8～3.0	破碎机、轧钢机、钻探机、振动筛等

表 14.6 温度因数 f_t

轴承工作温度/℃	≤125	125	150	175	200	225	250	300	350
温度因数 f_t	1.00	0.95	0.90	0.85	0.80	0.75	0.70	0.6	0.5

实际计算中习惯于用小时数表示寿命，即

$$L_{10h} = \frac{10^6}{60n}\left(\frac{f_t C}{f_P P}\right)^{\varepsilon} \tag{14.3}$$

若已给定轴承的预期寿命 L'_{10h}、转速 n 和当量动载荷 P，可按下式求得轴承的计算额定动载荷 C'，再查手册确定所需的 C 值，应使 $C\geqslant C'$。

$$C' = \frac{f_P P}{f_t}\left(\frac{60nL'_{10h}}{10^6}\right)^{\frac{1}{\varepsilon}} \tag{14.4}$$

推荐的轴承预期寿命 L'_h 见表 14.7。

表 14.7　推荐的轴承预期寿命 L'_h

机械种类		示　例	预期寿命 L'_h
不经常使用的仪器和设备		闸门开闭装置、门窗开闭装置等	300～3000
短期或间断使用的机械	中断使用不引起严重后果	手动机械、农业机械、装配吊车等	3000～8000
	中断使用引起严重后果	升降机、发电站辅助设备、吊车、流水作业传动装置等	8000～12000
每天 8 小时工作的机械	利用率不高、不满载工作	电动机、起重机、一般传动装置、一般机械等	12000～25000
	利用率高、满载工作	机床、工程机械、木材加工机械、印刷机械等	20000～30000
24 小时连续工作的机械	正常使用	水泵、纺织机械、压缩机、电动机、轧机齿轮装置等	40000～60000
	中断使用有严重后果	发电站主电机、给排水设备、矿用泵、矿用通风机等	≈100000

14.5.4　额定寿命的修正

对于有特殊性能、特殊运转条件要求及可靠度不等于 90%的滚动轴承，应对其基本额定寿命进行修正。修正后的轴承额定寿命计算式为

$$L_{nm}=a_1a_{xyz}L_{10} \tag{14.5a}$$

$$L_{nmh}=a_1a_{xyz}L_{10h} \tag{14.5b}$$

式中，L_{10}或L_{10h}为可靠度为 90%时的轴承基本额定寿命(10^6r 或 h)。通常，采用L_{10}作为衡量轴承性能的准则足以满足要求；a_1 为考虑可靠度不等于 90%时轴承额定寿命的修正因数，见表 14.8；a_{xyz}为考虑其他因素，如材料、润滑、环境、套圈中的内应力、安装、载荷及轴承类型等影响轴承额定寿命的修正因数，GB/T 6391—2003 规定应由轴承制造厂提出有关建议。

注释：虽然目前可供数值计算的修正因数是可靠度影响因数，但使用者必须明白：影响轴承基本额定寿命的因素很多，合理设计轴承装置和正确维护使用，对轴承的实际寿命是至关重要的。

表 14.8　可靠度寿命修正因数 a_1

可靠度/%	L_{nm}	a_1	可靠度/%	L_{nm}	a_1
90	L_{10m}	1	97	L_{3m}	0.44
95	L_{5m}	0.62	98	L_{2m}	0.33
96	L_{4m}	0.53	99	L_{1m}	0.21

【例 14.2】　一批型号相同的滚动轴承接受寿命试验，试验负荷为轴承的基本额定动载荷，主轴转速 $n=960$r/min，工作平稳，三班制连续工作，试验从早班开始。试问 10%的轴承发生破坏时出现在哪一班什么时间？

解　(1)轴承工作总转数

试验轴承在基本额定动载荷下工作，轴承工作总转数 $L_{10}=10^6$r，则有

$$L_{10}=60nt$$

(2)工作小时数

$$t=L_{10h}=\frac{10^6}{60n}=\frac{10^6}{60\times 960}=17.361(\text{h})$$

所以，10%轴承发生失效的时间在夜班开始后的 1.361 小时。

【例 14.3】　分析某一球和滚子轴承，当轴承的负荷增大一倍时，其他条件不变，轴承寿命降低的程度有多大？

解　(1)根据公式(14.2),轴承寿命计算公式为

$$L_{10}=\left(\frac{f_t C}{f_P P}\right)^{\varepsilon}$$

(2)计算寿命

设负荷为 P 时,轴承寿命为 L_1,负荷为 $2P$ 时,轴承寿命为 L_2,则有

$$\frac{L_1}{L_2}=\frac{\left(\frac{f_t C}{f_P P}\right)^{\varepsilon}}{\left(\frac{f_t C}{f_P \times 2P}\right)^{\varepsilon}}=2^{\varepsilon}\text{,即}$$

$$L_2=\frac{L_1}{2^{\varepsilon}}$$

(3)计算球轴承和滚子轴承的寿命

对以球轴承,$\varepsilon=3$,则有

$$L_2=\frac{L_1}{2^3}=\frac{1}{8}L_1$$

对以滚子轴承,$\varepsilon=10/3$,则有

$$L_2=\frac{L_1}{2^{10/3}}=\frac{1}{10}L_1$$

14.5.5　滚动轴承的当量动载荷

由前所述,基本额定动负荷分径向基本额定动负荷和轴向基本额定动负荷。当轴承既承受径向载荷又承受轴向载荷时,为能应用额定动载荷值进行轴承的寿命计算,就必须把实际载荷转换为与基本额定动负荷的载荷条件相一致的当量动负荷。当量动负荷是一个假想的载荷,在它的作用下,滚动轴承具有与实际载荷作用时相同的寿命。当量动负荷 P 的计算方法如下:

(1) 对只能承受径向载荷 F_r 的向心轴承($\alpha=0°$的向心滚子轴承,如 N0000 型、NA0000 型)

$$P=F_r \tag{14.6}$$

(2) 对只能承受轴向载荷 F_a 的推力轴承($\alpha=90°$的推力球轴承和推力滚子轴承,如 50000 型、80000 型)

$$P=F_a \tag{14.7}$$

(3) 对以承受径向载荷 F_r 为主又能承受轴向载荷 F_a 的角接触向心轴承(包括角接触球轴承、深沟球轴承及 $\alpha\neq0°$的向心推力滚子轴承,如 30000 型、70000 型、60000 型及 10000 型、20000 型)

$$P=P_r=XF_r+YF_a \tag{14.8}$$

(4) 对以承受轴向载荷 F_a 为主又能承受径向载荷 F_r 的角接触推力轴承($\alpha\neq90°$的推力滚子轴承)

$$P=P_a=XF_r+YF_a \tag{14.9}$$

式中 X、Y 为径向载荷因数和轴向载荷因数。向心轴承的 X、Y 值见表 14.9(用于式 14.8)。推力轴承的 X、Y 值见机械设计手册。

表 14.9　向心轴承的 X、Y 值

轴承类型	相对轴向载荷 $\frac{f_0F_a}{C_{0r}}$	韦布尔指数 e	单列轴承 $\frac{F_a}{F_r}\leqslant e$ X	单列轴承 $\frac{F_a}{F_r}\leqslant e$ Y	单列轴承 $\frac{F_a}{F_r}>e$ X	单列轴承 $\frac{F_a}{F_r}>e$ Y	双列轴承 $\frac{F_a}{F_r}\leqslant e$ X	双列轴承 $\frac{F_a}{F_r}\leqslant e$ Y	双列轴承 $\frac{F_a}{F_r}>e$ X	双列轴承 $\frac{F_a}{F_r}>e$ Y
深沟球轴承(60000)	0.172	0.19				2.3				2.3
	0.345	0.22				1.99				1.99
	0.689	0.26				1.71				1.71
	1.03	0.28				1.55				1.55
	1.38	0.3	1	0	0.56	1.45	1	0	0.56	1.45
	2.07	0.34				1.31				1.31
	3.45	0.38				1.15				1.15
	5.17	0.42				1.04				1.04
	6.89	0.44				1				1
角接触球轴承(70000)	$\alpha=15°$　0.178	0.38				1.47		1.65		2.39
	0.357	0.4				1.4		1.57		2.28
	0.714	0.43				1.3		1.46		2.11
	1.07	0.46				1.23		1.38		2
	1.43	0.47	1	0	0.44	1.19	1	1.34	0.72	1.93
	2.14	0.5				1.12		1.26		1.82
	3.57	0.55				1.02		1.14		1.66
	5.35	0.56				1		1.12		1.63
	7.14	0.56				1		1.12		1.63
	$\alpha=20°$　—	0.57			0.43	1		1.09	0.7	1.63
	$\alpha=30°$　—	0.8			0.39	0.76		0.78	0.63	1.24
	$\alpha=40°$　—	1.14	1	0	0.35	0.57	1	0.55	0.57	0.93
调心球轴承(10000)		$1.5\tan\alpha$	1	0	0.4	$0.4\cot\alpha$	1	$0.42\cot\alpha$	0.65	$0.65\cot\alpha$
圆锥滚子轴承(30000)		$1.5\tan\alpha$	1	0	0.4	$0.4\cot\alpha$	1	$0.45\cot\alpha$	0.67	$0.67\cot\alpha$

注：相对轴向载荷，对于角接触球轴承为 $\frac{f_0iF_a}{C_{0r}}$，F_a 为轴承的轴向载荷(N)；C_{0r} 为轴承的基本额定静载荷(N)；f_0 为轴承零件几何形状及应力水平有关的因数，其值可查 GB/T 6391—2003，粗略计算时，对深沟球轴承可取 $f_0=14.7$，对角接触球轴承可取 $14.7i$；i 为滚动体的列数。

对于上述求取当量动载荷的计算公式，在考虑机械工作时常具有振动和冲击，为此，轴承的当量动载荷还应乘以一系数 f_P，即 $P=f_P(XF_r+YF_a)$。f_P 的取值方法见表 14.5。

14.5.6　角接触球轴承和圆锥滚子轴承的径向载荷与轴向载荷计算

1. 角接触球轴承和圆锥滚子轴承的派生轴向力

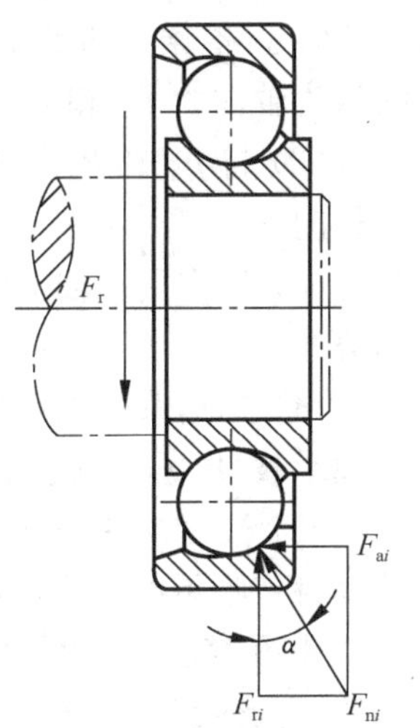

图 14.12　径向载荷产生的派生轴向力

角接触球轴承和圆锥滚子轴承都有一个接触角，当内圈承受径向载荷 F_r 作用时，承载区内各滚动体将受到外圈法向反力 F_{ni} 的作用，如图 14.12 所示。F_{ni} 的径向分量 F_{ri} 都指向轴承的中心，它们的合力与 F_r 相平衡；轴向分量 F_{ai} 都与轴承的轴线相平行，合力记为 F_s，称为轴承内部的派生轴向力，方向由轴承外圈的宽边一端指向窄边一端，有迫使轴承内圈与外圈脱开的趋势。F_s 要由轴上的轴向载荷来平衡。当轴承在 F_r 作用下有半圈滚动体受载时，F_s 的计算公式见表 14.10。

由于角接触球轴承和圆锥滚子轴承在受到径向载荷后会产生派生轴向力，为了保证轴承的正常工作，这两类轴承需成对使用。图 14.13 是角接触球轴承的两种安装方式，图 14.13(a)中两套轴承外圈宽边相对，称为“背靠背”安装或称“反装”，这种安装方式使两支反力作用点 o_1、o_2 相互远离，支承跨距加大。图 14.13(b)中两套轴承外圈窄边相对，称为“面对面”安装或称“正装”，它使支反力作用点 o_1、o_2 相互靠近，支承跨距缩短。精确计算时，支反力作用点 o_1 和 o_2 距其轴承端面的距离可从轴承样本中查得。当轴上两支承距离较远时，一般可不考虑支承跨距的变化，而以轴承中点的距离作为支承跨距。

表 14.10　角接触球轴承和圆锥滚子轴承的派生轴向力 F_s

轴承类型	角接触球轴承			圆锥滚子轴承
	70000C	70000AC	70000B	
派生轴向力 F_s	eF_r①	$0.68F_r$	$1.14F_r$	$F_r/(2Y)$②

注：① e 值可查表 14.9。
② Y 值是对应表 14.9 中 $F_a/F_r>e$ 时的值。

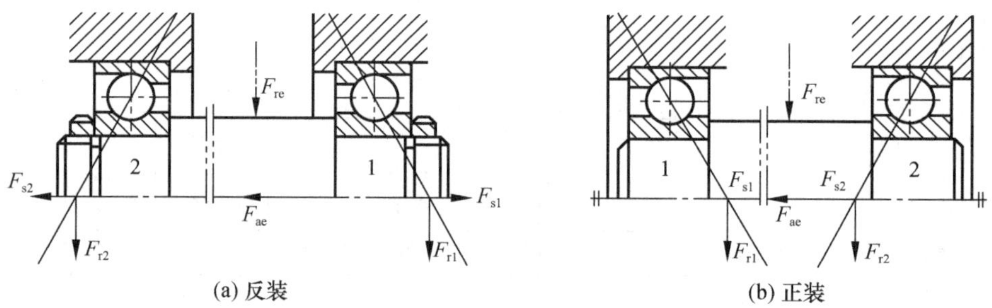

图 14.13　角接触球轴承安装方式及受力分析

2. 角接触球轴承或圆锥滚子轴承的轴向载荷计算

计算成对安装的角接触球轴承或圆锥滚子轴承每一端轴承所承受的轴向载荷的方法如下：

(1) 设图 14.13 中由传动零件(如轴上的齿轮)传到轴上的外加径向力和轴向力分别为 F_{re}和 F_{ae}，根据力的平衡条件已算得轴承的径向载荷 F_{r1}和 F_{r2}，并按表 14.10 可以计算出各自的派生轴向力 F_{s1}和 F_{s2}。

(2) 将 F_{s1}和 F_{s2}标在图中。对反装轴承，F_{s1}和 F_{s2}的方向相背；对正装轴承，F_{s1}和 F_{s2}的方向相向。

(3) 将作用在轴上的全部轴向载荷(F_{ae}、F_{s1}和 F_{s2})代数相加，可知轴有往哪方向“窜动”的趋势。

(4) 判断哪个轴承被“压紧”，哪个轴承被“放松”。派生轴向力方向与轴“窜动”方向相反的轴承被“压紧”，派生轴向力方向与轴“窜动”方向相同的轴承被“放松”。

(5) 被“放松”轴承的轴向载荷等于该轴承的派生轴向力；被“压紧”轴承的轴向载荷等于被“放松”轴承的派生轴向力与外加轴向力的代数和。

如图 14.13(a)所示两轴承反装，F_{s1}、F_{s2}的方向相背。现轴上的轴向外载荷 F_{ae}与 F_{s2}方向一致，则比较($F_{ae}+F_{s2}$)与 F_{s1}哪个大，若($F_{ae}+F_{s2}$)$>F_{s1}$，表示轴有向左“窜动”的趋势，则轴承 2 被“放松”，其所受轴向载荷等于自身的派生轴向力，即 $F_{a2}=F_{s2}$；而轴承 1 被“压紧”，其所受轴向载荷等于被“放松”轴承的派生轴向力 F_{s2} 与轴上外加轴向力 F_{ae} 的代数和，即 $F_{a1}=F_{ae}+F_{s2}$。若 $(F_{ae}+F_{s2})<F_{s1}$，表示轴有向右“窜动”的趋势，则轴承 1 被“放松”，其所受轴向载荷等于自身的派生轴向力，即 $F_{a1}=F_{s1}$；而轴承 2 被“压紧”，其所受轴向载荷等于除去 F_{s2} 后轴上其余轴向力的代数和，即 $F_{a2}=F_{s1}+F_{ae}$。

对于图 14.13(b)所示两正装轴承，同样可以分析得出：若 $(F_{ae}+F_{s2})<F_{s1}$，则轴有向右“窜动”的趋势，右轴承 1 被“放松”，左轴承 2 被“压紧”，所以 $F_{a1}=F_{s1}$，$F_{a2}=F_{ae}+F_{s1}$；若 $(F_{ae}+F_{s2})>F_{s1}$，则左轴承 2 被“放松”，右轴承 1 被“压紧”，所以 $F_{a1}=F_{s2}+F_{ae}$，$F_{a2}=F_{s2}$。

若图 14.13 中轴上的外加轴向力 F_{ae} 的方向为自左向右，则 F_{a1}、F_{a2} 该如何计算？请读者自行分析。

【例 14.4】 有6211 型轴承，所受径向载荷 $F_r=6000\text{N}$，轴向负荷 $F_a=3000\text{N}$，轴承转速 $n=1000\text{r/min}$，有轻微冲击，常温下工作，试求其寿命。

解 查手册得 6211 型轴承的基本额定动载荷 $C_r=43.2\text{kN}$，基本额定静载荷 $C_{0r}=29.2\text{kN}$。

(1) 计算 f_0F_a/C_{0r} 并确定 e 值。

$$\frac{f_0F_a}{C_{0r}}=\frac{14.7\times 3000}{29200}=1.51$$

根据 $f_0F_a/C_{0r}=1.51$ 查表 14.9，由内插法得 $e=0.31$。

(2) 计算当量动载荷 P。

$$\frac{F_a}{F_r}=\frac{3000}{6000}=0.5>e$$

查表 14.9 得 $X=0.56$，$Y=1.42$，于是

$$P=XF_r+YF_a=0.56\times 6000+1.42\times 3000=7620(\text{N})$$

(3) 计算轴承寿命 L_h。

查表 14.5、表 14.6，得 $f_P=1.1$，$f_t=1$，又 6211 为深沟球轴承，寿命指数 $\varepsilon=3$，则由式 14.3

$$L_h=\frac{10^6}{60n}\left(\frac{f_tC}{f_PP}\right)^{\varepsilon}=\frac{10^6}{60\times 1000}\times\left(\frac{1\times 43200}{1.1\times 7620}\right)^3=2280(\text{h})$$

【例 14.5】 某减速器主动轴选用两个圆锥滚子轴承 32210 支承，如图 14.14 所示。已知轴的转速 $n=1440\text{r/min}$，轴上斜齿轮作用于轴的轴向力 $F_{ae}=750\text{N}$，而轴承的径向载荷分别为 $F_{r1}=5600\text{N}$，$F_{r2}=3000\text{N}$。工作时有中度冲击，脂润滑，正常工作温度，预期寿命 20000h。试校核所选轴承是否合适。

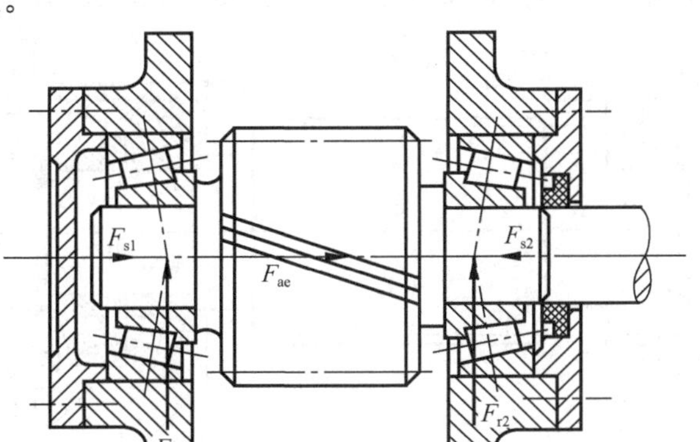

图 14.14　减速器主动轴

解　(1) 确定 32210 轴承的主要性能参数(查轴承手册或机械设计手册)

$$C_r = 82.8\text{kN},\quad e = 0.42,\quad Y = 1.4$$

(2) 计算派生轴向力 F_{s1}、F_{s2}(由表 14.10)

$$F_{s1} = \frac{F_{r1}}{2Y} = \frac{5600}{2\times 1.4} = 2000(\text{N})$$

$$F_{s2} = \frac{F_{r2}}{2Y} = \frac{3000}{2\times 1.4} = 1070(\text{N})$$

(3) 计算轴向载荷 F_{a1}、F_{a2}

$$F_{s1} + F_{ae} = 2000 + 750 = 2750(\text{N}) > F_{s2}$$

轴有向右"窜动"趋势,故轴承 2 被"压紧",轴承 1 被"放松",得

$$F_{a2} = F_{s1} + F_{ae} = 2000 + 750 = 2750(\text{N})$$

$$F_{a1} = F_{s1} = 2000\text{N}$$

(4) 确定因数 X、Y

$$\frac{F_{a1}}{F_{r1}} = \frac{2000}{5600} = 0.36 < e$$

查表 14.9 得　$X_1 = 1,\quad Y_1 = 0$

$$\frac{F_{a2}}{F_{r2}} = \frac{2750}{3000} = 0.62 > e$$

查表 14.9 得　$X_2 = 0.4,\quad Y_2 = 1.4$

(5) 计算当量动载荷 P_1、P_2

$$P_1 = X_1F_{r1} + Y_1F_{a1} = 1\times 5600 + 0\times 2000 = 5600(\text{N})$$

$$P_2 = X_2F_{r2} + Y_2F_{a2} = 0.4\times 3000 + 1.4\times 2750 = 5050(\text{N})$$

(6) 验算轴承寿命 L_h。

查表 14.5、14.6,得 $f_p = 1.5$,$f_t = 1$(因 $P_1 > P_2$,按 P_1 计算)

$$L_h = \frac{10^6}{60n}\left(\frac{f_tC}{f_pP}\right)^{\varepsilon} = \frac{10^6}{60\times 1440}\left(\frac{82800}{1.5\times 5600}\right)^{\frac{10}{3}} = 24900(\text{h}) > 20000(\text{h})$$

所选轴承合适。

【例 14.6】 如图 14.15 所示,蜗杆轴采用一端定位结构,定位端用两套圆锥滚子轴承 30206/DB(DB 表示两套轴承"背对背"安装),游动端采用深沟球轴承 6206 支承。轴的转速

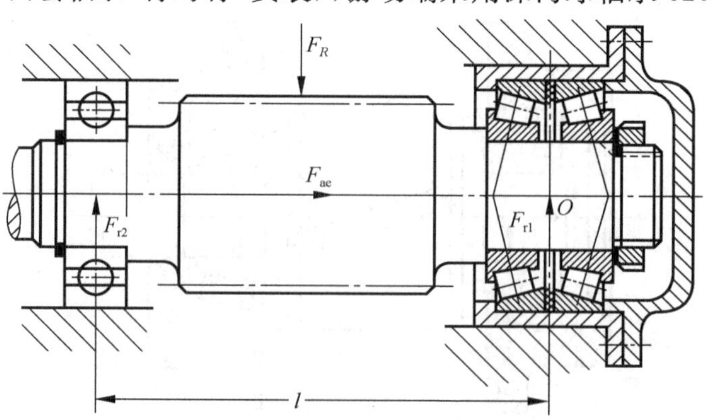

图 14.15　一端定位的蜗杆轴结构

$n=960\text{r/min}$，$F_{ae}=2635\text{N}$，$F_{r1}=940\text{N}$，$F_{r2}=292\text{N}$，$f_P=1.2$，预期寿命 $L'_{10h}=15000\text{h}$，静载荷安全因数 $S_0=1.2$。试校核该 30206/DB 轴承组是否满足要求。

解　按表 14.9，两套相同的单列圆锥滚子轴承以"背靠背"并排安装在一个支承上时，其基本额定动载荷应按一套双列轴承考虑，采用双列轴承的 X 和 Y 值。查机械设计手册，30206 轴承的 $C_r=43200\text{N}$，$C_{0r}=50500\text{N}$，$e=0.37$，$Y=1.6$，$Y_0=0.9$。因此，30206/DB 轴承组的基本额定动载荷为 $C_{r\Sigma}=2C_r=86400\text{N}$，$C_{0r\Sigma}=2C_{0r}=101000\text{N}$。

(1) 确定因数 X、Y。

由于成对安装，派生轴向力互相抵消，轴承组 30206/DB 所受轴向力即蜗杆所受轴向力 $F_{ae}=2635\text{N}$。由相对轴向力 $F_{ae}/F_{r1}=2635/940=2.8>e$。

由表 14.9 得 $X=0.67$，$Y=0.67\cot\alpha$(一般机械设计手册中未列出接触角 α 值，但有单列 30206 轴承的 $Y=0.4\cot\alpha=1.6$，故可按比例法求得双列轴承的 Y 值)，即 $Y=1.6\times\dfrac{0.67\cot\alpha}{0.4\cot\alpha}=2.68$。

(2) 计算当量动载荷

$$P=f_P(XF_r+YF_a)=1.2\times(0.67\times940+2.68\times2635)=9230(\text{N})$$

(3) 计算轴承组寿命

$$L_{10h}=\frac{10^6}{60n}\left(\frac{C_r}{P}\right)^{10/3}=\frac{10^6}{60\times960}\left(\frac{86400}{9230}\right)^{10/3}=30010(\text{h})>L'_{10h}=15000\text{h}$$

该轴承寿命能满足要求。

14.6　滚动轴承的静强度计算

基本上不转动、极低速转动($n\leqslant10\text{r/min}$)或缓慢摆动的轴承，失效形式为由静载荷或冲击载荷引起的滚动体与内、外圈滚道接触处的过大的塑性变形(不会出现疲劳点蚀)，因此需要计算轴承的静强度。GB/T 4662—2003 规定：使受载最大滚动体与滚道接触处产生的接触应力达到一定值(如调心球轴承为 4600MPa，其他球轴承为 4200MPa，滚子轴承为 4000MPa)时的载荷称为基本额定静负荷，用 C_0 表示(径向基本额定静载荷记为 C_{0r}，轴向基本额定静载荷记为 C_{0a})。轴承样本中列有各种型号轴承的 C_0 值，供设计时查用。

滚动轴承的静强度校核公式为

$$C_0\geqslant S_0P_0 \tag{14.10}$$

式中，S_0 为静强度安全因数，见表 14.11；P_0 为当量静载荷(N)。

表 14.11　静强度安全因数 S_0

静止或摆动轴承	
使用场合	S_0
水坝闸门装置，大型起重吊钩(附加载荷小)	$\geqslant1$
吊桥，小型起重吊钩(附加载荷大)	$\geqslant1.5\sim1.6$
旋转轴承	
使用要求或载荷性质	S_0
对旋转精度及平稳性要求高，或承受冲击载荷	球轴承 1.5～2，滚子轴承 2.5～4
正常使用	球轴承 0.5～2，滚子轴承 1～3.5
对旋转精度及平稳性要求低，没有冲击载荷和振动	球轴承 0.5～2，滚子轴承 1～3

当量静载荷 P_0 是一个假想载荷。在当量静载荷作用下，轴承内受载最大滚动体与滚道接触处的塑性变形总量，与实际载荷作用下的塑性变形总量相同。

对于角接触向心轴承和径向接触轴承，当量静载荷取由下面两式求得的较大值：

$$P_{0r} = X_0 F_r + Y_0 F_a \tag{14.11a}$$

$$P_{0r} = F_r \tag{14.11b}$$

式中，X_0、Y_0 为静径向因数和静轴向因数，见表 14.12。

表 14.12　当量静载荷的 X_0、Y_0

轴承类型		单列轴承		双列轴承	
		X_0	Y_0	X_0	Y_0
深沟球轴承		0.6	0.5	0.6	0.5
角接触球轴承 α	15° 25° 40°	0.5	0.46 0.38 0.26	1	0.92 0.76 0.52
调心球轴承 $\alpha \neq 0°$		0.5	$0.22\cot\alpha$	1	$0.44\cot\alpha$
圆锥滚子轴承		0.5	$0.22\cot\alpha$	1	$0.44\cot\alpha$

14.7　滚动轴承的组合结构设计

为保证轴承正常工作，除了正确选择轴承的类型和尺寸，还应正确地解决轴承的定位、装拆、配合、调整、润滑与密封等问题，即正确设计轴承的组合结构。

14.7.1　滚动轴承的轴向定位与紧固

轴承的轴向定位与紧固是指轴承的内圈与轴颈、外圈与座孔间的轴向定位与紧固。轴承轴向定位与紧固的方法很多，应根据轴承所受载荷的大小、方向、性质，转速的高低，轴承的类型及轴承在轴上的位置等因素，选择合适的轴向定位与紧固方法。单个支点处的轴承，其内圈在轴上和外圈在轴承座孔内轴向定位与紧固的方法分别见图 14.16、图 14.17。

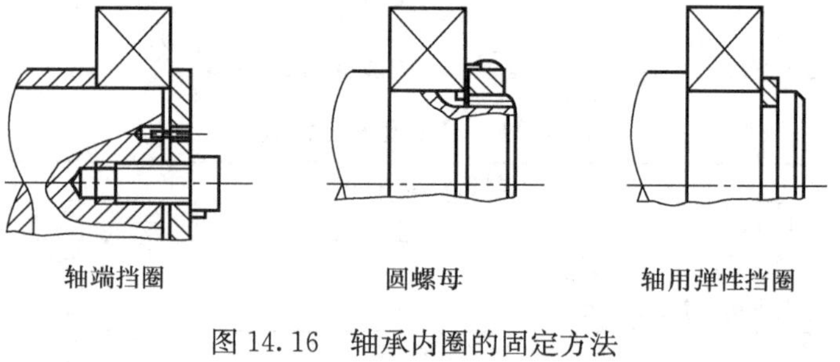

图 14.16　轴承内圈的固定方法

为保证可靠定位，轴肩圆角半径 r_1 必须小于轴承的圆角 r。轴肩的高度通常不大于内圈高度的 3/4，过高不便于轴承拆卸，如图 14.18 所示。

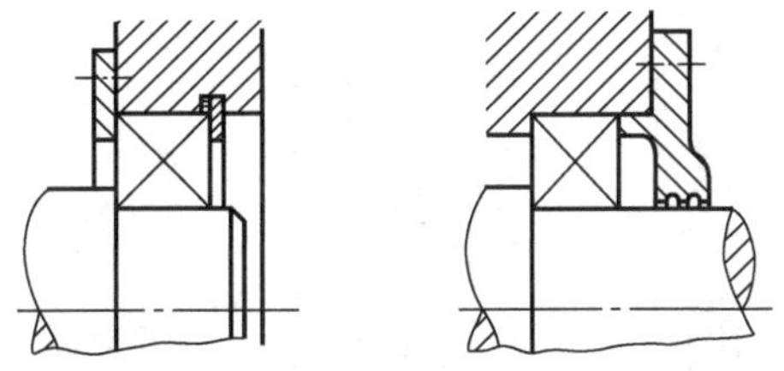

图 14.17　轴承外圈的固定方法

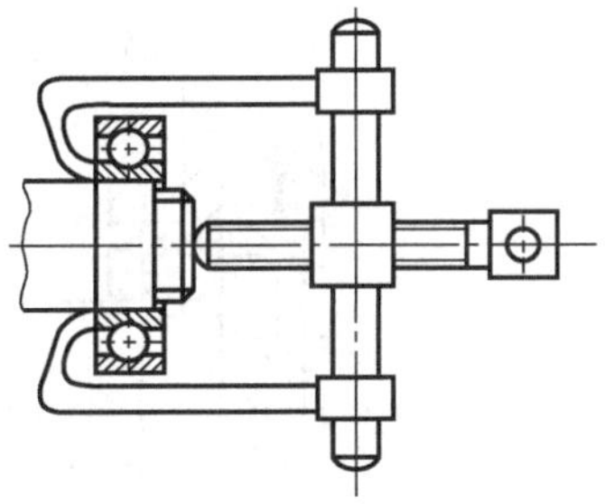

图 14.18　轴承的拆卸

14.7.2　滚动轴承的配置

通常一根轴需要两个支点，每个支点由一个或两个轴承组成。滚动轴承的支承结构应考虑轴在机械中的正确位置，防止轴向窜动及轴受热伸长后将轴承卡死。利用轴承的支承结构使轴获得轴向定位的方式有 3 种基本形式。

1）两端固定

如图 14.19 所示，利用轴两端轴承各限制一个方向的轴向移动。这种结构一般用于工作温度较低和支承跨距较小的刚性轴的支承，轴的热伸长量可由轴承自身的游隙补偿（如图 14.19 下半部所示），或者在轴承外圈与轴承盖之间留有 $a=0.2\sim0.4$mm 间隙补偿轴的热伸长量，调节调整垫片（如图 14.19 上半部所示）可改变间隙的大小。

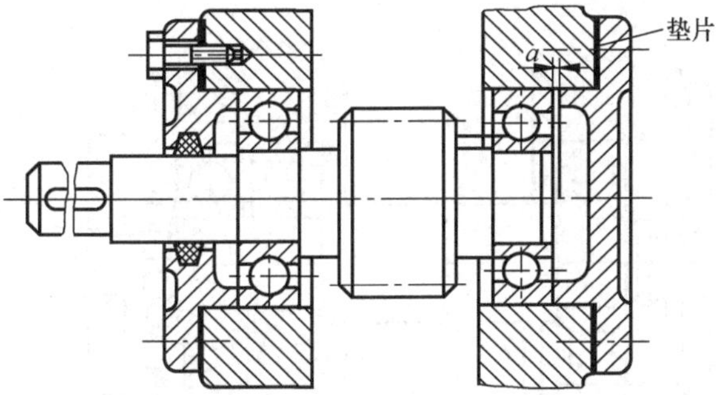

图 14.19　两端固定支承结构

2）一端固定、一端游动

当支承跨距较长或工作温度较高时，轴有较大的热膨胀伸缩量，这时应采用一端固定、一端游动支承的轴承组合结构。

如图 14.20(a)所示，轴的两端各用一个深沟球轴承支承，左端轴承的内、外圈都为双向固定，而右端轴承的外圈在座孔内没有轴向固定，内圈用弹性挡圈限定其在轴上的位置。工作时轴上的双向轴向载荷由左端轴承承受，轴受热伸长时，右端轴承可以在座孔内自由游动。

支承跨距较大（$L>350$mm）或工作温度较高（$t>70$℃）的轴，游动端轴承采用圆柱滚子轴承更为合适，如图 14.13(b)所示，内、外圈均作双向固定，但相互间可作相对轴向移动。

当轴向载荷较大时，固定端可用深沟球轴承或径向接触轴承与推力轴承的组合结构（图 14.20(c)）。由深沟球轴承或径向接触轴承承受径向载荷，推力轴承承受轴向载荷，因而承载能力大。

固定端也可以用两个角接触球轴承（如图 14.20(d)上半部所示），或采用两个圆锥滚子轴

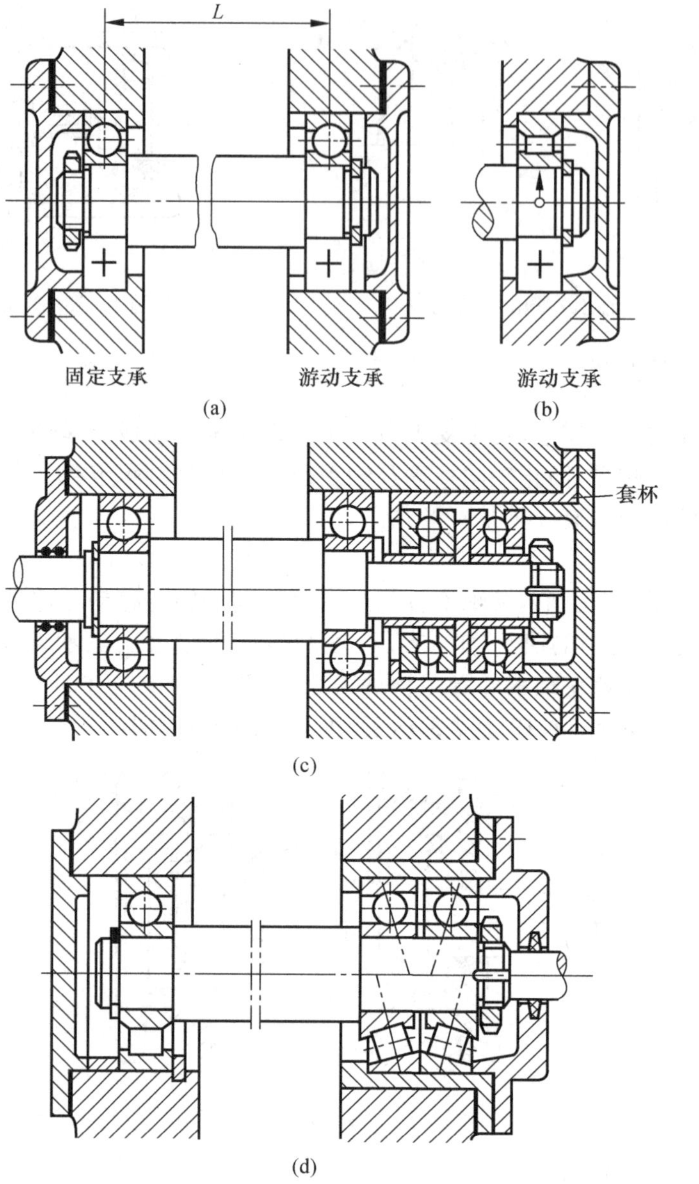

图 14.20　一端固定、一端游动支承组合结构

承(如图 14.20(d)下半部所示),“面对面”(正排列)或“背靠背”(反排列)安装的形式。图中上半部的两个角接触球轴承为“面对面”安装,下半部的两个圆锥滚子轴承为“背靠背”安装。“面对面”安装时,两外圈的窄边相对,此时两轴承反力在轴上的作用点间距离较小,支承刚度较小,但轴承的安装调整较方便;“背靠背”安装时,两外圈的宽边相对,两轴承反力在轴上的作用点间距离较大,支承刚度较大,但轴承的安装调整不方便。

3) 两端游动

两端游动支承通常用于人字齿轮传动中。如图 14.21 所示,大齿轮所在轴采用两端固定支承,小齿轮轴采用两端游动支承,靠人字齿传动的啮合作用,小齿轮轴可作轴向少量游动,自动补偿两侧螺旋角的制造误差,使两侧轮齿受力均匀。

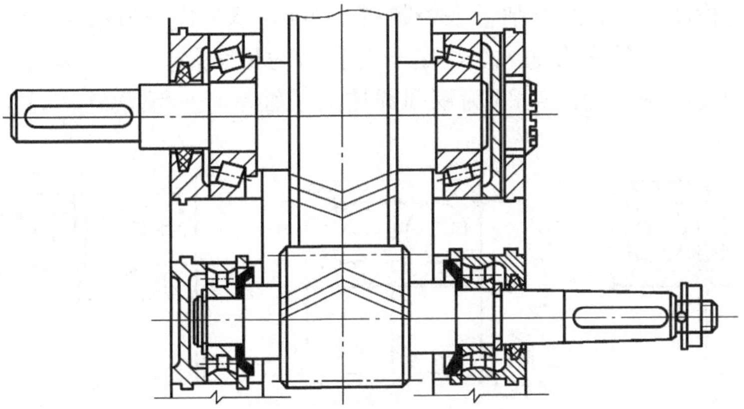

图 14.21　两端游动支承

14.7.3　轴承游隙和轴承组合位置的调整

轴承游隙的大小对轴承的寿命、效率、旋转精度、温升及噪声等都有很大的影响。需要调整游隙的主要有角接触球轴承组合结构、圆锥滚子轴承组合结构和平面推力球轴承组合结构。

图 14.22(a)及图 14.20(c)、图 14.20(d)右支点的上部所示结构中，轴承的游隙和预紧是靠轴承端盖与套杯间的垫片来调整的，简单方便；而图 14.22(b)及图 14.20(d)右支点的下部所示的结构中，轴承的游隙是靠轴上圆螺母来调整的，操作不甚方便，且螺纹为应力集中源，削弱了轴的强度。

为使圆锥齿轮传动中的分度圆锥锥顶重合或使蜗轮蜗杆传动能于中间平面位置正确啮合，必须对其支承轴系进行轴向位置调整。如图 14.22 所示，整个支承轴系放在一个套杯中，套杯的轴向位置(即整个轴系的轴向位置)通过改变套杯与机座端面间垫片的厚度来调节，从而使传动件处于最佳的啮合位置。

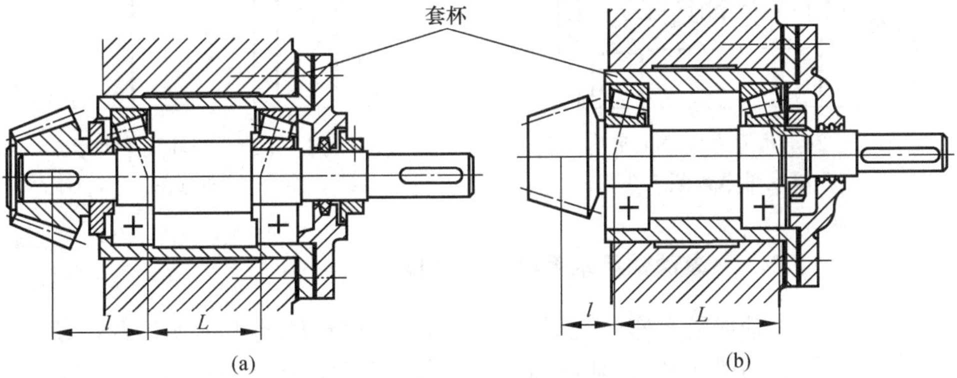

(a)　　(b)

图 14.22　小锥齿轮轴支承结构

14.7.4　滚动轴承的预紧

所谓轴承的预紧，就是在安装轴承时用某种方法在轴承中产生并保持一定的轴向力，以消除轴承的轴向游隙，并在滚动体与内、外圈滚道接触处产生弹性预变形，以提高轴承的旋转精度和支承刚度。向心推力轴承常用的预紧方法如图 14.23 所示。在两轴承的内圈或外圈之间放置垫片(图 14.23(a))或者磨薄一对轴承的内圈或外圈(图 14.23(b))来预紧，预紧力的大小由垫片的厚度或轴承内、外圈的磨削量来控制；在一对轴承的内、外圈间装入长度不等的套筒进行预紧(图 14.23(c))，预紧力的大小决定于两套筒的长度差。图 14.24 是一种预紧力大小恒定的滚动轴承预紧结构。图 14.25 为双列圆柱滚子轴承径向预紧结构，这种结构多用于机床主轴的设计中。

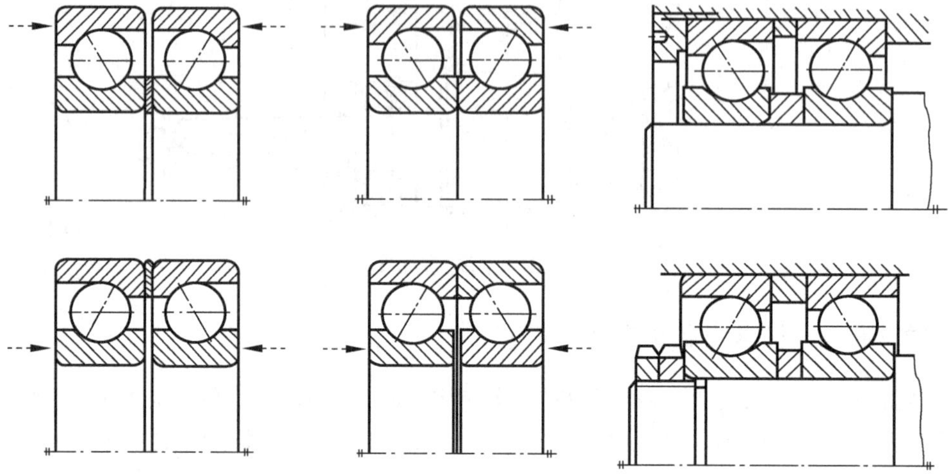

(a) 加金属垫片　　(b) 磨窄套圈　　(c) 内、外套筒

图 14.23　向心推力轴承的预紧

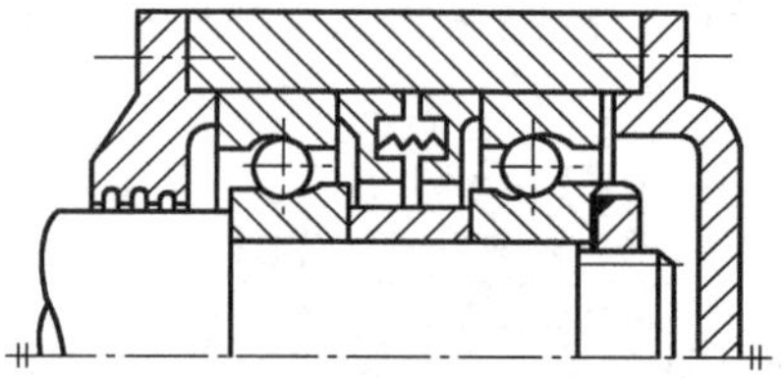

图 14.24　预紧力大小恒定的滚动轴承预紧

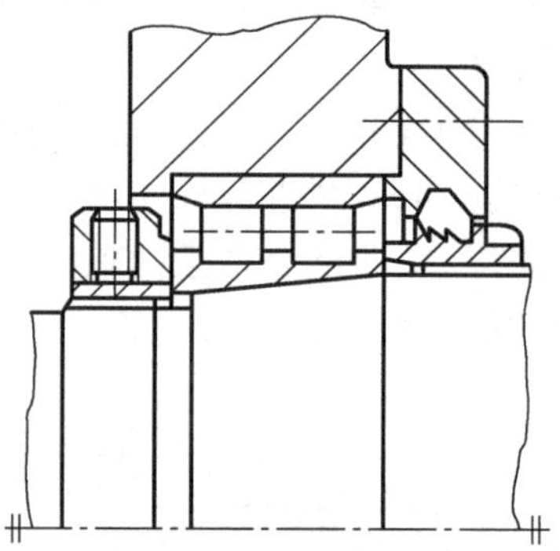

图 14.25　圆柱滚子轴承径向预紧

14.7.5　滚动轴承轴系刚度和精度

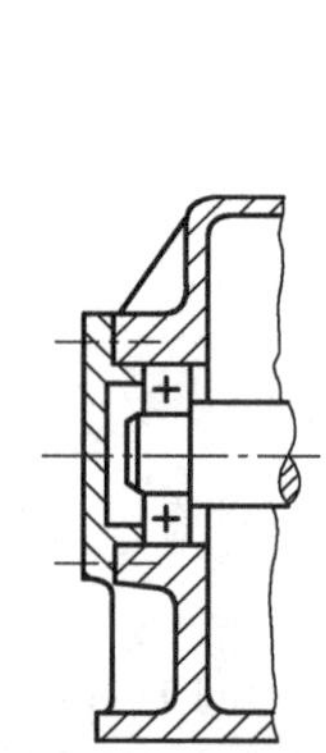

图 14.26　用加强肋提高支承的刚性

轴或轴承座的变形都会使轴承内滚动体受力不均匀及运动受阻，影响轴承的旋转精度，降低轴承的寿命。因此，安装轴承的外壳或轴承座也应有足够的刚度。如孔壁要有适当的厚度，壁板上轴承座的悬臂应尽可能地缩短，并用加强肋来提高支座的刚度(图 14.26)。对轻合金或非金属外壳，应加钢或铸铁制的套杯。

支承同一根轴上两个轴承的轴承座孔，其孔径应尽可能相同，以便加工时一次将其镗出，保证两孔的同轴度。如果一根轴上装有不同尺寸的轴承，可用组合镗刀一次镗出两个尺寸不同的座孔，用钢制套杯结构(图 14.20(c))来安装外径较小的轴承。当两个座孔分别位于不同机壳上时，应将两个机壳先进行结合面加工再联接成一个整体，然后镗孔。

不同类型的滚动轴承刚度差别很大，滚子轴承比球轴承的刚度高；多列轴承比单列轴承的刚度高；滚针轴承具有很大的刚度，但对于偏载很敏感，极限转速低。

对刚度要求很高且跨度很大的轴系，可采用多支点轴系结构来满足刚度的要求，但加工装配时，对轴承孔、轴的同轴度要求高。

14.7.6　滚动轴承的配合和装拆

1）滚动轴承的配合

滚动轴承的配合是指内圈与轴颈、外圈与轴承座孔的配合。

轴承内孔与轴的配合采用基孔制（装配图中只需标注轴颈的配合代号），轴承外径与座孔的配合采用基轴制（装配图中只需标注孔的配合代号）。滚动轴承的公差标准中，规定其各公差等级的内径和外径的公差带均为单向负偏差，如图 14.27 所示，故滚动轴承内圈与轴颈的配合，比圆柱公差标准中规定的基孔制同名配合要紧一些。轴承外圈与外壳孔的配合与圆柱公差标准中规定的基轴制同类配合相比较，配合性质的类别基本一致，但由于轴承外径的公差值较小，因而同名配合也稍紧一些。

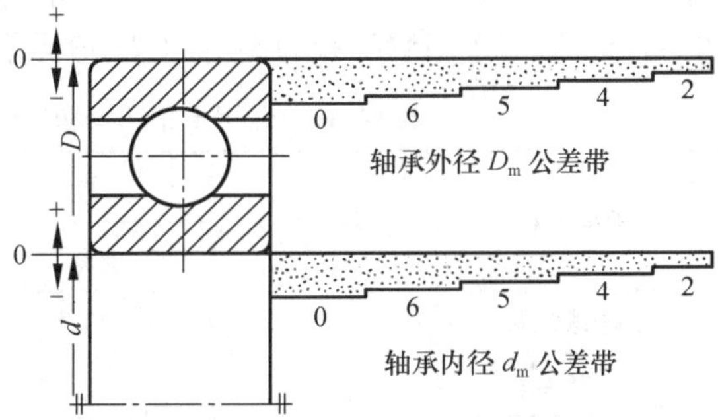

图 14.27　轴承内、外径公差带的分布

滚动轴承内、外圈的配合既不能过紧也不能过松。过紧的配合会使轴承的内、外圈产生变形，破坏轴承的正常工作，且增加了装拆的难度。过松的配合不仅会影响轴的旋转精度，甚至会使配合表面发生滑动。因此，轴承配合种类的选取，应根据轴承的类型和尺寸，载荷的大小、方向和性质以及工作环境等因素，参考机械设计手册中的有关推荐确定。一般的原则是：回转套圈应选较紧配合，不回转套圈宜选较松配合；转速高、载荷大、工作温度高时应选较紧配合；需经常拆卸或游动套圈应采用较松配合。精度等级越高的轴承，与其配合的孔和轴的加工精度、表面粗糙度及形位公差均应有较高的要求，以保证高精度轴承的旋转精度。

2）滚动轴承的装拆

为了不损伤轴承及轴颈部位，中小型轴承可用手锤敲击装配套筒（一般用铜套）安装轴承（图 14.28）；大型轴承或较紧的轴承可用专用的压力机装配或将轴承放在矿物油中加热到 80～100℃后再进行装配。拆卸轴承一般也要用专门的拆卸工具——顶拔器（图 14.29）。为便于

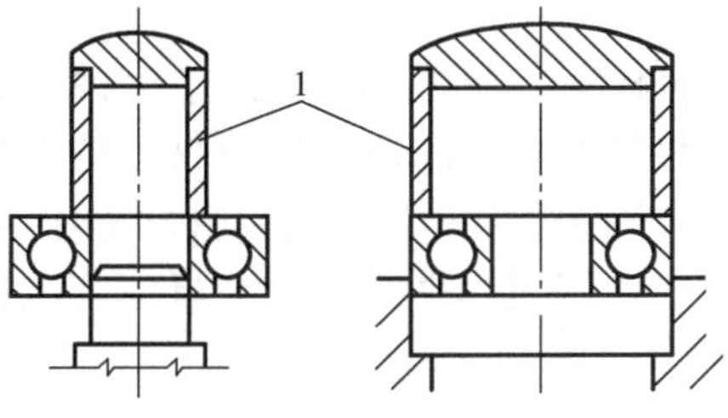

图 14.28　用手锤安装轴承

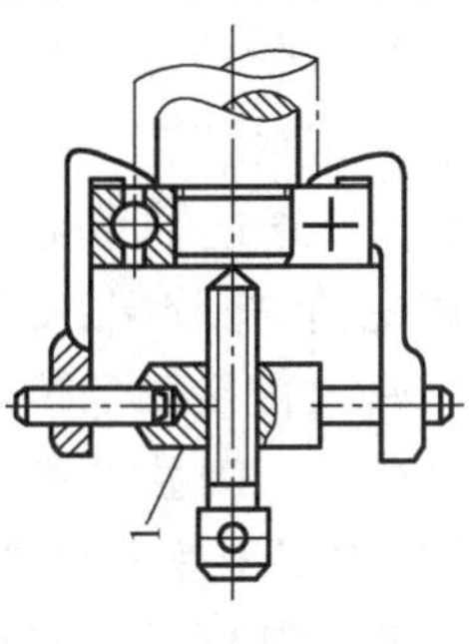

图 14.29　用顶拔器拆卸轴承

安装顶拔器,应使轴承内圈比轴肩、外圈比凸肩露出足够的高度 h(图 14.30(a)、(b))。对于盲孔,可在端部开设专用拆卸螺纹孔(图 14.30(c))。

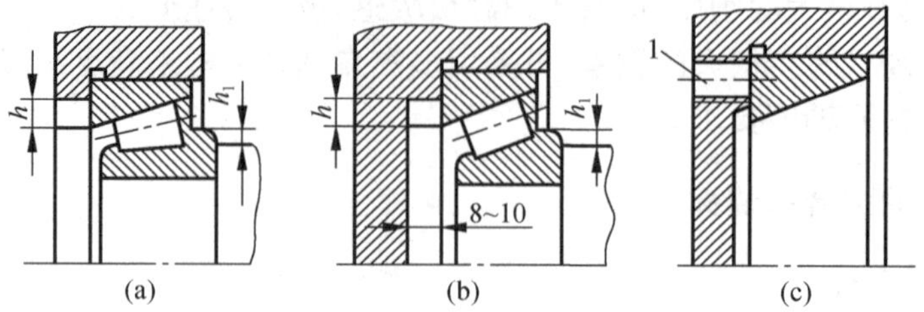

图 14.30 轴承外圈的拆卸

14.7.7 滚动轴承的润滑

润滑对于滚动轴承具有重要意义。轴承中的润滑剂不仅可以降低摩擦阻力,还具有散热、减小接触应力、吸收振动、防止锈蚀等作用。滚动轴承常用的润滑方式有油润滑和脂润滑。特殊条件下也可以采用固体润滑剂(如二硫化钼、石墨和聚四氟乙烯等)。润滑方式与轴承速度有关,一般根据轴承的 dn 值(d 为滚动轴承内径,单位为 mm;n 为轴承转速,单位为 r/min)作出选择。适用于脂润滑和油润滑的 dn 值界限见表 14.13。

表 14.13 适用于脂润滑和油润滑的 dn 值界限(10^4 mm·(r/min))

轴承类型	脂润滑	油润滑			
		油浴	滴油	循环油(喷油)	油雾
深沟球轴承	16	25	40	60	>60
调心球轴承	16	25	40	—	—
角接触球轴承	16	25	40	60	>60
圆柱滚子轴承	12	25	40	60	>60
圆锥滚子轴承	10	16	23	30	—
调心滚子轴承	8	12	—	25	—
推力球轴承	4	6	12	15	—

14.7.8 滚动轴承的密封

轴承工作时,润滑剂不允许很快流失,且外界灰尘、水分及其他杂物也不允许进人轴承,故应对轴承设置可靠的密封装置。

(1) 接触式密封。通过轴承盖内部放置的密封件与转动轴表面的直接接触而起密封作用。密封件主要用毛毡、橡胶圈、皮碗等软性材料,也有用减摩性好的硬质材料如石墨、青铜、耐磨铸铁等。轴与密封件接触部位需磨光,以增强防泄漏能力和延长密封件的寿命。

(2) 非接触式密封。接触式密封必然在接触处产生摩擦,非接触式密封则可以避免此缺点,故非接触式密封常用于速度较高的场合。

滚动轴承常用密封装置及其特性见表 14.14。

表 14.14　滚动轴承常用密封装置及其特性

接触式密封	非接触式密封		
毡圈密封(v<5m/s)	迷宫式密封(v<30m/s)		立轴综合密封
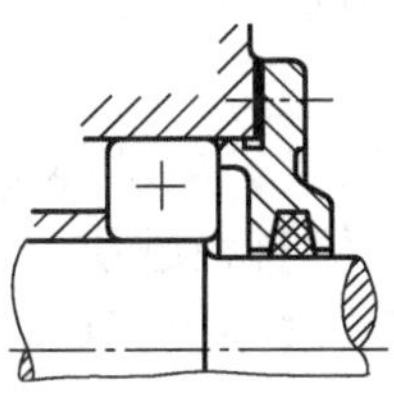	轴向曲路(只用于剖分式)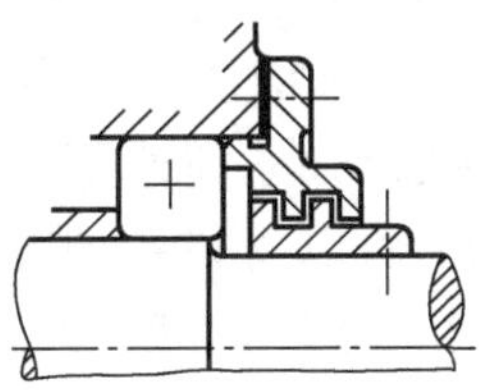	径向曲路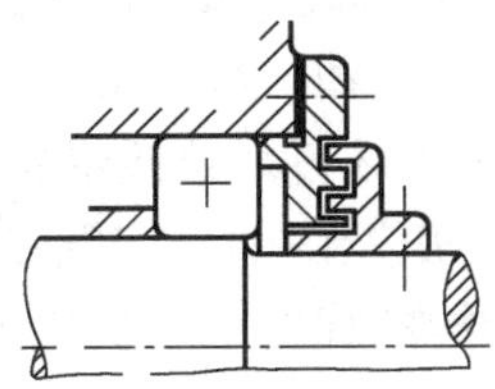	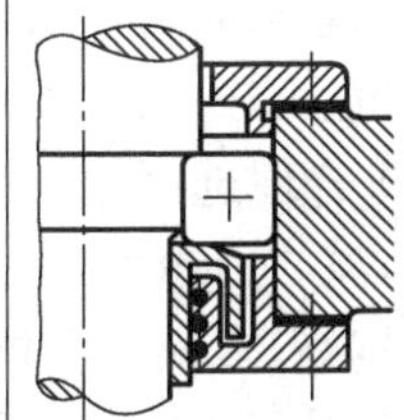
结构简单。压紧力不能调节。用于脂润滑	油润滑、脂润滑都有效,缝隙中填脂		为防止立轴漏油,一般要采取两种以上的综合密封形式
密封圈密封(v<4～12m/s)	油沟密封(v<5～6m/s)	挡圈密封	甩油密封
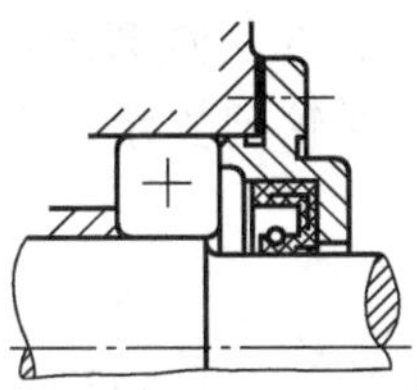	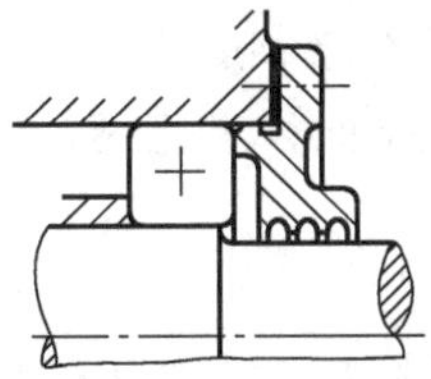	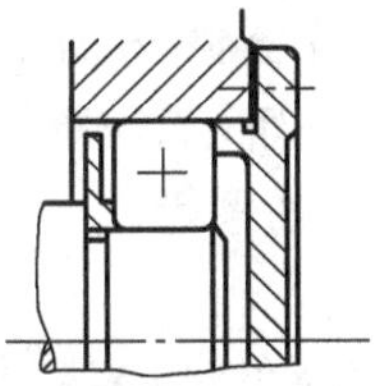	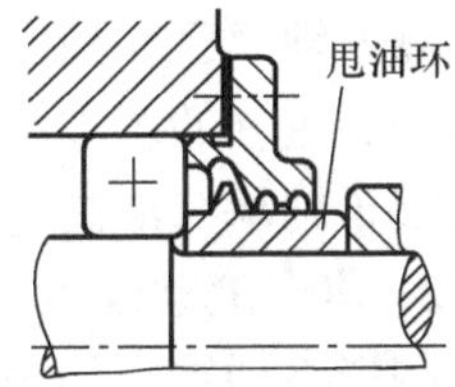
使用方便,密封可靠。耐油橡胶和塑料密封圈有 O、J、U 等形式,有弹簧箍的密封性能更好	结构简单,沟内填脂,用于脂润滑或低速油润滑。盖与轴的间隙为 0.1～0.3mm,沟槽宽 3～4mm,深 4～5mm	挡圈随轴旋转,可利用离心力甩去油污和杂质,最好与其他密封联合使用	甩油环靠离心力将油甩掉,再通过导油槽将油导回油箱

14.8　特殊滚动轴承简介

滚动轴承产品技术在 20 世纪后半期从设计技术、制造技术、检测技术及润滑技术等方面均取得了巨大成就,新型轴承不断涌现,包括新型材料和新型结构轴承两个方面。

1. 直线滚动轴承

根据滚动体形状的不同,直线滚动轴承可分为直线运动球轴承,直线运动滚子轴承和直线运动滚针轴承 3 类。工作中滚动体在若干条封闭的滚道内循环运动,保证零部件实现规定的直线运动。具有摩擦因数小、消耗功率少、传动精度高、运动平稳、轻便灵活、无爬行或振动,以及直线运动驱动力极小等优点,主要应用于数控机床和自动化程度较高的精密机械装置中。

图 14.31 所示为直线运动球轴承的一种结构,由外套、钢球、保持架及挡圈等构成,外套内壁有数条(不少于 3 条)纵向滚道,钢球在外套与导轴之间沿保持架的沟槽循环滚动。这种轴承为一整体套筒,只能承受径向负荷,作直线往复运动,径向间隙不可调整。

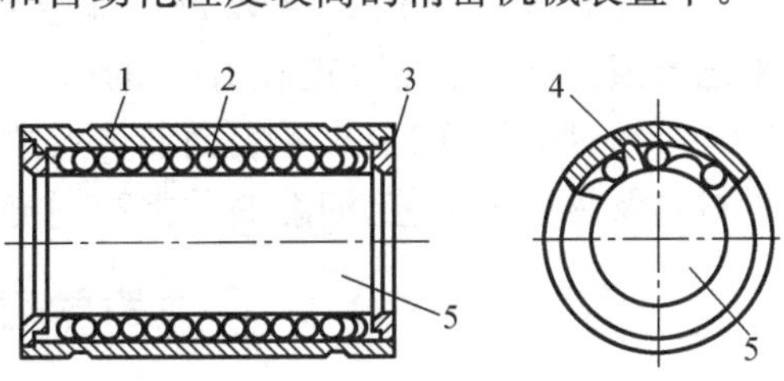

图 14.31　直线运动球轴承

2. 高速滚动轴承

一般以滚动体平均直径 D_{pw}和轴承转速 n 的乘积作为转速性能参数。$D_{pw}n>10^6$ mm·(r/min)时就视为高速轴承。目前高速轴承的 $D_{pw}n$ 值已达到4×10^6 mm·(r/min)。

轴承高速运转时，因离心力增加，滚动体会被压向轴承外圈滚道，而滚动体与内圈滚道间压力减小，改变了轴承内部的载荷分布，产生相对滑动会擦伤滚道，所以高速轴承除疲劳点蚀破坏外，主要还有滚道烧伤、保持架引导边磨损和断裂以及过大的振动等。

为保持高速运转下轴承工作的可靠性和一定的工作寿命，高速轴承应满足以下要求：

(1) 适当提高轴承的公差等级。滚动体应有较高的分选精度，滚道应有准确的几何形状、最小的偏心、较小的表面粗糙度值。公差等级通常采用 4 级或 5 级为宜。

(2) 合理选用轴承结构和材料。角接触轴承接触角小，高速下自旋发热就少。滚动体球径越大，离心力越大，陀螺力矩及内圈自旋发热增加，所以直径系列越轻、滚动体直径越小，高速性能越好，多采用实体结构的保持架。保持架材料可选用青铜、夹布胶木等，国外也开始用表面陶瓷轴承。

(3) 加强和改善高速轴承的润滑和冷却。高速轴承多用油润滑，润滑方式有喷油润滑、油雾润滑和环下供油润滑(即在轴承内圈或外圈上开一个径向孔，润滑油从此小孔流入滚道润滑)。喷油或油雾润滑兼有冷却作用，若内、外圈带斜坡，冷却效果最佳。

高速轴承已在精密机械、医疗器械、机床、准高速铁路和航空工业方面使用，如内圆磨削用高速磨头主轴的球轴承、高速牙钻轴承、陀螺马达主轴轴承、航空喷气发动机涡轮前支承用的圆柱滚子轴承及准高速铁路客车轴承等。

3. 陶瓷滚动轴承

陶瓷滚动轴承是 20 世纪 60 年代以来随着陶瓷材料的开发应用发展起来的一种新型轴承。目前已开发的陶瓷轴承有两种，即只有滚动体是陶瓷的混合陶瓷轴承和内圈、外圈、滚动体均是陶瓷的全陶瓷轴承。

陶瓷轴承高速旋转性能好。通常滚动轴承在高速运转时，滚动体的离心力随转速的升高而急剧增大，使滚动接触表面的滑动摩擦加剧，降低轴承寿命。实验研究结果表明：当推力载荷为轻载荷时，氮化硅轴承比钢制轴承提高寿命三倍多。陶瓷轴承还具有高耐磨性、高耐温性，在高温条件下运转尺寸稳定、抗化学腐蚀和抗高温氧化性能好等特点。

作为轴承使用的陶瓷材料主要是氮化硅。这种材料具有硬度高、重量轻、耐高温、热膨胀系数和热传导率小、弹性模量高等优点。

陶瓷轴承由于具备许多优越性能，氮化硅轴承用于航天飞机的液压泵上，轴承的转速提高了 50%～100%。在国外，陶瓷轴承已有标准系列产品，主要使用在机床主轴轴承上。我国陶瓷轴承尚处于发展阶段。陶瓷轴承是具有发展前景的新材料轴承。

4. 高温滚动轴承

工作温度高于 120℃的滚动轴承称为高温滚动轴承。能适用于 350℃以下工作温度的轴承已有系列专用产品，正在开发的未来飞机和汽车发动机轴承的工作温度可达到 800～1100℃。过热烧伤、退火和表面疲劳点蚀是高温轴承常见的失效形式。选用高温轴承时对轴承材料及热处理工艺、润滑油种类和润滑方式、轴承的配合及游隙都应有一定要求。

本章学习要求和知识点小结

学习要求　掌握滚动轴承的用途、优缺点、基本结构以及各元件的作用；掌握滚动轴承常见的类型、代号表达方法以及常用轴承的代号；掌握滚动轴承常见的失效形式和一般的选择原则；掌握滚动轴承的受力分析方法和寿命计算方法；掌握滚动轴承当量动载荷的计算方法；弄清滚动轴承内外圈的固定方法；弄清滚动轴承支点固定结构形式；弄清轴承预紧的意义和常用预紧方法；了解滚动轴承常用的密封方法。

知识点小结　(1) 滚动轴承依靠元件间的滚动接触来承受载荷，与滑动轴承相比，滚动轴承具有摩擦阻力小、效率高、启动容易、安装与维护简便等优点。其缺点是耐冲击性能较差、高速重载时寿命低、噪声和振动较大。滚动轴承由内圈、外圈、滚动体和保持架等四部分组成。常用的滚动体有球、圆柱滚子、滚针、圆锥滚子、球面滚子和非对称球面滚子等几种。

(2) 按照轴承主要承受的载荷方向，可分为向心轴承、推力轴承和向心推力轴承三大类。主要承受径向载荷的轴承称为向心轴承，主要承受轴向载荷的称为推力轴承，能同时承受轴向和径向载荷的称为向心推力轴承。

(3) 滚动轴承的代号由前置代号、基本代号和后置代号构成，滚动轴承的基本代号(滚针轴承除外)由类型代号、尺寸系列代号及内径系列代号组成，按顺序自左向右依次排列。类型代号用数字或字母表示，尺寸系列代号是轴承的宽度系列(或高度系列)代号和直径系列代号的组合代号。宽(高)度系列在前，直径系列在后，宽度系列代号为“0”时可省略。

(4) 各滚动体从开始受载到受载终止所滚过的区域叫做承载区，其他区域称为非承载区。由于轴承内存在游隙，故实际承载区的范围将小于 180°。如果轴承在承受径向载荷的同时再作用有一定的轴向载荷，则可以使承载区扩大。根据力的平衡条件可以求出受载荷最大的滚动体的载荷为

$$F_0=\frac{4.37F_r}{Z}\approx\frac{5}{Z}F_r\quad(\text{点接触轴承})$$

$$F_0=\frac{4.08F_r}{Z}\approx\frac{4.6}{Z}F_r\quad(\text{线接触轴承})$$

(5) 滚动轴承可能出现的失效形式主要有：疲劳点蚀、塑性变形、磨损、胶合。针对这些失效形式，应对滚动轴承进行寿命和强度计算以保证其可靠地工作，计算准则为：①一般转速($n>10$r/min)轴承的主要失效形式为疲劳点蚀，应进行疲劳寿命计算。②极慢转速($n\leqslant$ 10r/min)或低速摆动的轴承，其主要失效形式是表面塑性变形，应按静强度计算。③高速轴承的主要失效形式为由发热引起的磨损、烧伤，故不仅要进行疲劳寿命计算，还要校验其极限转速。

(6) 计算成对安装的角接触球轴承或圆锥滚子轴承每一端轴承所承受的轴向载荷的方法如下：①根据力的平衡条件已算得轴承的径向载荷 F_{r1} 和 F_{r2}，计算出各自的派生轴向力 F_{s1} 和 F_{s2}。②将 F_{s1} 和 F_{s2} 标在图中。对反装轴承，F_{s1} 和 F_{s2} 的方向相背；对正装轴承，F_{s1} 和 F_{s2} 的方向相向。③将作用在轴上的全部轴向载荷(F_{ae}、F_{s1} 和 F_{s2})代数相加，可知轴有往哪方向“窜动”的趋势。④判断哪个轴承被“压紧”，哪个轴承被“放松”。派生轴向力方向与轴“窜动”方向相反的轴承被“压紧”，派生轴向力方向与轴“窜动”方向相同的轴承被“放松”。⑤被“放松”轴承的轴向载荷等于该轴承的派生轴向力；被“压紧”轴承的轴向载荷等于被“放松”轴承的派生轴向力与外加轴向力的代数和。

(7) 基本额定寿命是指一组在相同条件下运转的滚动轴承，10%的轴承发生点蚀破坏而90%的轴承未发生点蚀破坏前的转数或在一定转速下的工作小时数，以 L_{10}(单位为 10^6r)或 L_h(单位为 h)表示。滚动轴承在基本额定寿命等于 10^6r 时所能承受的载荷，称为基本额定动载荷 C。

(8) 当量动负荷是一个假想的载荷，在它的作用下，滚动轴承具有与实际载荷作用时相同的寿命。当量动负荷 P 的计算方法为：①对只能承受径向载荷 F_r 的向心轴承($\alpha=0°$的向心滚

子轴承，如 N0000 型、NA0000 型）$P=F_r$；②对只能承受轴向载荷 F_a 的推力轴承（$\alpha=90°$的推力球轴承和推力滚子轴承，如 50000 型、80000 型）$P=F_a$；③对以承受径向载荷 F_r 为主又能承受轴向载荷 F_a 的角接触向心轴承（包括角接触球轴承、深沟球轴承及 $\alpha\neq 0°$的向心推力滚子轴承，如 30000 型、70000 型、60000 型及 10000 型、20000 型）$P=P_r=XF_r+YF_a$；④对以承受轴向载荷 F_a 为主又能承受径向载荷 F_r 的角接触推力轴承（$\alpha\neq 90°$ 的推力滚子轴承）$P=P_a=XF_r+YF_a$。

(9) 滚动轴承的载荷-寿命曲线(即疲劳曲线)满足关系式

$$P^{\varepsilon}L_{10} = C^{\varepsilon}\times 1 = \text{常数}$$

式中球轴承 $\varepsilon=3$，滚子轴承 $\varepsilon=10/3$；考虑温度及载荷特性对轴承寿命的影响后，可得轴承寿命计算公式 $L_{10} = \left(\dfrac{f_t C}{f_P P}\right)^{\varepsilon}$。

(10) 基本上不转动、极低速转动($n\leqslant 10\text{r/min}$)或缓慢摆动的轴承，失效形式为由静载荷或冲击载荷引起的滚动体与内、外圈滚道接触处的过大的塑性变形，因此需要计算轴承的静强度。使受载最大滚动体与滚道接触处产生的接触应力达到一定值时的载荷称为基本额定静负荷，用 C_0 表示(径向基本额定静载荷记为 C_{0r}，轴向基本额定静载荷记为 C_{0a})。滚动轴承的静强度校核公式为$C_0\geqslant S_0 P_0$。

(11) 利用轴承的支承结构使轴获得轴向定位的方式有 3 种基本形式：两端固定、一端固定一端游动、两端游动。所谓轴承的预紧，就是在安装轴承时用某种方法在轴承中产生并保持一定的轴向力，以消除轴承的轴向游隙，并在滚动体与内、外圈滚道接触处产生弹性预变形，以提高轴承的旋转精度和支承刚度。

(12) 滚动轴承的配合是指内圈与轴颈、外圈与轴承座孔的配合。轴承内孔与轴的配合采用基孔制，轴承外径与座孔的配合采用基轴制。滚动轴承的公差标准中，规定其各公差等级的内径和外径的公差带均为单向负偏差。一般的原则是：回转套圈应选较紧配合，不回转套圈宜选较松配合；转速高、载荷大、工作温度高时应选较紧配合；需经常拆卸或游动套圈应采用较松配合。精度等级越高的轴承，与其配合的孔和轴的加工精度、表面粗糙度及形位公差均应有较高的要求，以保证高精度轴承的旋转精度。

本 章 习 题

14.1 滚动轴承由哪些基本元件构成？各有何作用？

14.2 球轴承和滚子轴承各有何优缺点，适用于什么场合？

14.3 我国常用滚动轴承的类型有哪些？它们在承载能力、承载方向、调隙、调心、极限转速等方面各有什么特点？

14.4 为什么角接触球轴承、圆锥滚子轴承应成对使用？

14.5 请正确填写下表：

轴承代号	名称	内径/mm	精度等级	能否承受轴向力	能否承受径向力	有无调心性能
6311						
7222AC/P6						
30310						

续表

轴承代号	名称	内径/mm	精度等级	能否承受轴向力	能否承受径向力	有无调心性能
N205						
1313/P5						
52202						

14.6　何谓滚动轴承的基本额定寿命？在额定寿命期内，一个轴承是否会发生失效？为什么？

14.7　何谓滚动轴承的接触角？接触角的大小对轴承承载有何影响？

14.8　哪些轴承在径向力作用下会产生派生轴向力？为什么规定约有半数滚动体接触的条件下计算派生轴向力 F_s？派生轴向力的方向应如何确定？

14.9　为什么深沟球轴承、角接触球轴承和圆锥滚子轴承在工作时适当加以轴向载荷后，其工作性能及寿命，要比受纯径向载荷时好？

14.10　选择滚动轴承类型时主要考虑哪些因素？

14.11　何谓滚动轴承的当量动负荷？它有何作用？如何计算当量动负荷？

14.12　滚动轴承为什么要预紧？预紧的方法有哪些？

14.13　滚动轴承的基本额定动载荷 C 和基本额定静载荷 C_0 的意义有何不同？每种型号轴承 C_0 一定大于 C 吗？

14.14　轴承的工作速度对选择轴承润滑方式有何影响？轴承的润滑方式一般应如何选择？

14.15　常用的滚动轴承密封方式有哪几种？各适用于什么场合？

14.16　哪些场合需要采用调心轴承？哪些类型轴承有调心性能？

14.17　何谓轴的一端定位和两端定位？如何获得？各适用于什么场合？

14.18　选择题 14.18 图所示机械设备中滚动轴承的类型。

(1) Y 系列三相异步电动机转子轴(题 14.18 图(a))，$n=1440\text{r/min}$；

(2) 起重机卷筒轴(题 14.18 图(b))，$F=18\times10^4\text{N}$；

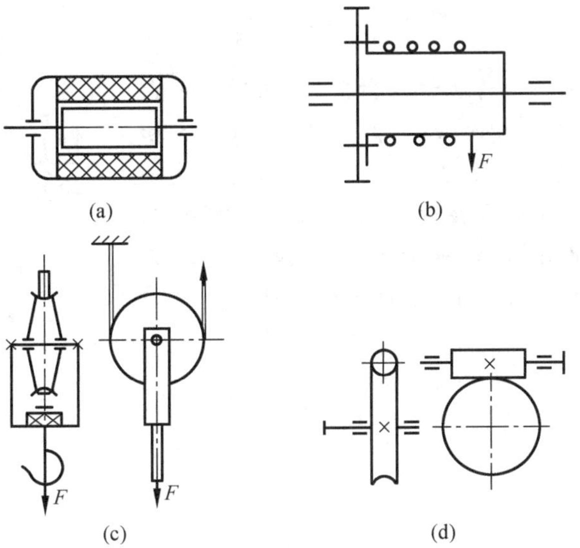

题 14.18 图

(3) 吊车滑轮轴及吊钩(题 14.18 图(c)),$F=5\times10^4$N;

(4) 蜗杆传动的蜗杆轴和蜗轮轴(题 14.18 图(d)),$P=6$kW,$n=960$r/min。

14.19 一农用水泵轴用深沟球轴承支承,轴颈直径 $d=35$mm,转速 $n=2900$r/min,径向载荷 $F_r=1770$N,轴向载荷 $F_a=720$N,要求预期寿命 $L'_{10h}=6000$h,试选择轴承的型号。

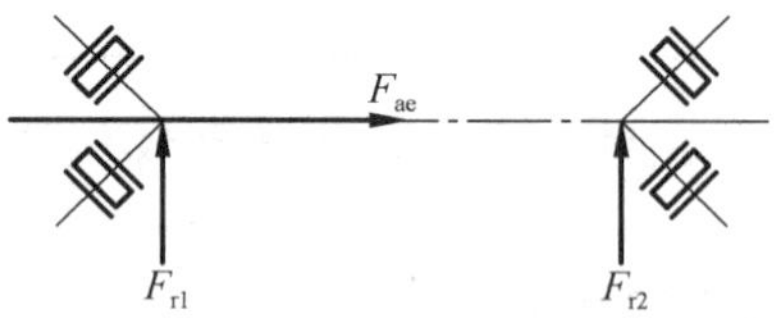

题 14.20 图

14.20 某减速器主动轴用两个圆锥滚子轴承 30212 支承,如题 14.20 图所示。已知轴的转速 $n=960$r/min,$F_{ae}=650$N,$F_{r1}=4800$N,$F_{r2}=2200$N,工作时有中等冲击,正常工作温度,要求轴承的预期寿命为 $L'_{10h}=15000$h。试判断该对轴承是否合适。

14.21 分析比较题 14.21 图(a)与题 14.21 图(b),题 14.21 图(c)与题 14.21 图(d)方案中,哪一种方案的轴系刚度较好?题 14.21 图(e)中,轴支承在一对 7209AC 轴承上,$F_r=2000$N,派生轴向力 $F_S=0.68F_r$,试求:

(1) 两轴承各受多大的径向力和轴向力?

(2) 哪个轴承寿命低?为什么?

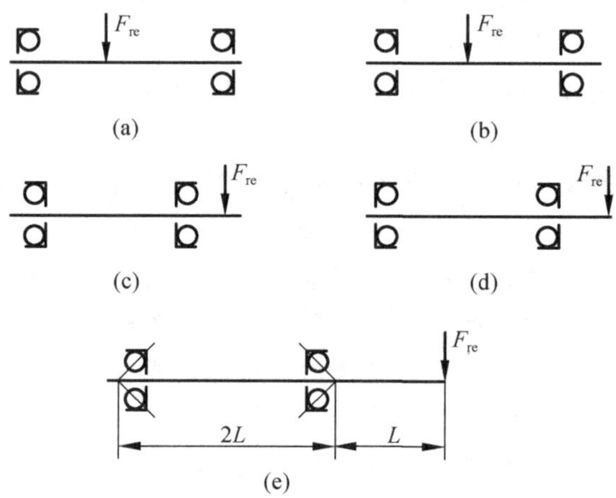

题 14.21 图

14.22 题 14.22 图所示为从动锥齿轮轴,从齿宽中点到两个 30000 型轴承压力中心的距离分别为 60mm 和 195mm,齿轮的平均分度圆直径 $d_{m2}=212.5$mm,齿轮受轴向力 $F_{ae}=960$N,所受圆周力和径向力的合力 $F_{re}=2710$N,轻度冲击,转速 $n=500$r/min,轴承的预期设计寿命为 $L'_{10h}=30000$h,轴颈直径 $d=35$mm,试选择轴承型号。

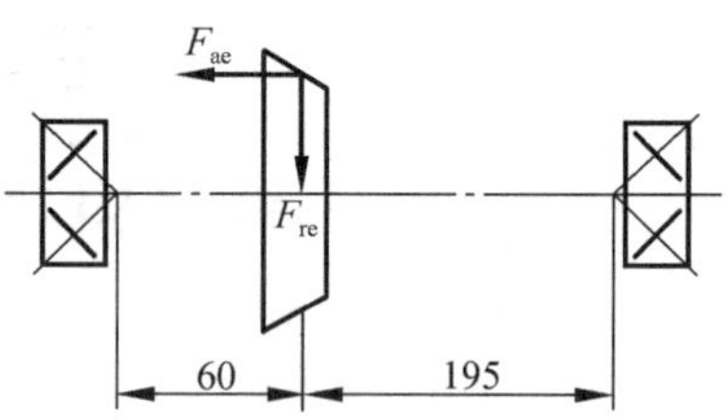

题 14.22 图

第 15 章　联轴器和离合器

15.1　联轴器的作用及分类

联轴器和离合器是联接两轴使之一同回转并传递转矩的一种部件。联轴器的特点是:用来把两根轴联接在一起,机器运转时两轴不能分离,只有在机器停车并将联接拆开后,两根轴才能分离。离合器的特点在于:在机器运转过程中,可使两根轴随时接合或分离的一种装置,不必采用拆卸方法在机器工作时就能使两轴分离或接合。

实际的机器中,由于制造及安装误差、承载后的变形以及温度变化的影响,需要联接的轴之间往往会存在轴线不对中现象,常见的轴与轴之间的相对位移有多种形式,如图 15.1 所示。

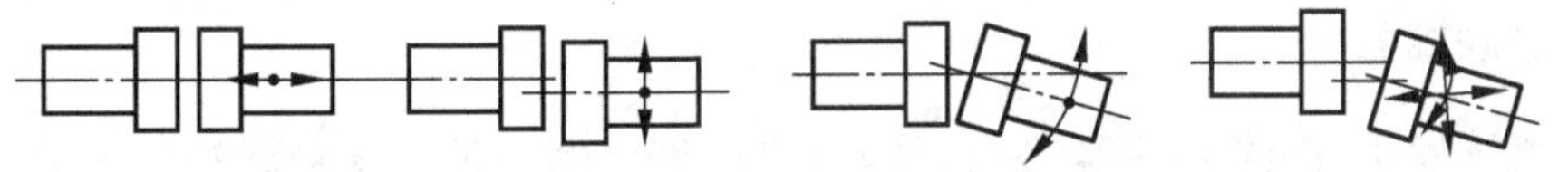

(a) 同轴线,轴向位移　(b) 平行轴线,径向位移　(c) 相交轴线,角位移　(d) 相交轴线,综合位移

图 15.1　两轴相对位移种类

图 15.2 表示的是常见的联轴器分类方法。

- 联轴器
  - 刚性联轴器
    - 凸缘联轴器(GB 5843—1986)
    - 套筒联轴器
    - 夹壳联轴器(HG 5-213—1965)等
  - 挠性联轴器
    - 无弹性元件
      - 牙嵌联轴哭
      - 齿式联轴器(JB/ZQ 4218—1986)
      - 滚子链联轴器(GB 6069—1985)
      - 滑块联轴器(尼龙,JB/ZQ 4384—1986)
      - 十字轴万向联轴器等
    - 金属弹性元件
      - 蛇形弹簧联轴器
      - 簧片联轴器
      - 弹簧联轴器等
    - 非金属弹性元件
      - 弹性套柱销联轴器(GB 4323—1984)
      - 弹性柱销联轴器(GB 5014—1985)
      - 弹性柱销齿式联轴器(GB 5015—1985)
      - 梅花形弹性联轴器(GB 5272—1985)
      - 轮胎形联轴器(GB 5844—1986)等

图 15.2　联轴器分类方法

联轴器类型很多,部分已标准化。有关联轴器的型号、轴径范围、许用名义转矩、许用转速、最高工作温度、最大补偿量(径向、轴向、角度)、质量、转动惯量等数据见有关手册。设计时,可根据工作要求(轴径、计算转矩、工作转速、位移量、工作温度等)确定联轴器型号。在重要场合，对其中个别关键零件应作必要的验算，甚至进行系统的动力学计算。

机械设计中，在设计和选择联轴器时，除应考虑两轴的相对位置和位置的变动情况外，还应考虑动力机和工作机的工作性质。一般可以遵循如下原则：

(1) 刚性联轴器适用于两轴能严格对中并在工作中不发生相对位移的地方；挠性联轴器适用于不能严格对中的地方。

(2) 对于载荷平稳、转速稳定、同轴度好、无相对位移的可选用刚性联轴器，有相对位移的需选用无弹性元件的挠性联轴器。

(3) 载荷和速度不大、同轴度不易保证的，宜选用定刚度弹性联轴器；载荷、速度变化较大的最好选用具有缓冲、减振作用的变刚度弹性联轴器。对于动载荷较大的机器，宜选用重量轻、转动惯量小的联轴器。

15.2　刚性联轴器

常见的刚性联轴器有凸缘联轴器、套筒联轴器、夹壳联轴器等。

15.2.1　凸缘联轴器

在刚性联轴器中，凸缘联轴器(图 15.3)是应用最广的一种。这种联轴器主要由两个分装在轴端的半联轴器和联接它们的螺栓所组成。按对中方法不同，凸缘联轴器有两种形式：①由具有凸肩的半联轴器和具有凹槽的半联轴器相嵌合而对中。②用铰制孔和受剪螺栓对中。当要求两轴分离时，后者只要卸下螺栓即可，不用移动轴，因此装卸比前者简便。

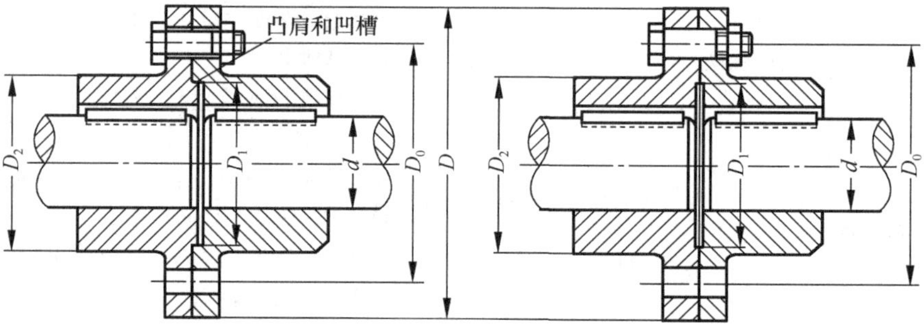

(a) 用凸肩和凹槽对中　　　(b) 用受剪螺栓对中

图 15.3　凸缘联轴器

制造半联轴器的材料通常为：中等以下载荷，$v \leqslant 35\text{m/s}$ 时可采用中等强度的铸铁；重载，$v \leqslant 75\text{m/s}$ 时可采用锻钢或铸钢。此处 v 为联轴器外缘的圆周速度。

凸缘联轴器对中精度可靠，传递转矩较大，但要求两轴同轴度好，主要用于载荷平稳的联接中。

由于凸缘联轴器属于刚性联轴器，对所联接的两根轴之间的相对位移缺乏良好的补偿能力，因此，对于两轴的对中性要求很高。当两根轴有相对位移存在时，会引起附加载荷，使工作情况恶化，这是它的主要缺点，但由于构造简单、成本低、可传递较大的转矩，故当转速低、冲击小、轴的刚性大、对中性较好时常采用。

对于凸缘联轴器，当按标准选定以后，必要时应对联接两个半联轴器的螺栓进行强度校核。

(1) 当采用普通孔螺栓联接时(图 15.3(a)),螺栓与螺栓孔之间具有少量间隙,两个半联轴器依靠接合面间的摩擦力传递转矩。

设 D 和 D_1 分别为联轴器环形接合面的外直径和内直径,μ 为摩擦系数,z 为螺栓数目,F' 为每个螺栓的预紧力,则该联轴器所能传递的最大转矩为

$$z\mu F'\frac{D+D_1}{4}\geqslant KT \tag{15.1}$$

式中,假设摩擦半径等于环形接合面的平均半径。利用上式,可以求出螺栓的预紧力。螺栓尺寸即可根据预紧力 F' 来校核。

(2) 当联轴器采用铰制孔联接时(图 15.3(b)),受剪螺栓的配合为 $\frac{\mathrm{H7}}{\mathrm{k6}}$ 或 $\frac{\mathrm{H7}}{\mathrm{js6}}$,两个半联轴器依靠螺栓的剪切和挤压来传递转矩。联轴器在传递最大转矩时,每个螺栓所受的剪力

$$F=\frac{2KT}{zD_0} \tag{15.2}$$

式中,D_0 为螺栓中心圆的直径。螺栓尺寸即可根据剪力 F 来校核。

以上两种联轴器中,前一种制造较简便、价格较低,后一种则能传递较大的转矩。

15.2.2　套筒联轴器

它由联接两轴轴端的套筒和联接套筒与轴的联接零件(键或销钉)所组成,见图 15.4。销钉用于传递转矩较小的场合。轴径 $d\leqslant 80\text{mm}$ 时,套筒用 35 钢或 45 钢制造;$d>80\text{mm}$ 时,也允许用铸铁。由于这种联轴器的径向尺寸较小,所以在机床中应用很广。

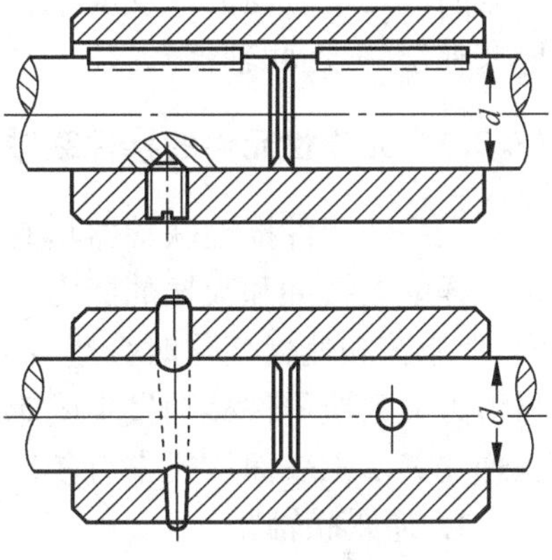

图 15.4　套筒联轴器

15.2.3　夹壳联轴器

夹壳联轴器由纵向剖分的两半筒形夹壳和联接它们的螺栓所组成,见图 15.5。由于这种联轴器在装卸时不用移动轴,所以使用起来很方便。夹壳材料一般为铸铁,少数用钢。

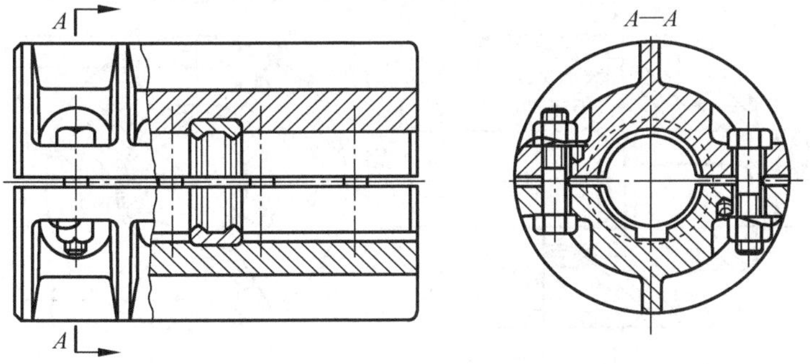

图 15.5　夹壳联轴器

中、小尺寸的夹壳联轴器主要依靠夹壳与轴之间的摩擦力来传递转矩,即使在联轴器中装有键,在计算其承载能力时并不计及键的作用,计算方法和夹紧联接相似。大尺寸的夹壳联轴器主要由键传递转矩。为了改善平衡状况,螺栓应正、倒相间安装。

夹壳联轴器主要用于低速，外缘速度 $v \leqslant 5\text{m/s}$；超过 5m/s 时需进行平衡检验。

刚性联轴器的主要优点是构造简单、价格较低。缺点是：①无法补偿两轴偏斜和位移，对两轴的对中性要求较高；②联轴器中都是刚性零件，缺乏缓冲和吸振的能力。在不能避免两轴偏斜和位移的场合中应用时，将会在轴与联轴器中引起难以估计的附加应力，并使轴、轴承和轴上零件的工作情况恶化。如果机器本身要求两轴严格对中，则采用刚性联轴器有一定的优点。

15.3 挠性联轴器

挠性联轴器依所能补偿位移的方向不同可分为允许轴向位移、允许径向位移、允许角位移和允许综合位移等 4 种。

补偿两轴偏斜和位移的方法主要有两种：①利用联轴器工作零件间构成的动联接具有某一方向或几个方向的活动度来补偿（无弹性元件挠性联轴器）；②利用联轴器中弹性元件的变形来补偿（弹性联轴器）。

15.3.1 无弹性元件的挠性联轴器

无弹性元件挠性联轴器具有的特点为：①由于联轴器中都是刚性零件，因此它和刚性联轴器一样缺乏缓冲和吸振的能力；②联轴器中作相对滑动的零件将遭受磨损，磨损后，间隙将增大，在载荷和速度变化时会造成冲击；③滑动零件间的摩擦阻力是随着载荷的增加而增大的，当阻力大到使零件移动发生困难时，也会使联轴器和轴受到附加的载荷等。因此，对于这一类联轴器其摩擦表面均要求有较高的硬度以减小磨损，并应进行润滑以降低摩擦阻力。

1. 牙嵌联轴器

牙嵌联轴器（图 15.6）是允许轴向位移的联轴器中的一种。它由两个端面都有凸牙和凹槽的半联轴器所组成。每个凸牙都嵌在对应的半联轴器中的凹槽内，当两轴作轴向位移时，凸牙可在凹槽内滑移，从而构成一动联接。为便于两轴对中，在左方的半联轴器中装有定中环，并有螺钉固定，右端的轴则伸入该环内。半联轴器的材料通常采用中等强度的铸铁，有时也用铸钢。关于牙嵌联轴器的计算可参考牙嵌离合器。

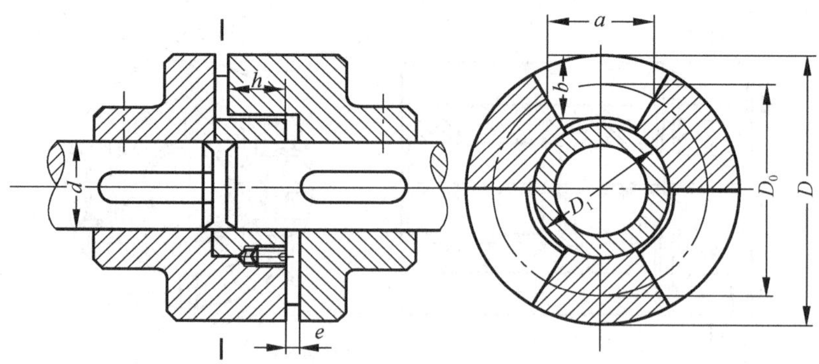

图 15.6 牙嵌式联轴器

2. 齿式联轴器

如图 15.7(a)所示为齿式联轴器，它由两个具有外齿环的半联轴器和两个具有内齿环的外壳所组成,半联轴器分别与主动轴和从动轴相联接,两外壳则用螺栓联接在一起。内、外齿环上的轮齿相互啮合,齿廓为渐开线,其啮合角通常为 20°。轮齿数目一般为 30～80 个。在外壳内储有润滑油,以便联轴器旋转时将油甩向四周以润滑啮合轮齿,从而减小啮合轮齿间的摩擦和相对移动阻力以及降低作用在轴和轴承上的附加载荷。轮齿的形状有直齿和鼓形齿(图 15.7(b)),后者又称鼓形齿联轴器。

需要指出的是,在允许综合位移的联轴器中,齿式联轴器是最有代表性的一种。

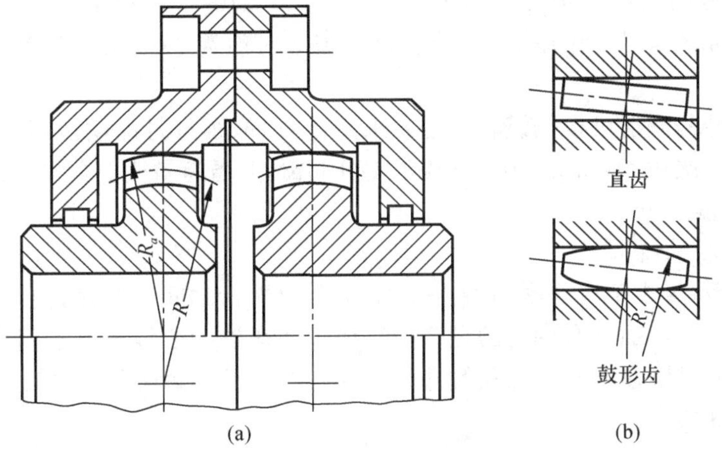

图 15.7　齿式联轴器

齿式联轴器之所以有良好的补偿两轴作任何方向位移的能力是由于啮合齿间留有较大的齿侧间隙和将齿顶做成球面(球面中心应位于轴线上)。鼓形齿更有利于增大联轴器的补偿综合位移的能力,改善轮齿沿齿宽方向的接触情况,提高承载能力和延长使用寿命。

鼓形齿联轴器是通过轮齿传递转矩的。由于有较多的齿同时工作,所以传递转矩的能力比同尺寸的其他联轴器要大得多,因此在重型机械中获得了广泛应用。

制造齿式联轴器的材料一般用 45 锻钢或 ZG340-640 铸钢。轮齿须经热处理,其硬度应达到:半联轴器不低于 250HB,外壳不低于 290HB。

3. 滚子链联轴器

如图 15.8 所示为滚子链联轴器,它是利用一公共滚子链(单排或双排)同时与两个齿数相同的并列链轮相啮合以实现两半联轴器联接的一种联轴器,滚子链具有的特点是:结构简单,装卸方便,径向尺寸比其他联轴器紧凑,质量轻,转动惯量小,效率很高,具有一定的位移补偿能力(径向位移双排为 $0.02p$,单排为 $0.1p$,角位移<1°,p 为链节距),工作可靠,使用寿命长

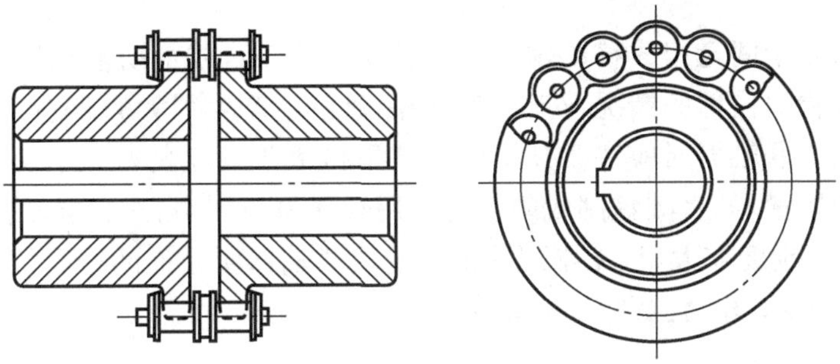

图 15.8　滚子链联轴器

(可达 20000h),恶劣工作环境(如高温、潮湿、多尘、油污等)也能用,成本低。滚子链联轴器的缺点是:离心力过大会加速各元件间的磨损和发热,不宜用于很高速度的传动;缓冲、吸振能力不大,不宜在频繁启动、强烈冲击下工作;不能传递轴向力。

用单排链时,滚子和套筒受力,销轴只起联接作用,结构可靠性好;用双排链时,销轴受剪力,承受冲击能力较差,销轴与外链板之间的过盈配合容易松动。在高速轻载场合,宜选用较小链节距的链条,重量轻,离心力小;在低速重载场合,宜选用较大链节距的链条,以便加大承载面积。半联轴器的材料常用 45、20Cr 钢,也可用 ZG270-500 铸钢。链齿硬度最好为 40～45HRC。联轴器应有罩壳,用铝合金铸成。链轮齿数一般为 12～22。为避免过渡链节,宜取偶数。

滚子链联轴器的润滑可根据链轮转速 n 来定:$n<10$,则每月涂润滑脂一次;$10<n\leqslant 200$,则每周涂润滑脂一次;$200<n\leqslant 3000$,则要求充分润滑,并备有罩壳。此处 n 的单位为 r/min。

4. 滑块联轴器

1) 十字滑块联轴器

如图 15.9 所示为十字滑块联轴器,它主要用于两平行轴间的联接,由两端面开有凹槽的半联轴器 1、3 和一个两面都有榫的圆盘 2 所组成。凹槽的中心线分别通过两轴的中心,两榫中线相互垂直并通过圆盘中心。圆盘两榫分别嵌在固装于主动轴和从动轴上的两半联轴器凹槽中而构成一动联接。

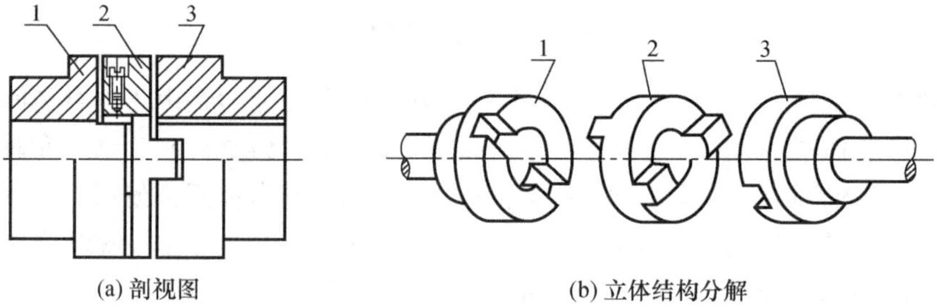

图 15.9　十字滑块联轴器

其工作过程为:当轴回转时,圆盘两榫可在半联轴器的凹槽中来回滑动。这时,圆盘中心的运动轨迹将为一圆,当主动轴转 90°时,从动轴也转 90°,而圆盘中心则转 180°,因而圆盘中心的转速恰好等于轴转速的两倍。

这种联轴器零件的材料可用 45 钢,工作表面须进行热处理,以提高其硬度;要求较低时也可以用 Q275 钢,不进行热处理。为了减少摩擦及磨损,使用时应从中间盘的油孔中注油进行润滑。

因为半联轴器与中间盘组成移动副,不能发生相对转动,故主动轴与从动轴的角速度应相等。但在两轴间有相对位移的情况下工作时,中间盘就会产生很大的离心力,从而增大动载荷及磨损。因此选用该联轴器时应注意其工作转速不得大于规定的数值。为避免离心力过大,应尽量减少圆盘的质量,如将圆盘制成中空的或用轻质材料制造,这种联轴器适用的转速一般小于 250r/min,轴的刚度较大,且无剧烈冲击。滑块联轴器所允许的径向位移在 $0.04d$mm 以下(d 为轴径,单位:mm)和角位移在 $30'$以下。

2) 滑块联轴器

如图 15.10 所示为滑块联轴器,这种联轴器与十字滑块联轴器相似,只是两边半联轴器上的沟槽很宽，并把原来的中间盘改为两面不带凸牙的方形滑块，且通常用夹布胶木制成。由于中间滑块的质量减小，又具有弹性，故具有较高的极限速度。中间滑块也可用尼龙 6 制成，并在配制时加入少量的石墨或二硫化钼，以便在使用时可以自行润滑。这种联轴器结构简单、尺寸紧凑，适用于小功率、高转速而无剧烈冲击处。

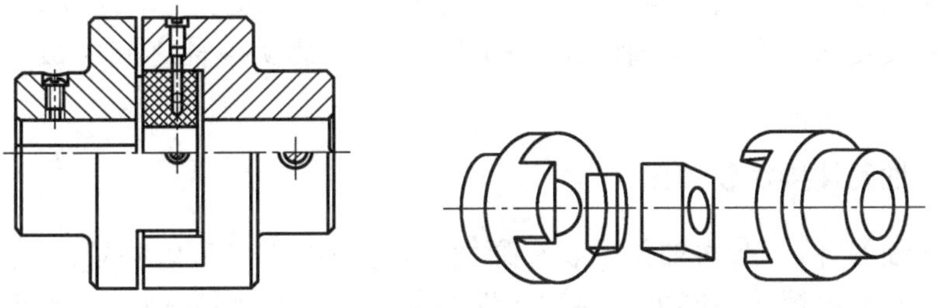

(a) 剖视图　(b) 立体图结构分解

图 15.10　滑块联轴器

5. 万向联轴器

如图 15.11(a)所示为十字轴万向联轴器，该联轴器由两个叉形接头(1、3)，一个中间联接件(2)和轴销(4、5)构成。制造这些元件的材料通常为 40Cr 或 40CrNi 钢，小尺寸的也可以用轴承钢。轴销之间相互垂直，并分别将两个叉形接头与中间件 2 联接起来。这样，就构成了一个可动的联接。万向联轴器主要用于两轴有较大偏斜角(最大可达到 35°～45°)或在工作中有较大角位移的地方，但在偏斜角较大时传动效率会明显降低。它在汽车、拖拉机、轧钢机和金属切削机床中已获得了广泛应用。

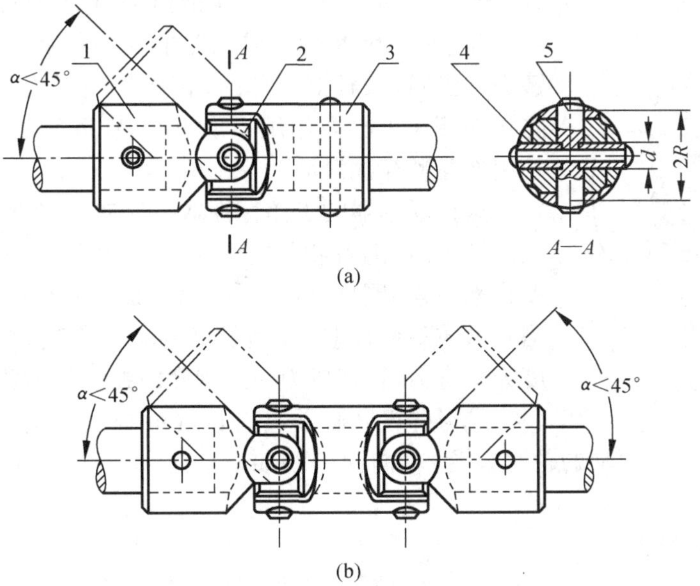

(a)

(b)

图 15.11　十字轴万向联轴器

它的主要缺点是，当两轴不在一轴线时，即使主动轴以恒定的角速度 ω_1 回转，从动轴的角速度 ω_2 将在下列范围内做周期性的变化：$\omega_1\cos\alpha \leqslant \omega_2 \leqslant \omega_1/\cos\alpha$，因而在传动中将引起附加的动载荷。联接于从动轴上的零件的转动惯量越大，动载荷也越大。

为了消除上述缺点，常将万向联轴器成对使用，这时就称为双万向联轴器，传递小转矩的双万向联轴器见图 15.11(b)。在使用双万向联轴器时，应使两个叉子位于同一平面内，而且应使主、从动轴与联接轴所成的夹角 α 相等，这样才能使主动轴和从动轴的角速度随时相等，从而得以避免动载荷的产生。应当指出，联接轴本身的转速仍然是不均匀的，但因它惯性很小，所以由它产生的动载荷一般不致引起显著危害。

万向联轴器之所以能补偿偏斜是由于叉子与轴销之间构成了可动的铰链联接。如果在工作中偏斜角也要变化时，还应将联轴器的一个叉子轴及其联接轴之间构成一可以滑移的动联接。

15.3.2 金属弹性元件挠性联轴器

这类挠性联轴器，由于在联轴器中装有弹性元件，因而不仅可以补偿两轴偏斜和位移，而且具有缓和冲击和吸收振动的能力。弹性元件储存能量越多，则联轴器的缓冲能力就越好；弹性元件的弹性滞后性能越好，则联轴器的消振能力也就越强。因此，在频繁启动、受变载荷、高速运转、经常反向和两轴不便于严格对中的地方。最好采用弹性联轴器。弹性联轴器还可以减小轴的扭转振动或改变传动系统的自振频率。制造弹性元件的材料有非金属的和金属的两种。

联轴器在受到工作转矩以后，被联接的两轴将因弹性元件的变形而产生相对的扭角 ϕ。凡是 ϕ 与 T 成正比关系的联轴器，称为定刚度弹性联轴器；不成正比关系的联轴器，称为变刚度弹性联轴器。由于非金属材料不服从虎克定律，所以用它做弹性元件的联轴器都是变刚度的。

1）蛇形弹簧联轴器

如图 15.12 所示为蛇形弹簧联轴器，它由两个分装在两轴上的半联轴器和一个被分为6～8 段的蛇形片弹簧所组成。在半联轴器上有 50～100 个齿，弹簧嵌在齿间，联轴器工作时，转矩是通过齿和弹簧传递的。为防止弹簧在离心力作用下滑出来，在联轴器上装有外壳，同时利用外壳贮存润滑油。

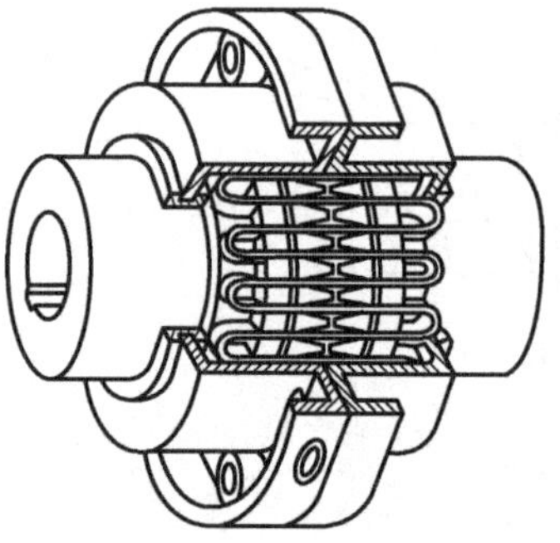

图 15.12 蛇形弹簧联轴器

这种联轴器的工作特性取决于轮齿的侧面外形：当它做成圆弧形齿时，随着载荷的增加，力的作用点将逐渐内移，弹簧长度越来越短，刚度越来越大，这就成为一变刚度的弹性联轴器；当它做成菱形齿时，弹簧长度并不随载荷增加而改变，弹簧刚度为一常数，这就成为一定刚度的弹性联轴器。

蛇形弹簧联轴器具有良好的补偿偏斜和位移的能力。依联轴器尺寸不同，允许两轴的位移量为：轴向：4～20mm；径向：0.5～3mm；角度：小于 $1°15'$。两轴允许的最大扭角为 $1°$～$1.2°$。

2）径向簧片联轴器

如图 15.13(a)、(b)所示为径向簧片联轴器，这种联轴器在受到变载荷和冲击载荷的过程中，借簧片间的摩擦和油在缝隙间的流动阻尼作用，也将消耗部分能量。图中簧片固定在轴毂上，另一端为自由端，嵌在外轮的楔形槽中。随着载荷的增加，作用在弹簧上的力作用点将逐渐内移，使弹簧的有效长度越来越短，弹簧刚度越来越大，所以这是一种变刚度的弹性联轴器，但当力的作用点还不足以改变弹簧长度和达到槽的最内缘之后，弹簧的悬臂长度不变，所以这时的联轴器又具有定刚度的性质。在实用中，常用不等长的簧片构成。这时，可进一步提高变刚度的性质。

此外，还有一种轴向弹簧片联轴器，弹簧片为轴向安装。结构如图 15.13(c)所示。

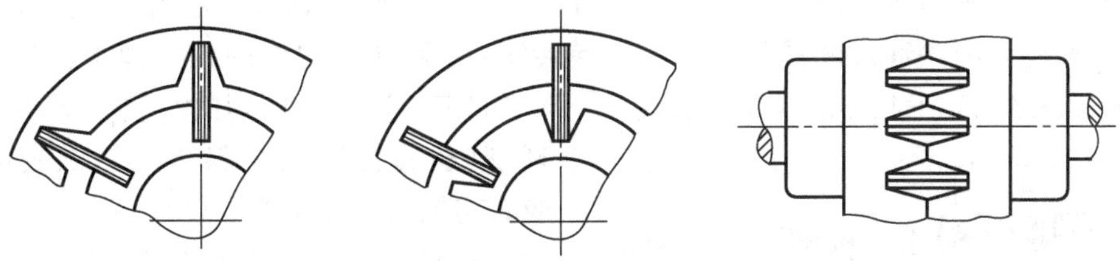

(a) 径向内持式　　(b) 径向外持式　　(c) 轴向弹簧片

图 15.13　径向弹簧片联轴器

用金属弹性元件制作的挠性联轴器结构很多，除了上述几种之外，还有弹性杆联轴器、周向弹簧联轴器、卷筒弹簧联轴器、扭转弹簧联轴器，如图 15.14 所示。

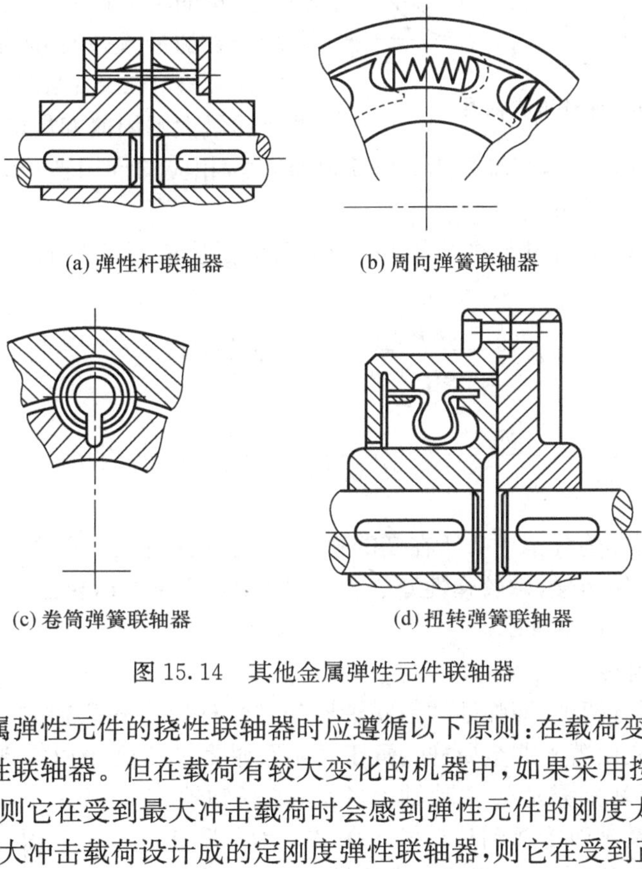

(a) 弹性杆联轴器　　(b) 周向弹簧联轴器

(c) 卷筒弹簧联轴器　　(d) 扭转弹簧联轴器

图 15.14　其他金属弹性元件联轴器

在选择使用金属弹性元件的挠性联轴器时应遵循以下原则：在载荷变化不大的机器中，可以采用定刚度的弹性联轴器。但在载荷有较大变化的机器中，如果采用按正常载荷设计成的定刚度弹性联轴器，则它在受到最大冲击载荷时会感到弹性元件的刚度太小而发生过大的变形；如果采用按照最大冲击载荷设计成的定刚度弹性联轴器，则它在受到正常载荷时又会感到弹性元件的刚度太大而无显著的缓冲作用。所以，在载荷变化较大的机器中，最好采用刚度随载荷逐渐增大而增大的变刚度弹性联轴器。

15.3.3　非金属弹性元件挠性联轴器

所谓非金属弹性元件挠性联轴器，就是用非金属弹性元件的变形对位移和冲击进行补偿，这类联轴器具有的优点有：①具有弹性滞后特性，具有一定的消振能力；②单位重量的非金属材料所能储存的能量比金属材料大许多倍(橡胶比钢约大 10 倍)，缓冲性能较好；③使联轴器结构简单，价格便宜等，但由于强度较低，故联轴器尺寸较大，且寿命也较短。

1. 弹性套柱销联轴器

如图 15.15 所示，弹性套柱销联轴器的构造和凸缘联轴器相似，只是用套有弹性套的柱销代替了联接螺栓。因为通过蛹状的弹性套传递转矩，起到良好的缓冲减振作用。制造半联轴器的材料一般是铸铁，有时也用 35 锻钢或 ZG230-450 铸钢；制造柱销的材料为 35 钢，正火处理；制造弹性套的材料为天然橡胶或合成橡胶；制造挡圈的材料为 Q235 钢。

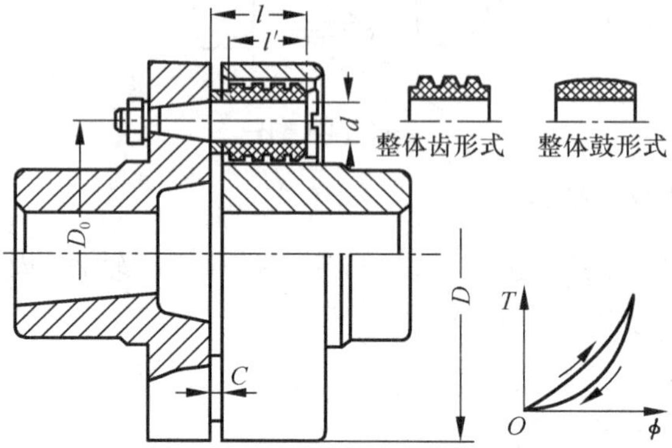

图 15.15 弹性套柱销联轴器

这种联轴器主要用来联接启动频繁的轴和在变载荷下运转的轴。联轴器的工作环境温度应在－20～＋50℃的范围内，且应确保无油质及其他有害于橡胶的介质和联轴器接触。在安装这种联轴器时，应留出间隙 C，以便两轴作少量的轴向位移。视尺寸不同，这种联轴器所允许的最大位移量为：轴向：2～7.5mm；径向：0.2～0.7mm；角度：1°30′～30′。联轴器外径的最大圆周速度规定不得超过 30m/s。

对于弹性套柱销联轴器，当轴径为 32～160mm 时，相应的许用转矩为 250～16000N·m，许用转速为 3800～1150r/min。

对作用在弹性套单位面积上的压力和柱销的弯曲强度进行验算的公式为(设载荷均布在 80％的弹性套上)。

$$p=\frac{KT}{0.8\left(\frac{D_0}{2}dl'z\right)}=\frac{2.5KT}{D_0dl'z}\leqslant[p] \tag{15.3}$$

$$\sigma_b=\frac{KT}{\frac{D_0}{2}\cdot 0.8z}\cdot\frac{l}{2}\cdot\frac{1}{0.1d^3}=\frac{12.5KTl}{D_0zd^3}\leqslant[\sigma_b] \tag{15.4}$$

式中，z 为柱销数目；D_0 为柱销中心所在圆的直径；d 为柱销直径；l'为弹性圈总长度；l 为柱销悬臂端长度；$[p]$为许用压强，橡胶弹性套的$[p]$＝2MPa(低速下运转的可取 4MPa)；$[\sigma_b]$为柱销的许用弯曲应力，$[\sigma_b]=0.4\sigma_s$。

2. 弹性柱销联轴器

弹性柱销联轴器有两种，即弹性柱销联轴器和弹性柱销齿式联轴器。如图 15.16 所示为弹性柱销联轴器，它是用若干非金属柱销置于两半联轴器凸缘孔中以实现两半联轴器联接的一种联轴器。工作时转矩是通过主动轴上的键、半联轴器、柱销、另一半联轴器及键而传递到从动轴上去的。为了防止柱销脱落，在半联轴器的外侧，用螺钉固定了挡板。

这种联轴器的优点为：结构简单、制造容易、维修方便、允许轴向位移大等特点。柱销材料为 MC 尼龙(聚酰胺 6)。尼龙有一定弹性，弹性模量比金属低得多，可缓和冲击。尼龙耐磨性好，摩擦系数小，有自润滑作用，但对温度比较敏感，不宜用于温度较高场合。柱销与孔之间为 H9/h9 的间隙配合。

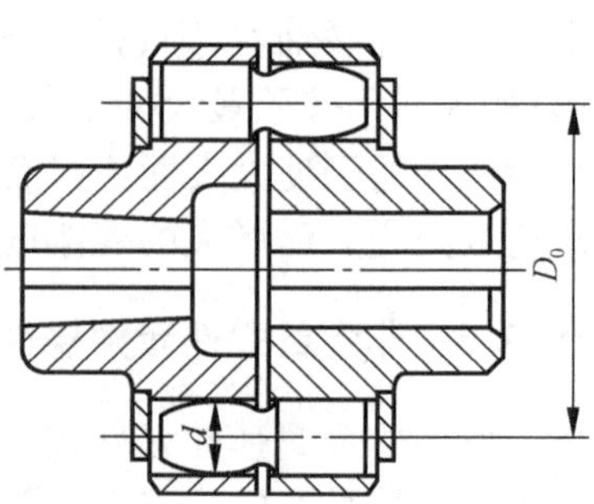

图 15.16 弹性柱销联轴器

如图 15.17 为弹性柱销齿式联轴器。它是用若干非金属柱销置于两半联轴器内、外环对合圆孔中以实现两半联轴器联接的一种联轴器。具有传递转矩大、体积小、重量轻、轴径范围大(12～850mm)、结构简单、使用寿命长、不用润滑、更换柱销方便等特点。

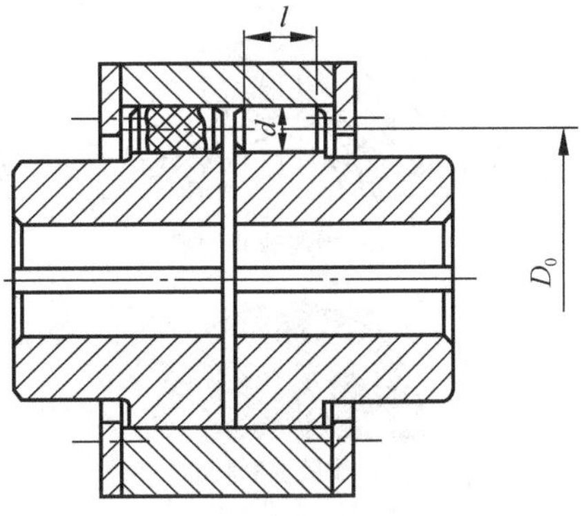

图 15.17　弹性柱销齿式联轴器

3. 梅花形弹性联轴器

如图 15.18 所示为梅花形弹性联轴器,它是利用梅花形弹性元件置于两半联轴器凸爪之间实现联接的一种联轴器。其半联轴器与轴的配合孔可以作成圆柱形或圆锥形。装配联轴器时,将梅花形弹性元件的花瓣部分夹紧在两半联轴器端面凸齿交错插进所形成的齿侧空间,以便在联轴器工作时起到缓冲减振作用。制造弹性元件的材料有丁腈橡胶、聚氨酯、尼龙等。特点是结构简单、费用便宜,具有良好的补偿位移和减振能力。

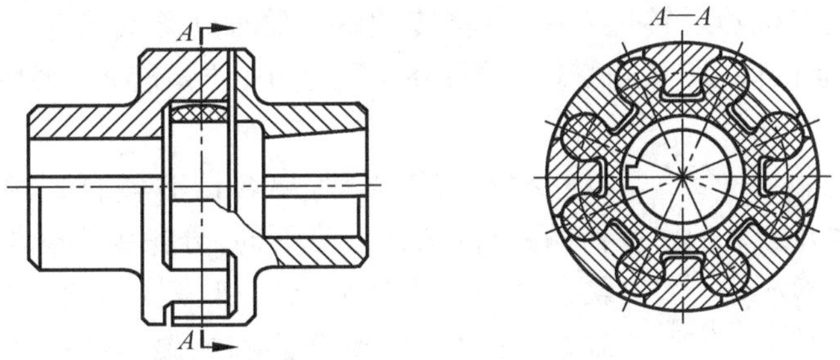

图 15.18　梅花形弹性联轴器

这种联轴器允许的外缘速度与材料有关:铸铁为 30～50m/s,铸钢为 60m/s,锻钢为 100～120m/s,铝合金为 80～100m/s。

4. 轮胎联轴器

如图 15.19 所示为轮胎联轴器。它是利用轮胎状弹性元件联接两半联轴器以实现两轴联接的一种联轴器。特点是:富有弹性,扭转刚度小,缓冲性能好,有一定的吸振能力,允许两轴偏斜和相对位移的补偿量大(轴向 $0.02D$,径向 $0.01D$,角度 $2°\sim6°$,D 为轮胎外径);两轴扭角 θ 可达 $6°\sim30°$;工作可靠,适用于启动频繁、正反向运转、冲击载荷大的两轴联接。缺点是径向尺寸较大,过载时产生附加的轴向载荷。这种联轴器的外缘速度不宜高于 30m/s。

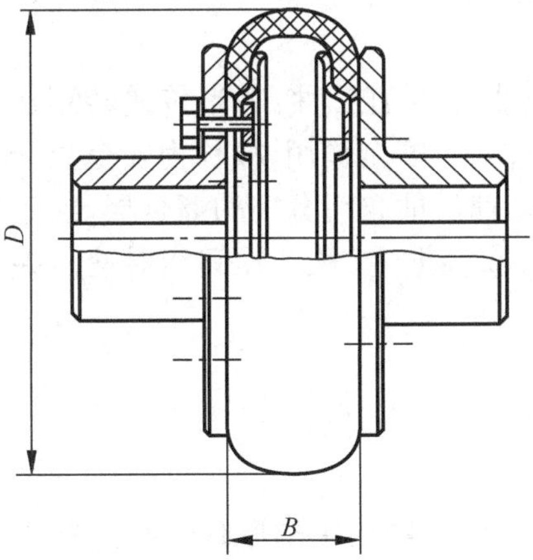

图 15.19　轮胎联轴器

弹性元件的材料有橡胶和增强织物橡胶。前者弹性好;后者强度高,寿命长。

对于非金属弹性元件挠性联轴器,还有其他一些种类,如橡胶球联轴器、爪形弹性块联轴器、橡胶块联轴器、弹性套筒联轴器、橡胶板联轴器、弹性环联轴器等,如图 15.20 列出了这些联轴器的原理结构。

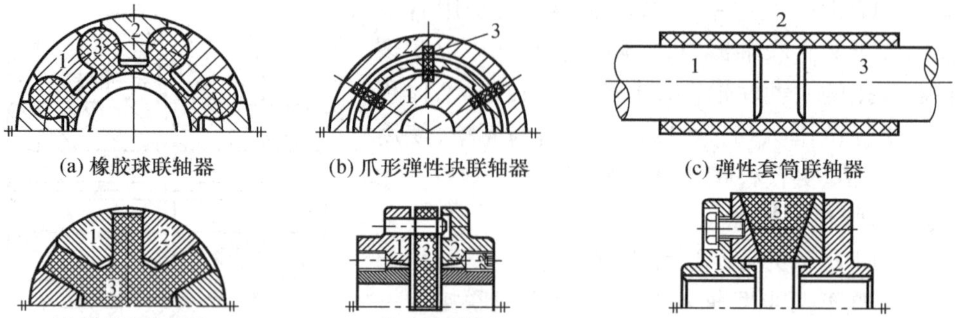

(a) 橡胶球联轴器 (b) 爪形弹性块联轴器 (c) 弹性套筒联轴器

(d) 橡胶块联轴器 (e) 橡胶板联轴器 (f) 弹性环联轴器

图 15.20 其他非金属弹性元件挠性联轴器

15.4 离合器的作用及分类

离合器的作用是在机器运转过程中，可将传动系统随时分离或接合。对离合器的要求为：接合平稳，分离迅速而彻底；调节和修理方便；外廓尺寸小；质量轻；耐磨性好且有足够的散热能力；操纵方便省力。

- 离合器
  - 操纵离合器
    - 机械操纵离合器
    - 液压(操纵)离合器
    - 气压(操纵)离合器
    - 电磁(操纵)离合器
  - 自动离合器
    - 安全离合器
    - 离心离合器
    - 超越离合器

图 15.21 离合器分类

根据工作原理，离合器有嵌合式离合器和摩擦式离合器两种；依离合方法不同，分操纵离合器和自动离合器两大类。按操纵方法分又有机械操纵离合器、液压(操纵)离合器、气压(操纵)离合器和电磁(操纵)离合器。具体分类见图 15.21。嵌合式离合器结构简单，传递转矩大，主、从动轴可同步转动，尺寸小，但啮合时有刚性冲击，只能在静止或两轴转速差不大时(如$<100\sim150$r/min)接合。摩擦式离合器的离合过程较平稳，过载时可自行打滑，但主动轴和从动轴不能严格同步，接合时产生摩擦热，摩擦元件易磨损。

用简单的机械方法自动完成接合或分离动作的自动离合器主要有三种：①当传递转矩达到某一定值时能自动分离的离合器，由于这种离合器有防止过载的安全作用，故称为安全离合器；②当轴的转速达到某一转速后能自行联接的或超过某一转速后能自行分离的离合器，由于这种离合器是利用离心力的原理工作的，故称为离心离合器；③根据主、从动轴间相对速度差的不同以实现联接或分离的称为超越离合器。

15.5 嵌合式离合器

嵌合式离合器的种类很多，如图 15.22 所示为若干嵌合式离合器的结构原理。在这些不同类型的嵌合式离合器中，牙嵌式离合器应用最为广泛，本节将对牙嵌式离合器进行重点介绍。

如图 15.23 所示为牙嵌式离合器的结构。牙嵌式离合器和牙嵌联轴器很相似，只是其中一个半离合器和轴采用导键联接，并可用移动滑环操纵离合器的分离和接合，牙嵌式离合器是借助牙的相互嵌合来传递运动和转矩的。为使两半离合器能够良好对中，在主动轴端的半离

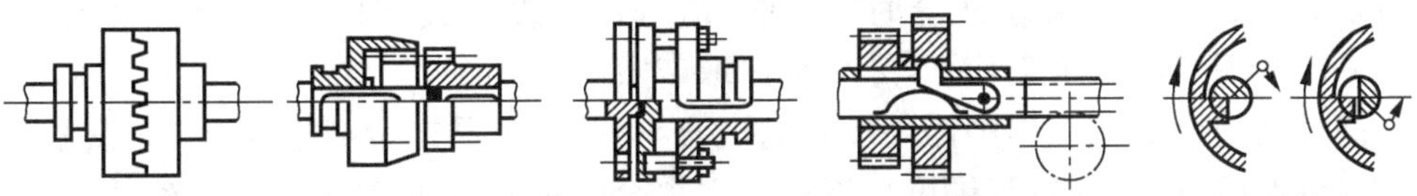

(a) 牙嵌式　(b) 齿式　(c) 销式　(d) 拉键式　(e) 转键式

图 15.22　嵌合式离合器种类

合器上固定一个对中环，从动轴可以在对中环内自由转动。牙嵌离合器的接合动作应在两轴不回转时或两轴的转速差很小时进行，以免凸牙因受冲击载荷而断裂。

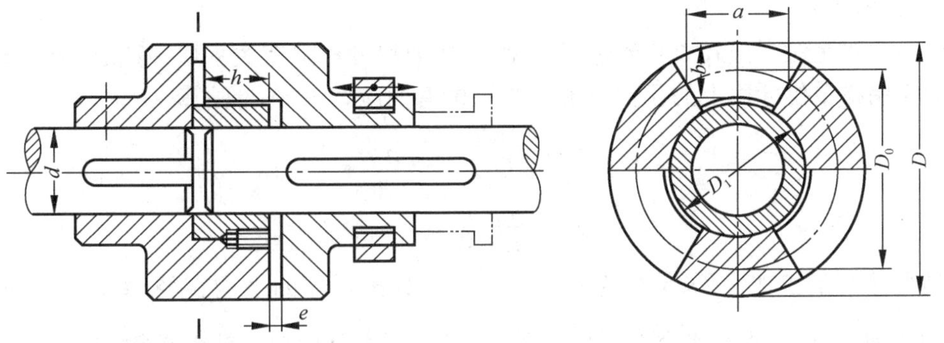

图 15.23　牙嵌式离合器结构

图 15.24 列出了常用的离合器的牙形，一般有矩形、梯形、锯齿形和三角形。矩形牙不便于接合，且在传递转矩时由于没有轴向分力，所以分离也较难，且牙与牙之间必须有间隙，不利于工作时反向运转。梯形牙强度较高，能传递较大的转矩，且又能自行补偿牙的磨损和牙侧间隙，从而可避免在载荷和速度变化时因间隙而产生的冲击，故应用最广。锯齿形牙的强度最高，能传递更大的转矩，但若利用倾角大的一面工作时，会因牙与牙间产生很大轴向力而迫使离合器分离。所以，矩形牙和梯形牙都能传递正反两个方向的转矩，而锯齿形牙只能传递单方向的转矩。

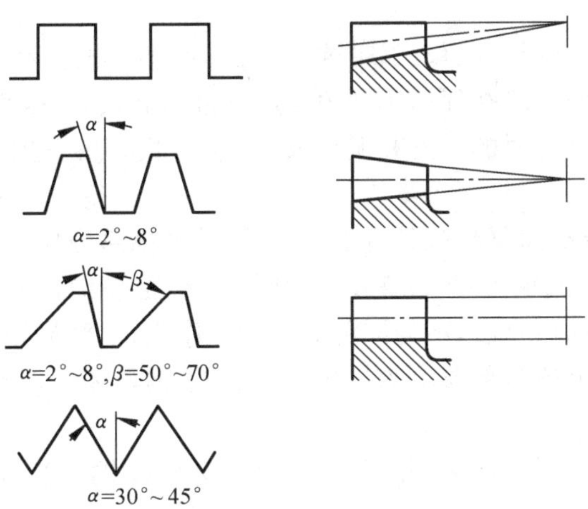

(a)　(b)

图 15.24　牙嵌离合器的常见牙形

牙嵌离合器的牙数一般为 3～60(矩形、梯形牙：3～15，三角形牙：15～60)。要求传递转矩大时，应选用较少牙数；要求接合时间短时，应选用较多牙数，但各牙分担的载荷将越为不均。为使一次走刀切出两个工作面，牙数最好取奇数。

由于嵌合式离合器在工作中需要反复的嵌合与分离，容易产生磨损问题，为了减轻牙的磨损，离合器牙的牙面应具有较高硬度。制造牙嵌离合器的材料常采用低碳钢经渗碳淬火处理或中碳钢表面淬火处理，硬度应分别达到 52～62HRC 和 48～52HRC。不重要的和在静止时接合的离合器，也允许用铸铁。

牙嵌离合器具有结构简单、没有滑动、尺寸较小等优点，但不能在转速差较大时进行联接。如要求两轴能在任何不同角速度下联接，则必须采用摩擦离合器或其他离合器（如液力离合器、磁粉离合器等）。

设计中主要是对牙嵌式离合器进行选型，其主要尺寸可从有关手册中选取，但必要时应使用下式对作用在单位牙面上的压力 p 和牙根处的弯曲应力 σ_b 进行验算

$$p=\frac{2KT}{zD_0A}\leqslant[p] \tag{15.5}$$

$$\sigma_b=\frac{hKT}{zD_0W}\leqslant[\sigma_b] \tag{15.6}$$

式中 A 为每个牙的工作面积，单位为 mm^2；D_0 为牙处离合器的平均直径，单位为 mm；h 为牙的高度，单位为 mm；z 为半离合器上牙的数目；W 为牙根处的弯曲截面系数，$W=\frac{a^2b}{6}$，其中 a、b 所代表的尺寸见图 15.23；$[p]$、$[\sigma_b]$为许用压强和许用弯曲应力，对于用表面经硬化处理的钢制造的离合器，可以取（牙多时用低值，牙少时用高值）。

停车时接合的：$[p]=90\sim120\text{MPa}$，　$[\sigma_b]=\frac{\sigma_s}{1.5}$；

运转时接合的：$[p]=35\sim45\text{MPa}$，　$[\sigma_b]=\frac{\sigma_s}{3\sim4}$。

15.6　摩擦式离合器

摩擦离合器有圆盘式、圆锥式、块式、带式、环式等许多形式。和嵌合式离合器比较，摩擦离合器具有下列优点：①两轴能在任何不同角速度下进行联接；②改变摩擦面间的压力就能调节从动轴的加速时间；③接合时的冲击和振动较小；④过载时将发生打滑，可免使其他零件受到损坏等。

制造摩擦离合器的摩擦面材料应具有下列性质：①摩擦系数要大，且不随温度、压力、速度等的变化而有较大的改变；②耐磨性和抗胶合性要好；③强度和许用压强应较高；④能耐高温，导热性能好和热变形小；⑤耐腐蚀，不与润滑油起化学作用；⑥容易加工、价格低廉等。但是在目前，还没有一种能满足上述全部要求的材料，因之应根据具体工作条件所提出的主要要求来选择合宜的摩擦面材料。

在油中工作的摩擦离合器，最常用的摩擦面材料为淬硬钢与淬火钢或淬硬钢与青铜。这些材料的许用压强较高，使用寿命较长，但摩擦系数则较低。在要求避免有金属磨屑的地方，也允许用钢和夹布胶木。离合器接触面间的最高工作温度取决于油的闪点，故应低于 120℃。

得不到完善润滑的摩擦离合器，可以采用铸铁与铸铁或铸铁与钢作为摩擦面材料。铸铁具有良好的耐磨性能和抗胶合性能。当载荷不大和在不甚重要的地方，铸铁摩擦面可不加润

滑剂，但硬度应达到≥210HB。

在干摩擦下工作的摩擦离合器，最好采用铸铁与混有塑料的石棉制品作为摩擦面材料。这时，摩擦系数和允许的工作温度较高，一般可达 600～800℃。木材、皮革等材料的摩擦系数虽较高，但不耐高温，易于磨损，对潮湿也很敏感，故现已很少应用。

本节重点介绍圆盘式和圆锥式摩擦离合器。

15.6.1　圆盘式摩擦离合器

圆盘式摩擦离合器是在主动摩擦盘转动时，由主、从动盘的接触面间产生的摩擦力矩来传递转矩的，有单盘式和多盘式两种。如图 15.25 和图 15.26 分别为单盘式摩擦离合器和多盘式摩擦离合器。

单盘式摩擦离合器中的主动轴 1 和从动轴 2 上，分别安装摩擦盘 3 和 4，操纵环 5 可以使摩擦盘 4 沿轴 2 移动，接合时以力 F 将盘 4 压在盘 3 上，主动轴上的转矩由两盘接触面间产生的摩擦力矩传到从动轴上。

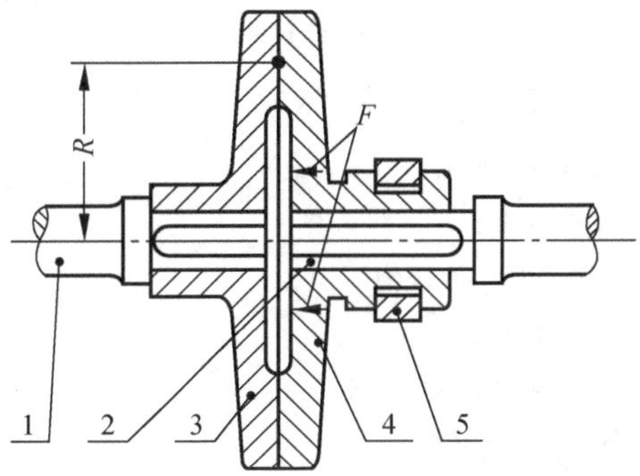

图 15.25　单盘式摩擦离合器

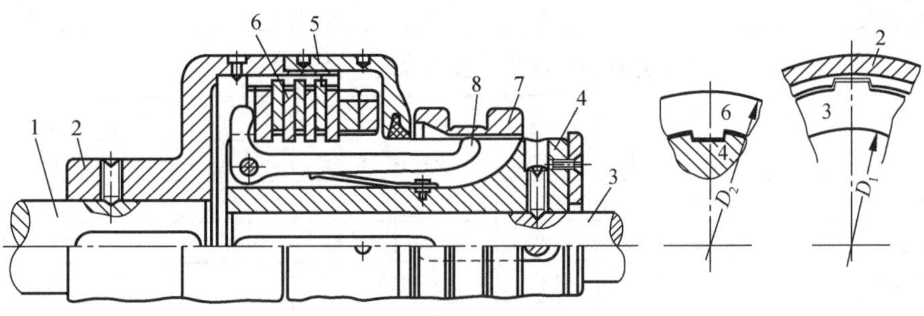

图 15.26　多盘式摩擦离合器

多盘摩擦离合器的构造相对复杂。工作过程为：主动轴 1 与鼓轮 2 相联接，从动轴 3 与套筒 4 相联接。摩擦盘分外、内两组，见 5 和 6。内摩擦盘组与套筒、外摩擦盘组与鼓轮分别采用类似导向花键的联接。滑环 7 由操纵机构控制，当左移时，压下曲臂压杆 8 使内、外摩擦盘相互压紧，使离合器接合；当滑环右移时，曲臂压杆被弹簧抬起，内、外摩擦圆盘松开，使摩擦离合器分离。

多圆盘摩擦离合器的特点是：当传递较大转矩时，可以增多摩擦盘的数目，而离合器的径向尺寸并不增大，所需轴向压力也不增加。由于多圆盘摩擦离合器有利于降低离合器的转动惯量，因此宜用于高速传动中。应当指出，如果摩擦接合面的数目过多，则将影响离合器分离的灵活性，故常限制 $z\leqslant 30$。

圆盘摩擦离合器所能传递的最大转矩 $T_{\max}$ 和作用在单位摩擦接合面上的压强 p 为

$$T_{\max}=z\mu F_{\mathrm{Q}}\frac{D_2+D_1}{4}\geqslant KT \tag{15.7}$$

$$p=\frac{4F_{\mathrm{Q}}}{\pi(D_2^2-D_1^2)}\leqslant[p] \tag{15.8}$$

式中，D_1、D_2 为摩擦盘接合面的内直径和外直径；z 为接合面的数目；F_{Q} 为轴向压力；μ 为摩

擦系数；$[p]$为许用压强，它等于基本许用压强$[p]_0$与系数 k_v、k_z、k_n 的乘积，即

$$[p]=[p]_0k_vk_zk_n$$

k_v、k_z、k_n 分别为根据离合器的平均圆周速度、主动摩擦盘的数目、每小时的接合次数等不同引入的修正系数。见表 15.1，表 15.2。

表 15.1　摩擦系数 μ，基本许用压强$[p]_0$

摩擦面材料与工作条件	平均滑动摩擦系数	基本许用压强$[p]_0$/MPa	
	μ	圆盘式	圆锥式
在油中工作的			
淬硬钢-淬硬钢	0.06	0.6～0.8	—
淬硬钢-青铜	0.05	0.4～0.5	0.6
铸铁-铸铁或淬硬钢	0.08	0.6～0.8	1
钢-夹布胶木	0.12	0.4～0.6	—
淬硬钢-粉末冶金材料	0.1	0.8～1	—
不在油中工作的			
压制石棉-钢或铸铁	0.3	0.2～0.3	0.3
淬硬钢-粉末冶金材料	0.2	0.3～0.4	—
铸铁-铸铁或淬硬钢	0.15	0.2～0.3	0.3

表 15.2　修正系数 k_a、k_b、k_c 的数值

平均圆周速度/(m/s)	1	2	2.5	3	4	6	8	10	15
k_a	1.35	1.08	1	0.94	0.86	0.75	0.68	0.63	0.55
主动摩擦盘数目	3	4	5	6	7	8	9	10	11
k_b	1	0.97	0.94	0.91	0.88	0.85	0.82	0.79	0.76
每小时接合次数	90	120	180	240		300		≥360	
k_c	1	0.95	0.8	0.7		0.6		0.5	

设计时，可先选定摩擦面材料和根据结构要求初步定出接合面的直径 D_1 和 D_2（下式中的 d 轴径）：

在油中工作的离合器：$D_1=(1.5\sim2)d$，　$D_2=(1.5\sim2)D_1$；

在干摩擦下工作的离合器：$D_1=(2\sim3)d$，　$D_2=(1.5\sim2.5)D_1$。

然后利用式(15.8)求出轴向压力 F_Q，利用式(15.7)求出所需的摩擦接合面的数目 z。

15.6.2　圆锥式摩擦离合器

如图 15.27 所示，圆锥式摩擦离合器分为单圆锥式和双圆锥式两种，主动轴 1 与具有内圆锥面的飞轮 2 相固接，从动轴 3 则与具有外圆锥面的鼓轮 4 用花键相联接。在双圆锥摩擦离合器中，有两个内鼓轮，彼此又以导键相联接。由于弹簧 5 的作用，使飞轮的内圆锥面与鼓轮的外圆锥面经常处于接合状态。当踩下踏板 6 时，由于杠杆的作用使内鼓轮沿箭头所示

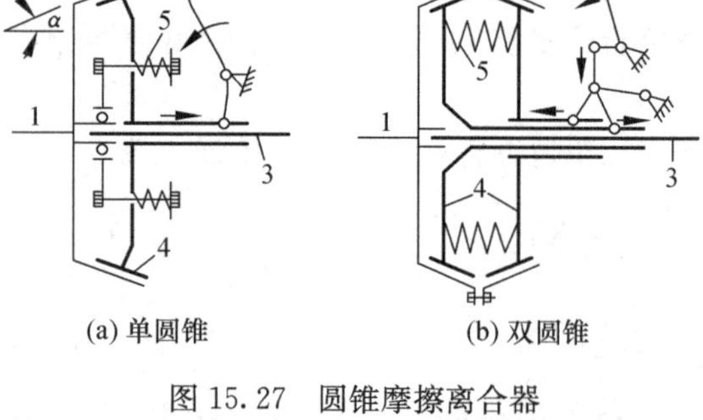

(a) 单圆锥　　(b) 双圆锥

图 15.27　圆锥摩擦离合器

的方向移动，这时，两接触圆锥面即行分离，离合器就处于分离状态。

圆锥摩擦离合器由于利用了楔形增压原理，所以与单圆盘离合器比较，它可以用较小的轴向力传递较大的转矩；但和多圆盘的相比，由于它最多只能有两个摩擦面，所以它的径向尺寸远不如多圆盘的紧凑。

为了便于离合器分离，应使锥顶半角 $\alpha>\arctan\mu$。摩擦副材料为：金属—金属时，$\alpha>6°$；皮革—金属时，$\alpha>12°$。

15.7　其他离合器

15.7.1　安全离合器

安全离合器通常有三种形式：破断式、嵌合式和摩擦式。当载荷达到最大值时，它们将分别发生破断联接件、分开联接件和使联接件打滑等动作，从而可防止机器中重要零件的损坏。

1）破断式安全离合器

如图 15.28(a)所示为剪销式安全离合器，过载时，通过销钉的剪断实现主动轴与从动轴的分离。销钉的尺寸由强度决定。为了加强剪断销钉的效果，常在销钉孔中紧配一硬质钢套。更换销钉需耗费一定时间，所以不宜用在经常发生过载的地方。如图 15.28(b)所示为拉杆式安全离合器，过载时通过拉杆的拉断实现主动轴与从动轴的分离。拉杆的尺寸由强度决定。利用这种破断式离合器可以防止机器过载时重要零件遭到损坏。

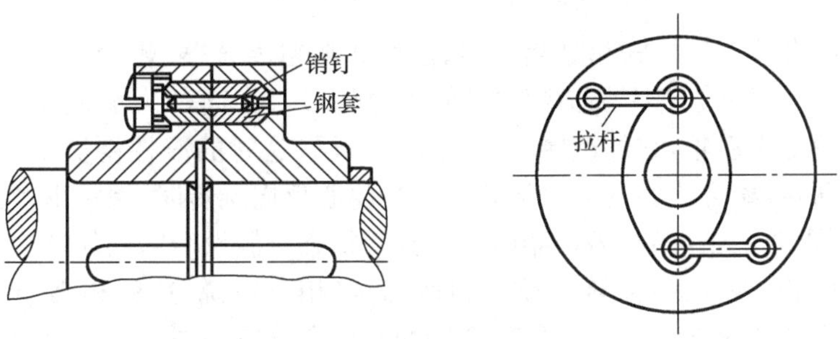

(a) 剪销式　　(b) 拉杆式

图 15.28　破断式安全离合器

销钉材料可采用 45 钢淬火或高碳工具钢，准备剪断处应预先切槽，使剪断处的残余变形最小，以免毛刺过大，有碍于更换报废的销钉。

2）摩擦式安全离合器

如图 15.29 所示为摩擦式安全离合器，结构上和圆盘摩擦离合器相似，只是没有操纵机构，而用弹簧将摩擦盘经常压紧，并可用螺钉调节压紧力的大小。当过载时，摩擦圆盘将打滑，从而限制了离合器传递的最大转矩，实现安全作用。

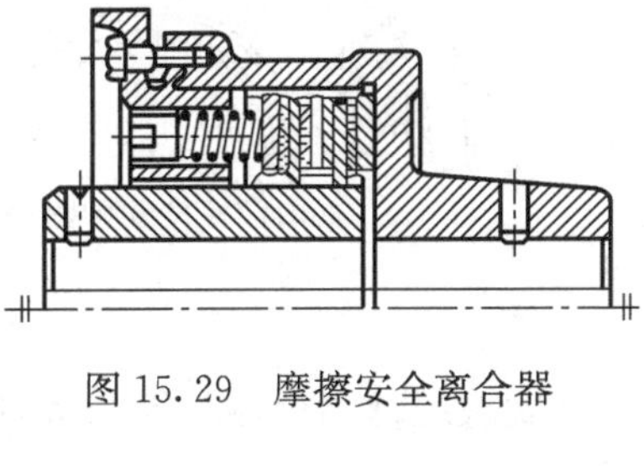

图 15.29　摩擦安全离合器

15.7.2　离心离合器

离心离合器有自动联接和自动分离的两种。如图 15.30(a)所示为自动联接的离合器，在两个拉伸螺旋弹簧 3 的弹力作用下，主动部分的一对闸块 2 与从动部分的鼓轮 1 脱开，当转速达到某一数值时，离心力对支点 4 的力矩增加到超过弹簧拉力对支点 4 的力矩时，便使闸块绕支点 4 向外摆动，与从动鼓轮 1 压紧，离合器进入结合状态。当接合面上产生的摩擦力矩足够大时，主、从动轴就可以一起转动，实现所谓的自动联接功能。图 15.30(b)所示为自动分离式的安全离合器，其工作过程与上述的自动联接型正好相反，在正常条件下，由于压缩弹簧 3 的弹力，使两个闸块 2 与鼓轮 1 表面压紧，通过压紧摩擦力保持联接状态而一起转动，当转速超过某一数值时，离心力矩大于弹簧压力的力矩，这时闸块 2 绕支点 4 摆动而与鼓轮脱离接触，从而实现自动分离功能。转速降低以后，离合器又恢复联接。

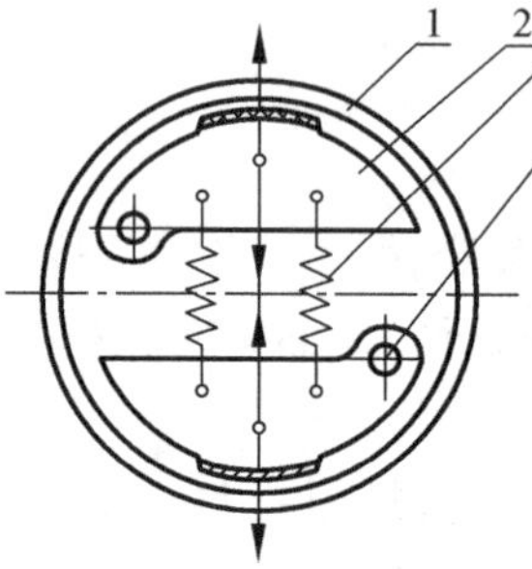

(a) 自动联接

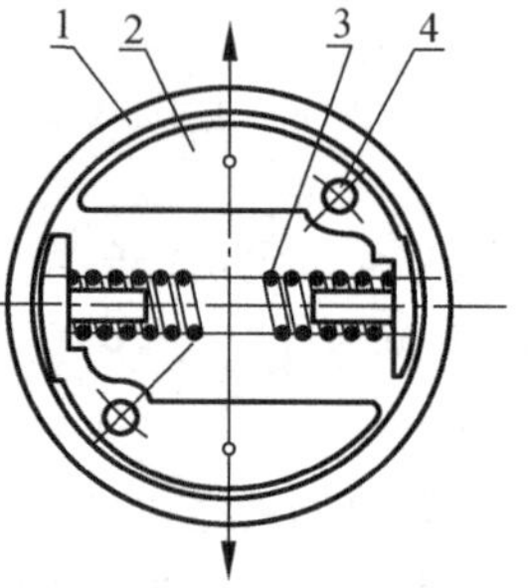

(b) 自动分离

图 15.30 离心式离合器

15.7.3 超越离合器

常见的超越离合器有滚柱式超越离合器、楔块式超越离合器、棘轮式超越离合器三种，如图 15.31(a)、(b)、(c)所示。滚柱超越离合器，由星轮(1)、套筒(2)、滚柱(3)、弹簧顶杆(4)等所组成。如果星轮为主动轮，它的旋转方向见箭头所示，这时的滚柱将被楔紧在槽内，因而套筒将随星轮一同回转，离合器即处于联接状态。当轮心反向旋转时，滚柱即被滚到槽的宽敞部分，从动套筒即不再随星轮转动，离合器即处于分离状态。假设套筒还能从另一条运动链得到与星轮旋向相同(如箭头所示)但转速较大的运动时(相对地说，这就相当于上述的后一种情况)，离合器即处于分离状态。由于这种离合器的联接和分离是与星轮和套筒间的相对转速差有关，所以称为超越离合器，有时又称它为差速离合器。

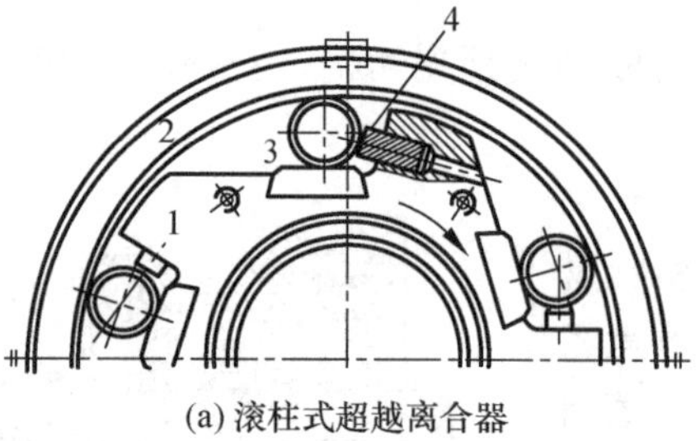

(a) 滚柱式超越离合器

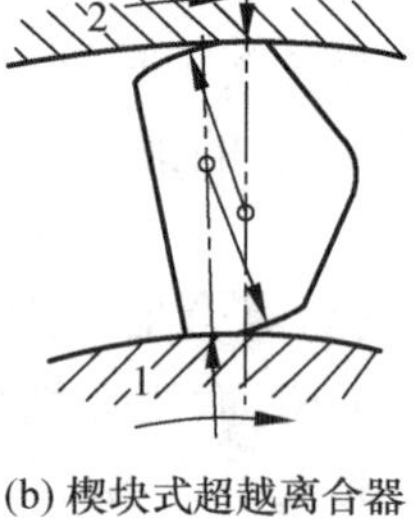

(b) 楔块式超越离合器

(c) 棘轮式超越离合器

图 15.31 超越离合器

楔块超越离合器功能与滚柱超越离合器完全相同，只是结构有所不同，楔紧作用并非借助星轮上斜面，而是依靠楔块厚度的不同。工作过程为：轮 1 按图 15.31 所示方向回转时，楔块被楔紧，外圈随之同向转动。轮 1 反向回转时，楔块被松开，离合器处于分离状态。若轮 2 有来自另一条传动链的运动，则离合器的联接或分离同样取决于轮 2 的转向和两轮的相对转速。

实际上棘轮超越离合器是具有锯齿形牙的牙嵌离合器，也可作超越离合器用，称为牙嵌超越离合器。

15.7.4　磁粉离合器

如图 15.32 所示为磁粉离合器的构造简图。磁粉离合器是一种利用磁粉来传递转矩的电磁离合器。主动轴与磁铁轮心相固联，在铁心的槽内绕有环形绕组，绕组的线端与接触环相连，接触环与电源相通。套筒用非磁性材料制成。外鼓轮与从动齿轮相联接。外鼓轮与铁心间有 0.5～2mm 的间隙，在间隙中充以导磁的铁粉混合物，铁粉颗粒直径为 5～10μm。当混合物为铁粉和油时称为湿式磁粉离合器，为铁粉与石墨时称为干式磁粉离合器。重量比为 1∶5(油∶粉)的液态混合物，它的磁通性约为空气的 8 倍。

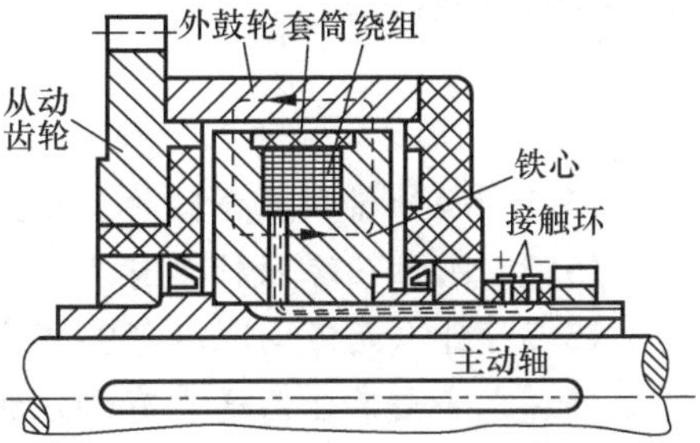

图 15.32　磁粉离合器结构

其工作过程为：当在离合器的绕组中通电时，将产生磁场，如图 15.32 所示的磁力线两次通过间隙而将磁铁粉吸住，使混合物呈凝胶状态。这时，从动外鼓轮即和主动铁心一同回转。当断电时，磁铁粉又恢复自由，离合器即分离。

磁粉离合器的主要优点是：接合平稳，动作迅速，运行可靠，使用寿命较长，可以远距离操纵，构造简单等，但重量较大。

本章学习要求和知识点小结

学习要求　掌握联轴器和离合器的作用以及为什么要使用联轴器和离合器；掌握常见两轴之间的位移有哪些形式；弄清刚性联轴器有哪些类型，如何选用；弄清弹性联轴器有哪些类型以及如何选择；弄清常见离合器有哪些类型，如何选择使用；了解各种常见联轴器和离合器的基本工作原理。

知识点小结　(1) 联轴器的特点是：用来把两根轴联接在一起，机器运转时两轴不能分离，只有在机器停车并将联接拆开后，两根轴才能分离。离合器的特点在于：在机器运转过程中，可使两根轴随时接合或分离的一种装置，不必采用拆卸方法在机器工作时就能使两轴分离或接合。

(2) 在设计和选择联轴器时，一般可以遵循如下原则：①刚性联轴器适用于两轴能严格对中并在工作中不发生相对位移的地方；挠性联轴器适用于不严格对中的地方；②对于载荷平稳、转速稳定、同轴度好、无相对位移的可选用刚性联轴器，有相对位移的需选用无弹性元件的挠性联轴器；③载荷和速度不大、同轴度不易保证的，宜选用定刚度弹性联轴器；载荷、速度变化较大的最好选用具有缓冲、减振作用的变刚度弹性联轴器。对于动载荷较大的机器，宜选用重量轻、转动惯量小的联轴器。

(3) 常见的刚性联轴器有凸缘联轴器、套筒联轴器、夹壳联轴器等。挠性联轴器依所能补偿位移的方向不同可分为允许轴向位移、允许径向位移、允许角位移和允许综合位移等 4 种。

补偿两轴偏斜和位移的方法主要有两种：①利用联轴器工作零件间构成的动联接具有某一方向或几个方向的活动度来补偿(无弹性元件挠性联轴器)；②利用联轴器中弹性元件的变形来补偿(弹性联轴器)。

(4) 无弹性元件的挠性联轴器有牙嵌联轴器、齿式联轴器、滚子链联轴器、滑块联轴器、万向联轴器;有弹性元件的挠性联轴器有蛇形弹簧联轴器、径向簧片联轴器、弹性套柱销联轴器、弹性柱销联轴器、梅花形弹性联轴器、轮胎联轴器。

(5) 根据工作原理,离合器有嵌合式离合器和摩擦式离合器两种;依离合方法不同,分操纵离合器和自动离合器两大类。

(6) 常见的离合器有牙嵌式离合器、摩擦式离合器、安全离合器、离心离合器、超越离合器、磁粉离合器等。

本章习题

15.1 联轴器和离合器的功用是什么？它们的功用有何异同？

15.2 刚性凸缘联轴器有几种对中方法,每种方法的特点是什么？

15.3 什么是万向联轴器？万向联轴器常常成对使用的原因是什么？

15.4 安全离合器通常有哪几种？它们的工作原理是什么？

15.5 液压拉床主运动系统由电动机直接带动轴向柱塞泵进行工作。电动机功率 $P=15\text{kW}$,转速 $n=960\text{r/min}$,外伸轴直径 $d_1=42\text{mm}$,柱塞泵外伸轴直径 $d_2=40\text{mm}$,试选择电动机和泵之间的联轴器,并进行适当的计算。

第 5 篇　其他零件及整机设计

第 16 章　弹　　簧

16.1　概　　述

16.1.1　弹簧的功用

弹簧是机械和电子行业中广泛使用的一种弹性元件，弹簧在受载时能产生较大的弹性变形，把机械功或动能转化为变形能，而卸载后弹簧的变形消失回复原状，并将变形能转化为机械功或动能。弹簧的主要功用有：

（1）测力，如测力器和弹簧秤中的弹簧。

（2）缓冲减振，如汽车、火车车厢下的减振弹簧和联轴器中的吸振弹簧。

（3）控制机械运动，如离合器、制动器和各种阀门中的控制弹簧。

（4）储存及输出能量，如钟表、枪械中的弹簧等。

16.1.2　弹簧的类型

弹簧的种类很多，按弹簧受力性质不同，可分为拉伸弹簧、压缩弹簧、扭转弹簧和弯曲弹簧。按形状不同，可分为螺旋弹簧、碟形弹簧、环形弹簧、板弹簧、平面蜗卷弹簧以及扭杆弹簧等。弹簧的主要类型、特点及应用见表 16.1。

表 16.1　常用弹簧的基本类型、特点和应用

按形状分		承载形式	简图	特性线	特点及应用
螺旋弹簧	圆柱形	拉伸	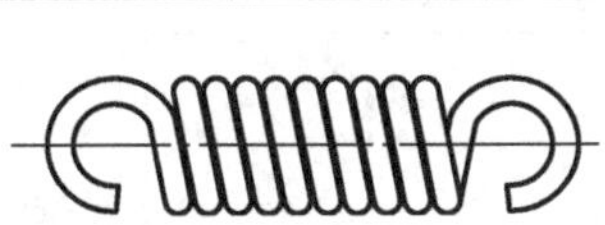	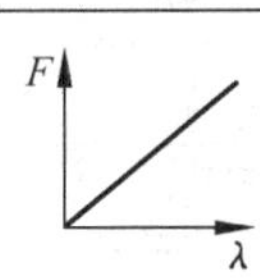	特性线为直线，刚度稳定；结构简单，制造方便；应用广
		压缩	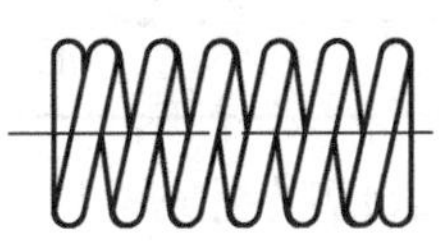	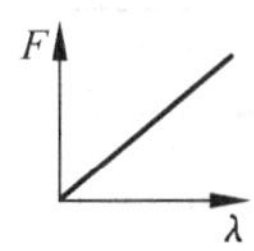	特性线为直线，刚度稳定；结构简单，制造方便；应用广
		扭转	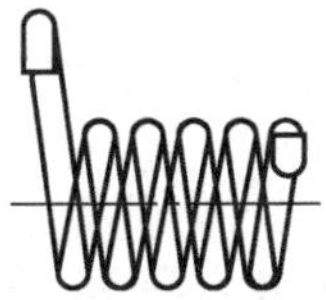	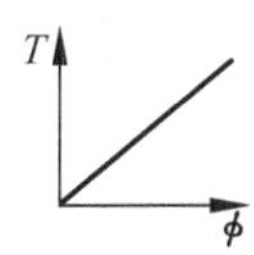	主要作为压紧或储能装置

续表

按形状分		承载形式	简图	特性线	特点及应用
螺旋弹簧	圆锥形	压缩	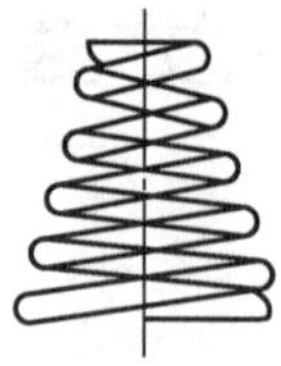	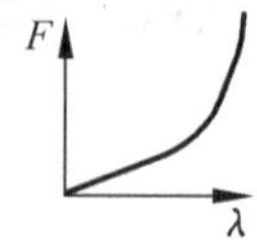	自振频率为变值，防共振能力强；结构紧凑，稳定性好
其他弹簧	碟形弹簧	压缩	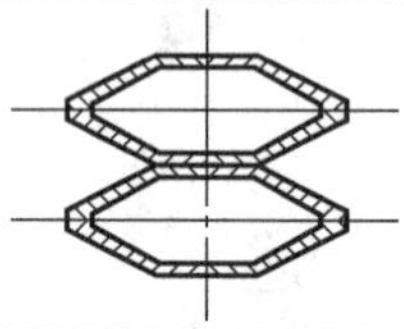	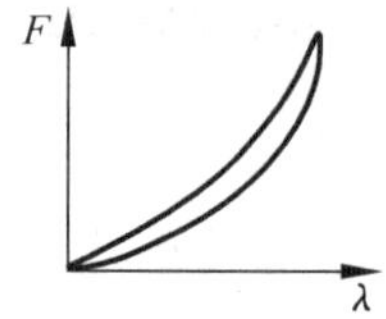	缓冲减振能力强；采用不同的组合(对合或叠合)可以得到不同的特性线；多用于重型机械的缓冲减振
	环形弹簧	压缩	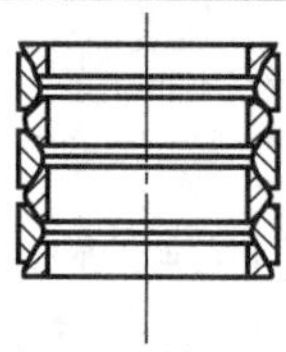	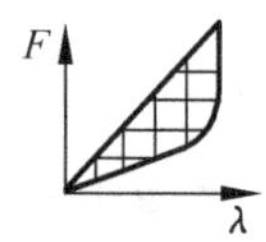	减振性能强，多用于重型机械的缓冲装置
	盘簧	扭转	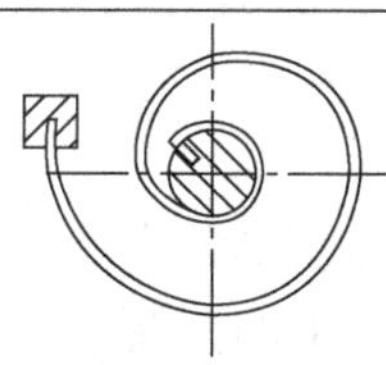	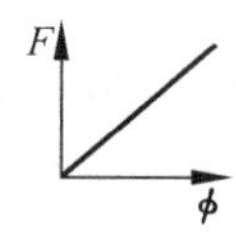	圈数多，轴向尺寸小，常用于钟表、仪表的储能装置中
	板弹簧	弯曲	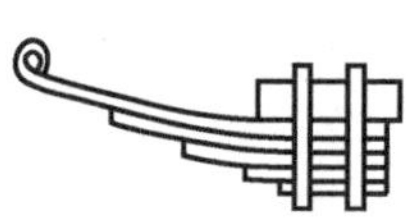	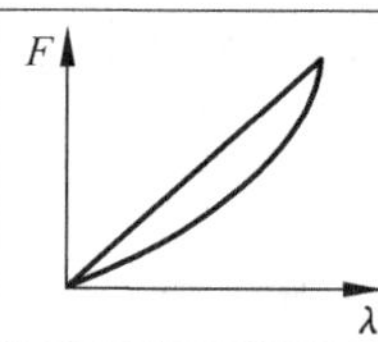	由许多长度不同的钢板叠合而成，缓冲减振性能好，主要用于车辆的悬挂装置
	橡胶弹簧	压缩	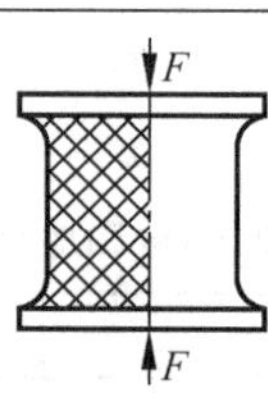	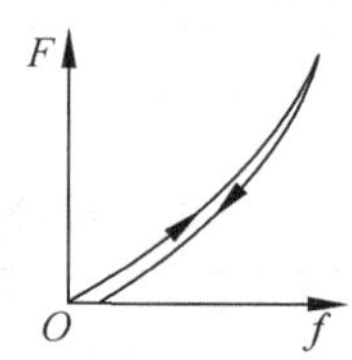	橡胶的弹性模量小，易于得到所需的非线性特性；外形不受限制，各项刚度可自由选择，可承受多向载荷
	空气弹簧	压缩	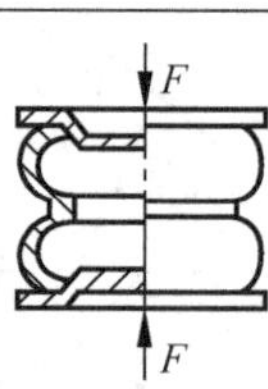	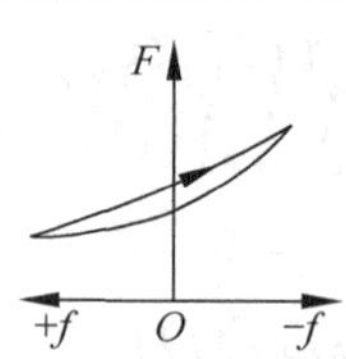	可按照需要设计特性曲线和调节高度，多用于车辆悬挂系统

普通圆柱螺旋弹簧由于制造简单，且可根据受载情况制成各种形式，因此应用最广。本章主要介绍这类弹簧的结构形式和设计方法。

16.1.3 弹簧的材料和制造

1. 弹簧材料

弹簧常在变载、冲击载荷作用下工作，同时要求在较大弹性变形时不产生塑变，因此要求弹簧的制造材料具有较高的弹性极限、疲劳极限、冲击韧性，同时还要求具有良好的热处理性能。常见的弹簧材料有：

(1) 碳素弹簧钢。这种钢的优点是价格便宜，原材料来源方便，钢的纯度不比合金弹簧钢差。缺点是弹性极限低、淬透性能差，适合于制造尺寸较小、一般用途的螺旋弹簧及板弹簧。

(2) 合金弹簧钢。合金弹簧钢的强度高、弹性好、而且耐高温，适用于尺寸较大及承受冲击载荷的弹簧。

(3) 不锈钢。不锈钢防腐蚀、耐高温，适用于在腐蚀介质如化工、航海设备中工作的弹簧。

(4) 铜合金。铜合金耐腐蚀和抗磁性好，但强度不高，适用于受力较小而又要求有防腐和防磁性能的弹簧。

此外，还有用非金属材料制造的弹簧，如橡胶、塑料、软木及空气等。选择材料时，应根据弹簧的功用、重要程度及工作条件(包括载荷性质、大小及其循环特征、工作温度和周围介质等)来选。

弹簧材料的许用应力不仅与材料种类、热处理方法、弹簧丝尺寸、弹簧的工作条件和重要程度有关，还与载荷性质有关。弹簧的载荷性质按所受变载荷循环次数的不同分成三类：循环次数在 10^6 以上的弹簧(如内燃机阀门弹簧和电磁闸瓦制动弹簧等)为Ⅰ类；循环次数在 10^3～10^5 及受冲击载荷的弹簧(如调速器弹簧和一般车辆弹簧等)为Ⅱ类；循环次数在 10^3 以下的弹簧(如一般安全阀门弹簧和摩擦式离合器弹簧等)为Ⅲ类。

常用弹簧材料及许用应力见表 16.2。表 16.3 列出了各类弹簧钢丝的抗拉强度极限。

2. 弹簧的制造

螺旋弹簧的制造工艺包括卷制、端面加工、热处理和强化处理、工艺性实验，必要时，还需进行强压处理或喷丸处理。

(1) 卷制。大量生产时，是在万能自动卷簧机上卷制；单件及小批生产时，则在普通车床上或在手动卷绕机上卷制。弹簧的卷绕方法有冷卷和热卷两种。弹簧丝直径较小($d\leqslant10$)mm 时用冷卷法，卷前已经热处理，卷后只需低温回火以消除内应力。直径较大($d>8$mm 时)用热卷，热卷温度为 800～1000℃。

(2) 端面加工。对于压缩弹簧，两端圈做成死圈以起支承作用；对于拉伸弹簧和扭转弹簧，两端制作挂钩，以便于联接、固定和加载。

表 16.2　常用弹簧材料及其性能和用途

<table>
<tr><th rowspan="2">类别</th><th rowspan="2">牌号</th><th colspan="3">许用切应力 [τ]/MPa</th><th colspan="2">许用弯曲应力 [σ_b]/MPa</th><th rowspan="2">切变模量 G/GPa</th><th rowspan="2">弹性模量 E/GPa</th><th rowspan="2">硬度范围 HRC</th><th rowspan="2">使用温度 /℃</th><th rowspan="2">特性及用途</th></tr>
<tr><th>Ⅰ类</th><th>Ⅱ、Ⅱa类</th><th>Ⅲ类</th><th>Ⅱ类</th><th>Ⅲ类</th></tr>
<tr><td rowspan="5">钢丝</td><td>碳素弹簧钢丝 B、C、D级</td><td rowspan="3">$0.3\sigma_b$</td><td rowspan="3">$0.4\sigma_b$</td><td rowspan="3">$0.5\sigma_b$</td><td rowspan="3">$0.5\sigma_b$</td><td rowspan="3">$0.625\sigma_b$</td><td rowspan="3">$0.5\leqslant d\leqslant481.5\sim78.5d>478.5$</td><td rowspan="3">$0.5\leqslant d\leqslant4204\sim202d>4197$</td><td rowspan="3">—</td><td rowspan="3">−40～120</td><td rowspan="3">强度高，性能好，适用于做小弹簧或要求不高的大弹簧</td></tr>
<tr><td>油淬火碳素弹簧钢丝</td></tr>
<tr><td>65Mn</td></tr>
<tr><td>60Si2Mn
60Si2MnA</td><td>471</td><td>627</td><td>785</td><td>785</td><td>981</td><td rowspan="2">78.5</td><td rowspan="2">197</td><td>40～50</td><td>−40～200</td><td>弹性好，回火稳定性好，易脱碳，用于大载荷的场合</td></tr>
<tr><td>50CrVA
30W4Cr2VA</td><td>441</td><td>588</td><td>735</td><td>735</td><td>922</td><td>43～47</td><td>−40～350</td><td>高温时强度高，淬透性好</td></tr>
</table>

续表

类别	牌号	许用切应力[τ]/MPa			许用弯曲应力[σ_b]/MPa		切变模量 G/GPa	弹性模量 E/GPa	硬度范围 HRC	使用温度 /℃	特性及用途
		Ⅰ类	Ⅱ、Ⅱa类	Ⅲ类	Ⅱ类	Ⅲ类					
不锈钢丝	1Cr8Ni9 1Cr18Ni9Ti	324	432	533	533	677	71.6	193	—	−250~300	耐腐蚀耐高温，适用尺寸较小弹簧
	4Cr13	441	588	735	735	922	75.5	215	48~53	−40~300	耐腐蚀，耐高温，用于较大尺寸弹簧
	0Cr17Ni7Al 0Cr15Ni7Mo2Al	471	628	785	785	981	73.5	183	—	300	耐腐蚀，高强度，无磁，低后效，高弹性
青铜丝	QSi3-1	265	353	441	441	549	40.2	93.2	90~100 HBS	−40~120	耐腐蚀，防磁
	QSn4-3 QSn6-5-0.1						39.2				
	QBe2	353	441	549	549	735	42.2	129.5	37~40	−40~120	导电性好，弹性好，耐腐蚀，防磁

注：(1) 拉伸弹簧的许用剪应力为压缩弹簧的80%；

(2) 表中[τ]、[σ_b]值，是在常温下按表中推荐硬度范围的下限时的数值。

表 16.3 弹簧钢丝的抗拉强度极限(MPa)

碳素弹簧钢丝				特殊碳素弹簧钢丝				重要用途弹簧钢丝	
钢丝直径 d/mm	Ⅰ组	Ⅱ组、Ⅱa组	Ⅲ组	钢丝直径 d/mm	甲组	乙组	丙组	钢丝直径 d/mm	65Mn
0.15~0.3	2648	2207	1710						
0.35~0.6	2599	2158	1667	0.2~0.5	2820	2700	2550	1~1.2	1765
0.7~0.8	2550	2109	1667						
0.9	2500	2059	1618					1.4~1.6	1716
1	2452	2010	1618	0.6~0.8	2795	2648	2500		
1.2	2355	1912	1520					1.8~2	1667
1.4	2256	1863	1471						
1.5~1.6	2158	1814	1422	0.9~1	2750	2599	2452	2.2~2.5	1618
1.8	2059	1765	1373						
2	1961	1765	1373					2.8~3.2	1569
2.2	1863	1667	1373						
2.5	1765	1618	1275	1.2	—	2500	2355	3.5	1471
2.8	1716	1618	1257						
3	1667	1618	1275					3.8~4.2	1422
3.2	1667	1520	1177						
3.5	1618	1520	1177					4.5	1373
4	1569	1520	1128	1.4~1.5	—	2400	2256		
4.5~5	1471	1373	1079					5	1324
5.5~6	1422	1324	1030						
7~8	—	1226	981					5.5~6	1275

(3) 热处理和强化处理。一般对于冷卷成型的弹簧仅做低温回火以消除卷制时产生的内应力，对于热卷成型的弹簧，必须经淬火和中温回火处理。为了提高弹簧的承载能力，在弹簧制成后，可再进行强压处理或喷丸处理，以提高弹簧的承载能力。

(4) 工艺性实验。弹簧制造完成后还要进行工艺试验和冲击疲劳试验，以检验弹簧是否达到规定的疲劳强度；此外还要进行表面质量检验，表面应光洁、无裂纹、无伤痕、无脱碳等缺陷，以提高弹簧疲劳寿命。

16.1.4 弹簧设计中的几个基本概念

设计弹簧时应首先考虑几个基本概念，这些概念反映了弹簧的工作特征，也为弹簧的设计提供了方便。

1. 弹簧的特性线

在弹性范围内，弹簧的工作载荷与变形量之间关系曲线，称为弹簧的特性线。工作载荷对拉压弹簧为拉力或压力，对扭转弹簧是转矩；变形量对拉压弹簧为伸长量或压缩量，对扭转弹簧是扭转角。按照线形的不同，弹簧特性线有直线形、刚度渐增型、刚度渐减型，混合型等，见图 16.1。弹簧的特性线对于设计和选择弹簧类型具有重要作用。例如，车辆缓冲减振弹簧，希望在车辆受到最大载荷或冲击载荷作用瞬时，仍然具有较好的缓冲减振性能。在这种情况下可将弹簧设计为刚度渐增型的弹簧，使弹簧的刚度随载荷增大而增大，在大载荷作用下，振幅较小。

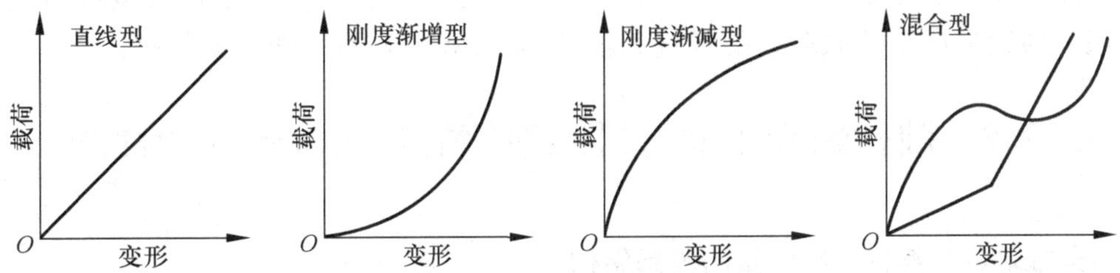

(a) 直线型（定刚度） (b) 刚度渐增型 (c) 刚度渐减型 (d) 混合型

图 16.1 常用弹簧的特性曲线

2. 弹簧的刚度

使弹簧产生单位变形量所需的载荷，称为弹簧刚度。刚度也是弹簧的特性线上某点的斜率，斜率越大，刚度越大，弹簧也越硬；反之弹簧越软。

对于拉压弹簧刚度

$$c = \frac{\mathrm{d}F}{\mathrm{d}\lambda}$$

对于扭转弹簧刚度

$$c_{\mathrm{T}} = \frac{\mathrm{d}T}{\mathrm{d}\phi}$$

式中，F 为拉力或压力；T 为转矩；λ 为伸长量或压缩量；ϕ 为扭转角。

3. 弹簧的变形能

弹簧在加载过程中所吸收的能量为变形能，如图 16.2 所示的特性线下方的面积即为变形能。

拉压弹簧的变形能为

$$E_{\mathrm{p}} = \int_0^{\lambda} F(\lambda)\,\mathrm{d}\lambda$$

扭转弹簧的变形能为

$$E_{\mathrm{pT}} = \int_0^{\phi} T(\varphi)\,\mathrm{d}\phi$$

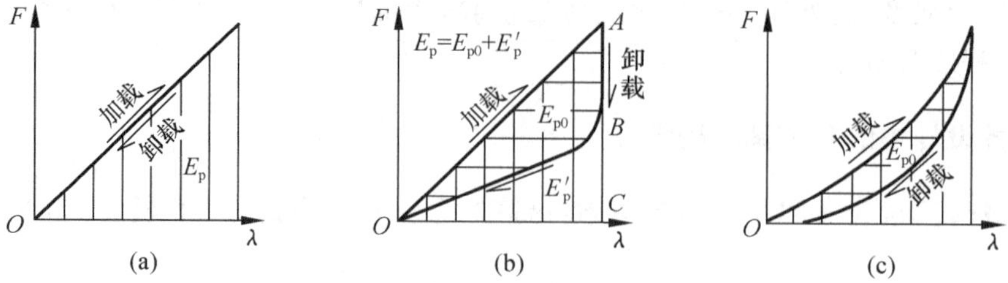

图 16.2　弹簧的变形能和摩擦耗能

弹簧在工作过程中无阻尼时，加载和卸载的特性线重合，弹簧在加载过程吸收的能量会在卸载过程完全释放。弹簧在工作过程中有阻尼时，加载和卸载的特性线不重合。加载和卸载的特性线所包围的面积即代表阻尼所消耗的能量 E_{p0}，E_{p0} 越大说明弹簧吸振能力越强。环形弹簧、叠合碟形弹簧、多层板弹簧就是利用弹簧片之间的摩擦把动能转化成热能，作为吸振弹簧。

4. 弹簧的自振频率

当弹簧受到交变载荷作用时，如果载荷的频率与弹簧的自振频率重合或接近时，将会发生共振。为避免严重共振造成的弹簧破坏，需要计算弹簧系统的自振频率。

16.2　圆柱螺旋压缩(拉伸)弹簧的几何参数和特性线

16.2.1　圆柱螺旋压缩(拉伸)弹簧的端部结构

如图 16.3 所示，对于圆柱螺旋压缩弹簧，除参加变形的工作圈数外，弹簧的两端各有 3/4～5/4 圈与邻圈并紧，只起支承作用，不参与变形，这些圈称支承圈(或死圈)。支承圈端面与弹簧座接触，最常见的端部结构有两端圈并紧磨平的 YⅠ型、两端圈磨平不并紧的 YⅡ型和两端圈并紧不磨平 YⅢ型几种。在重要场合应采用 YⅠ型以保证两支承端面与弹簧的轴线垂直，从而使弹簧受压时不致歪斜。两端磨平部分的长度不少于 3/4 圈。为保证在承受压力载荷时能产生相应的弹性变形量，弹簧各圈之间必须留有足够的间距 δ，且在承受最大载荷时，必须使最小间距 $\delta_{min}\geqslant 0.1d$($d$ 为弹簧丝的直径)。

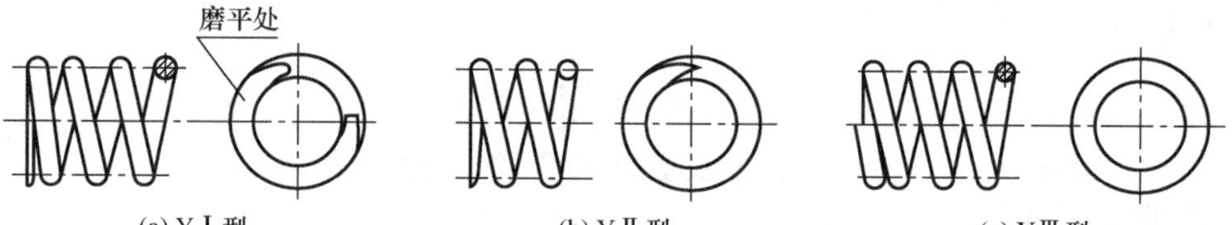

图 16.3　圆柱螺旋压缩弹簧的端头形式

圆柱螺旋拉伸弹簧的端部制出挂钩，以便安装和加载。图 16.4 所示为自由状态下的常用的端部结构形式。其中 LⅠ型和 LⅡ型制造方便，应用广泛，但因在挂钩过渡处产生很大的弯曲应力，故只宜用于弹簧丝直径 $d\leqslant 10$mm 的弹簧。LⅦ和 LⅧ型挂钩受力情况较好，且可转向任何位置而便于安装，适用于受力较大的重要弹簧，但其制造成本较高。圆柱螺旋拉伸弹簧卷制时已使各圈互相并紧，即$\delta=0$。为了增加弹簧的刚性，许多拉伸弹簧在制成后已具有初应力。

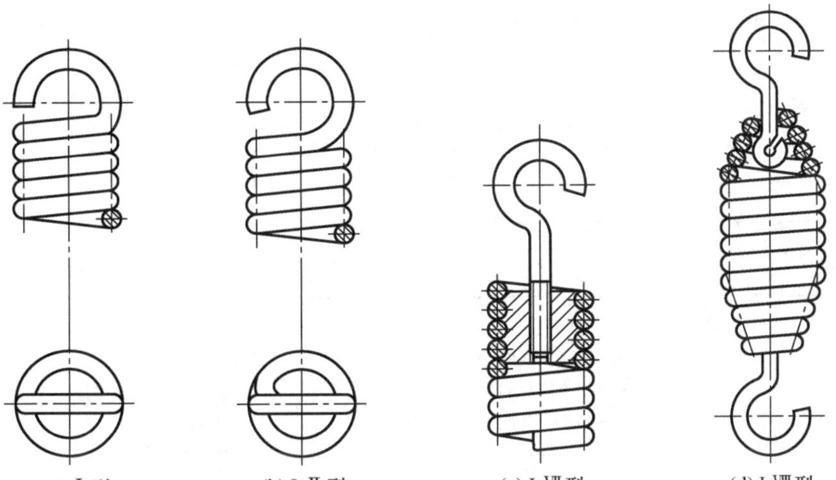

图 16.4 圆柱螺旋拉伸弹簧的端头形式

16.2.2 圆柱螺旋弹簧几何参数的确定

圆柱螺旋弹簧的主要几何参数如图 16.5 所示。主要有弹簧丝直径 d，弹簧圈外径、D 内径 D_1 和中径 D_2，节距 p、螺旋升角 α。弹簧工作圈数 n 和弹簧自由高度 H_0 等。圆柱螺旋压缩(拉伸)弹簧的结构尺寸计算公式见表 16.4。

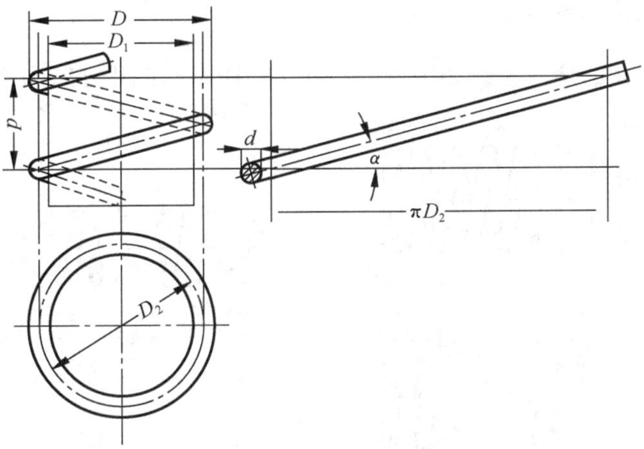

图 16.5 圆柱螺旋弹簧的几何尺寸参数

表 16.4 圆柱螺旋弹簧的结构尺寸计算公式

几何参数名称及代号	压缩弹簧	拉伸弹簧
弹簧丝直径 d	根据强度计算确定，并按表取标准值	
弹簧中径 D_2	根据结构要求确定，并按表取标准值	
弹簧圈外径 D	$D=D_2+d$	
弹簧内径 D_1	$D_1=D_2-d$	
工作圈数 n	由刚度计算确定	

续表

几何参数名称及代号	压缩弹簧	拉伸弹簧
总圈数 n_1	冷卷时 $n_1=n+(2\sim2.5)$ YⅡ型热卷时 $n_1=n+(1.5\sim2)$	$n_1=n$，n_1 的尾数为 1/4、1/2、3/4 或整圈
节距 p/mm	$p=d+\dfrac{\lambda_j}{n}+\delta$	$p=d$
螺旋升角 γ	$\gamma=\arctan\dfrac{p}{\pi D_2}$　一般不超过 5°～9°	
自由高度 H_0	YⅠ型 $n_1=n+1.5$ 时，$H_0=np+d$ $n_1=n+2$ 时，$H_0=np+1.5d$ $n_1=n+2.5$ 时，$H_0=np+2d$	LⅠ型 $H_0=(n+1)d+D_1$ LⅡ型 $H_0=(n+1)d+2D_1$ LⅢ型 $H_0=(n+1.5)d+2D_1$
	YⅡ型 $n_1=n+2$ 时，$H_0=np+3d$ $n_1=n+2.5$ 时，$H_0=np+3.5d$	
簧丝展开长度 L/mm	$L=\dfrac{\pi D_2 n_1}{\cos\alpha}$	$L\approx\pi D_2 n+$钩环展开长度

注：(1) δ 为弹簧在最大工作载荷下，相邻两圈簧丝之间的间隙，通常取 $\delta\geqslant0.1d$。

(2) λ_j 为在弹簧极限载荷 F_j 作用下的极限变形量。

(3) Ⅰ类弹簧 $F_j\leqslant1.67F_{max}$；Ⅱ类弹簧 $F_j\leqslant1.26F_{max}$，Ⅲ类弹簧 $F_j\leqslant1.12F_{max}$。

16.2.3　圆柱螺旋弹簧的特性线

圆柱螺旋压缩弹簧的特性曲线如图 16.6(a)、(b)所示。图中 H_0 为弹簧在未受载荷时的

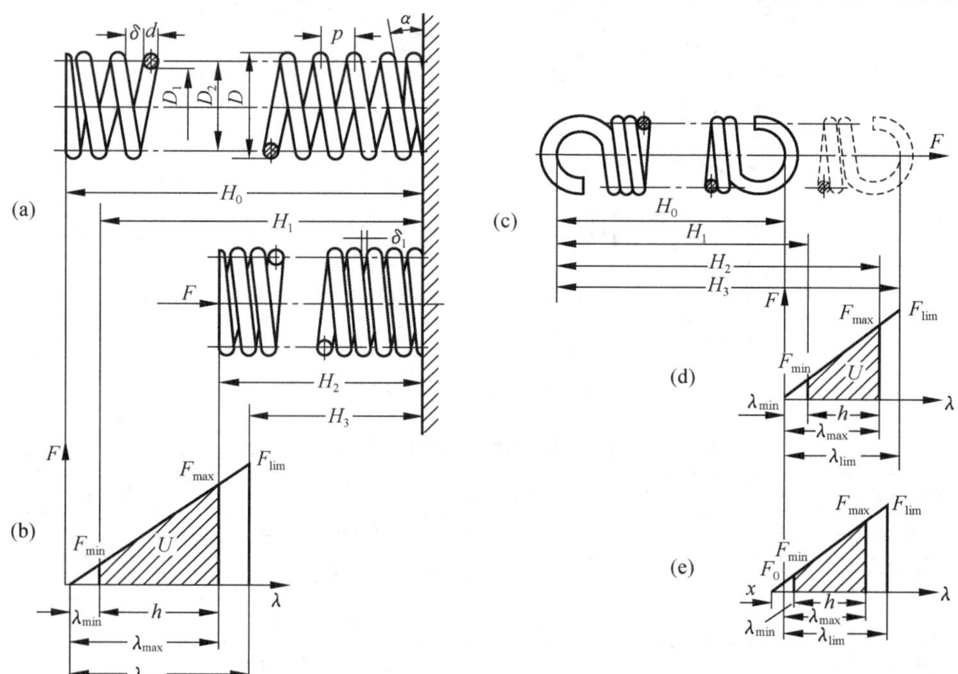

图 16.6　圆柱螺旋弹簧的特性线

自由高度。安装时，为使弹簧能可靠地稳定在工作位置上，通常预加一初始载荷 F_{min}，此时弹簧的高度由 H_0 被压缩到 H_1，其压缩量为 λ_{min}，当弹簧工作时，在最大工作载荷 F_{max}的作用下，弹簧高度被压缩到 H_2，相应的压缩量为 λ_{max}，弹簧的工作行程为 $h=\lambda_{max}-\lambda_{min}$。为保证弹簧安全可靠地工作，在 F_2 作用下弹簧丝中所产生的应力不应超过材料的许用应力[τ]。当弹簧的载荷增加到极限载荷 F_{lim}时，且高度被压缩到 H_{lim}时，其压缩变形量为 λ_{lim}，此时弹簧丝中的应力刚好达到材料的弹性极限。

设计弹簧时，弹簧的初始载荷通常取为：$F_{min}=(0.1\sim0.5)F_{max}$。最大工作载荷 F_{max} 按工作要求确定，但为保证弹簧的正常工作，应使 $F_{max}\leqslant 0.8F_{lim}$。

圆柱拉伸弹簧的特性曲线如图 16.6(c)、(d)、(e)所示。按卷绕方法不同，拉伸弹簧分为无预应力和有预应力两种。无初应力的拉伸弹簧的特性曲线与压缩弹簧的特性曲线相同。有预应力的拉伸弹簧是为了减小使用空间而在卷制弹簧时将弹簧丝边卷边向内侧扭转，使各圈弹簧丝贴紧产生并紧力(初拉力)F_0。有预应力的拉伸弹簧只有在工作拉力超过并紧力 F_0 才能使弹簧拉伸变形。因此，其特性曲线多出一段初始的变形量 x，相应的拉力 F_0 正是为克服并紧力而施加给弹簧的初拉力。

16.3　圆柱螺旋弹簧的设计计算

16.3.1　圆柱螺旋弹簧的强度计算

1. 弹簧的应力分析

图 16.7 所示为圆柱螺旋压缩弹簧，受轴向载荷 F 作用。在过弹簧轴线的剖面内，直径为 d 的弹簧丝的截面 B-B 应为椭圆，但由于螺旋升角较小，可近似把弹簧丝的截面看作圆剖面。将轴向载荷 F 移至该剖面，可得弹簧丝截面上的剪力 F 和扭矩 $T=FD_2/2$。剪力和扭矩在簧丝中引起的剪应力分别为

$$\tau_F=\frac{4F}{\pi d^2} \tag{16.1}$$

$$\tau_T=\frac{T}{W_T}=\frac{8FD_2}{\pi d^3} \tag{16.2}$$

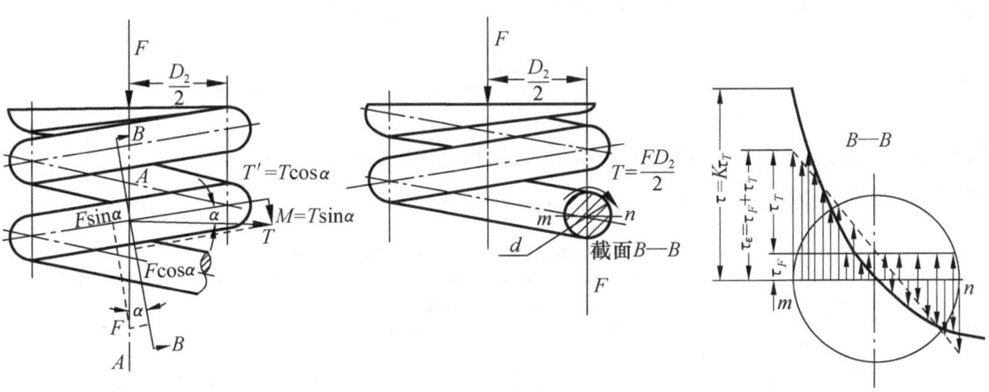

图 16.7　圆柱螺旋弹簧的受力及应力分析

最大剪应力 τ_{max}发生在弹簧丝截面内侧的 m 点，弹簧丝中的最大剪应力为

$$\tau=\tau_F+\tau_T=\frac{4F}{\pi d^2}+\frac{8FD_2}{\pi d^3}=\frac{8FD_2}{\pi d^3}\left(1+\frac{d}{2D_2}\right) \tag{16.3}$$

令

$$C=\frac{D_2}{d} \tag{16.4}$$

则弹簧丝截面上的最大切应力为

$$\tau_{max}=\frac{8FC}{\pi d^2}\left(1+\frac{0.5}{C}\right) \tag{16.5}$$

式(16.4)中 C 称为旋绕比(或弹簧指数),是衡量弹簧曲率的重要参数,C 的取值不宜过大或过小,过大会使弹簧过软颤动;过小又会使弹簧丝卷绕困难。一般可参考表 16.5 选取。

表 16.5　圆柱螺旋弹簧 C 的荐用值

弹簧丝直径	0.2～0.4	0.5～1.0	1.1～2.2	2.5～6	7～16	18～50
弹簧指数 C	7～14	5～12	5～10	4～9	4～8	4～6

式(16.5)是按直杆的弯扭应力计算公式求得的,考虑弹簧丝螺旋升角和呈螺旋状曲率的影响,弹簧丝截面上的最大切应力应为

$$\tau_{max}=\left(\frac{4C-1}{4C-4}+\frac{0.615}{C}\right)\frac{8FC}{\pi d^2}=K\frac{8FC}{\pi d^2} \tag{16.6}$$

式中,K 为弹簧的曲度系数,可以根据旋绕比 C 直接求得,即

$$K=\frac{4C-1}{4C-4}+\frac{0.615}{C} \tag{16.7}$$

2. 弹簧强度计算

弹簧强度计算是为了确定合适的弹簧丝直径,以满足强度要求。

弹簧的强度条件为

$$\tau_{max}=K\frac{8F_{max}C}{\pi d^2}\leqslant[\tau] \tag{16.8}$$

式中,F_{max} 为弹簧最大工作载荷。

根据式(16.6)的弹簧强度计算式,可得弹簧丝的直径计算式

$$d\geqslant\sqrt{\frac{8KF_{max}C}{\pi[\tau]}} \tag{16.9}$$

式中,$[\tau]$ 为弹簧许用剪应力,可根据弹簧的工作特点按表 16.2 查取。

求得的弹簧丝直径应按表 16.6 取标准值。

表 16.6　普通圆柱螺旋压缩(拉伸)弹簧尺寸系列

弹簧丝直径 d/mm	第一系列	0.3 0.35 0.4 0.45 0.5 0.6 0.7 0.8 0.9 1 1.2 1.6 2 2.5 3 3.5 4 4.5 5 6 8 10 12 16 2025 30 35 35 40 45 50 60 70 80
	第二系列	0.32 0.55 0.65 1.4 1.8 2.2 2.8 3.2 5.5 6.5 7 9 11 14 18 22 28 32 38 42 55 65
弹簧中径 D_2/mm		2 2.2 2.5 2.8 3 3.2 3.5 3.8 4 4.2 4.5 4.8 5 5.5 6 6.5 7 7.5 8 8.5 9 10 12 14 16 18 20 22 25 28 30 32 35 38 40 42 45 48 50 52 55 58 60 65 70 75 80 85 90 95 100 105 110 115 120 125 130 135 140 145 150 160 170 180 190 200

续表

有效圈数 n/圈	压缩弹簧	2 2.25 2.5 2.75 3 3.25 3.5 3.75 4 4.25 4.5 4.75 5 5.5 6 6.5 7 7.5 8 8.5 9 9.5 10 10.5 11.5 12.5 13.5 14.5 15 16 18 20 22 25 28 30
	拉伸弹簧	2 3 4 5 6 7 8 9 10 11 12 13 14 15 16 17 18 19 20 22 25 28 30 35 40 45 50 55 60 65 70 80 90 100
自由高度 H_0/mm	压缩弹簧	4 5 6 7 8 9 10 11 12 13 14 15 16 17 18 19 20 22 24 26 28 30 32 35 38 40 42 45 48 50 52 55 58 60 65 70 75 80 85 90 95 100 105 110 115 120 130 140 150 160 170 180 190 200 220 240 260 280 300 320 340 360 380 400 420 450 480 500 520 550 580 600

注:(1) 本表适用于压缩、拉伸和扭转的圆截面弹簧丝的圆柱螺旋弹簧。

(2) 应优先采用第一系列。

(3) 拉伸弹簧有效圈数除表中规定外,由于两钩环相对位置不同,其尾数还可以为 0.25、0.5\0.75。

16.3.2 圆柱螺旋弹簧的刚度计算

弹簧刚度计算就是要求出满足变形量要求的弹簧圈数。在轴向载荷作用下,弹簧产生轴向变形量 λ,如图 16.8(a)所示。现取微段簧丝 ds 进行研究,当弹簧受载时,微段簧丝 ds 的端面 aa'相对于 bb'扭转了一个角度 dθ,与此同时,半径 O_2C 相对于 O_1C 也扭转了一个角度 dθ,从而使 C 点移至 C'点,结果弹簧产生了一个相应的微量轴向变形 dλ,如图 16.8(b)所示。将

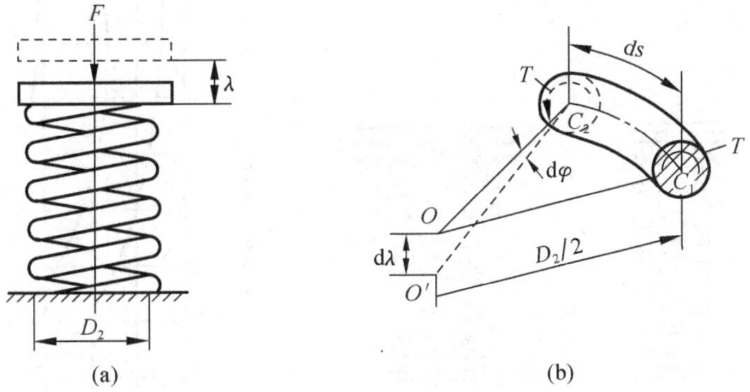

图 16.8 圆柱螺旋弹簧的变形

dλ 积分,则得到圆柱螺旋压缩(拉伸)弹簧受载荷 F 后的轴向变形量为

$$\lambda = \frac{8FD_2^3 n}{Gd^4} = \frac{8FC^3 n}{Gd} \tag{16.10}$$

式中,n 为弹簧的有效圈数;G 为弹簧材料的剪切弹性模量,单位:MPa,钢为 8×10^4MPa,青铜为 4×10^4MPa。

利用上式即可求出所需的弹簧的有效圈数

$$n = \frac{Gd\lambda}{8FC^3} \tag{16.11}$$

为制造方便,当 $n<15$ 圈时,取 n 为 0.5 的倍数;当 $n>15$ 圈时,则取 n 为整数。弹簧的工作圈数不得少于 2 圈。

弹簧刚度 k 的计算公式为

$$k = \frac{F}{\lambda} = \frac{Gd}{8C^3 n} \tag{16.12}$$

由式(16.12)可知，弹簧刚度 k 与弹簧指数 C^3 成反比，即弹簧指数的大小对弹簧刚度的影响很大。另外，弹簧圈数越多，弹簧刚度就越小；反之，弹簧刚度越大。

16.3.3 圆柱螺旋压缩弹簧稳定性验算

对于圈数较多的压缩弹簧，当高径比 $b=\frac{H_0}{D_2}$ 较大时，弹簧容易丧失稳定性，如图 16.9(a)所示。这种情况在工作中是不允许的。为了便于制造和避免失稳现象，建议一般的压缩弹簧的高径比按下列情况选取：

当两端固定时，取 $b<5.3$；

当一端固定，另一端自由转动时，取 $b<3.7$；

当两端自由转动时，取 $b<2.6$；

当 b 大于上述各种情况下的推荐值时，应按照下式进行稳定性验算：

$$F_c = C_u k H_0 > F_{max} \tag{16.13}$$

式中，F_c 为弹簧稳定时的临界载荷，单位：N；C_u 为不稳定系数，由图 16.10 查取；H_0 为弹簧自由高度，单位：mm；F_{max} 为弹簧最大工作载荷，单位：N；k 为弹簧刚度，单位：N/mm。

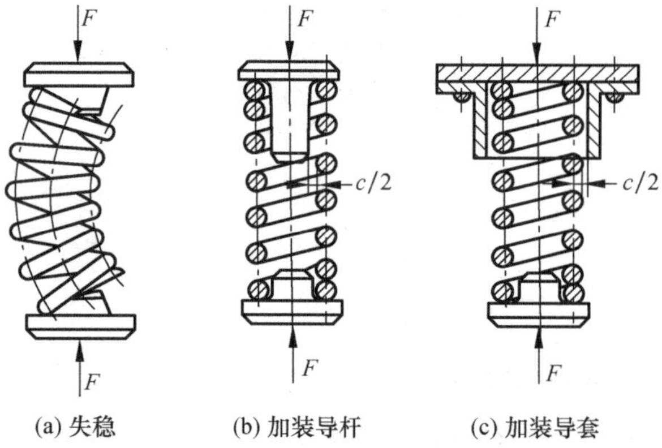

图 16.9　压缩弹簧的失稳及防止

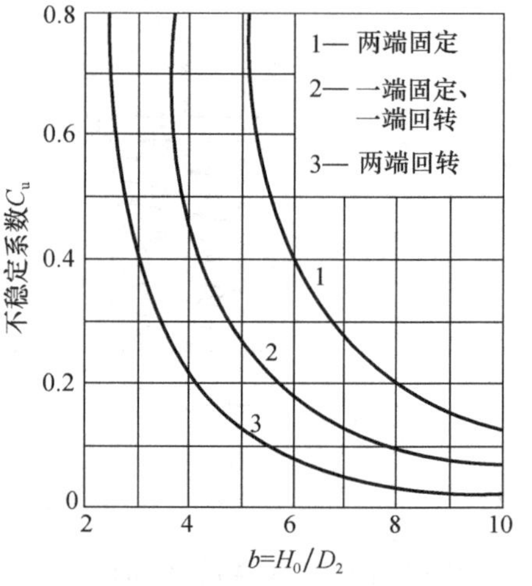

图 16.10　压缩弹簧的不稳定系数图

如果 $F_{max}>F_c$，应重新选择有关参数，改变 b 值，提高 F_c 的大小，使其大于 F_{max} 之值，以保证弹簧的稳定性。若受结构限制而不能改变参数时，就应该加装导杆或导套，导杆或导套与弹簧间的间隙 c 应按表 16.7 的规定选取。

表 16.7　导杆或导套与弹簧间的间隙

中径 D_2/mm	≤0.5	>5～10	>10～18	>18～30	>30～50	>50～80	>80～120	>120～150
间隙 c/mm	0.6	1	2	3	4	5	6	7

16.3.4 圆柱螺旋弹簧的疲劳强度验算

对于受循环载荷的Ⅰ、Ⅱ类重要弹簧必须进行疲劳强度验算。受循环载荷次数少或所受循环载荷的变化幅度小时，应进行静强度验算。当两者不易区别时，要同时进行两种强度验算。

疲劳强度按照下式计算：

安全系数

$$S=\frac{\tau_0+0.75\tau_{\min}}{\tau_{\max}}\geqslant S_p \tag{16.14}$$

式中 τ_0 为弹簧在脉动循环载荷下的剪切疲劳强度。各种弹簧丝材料的 τ_0 值可参照表 16.8 选取；$\tau_{\max}$ 为最大工作载荷所产生的切应力，$\tau_{\max}=\frac{8KF_{\max}C}{\pi d^2}$；$\tau_{\min}$ 为最小工作载荷所产生的切应力，$\tau_{\min}=\frac{8KF_{\min}C}{\pi d^2}$；$S_p$ 为许用安全系数，取 $S_p=1.3\sim2.2$。

表 16.8　高优质钢丝、不锈钢丝铍青铜和硅青铜循环载荷下的剪切强度 τ_0

循环载荷作用次数	10^4	10^5	10^6	10^7
τ_0	$0.45\sigma_b$①	$0.35\sigma_b$	$0.33\sigma_b$	$0.3\sigma_b$

注：① 对于硅青铜、不锈钢丝，此值取 $0.35\sigma_b$。

静强度计算：安全系数

$$S=\frac{\tau_s}{\tau_{\max}}\geqslant S_p \tag{16.15}$$

式中，τ_0 为弹簧材料的屈服极限；S_p 为许用安全系数，与疲劳强度验算的选取相同。

16.3.5　圆柱螺旋弹簧的共振验算

对高速运转中承受循环载荷的弹簧，需要进行共振验算。

$$f=3.56\times10^5\frac{d}{nD^2}>10f_r \tag{16.16}$$

式中，f 为弹簧的自振频率，Hz；f_r 为强迫振动频率，Hz；d 为弹簧丝直径，mm；D 为弹簧中径，mm；n 为弹簧有效圈数。

对于减振弹簧，按下式进行验算

$$f=\frac{1}{2\pi}\sqrt{\frac{kg}{W}}\leqslant0.5f_r \tag{16.17}$$

式中，g 为重力加速度，mm/s^2；k 为弹簧刚度，N/mm；W 为载荷，N。

16.3.6　圆柱螺旋拉伸、压缩弹簧的设计过程

圆柱螺旋拉伸、压缩弹簧设计的主要任务是：确定满足使用要求所需的弹簧丝直径和弹簧圈数以保证其满足强度、刚度、稳定性及结构要求。进一步地还要求相应的设计指标（如体积、重量、振动稳定性等）达到最好。

具体设计步骤为：先根据工作条件、要求等，选择合适的弹簧材料、结构形式；再根据弹簧的应力、变形公式计算弹簧的主要参数如簧丝直径 d、圈数 n、中径 D_2 等最后由表求出弹簧的其他几何尺寸。所求出的弹簧的各种尺寸应符合 GB2089—1980《普通圆柱螺旋拉伸、压缩弹簧尺寸系列》要求。在设计开始时，由于弹簧的许用应力[τ]和旋绕比 C 均与 d 有关，所以要

采用试算法假定弹簧丝的直径 d，如果所得结果与设计条件不符合，以上过程要重复进行，直到满足所有设计条件。以下通过一个例题来说明弹簧设计步骤和设计过程。

【例 16.1】 设计一车辆调速器用圆柱形螺旋压缩弹簧，簧丝剖面为圆形。已知最大载荷 $F_{max}=500N$，最小载荷 $F_{min}=270N$，工作行程 $h=8.5mm$，弹簧所受载荷循环次数为 $10^3\sim10^5$，且有冲击。要求弹簧外径不超过 30mm，端部并紧磨平。

解

计算项目	计算内容	计算结果
1) 选择弹簧材料		
弹簧材料	根据弹簧工作场合(调速器用)和弹簧所受载荷循环次数	选用Ⅱ类碳素弹簧钢丝
初选弹簧丝直径 d		$d=4mm$
弹簧强度极限 σ_b	由表 16.3 查得	$\sigma_b=1520MPa$
弹簧许用剪切应力$[\tau]$	由表 16.2 知：$[\tau]=0.4\delta_b$	$[\tau]=0.4\delta_b=608MPa$
2) 按强度要求计算弹簧丝直径		
初选弹簧中径 D_2	按照 $D=D_2+d\leqslant 30mm$ 的条件	取 $D_2=25mm$
弹簧旋绕比 C	弹簧旋绕比 $C=D_2/d=25/4$ (式(16.4))	$C=6.25$
曲度系数 K	$K=\frac{4C-1}{4C-4}+\frac{0.615}{C}=\frac{4\times6.25-1}{4\times6.25-4}+\frac{0.615}{6.25}$ (式(16.7))	$K=1.24$
计算弹簧丝直径 d	$d\geqslant\sqrt{\frac{8KF_{max}C}{\pi[\tau]}}=\sqrt{\frac{8\times1.208\times500\times7.14}{\pi\times608}}$ (式(16.9))	$d\geqslant4.03mm$ 取 $d=4.5mm$
弹簧实际旋绕比 C	$C=D_2/d=25/4.5$ (式(16.4))	$C=5.56$
弹簧实际强度极限 σ_b	根据 $d=4.5mm$，由表 16.3 查取	$\sigma_b=1373MPa$
弹簧实际许用切应力$[\tau]$	由表 16.2 知：$[\tau]=0.4\sigma_b$	$[\tau]=0.4\sigma_b=549MPa$
弹簧实际曲度系数 K	$K=\frac{4C-1}{4C-4}+\frac{0.615}{C}=\frac{4\times5.56-1}{4\times5.56-4}+\frac{0.615}{5.56}$ (式(16.7))	$K=1.28$
校核弹簧丝直径 d	$d\geqslant\sqrt{\frac{8KF_{max}C}{\pi[\tau]}}=\sqrt{\frac{8\times1.28\times500\times5.56}{\pi\times549}}$ (式(16.9))	$d\geqslant4.06mm$ 可知： $d=4.5mm$ 满足强度条件
3) 计算弹簧刚度和工作圈数		
弹簧刚度 k	$k=\frac{F}{\lambda}=\frac{F_{max}-F_{min}}{\lambda_{max}}=\frac{500-270}{8.5}N/mm$ (式(16.12))	$k=27.06N/mm$
弹簧工作圈数 n	$n=\frac{G\lambda d^4}{8FD_2^3}=\frac{8\times10^4\times8.5\times4.5^4}{8\times(500-270)\times25^3}$ (式(16.11))	$n=9.70$ 根据表(16.6)，取 $n=10$
弹簧总圈数 n_1	考虑两端各并紧一圈，则总圈数 $n_1=n+2$	$n_1=12$
弹簧实际刚度 k	$k=\frac{Gd}{8C^3n}=\frac{8\times10^4\times4.5}{8\times5.56^3\times10}$ (式(16.12))	$k=26.18N/mm$
4) 计算弹簧变形量 λ		
最小变形量 λ_{min}	由式(16.12)，可得 $\lambda_{min}=\frac{F_{min}}{k}=\frac{270}{26.18}$	$\lambda_{min}=10.31mm$

续表

计算项目	计算内容	计算结果
最大变形量 λ_{max}	由式(16.12)，可得 $\lambda_{max}=\frac{F_{max}}{k}=\frac{500}{26.18}$	$\lambda_{max}=19.1mm$
弹簧的实际工作行程 h	$h=\lambda_{max}-\lambda_{min}=19.1-10.31$	$h=8.79mm$ 满足设计要求
弹簧的极限载荷	$F_j=1.26F_{max}=1.26\times500=630(N)$	$F_j=630N$
弹簧极限变形量 λ_j	由式(16.12)，可得 $\lambda_j=\frac{F_j}{k}=\frac{630}{26.18}$	$\lambda_j=24.06mm$
5) 计算弹簧几何尺寸	根据表 16.4 计算	
弹簧外径 D	$D=D_2+d=25+4.5=29.5(mm)$	$D=29.5mm$
弹簧内径	$D_1=D_2-d=25-4.5=20.5(mm)$	$D_1=20.5mm$
弹簧节距 p	$p=d+\frac{\lambda_j}{n}+\delta_{min}=4.5+\frac{24.06}{10}+0.1\times4.5$	$p=7.35mm$
弹簧在自由长度 H_0	$H_0=np+1.5d=10\times7.35+1.5\times4.5$ $=80.25(mm)$	$H_0=80.25(mm)$
弹簧螺旋角 γ	$\gamma=\arctan\frac{p}{\pi D_2}=\arctan\frac{7.35}{3.14\times25}=5.35°$	$\gamma=5.35°$ 满足 $\gamma=5°\sim9°$ 的要求
弹簧展开长度 L	$L=\pi D_2n_1/\cos\gamma=\pi\times25\times12/\cos5.35°$ $=946.12(mm)$	$L=946.12mm$
6) 验算弹簧疲劳强度		
弹簧丝最大剪切应力 τ_{max}	$\tau_{max}=K\frac{8F_{max}C}{\pi d^2}=1.28\times\frac{8\times500\times5.56}{\pi\times4.5^2}$ (式(16.8))	$\tau_{max}=447.7MPa$
弹簧丝最小剪切应力 τ_{min}	$\tau_{min}=K\frac{8F_{min}C}{\pi d^2}=1.28\times\frac{8\times270\times5.56}{\pi\times4.5^2}$ (式(16.8))	$\tau_{min}=241.76MPa$
弹簧疲劳安全系数 S	$S=\frac{\tau_0+0.75\tau_{min}}{\tau_{max}}=\frac{0.35\times1373+0.75\times241.76}{447.7}$	$S=1.48\geqslant S_p=1.3$ 疲劳强度能满足要求
7) 验算弹簧稳定性		
弹簧高径比	$b=H_0/D_2=80.25/25=3.21$	$b=3.21$ 本阀门弹簧的端部结构为一端固定，另一端自由转动，$b<3.7$ 即可满足稳定性要求
8) 绘制弹簧特性线和零件工作图(略)		

16.3.7　圆柱螺旋扭转弹簧

1. 圆柱螺旋扭转弹簧结构和特性

圆柱螺旋扭转弹簧常用于传递扭矩、储能和压紧，如用于门窗铰链复位、汽车启动装置、电机中保持电刷接触压力等场合，使用较为广泛。圆柱螺旋扭转弹簧的外形与压缩、拉伸圆柱螺旋弹簧相似。为了便于加载，其端部有多种结构形式，如图 16.11 所示，NⅠ型为内臂扭转弹簧，NⅡ型为外臂扭转弹簧，NⅢ型为中心臂扭转弹簧，NⅣ型为双扭弹簧。在自由状态下，扭转弹簧各圈并不并紧，一般只留少量间隙(约 0.5mm)，以防止弹簧工作时各圈之间互相接触产生磨损。

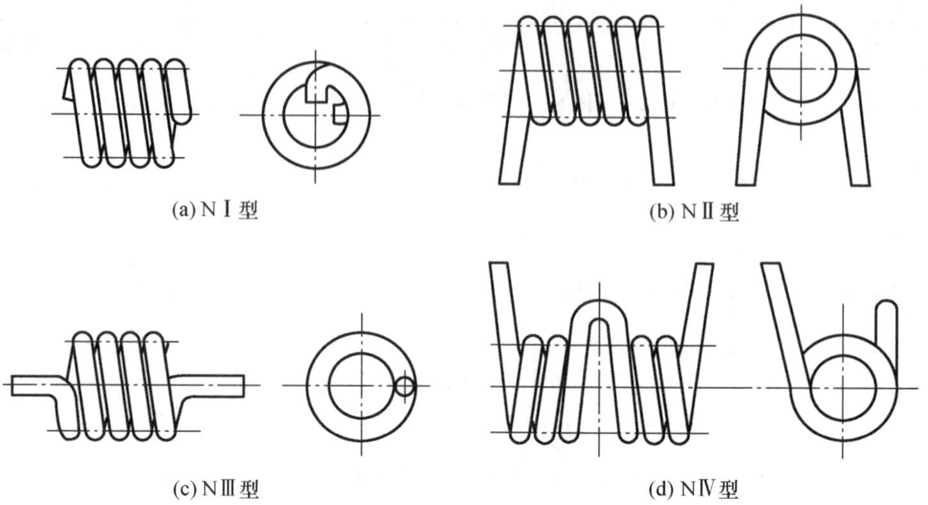

图 16.11 圆柱螺旋扭转弹簧

2. 圆柱螺旋扭转弹簧的强度计算

当圆柱螺旋扭转弹簧受外加扭矩 T 作用时，若弹簧的螺旋升角很小，可以认为弹簧丝只承受弯矩 M。其值 M 等于 T。应用曲梁受弯理论，可得圆截面弹簧丝的最大弯曲应力及强度条件为

$$\sigma_{\max} = K_1 \frac{M}{W} = K_1 \frac{32M}{\pi d^3} \leqslant [\sigma] \tag{16.18}$$

式中，K_1 为曲度系数，$K_1 = \frac{4C-1}{4C-4}$；W 为弹簧丝抗弯截面模量(mm^3)。对圆形截面 $W = \pi d^3/32$；$[\sigma]$为弹簧丝材料许用弯曲应力，见表 16.2。

由式(16.18)可得弹簧丝直径计算公式

$$d = \sqrt[3]{\frac{32K_1 T_2}{\pi[\sigma]}} \tag{16.19}$$

计算得出的弹簧丝直径应按表 16.6 取标准值。

3. 圆柱螺旋扭转弹簧的刚度计算

扭转弹簧受扭矩 T 作用时产生的相对扭转变形为

$$\phi = \frac{TL}{EI} = \frac{T\pi D_2 n}{EI} \quad (\text{rad}) \tag{16.20}$$

式中，T 为弹簧受的扭矩(N·mm)；E 为弹簧丝材料的弹性模量(MPa)；I 为弹簧丝截面的极惯性矩(mm^4)，对圆形截面 $I = \pi d^4/64$；D_2 为弹簧丝中径(mm)；n 为弹簧工作圈数。

由式(16.20)可得弹簧工作圈数计算公式

$$n = \frac{EI\phi}{T\pi D_2} \tag{16.21}$$

圆柱螺旋扭转弹簧的设计过程与拉、压弹簧一样。

本章学习要求和知识点小结

学习要求 了解弹簧的功能、分类和工作特点。掌握弹簧的特性线、刚度、稳定性和自振频率等概念。了解弹簧材料选择、制造工艺和许用应力等知识。弄清圆柱螺旋压缩、拉伸弹簧

在结构上的异同点和主要几何尺寸。掌握圆柱螺旋压缩、拉伸弹簧的设计方法，包括几何参数计算、强度计算、刚度计算，以及弹簧稳定性的验算和疲劳强度验算。

知识点小结 (1) 弹簧的功能、分类和特性线：弹簧的主要功用有测力、缓冲减振、控制机械运动和储存及输出能量等。按弹簧的受力性质不同，弹簧可分为拉伸弹簧、压缩弹簧、扭转弹簧和弯曲弹簧。按形状可分为螺旋弹簧、碟形弹簧、环形弹簧、板弹簧、平面蜗卷弹簧和扭杆弹簧等。

(2) 弹簧的工作性能：①弹簧的特性曲线：在弹性范围内，弹簧的工作载荷与变形量之间关系曲线，称为弹簧的特性线。②弹簧的刚度使弹簧产生单位变形量所需的载荷，称为弹簧刚度。刚度也是弹簧的特性曲线上某点的斜率，斜率越大，刚度越大，弹簧也越硬；弹簧的特性线和刚度对于设计和选择弹簧类型具有重要作用。③弹簧的变形能：弹簧在加载过程中所吸收的能量为变形能。根据弹簧在工作过程加载和卸载的特性线是否重合，可以了解各类弹簧的缓冲吸振性能的好坏。④弹簧的自振频率：当弹簧受到交变载荷作用时，如果载荷的频率与弹簧的自振频率重合或接近时，将会引起共振。

(3) 弹簧的材料和制造：弹簧材料要求具有高的弹性极限、疲劳极限和冲击韧性，同时要求有良好的热处理性能。常用的弹簧材料有碳素弹簧钢、合金弹簧钢、不锈弹簧钢以及铜合金等。选择材料时，应按照弹簧的功用、重要程度及工作条件(包括载荷性质、大小及其循环特征、工作温度和周围介质等)，来选择不同类型的材料。螺旋弹簧的制造工艺通常包括卷绕、端面加工、热处理和工艺性实验，有些弹簧在制成后还要进行强压或喷丸处理，以提高疲劳强度。弹簧的许用应力不仅与材料种类、热处理方法、簧丝尺寸有关，还与载荷性质有关。按受变载荷循环次数的情况不同分Ⅰ、Ⅱ、Ⅲ三类。

(4) 圆柱螺旋弹簧的结构和尺寸：圆柱螺旋压缩、拉伸弹簧在结构上基本相同，它们的差别是端部形式不同。压缩弹簧端部一般做成并圈或磨平，而拉簧端部有各种拉环。圆柱螺旋弹簧主要几何参数有外径、内径、中径、弹簧丝直径、旋绕比、节距、展开长度等，是设计者必须确定的主要尺寸。性能参数有：最大工作载荷、最小工作载荷、刚度、变形范围、自振频率等。圆柱螺旋弹簧的主要参数有：中径、外径、内径、旋绕比、簧丝直径、圈数、节距等。国家标准(CB/T1358—1993)对弹簧丝直径、弹簧中径、有效圈数等有规定：旋绕比取值范围4～16，常用5～8。

(5) 圆柱螺旋压缩、拉伸弹簧的设计计算：弹簧设计(以圆柱螺旋弹簧设计为例)的主要内容包括选择弹簧类型、材料，选定一些参数，如旋绕比、中径。按强度确定弹簧丝直径，刚度要求确定弹簧有效圈数；验算弹簧稳定性和疲劳强度；最后进行结构尺寸计算和绘制图纸。实际设计时，为了得到合适的弹簧，弹簧的中径、簧丝直径、有效圈数和旋绕比需要综合考虑，反复调整。

① 强度计算。用以决定弹簧钢丝的直径 d，计算公式为 $d \geqslant \sqrt{\dfrac{8KF_{\max}C}{\pi[\tau]}}$。

② 刚度计算。用以决定弹簧有效工作圈数 n，计算公式为 $n=\dfrac{Gd^4}{8kD_2^3}$。

③ 稳定性验算。对压缩弹簧应以高径比(H_0/D_2)作稳定性验算，若不满足，应更改结构参数或加装导杆或导套。

④ 疲劳强度验算。对于受循环载荷的Ⅰ、Ⅱ类重要弹簧必须进行疲劳强度验算。计算公式为

$$S=\frac{\tau_0+0.75\tau_{min}}{\tau_{max}}\geqslant S_p$$

(6) 圆柱螺旋扭转弹簧的设计过程与拉、压弹簧一样。所不同的是扭转弹簧弹簧丝内的应力是弯曲应力，扭转弹簧的变形为扭转变形。

本 章 习 题

16.1 举出一种常用机器(如自行车、汽车)，观察其中的弹簧的种类及其功能。

16.2 圆柱螺旋压缩弹簧的端部为什么要并圈或磨平？圆柱螺旋拉伸或扭转弹簧端部要有钩环？具体的形式如何选择？

16.3 弹簧材料和热处理如何选择？弹簧按载荷性质分为三类，分类的依据是什么？其许用应力有什么不同？

16.4 碳素弹簧钢丝的强度极限与弹簧钢丝直径有关，在设计计算中如何考虑？

16.5 圆柱螺旋压缩弹簧在什么情况下要求校核稳定性？应如何计算？假如稳定性不满足要求时可采用什么措施？

16.6 圆柱螺旋拉、压弹簧的曲度系数 K 如何计算？它的意义是什么？圆柱螺旋弹簧的旋绕比过大或过小会有什么问题？

16.7 有些拉伸弹簧为什么需要初拉力？初拉力的大小如何确定？

16.8 圆柱螺旋压缩弹簧，用Ⅱ型碳素弹簧钢丝制造。已知材料直径 d=6mm，弹簧中径 D_2=34mm，有效圈数 n=10，承受静载荷 P=900N 时，试问：

(1) 应选用哪一种碳素弹簧钢丝？

(2) 弹簧的变形量是多少？

(3) 弹簧丝中的切应力 τ 多大？

16.9 某牙嵌式离合器用圆柱螺旋弹簧的参数如下：外径 D=36mm，簧丝直径 d=3mm，工作圈数 n=5，弹簧材料为Ⅱ型碳素弹簧钢丝，最大工作载荷 P_{max}=80，载荷循环次数 N<10000，试校核此弹簧的强度。

16.10 某控制用圆柱螺旋压缩弹簧，簧丝直径 d=3mm，中径 D_2=16mm，材料为 65Mn，有效工作圈数 n=6，弹簧两端并紧不磨平，采用两端铰支结构，试求：

(1) 此弹簧可承受的最大工作载荷 F_{max}，及对应的最大变形量 λ_{max}；

(2) 弹簧总圈数 n_1 和自由高度 H_0；

(3) 验算弹簧的稳定性。

16.11 设计一具有初拉力的圆柱螺旋拉伸弹簧，已知弹簧中径 D_2=10mm，外径 $D\leqslant$15mm。要求弹簧变形量为 λ_1=6mm 时，拉力为 F_1=160N；变形量 λ_2=15mm 时，拉力 F_2=200N。

第 17 章　结构设计与机架设计

17.1　结构设计

在机械设计中，不仅要保证所设计的机械设备具有良好的工作性能，而且还要考虑能否制造和便于制造。这种在机械设计中综合考虑制造、装配工艺及维修等方面的技术问题，称为机械设计工艺性。机器及其零部件的工艺性体现于结构设计当中，所以又称为结构设计工艺性。

机械制造工业，要做到优质高产和低消耗，结构设计起到十分重要的作用。

17.1.1　结构设计的基本要求

零部件的结构工艺性主要在保证技术要求的前提下和一定的生产条件下，能采取较为经济的方法，保质、保量地制造出来。结构设计的基本要求为：

(1) 从整个机器的工艺性出发，分析零部件的结构工艺性。机器零部件是为整机工作性能服务的，零部件结构工艺性应服从整机的工艺性，不能将两者分开对待。

(2) 在满足工作性能的前提下，零件的造型尽量简单。在满足工作性能的前提下，应当用最简单的圆柱面、平面、共扼曲面等构成零件的轮廓；同时应尽量减少零件的加工表面数量和加工面积，尽量采用标准件、通用件和外购件，增加相同形状和相同元素(如直径、圆角半径、配合、螺纹、键、齿轮模数等)的数量。

(3) 零件设计时应考虑加工的可能性、方便性、精确性和经济性。在能满足精度要求的加工方案中，应符合经济性要求。这样，在满足零件工作性能的前提下，应尽可能降低零件的技术要求，即尽量降低加工精度和表面质量要求，以提高零件的设计工艺性。

(4) 尽量减少零件的机械加工量。应使零件的毛坯的形状和尺寸尽量接近零件本身的形状和尺寸，力求实现少或无切削加工，充分利用原材料，以降低零件的生产成本。应尽量采用精密铸造、精密锻造、冷轧、冷挤压、粉末冶金等先进工艺，以达到上述要求。

(5) 合理选择零件材料。要考虑材料的机械性能是否适应零件的工作条件，使零件具有预定的寿命，成本消耗低。例如，碳钢的锻造、切削加工等方面的性能好，但强度还不够高，淬透性低；铸铁和青铜不能锻造、可焊性差。要积极使用新材料，在满足零件使用性能的前提下，有较好的材料工艺性和经济性。

17.1.2　铸件结构工艺性

铸造工艺的灵活性大，几乎不受零件大小、形状、重量和结构复杂程度的限制，所以铸造工艺被广泛应用。

常用的铸造金属材料可分为铸铁、铸钢和有色金属，其中 95%以上的铸件是采用铸铁与铸钢制成的。

铸件结构必须符合材料的铸造性能要求，否则铸件容易产生浇不足、冷隔、缩孔、缩松、粘砂烧结、变形、裂纹等缺陷。为此，要注意以下事项：

1. 合理设计铸件壁厚

合理的铸件壁厚，能保证铸件的机械性能和防止产生浇不足、冷隔等缺陷。必须满足最小壁厚要求。铸件的最小壁厚见表 17.1。有时为了避免截面过厚，但同时又要保证铸件的强度和刚度，选择合理的截面形状，如 T 字形、I 字形、槽形、箱形结构，并在薄弱部分安置加强肋。表 17.2 列出了灰铸铁零件的加强肋厚度范围。此外，铸件壁厚不均匀易产生缩孔或缩松，引起铸件变形或产生较大的内应力导致铸件产生裂纹。

表 17.1　铸件的最小允许壁厚(mm)

铸型种类	铸件尺寸	最小允许壁厚							
		铸钢	灰铸铁	球墨铸铁	可锻铸铁	铝合金	镁合金	铜合金	高锰钢
砂型	200×200 以下	6～8	5～6	6	4～5	3	—	3～5	20（最大壁厚不超过 125）
	200×200～500×500	10～12	6～10	12	5～8	4	3	6～8	
	500×500 以上	18～25	15～20	—	—	5～7	—	—	
金属型	70×70 以下	5	4	—	2.5～3.5	2～3	—	3	
	70×70～150×150	—	5	—	3.5～4.5	4	2.5	4～5	
	150×150 以上	10	6	—	—	5	—	6～8	

表 17.2　灰铸铁件外壁、内壁和加强肋厚度(mm)

铸件质量/kg	铸件最大尺寸	外壁厚度	内壁厚度	肋条厚度	零件举例
<5	300	7	6	5	盖、拨叉、轴套、端盖
6～10	500	8	7	5	挡板、支架、箱体、门、盖
11～60	750	10	8	6	箱体、电机支架、溜板箱、托架
61～100	1250	12	10	8	箱体、油缸体、溜板箱
101～500	1700	14	12	8	油盘、带轮、搪模架
501～800	2500	16	14	10	箱体、床身、盖、滑座
801～1200	3000	18	16	12	小立柱、床身、箱体、油盘

2. 合理的结构圆角和圆滑过渡

铸件壁的联接或转角部分容易产生内应力、缩孔和缩松，应注意防止壁厚突变及铸件尖角。在铸件的转向及壁间联接处均应考虑结构圆角，防止铸件因金属积聚和应力集中而产生缩孔、缩松和裂纹等缺陷。此外，铸造圆角还有利于造型，减少取模掉砂，并使铸件外形美观。铸件外圆角半径 R 的数值见表 17.3。铸件的内圆角必须与壁厚相适应，通常圆角处内接圆直径应不超过相邻壁厚的 1.5 倍。铸造内圆角半径 R 数值见表 17.4。

表 17.3　铸造外圆角半径 R 取值

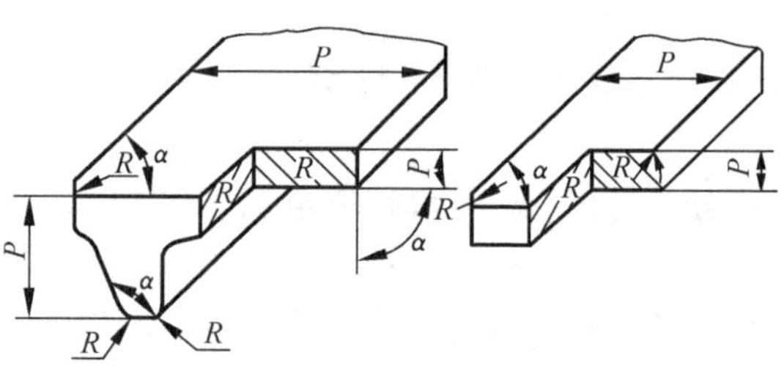

续表

表面的最小边尺寸	外圆角 α					
	≤50°	51°～75°	76°～105°	106°～135°	136°～165°	>165°
≤25	2	2	2	4	6	8
>25～60	2	4	4	6	10	16
>60～160	4	4	6	8	16	25
>160～250	4	6	8	12	20	30
>250～400	6	8	10	16	25	40
>400～600	6	8	12	20	30	50
>600～1000	8	12	16	25	40	60
>1000～1600	10	16	20	30	50	80
>1600～2500	12	20	25	40	60	100
>2500	16	25	30	50	80	120

表 17.4　铸造内圆角半径 R 取值

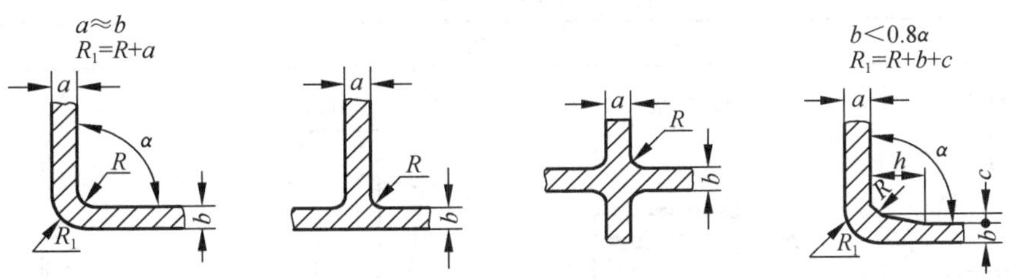

$\frac{a+b}{2}$	内圆角 α											
	≤50°		51°～75°		76°～105°		106°～135°		136°～165°		>165°	
≤8	4	4	4	4	6	4	8	6	16	10	20	16
9～12	4	4	4	4	6	6	10	8	16	12	25	20
13～16	4	4	6	4	8	6	12	10	20	16	30	25
17～20	6	4	8	6	10	8	16	12	25	20	40	30
21～27	6	6	10	8	12	10	20	16	30	25	50	40
28～35	8	6	12	10	16	12	25	20	40	30	60	50
36～45	10	8	16	12	20	16	30	25	50	40	80	60
46～60	12	10	20	16	25	20	35	30	60	50	100	80
61～80	16	12	25	20	30	25	40	35	80	60	120	100
81～110	20	16	25	20	35	30	50	40	100	80	160	120
111～150	20	16	30	25	40	35	60	50	100	80	160	120
151～200	25	20	40	30	50	40	80	60	120	100	200	160
201～250	30	25	50	40	60	50	100	80	160	120	250	200
251～300	40	30	60	50	80	60	120	100	200	160	300	250
>300	50	40	80	60	100	80	160	120	250	200	400	300

3. 合理的铸件结构形状

为了避免铸件固态收缩受阻，对于热裂、冷裂敏感的铸造合金，铸件结构应尽量避免其冷却时收缩受阻而开裂，铸件应避免设置过大的水平面或采用倾斜的表面，铸件的孔眼和凹腔不宜过小、太深。

17.2　机架零件设计

机架零件一般是指机器的底座、机架、箱体、基础板等零件。机器的全部重量将通过机架传至基础上。机架零件还负有承受机器工作时的作用力和使机器稳定在基础上的作用。

机架零件往往是机器中最大的零件，在机器总重量中，一般情况下，机架零件占 70%～90%。因此，设法减轻这类零件的重量具有一定的经济意义。机架零件按构造形式不同大体上可归纳成四类：①机座类；②板类；③箱体类；④框架类。见表 17.5，此外也有其他分类方法，如整体机架和剖分机架、铸造机架和焊接机架、固定机架和移动机架等。

对于机架零件一般可提出下列基本要求：①足够的强度和刚度；②形状简单，便于制造；③便于在机架上安装附件等。对于带有缸体、导轨等的机架零件，还应有良好的耐磨性，以保证机器有足够的使用寿命。高速机器的机架零件还应满足振动稳定性的要求。

表 17.5　机架零件的分类

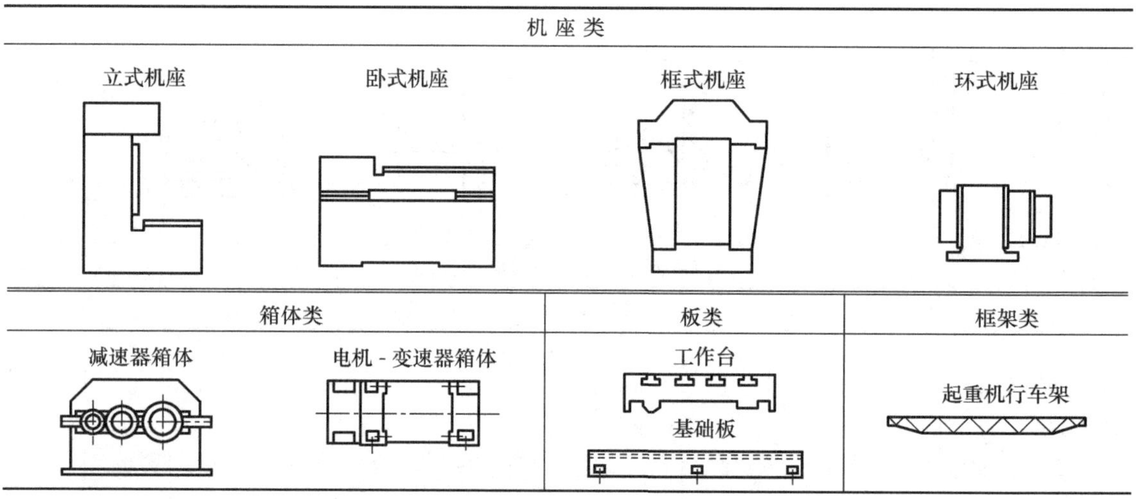

强度和刚度是评价机架零件工作能力的基本准则。像锻压机床、冲剪机床等类机器，其机架零件的截面尺寸往往由强度条件决定；对于金属切削机床及其他要求精确运转的机器，其机架零件的截面尺寸主要由刚度条件决定。

机架零件大多数形状比较复杂，故多采用铸件。铸铁的铸造性能好、价廉、吸振能力较强，所以在机架零件中应用最广。受载情况严重的机架常用铸钢，如轧钢机机架。要求质量轻时可以采用轻合金，如飞机发动机的缸体多用铝合金铸成。

对于结构简单、生产批量不大的大中型机架，常用由型钢和钢板焊接成的焊接件。它具有质量小、生产工期短、不同部件可以用不同牌号的钢材加工等优点。焊接而成的机架零件质量比铸造的可减轻 40%左右。为提高强度和刚度，在接头处常焊以加强板和加强肋。为减少机械加工，应在机架上安装各部件的支承面处焊有钢板，以便区分加工面。焊接后应热处理以消除内应力，然后再加工各支承面，以保证机器的各部件的相对位置精度。图 17.1 为铸造机架和焊接机架。

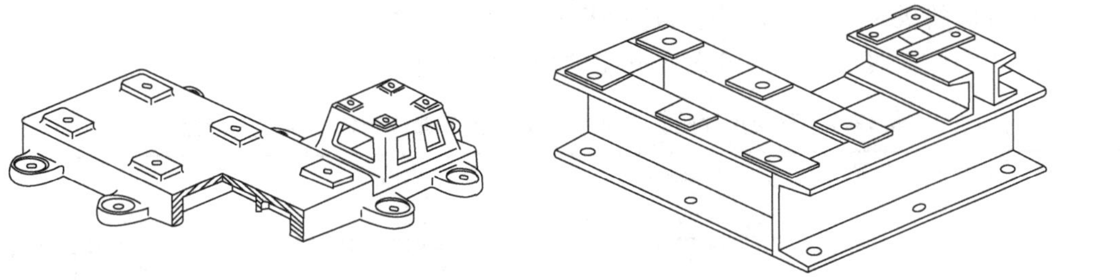

(a)　　(b)

图 17.1　铸造机架(a)和焊接机架(b)

机架零件形状复杂，受外界因素的影响又很多(例如，在机架上装置零件时的锁紧力、机架中的残余应力、基础下沉等)，因而难于用数学分析方法准确计算机架中的应力和变形。设计时，通常都是先根据机器的工作要求和类型相近的机器拟定机架的结构形态和尺寸，然后进行粗略计算以核验其危险截面的强度。

机架零件往往是最费工、最贵的零件，损坏后又常会引起整部机器报废，因此在计算机架零件时应以可能出现的最大载荷作为计算载荷，以便它能在过载情况下仍具有足够的强度。

对于机架零件结构的改进可以采用实验应力分析的方法。有限元法和相关计算软件的出现使得机架应力计算变得方便、准确。

17.2.1　截面形状的合理选择

截面形状的合理选择是机架设计中的一个重要问题。

由材料力学可知，当其他条件相同，受拉或受压零件的强度和刚度只取决于截面面积的大小，而与截面形状无关。这时，材料用量主要由作用力、许用应力、许用变形的大小决定。受弯曲和扭转的零件则不同，如果截面面积不变(即材料用量不变)，通过合理改变截面形状、增大它的惯性矩和截面系数的方法，可以提高零件的强度和刚度。多数机架处于复杂受载状态，合理选择截面形状可以充分发挥材料的作用。

表 17.6 列出了几种截面面积相等而形状不同的机架零件在弯曲强度、弯曲刚度、扭转强度、扭转刚度等方面的相对比较值。可以看出，主要受弯曲的零件以选用工字形截面为最好，弯曲强度和刚度都以它为最大。主要受扭转的零件，从强度方面考虑，以圆管形截面为最好，空心矩形的次之，其他两种的强度则比前两种小许多倍；从刚度方面考虑，则以选用空心矩形截面的为最合理。由于机架受载情况一般都比较复杂(拉压、弯曲、扭转可能同时存在)，对刚度要求又比较高，因而综合各方面的情况考虑，以选择空心矩形截面比较有利，这种截面的机架也便于安装其他零件，所以多数机架的截面都以空心矩形为基础。

表 17.6　各种截面形状梁的相对强度和相对刚度(截面面积≈2900mm^2)

		Ⅰ(基型)	Ⅱ	Ⅲ	Ⅳ
		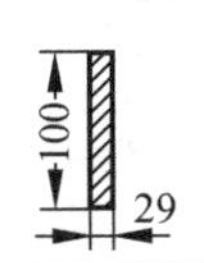		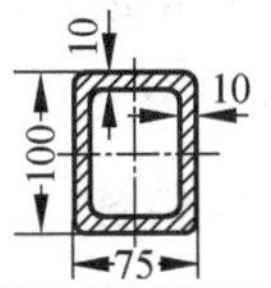	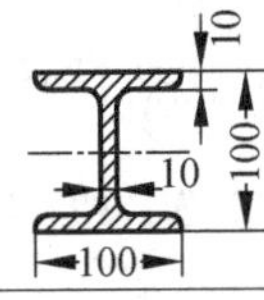
相对强度	弯曲	1	1.2	1.4	1.8
	扭转	1	43	38.5	4.5
相对刚度	弯曲	1	1.15	1.6	1.8
	扭转	1	8.8	31.4	1.9

受动载荷的机架零件，为了提到它的吸振能力，也应采用合理的截面形状。各种工字形截面梁在受弯曲作用时所吸收的最大变形能的相对比较值见表 17.7。

表 17.7　不同尺寸的工字形截面梁在受弯曲作用时的相对性能比较

	Ⅰ(基型) 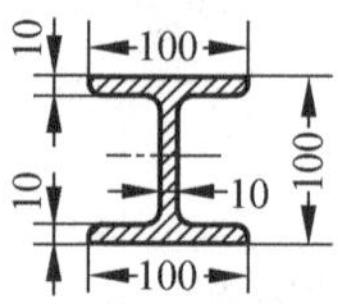	Ⅱ 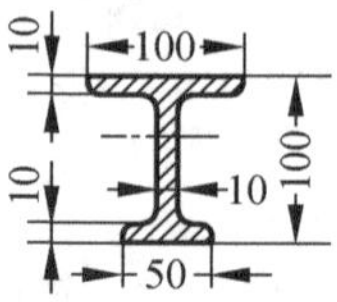	Ⅲ 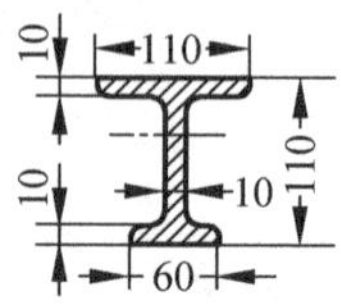
相对惯性矩	1(4.5)	0.72(3.26)	0.82(3.68)
相对截面系数	1(90)	0.91(81.5)	1(90)
相对重量	1	0.82	0.89
相对最大变形能	1	1.13	1.21

注：(　)内的数字第一行为惯性矩 $I\times10^{-6}$，mm^4；第二行为抗弯截面系数 $W\times10^{-3}$，mm^3。

17.2.2　壁厚、间壁和肋

当机架零件的外轮廓尺寸一定时，它的重量将在很大程度上取决于壁厚，因而在满足强度、刚度、振动稳定性等条件下，应尽量选用最小的壁厚。但面大而壁薄的箱体，容易因齿轮、滚动轴承的噪声引起共鸣，故壁厚宜适当取厚一些，并适当布置肋板以提高箱壁刚度。壁厚和刚度较大的箱体，还可以起着隔音罩的作用。

铸造零件的最小壁厚主要受铸造工艺的限制。从保证液态金属能通畅的流满铸型出发而推荐的最小允许壁厚见工程材料及机械制造基础课程。实际上，由于制造木模、造型、安放砂芯等的不准确性以及为防备出芯、清理和修整铸件时的撞击等原因，选用壁厚往往比最小允许壁厚为大，一般要比为满足强度、刚度要求所需要的壁厚大得多，例如，轻型机床床身，取壁厚为 12～15mm；中型的取 18～22mm；重型的取 23～25mm。

提高机架零件的强度和刚度可采用两种方法：增加壁厚及在壁与壁之间设置间壁和肋。增加壁厚的方法并非在任何情况下都能见效，即使见效，也多半不符合经济原则。设置间壁和肋在提高强度和刚度方面常常是最有效的，因此经常采用。

设置间壁和肋的效果在很大程度上决定于布置是否正确，不适当的布置效果不显著，甚至会增加铸造困难和浪费材料。

间壁和肋的厚度一般可取为主壁厚度的 0.6～0.8 倍。肋的高度约为主壁厚度的 5 倍。

钢铸件由于铸造工艺的关系，其最小壁厚应比铸铁大 20%～40%，前者用于碳素钢铸件，后者用于合金钢铸件。

同一铸件的壁厚应力求趋于相近。当壁厚不同时，在厚壁和薄壁相联接处应设置平缓的过渡圆角或斜度。圆角或过渡斜度的有关尺寸见有关手册或图册中。钢铸件的过渡圆角或斜度应比铸铁铸件适当增大。

17.2.3　机架的隔振设计

振动是机械设备的重要问题，发生的程度有所不同。振动的危害是多方面的，除影响产品精度外，还有可能造成联接的松动、零件的疲劳，从而降低机器的使用寿命，甚至造成严重的破坏。由于振动及其传输所引发的噪声也会使操作人员思想不集中、困乏，影响健康。

机械设备的振动频率一般在 10～1000Hz 范围，若不采取隔振措施，振波将通过机器底座传给基础和建筑结构，从而影响周围环境，干扰相邻机械，使产品质量有所降低。振动频率若与建筑物的固有频率相近，则又有发生共振的危险。

由于外界因素的干扰，一般生产车间地基的振动频率为 2～60Hz，振幅为 1～20μm。这对精密加工机床或精密测量设备来说，如不采取隔振措施，要得到很高的加工精度或测量精度是不可能的。

隔振的目的就是要尽量隔离和减轻振动波传递。常用的方法是在机器或仪器的底座与基础之间设置弹性零件，通常称为隔振器或隔振垫，使振波的传递很快衰减。使用隔振器无需对机器作任何变动，简便易行，效果极好，是目前普遍使用的隔振方法。当然，在设计机器时，首先应考虑到有可能产生振动的振动源，如齿轮噪声、滚动轴承噪声、切削噪声、气体噪声、送料噪声等，并设法在设计工作中采取相应的改善措施。

隔振器中的弹性材料可以是金属弹簧，也可以是橡胶弹簧，因橡胶优点很多，故应用很广。橡胶材料可根据使用条件不同来选用：①在一般环境下工作的，可选用耐疲劳性和蠕变性都较好的天然橡胶，顺丁橡胶在动载荷下发热量小，但强度稍差；②在需要耐油环境下工作的，可选用耐油的丁腈橡胶；③在露置环境（如建筑机械、车辆、桥梁等）下工作的，可选用耐气候性较好的氯丁橡胶；④在受冲击较大环境中工作的，可选用振动衰减较快的丁基橡胶；⑤在温度偏高的环境中工作的，可选用耐热性较好的乙丙橡胶。

图 17.2 为常见的几种隔振器，图 17.3 为常见的几种隔振垫，图 17.4 为常见的几种机器隔振应用。

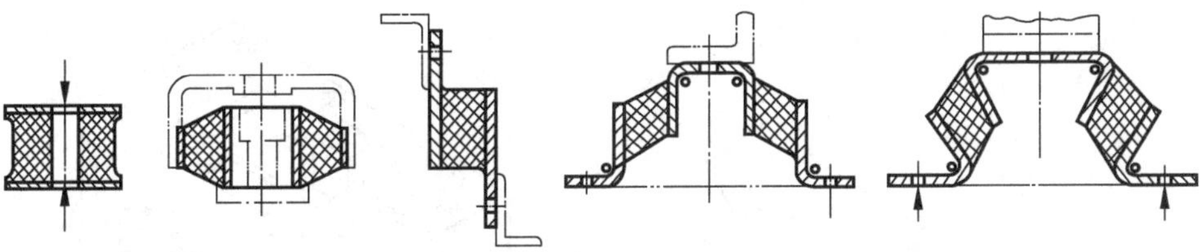

图 17.2　常见的几种隔振器

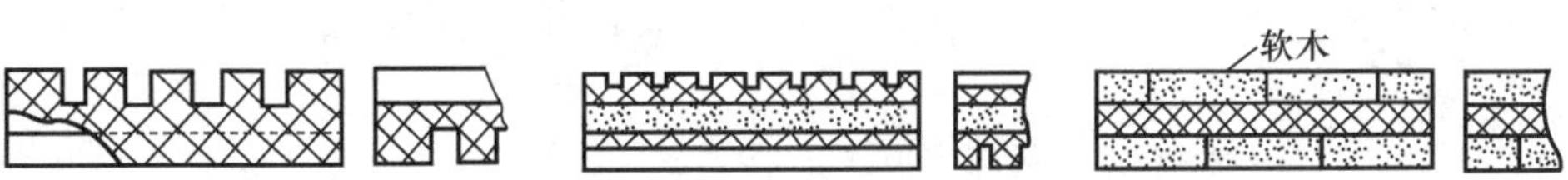

图 17.3　常见的几种隔振垫

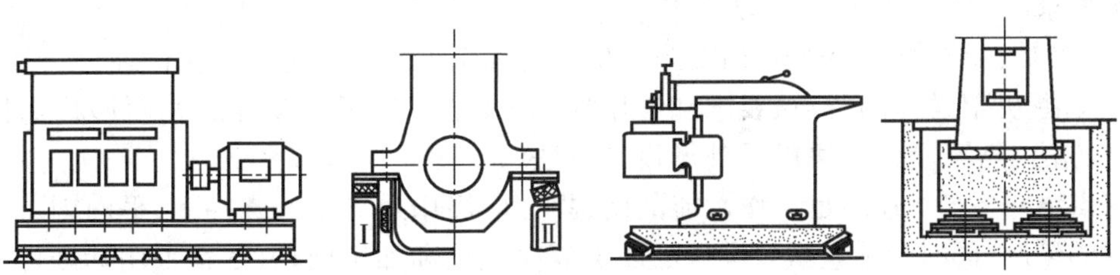

图 17.4　常见的几种机器隔振应用

17.2.4 机体的结构工艺性

机体的结构设计的一个十分重要的方面是结构工艺性，由于大多数机体是通过铸造工艺实现的，这里仅就铸造机体进行说明。

铸造机体的结构形状要尽可能做到：形状简单、壁厚均匀、过渡平稳、拔模方便。在具体设计时，还要考虑机械加工工艺问题：

(1) 减少机械加工的面积。对于机座底面，图 17.5(a)结构最好，图 17.5(c)最差。

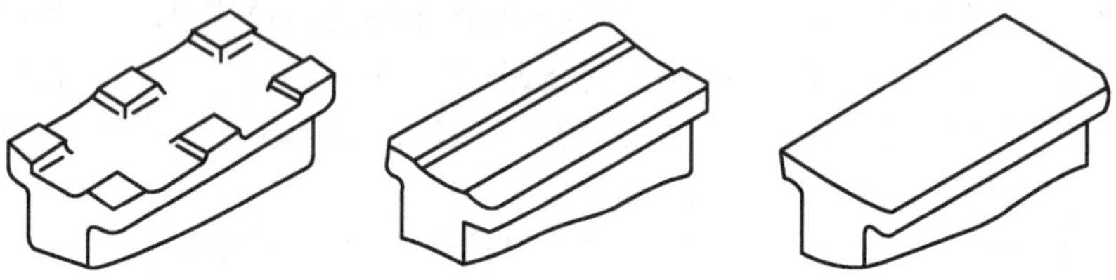

(a) (b) (c)

图 17.5 机座底面结构

(2) 机械加工表面与非加工表面要明显区分开来。图 17.6 所示中，两个轴承座的端面在同一平面上，便于一次加工。

(3) 尽量减少工件和刀具的调整次数。

(4) 机体的形状要尽量整齐美观。图 17.7 所示为方箱式结构，具有外观平整、没有凸缘、没有外肋，十分美观大方。

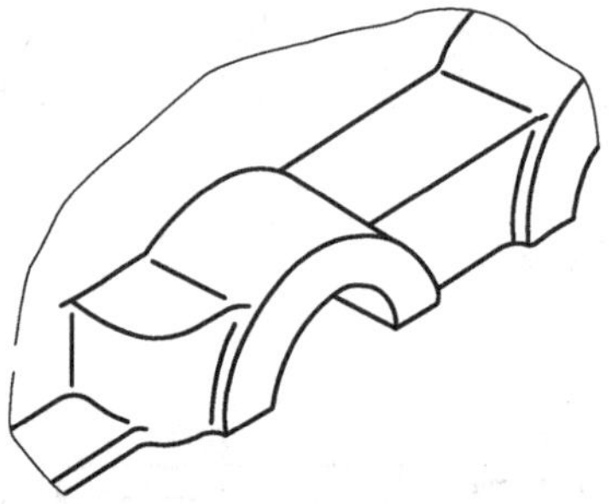

图 17.6 轴承座端面局部

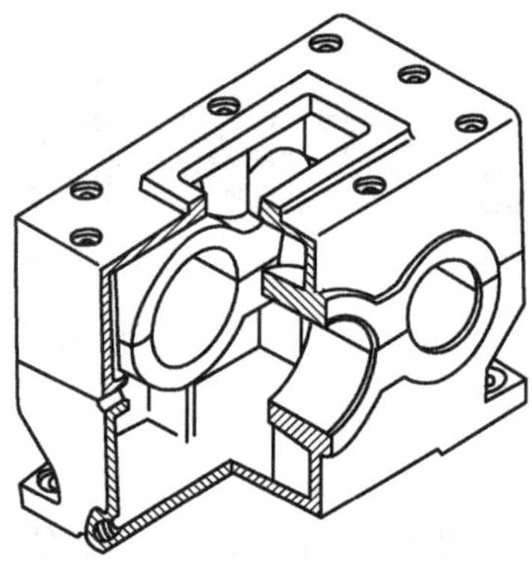

图 17.7 方箱式结构

本章学习要求和知识点小结

学习要求 掌握结构设计的基本要求，弄清合理设计铸件壁厚的重要性以及壁厚确定的方法，明确铸件结构圆角的意义以及铸件结构圆角的确定方法，能够合理设计铸件的结构形状。掌握机架设计的特点、要求和常用加工方法，了解机架零件的截面形状选择、壁厚尺寸确定方法、隔振设计方法以及外形设计方法。

知识点小结 (1) 在满足工作性能的前提下，应当用最简单的圆柱面、平面、共扼曲面等构成零件的轮廓；同时应尽量减少零件的加工表面数量和加工面积，尽量采用标准件、同用件和外购件，增加相同形状和相同元素(如直径、圆角半径、配合、螺纹、键、齿轮模数等)的数量。

(2) 在能满足精度要求的加工方案中，应符合经济性要求。这样，在满足零件工作性能的前提下，应尽可能降低零件的技术要求，即尽量降低加工精度和表面质量要求，以提高零件的设计工艺性。

(3) 应使零件的毛坯的形状和尺寸尽量接近零件本身的形状和尺寸，力求实现少或无切削加工，充分利用原材料，以降低零件的生产成本。应尽量采用精密铸造、精密锻造、冷轧、冷挤压、粉末冶金等先进工艺，以达到上述要求。

(4) 合理的铸件壁厚，能保证铸件的机械性能和防止产生浇不足、冷隔等缺陷。必须满足最小壁厚要求。铸件的最小壁厚应根据有关手册查取确定，铸件壁的联接或转角部分容易产生内应力、缩孔和缩松，应注意防止壁厚突变及铸件尖角。在铸件的转向及壁间联接处均应考虑结构圆角，防止铸件因金属积聚和应力集中而产生缩孔、缩松和裂纹等缺陷；为了避免铸件固态收缩受阻，对于热裂、冷裂敏感的铸造合金，铸件结构应尽量避免其冷却时收缩受阻而开裂，铸件应避免设置过大的水平面或采用倾斜的表面，铸件的孔眼和凹腔不宜过小、太深。

(5) 机架零件一般是指：机器的底座、机架、箱体、基础板等零件。机架零件按构造形式不同大体上可归纳成四类：①机座类；②板类；③箱体类；④框架类。

(6) 对于机架零件一般可提出下列基本要求：①足够的强度和刚度；②形状简单，便于制造；③便于在机架上安装附件等。对于带有缸体、导轨等的机架零件，还应有良好的耐磨性，以保证机器有足够的使用寿命。高速机器的机架零件还应满足振动稳定性的要求。

(7) 机架零件大多数形状比较复杂，故多采用铸件。对于结构简单、生产批量不大的大中型机架，常用由型钢和钢板焊接成的焊接件。

本章习题

17.1　什么是机架零件？作用是什么？

17.2　什么叫结构设计？结构设计的基本要求有哪些？

17.3　铸造结构设计中对壁厚、圆角有什么特别的要求？为什么？

17.4　对机架零件设计有什么基本要求？

17.5　在什么情况下采用焊接结构设计机架零件？应注意什么？

第 18 章　整机设计和现代设计方法简介

18.1　整机系统设计

在前面的内容中，主要阐述了常见机械零件、部件的设计方法，这些方法都是为设计一台完整的机器服务的，在设计过程中，如何将各零部件的设计与整机设计有机组合起来是每个设计工作者应该重视的问题。

所谓整机系统设计，就是要对整个机械系统进行设计。现代机械种类繁多，结构也越来越复杂，但从实现系统功能的角度看主要包括动力系统、传动系统、执行系统、操纵和控制系统等，其中每个系统又可以分成更小的子系统。

18.1.1　机械系统构成

1. 动力系统

动力系统包括动力机及其配套装置，是机械系统工作的动力源。按照能量转换性质的不同，动力机可以分为一次动力机和二次动力机。一次动力机是把自然界的能源（如煤炭、石油、天然气）直接转换成机械能的机械，如内燃机、汽轮机、燃气轮机等，其中内燃机广泛用于大功率高速驱动的机械设备中。二次动力机是把二次能源（如电能、液能、气能）转换成机械能的机械，如电动机、液压马达、气动马达等，它们在各类机械中都有广泛的应用，其中以电动机应用最为广泛。由于原理上的原因，动力机输出的运动常常是回转运动，而且一般转速较高，为此需要对其进行某种转换，这就需要设计能将动力机输出的动力进行转换的传动机构。

2. 传动系统

传动系统是把动力机的动力和运动传递给执行系统的中间系统。传动系统应用的原理包括机械传动、流体传动和电传动三类。在机械传动和流体传动中，输入的是机械能，输出的仍是机械能；在电传动中，则是把电能转换成机械能或是把机械能转换成电能。传动系统的主要功能包括以下几个方面：

(1) 减速或增速。把动力机的速度降低或增高，以适应执行系统的工作要求。

(2) 变速。当用动力机进行变速不经济、无法达到或不能满足要求时，通过传动系统实现变速（有级或无级），以满足执行系统多种速度的要求。

(3) 改变运动规律或形式。把动力机输出的均匀连续旋转的运动转变为按照某种规律变化的旋转或非旋转、连续或间歇、直线或往复运动、不同的运动方向等，以满足执行系统的运动要求。

(4) 传递和分解动力。从动力机传来的动力有时要同时供应给若干个不同的执行机构，这不仅需要通过传动系统实现动力的传递，而且需要通过传动系统对动力进行分解，以满足各个执行机构的动力要求。

传动系统是大多数机器的主要组成部分，例如，在汽车中，制造传动部件所花费的劳动量约为制造整个汽车的 50％，而在切削机床中则占 60％以上。

3. 执行系统

执行系统包括机械的执行机构和执行构件，是利用机械能改变作业对象的性质、状态、形状或位置，或对作业对象进行检测、度量等，以进行生产或达到其他预定要求的装置。

执行系统通常处于机械系统的末端，直接与作业对象接触，其输出是机械系统的主要输出，其功能是机械系统的主要功能。因此，执行系统有时也被称为机械系统的工作机。执行系统的功能及性能，直接影响和决定机械系统的整体功能及性能。功能的实现具有多重性，对于某一种机械系统特定的功能，可以通过多种不同的执行系统、不同的方案完成，而不同方案的一些属性，比如可靠性、经济性、动力学特性等往往不一定相同。因此，在对执行机构进行设计时，应进行多方案的比较分析，从技术性、经济性等方面，进行综合分析，择优选用。

4. 操纵和控制系统

操纵系统和控制系统都是为了使动力系统、传动系统、执行系统彼此协调运行，并准确可靠地完成整机功能的装置，二者的主要区别是：操纵系统多指通过人工操作实现上述要求的装置，通常包括启动、离合、制动、变速、换向等装置；控制系统是指通过人工操作或测量元件获得的控制信号，经由控制器，使控制对象改变其工作参数或运行状态而实现上述要求的装置，如伺服机构、自动控制装置等。良好的控制系统可以使机械处于最佳的运行状态，提高运行稳定性和可靠性，改善操作条件，并实现良好的经济性。

18.1.2　机械系统的设计过程

1）方案设计

方案设计是机械设计的核心环节，是保证设计出来的机器性能的重要过程。方案设计过程是综合运用所学知识和工作中积累的经验，具有创新性思维的过程。其主要内容包括研究给定的设计任务书，构思实现功能的原理和方法，选择工艺原理，确定技术过程，引进技术系统，分析结构布局，拟定设计方案并进行设计方案评价，确定能够实现预期设计目标的最佳方案。

2）总体设计

总体设计是机械系统内部设计的主要任务之一，也是进行系统技术设计的依据。总体设计对机械的性能、尺寸、外形、质量及生产成本具有重要影响。因此，总体设计时必须在保证实现已定的方案的基础上，尽可能充分考虑人机环境、加工装配、运行管理等因素，使机械系统与外部系统相协调和适应。总体设计主要内容包括总体布置设计、确定总体设计参数、绘制总体设计样图、编写总体设计报告及技术说明书。

3）总体布置设计

总体布置是结构布局的细化，需要具体确定各零部件之间的相对位置及联系尺寸、运动和动力的传递方式及主要技术参数，并绘制总体布置图。总体布置的设计要求包括：①保证工艺过程的连续和畅通；②设计过程尽量降低质心高度和减少偏置；③保证精度、刚度，提高抗振性及热稳定性；④充分考虑产品的系列化和进一步发展；⑤考虑如何使产品结构紧凑、层次分明；⑥考虑如何使设计的产品便于操作、维修、调整，并使外形美观大方。

总体布置图一般难以一次绘就，通常需要先绘制总体布置草图，从粗到细，从简到繁，需要反复多次才能完成。总体布置图中不仅进行构型设计、初步的计算、动力学和运动学分析、确定整机的布置形式和主要尺寸，也基本确定了各部件的基本形式和特性参数，主要零部件的尺寸、质量、基本加工要求等因素也亦进行计算和估计，达到可以进行初步的技术和经济性分析的目的。

4）主要参数的确定

主要参数包括尺寸参数、运动参数和动力参数。其中，尺寸参数主要是指影响机械性能的一些重要尺寸，如总体轮廓尺寸（总长、总宽、总高）、特性尺寸（加工范围、中心高）、主要运动零部件的工作行程、主要零部件之间的位置关系和安装联接尺寸。尺寸参数一般依据设计任务书中的原始数据、方案设计中的总体布局图、与同类机器的类比或通过分析计算确定，必要时要通过试验确定。运动参数一般是指机械执行机构的转速、移动速度、调速范围等，如机床的加工主轴、工作台、刀架的运动速度，移动机械的行驶速度，连续生产机械的生产节拍等。一般来说，执行机构的工作速度越高，则生产效率就越高，经济效益就越好，但同时也会使工作机构及系统的振动、噪声、温度、能耗等指标上升，零部件的安装精度、制造精度以及润滑、密封等亦随之提高，适宜的速度数值应在综合考虑上述影响之后，由分析计算或经验确定，必要时由试验确定。动力参数一般是指机械系统的动力参数，如电动机、液压马达、内燃机的功率及其机械特性，各主要机械元件在工作中所受到的载荷大小。动力参数是机械系统中各零部件进行承载能力计算以确定其尺寸参数的依据。

5）绘制总体设计图和零件图

总体设计图是指机器产品的总装配图或成套设备的总体布置图详图。总体设计图应对所设计的机械系统的总体布置和具体结构作完整的描述。总体设计图是零部件技术设计的依据，不仅要严格按照比例绘制，而且还要表示出重要零部件的细部结构，机构运动部件的极限位置。操作件的位置，并标注出有关尺寸。

总体设计图有时也包括系统图，如传动系统图、液压系统图、润滑系统图、电气原理系统图、逻辑系统图、功能原理图以及电路联接系统图等。

除了系统总体设计图以外，设计者还要完成装配图中各零部件的零件图绘制，注明尺寸、加工精度、表面粗糙度、形位公差、材料及热处理方式等。

18.2　设计的检查

在设计完成之后或在各个设计阶段过程中，应按照预先拟定的清单逐项进行系统的检查，这有利于再次引发新的构思，避免遗漏和疏忽，及早发现问题和采取改进的措施，进一步提高设计质量和降低产品成本，为最后评估和决策提供充分的数据和资料。清单的详简视产品的重要程度和生产数量而定。下面列举一些常用检查项目供参考：

(1) 和同类产品相比，新产品在构思上有何新意和独到之处？

(2) 设计方案是否最简单和最容易实现？

(3) 产品功能是否满足用户的需要，有无多余功能或不足，能否再简化或合并，如作适当修改是否有扩大功能的潜力？

(4) 运动链可否再短一些，有无多余的运动？

(5) 可否再作一些变更，省略或合并一些零件，某些零件可否改用标准件或借用通用件来代替？在零件数目中标准件占多大比例？

(6) 零件毛坯的选择是否与生产批量相适应？

(7) 材料品种是否过多，可否再作归并？有无特殊要求的材料，如何解决？

(8) 总体尺寸是否紧凑，重量是否有所降低？

(9) 零件加工表面能否进一步减小、合并或省略?

(10) 零件加工是否易于装卡,是否需要专门的工装、卡具、刀具、量具等?

(11) 有无要求特种加工的零件,如何解决?

(12) 规定的零件公差、配合精度、粗糙度等是否要求过严,能否适当放宽仍能满足使用要求?

(13) 哪些零件需要严格控制加工质量,如何保证加工精度?

(14) 装配时是否需要专用的组装工具?

(15) 装配、维修、更换易损件是否方便?

(16) 润滑系统的安排是否妥善和便于管理?

(17) 发生操作错误时有无联锁、保险装置? 不正常运动时有无预警或安全保护措施? 发生事故时有无紧急制动装置?

(18) 操纵机器是否方便、省力、舒适、合乎人体生理要求? 测量、监视、控制仪表装置是否布置在操作者的视野之内?

(19) 产品造型是否美观、大方、有时代感?

(20) 对产品设计作何总评价,属于豪华型还是普及型?

18.3　现代设计方法简介

机械现代设计方法通常是相对传统的设计方法而言的。由于现代设计方法正在不断发展,人们对它的内涵看法不一,尚无明确的域界。但从它的特征和发展动向看,现代设计方法具有程式性、创造性、系统性、优化性、综合性、CAD 等特点。现代设计方法实属科学方法论在工程设计中的应用,它的形成使设计领域产生了突破性的变革,面貌一新。传统的设计方法是静态的、经验的、手工的,是被动地重复分析产品的性能;而现代设计方法是动态的、定量的、计算机化的,是能主动地创造性设计产品参数。其目的就是使设计过程自动化、合理化,从而设计出更多高质量、低成本的工程技术产品,以满足社会的需求。

18.3.1　设计方法学

设计方法学是研究产品设计的程序、规律及设计中的思维和工作方法的一门新型综合性学科。它以系统论的观点研究设计中创造性的思维方法和技术,研究系统的设计过程及符合设计规律的设计程序,研究设计中解决问题的合理逻辑步骤和应遵循的工作原则,以及具体设计方法,研究设计信息库的建立和应用。

设计方法学最重要、最基本的方法是创造性设计方法和系统设计方法。创造性设计方法是现代设计方法的前提,是区别于传统设计的重要标志。在工程设计中,充分发挥设计者的创造性思维和创造能力,运用创造性思维方法和创造性设计求解问题。系统分析设计方法,是通过确定总功能、功能分解、分功能求解、制定和组合功能结构、评价与决策的过程求解问题。

18.3.2　机械动态性能设计

传统的机械结构设计只考虑了它的静态特性和在静载作用下的强度和刚度问题,即使外载荷是动态载荷,通常也是按某种等效原则简化成静态载荷处理。机器的静态强度和刚度固然十分重要,但工作时的振动会影响它的工作能力和功能,还会导致与它配套工作的设备的破坏，会产生噪声，影响操作者的身心健康，污染环境等，因此，现代机械设计已经逐步发展到静态设计和动态设计并举的程度，以同时满足机械静、动态特性和低振动、低噪声的要求。动态设计的一般过程是：

(1) 进行静态设计，使设计的机械结构首先满足静态强度和刚度的要求。

(2) 对静态设计的产品图样或需要改进的产品实物建立力学分析模型，完成结构的固有频率、振型、模态及动力响应等动态特性分析。

(3) 根据工程实际要求，给出其动态特性的要求或预期的动态设计目标，按照动力学"逆问题"直接求出主参数值；或者按照动力学"正问题"进行，即如果初步设计结构的动力学特性满足不了实际要求，则需要进行结构修改设计，再对修改后的结构进行动力学分析或者预测，不过这类"正问题"的结构修改和动态特性预测需要反复进行多次才能够完成。

机械动态性能设计的主要内容包括：

(1) 建立一个符合实际的动力学模型。

(2) 选择有效的动态优化设计方法。

常用的机械动态性能设计方法有：

(1) 力学分析法。常用于分析结构的最低固有频率和振型。首先要建立被分析零件的动力学模型，然后根据动力学模型建立广义坐标系，并建立起动力学模型的振动方程，再将振动方程转化成频率方程以求解固有频率。对于机械系统而言，往往是一个多自由度系统，有多少个自由度就有多少个固有频率和振型，一般地，振动是由这些振型叠加而成的。建立等效动力学模型可以参考有关力学和振动方面的专著。

(2) 传递函数法。该方法不必求解微分方程就可以求出初始条件为零的结构在变化载荷作用下的动态过程，同时还可以计算结构参数的变化对结构动态过程的影响。但该类方法只适用于传递函数已知的线性系统且初始条件等于零的情况，对初始条件不为零的情况，必须考虑非零初始条件的动态分析结果的影响。

(3) 模态综合分析法。适用于对复杂机械系统的动态性能分析。其基本思路是，首先按照工程观点和系统结构的几何特点将整个结构划分为若干个子结构，然后建立各子结构的振动方程，进行子结构的模态分析，接下来将子结构的振动方程转变为模态方程，在模态坐标下将各子结构的模态方程进行模态综合，从而计算得到整个结构的振动模态，最后，再返回到原来的物理坐标，得到整体结构的动态特性。

机械机构的动态特性分析过程十分复杂，分析技术在不断探索和发展中。随着计算机技术的发展，数值计算技术在动态特性分析中得到了广泛的应用，开发了标准的软件包，其中最有成效的数值计算手段(如有限元分析技术)，使机械结构的动态特性分析变得相对简单多了。

18.3.3 优化设计方法

工程优化设计的目标是以尽可能高的效率求得技术系统或尽可能优的设计方案及尽可能优的解。

工程优化设计大致经过以下几个发展阶段：

(1) 人类智能优化。直接凭借人类的经验、直觉或逻辑思维进行的设计优化。

(2) 数学规划方法优化。以计算机自动设计为其特征。自牛顿发明微积分，为数学规划方法奠定了基础，但只有在电子计算机出现以后，数学规划方法才得到迅速发展。

(3) 工程优化。非数学领域专家开发解决了传统数学规划方法不能胜任的工程优化问题。在处理多目标工程优化问题中，优化过程和方法学，尤其是建模策略的研究，开辟了提高工程优化效率的新途径。

(4) 人工智能优化。采用专家系统技术，可实现寻优策略的自动选择和优化过程的自动控制，使智能寻优策略得到迅速发展。

(5) 广义优化。面向产品的全系统、全过程、全性能的优化设计方法。

工程优化设计中的数学模型是反映设计问题中主要因素间的联系，因此，从机械设计问题中抽象出正确的数学模型是机械优化设计的关键。

优化设计数学模型可分解为三要素：设计变量、目标函数和约束条件。

下面以一个承受静载荷的圆柱螺旋压缩弹簧(图 18.1)的优化设计来说明数学模型。

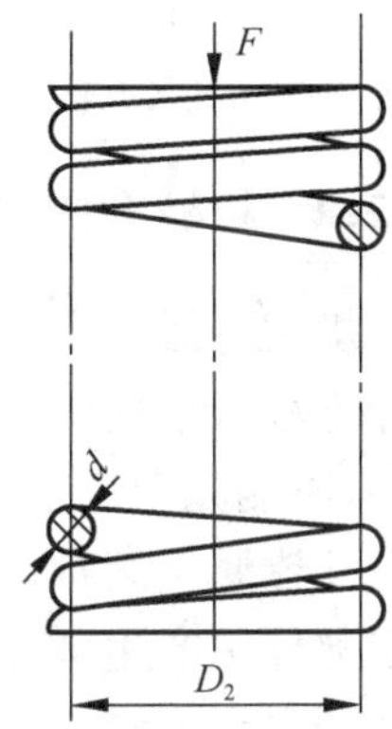

图 18.1　圆柱螺旋压缩弹簧

1) 设计变量

优化设计过程中需要优先确定的设计参数，这类参数称为设计变量。如弹簧优化设计中取弹簧中径 D_2、弹簧丝直径 d 和弹簧总圈数 n 为一组设计变量。每一组设计变量的数值代表一种设计方案。在这组设计参数中，可以选取连续值，称为连续变量；D_2 和 d 均已标准化，只能选用规定的离散值，称为离散变量。同时含有连续变量和离散变量的优化问题，称为混合离散变量优化问题。

2) 目标函数

也称为评价函数，是评价设计目标优劣的重要标志。不同的设计目的有不同的目标。如弹簧优化设计的目标为质量 m 最轻时，则其数学表达式为

$$\min m = 0.25\pi^2 \rho D_2 d^2 n$$

式中 min 为最小化；ρ 为弹簧材料的密度；n 为圈数。上式称为优化设计的目标函数。目标函数值的大小是在设计过程中对各种可能的设计方案进行比较时判定优劣的依据。

3) 约束条件

在优化目标函数的同时，设计变量的取值还必须服从各种规律和限制，即构成了设计的约束条件。一般可分为边界约束、性能约束和几何(结构)约束三类。如在弹簧优化设计中需要考虑的约束条件有：

(1) 变形量 δ 要求为 10mm，即 $\delta = \dfrac{8PD_2^3 n_1}{Gd^4} = 10\text{mm}$。

(2) 压并高度 H_b 不大于 50mm，即 $H_b = (n-\lambda)d \leqslant 50\text{mm}$。

(3) 弹簧内径 D_1 不小于 16mm，即 $D_1 = D_2 - d \geqslant 16\text{mm}$。

(4) 静压强度条件，即 $\tau = K\dfrac{8PD_2}{\pi d^3} \leqslant [\tau]$

式中，P 为工作负荷；G 为切变模量；$[\tau]$为弹簧丝的许用切应力 3；K 为曲度系数，取 $K = 1.6\left(\dfrac{D_2}{d}\right)^{0.14}$；$n_1$ 为有效因数，$n_1 = n - n_2$；n_2 为支承圈数；λ 为弹簧终端类型系数。

以上约束条件中，(1)和(4)为性能约束，(2)和(3)为几何约束。由于所有设计变量取正值，因此还必须增加三个边界约束：$D_2 > 0$，$d > 0$，$n > 0$。

可见，对设计变量的限制有两种形式，一种是等式约束条件，另一种是不等式约束条件。

为了适应计算机程序解题，要将优化设计的数学模型表达为如下格式：

$$\min \quad f(X), \quad X \in R^n$$
$$\text{s.t.} \quad g_i = 0, \quad i = 1,2,\cdots,q$$
$$g_i \leqslant 0, \quad i = q+1,\cdots,p$$

式中，s. t. 为“满足于”；g_i 为约束条件；X 为设计变量，表示一个 n 维列向量；$X=[x_1, x_2, \cdots, x_n]^T$。

优化的过程就是在满足 q 个等式约束条件和$(p-q)$个不等式约束条件的前提下不断地调整设计变量 X，最终实现目标函数 $f(X)$的极小化。

当设计目标函数为极大化时，即 $\max\varphi(X)$，可以用极小化的相反目标函数 $f(X)=-\varphi(X)$来代替。当约束条件要求 $g_i(X)\geqslant 0$ 时，可以用 $g_i(X)=-g_i(X)\leqslant 0$ 来代替。

18.3.4 机械零件的可靠性设计方法

机械可靠性设计(又称机械概率设计)是可靠性工程学在机械设计中的应用。传统的机械设计方法所采用的安全系数计算法，没有考虑数据的分散性，不能预测零部件在工作中破坏的概率，不能完全表示安全的程度。机械可靠性设计方法则认为载荷、材料性能、强度及零部件的尺寸皆属于某种概率分布的统计量，应用概率、统计理论及强度理论，求出在给定设计条件下零部件不产生破坏的概率公式，从而求出在给定可靠度条件下零部件的尺寸或该尺寸下零部件的安全寿命。

可靠性设计方法对于复杂机械系统的设计尤其重要，因为越是复杂的系统，组成零部件和元器件越多，出错失效的概率会越大。

产品的可靠性定义为:产品在规定的条件下和规定的时间内完成规定功能的能力。可靠性设计的对象可以是系统、机器、部件或者零件，规定的条件可以包括载荷、温度、压力、振动、润滑、腐蚀等，规定的时间可以是寿命、循环次数、周期数、距离等，规定的功能可以包括强度、精度、效率、稳定性等。

可靠性设计是可靠性工程的一个重要学科分支。其设计的正确性在很大程度上决定了零部件或系统等产品在正常使用条件下的工作是否长期可靠，性能是否长期稳定的特性——可靠性。

可靠性设计的重要内容之一是可靠性预测(预报方法)，即在设计阶段从所得到的失效率数据，预报零部件或系统实际可能达到的可靠度及在规定的条件下和规定的时间内完成规定功能的概率。另一个重要内容是可靠性分配，即将系统容许的失效概率合理地分配给该系统的零部件。而在系统可靠性分配中应用最优化方法，即可靠性优化设计，是当前可靠性研究的重要方向之一。

18.3.5 有限单元法

在工程技术领域内，对于力学问题或其他场问题，已经得到了基本微分方程和相应的边界条件。但能用解析方法求出精确解的只是方程性质比较简单且几何边界相当规则的少数问题。因此，人们多年来一直在寻求另一种方法，即数值解法。

有限元法是一种新的现代数值方法。它将连续的求解域离散为由有限个单元组成的组合体。这样的组合体能用来模拟和逼近求解域。因为单元本身可以有不同的几何形状，且单元间能够按各种不同的联结方式组合在一起，所以这个组合体可以模型化几何形状非常复杂的求解域。有限元法另一重要步骤是利用在每一单元内假设的近似函数来表示全求解域上未知场函数。单元的近似函数通常由未知场函数在各个单元节点上的函数值以及单元插值函数表达。因此，在一个问题的有限元分析中，未知场函数的节点值就成为新的未知量，从而使一个连续的无限自由度问题化为离散的有限自由度问题。一经求出这些节点未知量，就可以利用插值函数确定单元组合体上的场函数。显然，随着单元数目的增加，即单元尺寸的缩小，解答的近似程度将不断改进。如果单元满足收敛条件，得到的近似解最后将收敛于精确解。

有限单元法与其他力学方法相比，概念浅显，容易掌握，有很强的适用性，应用范围极广，便于计算机编程和自动计算，具有极大的通用性。

图 18.2 是利用有限元方法求解齿轮齿根应力分布的模型、网格和结果。有限元法的应用已由求解弹性力学平面问题扩展到空间问题、板壳问题；由求解静力平衡问题扩展到求解动力问题、稳定问题；从线性分析扩展到物理、几何和边界的非线性分析，分析的对象也从固体力学扩展到流体力学、传热学、电磁学等其他领域。当前用有限元方法解决的问题主要有：

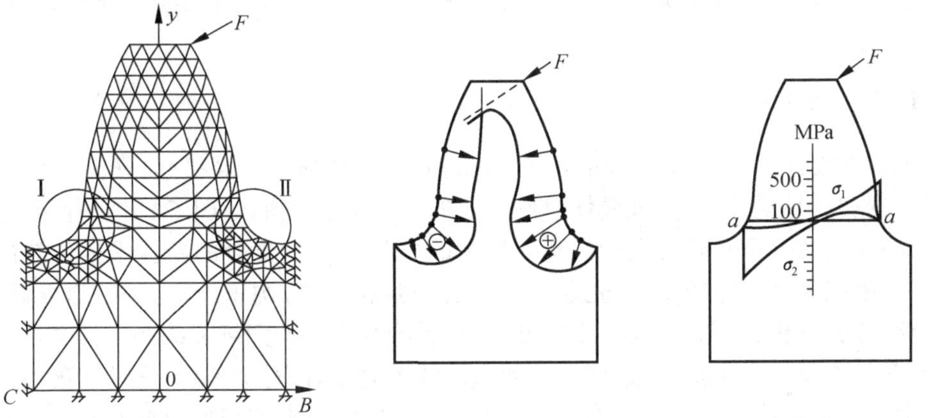

(a) 轮齿计算模型及有限元网格　(b) 轮齿表面弯曲应力分布　(c) 齿根危险载面 a—a 上的弯曲应力分布

图 18.2　有限元法求解齿轮齿根应力分布

(1) 杆、梁、板、壳、二维和三维固体、管道和弹簧等各种单元组合而成的复杂结构的静力分析。

(2) 包括频率、振型、各种动力响应和撞击在内的各种复杂结构的动力分析。

(3) 大型复杂结构的稳定性分析。

(4) 整机(如水压机、汽车、飞机、船舶、发电机、泵机和机床等)的静力分析。

(5) 复合材料零部件的强度分析。

(6) 工程构件及其零部件的弹塑性应力分析。

(7) 金属、橡胶等材料的大应变分析。

(8) 梁、板、壳结构的几何非线性分析。

(9) 工程构件和零部件的热弹塑、蠕变、粘弹性和粘塑性分析。

(10) 工程构件和零件的线性和非线性屈曲分析。

(11) 各种边界条件下的线性和非线性稳态和瞬态温度场分析。

(12) 零部件之间的接触应力分析。

(13) 二维和三维问题的线性和非线性电磁场分析。

(14) 二维和三维液压流场分析。

(15) 气动力学分析。

(16) 工程机械轴承润滑、油膜计算。

(17) 随机激励下(承受风、海浪、地震载荷)结构振动与强度分析。

(18) 金属冲压加工成形数值模拟。

18.3.6 相似性设计

相似性设计是相似理论在产品系列化设计中的应用。它是在具有相同功能、相同结构方案、相同或相似加工工艺的产品中,选定某一中档的产品为基型,通过最佳方案的设计,确定其材料、参数和尺寸,再按相似理论设计出不同参数和尺寸的其他产品(即扩展型产品),从而构成不同规格的系列化产品。

系列化产品大大缩短了产品的开发周期,提高了产品的性能及质量的稳定性、可靠性,降低了生产成本,方便了产品管理及用户使用。系列化产品已在许多生产领域中得到了广泛应用。

18.3.7 计算机辅助设计

计算机辅助设计简称CAD(computer aided design)是利用计算机软、硬件系统辅助设计人员进行工程和产品设计,以实现最佳设计效果的一门涉及图形处理、工程分析、数据管理与数据变换、图文档案处理及软件设计为基础技术的多学科高度集合的新技术。传统的设计过程是:设计者根据设计任务的要求,先参考已有的经验和资料,构思设计方案,建立设计模型,再通过计算、综合分析、绘图、反复修改等过程,最后绘制出工作图纸和编制设计文件。其大量的计算、绘图工作及许多重复性、繁琐的劳动由设计者完成,设计效率低,设计精度不高。而计算机辅助设计是将计算机高速而精确的运算功能、大容量存储和处理数据的能力、丰富而灵活的图形、文字处理功能与设计者的创造性思维能力、综合分析及逻辑判断能力结合起来,形成人机结合的交互式设计系统。设计者可以在显示屏幕上边设计、边修改、边验算,或进行模拟试验,极大地加快了设计进程,缩短了研制周期,实现最优化设计和自动化设计,提高了设计质量。进而加速产品更新,增加产品的竞争力,有利于提高生产力,有利于产品的标准化、系列化,也有利于实现CAD与CAM(计算机辅助制造)、CAE(计算机辅助工程)一体化。

目前,CAD技术已广泛应用于机械、电子、汽车、飞机、轻工、航天等领域。其研究和发展的趋势是CAD系统的智能化,即专家系统(expert systems)、知识库支持的软件工程环境、面向对象技术、多媒体技术及新型的CAD外设等。

18.3.8 机械创新设计

1. 机械创新设计的类型、途径

创新是设计的一个极为重要的原则,无论是完全创新的开发性设计、对产品作局部变更改进的适应性设计或变更现有产品的结构配置使之适应于更多量和质的功能要求的变型设计,着眼点都应该放在“创新”上。

机械发展的过程是不断创新的过程,从功能原理、原动力、机构、结构、材料、制造工艺、检测试验以及设计理论和方法均不断涌现创新和发明,推动机械向更完美的境界发展。机械设计是一个创造过程,是一切新产品的育床。

任何一种机械的创新开发都存在三种途径：①改革工作原理；②改进材料、结构和工艺性以提高技术性能；③增强辅助功能，使其适应使用者的不同需求。

这三种途径对产品的市场竞争能力的影响均具重要意义。当然，改革工作原理在实现时的难度通常比后两种要大得多，但意义重大，不可畏难却步。实际上，采用新工作原理的新机械不断涌现，而且由于新工艺、新材料的出现也在很大程度上促进新工作原理的产生，例如晶振材料的实用化促使钟表的工作原理发生了本质的变化。

2. 机械结构创新设计

机械创新设计的内容主要包括原理方案创新设计、机构创新设计和结构方案创新设计等内容。其中机械零、部件的结构是机构实现功能的载体，新颖的、先进的原理方案必须有良好的结构来保证，结构设计需确定所有零部件的形状、尺寸、位置、数量、材料、热处理方式和表面状况。所确定的结构除应能够实现原理方案所规定的动作要求外，还应能满足设计对结构的强度、刚度、精度、稳定性、工艺性、寿命、可靠性等方面的要求。结构设计是机械设计中涉及问题最多、最具体、工作量最大的工作阶段。

机械结构设计的重要特征之一是设计问题的多解性，即满足同一设计要求的机械结构并不是唯一的，结构设计中得到一个可行的结构方案一般并不很难，然而，机械结构设计的任务是在众多的可行结构方案中寻求较好的或最好的方案。这就需要发挥创造性思维。创造性思维在机械结构设计中的重要应用之一就是结构方案的变异设计方法。它能使设计者从一个已知的可行结构方案出发，通过变换得到大量的可行方案。通过对这些方案中参数的优化，可以使设计者得到多个局部最优解，再通过对这些局部最优解的分析和比较，就可以得到较优解或全局最优解。变异设计的目的是寻求满足设计要求的独立的设计方案，以便对其进行参数优化设计，通过变异设计所得到的独立的设计方案数量越多，覆盖的范围越广泛，通过优化得到全局最优解的可能性就越大。

变异设计的基本方法是首先通过对结构设计方案的分析，得出一般结构设计方案中所包含的技术要素的构成，然后再分析每一个技术要素的取值范围，通过对这些技术要素在各自的取值范围内的充分组合，就可以得到足够多的独立的结构设计方案。

例如，螺钉用于联接时需要通过螺钉头部对其进行拧紧，而变换旋拧功能面的形状、数量和位置(内、外)可以得到螺钉头的多种设计方案。图 18.3 所示有 12 种方案，其中前三种头部结构使用一般扳手拧紧，可获得较大的预紧力，但不同的头部形状所需的最小工作空间(扳手空间)不同；滚花型和元宝型钉头用于手工拧紧，不需专门工具，使用方便；第(6)、(7)、(8)种方案的扳手作用在螺钉头的内表面，可使螺纹联接件表面整齐美观；最后四种分别是用“十字”型螺丝刀和“一字”型螺丝刀拧紧的螺钉头部形状，所需的扳手空间小，但拧紧力矩也小。可以设想，还有许多可以作为螺钉头部形状的设计方案，实际上所有的可加工表面都是可选方案，只是不同的头部形状需要用不同的专用工具拧紧，在设计新的螺钉头部形状方案时要同时考虑拧紧工具的形状和操作方法。

3. 机械结构创新设计中应注意的问题

(1) 机件结构应与生产条件、批量大小及获得毛坯的方法相适应。机件毛坯有铸件、锻件(自由锻件、热模锻件)、冷冲压件、焊接件及轧制型材件等多种。机件结构的复杂程度、尺寸大小和生产批量，往往决定了毛坯的制作方法(如批量很大的钢制机件，当其尺寸大而形状复杂时常用铸造，尺寸小且形状简单的则适于冲压或模锻)，而毛坯的种类又反过来影响着机件的结构设计。各种坯件结构设计规范可查阅机械设计手册和有关资料。

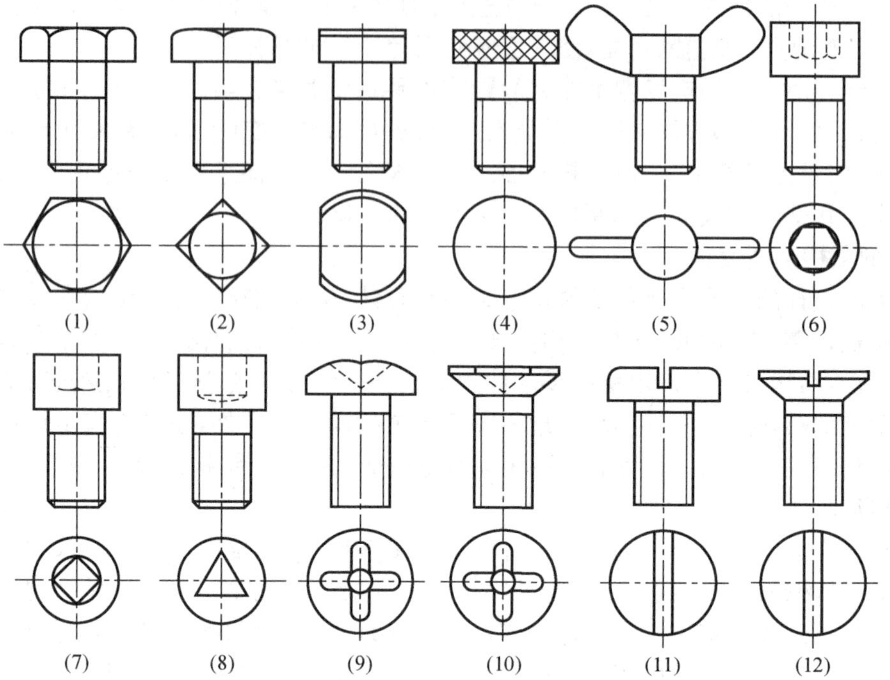

图 18.3　螺钉头的多种设计方案

(2) 机件结构应便于机械加工、装拆、调整与检测。在满足使用要求的前提下,机件结构应尽量简单,外形力求用最易加工的表面(如平面和圆柱面)及其组合来构成,并使加工表面的数量少和面积小,从而减少机械加工的劳动量和加工费用。结构应注意加工、装拆、调整与检测的可能性、方便性。

(3) 机件结构应有利于提高强度、刚度、精度,减少冲击振动,延长寿命,节省材料。在外载相同时,改善机件的结构常可得以减载、分载和充分利用材料的性能。

(4) 从人机关系角度进行结构改进和创新。机械供人使用,从人机关系对结构的基本要求为:①结构布置应与人体尺寸和机能相适应,操纵方便省力,减轻疲劳;②显示清晰,易于观察监控;③安全舒适,使操作者情绪稳定,心情舒畅。人机工程学对照度、噪声、灰尘、振幅、操作时身体作用力以及身体的倾斜等都作了舒适、不舒适以及生理界限的规定。结构应使产品在实现物质功能的同时具备良好的精神功能。应用美学法则(比例与尺度、均衡与稳定、统一与变化、节奏与韵律以及色彩调谐原则等)进行机械产品造型设计,实现技术与艺术融合,提高产品的竞争能力。

(5) 材料、能源动力和制造技术的发展促进机械结构的改进和创新。由传统的金属材料(钢铁和铝、铜等)向全材料范围(包括金属材料、无机非金属材料、有机高分子材料和复合材料)转移;由常用的结构材料逐渐向功能材料转移,不少机件从金属材料被发展很快的新型塑料成功的取代,人工合成的多相复合材料更可根据机件材料性能的要求进行材料设计。智能材料将使机械结构和功能产生质的飞跃。

(6) 为提高机械的价值而改进创新。前已述及产品的功能价格比这一概念,亦即价值$V=$产品功能F/成本C,要提高产品的V值可以从下述几方面入手:①提高功能同时降低成本;②保证产品功能不变而降低成本;③保持产品成本不变而提高产品功能;④成本略有提高而产品功能大幅度提高；⑤不影响产品主要功能而略降某些次要功能使成本大幅度降低。可见提高机械产品的 V 值可从功能分析和成本分析两方面入手改进和创新。在产品中一般选择结构复杂的零部件，数量多的零部件，体积、重量大的零部件，消耗材料多或用稀有贵重金属材料制造的零部件以及出现废品率高的零部件作为重点分析对象，采取措施降低原材料消耗和废品率，改进、简化结构，减少零部件数目，缩小体积，降低加工难度和减少工时以降低成本。

此外，制造技术的发展和机械结构的改进与创新密切相关。先进制造技术是传统制造技术、信息技术、自动化技术和现代管理技术等的有机融合。先进的单元制造工艺包括五大类，分别涉及材料的质量改变（如切削、电化学加工、激光加工）、相变（即由液态变成固态，如铸造、注塑成型）、结构改变（如热处理）、塑性变形（如锻）、固化（如焊、粉末冶金等），其中一些特殊材料（如陶瓷、复合材料、特种合金）的加工工艺以及制造工艺的使能技术（包括建模与仿真、传感与检测技术、误差评定及测量等）的发展，使机件超高硬度、超精细、复杂形状制造工艺等跃上了新的台阶，这为解除结构的改进和创新中受到制造工艺的束缚大大拓宽了途径。

机械现代设计方法发展很快，除上述各种方法外，常见的还有摩擦学设计（TD：tribology design）、并行设计（CD）、虚拟产品设计（virtural-product design，VPD）、质量驱动设计（quality-driven design，QDD）、智能设计（intelIigent design，ID）、分形设计（fractal design，FD）、基于实例设计（case-based design，CBD）等。

本 章 习 题

18.1　初步完成一个设计后，为什么要进行检查？一般的检查过程遵循什么原则？

18.2　与传统设计方法相比，现代设计方法的特点是什么？

18.3　简述常用的现代设计方法有哪些？

18.4　机械创新设计的类型和途径有哪些？

参考文献

安琦. 2015. 机械设计课程中“疲劳设计”部分的教学方法探讨. 化工高等教育,(1)

安琦. 2014. 机械设计课程中“链传动设计”部分的教学方法探讨. 化工高等教育,(6)

安琦. 2014. 机械设计课程中“滚动轴承设计”部分的教学方法探讨. 化工高等教育,(5)

安琦. 2014. 机械设计课程中“滑动轴承”部分的教学方法探讨. 化工高等教育,(1)

安琦. 2013. 机械设计课程中螺纹联接部分的教学方法探讨. 化工高等教育,(6)

安琦. 2013. 机械设计课程中轴的设计教学方法探索. 化工高等教育,(4)

安琦. 2008. 全方位立体式创新教学 从课堂到课外延伸培养. 化工高等教育,(4)

安琦. 2007. 创新机械设计能力的课程后延续培养模式. 化工高等教育,(4)

安琦. 2007. 提高学生创新机械设计能力的新型教学模式. 高等教育研究学报,(2)

安琦. 2006. 机械设计课程中齿轮传动部分的教学方法探索. 全国机械设计教学研讨会,乌鲁木齐

安琦. 2004. 对学生创新能力进行系统培养的教学模式探索. 高等工程教育研究学报,(1)

安琦. 1999. 机械设计课程设计教改探索. 高等工程教育研究,(1)

安琦,顾大强 . 2008. 机械设计 . 北京:科学出版社

安琦,王建文 . 2012. 机械设计课程设计 . 上海:华东理工大学出版社

卜炎. 1995. 螺纹联接设计与计算. 北京:高等教育出版社

陈秀宁. 2002. 现代机械工程基础实验教程. 北京:高等教育出版社

黄纯颖. 1989. 工程设计方法. 北京:中国科学技术出版社

黄纯颖. 2000. 机械创新设计. 北京:高等教育出版社

濮良贵,纪名刚. 2001. 机械设计. 第 7 版. 高等教育出版社

钱祥麟,陈耕. 1993. 润滑剂与添加剂. 北京:高等教育出版社

邱宣怀,郭可谦等. 1997. 机械设计. 第 4 版. 北京:高等教育出版社

邱宣怀. 1992. 机械设计学习指导书. 第 2 版. 北京:高等教育出版社

全永昕,施高义. 1988. 摩擦磨损原理. 杭州:浙江大学出版社

全永昕. 1990. 工程摩擦学. 杭州:浙江大学出版社

施高义等. 1988. 联轴器. 北京:机械工业出版社. 北京:高等教育出版社

吴宗泽. 2001. 机械设计. 北京:高等教育出版社

吴宗泽. 1991. 机械设计习题集. 第 2 版. 北京:高等教育出版社

徐灏. 1991. 机械设计手册. 北京:机械工业出版社

许镇宇. 1965. 机械零件. 北京:高等教育出版社

余俊等. 1996. 机械设计. 第 2 版. 北京:高等教育出版社

张鹏顺,陆思聪. 1995. 弹性流体动力润滑及其应用. 北京:高等教育出版社

张直明. 1988. 滑动轴承的流体动力润滑理论. 北京:高等教育出版社

郑林庆. 1994. 摩擦学原理. 北京:高等教育出版社

周桂如,马骥,全永昕. 1990. 流体润滑理论. 杭州:浙江大学出版社

An Q. 2007 . A Post-course Teaching Model for Improving Students' Creative Mechanical Design Abilities. UICEE Annual Conference on Engineering Education, 10th , Bankok

An Q. 2006. New Teaching Model for Improving Creative Design Ability for Undergraduate Students. Symposium on Multi-/Inter-Displinary Engineering Education, ECUST, Shanghai

Joseph Edward Shigley. 1983. Mechanical Engineering Design. Third Edition. McGraw-Hill

Kenneth S Edwards Jr, Robert B McKee. 1991. Fundamentals of Mechanical Component Design. McGraw-Hill

Robert C Juvinall. 1983. Fundamentals of Machine Component Design. John Wiley&Sons

Robert L Mott. 1999. Machine elements in Mechanical Design. Third Edition. Prentice-Hall, Inc. Upper Saddle River, New Jersey

Samueal J Berard, Everett O Waters, Charles W Phelps. 1955. Principles of Machine Design. The Ronald Press